Zehn Jahre Fremdevaluation in Baden-Württemberg

Tobias Stricker
(Hrsg.)

Zehn Jahre Fremdevaluation in Baden-Württemberg

Zwischenbilanz und Perspektiven auf Qualitätsmanagement, Evaluation und Schulentwicklung

Hrsg.
Tobias Stricker
Institut für Bildungsmanagement
Pädagogische Hochschule Ludwigsburg
Ludwigsburg, Deutschland

ISBN 978-3-658-25777-4   ISBN 978-3-658-25778-1 (eBook)
https://doi.org/10.1007/978-3-658-25778-1

Die Deutsche Nationalbibliothek verzeichnet diese Publikation in der Deutschen Nationalbibliografie; detaillierte bibliografische Daten sind im Internet über http://dnb.d-nb.de abrufbar.

Springer VS
© Springer Fachmedien Wiesbaden GmbH, ein Teil von Springer Nature 2019
Das Werk einschließlich aller seiner Teile ist urheberrechtlich geschützt. Jede Verwertung, die nicht ausdrücklich vom Urheberrechtsgesetz zugelassen ist, bedarf der vorherigen Zustimmung des Verlags. Das gilt insbesondere für Vervielfältigungen, Bearbeitungen, Übersetzungen, Mikroverfilmungen und die Einspeicherung und Verarbeitung in elektronischen Systemen.
Die Wiedergabe von allgemein beschreibenden Bezeichnungen, Marken, Unternehmensnamen etc. in diesem Werk bedeutet nicht, dass diese frei durch jedermann benutzt werden dürfen. Die Berechtigung zur Benutzung unterliegt, auch ohne gesonderten Hinweis hierzu, den Regeln des Markenrechts. Die Rechte des jeweiligen Zeicheninhabers sind zu beachten.
Der Verlag, die Autoren und die Herausgeber gehen davon aus, dass die Angaben und Informationen in diesem Werk zum Zeitpunkt der Veröffentlichung vollständig und korrekt sind. Weder der Verlag, noch die Autoren oder die Herausgeber übernehmen, ausdrücklich oder implizit, Gewähr für den Inhalt des Werkes, etwaige Fehler oder Äußerungen. Der Verlag bleibt im Hinblick auf geografische Zuordnungen und Gebietsbezeichnungen in veröffentlichten Karten und Institutionsadressen neutral.

Springer VS ist ein Imprint der eingetragenen Gesellschaft Springer Fachmedien Wiesbaden GmbH und ist ein Teil von Springer Nature
Die Anschrift der Gesellschaft ist: Abraham-Lincoln-Str. 46, 65189 Wiesbaden, Germany

Vorwort

Gegen Ende des Schuljahres 2016/17 wurde die Fremdevaluation an Schulen in Baden-Württemberg – mehr oder weniger überraschend – nach etwa zehn Jahren der Ein- und Durchführung ausgesetzt. Eines der zentralen Anliegen des Bandes ist daher, die ehemaligen Evaluatorinnen und Evaluatoren zu Wort kommen zu lassen und ihre Erfahrungen und Einschätzungen wiederzugeben (Teil B: Fremdevaluation in Baden-Württemberg – Erfahrungen aus zehn Jahren). Zahlreiche ehemalige „EVT" (Evaluatorinnen und Evaluatoren) haben dieses Anliegen unterstützt, sei es durch eigene Texte für den Sammelband oder durch die Teilnahme an einer Interviewstudie.

Ganz herzlich möchte ich mich auch im Namen der ehemaligen Kolleginnen und Kollegen bei allen weiteren Autorinnen und Autoren bedanken, welche durch ihre Beiträge und wissenschaftliche Expertise zur Diskussion eines Themas beitragen, das nebst eines externen Evaluationsverfahrens viele weitere Aspekte zu betrachten hat (Teil A: Befunde und Impulse zu Qualitätsmanagement, Evaluation und Schulentwicklung und Teil C: Wohin geht Evaluation in Schulen? Ein Ausblick). Schulische Qualitätsentwicklung im Rahmen evidenzbasierter Schulentwicklung zu befördern ist ein komplexes Unterfangen – dies sollte durch die zahlreichen weiteren Artikel im Rahmen dieses Sammelbandes deutlich unterstrichen werden.

Ebenfalls möchte ich mich insbesondere bei Martin Bretschneider, Elvira Eberhardt und Susanne Oppelt bedanken, die durch ihr Lektorat und ihr Feedback eine sehr wertvolle Unterstützung bei der Vorbereitung des Bandes geleistet haben. Dasselbe gilt für Frau Göhrisch-Radmacher (Springer VS) für Ihre Ansprechbarkeit bei allen Fragen rund um den Sammelband und ihren Einsatz bei dessen Finalisierung.

Abschließend geht der Dank an alle „kleinen" und „großen" Unterstützer, welche bei der Crowdfunding-Aktion über die Plattform „Startnext" – kuratiert von Sciencestarter – zur Finanzierung des Sammelbandes beigetragen und dessen Realisierung somit erst möglich gemacht haben.

Tobias Stricker
Institut für Bildungsmanagement
(PH Ludwigsburg)

Inhaltsverzeichnis

Teil A: Befunde und Impulse zu Qualitätsmanagement, Evaluation und Schulentwicklung

Evaluation in teilautonomen Schulen 3
Rolf Dubs

Qualitätsmanagement und Evaluation in Schulen – Anforderungen an die
Lehrprofessionalität 15
Cornelia Wagner-Herrbach

Evaluationen und Schulentwicklung aus mikropolitischer Sicht 31
Dirk Paul Bogner

Nutzung von internen und externen Evaluationen in der Schulpraxis 45
Denise Demski

„Man kann viel, wenn man sich viel zutraut" – Evaluationskompetenz
entwickeln 57
Britta Klopsch

Lehrpläne als Inputsteuerungsinstrumente: Forschungsbefunde und
Überlegungen zu ihrer Bedeutung für eine neu auszurichtende
Schulevaluation 71
Albrecht Wacker und Nicolas Hübner

Potenzial der neo-institutionalistischen Organisationstheorie zur Analyse
der strukturellen Verhältnisse in der schulischen Organisation. Am Beispiel
von organisationsinternen Kopplungs- bzw. Entkopplungsprozessen im
baden-württembergischen Fallvergleich 95
Barbara Muslic

Inspektionsbasierte Unterrichtsentwicklung an Schulen in schwieriger
Lage 105
Marcus Pietsch, Stephanie Graw-Krausholz und Klaudia Schulte

Evidenzbasierte Unterrichtsentwicklung: Lichtblick oder Nebelschleier?......121
Michael Weyland und Tobias Stricker

Das „Bogenmodell" – Good Practice evaluationsgestützter
Schulentwicklung..141
Rolf Wiedenbauer, Tobias Stricker und Ulrich Iberer

Von der ergebnis- zur wirkungsorientierten Evaluation – ein ganzheitlicher
Ansatz der partizipativen Evaluation von Schulen in Baden-Württemberg....157
Martin Noltze, Gerald Leppert und Tobias Stricker

**Teil B: Fremdevaluation in Baden-Württemberg –
Erfahrungen aus zehn Jahren**

Fremdevaluation an allgemein bildenden Schulen in Baden-
Württemberg: Wie alles begann 181
Astrid Kehder-Mürrle

Qualifizierung von Evaluatorinnen und Evaluatoren 187
Astrid Kehder-Mürrle und Simone Spengler

Die Fremdevaluation – erster und zweiter Durchgang....................................191
Rani Rezek

Fremdevaluation an berufsbildenden Schulen – Schulentwicklung
im Blick der Metaevaluation..201
Theo Tröndle

Pädagogische Freiheit versus pädagogische Verantwortung. Oder: vom
Nutzen der Kooperation 213
Susanne Oppelt

Zur Bedeutung von Vermittlungsleistungen. Reflexionen auf Basis von
Erfahrungen in der Evaluatorentätigkeit bei der Durchführung der
Fremdevaluation 221
Mechthild Schürmann und Tobias Stricker

Externe Evaluation aus Evaluatorensicht. Eine Interviewstudie mit
ehemaligen Evaluatorinnen und Evaluatoren aus Baden-Württemberg
zu Wirkungen und Wirksamkeit der externen Evaluation...........................239
Elvira Eberhardt und Tobias Stricker

Von Daten zu Taten? – Eine Gesamtschau auf Empfehlungen der
Fremdevaluation in Baden-Württemberg 255
Fatima Chahin-Dörflinger

Neun Einwände ‚wider die Wirksamkeit' der Fremdevaluation ...
und was sich darauf erwidern lässt 275
Ann-Katrin Kopp, Thomas Boss, Frank Müller und Jürgen Stolle

Schulfeedback in Schleswig-Holstein – Vorbild für Baden-Württemberg? 291
Gisa Behrenbeck und Irene Kremer

Zur Implementierung der Fremdevaluation in das baden-württembergische Schulsystem 303
Nadine Kaiser

Reflexionen zur Fremdevaluation in Baden-Württemberg 311
Martina Klein

Neun Jahre Evaluatorentätigkeit – eine persönliche Retrospektive auf die
externe Schulevaluation 329
Willie Ohlerth

„FEV-Miniaturen" – Bemerkungen am Rande..341
Rolf Keller

Teil C: Wohin geht Evaluation in Schulen? Ein Ausblick

Von welcher Qualität reden wir? Schulentwicklung als
Qualitätsentwicklung 349
Gerhard Ziener

20 Jahre externe Schulevaluation in der deutschsprachigen Schweiz.
Vom Cargo-Kult zum integralen Element professioneller Qualitätskultur?....361
Anton Strittmatter

Evaluation von Schulen – wohin führt der Weg?..369
Peter O. Chott

Von der Kontrolle zur Begleitung und Unterstützung. Impulse für eine
Neuorientierung der Externen Evaluation 383
Werner Wiater

Quo vadis Externe Evaluation? 403
   Ute Schoppmann

Verzeichnis der Autoreninnen und Autoren 413

Teil A: Befunde und Impulse zu Qualitätsmanagement, Evaluation und Schulentwicklung

Evaluation in teilautonomen Schulen

Rolf Dubs

Abstract

Vier Entwicklungen haben zu Veränderungen der Schulaufsicht geführt: Das Qualitätsmanagement der Schulen, die teilautonome Schule, Vergleichsstudien wie PISA und die Einführung und teilweise Auflösung der Schulinspektion. Die Breite dieser neuen Betrachtungsweisen haben sowohl in der Wissenschaft wie in der Praxis zu vielen neuen Modellen für die Schulaufsicht geführt, die immer kontrovers diskutiert wurden und werden. Einigkeit bestand nur darüber, dass die Schulaufsicht drei Funktionen erfüllen sollte: Das Bildungscontrolling, die Metaevaluation und die Überwachung der pädagogischen Führung der Schulen. Die Zusammenführung dieser drei Bereiche führte zu vielen Vorschlägen über den veränderten Aufbau der Schulaufsicht, deren Aufgaben und Verantwortungen sowie deren Integration in die Bildungsverwaltungen. In diesem Beitrag wird ein Modell im Rahmen der Schulautonomie vorgeschlagen, in welchem die Schulaufsicht sich nicht mehr mit dem Unterricht der einzelnen Lehrpersonen beschäftigt, sondern sie sich mit der Beurteilung der Aktivitäten der Schulleitungen befasst und ihnen beratend zur Verfügung steht.

Inhalt

1 Einführung und eigene Position 4
2 Ausgangslage 5
3 Grundaussagen für ein Modell der Schulbeaufsichtigung 7
4 Ein Modell für die Schulaufsicht in teilautonomen Schulen 8
5 Die Einordnung der Schulaufsicht in der Bildungsverwaltung 12
6 Die Zukunft der Schulinspektion 12
7 Grenzen dieses Vorschlages für die Schulaufsicht 13
Literatur.. 14

© Springer Fachmedien Wiesbaden GmbH, ein Teil von Springer Nature 2019
T. Stricker, *Zehn Jahre Fremdevaluation in Baden-Württemberg*,
https://doi.org/10.1007/978-3-658-25778-1_1

1 Einführung und eigene Position

In der bildungspolitischen Diskussion ist die teilautonome (eigenverantwortliche, selbständige) Schule nahezu zu einer Selbstverständlichkeit geworden. Im Schulalltag ist sie jedoch leider (noch) kein Erfolgsmodell, sondern sie entwickelte sich immer mehr zu einer Belastung. Dies ist erstens auf prozessimmanente Schwierigkeiten, die im Zusammenhang mit divergierenden Interessen von Politik und Verwaltung stehen, und zweitens auf Befürchtungen und zu hohe Erwartungen von Lehrpersonen zurückzuführen.

Für den Schulalltag wird sie immer mehr zu einer Belastung, weil vielerorts die rechtlichen Grundlagen in der Schulgesetzgebung nicht auf moderne Definitionen der teilautonomen Schule ausgerichtet sind. Ursache dafür ist eine im Bildungswesen üblich werdende Tendenz: Die Ideen für Neuerungen werden übernommen und gesetzlich verankert. Dabei wird aber häufig vergessen, dass Neuerungen nicht für sich allein reglementiert werden dürfen, sondern in vielen anderen Bereichen Anpassungen vorgenommen werden müssen, damit sich das Neue im Sinne einer ganzheitlichen Betrachtung verwirklichen lässt. Die für den Erfolg des Neuen zwingende Ganzheitlichkeit ist ein schwieriger Prozess: Die Politik ist zu Anpassungen infolge des komplizierten Reformprozesses in der Gesetzgebung nicht bereit oder willens (beispielsweise teilautonome Schule und Personalrecht). In der Verwaltung bestehen Meinungsverschiedenheiten über die Neuerung (beispielsweise teilautonome Schule und Globalbudget), oder die Verwaltungsstellen befürchten Einbußen bei ihren Aufgaben und Kompetenzen (beispielsweise teilautonome Schule und Schulaufsicht).

Leider ist die teilautonome Schule (noch) nicht zu einem Erfolgsmodell geworden, weil eine ganzzeitliche rechtliche Gestaltung immer noch nicht richtig gelungen ist, wofür vor allem zwei Gründe verantwortlich sind. Einerseits haben viele Lehrerinnen und Lehrer größere Freiräume erwartet. Dies nicht zuletzt deshalb, weil die pädagogische Forschung seit längerem auf die Vorzüge einer größeren Autonomie verweist (vgl. z. B. Hanushek/Woessmann 2010). Wo diese größere Freiheit nicht erreicht wurde, kam es immer häufiger zu einer kritischen bis ablehnenden Einstellung zur teilautonomen Schule. Andererseits zwangen viele rechtliche Unsicherheiten zu stets weiteren präzisierenden Anordnungen, die von vielen Lehrpersonen als Freiheitsbeschränkung und Belastung empfunden wurden und zu einer Gegnerschaft zum Neuen führte und führt. Ein Teil der – oft wenig berechtigten – Kritik an der Schulaufsicht und der Schulinspektion ist darauf zurückzuführen.

Für diesen Beitrag bedeutsam ist die Tatsache, dass viele Lehrpersonen die Schulinspektion als unwirksame Bürokratie abtun und glauben, eine gute eigene bzw. selbstbestimmte Schulentwicklung (z. B. ein schulinternes Qualitätsmanagement) genüge, weil die Übernahme eigener Verantwortung stärker motiviere als alle formalistischen Kontrollen von staatlichen Institutionen. Das Schlagwort „Kontrolle ist gut, Vertrauen ist besser" prägt das Denken vieler Lehrpersonen, die sich gegen Schulaufsicht und Schulinspektion stellen. Wie fragwürdig diese Auffassung ist, sei an einem Beispiel gezeigt. Ich fühlte mich als junger Lehrer pädagogisch immer auf einem Blindflug, weil ich während meiner ganzen Zeit als Handelslehrer nie beurteilt wurde. Ich glaubte nur, ich sei ein brauchbarer Lehrer. Ich wusste aber nicht mit Sicherheit, ob ich erfolgreich war oder nicht, und ich wurde dadurch auch nicht zu einer vertieften Reflexion angeregt. Deshalb bin ich heute davon überzeugt, dass eine Beaufsichtigung der Schule zwingend ist. Die Frage ist aber, welche Ziele ihr zu geben sind, und welche Form die Wirksamste ist.

2 Ausgangslage

In einem internationalen Vergleich wurden acht Grundaufgaben der Schulaufsicht ermittelt (vgl. Bruggen 2001), die auch heute noch typisch sind, wenn auch von Land zu Land mit unterschiedlicher Bedeutung:

- Kontrolle der Übereinstimmung schulischer Aktivitäten mit dem Gesetz.
- Stimulierung von Schulentwicklung und Evaluation.
- Verwaltungsaufgaben, einschließlich Personalmanagement.
- Individuelle Beratung von Lehrpersonen sowie Schulleiterinnen und Schulleitern.
- Evaluation von nationalen (Innovations-)Projekten und Entwicklungen/Trends.
- Evaluation von Einzelschulen.
- Berichterstattung an Ministerien und/oder Parlamente und in zunehmendem Maße auch an die Öffentlichkeit über die Arbeit der Schulen.
- Beratung von Behörden (z. B. von Schulträgern, nationalen und regionalen Behörden).

Im Zusammenhang mit den selbständiger werdenden Schulen wurden in den letzten Jahren viele Veränderungen in der Organisation und den Aufgaben der Schulaufsicht vorgenommen (siehe die Zusammenfassung bei Bott 2017). Seit langem zeigt sich jedoch auch, dass viele Mitglieder der Aufsichtsbehörden mit einem solchen Pflichtenheft zeitlich sehr überlastet sind und deshalb vor allem für die Evaluation der Schulen und der Lehrpersonen kaum mehr Zeit finden. Umstritten ist auch, ob eine Behörde beaufsichtigen und beraten kann. Deshalb wäre es notwendig, das Pflichtenheft für die Beaufsichtigung der einzelnen Schulen zu überprüfen.

Sicher noch komplexer wurde die Beaufsichtigung der Schulen mit der Einführung der Schulinspektion. Im Weiteren führte um die Jahrhundertwende das Aufkommen des New Public Managements zu einem Paradigmenwechsel in der

Führung der öffentlichen Verwaltung. Fragen der Optimierung von Verwaltungsprozessen und deren Einflüsse auf die Wirksamkeit der Verwaltungstätigkeit gelangten auch im Schulwesen in den Mittelpunkt der Diskussion. Vor allem im Zusammenhang mit der Idee der teilautonomen Schule gewannen Vorstellungen über die Bildungsplanung und die Wirksamkeit von Schulen an Bedeutung. Verstärkt wurde diese Entwicklung zudem mit den Fortschritten der evidenzbasierten Forschung in der Pädagogik, mit welcher Fragen der Qualität der Schulen ein zunehmend größeres Interesse fanden. Angesichts der zunehmenden Komplexität der Qualitätsermittlung sowie unter dem Druck des Aufbaus von internationalen Vergleichsuntersuchungen wie PISA und TIMMS wurde die Schulaufsicht mit einer Schulinspektion erweitert, die zum Ziel hatte, die Schulen so zu überwachen („kontrollieren"), dass ein Land im Verlaufe der Zeit dank der weiteren Beurteilungen der Schulen bessere Lernergebnisse nachweisen konnte.

Im Laufe der Zeit haben sich die Vorstellungen über Schulinspektion anhand von drei Kriterien angeglichen (vgl. z. B. Kotthoff/Böttcher 2010):

(1) Die Schulinspektion erfasst eine zu definierende Qualität einer Einzelschule, und die Ergebnisse werden primär an die einzelne Schule zurückgemeldet, um Anstöße zu schulinternen Entwicklungsprozessen zu geben.
(2) Sie ist datenbasiert und standardisiert, d. h. sie beruht auf ausgewiesenen Instrumenten und Prozessen, welche die Inspektionsergebnisse vergleichbar machen.
(3) Sie gründet auf Bezugsnormen, die auf Qualitätsmerkmalen einer „guten" Schule beruhen, und sind daher eindeutig erfassbar.

Auch haben die Verantwortlichen der Schulinspektion für die Schulen Handbücher für die Schulinspektion erarbeitet, welche die Kriterien für die Evaluation vorgaben.

Leider war und ist die Schulinspektion bis heute umstritten. Deshalb wurden beispielsweise die Handbücher immer wieder angepasst, was allein schon in der schwierigen Beschreibung der „guten" Schule und deren Kriterien begründet ist. Einzelne Länder haben die Schulinspektion wieder abgeschafft oder ausgesetzt (z. B. Baden-Württemberg). In der empirischen Forschung liegen auch im deutschen Sprachgebiet viele empirische Untersuchungen vor, welche Teilaspekte beleuchten, aber die Kernfrage nach der Erhöhung der Lernerfolge für die Schülerinnen und Schüler (noch) nicht abschließend behandeln (siehe die sorgfältige Auswertung einer großen Zahl von Studien bei Altrichter/Kemethofer 2016).

Für den Fortgang dieses Beitrags sind die folgenden Erkenntnisse bedeutsam:

- Trotz vieler Vorbehalte scheint die Schulinspektion von der Lehrerschaft mit der Zeit akzeptiert zu werden, sofern sie fair verläuft und neben der Kritik auch positive Gesichtspunkte aufgezeigt werden.

- Zur Frage, ob Inspektionsberichte zu innerschulischen Aktivitäten Anlass geben, gibt es aus Befragungen sehr unterschiedliche Ergebnisse mit einer breiteren Streuung, wobei es Beispiele gibt, in denen die Inspektion keine Anstöße zu Veränderungen gab.
- Es scheint, dass Anregungen zur Veränderung des Unterrichtsstils eher stattfinden als Veränderungen des Lerninhaltes. Ob sich die Zahl schlechter Lektionen nach der Inspektion verringert, ist ungewiss.
- Befragungen von Schulleitungspersonen fallen häufig günstiger aus als solche von Lehrpersonen.
- Die Beurteilung der Effekte der Inspektion anhand von verlässlicheren Datensammlungen fallen widersprüchlich aus. Es scheint aber, dass die Unterschiede in den Wirkungen häufig klein bleiben.
- Zu beachten sind unerwünschte Nebeneffekte der Inspektion: Beeinträchtigung des Wohlbefindens der Lehrpersonen, Mehrbelastung der Lehrpersonen, Verlagerung finanzieller Mittel im Interesse der Beurteilung, Ausschluss von schlechten Lernenden von Tests oder vom Unterricht während der Besuchsphase der Inspektion, Abnahme der Risiko- und Innovationsbereitschaft infolge der Vorgabe von Beurteilungskriterien, übertriebene Prüfungspraxis im Interesse der Inspektion (insbesondere wenn im Hinblick auf Schulleistungen beurteilt wird), störender Einfluss der Erwartungshaltungen der Inspektoren.
- Der Rechenschaftsdruck, der auf der Schule lastet, kann die Schulentwicklungsarbeiten verbessern, zugleich aber auch negative Nebenwirkungen auslösen.
- Vor allem für Schulen mit Qualitätsproblemen reicht das Feedback nicht aus. Nötig wird eine Begleitung der Schule.

Schon diese knappe Zusammenfassung zeigt, dass der Nutzen von Schulinspektion für die Qualitätsentwicklung einer Schule wissenschaftlich weder bestätigt noch verneint werden kann.

Umso wichtiger ist es, pragmatisch und aufgrund von Erfahrungen zu fragen, wie die Problematik der Qualitätsüberwachung der Schulen unter dem immer noch wenig gefestigten Modell der teilautonomen Schule zu lösen ist. Vorgeschlagen wird in diesem Beitrag ein Modell über die Aufsicht der Schulen unter Beachtung von Gegebenheiten der Teilautonomie (Dubs 2011).

3 Grundaussagen für ein Modell der Schulbeaufsichtigung

Auszugehen ist von folgenden Grundaussagen:

- In einer teilautonomen Schule werden Rechte und Pflichten von der Bildungsverwaltung auf die einzelnen Schulen übertragen. Die Schulen erhalten Freiräume, die gesetzlich klar zu umschreiben sind.
- Freiräume führen oft zu Fehlentwicklungen und Missbräuchen. Deshalb bleibt die Beaufsichtigung der Schulen auch in der teilautonomen Schule zwingend.

- Die Organisation und die Prozesse der Beaufsichtigung müssen einfach und kostengünstig sein.
- Das Modell der Beaufsichtigung muss umfeldverträglich sein, d. h. die Behörden und die Lehrerschaft müssen das Modell akzeptieren.
- Die Lehrpersonen dürfen durch die Beaufsichtigung zeitlich nicht übermäßig beansprucht werden.
- Alle Prozesse der Beaufsichtigung (externe und interne Massnahmen) sind aufeinander abzustimmen, damit es zu keinen Doppelspurigkeiten kommt.

Diese Grundlagen führen zu einem Modell der Schulaufsicht mit einer Instanz.

4 Ein Modell für die Schulaufsicht in teilautonomen Schulen

4.1 Gegebenheiten aus der Sicht der teilautonomen Schule

Eine teilautonome Schule arbeitet zielorientiert aufgrund eines Leistungsauftrages oder einer Leistungsvereinbarung, die von der zuständigen Behörde für 2 bis 3 Jahre vorgegeben wird (Erfahrungswert), und die Lehrerschaft der Schule entwickelt darauf aufbauend ihr Leitbild und ihr Schulprogramm, wobei sie ergänzend auch eigene Ziele setzt (siehe dazu ausführlich Dubs 2018). Die Verantwortung für die Zielsetzung liegt bei der Schulleitung. Deshalb ist die teilautonome Schule eine geleitete Schule und nicht nur eine verwaltete Schule, in welcher die Schulleitung bloß ein verlängerter Hebelarm der staatlichen Schulverwaltung ist. Dies setzt voraus, dass die Schulleitung über Kompetenzen verfügt, die größer sind als bisher. Für die „gute" Schule sind insbesondere die folgenden Bereiche bedeutsam:

- (a) Die Schulleitung führt die Lehrerschaft. Sie hat also die Personalverantwortung (Dienstaufsicht) mit den notwendigen Kompetenzen, so dass sich die Schulaufsicht nicht mehr mit der Tätigkeit der einzelnen Lehrpersonen beschäftigt. Auch in der Wirtschaft führt der Vorstandsvorsitzende und nicht der Aufsichtsrat das Personal.
- (b) Die Schulleitung trägt die Verantwortung für die Qualität. Deshalb sorgt sie für den Aufbau und die Umsetzung des Qualitätsmanagements, das schulspezifisch für die eigene Schule entwickelt und umgesetzt wird (intern konzipiertes Qualitätsmanagement) siehe dazu ausführlich Dubs (2016).
- (c) Viele kritische Entwicklungen der Gegenwart machen es notwendig, die „gute" Schule nicht mehr nur aus der Sicht der Curricula zu sehen, sondern es sind auch nichtcurriculare Bereiche in Qualitätsbeurteilungen miteinzubeziehen. Dank der Freiräume in der teilautonomen Schule eröffnen sich für jede Schule neue Aufgaben (z. B. Integration von Benachteiligten), welche lokalbezogen besser zu bewältigen sind als mit zentralen Anordnungen.

Die Stärkung der Stellung der Schulleitung erfordert ein neues Pflichtenheft für die Schulbeaufsichtigung.

4.2 Die veränderten Aufgaben für die Beaufsichtigung der Schule

Die größeren Freiräume der einzelnen Schulen führen zu einer Umorientierung der Beaufsichtigung mit drei Hauptaufgaben: Das Bildungscontrolling, die Metaevaluation und die pädagogische Führung.

- **Bildungscontrolling** heißt: Mit der Beaufsichtigung wird überprüft, ob die staatlich vorgegebenen und die von den Schulen entworfenen Ziele erreicht werden, und ob die Schulleitung im Falle der Nichterreichung notwendige Maßnahmen ergreift. Sofern eine teilautonome Schule über eine Finanzautonomie mit einem Globalbudget verfügt, wird auch das Finanzgebaren der Schule beaufsichtigt (Erreichen der gesetzten Ziele mit einem optimalen Einsatz der finanziellen Mittel). Hingegen verbleibt die formale Kontrolle des Rechnungswesens bei der Finanzaufsicht des Staates.

- **Metaevaluation** heißt: Überprüft wird das intern konzipierte Qualitätsmanagement der Schule, indem kontrolliert wird, ob das schuleigene Qualitätsmanagement konzeptionell zielstrebig und längerfristig ausgerichtet ist, ob die Evaluationsarbeiten in gültiger und verlässlicher Form durchgeführt werden und ob im Falle von erkannten Qualitätsmängeln zielgerichtete Schulentwicklung betrieben wird. Sind der Schule Aufgaben des extern konzipierten Qualitätsmanagements übertragen (z. B. PISA, Vergleichsaufgaben, Schulvergleiche), so sind auch diese zu beaufsichtigen.

- **Pädagogische Führung** heißt: Überprüft wird, ob die Schulleitung der Unterrichtsgestaltung und -führung in der eigenen Schule genügend Aufmerksamkeit schenkt, indem sie regelmäßig Schulbesuche bei vielen Lehrpersonen durchführt, für die Weiterbildung sorgt, die Lehrpersonen beurteilt und sie bei Mängeln unterstützt. Seit längerem ist bestätigt, dass diese Instructional Leadership einen entscheidenden Einfluss auf den Lernerfolg und die Qualität der Schule hat (vgl. z. B. Robinson, Lloyd et al. 2008). Diese Aufgabe kann nur die Schulleitung mit genügend Einsichten in das tägliche Geschehen ihrer Schule erfüllen. Die herkömmliche Schulaufsicht ist dafür allein schon aus zeitlichen Gründen überfordert.

Diese drei Aufgaben der Schulbeaufsichtigung sind für den Erfolg der teilautonomen Schulen wichtig, aber so anspruchsvoll, dass die zuständige Behörde schon aus Zeitgründen von allen rein administrativen (bürokratischen) Aufgaben zu befreien ist.

4.3 Ein Pflichtenheft für die Schulaufsicht in teilautonomen Schulen

Die bisherigen Überlegungen versuchten deutlich zu machen, dass die Schulbeaufsichtigung auch in einem System mit teilautonomen Schulen zwingend notwendig ist. Demzufolge ist die **Schulaufsicht** beizubehalten. Ihre Aufgaben und ihre Eingliederung in die staatliche Bildungsverwaltung sind aber grundlegend zu verändern. Dabei ist zu klären, ob die Schulaufsicht eine bloße Kontrollinstanz ist, welche die drei im Abschnitt 4.2 beschriebenen Aufgaben erfüllt, oder ob sie auch Beratungsaufgaben erfüllen soll.

Aufgrund oft personenbedingter Mängel bei traditionellen Formen der Schulaufsicht (bürokratisches und autonomes Verhalten, kleinliche Kontrollen, hierarchisch-administrative Rangordnung) und darauf beruhender Kritik wird immer häufiger vorgeschlagen, die Kontrollaufgabe der Schulaufsicht zu reduzieren und sie mehr zur Beratungsinstitution umzugestalten. Dagegen wird angeführt, dass Kontrolle und Beratung durch die gleiche Person nicht vereinbar seien. Diese Diskussion macht wenig Sinn. Richtig beraten kann nur, wer beurteilt, und Beurteilen unterscheidet sich von Kontrolle nur wenig. Wer beraten will, benötigt Einsichten aus einer Beurteilung (oder eben einer Kontrolle). Nicht diese formalen Begriffe, sondern Sachkompetenz, Fairness und Respekt der kontrollierenden Person sind entscheidend. Eine ältere Studie (Bauer 2002) in Nordrhein-Westfalen belegt, wie die Beurteilung durch die Schulaufsicht mit Beratung dann positiv beurteilt wird, wenn gute Feedbackgespräche seitens der Schulaufsicht geführt und die Beratungsidee von den Schulleitenden als nützlich und wirksam wahrgenommen werden. Damit gehört die Beratung als vierte Aufgabe in ein Pflichtenheft der Schulaufsicht. Tabelle 1 zeigt das Pflichtenheft der Schulaufsicht.

Tab. 1: Pflichtenheft für die Schulaufsicht

1. Bildungscontrolling	1.1	Überprüfen des Erreichens der staatlich vorgegebenen und eigenen Bildungsziele.
	1.2	Überprüfen des Einsatzes der finanziellen Mittel (Übereinstimmung mit den Zielen und Wirksamkeit).
2. Metaevaluation	2.1	Überprüfen des Systems des intern konzipierten Qualitätsmanagements, der Umsetzung sowie der Zweckmäßigkeit von möglichen Maßnahmen bei Qualitätsmängeln.
3. Beratung	3.1	Regelmäßige Kommunikation mit der Schulleitung (Feedbackgespräche) über Erkenntnisse aus der Aufsicht.
	3.2	Beratung und Unterstützung der Schulleitung bei der Umsetzung von Korrekturmaßnahmen und weiteren Problemen der Leitung der Schule.
	3.3	Beratung und Unterstützung von Lehrpersonen im Falle von Konflikten mit der Schulleitung oder bei beruflichen Schwierigkeiten (nur auf Antrag der Schulleitung oder einer Lehrperson).
4. Neuerungen	4.1	Überprüfen der Fortschritte und Zielerreichung bei staatlich verordneten Neuerungen.
5. Überwachung und Betreuung der Schulleitung	5.1	Überwachen der Zweckmäßigkeit der Schulorganisation.
	5.2	Überwachen der Einhaltung von gesetzlichen und weiteren Vorschriften.
	5.3	Regelmäßige Feedbackgespräche über die Gesamtentwicklung der Schule.
6. Lehrerfortbildung	6.1	Gestaltung der Lehrerfortbildung für die Schulen im Aufsichtsbereich aufgrund von Beurteilungsergebnissen.
7. Beurteilung und Information	7.1	Berichterstattung an das Ministerium und an das Schulamt des Aufsichtskreises.
	7.2	Information der Eltern und der Lehrerschaft (nur auf Wunsch der Betroffenen).
8. Rekurse	8.1	Erste Instanz bei Rekursen.

Quelle: eigene Darstellung

5 Die Einordnung der Schulaufsicht in der Bildungsverwaltung

Bislang ist die Schulaufsicht meistens den Schulämtern zugeordnet. Die hier vorgeschlagene Lösung trennt die Schulämter und die Schulaufsicht. Die Schulaufsicht ist eigenständig und nicht mehr in die Schulämter integriert. Diese Lösung stößt bei Schulämtern häufig auf Widerstand, weil sie einen Einflussverlust befürchten. Diese Sorge wird hinfällig, wenn die Schulämter neben ihren administrativen Arbeiten auf der Grundlage der Vorgaben des Ministeriums die Ziele mit den Schulen vereinbaren.

Damit erhalten sie im System der teilautonomen Schule die bedeutsamste strategische Aufgabe, die heute noch weitgehend vernachlässigt wird: den teilautonomen Schulen sind wegleitende strategische Ziele vorzugeben, damit ihre künftige Gestaltung mit den gewährten Freiräumen nicht punktuell und wenig zielstrebig erfolgt.

Wesentlich verändert sich die Stellung der Schulaufsichtspersonen, die als Schulinspektoren bezeichnet werden können. Sie werden als Einzelpersonen, die sich vollamtlich nur der Aufsicht ihrer Schulen widmen, einzelnen Schulen zugeordnet und zu keinen weiteren als den im Pflichtenheft (vgl. Tab. 1) vorgesehenen Aufgaben verpflichtet. Ihre Berichterstattung geht an das Ministerium, um aus den Erkenntnissen grundlegende neue Ziele für das Schulsystem zu entwickeln, sowie an die Schulämter, damit sie den Schulen Ziele setzen und besondere Aufgaben wie beispielsweise die Mitwirkung bei Schulzusammenlegungen erfüllen können. Die Berichterstattung bietet die Grundlagen für eine zielgerichtete Zusammenarbeit zwischen dem Ministerium, den Schulämtern und den einzelnen Schulen.

6 Die Zukunft der Schulinspektion

Mit der hier vorgeschlagenen Lösung kann auf die Schulinspektion verzichtet werden. Dadurch fallen immer wieder kritische Aspekte an der Beaufsichtigung der Schule weg, ohne dass die Schulen nicht mehr beaufsichtigt werden.

- (I) Weil aufgrund der Ziele von Schulen beurteilt wird, fallen alle Auseinandersetzungen über die richtige Auswahl von Beurteilungsfaktoren weg.

- (II) Der Unterricht wird nicht durch kurze Unterrichtsbesuche, die selten zu gültigen Erkenntnissen führen, beurteilt. Es ist die Schulleitung, welche die Lehrpersonen besucht und beurteilt. Diese Aufgabe kann periodisch durch das intern konzipierte Qualitätsmanagement vertieft werden.

Insgesamt wird die Unterrichtsbeurteilung verlässlicher, weil die Schulleitung vom aktuellen Geschehen aus beurteilt.

- (III) Die Schulaufsicht arbeitet nicht mit Standardbewertungen, die für ein ganzes Land gelten. Dadurch werden die Schulen über längere Zeit nicht in die gleiche Richtung getrieben, was der Idee der teilautonomen Schule widerspricht (vgl. Avenarius 2007).

- (IV) Doppelspurigkeiten, die sich aus der Schulinspektion und der Schulaufsicht ergeben, entfallen, was die Schulen zeitlich weniger belastet und kostengünstiger ist. So ergeben sich insbesondere keine Doppelspurigkeiten zwischen Aufsicht und Qualitätsmanagement.

- (V) Bei der Schulaufsicht wird nicht umfassend beurteilt, sondern es wird nur die Zielerreichung untersucht. Damit entfällt die Fülle von Daten, welche sich bei der Schulinspektion ergeben und die Schulen beim Bestimmen von Verbesserungsmaßnahmen sowohl sachlich als auch zeitlich überfordern. Weil sich die Schulaufsicht auf das Geschehen der ihr bekannten Schule konzentriert und sich nicht an schematische Beurteilungslisten ausrichten muss, wird die Aufsicht wirklichkeitsnaher.

7 Grenzen dieses Vorschlages für die Schulaufsicht

Gelingen kann das hier vorgeschlagene System der Schulaufsicht nur, wenn

- (VI) die Schulen die nötigen Freiräume mit einer klaren rechtlichen Umschreibung der teilautonomen Schule erhalten.

- (VII) die Personen der Schulaufsicht über hohe Kompetenzen in Fragen der Schulorganisation, der Bildungspolitik sowie der Führung von Schulen verfügen.

- (VIII) die Schulleitungen für alle diese neuen Aufgaben intensiv geschult werden.

- (IX) die Lehrpersonen eine ausreichende Einführung zum Systemverständnis erhalten und insbesondere das intern konzipierte Qualitätsmanagement verstehen.

- (X) das Schwergewicht der Aufsichtsergebnisse nicht auf Vollständigkeit und Ranglisten gelegt wird, sondern gezielte Schwerpunkte gesetzt werden.

Literatur

Altrichter, H.; Kemethofer, D. (2016): Stichwort Schulinspektion. In: Zeitschrift für Erziehungswissenschaft. Heft 03/2016. S. 487-508.

Avenarius, H. (2007): Schule in erweiterter Verantwortung und Schulinspektion. Vortrag bei der Arbeitsgruppe Qualitätssicherung des DGBV am 2. März 2007 in Kassel.

Bauer, K. O. (2002): Rückmeldung und Systemberatung. Erfahrungen und Hinweise für neue Aufgaben der Schulentwicklung. In: Journal für Schulentwicklung. Heft 01/2002. S. 32-44.

Bott, W. (2017): Zur Schulaufsicht in Deutschland. Kritische Anmerkungen im Kontext zur selbständiger werdenden Schule. In: Schulleitung und Schulentwicklung. Berlin: Raabe. Reg. 2.23.

Bruggen, J. C. (2001): Internationale Trends der Schulaufsicht. In: Hofmann, J. (Hrsg.): Schulaufsicht im Umbruch. Neue Aufgaben der Schulaufsicht bei der Qualitätssicherung und -entwicklung von Schulen. Kronach: C. Link, S. 33-41.

Dubs, R. (2011): Die teilautonome Schule. Ein Beitrag zu ihrer Ausgestaltung aus politischer, rechtlicher und schulischer Sicht. Berlin: edition sigma.

Dubs, R. (2016): Qualitätsmanagement. In: Buchen, H., Rolff, H.-G. (Hrsg.): Professionswissen Schulleitung. 4. Auflage. Weinheim: Beltz. S. 1206-1269.

Dubs, R. (2018): Die Führung einer Schule. Leadership und Management. 3. Auflage. Stuttgart: Steiner.

Hanushek, E. A.; Woessmann, L. (2010): The Economics of International Differences in Educational Achievement. Cambridge, MA: National Bureau of Economic Research.

Kotthoff, H.-G.; Böttcher, W. (2010): Neue Formen der „Schulinspektion": Wirkungshoffnungen und Wirksamkeit im Spiegel empirischer Bildungsforschung. In: Altrichter, H.; Maag Merki, K. (Hrsg.): Handbuch Neue Steuerung im Schulsystem. Berlin: Springer, S. 295-325.

Robinson, V. J. M. ; Lloyd, C. A. et al. (2008): The Impact of Educational Leadership on Student Outcomes: An Analysis of the Differential Effects of Leadership types. In: Education Administration Quarterly, 44(5). pp. 603-634.

Qualitätsmanagement und Evaluation in Schulen – Anforderungen an die Lehrprofessionalität

Cornelia Wagner-Herrbach

Abstract

Qualitätsmanagement (QM) soll Organisationen helfen, Qualitätsziele zu definieren und Veränderungsprozesse in Gang zu bringen. Der Einsatz solcher Methoden und Instrumente im schulischen Bereich ist jedoch nicht unumstritten. Vor allem Lehrkräfte in solche Prozesse aktiv einzubinden, stellt eine zentrale Gelingensbedingung dar, die sich angesichts vielfältiger aktueller Herausforderungen wie Lehrkräftemangel, Digitalisierung, Inklusion oder Integration scheinbar nur schwer realisieren lässt. Welche Kompetenzen und Haltungen Lehrkräfte benötigen, um das QM in Schule und Unterricht voranzutreiben und wie unter den gegebenen Bedingungen Raum für systematisch-qualitätsbewusstes pädagogisches Handeln geschaffen werden kann, wird im folgenden Beitrag diskutiert.

Inhalt

1 Was verbirgt sich hinter dem schulischen Qualitätsmanagement? 16
2 Welche verschiedenen Vorstellungen und Konzepte schulischen Qualitätsmanagements gibt es? 17
3 Welche Standards, Aufgaben und Kompetenzanforderungen an die Lehrkräfte stellt das schulische Qualitätsmanagement? 19
4 Welche Erfahrungen gibt es mit dem schulischen Qualitätsmanagement und was lässt sich daraus lernen? 22
5 Schulisches Qualitätsmanagement „4.0": Welche Anforderungen an die Professionalisierung des pädagogischen Personals sind damit verbunden? 25
Literatur 26

© Springer Fachmedien Wiesbaden GmbH, ein Teil von Springer Nature 2019
T. Stricker, *Zehn Jahre Fremdevaluation in Baden-Württemberg*,
https://doi.org/10.1007/978-3-658-25778-1_2

1 Was verbirgt sich hinter dem schulischen Qualitätsmanagement?

Der Ursprung des Qualitätsmanagements ist eng mit industrieller Produktion und später mit betriebswirtschaftlichem Handeln verknüpft (vgl. Zollondz 2016, S. 1161). Die Übertragung auf das Schulwesen erfolgt zunächst nur zögerlich. Seit Mitte der 1990er Jahre sind verstärkt Reformaktivitäten in diesem Bereich zu verzeichnen, die ihren Höhepunkt in der Verankerung verschiedener Instrumente zur Sicherung und Entwicklung schulischer Qualität in den Schulgesetzen der deutschen Bundesländer fanden. Alle diese Maßnahmen sind zentral mit der Hoffnung verbunden, dass die Einzelschule ihre Qualität besser steigern könne, als dies über die Durchsetzung zentraler Vorgaben gelänge (vgl. van Ackeren/Demski/Klein 2017). In den letzten Jahren verdrängen andere brisante bildungspolitische Themen wie Inklusion, Integration von Geflüchteten, Digitalisierung oder aktuell Lehrkräftemangel die vorherrschende Aufmerksamkeit für Schulentwicklungsthemen.

Der Begriff Qualitätsmanagement (QM) bezieht sich in seiner ursprünglichen Bedeutung zunächst „nur" auf alle (systematisch geplanten) Handlungen einer Organisation, die mit der Erreichung definierter Qualitätsentwicklungsziele in Verbindung stehen. Es ist daher möglich, den Begriff QM als Oberbegriff für alle systematischen und längerfristig angelegten einzelschulischen Ansätze zur Sicherung bzw. Verbesserung von Qualität zu verwenden, ohne diese mit Fragen nach Wirtschaftlichkeit und/oder Effizienz zu verknüpfen (vgl. Dubs 2006, S. 1209).

Strukturierte Qualitätsarbeit im Sinne des QM kann systematisch und mit geringem Aufwand auch in kleineren Bereichen/Projekten/Themenfeldern begonnen werden – auch und vor allem in der Unterrichtsentwicklung. Hier können bereits einzelne Instrumente einen wichtigen Beitrag für eine gelungene Umsetzung und eine Sicherung der Ergebnisse leisten, wie etwa Dokumentationshilfen, Vorhabens- und Aufgabenbeschreibungen, Team-Arbeitsformen und Feedback-Instrumente. Als Beispiel möge das Thema Inklusion dienen: QM-Instrumente könnten dazu dienen, Standards für die Erarbeitung sprachsensibler Lehr-Lern-Materialien festzulegen, die Arbeit von Lehrtandems oder Lehrerteams im inklusiven Unterricht zu koordinieren, die schulinterne Curriculumarbeit unter Berücksichtigung einer inklusiven pädagogischen Praxis zu reflektieren sowie die Kontextbedingungen der Schule mit Blick auf die Anforderungen von Inklusion zu prüfen und weiterzuentwickeln.

Die Einführung von QM ist jedoch in jedem Fall mit hohen Anfangsinvestitionen verbunden (insb. Zeit und Arbeitskraft). Ebenfalls verlangt der Umgang mit QM eine Erweiterung der professionellen Kompetenzen auf Seiten der Lehrkräfte. Vor allem sind die Schulleitungen gefordert, QM-Prozesse in der Schule anzustoßen, Unterstützung zu geben sowie diese in die strategische Steuerung der schulischen und unterrichtlichen Abläufe einzubinden.

2 Welche verschiedenen Vorstellungen und Konzepte schulischen Qualitätsmanagements gibt es?

Aufgrund der föderalistischen Struktur des Bildungswesens in Deutschland sind die Vorgaben für die Implementierung von QM in den Bundesländern höchst unterschiedlich. In vielen Bundesländern sind es die *beruflichen Schulen*, die zur Umsetzung ganzheitlicher QM-Systeme verpflichtet sind. Die stärkste Verbreitung haben dabei Systeme gefunden, die auf dem Q2E-Modell basieren (www.q2e.ch). In diesem Modell sollen auf der Basis von verschiedenen Komponenten des Individualfeedbacks (z. B. Evaluation des eigenen Unterrichts, der eigenen Arbeitsprozesse) sowie des Systemfeedbacks (z. B. Evaluation der Schulorganisation oder Lehrkräftegesundheit) Entwicklungsbereiche identifiziert und unter systematischer Nutzung von QM-Instrumenten entsprechende Veränderungsmaßnahmen eingeleitet werden. Zu den Bundesländern, die ein System nach Q2E bereitstellen, zählen Baden-Württemberg, Bayern, Hessen, Sachsen-Anhalt, Mecklenburg-Vorpommern, Rheinland-Pfalz und Bremen.

Einen anderen Weg ging Niedersachsen, das als eines der ersten Bundesländer die Umsetzung eines QM-Systems in den beruflichen Schulzentren verbindlich eingeführt hat und sich hierbei auf das EFQM-Modell stützt (vgl. Bericht der Niedersächsischen Schulinspektion 2010). Das Saarland setzt auf die Zertifizierung der beruflichen Schulen gemäß der Norm DIN EN ISO 9001 (www.saarland.de/178282.htm). Andere Bundesländer formulieren zwar Mindestanforderungen an das QM, überlassen jedoch die Wahl des QM-Systems den Einzelschulen.

Für die *allgemein bildenden Schulen* sind es weniger QM-Systeme die umzusetzen sind, vielmehr erfolgt eine Konzentration auf bestimmte QM-Komponenten. Dabei ist die Bandbreite enorm:

- Bundeslandübergreifend legt die KMK z. B. Empfehlungen unterschiedlicher Art zur Erfassung von Lern- und Leistungsständen in einzelnen Schulstufen und Bildungsgängen vor (u. a. Bildungsstandards).

- Auf der Ebene der einzelnen Bundesländer sind es u. a. die Referenzrahmen, die Felder der Qualitätsarbeit bestimmen und Qualitätsstandards formulieren (z. B. Handlungsrahmen Schulqualität Berlin). Weiterhin gehören hierzu zentrale Prüfungen, externe Evaluationen von Schulen

(z. B. Schulinspektion), Instrumente zur Beurteilung der Lehrkräfte sowie schulübergreifende Kampagnen (z. B. Gesunde Schule, Sprachbildung oder Medienbildung).

- Auf einzelschulischer Ebene sind in der Mehrzahl der Bundesländer umzusetzen: Schulleitbilder und Schulprogramme/Qualitätshandbücher, interne Evaluation und Unterrichtsfeedback, Projekte und/oder schulinterne Weiterbildung für Lehrkräfte.

Als Unterstützungssysteme für die einzelschulische Qualitätsarbeit haben Bundesländer wie Baden-Württemberg, Bayern, Hamburg, Niedersachsen, Mecklenburg-Vorpommern, Nordrhein-Westphalen, Sachsen oder Hessen Strukturen implementiert, die einzelschulische Beratung ermöglichen (z. B. Evaluationsberatungen). In einigen Bundesländern wurden in den Einzelschulen entsprechende Funktionsstellen (Qualitätsbeauftragte) geschaffen. Weitere Unterstützungsstrukturen stellen Material- und Dokumentensammlungen sowie Selbstevaluations-Tools (online-basiert) auf den Service-Websites der Bildungsministerien und Landesinstitute dar. Auch die Fort- und Weiterbildung der Lehrkräfte fällt den Bundesländern zu.

Derzeit drängt sich folgender Eindruck auf: Ca. 15 Jahre nach Beginn der Implementierung gehen Bildungspolitik und Schuladministration davon aus, dass sich QM-Strukturen im schulischen Alltag fest etabliert haben. In der Folge ist es wenig überraschend, dass diesem Thema kaum noch Beachtung geschenkt wird bzw. praktisch keine zentralen Investitionen mehr erfolgen (vgl. van Buer/ Wagner/Rückmann 2016). Darüber hinaus erscheinen die Belastungen von Schulen und Lehrkräften hoch: durch bildungspolitische Schwerpunktthemen wie Inklusion oder Digitalisierung, durch temporäre Mehrbedarfe z. B. in der Integration von Geflüchteten (mit dem Peak in 2015, mittlerweile wieder stark rückläufig), aber vor allem durch den sich immer weiter verstärkenden Lehrkräftemangel. Daher wird in vielen Bundesländern nach Strategien gesucht, Aufgaben und Anforderungen umzustrukturieren, um Kapazitäten für die bildungspolitisch als besonders wichtig erachteten Veränderungsprozesse an Schulen zu schaffen. Gleichzeitig soll es gelingen, Forderungen an das QM der Einzelschulen auf Basis der bisher gesammelten Erfahrungen zielgerichteter und effizienter zu formulieren. Dabei geht es vor allem um die Flexibilisierung von Ausgestaltungsstandards für QM-Instrumente bzw. die terminliche Gestaltung der Rechenschaftszeiträume (so wurden z. B. im Bundesland Berlin verbindliche Vorgaben für die Formulierung von Schulprogrammen und internen Evaluationsberichten reduziert und zentrale Abgabetermine durch Vereinbarungen zwischen Schulen und zentraler Schulaufsicht abgelöst).

Unter einem besonderen Fokus steht nicht zuletzt immer wieder die schulexterne Evaluation/Schulinspektion. Auf der einen Seite wird ihr eine „Schlüsselrolle für die Veränderung der Steuerungskultur im Schulwesen" (Altrichter/Heinrich 2007, S. 51) zugeschrieben. Sie dient zur Rechenschaftslegung durch die Einzelschule, soll Daten zum Monitoring zentraler Strategien der schulübergreifenden Steuerung bereitstellen und gleichzeitig eine datengestützte kollegiale Entwicklungsberatung für die Einzelschulen anbieten. Dafür sind in erheblichem Umfang finanzielle und personelle Ressourcen erforderlich. Bayern setzt die Schulinspektion für das Schuljahr 2018/19 aus, um eine Überarbeitung und Verschlankung des Verfahrens vorzunehmen. Sachsen begründet das Aussetzen der Schulinspektion mit der Sicherung der unterrichtlichen Versorgung. Ebenfalls hat Baden-Württemberg zur Erarbeitung eines neuen Qualitätskonzepts die externe Evaluation mit dem Schuljahr 2017/18 ausgesetzt.

Dass schulisches QM nicht zuletzt auch eine Frage nach den favorisierten bildungspolitischen Steuerungsstrategien ist, zeigt das Beispiel Schleswig-Holstein: Es war eines der ersten Bundesländer, das die verbindliche Schulinspektion einführte, sie wenige Jahre später nach einem Wechsel der Landesregierung wieder aussetzte und später als Schulfeedback zum Schuljahr 2015/16 unter einer ebenfalls neuen Landesregierung wieder einführte. In Österreich wird aktuell nach einem Wechsel der Regierung auf Bundesebene die Einführung einer verbindlichen externen Evaluation für alle Schulen angestrebt, während die Vorgängerregierung ausschließlich auf Komponenten der schulischen Selbstevaluation setzte.

3 Welche Standards, Aufgaben und Kompetenzanforderungen an die Lehrkräfte stellt das schulische Qualitätsmanagement?

Die Forderung nach einer Beteiligung von Lehrkräften bei der Implementierung und Umsetzung schulischen Qualitätsmanagements findet sich auch in bildungspolitischen Forderungen an die Kompetenzentwicklung von Lehrkräften. So definiert die deutsche Kultusministerkonferenz die folgenden fünf Standards für Lehrerbildung (KMK 2004 i. d. F. von 2014):

1. Lehrerinnen und Lehrer sind Fachleute für das Lehren und Lernen,
2. Lehrerinnen und Lehrer sind sich ihrer Erziehungsaufgabe bewusst,
3. Lehrerinnen und Lehrer üben Beurteilungs- und Beratungsaufgaben aus,
4. Lehrerinnen und Lehrer entwickeln ihre Kompetenzen ständig weiter,

5. Lehrerinnen und Lehrer beteiligen sich an der Schulentwicklung. Zum Standard 5 wird explizit auf die Mitwirkung von Lehrkräften an der Gestaltung einer „lernförderlichen Schulkultur und eines motivierenden Schulklimas" sowie insbesondere an der Durchführung interner und externer Evaluationen abgestellt. Kompetenzerwartungen, die mit der Erfüllung dieser Standards verbunden sind, werden in vier Bereiche „Unterrichten – Erziehen – Beurteilen – Innovieren" unterteilt. Zu letzterem Bereich werden drei Kompetenzen zugeordnet, die sich auf die Mitwirkung an Schulentwicklung bzw. Qualitätsmanagement übertragen lassen:

Kompetenz 9: Bewusstsein für besondere Anforderungen des Lehrerberufs: Berufsbezogene Wertvorstellungen/Einstellungen reflektieren, mit Belastungen umgehen, kollegiale Beratung praktizieren;

Kompetenz 10: Verstehen des Berufs als ständige Lernaufgabe: Methoden der Selbst- und Fremdevaluation kennen, rezipieren und bewerten von Ergebnissen der Bildungsforschung, Nutzung von Kooperationen der Schule;

Kompetenz 11: Beteiligung an der Planung und Umsetzung schulischer Vorhaben: Ergebnisse der Unterrichts- und Bildungsforschung für Unterrichtsentwicklung nutzen, Verfahren und Instrumente der internen Evaluation nutzen, planen und umsetzen schulischer Projekte und Vorhaben;

In der empirischen Bildungsforschung ist die Modellierung und Erfassung von Kompetenzerwartungen an Lehrkräfte ebenfalls ein zentrales Thema (Überblick geben z. B. Frey/Jung 2011). Exemplarisch sei auf die in sechs Ländern durchgeführte internationale Studie zur Erfassung von Kompetenzen von Mathematiklehrkräften M21 hingewiesen (vgl. Blömeke/Felbrich/Müller 2008): Der Bereich *Schulentwicklung* gelte nur in einigen Ländern als zentrale Anforderung an Lehrkräfte – dies träfe aber insbesondere auf den deutschsprachigen Raum zu. Um der Anforderung *Schulentwicklung* gerecht werden zu können, müssten Lehrkräfte insbesondere in kooperativen Formen zusammenarbeiten (vgl. zu Kooperationsformen auch Harazd/Drossel 2011) sowie Instrumente der Evaluation verstehen und nutzen.

In der bildungspolitischen wie auch internationalen empirischen Forschung lässt sich ein weitgehender Konsens über spezifische Anforderungen an Lehrkräfte erkennen, die mit der Implementierung und Umsetzung von schulischem QM verbunden sind: Neben professionsbezogenem *Wissen und Können* sind gleichfalls *Haltungen* in Form von Motivation, Überzeugungen sowie selbstregulative Fähigkeiten von Bedeutung (vgl. Baumert/Kunter 2004). Dies gilt im doppelten Sinne für das schulische QM, da die Entwicklung schulischer Qualitätskultur nicht ausschließlich über die Umsetzung formaler QM-Instrumente gelingen kann, sondern ein breites Kommittent auf individueller wie kollektiver Ebene erfordert (vgl. Jonach et al. 2012).

Tabelle 1 gibt einen Überblick über professionelle Anforderungen an Lehrkräfte, die im Zusammenhang mit schulischem QM relevant sind. Dem aktuellen Diskussionsstand folgend wird dabei auf eine Ausrichtung des schulischen QM abgestellt, die der unterrichtsbezogenen Qualitätsentwicklung einen zentralen Stellenwert einräumt.

Tab. 1: Eigene Adaption in Anlehnung an eine Analyse für berufsbildende Schulen in Österreich von Gramlinger/Jonach/Wagner-Herrbach (2017)

	Wissen und Können von Lehrkräften	Haltungen von Lehrkräften
QM planen	- kennen Methoden des Projektmanagements und wenden diese im Kontext der Schul- und Unterrichtsentwicklung an - kennen QM-Instrumente und arbeiten bei deren Entwicklung mit bzw. sind in der Lage, diese auf spezifische Anforderungen der Schule bzw. der Lernenden anzupassen	- stehen Veränderungen positiv gegenüber - übernehmen Ergebnisverantwortung - verfügen über Reflexionsbereitschaft - begreifen sich als Teil der Schule und sind an deren Weiterentwicklung interessiert - arbeiten im Team und mit Stakeholdern zusammen - erkennen die Bedeutung von unterrichts- und schulbezogenen Projekten für die Weiterentwicklung der Schule - reflektieren eigenes pädagogisches Handeln und haben Interesse an Feedback - verfügen über Bereitschaft zur kontinuierlichen Beteiligung an Entwicklungsprozessen
QM durchführen	- setzen QM-Maßnahmen unter gegebener Zielperspektive um - nutzen aktuelles erziehungswissenschaftliches und fachdidaktisches Know-How in der Umsetzung von QM-Maßnahmen - praktizieren kollegiale Beratung - unterstützen die Dokumentation von QM	
QM evaluieren	- kennen Evaluations- und Feedbackinstrumente und wenden diese im Unterricht an - kennen Diagnostik- und Leistungserfassungsinstrumente und wenden diese im Unterricht an - wirken bei der Durchführung von schulweiten-/schulübergreifenden Erhebungen mit	
QM verändern	- interpretieren Evaluations- und Feedbackergebnisse und leiten Konsequenzen ab - kommunizieren ergebnisorientiert über und mit Evaluationsergebnissen - verändern eigene pädagogische Praktiken auf Basis von Evaluationsergebnissen	

Mit Blick auf die für das QM geforderte Professionalisierung des pädagogischen Personals ist zu konstatieren, dass diese in der Grundausbildung von Lehrkräften (unabhängig von der Schulart) bislang kaum berücksichtigt werden (vgl. Wilbers 2013; für Österreich Schober et al. 2012). Die Angebote im Bereich der Fort- und Weiterbildung für Lehrkräfte sind zwischen den Bundesländern höchst unterschiedlich. Insgesamt finden sich für Lehrkräfte eher Angebote, die sich mit spezifischen Themen der Unterrichtsentwicklung auseinandersetzen. Ein konkreter Bezug zum QM erfolgt dabei selten. Angebote, die direkt auf dem Umgang mit QM-Anforderungen ausgerichtet sind, fokussieren zumeist die Zielgruppe der schulischen Führungskräfte (hier vor allem Angebote zu berufsbegleitenden Masterstudiengängen in Schulmanagement oder Qualitätsentwicklung). Insgesamt scheinen die wahrgenommenen Professionalisierungsbedarfe durch die bestehende Angebotsstruktur nicht hinreichend abgedeckt werden zu können (vgl. Wagner/Rückmann 2017). Auch Befunde zur schulinternen Personalentwicklung in diesem Bereich sind eher ernüchternd (vgl. z. B. Rückmann/Wagner/van Buer 2012; Thillmann et al. 2015).

4 Welche Erfahrungen gibt es mit dem schulischen Qualitätsmanagement und was lässt sich daraus lernen?

Eine Reihe von Wirkungen, die mit der Einführung von QM in Schulen erhofft wurden, können – zumindest aus subjektiver Sicht der befragten Akteure – durchaus nachgewiesen werden: Einzelschulische QM-Instrumente wie Schulprogramm, Leitbild, Evaluation finden beim Schulleitungspersonal überwiegend Akzeptanz, insbesondere bei den Angehörigen der Schulleitungen (vgl. z. B. Arnold/ Kilian 2012; Ebner/Funk 2012). Durch QM gelänge es u. a., die Transparenz von Prozessen und Abläufen zu erhöhen, Abläufe zu strukturieren und zu standardisieren sowie Innovationen anzustoßen. Weiterhin sehen schulische Führungskräfte Chancen in der Umsetzung von QM, um einerseits ihren Schulstandort im zunehmenden Wettbewerb um Schülerklientele, Bildungsgänge und Budgetzuweisungen zu profilieren und um andererseits Projekte, Veränderungen und Führungsimpulse besser umsetzen zu können (vgl. Clement/Martin 2009). Allerdings werden QM-Instrumente häufig eher punktuell und anlassbezogen eingesetzt (vgl. z. B. Künzel et al. 2007; für Österreich: Schober et al. 2012). Die Erfahrungen z. B. aus dem bayerischen Modellversuch MODUS 21 zur Förderung von „Selbstständigkeit und unternehmerischem Denken an Schulen" machen deutlich, dass zwar eine Vielzahl von Einzelmaßnahmen zur Verbesserung der Unterrichtsqualität durchgeführt wurde, jedoch kaum eine systematische Verankerung dieser in der Schule stattfand (vgl. Liebau et al. 2007). Eine Nutzung und Ausschöpfung der Potentiale von QM lässt sich an solchen Schulen erkennen, wo Schulleitungen gemeinsam mit ihrem Kollegium geteilte Vorstellungen und Visionen für die Weiterentwicklung ihrer Schule haben (vgl. Wagner 2011).

Bei der Nutzung von Evaluationsergebnissen für eine datenbasierte Schulführung ergeben sich jedoch erhebliche Diskrepanzen zwischen der Akzeptanz von internen und externen Evaluationsergebnissen. Während die Schulleitungen interne Evaluation grundsätzlich als Selbstvergewisserungs- und Überprüfungsinstrument befürworten, werden externe Evaluationen im Sinne der Schulinspektion für die einzelschulische Entwicklung als weniger gewinnbringend betrachtet. In vielen Studien überwiegen zwar die positiven Rückmeldungen des Schulleitungspersonals gegenüber der prinzipiellen Nutzbarkeit der Ergebnisse. Häufig würde es gelingen, Stärken und Potentiale für eine Weiterentwicklung der Schule fassbar herauszuarbeiten (vgl. NQL 2012; Böhm-Kasper et al. 2016). Dennoch erfolgt eher selten eine Rezeption und Diskussion der Ergebnisse in den Schulen. Noch seltener werden Konsequenzen abgeleitet (vgl. z. B. Diegmann et al. 2011; Dedering/Fritsch/Weyer 2013).

In den Kollegien wird hingegen häufig eine eher ablehnende Haltung gegenüber dem QM geäußert. Gründe hierfür sind zum einen der wahrgenommene hohe Arbeitsaufwand. Insbesondere die Dokumentation von QM-Aktivitäten im Rahmen von Schulprogrammen, Evaluationsberichten etc. erleben die schulischen Akteure eher als bürokratische Aufgaben und zusätzliche Belastung (vgl. Rückmann 2016). Zum anderen wird nicht selten ein Eingriff von außen in den pädagogischen Freiraum der Lehrkräfte vermutet sowie Befürchtungen vor einer zunehmenden Kontrolle und Regulierung durch die Bildungspolitik und Bildungsadministration geäußert (vgl. z. B. Kimmig 2007; Künzel et al. 2007; Liebau et al. 2007; Wurster & Gärtner 2013).

Viele Lehrkräfte nehmen die extern induzierten Qualitätsforderungen häufig als gegenläufig zu einer eigenverantwortlichen Schul- und Unterrichtsentwicklung wahr. Die Erfahrungen aus dem Modellversuch „Stärkung von Schulen im kommunalen und regionalen Umfeld" (Schule & Co) verdeutlichen, dass die qualitätswirksamen Maßnahmen nur dann eine höhere Akzeptanz finden, wenn sie Anbindung an die wahrgenommenen Veränderungs- und Unterstützungsbedarfe der Lehrkräfte haben. Bastian (Bastian 2007, S. 14) formuliert aus diesem Grund: *„Bezogen auf das Verhältnis zwischen eigenverantwortlicher Unterrichtsentwicklung und zentralen Steuerungsinstrumenten gibt es deshalb einen Klärungsbedarf"* (vgl. auch z. B. Arnold/Kilian 2012).

Auch die Untersuchungen dazu, wie Lehrkräfte mit Ergebnissen auf schulübergreifenden Leistungsuntersuchungen umgehen, sind weitgehend ernüchternd: Vielfach ziehen die Lehrkräfte keine Konsequenzen aus den zurückgemeldeten Ergebnissen oder beschränken sich auf Fördermaßnahmen für leistungsschwache Lernende (vgl. Demski/Racherbäumer 2015). Nur in wenigen Fällen gelingt es, eine intensive Auseinandersetzung in den Fachkonferenzen anzuregen und, ganz im Sinne des QM, Konsequenzen für die Überarbeitung der Lehrinhalte, Lehrmethoden und der verwendeten Aufgabenformate abzuleiten (vgl. Maier 2008) bzw. eine Verzahnung mit Fragen der Personalentwicklung und/oder des unterrichtlichen Feedbacks auf schulorganisatorischer Ebene umzusetzen (vgl. Tarkian i. V.).

Über einen längeren Zeitraum hinweg erkennen die beteiligten Lehrkräfte hingegen durchaus einen positiven Nutzen des QM. In einem Berliner Modellversuch wurden zwischen 2009 und 2015 elf berufliche Schulen begleitet: QM ermögliche es, die eigene Arbeit zu reflektieren und auch mal *„über den Tellerrand des eigenen Unterrichts hinaus zu blicken"* (Schule 2, Z 199 zitiert nach Wagner/ Rückmann 2017, S. 259). Durch die Prozesse und Erfahrungen würden die Erwartungen an die Qualität der Schule geschärft und gemeinsam diskutiert. Es würden Maßnahmen zur Verbesserung der Schul- und Unterrichtsqualität angestoßen und die Arbeitsweise im Schulalltag systematischer und zielgerichteter. Trotz gestiegener Akzeptanz sei es weiterhin schwierig, die Bereitschaft der Lehrkräfte zur Mitwirkung aufrecht zu erhalten.

Der Nutzen von schulischem QM ist durch die wissenschaftliche Forschung durchaus abbildbar, etwa im Modellversuch „Selbstständige Schule" in Nordrhein-Westfalen (vgl. Feldhoff/Kanders/Rolff 2008): Nachgezeichnet werden positive Wirkungen auf die strukturierte Schulführung, die Organisation und den Ablauf schuladministrativer Prozesse. Auch Effekte der Kooperation der Lehrkräfte auf die Schulatmosphäre konnten festgestellt werden. Durch systematisches Feedback würden die Reflexion von unterrichtlichem Handeln und die Umsetzung von Innovationen im Unterricht gestärkt.

Zusammenfassend lässt sich konstatieren: Die tatsächliche Nutzung von QM in Schule variiert in Abhängigkeit vom Schulkontext, den Erfahrungen und Einstellungen der agierenden schulischen Akteure, der Allokation von Zeitressourcen sowie der schulischen Innovations- und Interaktionskultur. Je enger die umgesetzten QM-Maßnahmen mit den pädagogischen Kernprozessen in Verbindung stehen und je höher Wirksamkeitserwartungen der agierenden Personen sind, desto größer sind die Akzeptanz und die Bereitschaft zur Mitwirkung. Die Befunde machen drauf aufmerksam, dass sowohl auf der Ebene der Schulaufsicht als auch auf der Ebene der Schulleitungen und Lehrkräfte häufig nicht genug Kompetenzen im Umgang mit QM vorlagen und daher deren Potential nicht vollständig ausgeschöpft werden könnten (vgl. z. B. Ramsteck et al. 2015).

5 Schulisches Qualitätsmanagement „4.0": Welche Anforderungen an die Professionalisierung des pädagogischen Personals sind damit verbunden?

Unter dem Schlagwort „Schule 4.0" wird eine Veränderung der schulischen Praxis als Reaktion auf industrielle, wirtschaftliche und gesellschaftliche Entwicklungen gefordert. Als Motoren dieser Entwicklung werden die schnelle und umfassende Zugänglichkeit von Informationen sowie die Vervielfältigung von Interaktionsmöglichkeiten durch Internet, soziale Medien und Weiterentwicklung digitaler Technologien angesehen, die zu einer zunehmend vernetzten Gesellschaft führen. Gleichzeitig werden durch technologischen Fortschritt (v. a. intelligente Systeme und Echtzeit-Feedback) Innovationszyklen verkürzt und Entwicklungsprozesse beschleunigt. Diese Veränderungen verlangen von den Schulen nicht nur eine Flexibilisierung von Strukturen und Organisationsformen schulischen Lernens (z. B. E-Learning, Virtual Classroom), sondern vor allem ein Überdenken der Leitbilder, an denen sich gelungenes Lernen orientiert.

Derzeit stehen die Schulen unter einem enormen Veränderungsdruck, der daraus resultiert, dass sie verschiedene gesellschaftliche Anforderungen zu bewältigen haben, die mit erheblichen Akzentverschiebungen im Bildungs- und Erziehungsauftrag einhergehen. Neben der Reaktion auf Veränderungen im Zuge der Digitalisierung fordert die Diskussion um Inklusion und Integration zu einer Neugewichtung der Wertediskussion auf: Respekt für Vielfalt, Gewaltfreiheit, Vertrauen, Mitgefühl, Ehrlichkeit, Mut sollen als Basis dafür stehen, eine „Schule für alle" umzusetzen. An die Stelle eines Curriculums, das auf die Integration der Heranwachsenden in Gesellschaft und Beruf sowie die Erfüllung individueller Lebensentwürfe ausgerichtet ist, soll nun ein Curriculum treten, in dem Menschenrechte und die Ausrichtung auf eine nachhaltige Sicherung der Lebensgrundlage für zukünftige Generationen zentrale Leitfiguren sind (vgl. Plate 2017 zum ‚neuen' Index für Inklusion).

Dem schulischen QM kommt in diesem Zusammenhang eine besondere Bedeutung zu. Das Instrumentarium sollte dahingehend Anwendung finden, die Weiterentwicklung von Schule und Unterricht entsprechend der sich verändernden Bedingungen zu unterstützen und eine Schulkultur zu entwickeln, in der Veränderungen und Diversität zu einem selbstverständlichen und systematischen Bestandteil der alltäglichen Arbeit werden. Die vielfältigen Anforderungen machen es notwendig, die QM, Inklusion, Digitalisierung usw. nicht als zusätzliche Aufgaben zum eigentlichen Unterricht anzusehen, sondern als Kernbestandteil des pädagogischen Handelns.

Dazu ist es erforderlich, QM nicht als bürokratischen Prozess und externes Kontrollinstrument anzusehen, sondern die bestehenden Instrumente so zu adaptieren bzw. einzusetzen, dass sie dazu beitragen, die von der Schule angestrebten Entwicklungsziele umzusetzen. Hier zeigt sich die gemeinsame Aufgabe von Bildungsadministration, Schulleitung und Lehrkräften, entsprechende Flexibilitäten und Gestaltungsfreiräume zuzulassen sowie bestehende Instrumente zu überprüfen und zu bearbeiten.

Wie bereits an verschiedenen Stellen dieses Beitrags angeklungen, erscheint die Professionalisierung des pädagogischen Personals von zentraler Bedeutung. Die Forschungsbefunde zeigen, dass Lehrkräfte, die den Unterricht als einen dynamischen, sich ständig verändernden interaktiven Prozess verstehen und neuen (fach)didaktischen Entwicklungen aufgeschlossen gegenüberstehen, den Nutzen von QM für Schule und Unterricht eher erkennen und entsprechende Instrumente eher anwenden (vgl. Zimmermann 2013; Rückmann 2016). Je mehr in der Aus-, Fort- und Weiterbildung auf ein solches Rollenverständnis hingearbeitet wird, desto größer ist die Chance, dass sich QM als Teil der Schulkultur etablieren kann. Ein klares Bekenntnis zum QM und die wirksame schulöffentliche Darstellung der Nutzenerwartungen sowie die diskursive Gestaltung von Mitwirkungs- und Mitgestaltungsmöglichkeiten des Kollegiums, von Lehrenden, Eltern und Schulöffentlichkeit lassen sich als Anforderungen an das professionelle Handeln der schulischen Führungskräfte für das Gelingen von QM ableiten.

Weiterhin zeigen die Forschungsergebnisse, dass erfolgreiches QM nach Teamstrukturen und Kooperation in den Schulen verlangt. Zu unterscheiden ist zwischen langfristigen Gruppen (Steuer- und Schulentwicklungsgruppen) zur strategischen Planung, Koordination und Bewertung von QM und beispielsweise Projektgruppen, die bestimmte Maßnahmen umsetzen. Es ist nicht zuletzt darauf zu achten, dass ein systematischer Austausch mit den übergeordneten Ebenen erfolgt (Schulleitung und Bildungsadministration). Nur so kann vermieden werden, dass es zu einer „Verinselung" der QM-Aktivitäten kommt.

Literatur

Ackeren, I. van; Demski, D.; Klein, E. D. (2017): Entwicklungsprobleme Neuer Steuerung im Schulsystem. Ein systematischer Überblick unter besonderer Berücksichtigung des evidenzbasierten Steuerungsanspruchs. In: Holtappels, H. G. (Hrsg.): Entwicklung und Qualität des Schulsystems. Neue empirische Befunde und Entwicklungstendenzen. Münster: Waxmann.

Altrichter, H.; Heinrich, M. (2007): Kategorien der Governance-Analyse und Transformationen der Systemsteuerung in Österreich. In: Altrichter, H.; Brüsemeister, T.; Wissinger, J. (Hrsg.): Educational Governance. Handlungskoordination und Steuerung im Bildungswesen. Wiesbaden: VS. S. 75-98.

Arnold, R.; Kilian, L. (2012): Abschlussbericht. Wissenschaftliche Begleitung durch die TU Kaiserslautern. Online im Internet: http://www.saarland.de/dokumente/thema_bildung/ Endbericht_Final.pdf. Abgerufen 03.08.2018

Bastian, J. (2007): Einführung in die Unterrichtsentwicklung. Weinheim: Beltz.

Baumert, J.; Kunter, M. (2004): Professionelle Kompetenzen von Lehrkräften. Ergebnisse aus dem Forschungsprojekt COAKTIV. Münster: Waxmann.

Blömeke, S.; Felbrich, A.; Müller, C. (2008): Theoretischer Rahmen und Untersuchungsdesign. In: Blömeke, S.; Kaiser, G.; Lehmann, R. (Hrsg.): Professionelle Kompetenzen angehender Lehrerinnen und Lehrer. Münster: Waxmann. S. 15-48.

Böhm-Kasper O.; Gromala L.; Selders O.; Brüsemeister T. (2016): Schulentwicklung aus einer Verhärtung heraus. In: Arbeitsgruppe Schulinspektion (Hrsg.): Schulinspektion als Steuerungsimpuls? Ergebnisse aus Forschungsprojekten. Educational Governance 25. Wiesbaden: Springer. S. 91-117.

Buer, J.; Wagner, C.; Rückmann, J. (2016): Qualitätsmanagment in Schulen. In: Zollondz, H.-D.; Ketting, M.; Pfundtner, R. (Hrsg.): Lexikon Qualitätsmanagement: Handbuch des Modernen Managements auf Basis des Qualitätsmanagements. Oldenbourg: De Gryuter.

Clement, U.; Martin, C. (2009): Formative Begleitung Modellprojekt ‚Selbstverantwortung plus'. Online im Internet: http://selbstverantwortungplus.bildung.hessen.de/Bericht_WB_SV__2008_30_05_2009.pdf. Abgerufen am 03.08.2018.

Dedering, K.; Fritsch, N.; Weyer, C. (2013): Die Ankündigung von Schulinspektionen und deren innerschulische Effekte – hektisches Treiben oder genügsame Gelassenheit? In: Hornberg, S.; Parreira do Amaral, M. (Hrsg.): Deregulierung im Bildungswesen. Münster: Waxmann. S. 205-222.

Demski, D.; Racherbäumer, K. (2015): Principals' evidence-based practice – findings from German schools. In: International Journal of Educational Management, Volume 29. Issue 6. pp. 735-748.

Diegmann, D.; Schmidt, M.; Flagmeyer, D.; Keitel, J. (2011): Partizipationsmöglichkeiten durch externe Evaluation und Zielvereinbarungen im sächsischen Schulsystem. In: Bildung und Erziehung. Heft 03/2011. S. 95-312.

Dubs, R. (2006): Qualitätsmanagement. In: Buchen, R.; Rolff, H.-G. (Hrsg.): Professionswissen Schulleitung. Weinheim: Beltz. S. 1206-1270.

Ebner; H.; Funk, C. (2012): Evaluation des Konzepts „Operativ Eigenständige Schule". Online im Internet: https://ebner.bwl.uni-mannheim.de/fileadmin/files/ebner/files/Publikationen/Abschlussbericht_OES_2012HP.pdf. Aufgerufen am 03.08.2018

Feldhoff, T.; Kanders, M.; Rolff, H.-G. (2008): Qualitätssicherung und Rechenschaftslegung. Ergebnisse zu Zielbereichen des Modellvorhabens im Längsschnitt. In: Holtappels, H. G.; Klemm, K.; Rolff, H.-G.; Pfeiffer, H. (Hrsg.): Schulentwicklung durch Gestaltungsautonomie. Ergebnisse der Begleitforschung zum Modellvorhaben ‚Selbstständige Schule' in Nordrhein-Westfalen. Münster: Waxmann. S. 183-194.

Frey, A.; Jung, C. (2011): Kompetenzmodelle, Standardmodelle und Professionsstandards in der Lehrerbildung: Stand und Perspektiven. Lehrerbildung auf dem Prüfstand 4. In: Empirische Pädagogik. Sonderheft.

Gramlinger, F.; Jonach, M.; Wagner-Herrbach, C. (2017): Qualitätsmanagement an beruflichen Schulen aus Sicht der Lehrerinnen und Lehrer. In: Schlicht, J.; Moschner, U. (Hrsg.): Berufliche Bildung an der Grenze zwischen Wirtschaft und Pädagogik. Festschrift für Fritz Klauser zum 60. Geburtstag. Wiesbaden: Springer.

Harazd, B.; Drossel, K. (2011): Formen der Lehrerkooperation und ihre schulischen Bedingungen. Empirische Untersuchung zur kollegialen Zusammenarbeit und Schulleitungshandeln. In: Empirische Pädagogik. Heft 02/2011. S. 145-160.

Jonach, M.; Gramlinger, F.; Hartl, S. (2012): Qualität braucht Kultur. Das Quality Culture Konzept und seine Anwendungsmöglichkeiten im Kontext von (berufsbildenden) Schulen. In: bwp@, Ausgabe 21. Online im Internet: http://www.bwpat.de/ausgabe21/jonach_etal_bwpat21.pdf. Abgerufen am 03.08.2018.

Kimmig, T. (2007): Untersuchungsergebnisse der wissenschaftlichen Begleitung. Online im Internet: http://www.ganztaegig-lernen.de/media/material/mes.pdf. Abgerufen am 03.08.3018.

4-7.KMK (2014): Standards für die Lehrerbildung: Bildungswissenschaften. Beschluss der Kultusministerkonferenz vom 16.12.2004 i. d. F. vom 12.06.2014. Online im Internet: https://www.kmk.org/fileadmin/veroeffentlichungen_beschluesse/2004/2004_12_16-Standards-Lehrerbildung-Bildungswissenschaften.pdf. Abgerufen am 03.08.2018

Künzel, J.; Roggenbrodt, G.; Rütters, K. (2007): Qualitätsmanagement auf Basis des EFQM-Modells im Schulversuch ProReKo. Begründungen, empirische Befunde und Empfehlungen. In: Schulverwaltung Niedersachsen. Heft 05/2007. S. 151-154.

Liebau, E.; Bürger, R.; Schmid, K.; Thom, W. (2007): Abschlussbericht MODUS 21. Erlangen: Universität Erlangen.

Maier, U. (2008): Rezeption und Nutzung von Vergleichsarbeiten aus der Perspektive von Lehrkräften. In: Zeitschrift für Pädagogik. Heft 54/2008. S. 95-117.

NQL (2012): Schulinspektion (2006-2012). Online im Internet: http://www.nibis.de/nibis3/uploads/2nlq-a2/files/Abschlussbericht_Schulinspektion_2006-2012.pdf. Abgerufen am 03.08.2018.

Plate, E. (2017): Der neue deutschsprachige Index für Inklusion. Online im Internet: https://www.uni-frankfurt.de/69524779/Der-neue-Index_-Dr_-Plate.pdf. Abgerufen am 03.08.2018.

Ramsteck, C.; Muslic, B.; Graf, T.; Maier, U.; Kuper, H. (2015): Data-based school improvement: The role of principals and school supervisory authorities within the context of low-stakes mandatory proficiency testing in four German states. In: International Journal of Educational Management. Volume 29. Issue 6. S.766-789.

Rückmann, J. (2016): Interne Evaluation und Schulentwicklung – Eine Fallstudie an beruflichen Schulen. Frankfurt am Main et al.: Lang.

Rückmann, J.; Wagner, C.; Buer, J. van (2012): Evaluation und Personalentwicklung an beruflichen Schulen. In: Niedermayr, G. (Hrsg.): Evaluation in der Berufsbildung und Personalentwicklung. Grundlagen – Herausforderungen – Perspektiven. Schriftenreihe für Berufs- und Betriebspädagogik: Band 7. Linz: Trauner. S. 265-284.

Schober, B.; Klug, J.; Finsterwald, M.; Wagner P.; Spiel, C. (2012): Ergebnisorientierte Qualitätsentwicklung von Schule: Spezifische Kompetenzen von Lehrkräften, Schulleiterinnen und Schulleitern. In: Herzog-Punzenberger, B. (Hrsg.): Nationaler Bildungsbericht Österreich 2012. Band 2: Fokussierte Analysen bildungspolitischer Schwerpunktthemen. Graz. S. 111-142.

Tarkian, J. (i. V.): „Evidenzbasierte Personalentwicklung im Kontext Neuer Steuerung". Dissertation in Vorbereitung. Freie Universität zu Berlin.

Thillmann, K.; Bach, A.; Wurster, S.; Thiel, F. (2015): „School-based staff development in two federal states in Germany". In: International Journal of Educational Management. Volume 29. Issue 6. pp.714 – 734.

Wagner, C. (2011): Führung und Qualitätsmanagement in beruflichen Schulen. Frankfurt am Main et al.: Lang.

Wagner, C.; Rückmann, J. (2017): Qualitätsmanagement in der beruflichen Bildung – ein aktueller Überblick mit dem Schwerpunkt der schulinternen Evaluation. In: Schlögel, P.; Stock, M.; Moser, D.; Schmid, K.; Gramlinger, F. (Hrsg.): Berufsbildung, eine Renaissance? Bielefeld: Bertelsmann, 253-264.

Wilbers, K. (2013): Wie wirksam ist das Qualitätsmanagement wirklich? Vortrag auf der Tagung „10 Jahr Q2E, Auswirkungen, Nachwirkungen, Nebenwirkungen" am 7./8. November 2013 in Basel.

Wurster, S.; Gärtner, H. (2013): Schulen im Umgang mit Schulinspektion und deren Ergebnissen. In: Zeitschrift für Pädagogik. Heft 03/2013. S. 425-445.

Zimmermann, F. (2013): Einstellung von Lehrkräften zum Qualitätsmanagement an Schulen und deren Prädiktoren – eine empirische Untersuchung an berufsbildenden Schulen in Rheinland-Pfalz. Dissertation, Fachbereich Rechts- und Wirtschaftswissenschaften der Johannes Gutenberg Universität Mainz. Online im Internet: https://d-nb.info/1044344342/34. Abgerufen am 03.08.2018.

Zollondz, H.-D. (2016): Total Quality Management (TQM). In: Zollondz, H.-D.; Ketting, M.; Pfundtner, R. (Hrsg.): Lexikon Qualitätsmanagement: Handbuch des Modernen Managements auf Basis des Qualitätsmanagements. Oldenbourg: De Gryuter, 1155-1161.

Evaluationen und Schulentwicklung aus mikropolitischer Sicht

Dirk Paul Bogner

Abstract

Es ist ruhig geworden um die Mikropolitik in Schulentwicklungsprozessen. Man ist geneigt zu sagen: zu ruhig – und hier spricht nicht nur der Wissenschaftler, sondern das ehemalige Steuergruppenmitglied eines Schulentwicklungsprozesses unter Leitung von Elmar Osswald vom Baseler ULEF. Das Standardwerk zur Mikropolitik in Schulentwicklungsprozessen, das von Herbert Altrichter und Peter Posch 1996 herausgegeben wurde, hat seitdem keine Überarbeitung oder Neuauflage erfahren. Dies soll jedoch dezidiert nicht als Kritik an den Herausgebern verstanden werden, im Gegenteil, dass die höchst gewinnbringende mikropolitische Perspektive überhaupt für Schulentwicklungsprozesse im deutschsprachigen Raum erschlossen wurde, ist vornehmlich diesen Autoren zu verdanken. Aber offensichtlich, und das kann man aus der unveränderten Auflage von 1996 und insgesamt der Forschungs- und Literaturlage zur Mikropolitik, die ganz überwiegend aus den 80er und 90er Jahren stammt, schließen, hat diese Perspektive bis heute zu wenig Resonanz bzw. Impact in der Schulentwicklungspraxis erzeugen können. Es stellt sich an dieser Stelle die Frage, warum dies so ist? Handelt es sich immer noch um ein Nicht-Wissen bezüglich der mikropolitischen Perspektiven auf Schulentwicklungsprozesse? Handelt es sich um ein Nicht-Wollen der Einbeziehung mikropolitischer Perspektiven auf Schulentwicklungsprozesse, weil sich diese Theorie mit einer durchaus unangenehmen Seite in Organisationen beschäftigt? Beide Thesen sind denkbar. Dieser Beitrag behandelt die Zusammenhänge zwischen Evaluationen und Mikropolitik und möchte damit auch einen Beitrag dazu leisten, die mikropolitische Theorie wieder in den Diskurs der Schulentwicklungspraxis zurückzubringen.

Inhalt

1   Einführung 32
2   Die mikropolitische Perspektive auf Schulentwicklung......................34
3   Forschungsbefunde..39
4   Schluss und Ausblick 41
    Literatur...43

© Springer Fachmedien Wiesbaden GmbH, ein Teil von Springer Nature 2019
T. Stricker, *Zehn Jahre Fremdevaluation in Baden-Württemberg*,
https://doi.org/10.1007/978-3-658-25778-1_3

1 Einführung

Es gilt an dieser Stelle zunächst, den Zusammenhang zwischen Mikropolitik und Schulentwicklungsprozessen und den damit verbundenen Evaluationen zu klären. Zunächst fällt hierbei auf, dass beide Themen aktuell verbindet, dass ihre Relevanz – zumindest für die Praxis – nicht mehr unumstritten zu sein scheint. Wie bereits dargestellt, wurde die explizite Literatur- und Forschungslage für die Mikropolitik seit den 90er Jahren kaum aktualisiert. Die externen Evaluationen sind in Baden-Württemberg ausgesetzt. Kurzum: beide Konzepte scheinen ein verzichtbarer Bestandteil von Schulentwicklungsprozessen geworden zu sein. Evaluationen in Schulentwicklungsprozessen und Mikropolitik verbindet jedoch weit mehr als diese aktuelle Resonanzsituation. Es gibt eine unübersehbare inhaltliche Verbindung zwischen beiden Konzepten, die jedoch nicht sofort sichtbar wird, es gilt vielmehr etwas weiter auszuholen: Schulentwicklung und die damit untrennbar einhergehenden Evaluationen sind auch nach mehr als zehn Jahren in aller Regel „kritische Ereignisse" (Rolff 2016, S. 108) für Schulen). Sowohl Schulentwicklung als auch Evaluationen stellen seit jeher einen bestehenden Status Quo bestehender Praxis auf die Probe. Evaluationen legen hierbei im günstigsten Fall die tatsächliche Qualität schulischer Arbeit offen. Damit werden aber nicht nur positive Entwicklungsschritte sichtbar, sondern unter Umständen auch unbequeme bzw. unliebsame Missstände – eben die tatsächliche Beschaffenheit der Situationen und Zustände an einer Schule und nicht etwa nur das, was man gerne ins „Schaufenster" stellt. Schon dies allein könnte genügen, zu erklären, warum Evaluationen als unverzichtbare Bestandteile von Schulentwicklung „kritische Ereignisse" darstellen. Verschärfend kommt nun hinzu, dass Schule als gesellschaftliche Institution hierbei nicht im Verborgenen arbeitet, sondern vielmehr in Form von Integration, Enkulturation, Qualifizierung, Selektion und Allokation höchst bedeutsame Funktionen für und in der Gesellschaft hat (vgl. Fend 1980; 2008). Schulische Institutionen stehen nicht zuletzt deshalb unter ständiger öffentlicher Beobachtung und Legitimationsdruck. Evaluationen wiederum sind gerade deshalb besonders „kritische Ereignisse" für Schulen, weil sie das Potential haben, gerade für diese Öffentlichkeit unbequeme Wahrheiten bezüglich der eben genannten gesellschaftlichen Funktionen von Schule sichtbar zu machen. Dies – man könnte sie auch als ‚externe Begründung' für die Brisanz von Evaluationen bezeichnen – allein jedoch genügt noch nicht, um die gefühlte Brisanz von Evaluationen für Schulen zu erklären. Es gilt vielmehr auch die schulinterne, strukturelle Ausgangslage schulischer Arbeit genauer zu betrachten, denn es gibt strukturelle und institutionelle Gründe dafür, dass Evaluationen in Schulentwicklungsprozessen solch „kritische Ereignisse" darstellen: Bei genauerer Betrachtung der benannten Funktionen wird sichtbar, dass diese nicht immer konfliktfrei miteinander vereinbar sind. Um nur ein Beispiel zu benennen: Integration und damit einhergehende Förderung einerseits, Selektion auf der anderen Seite führen zu nicht auflösbaren Spannungen und Widersprüchlichkeiten für die Institution Schule und die in ihr tätigen Lehrkräfte (vgl. Altrichter/Posch 1996, S. 1). Eine ähnlich gelagerte diffuse Ausgangslage wird bei einer genaueren Betrachtung des Auftrags der Schule sichtbar: Der Auftrag der Institution Schule wird hierbei zwar durch einen gesamtgesellschaftlich verantworteten und legitimierten Erziehungs- und Bildungsauftrag formuliert, dieser lässt jedoch bei aller Verbindlichkeit viel Spielraum für individuelle Definitionen, Interpretationen und Schwerpunktsetzungen. In den je individuellen Ausgestaltungen der Lehrenden in den Klassenzimmern kommen dann durchaus unterschiedliche Zielsetzungen und damit auch Bildungsverständnisse zum Ausdruck. Hieraus resultieren in Schulen Konflikte, Widersprüchlichkeiten und Spannungen, die weniger intra- als viel mehr interkollegialer Natur sind. Hinzu kommt, dass die Institution Schule, die Rolff (2016, S. 108) vielleicht gerade aufgrund der hier angedeuteten Widersprüchlichkeiten gar als „komplizierteste Einrichtung unserer Gesellschaft" bezeichnet, spezifische Strukturmuster aufweist (vgl. ebd.): Die in ihr Tätigen sind in aller Regel ausnahmslos akademisch gebildet und hoch qualifiziert. Selbst Schulleitungen verstehen sich häufig als „Gleiche unter Gleichen" (Rolff 2016, S.108), so dass sich quasi antihierarchische Strukturen herausbilden, in denen sich als Folge häufig ein sogenanntes Egalitäts-Autonomie-Syndrom (Lortie 1975) entwickelt (vgl. Rolff 2016, S. 108).

Das bisher Dargestellte erklärt nicht nur mögliche Ursachen für die nach wie vor bestehende Brisanz von Schulentwicklungsprozessen und die darin stattfindenden Evaluationen. Es deutet sich auch eine direkte inhaltliche Verbindung zur Theorie der Mikropolitik an: Was bis hierher als Ursachen für die gefühlte Brisanz beschrieben wurde, umreißt im Kern gleichsam die strukturelle und organisatorische Ausgangslage schulischer Arbeit, zu der seit einigen Jahren auch die formelle Aufforderung zu Schulentwicklung und Evaluation gehören. Diese Ausgangslage, so wird deutlich werden, bildet geradezu einen idealen Nährboden für mikropolitische Strategien und Taktiken um Machterhalt und Machterweiterung (vgl. hierzu ausführlich Altrichter/Salzgeber 1996, S. 137ff.). Ja möglicherweise ist sogar das implizite Bewusstsein, dass gerade Schulentwicklung und Evaluationen mikropolitische Aktivitäten in der Organisation Schule in Gang setzen können (vgl. ebd.), die Hauptursache dafür, dass insbesondere Schulentwicklung und Evaluationen nach wie vor solch „kritische Ereignisse" für Schulen sind: Ein bestehender Status Quo schulischer Praxis wird vor dem Hintergrund einer in Teilen widersprüchlichen, in jedem Fall nicht eindeutig definierten Ausgangslage, auf den öffentlichen Prüfstand gestellt und dies mit ungewissem, noch dazu möglicherweise für die Öffentlichkeit sichtbarem Ausgang. Damit ist grob umrissen, warum es eine direkte Verbindung von „kritischen Ereignissen" und Mikropolitik gibt. Kritische Ereignisse sind häufig der Anstoß für mikropolitische Machtspiele, die der Perspektive der Mikropolitik gemäß zwar stets in Organisationen wirksam sind, aber eben unter besonderen Umständen wie „kritischen Ereignissen" kulminieren (vgl. Altrichter/Salzgeber 1996, S. 137ff.). Diese Spiele an Schulen zu kennen, kann von unschätzbarem Wert für alle schulischen Akteure ganz allgemein, aber insbesondere im Kontext von kritischen Ereignissen wie Schulentwicklung und Evaluation, sein. Gründe genug, sich mit der mikropolitischen Perspektive vertraut zu machen.

2 Die mikropolitische Perspektive auf Schulentwicklung

In den folgenden beiden Teilkapiteln (2.1 und 2.2.) soll das Zentrum mikropolitischer Theoriebildung beleuchtet werden, indem zunächst die Grundthesen der Mikropolitik als Ausgangspunkt für die dann exemplarisch vorgestellten Strategien und Taktiken transparent gemacht werden. Es soll hierbei die Frage geklärt werden, auf welchen Grundüberlegungen die Mikropolitik ruht und welche Schlussfolgerungen und Konsequenzen sich hieraus für Schulentwicklungsprozesse ergeben.

2.1 Die Grundthesen der Mikropolitik

Im Kern handelt es sich bei der Mikropolitik um eine Organisationstheorie welche die Machtstrukturen in Organisationen zu erklären versucht (vgl. Burns 1961). Diese Theorie beruht allerdings auf einem sehr spezifischen Organisationsverständnis, das eine echte Herausforderung für den nach wie vor vorherrschenden „Mythos" (Altrichter/Salzgeber 1996, S. 99) der Rationalität, Planbarkeit und Kontrolle von traditionell rational verstandenen Organisationen darstellt (vgl. ebd.). Aus mikropolitischer Sicht stellen Organisationen in der Handlungspraxis keine monolithischen auf Dauer gesetzten Strukturen dar, in denen Rechte, Pflichten, Aufgaben und Funktionen der Organisationsmitglieder im Sinne von Organigrammen aus den Organisationszielen heraus klar definiert sind und sich folglich alle Organisationsmitglieder daran halten (vgl. Altrichter/Salzgeber 1996, S. 99ff.; Türk 1989, S. 23). Aus mikropolitischer Sicht gilt vielmehr: Eine Organisation besteht aus Menschen, die als durchaus autonom agierende Akteure auftreten und erst durch ihre Handlungen und Interaktionen die tatsächliche Struktur einer Organisation konstituieren (vgl. Altrichter/Salzgeber 1996, S. 99ff.). Dies hat weitreichende Konsequenzen, denn aus mikropolitischer Sicht ist hierbei damit zu rechnen, dass diese Akteure unter Umständen eigene Interessen verfolgen und ihre Handlungen an Wertvorstellungen ausrichten, die nicht unbedingt bzw. primär den Interessen und offiziell legitimierten Aufgabenverteilungen der Organisation entsprechen (vgl. ebd.). Dies gilt insbesondere dann, wenn die Aufgaben und Funktionen einer Organisation gar nicht eindeutig festgelegt oder festlegbar sind (vgl. ebd.), wenn also so genannte „Ungewissheitsbereiche" (Brüggemeiner/ Felsch 1992, S. 135) existieren. Genau dies jedoch ist in der Organisation Schule – wie oben bereits angedeutet – in einem für die Akteure höchst relevanten Kernbereich der Fall: „...Zieldiversität ergibt sich u.a. aus dem allgemeinen und konkretisierungsbedürftigen Charakter der Lehrpläne; d. h. die Umformung der Zielvorgaben in Handlungen erfordert die Mitarbeit der Akteure. In diese Konkretisierungen fließen notwendigerweise deren Wertvorstellungen und Interessen ein." (Altrichter/Salzgeber 1996, S. 100)

Dieses Zitat ist auch deshalb so relevant, weil Lehrkräfte gerade Unterrichten als ihre Kerntätigkeit betrachten (vgl. Bastian 1997; Klippert 2008). Mit der Qualität ihres Unterrichts steht und fällt ihre Zufriedenheit mit dem Beruf. Insofern ist zu erwarten, dass Lehrkräfte insbesondere in diesem Bereich ein besonderes Interesse haben dürften, ihre Wertvorstellungen und Interessen realisieren zu können. Es ist folglich schon aus diesem Grund mit der Anwendung mikropolitischer Strategien und Taktiken zu rechnen.

Das sich bereits hier andeutende mikropolitische Verständnis von Akteuren in einer Organisation kann noch weiter spezifiziert werden: Die Akteure in einer Organisation verfügen aus mikropolitischer Sicht über unterschiedliche Machtquellen und Ressourcen, die sie mittels Strategien und Taktiken zu erweitern oder zumindest zu erhalten suchen (vgl. Altrichter/Salzgeber 1996, S. 96ff.). Dies gilt auch bzw. gerade aufgrund bestehender Zieldiversitäten in einer an und für sich unhierarchischen Organisation wie einer Schule (vgl. hierzu Lortie 1975; Rolff 2016, S. 108). Die Akteure konkurrieren hierbei um materielle und immaterielle Ressourcen wie Gelder (z. B. Unterrichtsmittel), Personalversorgung, Prestige oder Ämter (z. B. Bereichsleitung/Fachschaftsvorsitz) oder schlicht darum, ihre Autonomiezonen zumindest aufrecht zu erhalten. Ziel ist es hierbei aus mikropolitischer Sicht, jeweils Verfügungsrechte zumindest zu sichern oder aber gar noch autonomere Handlungsmöglichkeiten auszubauen (vgl. Altrichter/Salzgeber 1996, S. 102).

Führt man das spezifisch mikropolitische Organisations- und Akteursverständnis zusammen, so versteht man, warum sich die Mikropolitik im Besonderen für die Dynamiken in Organisationen interessiert. Grundsätzlich unterscheiden Altrichter und Salzgeber (vgl. 1996, S. 137ff.) hierbei zunächst einmal statischere von dynamischeren Organisationen. In statischen Organisationen dominiert die Routine, der Status Quo, der sich in Form von „Routinespielen" in der Praxis der Organisation manifestiert (ebd.; vgl. Ortmann et al. 1990, S. 464ff.). Es hat sich so etwas wie eine „friedliche Koexistenz" (ebd.), ein Vorherrschen von „Kooperationsspielen" (ebd.) herausgebildet, die der Organisation relative Stabilität, negativ betrachtet aber auch Starrheit, verleiht (vgl. ebd.). Diese Struktur allerdings bricht auf, wenn die „feinen Spielstrukturen" (ebd.) dieser organisationalen Routinen, etwa durch „kritische Ereignisse" wie Evaluationen oder Schulentwicklungsprozesse, gestört werden (vgl. ebd.): „Routinespiele" gehen dann in „Innovationsspiele" über. Es wird neu über Definitionen, vorherrschende Werte und Normen sowie über praktizierte Routinen verhandelt. Macht wird dann zumindest potentiell gewissermaßen verflüssigt und verteilt sich unter Umständen neu in einer Organisation. Wenn oben zentral auf Evaluationen als solch „kritische Ereignisse" für Schulen abgehoben wurde, so wird nun deutlich, warum dies so direkt mit der Mikropolitik verbunden ist. Die Mikropolitik benennt neben solchen möglicherweise durch Evaluationen drohende „Einführungen pädagogischer Innovationen" (Altrichter/Salzgeber 1996, S. 118ff.) weitere kritische Ereignisse für vermehrte „Innovationsspiele" (vgl. Altrichter/Salzgeber 1996, S. 114ff.): sinkende Schülerzahlen, neue Schulleitungen, Reorganisation von Schulen. Gerade Evaluationen haben hier eine besondere Bedeutung, denn sie können ab den Jahren 2004 selbst als „pädagogische Innovation" betrachtet werden. Mit zunehmender Inkorporation von Evaluation aber wird deutlich, dass sie jederzeit zu eben solchen „Einführungen pädagogischer Innovationen" (Altrichter/Salzgeber 1996, S. 118) oder aber zu einer „Reorganisation von Schulen" (ebd., S. 117) führen können. In jedem Fall aber haben sie das Potential, die „Routinespiele" eines Status Quo in Frage stellen zu können. Es kommt zu neuen Aushandlungsprozessen, eben das thematisiert die Mikropolitik, wenn sie Strategien und Taktiken identifiziert und analysiert. Auf der Sichtstrukturebene, der Handlungsebene begegnet einem dies in unterschiedlichen Formen, die im folgenden Kapitel exemplarisch dargestellt werden.

2.2 Mikropolitische Strategien und Taktiken in Entwicklungsprozessen

Wie nun aber konkret sehen die mikropolitischen Strategien aus, die in Schulen gespielt werden und die besonders dann gespielt werden, wenn der bestehende status quo in Frage gestellt wird? Altrichter und Salzgeber benennen unter Bezugnahme auf Neuberger (1990) und Ball (1990) insgesamt 14 solcher Strategien, die genutzt werden, um Macht innerhalb von Organisationen zu demonstrieren, zu erhalten oder auszubauen (vgl. hierzu insgesamt Altrichter/Salzgeber 1996, S. 105ff.). An dieser Stelle sollen exemplarisch einige dieser Strategien vorgestellt werden und zwar insbesondere solche, die im Rahmen von Evaluationsprozessen eine Rolle spielen könnten. Über die *Kontrolle von Normen und Verfahren* etwa, die in aller Regel an formelle Machtpositionen wie die des Schulleiters gebunden ist, ist es möglich, formell bestehende Macht, also quasi Macht qua Amtes, zu demonstrieren, indem etwa als Sitzungsleiter die Tagesordnungspunkte einer Gesamtlehrerkonferenz festgelegt werden (vgl. Altrichter/Salzgeber 1996, S. 105). Was wird verhandelt, was nicht, was an erster Stelle, was am Schluss der

Konferenz, wenn Kräfte, Aufmerksamkeit und Geduld aufgebraucht sind. Auch die Delegation bestimmter Aufgaben an Arbeitsgruppen etwa gehört zu den Möglichkeiten, die mit dieser Strategie verbunden sein können. Im Rahmen von Evaluationen können eben diese Strategien genutzt werden, um etwa Form und Inhalt der Evaluationen zu beeinflussen: Wer wird mit der schulinternen Evaluation beauftragt, was bekommen externe Evaluatoren zu Gesicht, welche thematischen Schwerpunkte werden im Rahmen der Evaluation gesetzt und letztlich, was geschieht mit den Ergebnissen der Evaluation? Werden diese vollständig veröffentlicht oder interpretiert und nur in Auszügen wem zugänglich gemacht? Eine Schulleitung hat hier zunächst einmal qua Amtes viel umfassendere Machtquellen als jedes andere Mitglied der Schulgemeinde. Diese Macht könnte sogar soweit genutzt werden, *vollendete Tatsachen zu schaffen* (Altrichter/Salzgeber 1996, S. 111), indem etwa Evaluationsinhalte und -schwerpunkte oder die Veröffentlichung von Evaluationsergebnissen gar nicht öffentlich verhandelt werden, sondern schlicht von der Schulleitung beschlossen werden.

Wird hingegen in einer Schule eine Arbeitsgruppe gebildet, die sich etwa mit der Vorbereitung, Ausarbeitung und Interpretation von Evaluationen beschäftigt, so findet hier, sofern sich diese Gruppe nicht dezidiert als Mandatsträger bzw. Steuergruppe im Sinne Rolffs versteht (vgl. hierzu Rolff 2016, S. 41ff.) *eine Grenzziehung zwischen Einflussbereichen* statt. Dies benennen Altrichter/Salzgeber (1996, S. 106) als weitere mikropolitisch wirksame Strategie. Hier bilden sich unter Umständen „(...) relativ autonome ‚politische Territorien'" (ebd.) heraus, die die Grenzen für Einflussbereiche klar abstecken (vgl. ebd.). D. h. konkret, die Macht, die formell oben für die Schulleitung beschrieben wurde, könnte auf eine solche „Arbeitsgruppe Evaluation" übergehen. Sie definiert nun, was wie evaluiert wird und was mit den Evaluationsergebnissen geschieht. Sie kommt damit in eine höchst einflussreiche Position und verfügt möglicherweise über Wissen, das nicht allen zugänglich ist bzw. zugänglich gemacht wird. Aus mikropolitischer Sicht wäre dies höchst problematisch, da es Dynamiken in Gang setzt, die sich destabilisierend auf die Organisation auswirken können. Indirekt wird damit bereits eine weitere höchst relevante Strategie angedeutet, die der *Kontrolle des Informationsflusses* (vgl. Altrichter/Salzgeber 1996, S. 109): Hierunter versteht man, dass jemand, der über mehr Wissen als andere Organisationsmitglieder verfügt, machtvollere Möglichkeiten besitzt, in Aushandlungsprozessen seine Wert- und Normvorstellungen in organisationalen Prozessen durchzusetzen. Das vorhandene Wissen etwa könnte nur in Teilen allen zugänglich gemacht werden, es könnte nicht rechtzeitig bekannt gemacht werden oder aber es könnte sogar „irreführend" (Altrichter/Salzgeber 1996, S. 109), im Sinne von ‚in einer bestimmten Richtung interpretiert', veröffentlicht werden (vgl. ebd.). Solche Halbwahrheiten führen dann möglicherweise geradewegs zu einer besonders dunklen Strategie in

Organisationen, denn gerade solche Phasen der „unsicheren Informationslage" (ebd.) können für die Strategie von *Tratsch und Gerücht* genutzt werden (vgl. Altrichter/Salzgeber 1996, S. 110). Alle diese mikropolitisch möglichen Strategien sollten insbesondere dann bedacht werden, wenn es an einer Schule darum geht, zu entscheiden, was mit Evaluationsergebnissen geschieht, wer diese zu Gesicht bekommt, und wer diese auswertet. Es gilt hier zu bedenken, dass sich „(...) Offenheit und das Angebot rationaler Prüfung als vertrauensbildende Maßnahme auswirken [können]" (Altrichter/Salzgeber 1996, S. 111). Dies wiederum wirkt den hier beschriebenen destabilisierenden mikropolitischen Strategien entgegen.

Wenn bisher der Eindruck entstanden sein sollte, dass nur die eine, man könnte hier sagen die formell qua Amtes oder Arbeitsauftrag legitimierte Seite, über Macht verfügt, und die andere Seite dieser Macht hilflos ausgeliefert wäre, so ist dies aus mikropolitischer Sicht nicht zutreffend. Es besteht auch für diese auf den ersten Blick „schwächere Seite", etwa des Lehrerkollegiums, jederzeit die Möglichkeit, mikropolitisch höchst wirksame Strategien anzuwenden, um Macht zu erlangen oder auszubauen: So könnten die Akteure der auf den ersten Blick schwächeren Seite *Bindungen aufbauen*, die genutzt werden um in *Opposition* und *Widerstand* zu gehen (vgl. Altrichter/Salzgeber 1996, S. 106ff.). Dies wäre die „[...] sichtbare Herausforderung der Macht und des status quo durch konkurrierende Situationsdefinitionen im Wettbewerb um Aufmerksamkeit und Akzeptanz des Publikums" (Altrichter/Salzgeber 1996, S. 107; vgl. hierzu auch Ball 1990, S.134ff.). So wäre es denkbar, dass sich eine Opposition gegen die Inhalte, den Ablauf oder einfach den Zeitpunkt eines geplanten Evaluationsvorhabens im Kollegium bildet. Diese Strategie ist, da im öffentlichen Raum ausgetragen, aus mikropolitischer Sicht noch die konstruktivere Form des Widerstands. Geht dieser Widerstand in den „Untergrund" und damit in eine nächste Stufe, so drohen mikropolitisch gesehen *Boykott* oder gar *Eskalation* (vgl. Altrichter/Salzgeber 1996, S. 108). Dieser Widerstand äußert sich nicht mehr in öffentlicher Diskussion um die besseren Argumente in „konkurrierenden Situationsdefinitionen" (ebd.), sondern im „[...] passiven, nicht öffentlich artikulierten Widerstand von Personen oder Gruppen gegen Aktivitäten, die eigentlich deren Mitarbeit erfordern würden" (Altrichter/Salzgeber 1996, S. 108). Eine Eskalation schließlich bringt die konkurrierenden Positionen zumindest wieder in die Öffentlichkeit, allerdings auf eine höchst destruktive Art, weil sich hier die sachlichen bzw. „[...] institutionellen und persönlichen Aspekte" (ebd.) vermischen. Angriffe zielen dann unter Umständen nicht mehr auf die Sache, sondern die Person und zerstören damit jegliches Arbeitsklima in einer Organisation.

In alledem wird deutlich, welche Sprengkraft in Evaluationen liegen können. Die auf den ersten Blick gut gemeinte Intention, Schwächen und blinde Flecken sichtbar zu machen, sich einer Standortbestimmung zu unterziehen, können bei

Nichtkenntnis und -beachtung der hier beschriebenen mikropolitischen Strategien leicht in einem Strudel von Machtspielen enden, der die Organisation in keiner Weise voranbringt, sondern im Gegenteil: die Therapie könnte dann schlimmer sein als die Krankheit (vgl. hierzu Senge 2008) und die Organisation in ihrem Entwicklungsprozess entscheidend zurückwerfen.

3 Forschungsbefunde

Wie oben angemerkt, ist die Mikropolitik bezogen auf die Organisation Schule schon seit geraumer Zeit nicht mehr im Fokus bildungswissenschaftlicher Publikationen und Forschungen. Insofern können an dieser Stelle keine aktuellen explizit mikropolitischen Studienergebnisse vorgestellt werden. Als für die schulische Praxis höchst interessant und in gewisser Weise auch zeitlos kann aber zumindest auf die qualitativ untersuchten nach wie vor höchst aufschlussreichen Einzelfallstudien von Altrichter und Posch (1996) verwiesen werden. Es gibt darüber hinaus jedoch auch eine Reihe von Studien zu Gelingensbedingungen von Schulentwicklungsprozessen und Evaluationsprojekten aus der Schulentwicklungsforschung, die sich höchst interessant mit der mikropolitischen Perspektive in Verbindung setzen lassen. Man kann aus diesen Befunden gewissermaßen korrelativ auf die hohe Bedeutsamkeit der Mikropolitik schließen. Hier sei aufgrund des begrenzten Raumes an dieser Stelle zumindest exemplarisch auf drei Untersuchungen verwiesen:

1. Sammons et al. (1995) vom „Institute of Education" der Universität London haben bereits 1995 durch eine vergleichende Reanalyse der Auswertungen und Berichte der englischen Schulinspektion (OFSTED) elf Erfolgsfaktoren für Schulentwicklungsprozesse identifiziert und daraus das sogenannte OFSTED-Modell entwickelt (vgl. Rolff 2016, S. 142f.). Hier lassen sich bei zwei dieser Faktoren direkte Bezüge zur hier dargelegten mikropolitischen Perspektive herstellen: „Geteilte Visionen und Ziele" (ebd.) für deren Realisierung insbesondere „Einigkeit über Ziele, Beständigkeit im Handeln, Kollegialität und Zusammenarbeit" (ebd.) der betroffenen Akteure an der Schule relevant sind (vgl. ebd.). Ein weiterer Bezug lässt sich aus dem Faktor „Lernende Organisation" herstellen, wenn es darum geht schulbezogene Personalentwicklung zu betreiben.

2. In Metaanalysen von Schulentwicklungsstudien durch Rolff (2007) und Marzano (2003) kristallisieren sich insbesondere drei Erfolgsgaranten bei der Umsetzung von Schulentwicklungsstrategien heraus: zielführendes Handeln (vgl. hierzu Köller 1998 und Schmoker 1999), Teamentwicklung und eine Feedback-Kultur (vgl. hierzu Rosenholtz 1989) (vgl. Rolff 2016,

S. 143ff.). Rolff spricht gar insgesamt von einer „Hilfekultur" (Rolff 2016, S. 145) als Erfolgsgarant für Entwicklungsprozesse.

3. Balzer (2006) identifizierte mit Hilfe der mehrstufigen Delphi-Methode (Befragung von Evaluationsexperten) mehrere Erfolgsgaranten bei Evaluationsprojekten. Als besonders relevant erwiesen sich aus der Einschätzung der Experten für Evaluationen, dass der Evaluationsgegenstand, die Evaluationsziele, die Fragestellungen sowie die Bewertungsgrundlagen klar, verbindlich und transparent definiert sein müssen (vgl. Balzer 2006, S. 131ff.).

Für alle hier benannten Erfolgsgaranten jedoch gilt, dass Machtspiele und Strategien wie sie hier aus mikropolitischer Perspektive beschrieben wurden höchst problematisch wären, denn sie verhindern eben den offensichtlich höchst relevanten pädagogischen Konsens bzw. einen vertrauensvollen und kooperativen Umgang in Interaktionen. Wie stellt man in Organisationen eine solche Klarheit, Verbindlichkeit, einen solchen Konsens her, lautet die alles entscheidende Frage. Diese Frage ist komplex und sie lässt sich nicht einfach mit einer Theorie oder Methode klären, aber ein erster Schritt könnte tatsächlich in der Kenntnis, Bewusstmachung und Offenlegung der hier beschriebenen und möglichen Schattenseiten der Organisation Schule liegen. In diese Richtung weisen auch verschiedene Befunde von Neuberger (2006) aus der nicht schulbezogenen aber mikropolitischen Organisationsentwicklungsforschung: So berichtet Neuberger (vgl. 2006, S. 41ff.) davon, dass das Wissen um mikropolitische Prozesse in Organisationen nachhaltig „... die Überlebenstüchtigkeit sozialer Systeme" (Neuberger 2006, S. 41) befördere, weil sie „... die organisationale Immunabwehr" (ebd.) stärke und antagonistische Kräfte stimulieren könne. Hierbei erweise sich die Mikropolitik durch die Bewusstmachung und Thematisierung von Strategien und Taktiken als förderlich für dann positiv verstandene „Koalitionsbildung, Netzwerke und Kontaktintensität" (ebd.). Erst durch diese demokratiebefördernden Effekte könne sie die wirkliche Realisierung von Zielen ermöglichen (vgl. ebd.).

Um bei der Metapher der „dunklen Seite der Macht" zu bleiben, könnte man sagen, dass ganz offensichtlich erst durch die Beleuchtung dieser dunklen Seiten, also die Offenlegung der sonst verdeckt stattfindenden Spiele, diesen die destruktive Macht genommen wird. Destruktive Machtspiele und -strategien wie sie hier beschrieben werden gedeihen gewissermaßen besonders gut im Verborgenen, so die hier vertretene These. Man ist in dieser Hinsicht geneigt an Wittgensteins Ausführungen zur Struktur von Spielen zu denken:

„Nehmen wir an, das Spiel sei so, dass, wer anfängt, immer durch einen bestimmten einfachen Trick gewinnen kann. Darauf aber sei man nicht gekommen; es ist also ein Spiel. Nun macht uns jemand darauf aufmerksam; – und es hört auf ein Spiel zu sein [...] man kann es auch so auffassen: dass der Andere uns nicht auf etwas aufmerksam gemacht hat; sondern dass er uns statt unseres ein anderes Spiel gelehrt hat. [...] Wir sehen nun etwas anderes und können nicht mehr naiv weiterspielen. Das Spiel bestand einerseits in unseren Handlungen (Spielhandlungen) auf dem Brett; und diese Spielhandlungen könnte ich jetzt so gut ausführen wie früher. Aber andererseits war dem Spiel doch wesentlich, dass ich blind versuchte zu gewinnen; und das kann ich jetzt nicht mehr."

(Wittgenstein 1956, S. 100)

Dies wohlgemerkt gilt für beide Spielparteien, d. h. sowohl für diejenigen, die den Trick verwenden, im übertragenen mikropolitischen Sinne ihre Machtressourcen für Durchsetzungstaktiken verwenden, als auch für diejenigen, die mittels dieser Taktiken zu gewissen Handlungen gezwungen werden sollen.

Das Zitat von Wittgenstein allerdings darf nicht dahingehend missverstanden werden, dass es die endgültige Lösung im Aufdecken von Spielstrukturen sieht. Denn das Spiel ist für Wittgenstein mit der Entlarvung nicht beendet, es bewegt sich lediglich auf eine höhere Stufe und geht gewissermaßen in die nächste Schleife (vgl. ebd.). Dass das Aufdecken und Beleuchten von Machtspielen nicht notwendigerweise zu einer Beendigung dieser Machtspiele führen muss, ist auch dem Mikropolitiker Neuberger bewusst, wenn er etwa darauf verweist, dass eine Aufdeckung auch zu Eskalationen in Form von „offenen Kämpfen" (Neuberger 2006, S. 41) führen kann. Dann, so Neuberger weiter, wären weitere kontraproduktive „Klimaverschlechterungen und Zynismus" (ebd.) möglicherweise auch Angst (vgl. ebd., S. 41) unausweichlich.

4 Schluss und Ausblick

Es sollte an dieser Stelle keineswegs der Eindruck entstehen, als seien Schulen reine Kampfzonen, in denen sich sozusagen sozialdarwinistisch stets der Stärkere bzw. der besser an die Machtstrukturen Angepasste mit seinen Intentionen durchsetzt. Selbstverständlich gibt es auch in Schulen mannigfaltig konstruktive Aushandlungsprozesse (konstruktive Kooperationsspiele), die von anderen Zielen geleitet sind als dem Ausbau oder Erhalt von Macht, sondern vielmehr von Kooperation (vgl. Altrichter/Salzgeber 1996, S. 121ff.). Kollegiale Kooperation als Interaktionsphänomen an Schulen jedoch steht in der Theorie der Mikropolitik nicht im Mittelpunkt des Interesses, ja in gewisser Weise muss dies aus dieser Theorieperspektive geradezu als Paradox betrachtet werden. Hier wird deutlich, dass sich die Mikropolitik möglicherweise bisher zu einseitig auf die Machtdefinition Max Webers beruft (vgl. hierzu Weber 1921/1980, S. 28): „Macht bedeutet jede Chance, innerhalb einer sozialen Beziehung den eigenen Willen auch gegen Widerstreben durchzusetzen, gleichviel worauf diese Chance beruht." Demgemäß wird kollegiale Kooperation, die ja ganz unzweifelhaft an Schulen ebenfalls stattfindet, erst mit der Machtdefinition Hannah Arendts (1970) verständlich, die hervorhebt, dass niemals ein einzelner Akteur Macht besitzt, sondern sich Macht immer erst im Kollektiv, also im handelnden Zusammenschluss von einzelnen Akteuren konstituiert (vgl. Arendt 2003, S. 45ff.). Möglicherweise deutet dies darauf hin, dass die Mikropolitik hier bisher einen blinden Fleck hat bzw. zu einseitig argumentiert. Dies allerdings ist auch Altrichter und Salzgeber (1996) bewusst, wenn Sie hervorheben, dass es „jenseits des Kampfgetümmels" (S. 121) und des in der Mikropolitik überwiegend negativ verstandenen Politikbegriffs im Sinne eines „... Gegenbegriffs zu Wahrheit und Vernunft" (ebd.) betonen, dass es manchen Schulen trotz aller Mikropolitik durchaus gelinge, pädagogischen Konsens herzustellen (vgl. ebd.). Bedingende Erfolgsfaktoren hierfür könnten Aspekte wie gegenseitiges „... Verständnis und emotionaler Rückhalt in der Kollegenschaft" (Altrichter/Salzgeber 1996, S. 125) sein, aber auch vernünftige, ergebnisoffene Aushandlungsprozesse in der sich die schulischen Akteure nicht auf ihre akkumulierten Machtressourcen, sondern auf die im Hier und Jetzt wirksame inhaltliche Stärke ihrer Argumente berufen. Dies wiederum entspräche dem Habermas'schen Konsensbegriff (vgl. hierzu Habermas 1973, S. 230).

Es sollte im Vorangehenden auch keineswegs der Eindruck entstehen, als ginge es darum, Schulen noch effektiver zu machen indem etwa Zieldiversitäten als zentrale Schwierigkeit in Organisationen und häufiger Ausgangspunkt für Aushandlungsprozesse identifiziert und beseitigt werden, und Lehrpläne etwa so konkretisiert werden, dass sie individuellen aber pädagogisch unterschiedlichen durchaus wohlbegründeten Wertvorstellungen keinen Platz mehr bieten. Der Kern der pädagogischen Aufgabe widerspräche jeglichen Versuchen, die in diese Richtung zielen würden. Es geht vielmehr darum, zu berücksichtigen, dass es unter der sichtbaren häufig schriftlich dokumentierten und rational klar wirkenden Oberfläche von schulinternen Leitbildern, Schulprogrammen und Schulvisionen in der praktischen Umsetzung auch spürbare Machtspiele gibt. Die Augen vor diesen Machtspielen zu verschließen, sie für nicht existent oder pathologisch zu erklären, böte keine Lösung, zumindest dann nicht, wenn sie vorhanden sind. Und damit ist aus mikropolitischer Sicht immer zu rechnen. Innovationen können dann gelingen, wenn sie „mit dem System und nicht gegen das System arbeiten" (vgl. Altrichter/Salzgeber 1996, S. 139ff.). Hierzu jedoch ist eine Voraussetzung die, dass man das „System", die *praktisch realisierte und gelebte* Struktur der Organisation, überhaupt kennt und berücksichtigt. Und hierzu gehören ganz offensichtlich auch die hier beschriebenen mikropolitischen Strategien und Taktiken der handelnden Akteure.

Fakt ist nach wie vor, dass die Theorieperspektive der Mikropolitik in Schulen viel zu wenig bekannt ist. Dies ist ein großes Manko, denn gerade Schulentwicklung und die damit einhergehenden Evaluationen setzen in großem Maße Kräfte im System Schule frei, die nicht immer konstruktiv bzw. strukturell stabilisierend und damit im Sinne der positiven Weiterentwicklung der Institution Schule eingesetzt werden. Das Aufbrechen des bestehenden Status Quo, der ebenfalls untrennbar mit Evaluationen im Rahmen von Schulentwicklung verbunden ist, führt durchaus auch zu unproduktiven und belastenden Machtspielen der einzelnen Akteure im System Schule. Die Mikropolitik thematisiert und analysiert genau diese Machtspiele aus einer Akteursperspektive heraus. Gerade dies jedoch macht sie zu einem unverzichtbaren Begleiter für „kritische Ereignisse", wie Schulentwicklungsprozesse und Evaluationen (vgl. Altrichter/Posch 1996, S. 1). Die gründliche Kenntnis der mikropolitischen Perspektive befreit die handelnden Akteure in Schulentwicklungsprozessen ganz generell und in Evaluationsprozessen im Speziellen vom Irrglauben rational-kontingenter Strukturen, wie sie etwa in Organigrammen und klaren Aufgabenbeschreibungen zum Ausdruck kommen. Individuelle Machtspiele kommen hier nicht vor, denn sie stellen Pathologien und Formen einer mangelnden Organisation dar, die um Schaden von der Organisation abzuwenden, schnellstens zu beheben sind (vgl. Altrichter/Salzgeber 1996, S. 96ff.) Die Mikropolitik hingegen nimmt eine dezidierte Akteursperspektive ein und geht davon aus, dass Aushandlungsprozesse immer stattfinden und nicht zu verhindern sind. Organisationen sind demgemäß aus mikropolitischer Sicht durchaus „politische Arenen" (Altrichter/Salzgeber 1996, S. 97). Es geht heute an Schulen darum, diese Aushandlungsprozesse zu verstehen und ernst zu nehmen. Insofern trifft es nicht zu, dass sich die Mikropolitik ausschließlich um die „dark side of organizational life" (Altrichter/Salzgeber 1996, S. 98) kümmere. Es steckt ein höchst konstruktives und produktives Moment in dieser nur auf den ersten Blick dunklen Seite einer Organisation: Kenntnis des Systems, um dieses unverzichtbare Wissen für produktive Entwicklungs- und Evaluationsprozesse zu nutzen.

Literatur

Altrichter, H.; Posch, P. (1996): Mikropolitik der Schulentwicklung. Förderliche und hemmende Bedingungen für Innovationen in der Schule. Innsbruck/Wien: StudenVerlag.

Altrichter, H.; Salzgeber, G. (1996): Zur Mikropolitik schulischer Innovation. Wie Schulen durch das Handln verschiedener Akteure mit unterschiedlichen Interessen Struktur gewinnen und sich entwickeln. In: Altrichter, H.; Posch, P. (Hrsg.): Mikropolitik der Schulentwicklung. Förderliche und hemmende Bedingungen für Innovationen in der Schule. Innsbruck/Wien: StudenVerlag, S. 96-169.

Arendt, H. (2003): Macht und Gewalt. München und Zürich: TB.

Ball, S. J. (1990): The Micro-Politics of the School. Towards a theory of school organization. London: Routledge.

Balzer, L. (2006): „Wie werden Evaluationsprojekte erfolgreich?" – Ergebnisse einer Delphistudie. In: Böttcher, W.; Holtappels, H. G.; Brohm, M. (Hrsg.): Evaluation im Bildungswesen. Eine Einführung in Grundlagen und Praxisbeispiele. Weinheim und München: Juventa Verlag, S. 123-136.

Bastian, J. (1997): Pädagogische Schulentwicklung. Von der Unterrichtsreform zur Entwicklung der Einzelschule. In: Pädagogik. Heft 02/1997. S. 6-11.

Brüggemeier, M.; Felsch, A. (1992): Mikropolitik. In: Die Betriebswirtschaft. Heft 01/1992. S. 133-136.

Burns, T. (1961): Micropolitics: Mechanisms of Institutional Change. In: Administrative Science Quarterly. Vol. 6, No. 03/1961. pp. 257-281.

Fend, H. (1980): Theorie der Schule. München/Wien/Balitmore: Urban & Schwarzenberg.

Fend, H. (2008): Neue Theorie der Schule. Einführung in das Verstehen von Bildungssystemen. 2., durchgesehene Auflage. Wiesbaden: VS-Verlag.

Habermas, J. (1973): Wahrheitstheorien. In: Habermas, J. (Hrsg.) (1984): Vorstudien und Ergänzungen zur Theorie des kommunikativen Handelns. Frankfurt: Suhrkamp. S.127-183.

Klippert, H. (2008): Pädagogische Schulentwicklung. Planungs- und Arbeitshilfen in Schule und Unterricht. 3. Auflage. Weinheim und Basel: Beltz.

Lortie, D. (1975): Schoolteacher: A sociological analysis. Chicago: University of Chicago Press.

Ortmann, G.; Windeler, A.; Becker, A.; Schulz, H.-J. (1990): Computer und Macht in Organisationen. Mikropolitische Analysen. Opladen: Westdt. Verlag.

Marzano, R. J. (2003): What Works in Schools. Alexandria: ASCD.

Köller, O. (1998): Zielorientierung und schulisches Lernen. Münster: Waxmann.

Neuberger, O. (1990): Führen und geführt werden. Stuttgart: Enke.

Neuberger, O. (2006): Mikropolitik und Moral in Organisationen. Stuttgart: Lucius & Lucius/UTB.

Rolff, H.-G. (2007): Studien zu einer Theorie der Schulentwicklung. Weinheim und Basel: Beltz.

Rolff, H.-G. (2016): Schulentwicklung kompakt. Modelle, Instrumente, Perspektiven. 3., vollständig überarbeitete und erweiterte Auflage. Weinheim und Basel: Beltz.

Rosenholtz, S. J. (1989): Teachers Workplace. New York: Teachers College Press.

Sammons, P.; Hillman, J.; Mortimore, P. (1995): ‚Key characteristics of effective schools: a review of school effectiveness research'. Paper presented at an internal seminar for Ofsted, London: Institute of Education.

Senge, P. M. (2008): Die Fünfte Disziplin. 10. Auflage. Stuttgart: Schäffer-Poeschel.

Schmoker, M. (1999): Results: The Key to Continous School Improvement. Alexandria: ASCD.

Türk, K. (1989): Neuere Entwicklungen in der Organisationsforschung. Stuttgart: Enke.

Wittgenstein, L. (1956) : Bemerkungen über die Grundlagen der Mathematik. Oxford: Basil Blackwell.

Nutzung von internen und externen Evaluationen in der Schulpraxis

Denise Demski

Abstract

Auf Basis einer Mixed-Methods-Studie an rheinland-pfälzischen Schulen untersucht der vorliegende Beitrag die wahrgenommene Nützlichkeit sowie die selbstberichtete Nutzung von unterschiedlichen Instrumenten der internen und externen Evaluation durch Akteure in der Schulpraxis. Dabei wird auch einem möglichen empirischen Zusammenhang mit der Schulkultur nachgegangen. Es kann auf eine schriftliche Befragung von Schulleitungsmitgliedern ($n = 297$) und Lehrkräften ($n = 1230$) zurückgegriffen werden. Zur Exploration der Gründe für die Nutzung bzw. Nicht-Nutzung evidenzbasierter Wissensbestände wurden ergänzend an sieben Schulen insgesamt 35 leitfadengestützte Interviews geführt. Die Ergebnisse zeigen, dass Schulleitungen und Lehrkräfte gleichermaßen insbesondere prozessbezogene Informationsquellen mit Bezug zur konkreten Unterrichtsebene nutzen, während sie den neuen Steuerungsinstrumenten (Schulleistungsvergleiche, Lernstandserhebungen, Schulinspektionen) eine eher geringe Nützlichkeit attestieren und diese Quellen in der Folge auch nur wenig intensiv gebrauchen. Die Evidenznutzung scheint tendenziell an familiären und innovativen Schulen stärker ausgeprägt zu sein als an Schulen mit einer Schwerpunktlegung auf Wettbewerbsfähigkeit und Regelhaftigkeit.

Inhalt

1 Einführung 46
2 Neue Steuerung und Evidenzbasierung im Bildungssystem 46
3 Methodisches Vorgehen..48
4 Ausgewählte Ergebnisse...50
5 Zusammenfassung und Diskussion 54
Literatur...56

© Springer Fachmedien Wiesbaden GmbH, ein Teil von Springer Nature 2019
T. Stricker, *Zehn Jahre Fremdevaluation in Baden-Württemberg*,
https://doi.org/10.1007/978-3-658-25778-1_4

1 Einführung

Nach dem enttäuschenden Abschneiden deutscher Schülerinnen und Schüler im Rahmen der PISA 2000-Studie wurde in der BRD ein stärkeres Gewicht auf Evaluationen im Schulbereich gelegt. Zum einen wurden in der Gesamtstrategie der Kultusministerkonferenz zum Bildungsmonitoring (KMK 2015; zuerst 2006) Formen der externen Leistungsüberprüfung (Teilnahme an internationalen Schulleistungsvergleichen, landesweite Lernstandserhebungen, Überprüfung der Erreichung der Bildungsstandards durch das Institut zur Qualitätsentwicklung im Bildungswesen) festgeschrieben, zum anderen sollen auch Formen der internen Evaluation zur Entwicklung von Einzelschulen genutzt werden. Es wird somit ein neues Steuerungsmodell favorisiert, das deutlicher als zuvor an den Ergebnissen von Bildungsprozessen ausgerichtet ist. Inwiefern das so generierte Evaluationswissen jedoch tatsächlich von den Akteuren in der Schulpraxis rezipiert und handlungsleitend wird, ist im deutschsprachigen Raum noch vergleichsweise wenig untersucht. Nach einer kurzen Übersicht über die Neue Steuerung im Bildungssystem und das Konzept der Evidenzbasierung werden Ergebnisse einer Studie präsentiert, die sowohl quantitativ als auch qualitativ das Ausmaß der Nutzung unterschiedlicher potenzieller Evidenzquellen durch Akteure in der Schulpraxis untersuchte. Der Beitrag schließt mit einer kurzen Zusammenfassung und Diskussion der Befunde sowie Implikationen für Bildungspolitik, Bildungsforschung und Bildungspraxis.

2 Neue Steuerung und Evidenzbasierung im Bildungssystem

Altrichter und Maag Merki (2010) sehen die Neue Steuerung im Schulsystem als im Wesentlichen durch drei Merkmale charakterisiert: (1) eine gesteigerte Schulautonomie und die Erhöhung einzelschulischer Gestaltungsspielräume, (2) die Verbetrieblichung der Einzelschule sowie (3) eine evidenzbasierte Bildungspolitik und Schulentwicklung. Angelehnt an das Konzept der evidenzbasierten Medizin wird auch für das Bildungssystem eine Entscheidungsfindung und Handlungspraxis auf Grundlage belastbarer empirischer Befunde angestrebt. Der Begriff der Evidenz erscheint in diesem Zusammenhang missverständlich, denn er leitet sich etymologisch vom lateinischen Wort evidens (ersichtlich, augenscheinlich) bzw. evidentia (Augenscheinlichkeit) ab und bezeichnet in diesem Verständnis folglich etwas, das keiner weiteren Begründung oder Legitimation bedarf (vgl. Jornitz 2008). In der Literatur werden Klassifikationen und Stufenmodelle unterschiedlicher Wissensbestände dargestellt (z. B. Petticrew/Roberts 2003). Als besonders empfehlenswert werden systematische Reviews und Metaanalysen eingeschätzt sowie randomisierte kontrollierte Studien, Querschnittsuntersuchungen und Fallstudien befinden sich hingegen auf den unteren Stufen. Mit dem Paradigma der Evidenzbasierung im Bildungssystem ist die Hoffnung verbunden, zu einer Entwicklung von Schule und Unterricht beitragen zu können (Altrichter 2010). Einerseits wird vermehrt Wissen *über* das Bildungssystem generiert, das für Akteure in Bildungspolitik und Bildungsadministration als Entscheidungsgrundlage dienen soll. Andererseits soll das so erzeugte Wissen auch auf der Ebene der Bildungspraxis Wirkung entfalten und für Schulleitungen und Lehrkräfte handlungsleitend werden, somit wird auch Wissen *für* das Bildungssystem bereitgestellt (vgl. Bellmann/Müller 2011).

Gärtner (2013) stellt für den schulischen Kontext Vor- und Nachteile der internen und externen Evaluation gegenüber. So seien die standardisierten Verfahren der externen Evaluation schwer zu manipulieren und ermöglichten so ein System-Monitoring und die Erfüllung der Rechenschaftsfunktion. Als nachteilig sind jedoch die Passivität der Schulen und die meist geringe Inbesitznahme der Rückmeldungen herauszustellen, sodass externe Evaluationen kaum Anstoß zur Entwicklung böten. Zudem könnten die Verfahren auch Nebenwirkungen wie Angst und Stress mit sich bringen. Darüber hinaus könnten Schulen bestrebt sein, ihre Schwachpunkte zu verdecken (hide attitude; vgl. Tymms 1999) und die Organisation in einem möglichst günstigen Licht zu präsentieren (window dressing). Insbesondere im angloamerikanischen Raum werden derartige nicht-intendierte Effekte und „Kollateralschäden" (vgl. Nichols/Berliner 2007) im Zusammenhang mit konsequenzreichen Tests (high-stakes testing) berichtet. Bei der internen Evaluation seien die Schulen laut Gärtner (2013) aktiv, die Informationen würden in Besitz genommen und abgeleitete Maßnahmen könnten unmittelbar umgesetzt werden, sodass interne Evaluationen eine Entwicklungsfunktion erfüllen könnten. Die Akteure hätten Kenntnisse über die schulinternen Dynamiken und könnten eigene Erfolgskriterien definieren. Allerdings sei mit diesem geringen Standardisierungsgrad kein System-Monitoring möglich, zudem seien interne Evaluationen für die Schulen mit einem hohen Aufwand verbunden. Es könne zu Spannungen innerhalb des Kollegiums kommen und die notwendigen Kompetenzen für die Durchführung seien oftmals nicht vorhanden, es mangele jedoch an entsprechenden Fort- und Ausbildungskonzepten. Darüber hinaus kann nicht ausgeschlossen werden, dass wichtige Qualitätsbereiche unberücksichtigt bleiben und blinde Flecken nicht aufgedeckt werden können.

Auf Basis der Darstellung von Gärtner (2013) lässt sich festhalten, dass interne und externe Evaluationsformen mit spezifischen Vor- und Nachteilen behaftet sind. Für Deutschland ist die empirische Befundlage hinsichtlich der Bewertung und der Verwendung von Evaluationswissen in der Schulpraxis als noch vergleichsweise limitiert einzuschätzen. Insbesondere mangelt es an Untersuchungen, die unterschiedliche potenzielle Evidenzquellen vergleichend betrachten. Dies wurde im Rahmen des durch das Bundesministerium für Bildung und Forschung geförderten Projekts „Evidenzbasiertes Handeln im schulischen Mehrebenensystem – Bedingungen, Prozesse und Wirkungen" (EviS) der Universitäten Mainz und Duisburg-Essen zum Anlass genommen, die eingeschätzte Nützlichkeit sowie den Grad der Nutzung verschiedener Informationsquellen durch Lehrkräfte und Schulleitungsmitglieder im Bundesland Rheinland-Pfalz zu analysieren. Die hier dargestellten Ergebnisse basieren auf einer Dissertationsschrift (Demski 2017), die im Rahmen des BMBF-Projekts angefertigt wurde. Die methodische Vorgehensweise sowie zentrale Ergebnisse dieser Studie werden im Folgenden dargestellt.

3 Methodisches Vorgehen

Das gewählte methodische Vorgehen lässt sich als ein Sequential Mixed Design (vgl. Teddlie/Tashakkori 2006) charakterisieren: Zunächst erfolgte eine standardisierte Fragebogenerhebung an sechs Schulformen. Es wurden alle Förderschulen, Realschulen Plus, Gymnasien, Integrierten Gesamtschulen und Berufsbildenden Schulen in Rheinland-Pfalz angeschrieben, sowie eine Zufallsstichprobe von 200 Grundschulen. Die hier dargestellten Ergebnisse beziehen sich auf eine Stichprobe von 297 (stellvertretenden) Schulleitungsmitgliedern und 1230 Lehrkräften. Lehrerinnen (64,1 %) sind gegenüber Lehrern (35,9 %) im Sample überrepräsentiert, bei den Schulleitungsmitgliedern zeigt sich ein gegenteiliges Bild (39,6 % weiblich, 60,4 % männlich). Zentraler Baustein des Fragebogens war die Erfassung der eingeschätzten Nützlichkeit sowie der selbstberichteten Nutzung von dreizehn unterschiedlichen Informationsquellen auf Basis fünfstufiger Likert-Skalen (gar nicht nützlich bis sehr nützlich bzw. gar keine Nutzung bis sehr intensive Nutzung). Neben Zeitungen und pädagogischen Zeitschriften mit und ohne Schulfachbezug wurden weitere Instrumente und Verfahren abgefragt, die sich eher Formen der externen (Schulinspektionen, Lernstandserhebungen, Berichterstattung zu Schulleistungsvergleichen, Schulstatistik, Aufgabensammlungen von zentraler Stelle wie bspw. dem Institut zur Qualitätsentwicklung im Bildungswesen) oder der internen Evaluation (Schülerfeedback, kollegiale Unterrichtsentwicklungsmaßnahmen, Kompetenztests/diagnostische Tests, von der Schule oder den Lehrkräften durchgeführte Befragungen, Parallelarbeiten) zuordnen lassen. Als potenzielle Einflussfaktoren wurden in den Fragebögen neben demographischen insbesondere schulstrukturelle/-organisatorische sowie schulkulturelle Merkmale erhoben. Die Erfassung von Schulkultur erfolgte durch eine schulbezogene Adaption des Organizational Culture Assessment Instrument

(OCAI; Cameron/Quinn 2006), bei der die Befragten angehalten werden, 100 verfügbare Punkte auf vier Antwortalternativen zu verteilen, die jeweils einem kulturellen Idealtyp entsprechen. Durch die Mittelwertbildung über die sechs erfragten Dimensionen (wesentliche Merkmale der Organisation, Führungsstil, Zusammenhalt (in) der Organisation, strategische Schwerpunkte, Erfolgskriterien, Personalführung) hinweg ergibt sich für jede Schule ein spezifisches Muster der kulturellen Schwerpunktsetzung. Die folgenden Kulturtypen werden im OCAI differenziert:

- der *Clan*,
  gekennzeichnet durch eine familiäre Arbeitsatmosphäre und das Bestreben nach Konsens,
- die *Adhocracy*,
  charakterisiert durch ein hohes Maß an Flexibilität und Innovativität,
- der *Market*,
  mit einer ausgeprägten Schwerpunktsetzung auf Wettbewerbsfähigkeit und Zielerreichung,
- die *Hierarchy*,
  gekennzeichnet durch ein hohes Maß an Regelhaftigkeit und formalisierte Arbeitsabläufe.

Die gewonnenen Daten wurden deskriptiv, multivariat und mehrebenenanalytisch mithilfe von SPSS und Mplus ausgewertet. Aufbauend auf den Ergebnissen der Fragebogenstudie wurden Schulen für vertiefende Fallstudien ausgewählt: Drei dieser Fallschulen (zwei berufsbildende Schulen, ein Gymnasium) zeigten in der standardisierten Befragung ein geringes Maß der Nutzung evidenzbasierter Wissensbestände. Vier Schulen (zwei berufsbildende Schulen, zwei Gymnasien) nutzten die betrachteten Informationsquellen vergleichsweise intensiv. In jeder dieser sieben Fallschulen wurden ein Schulleiterinterview sowie vier Lehrkräfteinterviews geführt. Der Interviewleitfaden fokussierte neben den Gründen für die Nutzung respektive Nicht-Nutzung von Evaluationsbefunden insbesondere die Schulkultur sowie das Schulleitungshandeln. Zur Verifizierung der Befunde aus der Fragebogenerhebung wurden die Interviewten gebeten, Satzanfänge mit Antwortmöglichkeiten zu vervollständigen, die ebenfalls den vier kulturellen Idealtypen im Organizational Culture Assessment Instrument entsprachen; die vier Antwortalternativen waren hier in eine Reihenfolge zu bringen. Die Interviews wurden vollständig transkribiert, anonymisiert und inhaltsanalytisch mithilfe der Software MAXQDA ausgewertet.

4 Ausgewählte Ergebnisse

Im Folgenden kann lediglich ein kleiner Ausschnitt der gewonnenen Befunde präsentiert werden. Für eine ausführliche Darstellung sei auf Demski (2017) verwiesen.

4.1 Nützlichkeit und Nutzung der Informationsquellen

In Bezug auf die *Nützlichkeit* (vgl. im Folgenden Tabelle 1) der betrachteten Verfahren fällt in der Fragebogenerhebung bei Lehrkräften und Schulleitungsmitgliedern insbesondere eine hohe Zustimmung beim Schülerfeedback ($M_{\text{Lehrkräfte}} = 4{,}15$; $M_{\text{Schulleitungen}} = 4{,}20$ auf einer fünfstufigen Likert-Skala) sowie bei kollegialen Unterrichtsentwicklungsmaßnahmen ($M_{\text{Lehrkräfte}} = 4{,}00$; $M_{\text{Schulleitungen}} = 4{,}46$) auf. Darüber hinaus werden von den Lehrkräften Parallelarbeiten, innerhalb der Schule oder des Unterrichts eingesetzte Testverfahren, wie Kompetenztests, und schulfachbezogene Zeitschriften als nützlich bewertet. Tendenziell bewerten die befragten Schulleiterinnen und Schulleiter die erfragten Instrumente und Informationsquellen etwas positiver als die Lehrkräfte.

Ein deutlicher Unterschied zwischen den Einschätzungen der beiden Akteursgruppen wird insbesondere bei der Schulinspektion deutlich, der die Schulleitungen ($M = 3{,}05$) eine größere Nützlichkeit attestieren als die Lehrkräfte ($M = 2{,}42$) in der Stichprobe. Festzuhalten bleibt jedoch auch, dass die externen Formen der Leistungsüberprüfung (Lernstandserhebungen, Schulleistungsvergleiche, Schulinspektionen) von Lehrkräften und Schulleitungsmitgliedern gleichermaßen als weniger nützlich eingestuft werden als die prozessorientierten, unterrichtsnahen Informationsquellen.

Auch bei der *Nutzung* zeichnet sich bei den Schulleiterinnen und Schulleitern ein etwas günstigeres Bild ab als bei den Lehrkräften. Tendenziell werden die Informationsquellen, denen eine vergleichsweise hohe Nützlichkeit zugeschrieben wird, auch am intensivsten genutzt. So ist bei den Befragten nach eigenen Angaben insbesondere die Verwendung von kollegialen Unterrichtsentwicklungsmaßnahmen ($M_{\text{Lehrkräfte}} = 3{,}08$; $M_{\text{Schulleitungen}} = 3{,}43$) und dem Schülerfeedback ($M_{\text{Lehrkräfte}} = 3{,}55$; $M_{\text{Schulleitungen}} = 3{,}39$) hoch. Schulleitungen nutzen schulfachbezogene Zeitschriften ($M = 3{,}00$) sowie überfachliche schulbezogene Zeitschriften ($M = 2{,}96$) in ungefähr gleichem Maße, Lehrkräfte greifen hingegen deutlich intensiver auf erstere zurück ($M = 3{,}04$ gegenüber $M = 2{,}42$).

In Bezug auf die Schulinspektion ist auffällig, dass bei den Schulleiterinnen und Schulleitern der Mittelwert der Nutzung ($M = 3{,}09$) den der Nützlichkeit ($M = 3{,}05$) sogar leicht übersteigt, wohingegen die Lehrkräfte die Ergebnisse der externen Evaluation nur selten heranziehen ($M = 2{,}14$). Aufgabensammlungen von zentraler Stelle sowie Ergebnisse aus Lernstandserhebungen oder Schulleistungsvergleichen werden von Schulleitungen und Lehrkräften gleichermaßen kaum für die Ausgestaltung und Weiterentwicklung der eigenen Arbeit genutzt. Auffallend sind zudem die durchweg hohen Standardabweichungen, die anzeigen, dass die Werte stark um die jeweiligen Mittelwerte streuen.

Tab. 1: Nützlichkeit und Nutzung evidenzbasierter Wissensbestände durch Schulleitungsmitglieder und Lehrkräfte (eigene Darstellung)

	Nützlichkeit		Nutzung	
	Schulleitungen	Lehrkräfte	Schulleitungen	Lehrkräfte
Berichterstattung zu Schulleistungsvergleichen	3,09 (1,06)	2,82 (1,07)	2,38 (1,05)	1,91 (0,99)
Lernstandserhebungen/ Vergleichsarbeiten	3,29 (1,15)	2,94 (1,19)	2,47 (1,10)	1,98 (1,05)
Ergebnisse der Schulinspektion	3,05 (1,10)	2,42 (1,18)	3,09 (1,27)	2,14 (1,12)
Auswertungen der Schulstatistik	3,29 (1,06)	3,11 (1,04)	2,83 (1,22)	2,22 (1,14)
Aufgabensammlungen von zentraler Stelle	3,47 (1,00)	3,42 (0,99)	2,35 (1,19)	2,10 (1,18)
Kollegiale Unterrichtsentwicklungsmaßnahmen	4,46 (0,71)	4,00 (0,99)	3,43 (1,17)	3,08 (1,36)
Schülerfeedback zum Unterricht	4,20 (0,84)	4,15 (0,87)	3,39 (1,12)	3,55 (1,15)
Selbst/von der Schule durchgeführte Befragungen	3,67 (1,03)	3,31 (1,05)	2,60 (1,42)	2,08 (1,20)
Schulinterne Parallelarbeiten	4,02 (1,11)	3,77 (1,14)	3,07 (1,28)	2,77 (1,36)
Innerhalb der Schule eingesetzte Tests	4,11 (0,83)	3,77 (0,98)	3,27 (1,26)	2,70 (1,32)
Schulfachbezogene Zeitschriften	3,80 (0,88)	3,76 (0,95)	3,00 (1,09)	3,04 (1,22)
Überfachliche schulbezogene Zeitschriften	3,66 (0,93)	3,34 (1,00)	2,96 (1,02)	2,42 (1,16)
Bildungsteil von Zeitschriften/Magazinen	3,35 (0,97)	3,42 (1,07)	2,66 (1,09)	2,67 (1,25)

Hinweis:
Bei den „Ergebnissen der Schulinspektion" wurden bei der Nutzung nur Personen berücksichtigt, die angegeben haben, dass bereits eine Rückmeldung durch die Schulinspektion erfolgt sei.

4.2 Gründe für die (Nicht-)Nutzung der Informationsquellen

Die vertiefenden Interviews lieferten Rückschlüsse auf mögliche Gründe für die Nutzung respektive Nicht-Nutzung der Informationsquellen. Insbesondere schulfachbezogene Zeitschriften wurden von den Lehrkräften in der Hoffnung auf eine

Arbeitserleichterung durch den Einsatz von Unterrichtsmaterialien herangezogen; dies könnte auch erklären, warum in der Fragebogenerhebung bei den Lehrkräften die selbstberichtete Nutzung von überfachlichen pädagogischen Zeitschriften deutlich geringer ausfällt als die Verwendung von Zeitschriften mit Schulfachbezug. Nur vergleichsweise wenige Befragte sahen in der Nutzung evidenzbasierter Wissensbestände und der Durchführung von Evaluationen Möglichkeiten, die eigene Professionalisierung voranzutreiben und zur Qualitätsentwicklung im Schulsystem beizutragen. Ein schlechtes Abschneiden in Lernstandserhebungen und Parallelarbeiten wurde von den Lehrkräften zumeist external attribuiert und auf leistungsschwache Lerngruppen zurückgeführt. Es wurde zudem evident, dass die schulischen Akteure häufig Schwierigkeiten hatten, aus den rückgemeldeten Daten und verfügbaren Wissensbeständen Konsequenzen für das eigene Handeln abzuleiten. Die Schulleitungsmitglieder in den als evidenzbasiert eingeschätzten Schulen berichteten von der Möglichkeit, die Qualität der Einzelschule durch das gute Abschneiden in Lernstandserhebungen und der externen Evaluation gegenüber Stakeholdern und der Öffentlichkeit zu demonstrieren. An diesen externen Instrumenten der Qualitätsüberprüfung wurde in den weniger evidenzbasiert handelnden Schulen deutliche Kritik geäußert, insbesondere wurden die Reliabilität und Validität der Ergebnisse angezweifelt. Darüber hinaus wurde der Arbeitsaufwand im Verhältnis zum Ertrag als zu hoch und der Zeitraum zwischen Datenerhebung und Datenrückmeldung als zu lang erachtet. An der Schulinspektion wurde kritisiert, dass lediglich eine Momentaufnahme erfolge und eine Prozessbegleitung ausbleibe. Ersichtlich wurde bei der Auswertung der Interviews, dass die Befragten sich konkrete Handlungsanweisungen erhofften und die Ergebnisse in komprimierter, möglichst papierbasierter Form zur Verfügung gestellt haben wollten. In Bezug auf die externe Evaluation variierten die Einschätzungen der Befragungspersonen bzw. Schulen erheblich: Während in einigen Schulen die Schulinspektion als unterstützend bei der Qualitätsentwicklung wahrgenommen wurde, empfanden andere Schulen einen Kontrolldruck durch die externe Evaluation.

4.3 Zusammenhang zwischen Schulkultur und Evidenzbasierung

Im Rahmen der hier dargestellten Studie deuteten sich Zusammenhänge zwischen der einzelschulischen Kultur und der Wertschätzung sowie dem Ausmaß der Verwendung evidenzbasierter Wissensbestände an. Tendenziell scheint die Nutzung der Informationsquellen in Schulen, die ein stärkeres Gewicht auf die Kulturdimensionen Clan oder Adhocracy legen, intensiver zu sein als an den Schulen, die durch eine Schwerpunktlegung auf die Market- oder die Hierarchy-Dimension gekennzeichnet sind. Dies ließ sich durch entsprechende positive bzw. negative

Korrelationen zwischen den Kulturtypen und der Nutzung von internen und externen Informationsquellen belegen.

Abbildung 1 stellt die Schulkultur (Mittelwerte) der für die vertiefenden Interviews ausgewählten Schulen mit geringer ($n = 3$) bzw. intensiver ($n = 4$) Evidenznutzung dar, auch hier werden bereits die unterschiedlichen kulturellen Schwerpunktsetzungen deutlich.

Abb. 1: Schulkultur der für die Interviews ausgewählten Schulen mit geringer ($n = 3$) bzw. intensiver ($n = 4$) Evidenznutzung; Mittelwerte (eigene Darstellung)

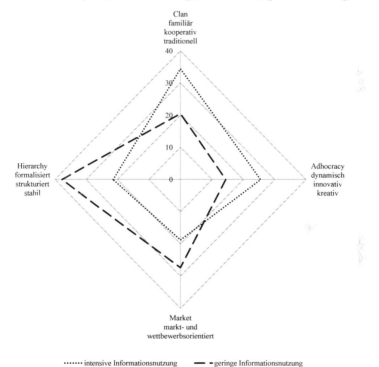

Das Zusammenwirken zwischen der Schulkultur, dem Schulleitungshandeln und einer Evidenzbasierung der schulischen Arbeit offenbarte sich ebenfalls in den vertiefenden Interviews. Die Schulleitungen in den evidenzorientiert handelnden Schulen zeigten ein großes Interesse in Bezug auf Ergebnisse aus internen und externen Evaluationen. Darüber hinaus hatten sie in der Mehrzahl ihre Kenntnisse in diesem Bereich durch Fortbildungsmaßnahmen ausgebaut und versuchten, das

Kollegium von der Wichtigkeit der Datennutzung für die Schulentwicklung zu überzeugen. In den weniger evidenzbasierten Schulen in der Interviewstudie wurden hingegen ablehnende Haltungen gegenüber externen Evaluationen und der Offenlegung der einzelschulischen Prozesse deutlich, dies betraf z. T. auch die Schulleitungen. Von einigen Lehrkräften wurde in diesem Zusammenhang angemerkt, dass es für eine zielgerichtete Schulentwicklung einer stärkeren Anleitung und Inspiration durch die Schulleitung bedürfe. Weiterhin ließen sich Hinweise darauf finden, dass eine starke Wettbewerbsorientierung einer kollegialen Schulentwicklung entgegenstehen könnte. Gute Ergebnisse in Lernstandserhebungen und Parallelarbeiten wurden auch in den weniger evidenzorientierten Schulen zwar angestrebt, sie wurden jedoch vorrangig zur eigenen Profilierung, nicht aber zur Qualitätsentwicklung genutzt.

5 Zusammenfassung und Diskussion

Beim Vergleich unterschiedlicher potenzieller Informationsquellen wird evident, dass sowohl Lehrkräfte als auch Schulleitungsmitglieder nach eigenen Angaben insbesondere prozessbezogene Quellen mit einem Bezug zur konkreten Ebene des Unterrichts (Schülerfeedback, kollegiale Unterrichtsentwicklungsmaßnahmen) nutzen und als nützlich erachten. Zudem deutet sich ein Spannungsverhältnis zwischen der externen Validität von Befunden und der Nutzbarkeit der Ergebnisse für die Akteure in der Schulpraxis an: Insbesondere dem standardisierten Verfahren der Schulinspektion wird vergleichsweise wenig Nutzen für die Entwicklung der Einzelschule attestiert und auch Lernstandserhebungen werden von vielen Befragten kritisch gesehen. Es bestätigt sich somit, wie von Gärtner (2013) dargestellt, dass externe Evaluationsverfahren zwar für ein System-Monitoring eingesetzt werden können, die gewonnenen Ergebnisse von den Schulen jedoch eher in geringem Maße in Besitz genommen werden. Stufenmodelle von evidenzbasierten Wissensbeständen (z. B. Petticrew/Roberts 2003) verweisen auf die herausgehobene Stellung von Metastudien und randomisierten kontrollierten Studien. Es lässt sich allerdings vor dem Hintergrund der gewonnenen Forschungsbefunde konstatieren, dass die in den Klassifikationen zum Ausdruck kommende wissenschaftliche Relevanz von Evidenzen tendenziell gegenläufig zu der durch Akteure in der Schulpraxis wahrgenommenen Nützlichkeit der Informationsquellen zu sein scheint.

Aus den im Projektkontext gewonnenen Befunden lassen sich Implikationen auf unterschiedlichen Ebenen des Bildungssystems ableiten. Bildungspolitisch bleibt abzuwarten, wie sich Evaluationen im Schulsystem weiter entwickeln werden. Nachdem zunächst fast alle Bundesländer auf verpflichtende externe Evaluationen von Schulen setzten, wurden Schulinspektionen in jüngerer Zeit in mehreren Ländern ausgesetzt (z. B. Baden-Württemberg) bzw. abgeschafft (z. B. Rheinland-Pfalz). Die Akzeptanz und die Nutzung des in Deutschland vergleichsweise neuen Instruments der Schulinspektion hätten sich u. U. noch entwickeln und gezielt unterstützt werden können. Wichtig scheint in diesem Zusammenhang die Ausgestaltung und Wahrnehmung des Inspektionsverfahrens zu sein, denn auffallend ist, dass die als evidenzbasiert eingeschätzten Schulen in der Stichprobe die externe Evaluation als unterstützend bei der Qualitätsentwicklung wahrnehmen, während die Schulen mit geringer Informationsnutzung einen Kontrolldruck durch die Schulinspektion empfinden. An dieser Stelle deuten sich ebenfalls Zusammenhänge eines evidenzbasierten Handelns mit der Schulkultur und dem Schulleitungshandeln an. Dabei ist auffällig, dass wettbewerbsorientierte Schulen vom Typus Market interne und externe Evidenzquellen tendenziell weniger intensiv verwenden. Inwiefern eine bildungspolitisch diskutierte Verstärkung des Wettbewerbs zwischen Einzelschulen – z. B. begünstigt durch eine Offenlegung von Inspektionsergebnissen und das Androhen bzw. Umsetzen von Konsequenzen im Falle eines schlechten Abschneidens (wie es bspw. in den Vereinigten Staaten geschieht) – einer datenbasierten Schulentwicklung zuwiderläuft, muss zumindest kritisch hinterfragt werden. Auf der Ebene der Schulpraxis wird die zentrale Bedeutung der Einstellung für die Nutzung von Evaluationsbefunden evident. Tendenziell werden Wissensbestände, die als nützlich erachtet werden, auch in höherem Maße für die Ausgestaltung der schulischen Arbeit genutzt, jedoch stellt die wahrgenommene Nützlichkeit noch keine hinreichende Bedingung für die Verwendung dar. Da in den Interviews Schwierigkeiten benannt werden, die Informationsquellen für das eigene Handeln nutzbar zu machen, wird auch ein Fortbildungsbedarf offensichtlich. Bereits in der ersten und zweiten Phase der Lehrerbildung könnten Kenntnisse in Bezug auf den Einsatz evidenzbasierter Wissensbestände vermittelt und eine positive Einstellung gegenüber einer evidenzbasierten Schulentwicklung angebahnt werden.

In der Überarbeitung der Gesamtstrategie der Kultusministerkonferenz zum Bildungsmonitoring heißt es, „dass zukünftig ein stärkeres Gewicht darauf gelegt werden sollte, Entwicklungen nicht nur zu beschreiben, sondern auch zu erklären und dies mit Hinweisen zu verbinden, wie die festgestellten Probleme gelöst werden können" (KMK 2016, S. 5). Dies bedeutet auch für die Bildungsforschung, verstärkt Erklärungswissen zu generieren. Verbesserungswürdig erscheint somit auch die Aufbereitung von Befunden für die Schulpraxis; auf diese Weise könnten vermutlich auch die Schwierigkeiten bei der Ableitung von Konsequenzen für die eigene Handlungspraxis auf Basis der verfügbaren Wissensbestände verringert werden. Da die Rezeption von wissenschaftlichen Erkenntnissen für Praktiker durch die Vielzahl von (sich z. T. widersprechenden) Studien und teilweise sehr anspruchsvollen statistischen Auswertungsverfahren erschwert wird, deutet sich hier das Potenzial von Forschungssynthesen an. Im Vergleich mit dem anglo-amerikanischen Kontext existieren in den deutschsprachigen Ländern bislang jedoch nur wenige Bestrebungen, wissenschaftliche Befunde systematisch für die Praxis aufzubereiten und verfügbar zu machen (Bromme/Prenzel/Jäger 2014). Auch eine stärkere Verbindung mit den Fachdidaktiken erscheint sinnvoll, denn von Lehrkräften werden schulfachbezogene Zeitschriften in deutlich größerem Maße herangezogen als überfachliche schulbezogene Zeitschriften.

Literatur

Altrichter, H. (2010): Schul- und Unterrichtsentwicklung durch Datenrückmeldung. In: Altrichter, H.; Maag Merki, K. (Hrsg.): Handbuch Neue Steuerung im Schulsystem. Wiesbaden: VS. S. 219-254.

Altrichter, H.; Maag Merki, K. (2010): Steuerung der Entwicklung des Schulwesens. In Altrichter, H.; Maag Merki, K. (Hrsg.), Handbuch Neue Steuerung im Schulsystem. Wiesbaden: VS. S. 15-39.

Bellmann, J.; Müller, T. (2011): Evidenzbasierte Pädagogik – ein Déjà-vu? Einleitende Bemerkungen zur Kritik eines Paradigmas. In: Bellmann, J.; Müller, T. (Hrsg.): Wissen, was wirkt. Kritik evidenzbasierter Pädagogik. Wiesbaden: VS. S. 9-32.

Bromme, R.; Prenzel, M.; Jäger, M. (2014): Empirische Bildungsforschung und evidenzbasierte Bildungspolitik. In: Zeitschrift für Erziehungswissenschaft. Sonderheft 27/2014- S. 3-54.

Cameron, K. S.; Quinn, Robert E. (2006): Diagnosing and changing organizational culture. Based on the competing values framework. 2., überarbeitete Auflage. San Francisco, CA: Jossey-Bass.

Demski, D. (2017): Evidenzbasierte Schulentwicklung. Empirische Analyse eines Steuerungsparadigmas. Wiesbaden: Springer VS.

Gärtner, H. (2013): Praxis und Verhältnis interner und externer Evaluation im Schulsystem im internationalen Vergleich. In: Zeitschrift für Erziehungswissenschaft. Heft 04/2013. S. 693-712.

Jornitz, S. (2008): Was bedeutet eigentlich „evidenzbasierte Bildungsforschung"? Über den Versuch, Wissenschaft für Praxis verfügbar zu machen am Beispiel der Review-Erstellung. In: Die Deutsche Schule. Heft 02/2008. S. 206-216.

KMK (Sekretariat der Ständigen Konferenz der Kultusminister der Länder in der Bundesrepublik Deutschland) (Hrsg.). (2015): Gesamtstrategie der Kultusministerkonferenz zum Bildungsmonitoring. Beschluss der 350. Kultusministerkonferenz vom 11.06.2015. Online im Internet: http://www.kmk.org/fileadmin/veroeffentlichungen_beschluesse/2015/2015_06_11-Gesamtstrategie-Bildungsmonitoring.pdf. Abgerufen am 29.04.2018.

Nichols, S. L.; Berliner, D. C. (2007): Collateral damage. How high-stakes testing corrupts America's schools. Cambridge, MA: Harvard Education Press.

Petticrew, M.; Roberts, H. (2003): Evidence, hierarchies and typologies: Horses for courses. In: Journal of Epidemiology and Community Health. Heft 07/2003. S. 527-529.

Teddlie, C.; Tashakkori, A. (2006): A general typology of research designs featuring mixed methods. In: Research in the Schools. Heft 01/2006. S. 12-28.

Tymms, P. (1999): Baseline assessment and monitoring in primary schools. Achievements, attitudes and value-added indicators. New York, NY: Routledge.

„Man kann viel, wenn man sich viel zutraut" – Evaluationskompetenz entwickeln

Britta Klopsch

Abstract

Die professionelle Kompetenz einer Lehrkraft umfasst nicht nur Aspekte des Lehrens und Lernens sondern auch die Fähigkeit, Evaluationen durchzuführen, die individuell wie auf schulischer Ebene genutzt werden können. Der folgende Beitrag zeigt auf, wie im Studium diese Evaluationskompetenz angebahnt werden kann und welche Herausforderungen, Bedeutungszuschreibungen und persönliche Lernzuwächse bei den Studierenden entstehen.

Inhalt

1 Evaluator*innen in Schulen 58
2 Evaluationskompetenz 58
3 Evaluationskompetenz im Studium anbahnen 59
4 Herausforderung Evaluation – empirische Befunde 60
5 Fazit 67
Literatur 67

© Springer Fachmedien Wiesbaden GmbH, ein Teil von Springer Nature 2019
T. Stricker, *Zehn Jahre Fremdevaluation in Baden-Württemberg*,
https://doi.org/10.1007/978-3-658-25778-1_5

1 Evaluator*innen in Schulen

Das Aufgabenspektrum einer Lehrkraft ist vielfältig und geht weit über das reine Unterrichten hinaus. Manche Autoren sprechen sogar davon, dass Lehrkräfte „multiple identities" (Whitchurch 2010, S. 104) besitzen müssen, um als Lehrer*in erfolgreich zu sein. Eine dieser Identitäten ist die des Evaluators bzw. der Evaluatorin, um Schulen gezielt und an ihren individuellen Bedürfnissen ausgerichtet weiterzuentwickeln.

Im baden-württembergischen Schulsystem wurden dazu als verschränkende Einheiten Selbst- und Fremdevaluationen eingeführt, die jeweils den Blick von innen sowie mit einer Wahrnehmung von außen ergänzen. Wurden die Fremdevaluator*innen seit 2008 systematisch ausgebildet (vgl. Klopsch 2009), verfügt „schulische[s] Personal noch selten über solides Wissen zum Projektmanagement von Evaluationen und qualitativen Erhebungsmetoden" (Frais/Renz 2014, S. 91). Dies liegt unter anderem daran, dass Evaluierende in Schulen „keine gezielte akademische Ausbildung [durchliefen], sondern […] sich Wissen, Fähigkeiten und Kenntnisse durch Fort- und Weiterbildungsmaßnahmen und/oder emergentes Lernen an[eignen]" (Seyfried/Pohlenz 2013, S. 46). Die vorliegende Praxis an Schulen lässt sich deshalb teilweise als „weit von professionellem Handeln entfernt" (Seyfried/Pohlenz 2013, S. 47) ansiedeln, wenngleich auch Schulen vorliegen, an denen hoch professionelle Evaluationen durchgeführt werden.

Im Folgenden wird aufgezeigt, welche Kenntnisse und Fertigkeiten Evaluationskompetenz umfasst, wie Studierende an ihr späteres Aufgabenfeld herangeführt werden können, welche Aspekte für sie bei Evaluationen besonders wichtig sind und was darauf aufbauend für künftige Aus- und Fortbildungselemente von Lehrpersonen im Bereich der Evaluation besonders wichtig scheint.

2 Evaluationskompetenz

Die professionelle Kompetenz von Lehrkräften umschließt die vier großen Bereiche Professionswissen, motivationale Orientierungen, Selbstregulation sowie Überzeugungen, Wertehaltungen und Ziele (vgl. Kunter/Klusmann/Baumert 2009, S. 155f.). Die Evaluationskompetenz ist dabei im Bereich des Professionswissens, genauer spezifiziert im Bereich des Organisationswissens angesiedelt. Um Evaluationen durchzuführen bzw. sich an Evaluationsprozessen beteiligen zu können und die entsprechenden Ergebnisse beurteilen und verwerten zu können, müssen sich Lehrkräfte aktiv mit dem Bereich des Organisationswissens auseinandergesetzt haben (vgl. Hense/Mandl 2009, S. 129) und zumindest grundständige Evaluationskompetenzen besitzen (vgl. Schneewind 2007; Konold et al. 2015; Hancock et al. 1992; Koch 2013). Dies gilt gleichermaßen für Lehrkräfte, die sich in der Durchführung von Evaluationen engagieren, wie Lehrkräfte, die hauptsächlich Nutznießer von Evaluationen und deren Ergebnissen an ihrer Schule sind. Als Evaluationskompetenz gilt dabei die

> „Fähigkeit, verschiedene Anforderungen im Kontext der Vorbereitung, Planung und Durchführung von Evaluationen erfolgreich zu erfüllen. [...] [Neben kognitiven kann diese] auch praktische, ethische, soziale, emotionale und motivationale Komponenten umfassen"
>
> (Hense/Mandl 2009, S. 130)

Die Deutsche Gesellschaft für Evaluation (DeGEval) hält in diesem Zusammenhang die folgenden fünf Kompetenzfelder der Aus- und Weiterbildung in der Evaluation fest (vgl. DeGEval 2008, S. 9): (1) Theorie und Geschichte der Evaluation, (2) Methodenkompetenzen, (3) Organisations- und Feldkenntnisse, (4) Sozial- und Selbstkenntnisse, (5) Praxis der Evaluation.

Der Blick auf die unterschiedlichen Kompetenzfelder zeigt auf, dass schulische Evaluator*innen unterschiedliche Rollen einnehmen. Einerseits sollten sie aus wissenschaftlicher Denkweise die Evaluation ausführen und dabei über möglichst „fundierte methodologische und methodische Kompetenzen in der [...] empirischen Sozialforschung" (vgl. Jopp 2006, S. 10) verfügen und die Teilschritte der Evaluation präzise erfüllen.

Auf der anderen Seite müssen sie als Vertreter der Organisation Schule „grenzüberschreitend, systematisch und ganzheitlich denken" (ebd., S. 11), um die gesamte Schulgemeinschaft mit ihren vielfältigen Personen, Fachbereichen und Themenfeldern einzubeziehen. Die Sozial- und Selbstkenntnisse, die „Aspekte wie soziale Kompetenz, kommunikative Kompetenz, Kooperationskompetenz, Selbstmanagementkompetenz sowie Lern- und Problemlösekompetenz" (Hense/Mandl 2009, S. 131) umfassen, können als verbindendes Glied genutzt werden und dienen gleichzeitig als Grundpfeiler eines gelingenden Evaluationsprozesses.

3 Evaluationskompetenz im Studium anbahnen

Im Zuge der Professionalisierung von Lehrkräften sollte Evaluationskompetenz, wie jeder andere Bereich des Professionswissens auch, schon während des Studiums angebahnt und über die Berufsspanne hinweg kontinuierlich verfolgt und vertieft werden (vgl. Snoek et al. 2011). Die im Schulgesetz festgelegte Verpflichtung zur Selbstevaluation (§114 im Schulgesetz Baden-Württembergs) lässt davon ausgehen, dass alle Lehrkräfte in ihrer Schullaufbahn mit Selbstevaluationen konfrontiert sind und diese teilweise auch durchführen müssen. Für die Anbahnung von Evaluationskompetenz wurde im vorliegenden Seminarkonzept ein

Vorgehen gewählt, das den Studierenden ermöglicht, sich nicht nur deklaratives Wissen anzueignen, sondern dieses zu prozeduralem Wissen zu transformieren (vgl. Stemler et al. 2006, S. 104): Aufbauend auf die vier Kompetenzfelder ‚Theorie und Geschichte der Evaluation', ‚Methodenkompetenzen', ‚Feld- und Organisationskenntnisse' und ‚Praxis der Evaluation' (s. o.) führten die Studierenden Selbstevaluationen in Schulen durch. Innerhalb von sechs Semestern wurden dabei 12 Selbstevaluationen an 8 Grundschulen durchgeführt. Diese eigneten sich aufgrund ihrer Größe für komplexe Evaluationsverfahren im Stile der Mixed-Methods (vgl. Kuckartz/Busch 2012), die u. a. Vollerhebungen von Lehrkräften, Schüler*innen und Eltern beinhalteten. Die Studierenden konnten damit umfangreiche Evaluationsverfahren passend zur Fragestellung entwickeln, ohne durch die Schulgröße Einschränkungen zu erfahren. Gleichzeitig erlebten sie den Arbeitsaufwand komplexer Evaluationen, wodurch der Blick auf Machbares für eine kleine Anzahl von Evaluator*innen in Schulen gestärkt wurde.

Die oftmals bemängelte Theorie-Praxis-Lücke lässt sich auf diese Weise, zumindest teilweise, schließen und die Studierenden werden darin begleitet, die Fähigkeit zu entwickeln, „Wissen eigenständig und methodisch reflektiert zu generieren" (Hofer 2013, S. 317). Da gelingende Evaluationen nicht nur von ihrer wissenschaftlich sauberen Arbeitsweise abhängen, sondern auch Feldkenntnisse wie Sozial- und Selbstkenntnisse benötigen (s.o.; DeGEval 2008), wurde ein ganzheitlicher Lernansatz gewählt (vgl. Stute/Wibbing 2014), der auf Stärkenorientierung, Selbstwirksamkeit und selbstgesteuertem Lernen in Gruppen fußt. Folglich werden ‚practical skills' (vgl. Sternberg 1999) besonders betont, die den Dreiklang der Auseinandersetzung mit sich selbst, mit anderen und der Aufgabe (vgl. ebd.) vereinen. Das bislang träge Wissen im Bereich der Organisationsentwicklung (vgl. Rädiker/Niklesz 2012, S. 217) wird dabei durch die enge Zusammenarbeit mit der Schule als Handlungsspielraum geöffnet und für die Studierenden wie die Schulen auf einer höheren Ebene zugänglich gemacht.

4 Herausforderung Evaluation – empirische Befunde

Das Hauptanliegen der Untersuchung war, herauszufinden, ob ein solches Seminarkonzept bei Studierenden zu einer kompetenten Durchführung einer Evaluation führt und was durch die Erfahrungen und Erkenntnisse der Studierenden an Anregungen für die Gestaltung von Aus-, Fort- und Weiterbildungsformaten für Lehrkräfte im Bereich der Evaluation weiter gegeben werden kann.

Folgende Fragen waren dabei forschungsleitend: Welche Bereiche der Evaluationskompetenz konnten durch das Seminarkonzept gestärkt werden? Welche Erkenntnisse und Erfahrungen im weitesten Sinne wurden von den Studierenden bei der Selbstevaluation gewonnen?

Das Forschungsdesign wurde als Prä-Post-Design gestaltet, wobei die Messzeitpunkte vor dem konkreten Prozess der Selbstevaluation und danach lagen. Der eingesetzte Fragebogen beinhaltete qualitative wie quantitative Fragestellungen, wobei erstere deutlich überwogen. Die Stichprobe bezieht sich auf 44 Studierende aus 2 Kohorten.

Wenngleich die Effektstärke der beiden Messungen nicht als reine Programmeffekte gewertet werden konnten, so wurde das Design dennoch gewählt, da es sich um ein Kurzzeitprogramm handelt (vgl. Rossi/Freeman/Lipsey 1999) und erste Anregungen für die Gestaltung entsprechender weiterer Aus-, Weiter-, und Fortbildungsmaßnahmen gesucht wurden.

Die Auswertung der qualitativen Daten erfolgte nach der qualitativen Inhaltsanalyse nach Mayring (vgl. Mayring 2010). Die ermittelten Kategorien der einzelnen Themenbereiche weisen das Reliabilitätsmaß Cohens Kappa von durchschnittlich 0,958 aus (vgl. Cohen 1960), womit ein Wertemaß von „almost perfect" (Landis/Koch 1977, S. 265) erreicht wurde. Anschließend wurde im Sinne des Transferdesigns (vgl. Creswell et al. 2008, S. 73) die qualitativen Kategorien auf statistische Zusammenhänge untersucht, um tiefergreifende Annahmen über die Lernprozesse führen zu können.

4.1 Quantitative Ergebnisse

Der quantitative Teil der Befragung bezog sich auf die eingeschätzte Höhe der Motivation, zum Lernzuwachs in unterschiedlichen Bereichen, der eigenen Sicherheit bezüglich der Durchführung von Evaluationen, der eigenen Bereitschaft, eine Selbstevaluation in einer Schule durchzuführen sowie der Frage nach der Wichtigkeit der Verbindung von Theorie und Praxis für die Studierenden.

Die Höhe der Motivation wurde zu Beginn des Semesters von 28% der Studierenden als ‚sehr hoch', von 43% der Studierenden als ‚hoch' und von 24% der Studierenden als ‚eher hoch' eingeschätzt. Bei 48% der Studierenden stieg die Motivation während des Semesters noch an, wobei dies zum Großteil mit der Verbindung von Praxis und Theorie begründet wurde. Der Motivationsanstieg wurde vor allem von Studierenden benannt, die zu Beginn des Semesters eine hohe oder eher hohe Motivation besaßen. Sehr hohe Motivation blieb eher vorhanden oder nahm ein bisschen ab, als dass sie sich noch erhöhte. Die Verbindung von Theorie und Praxis wird zudem von 73% aller Studierenden für sie als ‚sehr wichtig' und von 27% der Befragten als ‚wichtig' eingestuft. Kein*e Studierende*r findet sie weniger wichtig oder unwichtig.

Der Lernzuwachs wurde in dem Bereich der Theorie der Selbstevaluation, der Methodenkompetenz (Erstellung von Evaluationsinstrumenten und Datenauswertung) sowie der Sozialkompetenz im Bereich Teamarbeit eingeschätzt. In allen Bereichen wurde hauptsächlich ein hoher (Werte zwischen 43% und 52%)

bzw. sehr hoher (zwischen 24% und 36%) Lernzuwachs ausgewiesen. Am stärksten scheint der Lernzuwachs mit 81% und 80% Zustimmung in den beiden methodischen Aspekten zu sein, der auch hoch signifikant miteinander korreliert ($\varrho= 0{,}411$; $\alpha= 0{,}006$). Der Lernzuwachs im Bereich der Teamarbeit wird mit 76% bescheinigt. Auch dieser korreliert hoch signifikant mit dem Lernzuwachs bei der Datenauswertung ($\varrho= 0{,}406$; $\alpha= 0{,}007$), während ein Zuwachs im Bereich der Theorie bei 68% liegt.

83% der Studierenden fühlen sich bei der Durchführung von Selbstevaluationen am Ende des Semesters sicher, 7% sehr sicher und 10 % weniger sicher. Eine Selbstevaluation selbst an der Schule durchführen würden 72% der Befragten.

4.2 Qualitative Ergebnisse

Der qualitative Teil des Fragebogens befasste sich mit der konkreten Tätigkeit der Studierenden im Evaluationsprozess. Themenbereiche wie die Evaluator*innen, Aspekte der Teamarbeit und den gewünschten Lernzuwachs wurden vor und nach der Arbeit mit der Schule erhoben. Zusätzlich kam am Ende des Prozesses die Fragen nach besonderen Herausforderungen und was sie über sich selbst im Prozess gelernt hätten hinzu.

Die Aufforderung zu beschreiben, was es bedeutet, Evaluator*in zu sein, wurde in zweierlei Hinsicht beantwortet. Zum einen wurde auf das konkrete Verhalten eingegangen, zum anderen aber auch die Auswirkung der Arbeit auf die Schulqualität beschrieben.

Im Bereich des konkreten Verhaltens werden einerseits Äußerungen getätigt, die sich auf eine wissenschaftliche Schrittfolge beziehen. Vor der Selbstevaluation waren dies 33% aller Äußerungen, nach dem Prozess der Evaluation noch 31%. Andererseits wurden Aspekte beschrieben, die besonderen Einstellungen und Haltungen entsprechen, bspw. „Verantwortung übernehmen" (MR06/2) oder „kritisch und objektiv zu sein" (SA05/2). Vor der Evaluation betraf dies 27% der Äußerungen, danach 31%.

Die Auswirkung auf die Schulqualität respektive die Verbesserung der Schule in bestimmten Bereichen wurde vor dem Prozess mit 30% der Äußerungen berücksichtigt. Danach sind es 31%. Hierzu gehören Äußerungen wie „Lösungen zu suchen und Probleme zu beheben" (MG03/2) und die „Schule entlasten und Hilfestellungen geben" (RN04/2).

Vor der konkreten Arbeit kann folglich eine leichte Tendenz zur wissenschaftlichen Schrittfolge beobachtet werden, danach wiegen sich alle Aspekte auf. Dabei scheinen bei den Studierenden die gedankliche Bindung der Tätigkeit an die Schulqualität wie an Einstellungen und Werten klar voneinander getrennt zu werden, wie das hoch signifikante Zusammenhangsmaß (V=(-)8,612; $\alpha=0{,}005$)

zeigt. Da Cramers V als richtungsloses Maß gilt (vgl. Bortz/Lienert/Boehnke 2000, S. 356), wurden in allen Fällen zusätzlich die Kreuztabellen auf die Zusammenhangsrichtung gesichtet und die Maße entsprechend ausgewiesen.

Die Frage danach, welche Erwartungen die Studierenden vor dem Prozess an die Teamarbeit stellen, wird in drei unterschiedlichen Blickwinkeln beantwortet. Die meisten Antworten fallen in die Kategorie der konstruktiven Zusammenarbeit (55%), gefolgt von Haltungen und Werten (29%) und der Kommunikation (16%).

Die konstruktive Zusammenarbeit wird von den Studierenden hauptsächlich durch eine gerechte Aufgabenverteilung definiert (30%), durch ein proaktives Mitarbeiten aller Teilnehmer*innen (12%) sowie die gegenseitige Unterstützung bei Problemen und eine angemessene arbeitsteilige Vorbereitung (jeweils 10 %). Im Bereich der Haltungen und Werte finden sich Aspekte wie bspw. die Zuverlässigkeit (BE01/2), Verantwortungsbewusstsein (UB04/2) oder Aufgeschlossenheit (MJ03/2). Neben der Formulierung von Erwartungen an die Teamarbeit stand auch die Aufforderung, Teamarbeit zu definieren. Hierbei fielen 60% auf die konstruktive Zusammenarbeit, 21% der Befragten nannten Haltungen und Werte und 19% beschrieben die Kommunikation.

Am Ende des Prozesses der Selbstevaluation wurde erneut darum gebeten, Aspekte einer gelungenen Teamarbeit zu benennen. Hier befassten sich 58% der Äußerungen mit der konstruktiven Zusammenarbeit, 26% mit Haltungen und Werten und 18% mit der Kommunikation.

Auffallend hierbei ist, dass die Bereiche Haltungen und Werte mit der Kommunikation diametral entgegengesetzt sind, wie der signifikante Zusammenhang nachweisen konnte (V=(-) 0,489; α= 0,019).

Als besonders herausfordernd im Prozess der Evaluation wurden drei Bereiche angesprochen: Die Methodik der Evaluation (48% der Antworten), die Zusammenarbeit (41%) sowie die Organisation des Vorgehens (11%).

Im Bereich der Methodik der Evaluation fielen 65% der Antworten auf die Erstellung eines Fragebogens bzw. Interviews, während sich lediglich 35% der Antworten mit der Herausforderung des Auswertens und Interpretierens befassten. Die Zusammenarbeit wurde von 81% der Befragten auf die Teamarbeit der Studierenden bezogen, während 19% die Zusammenarbeit mit der Schule thematisierten.

Auffallend hierbei ist, dass die Studierenden sich entweder von der Methodik oder der Teamarbeit herausgefordert fühlen, wie die entsprechenden höchst signifikanten Zusammenhangsmaße nachweisen (V=(-)0,883; α=0,000).

Der persönliche Lernzuwachs, der von den 83% Studierenden voll und zu 10% in Teilen erreicht wurde, war vor dem praktischen Prozess der Selbstevaluation in vier Feldern beschrieben worden: 33% der Antworten beziehen sich auf die Methodenkompetenz. 28% aller Aussagen können in den Bereich der Durchführung von Evaluationen gezählt werden, z. B. „eine gelungene Selbstevaluation durchgeführt zu haben, mit der Zufriedenheit aller" (UB04/3) oder „Das Bewusstsein über den perfekten Ablauf einer Selbstevaluation zu erlangen" (KA05/4). 23% der Antworten betreffen Sozial- und Selbstkenntnisse, hauptsächlich dabei Hinweise auf die Kommunikation (bspw. BB02/3; FP09/3) und die der Kooperation (bspw. HE08/3). Daneben wurden bei 9% der Antworten die Qualitätsentwicklung der Schule sowie Hilfestellungen bei konkreten Fragestellungen der Schulen (bspw. LS102/3) als Aspekte bezeichnet, innerhalb derer sie Kompetenzen im Seminar aneignen möchten. Die Zielstellung der Schulqualität steht dabei in entgegengesetztem signifikanten Zusammenhang mit den Sozial- und Selbstkenntnissen (V=(-)0,552; α =0,01).

Die Frage danach, woran die Studierenden den persönlichen Lernzuwachs erkennen, wurde von 50% der Befragten angegeben, dass sie dies an einen Wissenszuwachs („knowledge") knüpfen. Etwa die Hälfte dieser Studierenden macht dies am Wissenszuwachs im Bereich einzelner Aspekte fest, die andere Hälfte bezieht sich auf den gesamten Evaluationsablauf. 48% aller Studierenden verbinden den Lernzuwachs mit einem Anstieg an Handlungsfähigkeiten („skills"). Diese Zugehörigkeit zu einem mentalen Konstrukt ließ sich über ein entsprechendes hoch signifikantes Zusammenhangsmaß von V=(-)0,679 und α=0,002 und der entsprechenden Kreuztabelle bestätigen.

Die Befragung der Studierenden umfasste im Fragebogen zum Ende des Semesters zusätzlich zur erneuten Frage nach den Evaluator*innen sowie der Teamarbeit (s. o.) die Frage, was sie über sich selbst gelernt hätten. 41% der Antworten betrafen hier die Teamarbeit als Schlüsselstelle einer gelingenden Evaluation. 34% der Aussagen geben Hinweise auf Einstellungen und Haltungen, die sich im Laufe der Evaluation herauskristallisiert haben und den Studierenden zur Selbstreflexion dienen:

- „Durchsetzung ist mir sehr wichtig" (29_001/1)
- „Es ist nicht immer alles so schwer, wie man denkt" (23_001/1)
- „Man kann viel, wenn man sich viel zutraut." (37_001/1)

17% der Antworten bezogen sich auf Aspekte, die zur Arbeitsweise gezählt werden können:

- „Ich habe gelernt, dass ich nicht so gut mit Office umgehen kann, wie ich gedacht hätte." (AS04/1)
- „Fragen müssen noch präziser gestellt werden." (JA11/1)

Im Zusammenspiel der einzelnen Kategorien konnte zudem aufgedeckt werden, dass im Bereich der Definition von Teamarbeit die Unterkategorie „Kommunikation" hoch signifikant mit dem Bereich des Wissens im Lernzuwachses zusammenhängt (V=0,714; α=0,002).

Wurde die Arbeit des Evaluierenden hauptsächlich über die wissenschaftliche Schrittfolge bezogen, so ließ sich ein diametral entgegengesetzter hoch signifikanter Zusammenhang zur Durchführung der Selbstevaluation als persönlichem Wissenszuwachs verzeichnen (V=(-)0,707; α=0,006). Dies gilt ebenfalls für die wissenschaftliche Schrittfolge und die Herausforderung Methodenkompetenz (V=(-)0,775; α=0,002).

Signifikant positive Zusammenhänge ließen sich zwischen einem erwarteten persönlichen Lernzuwachs im Bereich der Qualitätsentwicklung und der Herausforderung der Methodenkompetenz feststellen (V=0,557; α=0,021). Ebenfalls signifikant ist der Zusammenhang zwischen der erwarteten Weiterentwicklung im Bereich der Methoden und der Teamarbeit, im Bereich dessen, was die Studierenden über sich gelernt haben (V=0,556; α=0,038).

4.3 Analyse und Interpretation

Der dem Seminarkonzept zugrundeliegende ganzheitliche Lernansatz (vgl. Stute/ Wibbing 2014), der die Arbeit in Gruppen, die Selbstwirksamkeit und die Stärkenorientierung der Studierenden durch ihre relativ freie Arbeitsweise und deren selbständige Organisation ermöglicht, betonte in großem Maße die Sozial- und Selbstkompetenz der Studierenden. Obgleich vordergründig an der Praxis der Selbstevaluation und der damit in Verbindung stehenden Methodenkompetenz gearbeitet wurde, indem reale Evaluationen an Schulen durchgeführt wurden, betonen die Studierenden immer wieder Einstellungen und Haltungen, die oftmals auf Aspekte der Selbstwirksamkeit zurückgeführt werden können. Daneben formulieren sie die Teamarbeit, durch die individuelle Arbeitsweisen und Unterstützungsformen in Einklang gebracht werden, wodurch die Nutzbarmachung individueller Stärken gelingt.

Die thematisierten Einstellungen und Haltungen wie Zuverlässigkeit, Verantwortungsbewusstsein, Aufgeschlossenheit, Offenheit und Pflichtbewusstsein sind Aspekte, die nicht erlernt werden können, sondern von den Beteiligten selbst als natürliche Handlungsweise oder Selbstverpflichtung eingebracht werden müssen. Für die Anbahnung von Evaluationskompetenz scheint es daher unausweichlich, in die Metaebene zu investieren und an Haltungen aller Beteiligten zu arbeiten.

Im Bereich der Kooperation von Lehrkräften, die auch aus Sicht der Professionalitätsforschung handlungsleitender Aspekt des Lehrberufs ist (vgl. Snoek et al. 2012), wird die konstruktive Zusammenarbeit besonders betont. Die Befragten weisen eine gerechte Aufgabenverteilung, das proaktive Einbringen in die Gruppe, eine arbeitsteilige intensive Vorbereitung sowie die gegenseitige Unterstützung bei Problemen als Merkmale aus (s. o.). Die Studierenden beschreiben dabei Anhaltspunkte der integrativen Kooperation, die auch als „high cost"-Kooperation bezeichnet wird (vgl. Dizinger et al. 2011, S. 116). Autonomie der Studierenden und eine gelingende Zusammenarbeit stellen hier keine Gegensätze dar (vgl. Kelchtermans 2006), sondern werden aufgrund der gemeinsamen Zielsetzung, Vertrauen und Reziprozität (vgl. Fussangel/Gräsel 2012), die durch die gemeinsamen Einstellungen und Haltungen geprägt werden, zu einem sich gegenseitig anregenden Prozess vereint. Die Studierenden können ihre eigenen Stärken in den Evaluationsprozess einbringen und sich selbst als wirksam wahrnehmen. Dies wird vor allem durch die hohe Quote derer, die sich eine „eigene" Selbstevaluation an Schulen zutrauen, deutlich. Dass diese Zuversicht in das eigene Können mit einem gleichzeitigen Kompetenz- und Wissensanstieg verbunden sein kann, wird ebenfalls bestätigt. Der Weg von deklarativem zu prozeduralem Wissen lässt sich im vorliegenden Konzept als umsetzbar beschreiben.

Neben der Zusammenarbeit im Team steht im Bereich der Herausforderungen, des persönlichen Lernzuwachses und dessen, was über sich selbst gelernt wurde, zusätzlich die Methodenkompetenz im Mittelpunkt (s. o.). Besonders auffällig dabei ist, dass diejenigen, die sich die Methodenkompetenz als persönliche Zielstellung formulierten, hauptsächlich berichteten, über sich im Bereich Teamarbeit Neues erfahren zu haben. Die im Seminarkonzept verortete Arbeit in Kleingruppen erzielte somit neben dem Primäreffekt der konkreten Durchführung der Evaluation auch unterschiedliche Sekundäreffekte, bspw. die Teamarbeit. Interessant dabei erscheint insbesondere der Aspekt, dass die Definition der Teamarbeit über die Kommunikation höchst signifikant mit dem Lernzuwachs im Bereich des Wissens korreliert. Studierende, die das Team als Kommunikationsmedium nutzen, scheinen demnach vornehmlich den Wissenszuwachs zu suchen.

Wird in der Theorie davon ausgegangen, dass die Aufbereitung der Ergebnisse besonders herausfordernd für Laien ist (vgl. Renz/Frais 2014, 94), scheint dies bei den Betroffenen nicht der Fall zu sein. Auch die Auswertung und Interpretation scheint weitaus weniger anspruchsvoll wahrgenommen zu werden, als bspw. die Erstellung von Instrumenten. Dies könnte zum einen daran liegen, dass die Methodenkompetenz im Studium an bereits vorhandenem Material erlernt wird – der Schritt der Erstellung tritt hier erstmals ins Bewusstsein und wird als Herausforderung erlebt. Bei der Arbeit der Evaluierenden wird im Zusammenhang mit der Erfüllung der Evaluationsschritte hauptsächlich von Beobachten, Auswerten, Analysieren und Beurteilen gesprochen. Auch aus dieser Perspektive scheint möglich, dass der Umgang mit Daten vorwiegend auf die Arbeit mit bereits erhobenen Daten bezogen wird. Zum anderen ist es möglich, dass die Studierenden auf eine eher pragmatische und statistisch wenig herausfordernde Art der Auswertung zurückgegriffen haben, was die Interpretation unter Umständen ebenfalls erleichtert und deshalb nicht im Bereich der Herausforderungen aufgegriffen wird. Die oben aufgezeigten diametral entgegengesetzten Kategorien der Herausforderung Methodik und der schrittweisen Arbeitsweise als Merkmal eines Evaluierenden bzw. letzterer und dem individuellen Lernzuwachs im Bereich des Vorgehens weisen darauf hin, dass Personen, die die Evaluationstätigkeit hauptsächlich über die Erfüllung der Arbeitsschritte definieren, sich über ihre methodische Kompetenz, deren Einsatz und den allgemeinen Ablauf klar sind und zuversichtlich an die Aufgaben herangehen.

5 Fazit

Die Anbahnung von Evaluationskompetenz im Studium, so konnte oben gezeigt werden, umfasst nicht nur unterschiedliche Kompetenzbereiche, sondern vereint diese auch für die Studierenden zu einem ineinander verwobenen Konstrukt, das je nach Vorliebe und aktueller Anforderung unterschiedliche Schwerpunkte besitzen kann. Analog zur Darstellung der Handlungskompetenz einer Lehrkraft mit den Bereichen Professionswissen, Überzeugungen, Wertehaltungen und Zielen, motivationalen Orientierungen und Selbstregulation (vgl. Kunter et al. 2009, S. 155; Bromme 2001), die sich hauptsächlich auf Lehr-Lernprozesse bezieht, ließ sich zeigen, dass auch die Entwicklung von Evaluationskompetenz Impulse aus allen Bereichen gleichermaßen zulassen und befördern sollte, um Lehrkräfte für die Arbeit an Unterricht und Schule aus organisationaler Sicht zu motivieren. Die Auseinandersetzungen mit Evaluationen, die Studierende dazu motivierte, sich selbst im Schulalltag an Evaluationen zu erproben, kann damit als erster Schritt in Richtung eines „Evaluation Capacity Buildings" in Schulen gewertet werden, das jedoch auch innerhalb der Berufsphase stetig vertieft und erweitert werden muss, um aktuellen Anforderungen zu genügen und nicht nur eigene Evaluationen zu nutzen, sondern auch Fremdevaluationen als wichtigen Impuls der Schulentwicklung rezipieren und integrieren zu können.

Literatur

Bortz, J.; Lienert, G.; Boehnke, K. (2000): Verteilungsfreie Methoden in der Biostatistik. Berlin/Heidelberg: Springer.

Bromme, R. (2001): Teacher expertise. In: Smelser, N.; Baltes, P.B. (Ed.). International Encyclopedia of the social and behavioral sciences. 23. Amsterdam: Elsevier. S. 15459-15465.

Cohen, J. (1960): A coefficient of Agreement for Nomal Scales. In: Eduacional and Psychological Measurement. 01/1960. pp. 38-46.

DeGEval (Deutsche Gesellschaft für Evaluation) (2009): Empfehlungen für die Aus- und Weiterbildung in der Evaluation. Anforderungsprofile an Evaluatorinnen und Evaluatoren. DeGEval: Mainz.

Dizinger, V.; Fussangel, K.; Böhm-Kasper, O. (2011): Interprofessionelle Kooperation an Ganztagsschulen aus der Perspektive der Lehrkräfte. In: Speck, K.; Olk, T.; Böhm-Kasper, O.; Stolz, H.-J.; Wiezorek, Ch. (Hrsg.): Ganztagsschulische Kooperation und Professionsentwicklung. Studien zu multiprofessionellen Teams und sozialräumlicher Vernetzung. Weinheim/Basel: Juventa. S.114-127.

Creswell, J. W.; Plano Clark, V.; Garrett, A. L. (2008): Methodological Issues in Conducting Mixed Methods Research Designs. In: Bergmann, M. M. (Hrsg.). Advances in Mixed Methods Research. Los Angeles: Sage. pp. 66-84.

Frais, M.; Renz, M. (2014): Evaluation im Schulbereich. In: Böttcher, W.; Kerlen, C.; Maats, P.; Schwab, O.; Sheik, S. (DeGEval Vorstand) (Hrsg.): Evaluation in Deutschland und Österreich. Stand und Entwicklungsperspektiven in den Arbeitsfeldern der DeGEval. Münster: Waxmann. S.89-98.

Fussangel, K.; Gräsel, C. (2012): Lehrerkooperation aus Sicht der Bildungsforschung. In: Baum, E.; Idel, T.-S.; Ullrich, H. (Hrsg.): Kollegialität und Kooperation in der Schule. Theoretische Konzepte und empirische Befunde. Wiesbaden: Springer Verlag VS. S. 29-40.

Hancock, C.; Kaput, J. J.; Goldsmith, L. T. (1992): Authentic inquiry with data: Critical barriers to classroom implementation. Educational Psychologist. 27(3). pp. 337-364.

Hense, J.; Mandl, H. (2009): Evaluations- und Selbstevaluationskompetenz von Lehrenden. In: Zlatikn-Troitschanskaia, O; Beck, K.; Sembill, D.; Nickolaus, R.; Mulder, R. (Hrsg.): Lehrerprofessionalität – Bedingungen, Genese, Wirkungen und ihre Messung. Weinheim: Beltz. S. 129-140.

Hofer, R. (2013): Forschendes Lernen und der Lehrerinnen – und Lehrerbildung: Widersprüchliche Anforderungen zwischen Forschung und Profession. Beiträge zur Lehrerinnen- und Lehrerbildung. 31/3, S. 310-320.

Jopp, M. (2006): Hochschulentwicklungsplanung und Qualitätsmanagement. Hochschule innovativ. Vol. 16. S. 10-12.

Kelchtermans, G. (2006): Teacher collaboration and collegiality as workplace conditions. Zeitschrift für Pädagogik. 52. Jg.. S. 220-237.

Klopsch, B. (2009): Fremdevaluation im Rahmen der Qualitätsentwicklung und -sicherung. Peter Lang: Frankfurt.

Koch, U. (2013): Datenauswertungskompetenz von Lehrkräften. In: Hense, J.; Rädiker, S.; Böttcher, W.; Widmer, Th. (Hrsg.): Forschung über Evaluation. Bedingungen, Prozesse und Wirkungen. Waxmann: Münster. S. 21-42.

Konold, D.; Higgins, T.; Russell, S. J.; Khalil, K. (2015): Data seen through different lenses. Educational Studies in Mathematics. Vol. 88/3. pp. 305-325.

Kuckartz, U.; Busch, J. (2012): Mixed Methods in der Evaluation. In: Kuckartz; U.; Rädiker, S. (Hrsg.): Erziehungswissenscahftliche Evaluationspraxis. Beispiele – Konzepte – Methoden. Beltz Juventa: Weinheim. S. 142-155.

Kunter, M.; Klusmann, U.; Baumert, J. (2009): Professionelle Kompetenz von Mathematiklehrkräften: Das COAVTIV-Modell. In: Zlatikn-Troitschanskaia, O.; Beck, K.; Sembill, D.; Nickolaus, R.; Mulder, R. (Hrsg.): Lehrerprofessionalität – Bedingungen, Genese, Wirkungen und ihre Messung. Weinheim: Beltz. S. 153-165.

Landis, R.; Koch, G. (1977): The Measurement of observer Agreement for Categorical Data. In: Biometrics. Vol. 33; Heft 1/1977. pp. 159-174.

Mayring, Ph. (2010): Qualitative Inhaltsanalyse. Grundlagen und Techniken. Beltz: Weinheim/Basel.

Rädiker, S.; Niklesz, A. (2012): Kompetenzen von Evaluierenden. In: Kuckartz; U.; Rädiker, S. (Hrsg.): Erziehungswissenscahftliche Evaluationspraxis. Beispiele – Konzepte – Methoden. Beltz Juventa: Weinheim. S. 200-219.

Rossi, P. H.; Freeman, H. E.; Lipsey, M. W. (1999): Evaluation: A systematic approach. Sage Publications: London. pp. 343-363.

Schneewind, J. (2007): Wie Lehrkräfte mit Ergebnisrückmeldungen auch Schulleistungsstudien umgehen. Berlin: Freie Universität. Online im Internet: www.diss.fu-berlin.de/diss/receive/FUDISS_thesis_000000002819. Abgerufen am 18.5.2018.

Seyfried, M.; Pohlenz, P. (2013): Professionalisierung von Qualitätsentwicklung und Evaluation der Hochschullehre – zwischen Kontrolle und Selbstreflexion. In: Hense, J.; Rädiker, S.; Böttcher, W.; Widmer, T. (Hrsg.): Forschung über Evaluation. Bedingungen, Prozesse und Wirkungen. Waxmann: Münster. S. 43-61.

Snoek, M.; Swennen, A.; van der Klink, M. (2011): The quality of teacher educators in the European policy debate: actions and measures to improve the professionalism of teacher educators. Online im Internet: https://dspace.ou.nl/.../Snoek%20Swennen%20Van%20der %20Klink.pdf. Abgerufen am 25.05.2018.

Stemler, S. E.; Elliott, J. G.; Grigorenko, E. L.; Sternberg, R. J. (2006): There's more to teaching than instruction: Sevel strategies for dealing with the practical side of teaching. In: Educational Studies 32. Pp. 101-118.

Sternberg, R. J. (1999): The Theory of successful intelligence, Review of General Psychology, 3. pp. 292-316.

Stute, D.; Wibbing, G. (2014): Kulturelle Bildung als Baustein der Unterrichtsentwicklung. Online im Internet: https://www.kubi-online.de/artikel/kulturelle-bildung-baustein-unterrichtsentwicklung. Abgerufen am 18.05.2018.

Whitchurch, C. (2010): Optimising the potential of third space Professionals in Higher Education. Zeitschrift für Hochschulentwicklung. 5(4), S. 9-22.

Lehrpläne als Inputsteuerungsinstrumente: Forschungsbefunde und Überlegungen zu ihrer Bedeutung für eine neu auszurichtende Schulevaluation

Albrecht Wacker und Nicolas Hübner

Abstract

Im Beitrag werden zunächst Lehrpläne als Inputfaktoren im Rahmen der output-orientierten Steuerung konturiert und Hinweise zu ihrer historischen Entwicklung gegeben, bevor ihre Funktionen für das Schulsystem herausgearbeitet werden. Anschließend berichten die Autoren sowohl Befunde der älteren Lehrplanrezeptionsforschung als auch neuere Ergebnisse zu den Bildungsstandards in Baden-Württemberg. Im Fazit werden daraus Desiderata für die künftige Lehrplanforschung entwickelt und Anknüpfungspunkte für die künftige Schulevaluation abgeleitet. Die Autoren plädieren im Hinblick auf eine künftige Evaluation, die Umsetzung der Programme und der Inputfaktoren an den Einzelschulen stärker in den Blick zu nehmen, weil mit ihnen ein Einfluss auf die Schul- und Unterrichtsqualität gegeben ist.

Inhalt

1 Einführung 72
2 Zur Veränderung schulischer Steuerung 73
3 Lehrpläne im Zeitverlauf 75
4 Funktionen von Lehrplänen 76
5 Ältere Befunde der Lehrplanrezeptionsforschung.....................................78
6 Befunde zu den Bildungsstandards in Baden-Württemberg 81
7 Zusammenfassung und Ausblick für künftige Forschung und Evaluation...........85
Literatur 90

© Springer Fachmedien Wiesbaden GmbH, ein Teil von Springer Nature 2019
T. Stricker, *Zehn Jahre Fremdevaluation in Baden-Württemberg*,
https://doi.org/10.1007/978-3-658-25778-1_6

1 Einführung

Evaluationen im Schulbereich haben in den letzten beiden Dekaden zunehmend an Bedeutung gewonnen und wurden insbesondere im Rahmen der Einführung sogenannter *Neuer Steuerungsinstrumente* im Anschluss an den „PISA-Schock" in allen Ländern der Bundesrepublik nochmals verstärkt akzentuiert (vgl. z. B. Bieber/Martens/Niemann/Windzio 2014; Niemann 2016).

Auch in Baden-Württemberg wurde mit der umfassenden Bildungsreform von 2004 sowie in Anlehnung an die von der Kultusministerkonferenz verabschiedeten Bildungsstandards und der Gesamtstrategie zum Bildungsmonitoring (vgl. KMK 2005; KMK 2006) ein verändertes Steuerungsparadigma anvisiert, das Fremd- und Selbstevaluation für alle allgemeinbildenden Schulen verpflichtend vorsah (vgl. Böninger 2004). Insgesamt konnte mit dieser Veränderung auf Länder- und regionaler Ebene, und flankiert durch die Teilnahme an nationalen und internationalen Vergleichsstudien, das Wissen über Kompetenzen von Schülerinnen und Schülern und damit zu den Erträgen von Bildungsprozessen bedeutsam erweitert werden. Interessant erscheint, dass mit einer starken Akzentuierung auf output-orientierte Parameter anfänglich weniger die schulischen Inputfaktoren im Zentrum von Untersuchungen standen, die lange Zeit als Dreh- und Angelpunkt schulischer Steuerung angesehen wurden und zu denen in der bildungswissenschaftlichen Forschung eine lange Forschungstradition besteht. Der vorliegende Beitrag beschäftigt sich daher mit einem inzwischen in den Hintergrund bildungspolitischer und bildungswissenschaftlicher Debatten geratene Thema: der Evaluation von schulischen Inputfaktoren und ihren Befunden am Beispiel des Lehrplans.

Bevor wir den Begriff der Inputfaktoren näher klären, skizzieren wir zunächst die wesentlichen Implikationen einer veränderten schulischen Steuerung, die durch die Befunde aus den nationalen und internationalen Vergleichsstudien in allen Ländern der Bundesrepublik angestoßen wurde, und verorten darin die Lehrplansteuerung als Inputfaktor (2). Anschließend geben wir Hinweise zu unterschiedlichen Akzentsetzungen in der Geschichte (3) und zu den in der Literatur aufzufindenden Funktionen (4). Darauf aufbauend berichten wir – zunächst mit breiterem Fokus – ältere Befunde der Lehrplanrezeptionsforschung (5) und – dann spezifischer – aktuelle Ergebnisse zur Rezeption der Bildungsstandards von 2004 in Baden-Württemberg (6). Ein Fazit, das sowohl Desiderata einer künftigen Lehrplanforschung als auch Anknüpfungspunkte für die schulische Evaluation ausführt, rundet den Artikel ab (7).

2 Zur Veränderung schulischer Steuerung

In zentralen wissenschaftlichen Arbeiten zur Steuerung im Bildungswesen werden als Schlüsselmoment historischer Entwicklungen von Bildungssteuerung oftmals die 1960er Jahre angeführt, in denen – innerhalb der breiten Modernisierungsbestrebungen dieses Jahrzehnts und akzentuiert durch die erste sozial-liberale Koalition, die Bildung zum wichtigsten Bestandteil ihrer gesellschaftspolitischen Reformvorstellungen deklarierte – eine „Planung von Bildung" möglich schien (vgl. z. B. Altrichter/Maag Merki 2016; Berkemeyer 2010). Zudem wurden hier die bis dahin kaum in Frage gestellten ganzheitlichen Bildungsbestrebungen früherer Jahre durch eine neue „ökonomische Betrachtungsweise" ergänzt (Fend 2006, S. 37). Die neue „Bildungsplanung" manifestierte sich vermehrt in „hierarchisch-zentralistischen Steuerungskonzepten" (Wacker/Maier/Wissinger 2012, S. 16), die von der Ministerialbürokratie konzipiert und „top-down" umgesetzt wurden. In Baden-Württemberg fanden sie ihren konkreten Ausdruck in einem 1965 durch das Kultusministerium veröffentlichten Schulentwicklungsplan; dem ersten dieser Art in der Bundesrepublik insgesamt (vgl. Pfeiffer 1979), mit der sich das Bundesland als „Vorreiter" der Bildungsplanungsbestrebungen auswies. Während dieser Phase der Bildungsexpansion wurden zahlreiche Programm- und Strukturmaßnahmen umgesetzt. Hier ist beispielsweise der Ausbau der Realschulen in Baden-Württemberg zu nennen, von denen 1960 lediglich 64 bestanden, aber 1970 bereits 357 vorhanden waren (vgl. Köhler 2004). Diese zunächst optimistischen Planungsbestrebungen wichen in den 1980er Jahren mehr und mehr einem „Steuerungsskeptizismus", der zunehmend aus enttäuschenden Ergebnissen bei der Umsetzung von Reformen und Entscheidungen resultierte und durch unzureichende Ergebnisse infolge der internationalen Vergleichsstudien nochmals akzentuiert wurde. Dies markierte eine entscheidende Modifikation des deutschen Steuerungsdiskurses in der Folgezeit.

Zunächst ließ sich beispielsweise im Anschluss an die PISA-Ergebnisse auf der politischen Ebene ein Wandel von einer Inputsteuerung hin zu einer outputorientierten Steuerung feststellen (vgl. z. B. Bellmann/Weiß 2009; Herzog 2013), die auch in wissenschaftlicher Hinsicht durch eine veränderte Modellierung begleitet wurde und beispielsweise in der neuen Governance-Perspektive ihren Ausdruck fand (vgl. z. B. Benz/Dose 2010; Altrichter/Maag Merki 2016). Als Kernelemente der neuen wissenschaftlichen Modellierung lassen sich der Fokus auf die Mehrebenenstruktur des Systems und die Beobachtung, Beeinflussung und Verhandlung als Formen der Handlungskoordination zwischen den Akteuren benennen (vgl. Altrichter/Brüsemeister/Wissinger 2007). Im Gegensatz zum älteren Konzept der Bildungsplanung, das Steuerungsimpulsen der Systemebene große

Bedeutung zumaß, versucht die Governance-Perspektive den Fokus auf die multiplen Akteure im System zu legen und deren Interaktionen und Abhängigkeiten untereinander zu beschreiben, um die Komplexität politisch motivierter Steuerungsimpulse und möglicher, ihr entgegentretender Widerstände adäquater abbilden zu können. Ob der Versuch bildungspolitisches Handeln durch die Governance-Perspektive zu beschreiben langfristig helfen kann, Entscheidungen besser zu analysieren und somit auch hinsichtlich ihrer zu erwartenden Wirkungen besser beurteilen zu können, wird sich in der Zukunft zeigen.

Verschiedene Autoren, wie beispielsweise Maag Merki und Altrichter (2016) sehen dabei in den Begriffen „Governance" und „Steuerung" keineswegs gegensätzliche Konzepte. Vielmehr betonen sie: „Mit dem Steuerungsverständnis, wie wir es im vorigen Abschnitt skizziert haben, sind diese Bestimmungen gut vereinbar. Von daher ergibt sich keine Notwendigkeit auf den Begriff der „Steuerung" zu verzichten und ihn etwa durch „Governance" zu ersetzen, wie dies an anderen Stellen vorgeschlagen wird (z. B. Mayntz 2004, S. 66)".

Vor diesen skizzierten Änderungen, in denen aktuell das Augenmerk verstärkt auf die Erträge von Bildungsprozesse gerichtet wird, mag eine Diskussion spezifischer Inputsteuerungsinstrumente zunächst antiquiert erscheinen. Die neuere Diskussion ist hier jedoch dem Gedanken verpflichtet, gerade den Inputfaktoren im Hinblick auf die Ergebnisorientierung (wieder) eine akzentuierte Rolle zukommen zu lassen. Maier (2009, S. 31) konstatiert allenfalls eine Verschiebung vom „Input zu mehr Output" in den neuen Konzepten. Inputfaktoren werden im Folgenden deshalb als zentrale Kernelemente der aktuellen Bildungssteuerung verstanden und näher charakterisiert.

Zentrale Inputsteuerungsinstrumente bilden alle „Regelungen für die Schulorganisation oder Lehrpläne und Prüfungsordnungen für die Gestaltung des Unterrichts" sowie „die Bereitstellung von materiellen, finanziellen und personellen Ressourcen für die Umsetzung der Vorgaben" (Herzog 2013, S. 45f.). Zu ihnen zählen mannigfaltige juristische Festlegungen wie beispielsweise die (erwähnten) Lehrpläne, darüber hinaus Festlegungen zur Klassengröße, Vorgaben zur Leistungsbeurteilung, Regelungen zu Abschlüssen und Zertifikaten, Vorschriften zum Schulbau und zur Qualifikation der unterrichtenden Lehrkräfte und vieles andere mehr. Solchermaßen juristisch legitimierte Inputfaktoren bilden über die gesetzlichen und untergesetzlichen Regelungen einen großen Zwang und Anpassungsdruck auf die Schulorganisation (Schäfer/Wacker 2018) und führen zu einem „hoch komplexen" und „rechtlich durchkomponiert[en]" Regelungszusammenhang" im Schulsystem (Fend 2006, S. 172). Als Inputfaktoren definieren wir somit die Programme auf der Ziel- und Inhaltsebene, die Gesetze und Verwaltungsvorschriften sowie die (finanziellen) Ressourcen, die den Rahmen von Lehr- und

Lernprozessen festlegen und vor der eigentlichen Leistungserbringung der operativen Einheiten (als den Prozessen in den Einzelschulen) in das System gegeben werden.

Ein traditionell bedeutsamer Inputfaktor bildet das inhaltliche Programm des Unterrichts, das beispielsweise im Lehrplan, dem Bildungsplan oder in den Curricula konkretisiert ist und aktuell mit dem Funktionsäquivalent der Bildungsstandards beschrieben wird (vgl. Maag Merki 2010). Der angelsächsische Begriff des Curriculums betont stärker als der Begriff des Lehrplans den „sachlichen Zusammenhang der verschiedenen Planungselemente wie Ziele, Inhalt, Lehrmittel, Organisation, Zeit und andere Lernbedingungen" (Künzli/Fries/Hürlimann/Rosenmund 2013, S. 15) und akzentuiert in dieser Hinsicht vermehrt die Lernprozesse und damit verbunden die Lehrmittel (z. B. Schulbücher). Wir verwenden dennoch im Beitrag den älteren Begriff des Lehrplans, der vermehrt auf die Inhalte und Themen fokussiert. Wenngleich die heutigen Programme als Bildungspläne oder Bildungsstandards firmieren und mit diesen Begriffen veränderte Zielperspektiven und erweiterte Steuerungsimplikationen einhergehen, ist die ältere wissenschaftliche Forschung, deren Befunde hier herangezogen werden, verstärkt auf den Begriff des Lehrplans und der Lehrplanrezeption ausgerichtet. Nachfolgend wird die Steuerungsabsicht von Lehrplänen präzisiert und ihre historische Entwicklung knapp skizziert.

3 Lehrpläne im Zeitverlauf

Lehrpläne benennen den Erziehungs- und Bildungsauftrag der Gesellschaft an die Schule und umreißen ihr inhaltliches Programm. Sie werden definiert als Dokumente, die „Ziele, Inhalte, Lernbereiche und Fächer, Angaben zur Lernzeit (Stunden-, Lektionentafeln) und oft auch Hinweise zur Unterrichtsgestaltung und zu Prüfungsverfahren beschreiben" (Künzli/Fries/Hürlimann/Rosenmund 2013, S. 14). Die Pläne stellen hierzu rechtlich kodifizierte Vollzugsvorschriften dar und werden in Deutschland als Verwaltungsvorschriften der Ministerien auf dem Verordnungsweg verbindlich erlassen. Die ihnen zugeschriebene Steuerungsabsicht wird vom politischen System auf alle Ebenen des Schulsystems inhaltlich vor allem über die Ziel- und Stoffebene transportiert.

Sie wird bereits in historischer Betrachtung mit den ersten flächendeckend geltenden Verordnungen ersichtlich: In Württemberg wird erstmals 1870 nach mehrjähriger Vorarbeit „ein für alle württembergischen Volksschulen verbindlicher Lehrplan veröffentlicht", der einem Unterricht nach „Neigung und [...] Gutdünken des Lehrers oder des Schulaufsehers" ein Ende bereiten will (Friedrich 1978, S. 146). Er stellt damit eine erste landesweite Regelung der Programmsteuerung dar. Der sogenannte „Normallehrplan" zielt zunächst vermehrt auf den zeitlichen Umfang von Lektionen. In seinen zeitbedingten Modifikationen, auch bedingt durch anwachsendes Wissen und unterstützt von Schulbüchern, weiteren Materialen und Medien, die das (anfänglich ausschließlich benutzte) Lesebuch ergänzen, tritt zunehmend die Verplanung von Stoffen dazu. Den anwachsenden Stoffkatalogen in den Lehrplänen wurde in den 1970er Jahren mit der Ausrichtung auf lernzielorientierte Lehrpläne zu begegnen versucht, deren praktische Wirksamkeit aber in der eingangs erwähnten Phase des Steuerungsskeptizismus bald als gering erachtet wurde. Zu Beginn des 21. Jahrhunderts ist eine weitere Veränderung in der Konzeption von Lehrplänen zu erkennen: Diese sollen nun nicht mehr allein das Lehrangebot, sondern „explizit die zu erreichenden Ergebnisse von Unterricht beschreiben" (Künzli/Fries/Hürlimann/Rosenmund 2013, S. 70). Solchermaßen präzisierte Leistungsvorgaben werden als Bildungsstandards bezeichnet. Sie gehen mit einer erweiterten Steuerungsabsicht im Vergleich zu bisherigen inhaltsorientierten Programmen einher, die sich über eine kompetenzorientierte Programmgestaltung hinaus in flächendeckenden Testungen und Rückmeldungen der erreichten Kompetenzen auf den unterschiedlichen Ebenen des Schulsystems manifestiert. Bemerkenswert ist dabei, dass im Gegensatz zu vorher die Pläne nun hauptsächlich die Zielebene anvisieren und nicht mehr die bislang gebräuchliche Ebene der Inhalte, Themen und Stoffe. Die differenten Funktionen der Lehrpläne für das politische System und das Schulsystem werden nachfolgend ausgeführt.

4 Funktionen von Lehrplänen

Mit der doppelten Bezugnahme der Lehrpläne sowohl auf das politische System als auch auf das Schulsystem sind ihnen mehrere – und teilweise konfligierende – Funktionen eingewoben, die in der Literatur mit vielfältigen Begriffen ausgeführt werden (vgl. Wacker 2008, Wacker/Strobel-Eisele 2013). Mit Blick auf das politische System werden eine *politische Funktion* (Hopmann/Künzli 1998) oder eine *Legitimationsfunktion* (Vollstädt/Tillmann/Rauin/Höhmann/Tebrügge 1999) herausgearbeitet und insgesamt die politischen Aufgaben im Begriff der *externen Funktionen* gefasst. Mehr theoretische Strukturierungen und empirische Befunde liegen zu den sogenannten *internen Funktionen* vor, die sich an die Binnenseite des Schulsystems richten. Beispielsweise benennt Prange hier eine *informative*, eine *direktive* und eine *appellative Funktion* (Prange 1986), Hopmann und Künzli konzedieren eine *praktische Funktion* (Hopmann/Künzli 1998) und Vollstädt und seine Arbeitsgruppe (1999) benennen im Hinblick auf die empirische Operationalisierung eine *Orientierungsfunktion*, eine *Innovationsfunktion*, eine *Anre-*

gungsfunktion sowie eine *Entlastungsfunktion*. Kaum beschrieben ist in der Literatur die Legitimationsfunktion auf der Binnenseite des Systems, die über die Inhalte hinaus auf Entscheidungen, z. B. bei Abschlusszuweisungen, verbunden ist. Über alle inhaltlichen Überschneidungen und Abgrenzungen der Begriffe hinweg, die hier nur erwähnt und nicht präzise ausgeführt werden können, kann auf der Binnenseite des Systems vor allem die *Orientierungsfunktion* als hauptsächliche Funktion von Lehrplänen ausgemacht werden, welche die wesentlichen inhaltlichen Bestandteile der erwähnten Funktionsbegriffe transportiert. Vollstädt und Kollegen sehen die Orientierungsfunktion den weiteren Funktionen vorgeordnet (vgl. Vollstädt/Tillmann/Rauin/Höhmann/Tebrügge 1999). Auch Klieme und die weiteren Autoren seiner Arbeitsgruppe rekurrieren in ihrer Legitimation der Bildungsstandards auf dieser Funktion (vgl. Klieme et al. 2003) und Scholl wählt speziell die Orientierungsfunktion als übergeordneten Funktionsbegriff für seine theoretische Arbeit; mit der Begründung, dass in diesem Begriff im Gegensatz zum Begriff der Steuerungsfunktion ein Verständnis von Differenzminderung hervortreten würde (Scholl 2009). Zuweilen wird in diesem Kontext auch zweckrational von Steuerungsfunktion gesprochen, die unter der Orientierungsfunktion subsumiert wird (vgl. Vollstädt/Tillmann/Rauin/Höhmann/Tebrügge 1999).

Im vorliegenden Beitrag werden die Begriffe *Orientierungs-* und *Steuerungsfunktion* – ungeachtet der differenten Bedeutungskonnotationen, die mit ihnen einhergehen – synonym gebraucht, weil sich unter diesen Begrifflichkeiten Untersuchungen der Lehrplanrezeptionsforschung bündeln lassen. Die Orientierungsfunktion wird nach Scholl (2009) als pädagogische und administrative Orientierung für die Lehrkräfte verstanden: Während in der administrativen Orientierung ein politisch-rechtlicher und institutionell-organisatorischer Rahmen abgesteckt ist, wird über die pädagogische Orientierung das Handeln von Lehrkräften strukturtheoretisch und handlungstheoretisch abgesichert (vgl. Scholl 2009). In der Literatur kaum benannt geht mit der Einführung von Bildungsstandards eine weitere Funktion einher: Standards bezeichnen nun den zu erreichenden „output" als die durch die Schülerinnen und Schüler zu erreichenden Kompetenzen. Sie werden in länderübergreifenden Tests evaluiert, beispielsweise in den stärker auf die Schul- und Unterrichtsentwicklung setzenden VERA-Arbeiten oder in den Tests des IQB-Bildungstrends. Zu erwarten war im Hinblick auf die Bildungsstandards von 2004 deshalb eine akzentuierte Steuerungswirkung, die sich mit den benannten Tests begründet. Nachfolgend werden Forschungsbefunde zu den benannten Funktionen aus der Lehrplanrezeptionsforschung berichtet und spezifische Ergebnisse zu den Bildungsstandards in Baden-Württemberg angeschlossen.

5 Ältere Befunde der Lehrplanrezeptionsforschung

Externe Funktionen des Lehrplans, die sich auf die Öffentlichkeit und auf das politische System beziehen, wurden von der Forschung seltener und in Bezug auf den Lehrplan fast gar nicht in den Blick genommen. Dedering (2010) konnte in qualitativen Fallstudien zur Handlungsweise von Schulministerien im Nachgang an die erste PISA-Studie herausarbeiten, dass in Politik und Bildungsverwaltung politische Beweggründe ein größeres Gewicht für Entscheidungen zu besitzen scheinen als die Sach- und Problemorientierung (vgl. Dedering 2010, S. 73). In einer Zusammenschau zur Nutzung sozialwissenschaftlicher Forschungsbefunde arbeitete sie bezogen auf Administratoren heraus, „dass die Nutzung von Evidenz oftmals weniger ‚linear' und ‚instrumentell' verläuft als angenommen" (Dedering 2010, S. 76). Im Kern bleibt festzuhalten, dass die Beforschung der Politik und Administration im Hinblick auf die Lehrplanerstellung ein Desiderat darstellt, von dem anzunehmen ist, das (partei-)politische Erwägungen und Legitimationsabsichten den Sachgründen vorgeordnet werden.

Forschungen zu den internen Funktionen beziehen sich hauptsächlich auf die Orientierungsfunktion, die wie ausgeführt als wichtigste Funktion des Lehrplans für das Schulsystem angesehen wird. Sie war häufig ein Gegenstand der *Lehrplanrezeptionsforschung*. Deshalb werden nachfolgend Untersuchungen und Befunde hierzu detailliert und in chronologischer Reihenfolge dargestellt. Bedeutsam und in Publikationen der Schulpädagogik vielfach rezipiert sind hier die Arbeiten von Santini (1971), Bittlinger, Flügge, Alt-Stutterheim, Müller & Reinhard (1980), Axnix (1983), Kunert (1983), Klose (1988), die aus Gründen ihres gemeinsamen methodischen Vorgehens mittels quantitativer Befragungen und auch der besseren Übersicht wegen tabellarisch in der nachfolgenden Tabelle aufgeführt sind, sowie mit einigem zeitlichen Abstand dazu die Studien von Landert, Stamm und Trachsler (1998a, 1998b) und Vollstädt, Tillmann, Rauin, Höhmann & Tebrügge (1999), welche in einem Fließtext dargelegt werden.

Tab. 1: Ältere Befunde der Lehrplanrezeptionsforschung aus den 1970er und 1980er Jahren (Quelle: Eigene Darstellung)

Autor und Jahreszahl	Datenstichprobe und Rücklauf	Befunde:
Santini (1971):	- Befragung von 2.438 Volksschullehrern aus 3 Kantonen der Schweiz mit standardisiertem Instrument	- geringe Verwendungsintensität des Lehrplans durch die Lehrkräfte
	- erzielter Rücklauf: 55 %	- Häufigkeit des Plangebrauchs nahm mit dem Alter der Lehrerinnen und Lehrer ab
Bittlinger, Flügge, Alt-Stutterheim, Müller und Reinhard (1980):	- Befragung von 2.019 bayrischen Grundschullehrkräften zum Grundschullehrplan - erzielter Rücklauf: 81 %	- ein beträchtlicher Teil der Lehrkräfte hielt es für geboten, in bestimmten Zeitabständen Lerninhalte abzuwandeln - Lehrkräfte mit verstärkter Kindorientierung kritisierten vermehrt ausgewählte Lerninhalte - Lehrkräfte wünschten sich insgesamt mehr praktische Anleitungen zu den Plänen
Kunert (1983):	- Befragung von rund 600 Ausbildungs- und Praktikumslehrern der Grund- und Hauptschule zum Bayrischen Curricularen Lehrplan (CULP) von 1976 - erzielter Rücklauf: 45 %	- ausgeprägte Abhängigkeit der Lehrerinnen und Lehrer vom Lehrplan - aufgefundene Belastungen, die für die Lehrkräfte aus der Umsetzung des Plans resultierten - geringere Lehrplanerfüllung in musischen Fächern im Vergleich zu Kernfächern wie Mathematik oder Deutsch
Axnix (1983):	- Befragung von 1.885 bayrischen Hauptschullehrkräften an 137 Schulen zu den curricularen Plänen - erzielter Rücklauf 26 %	- besser informierte Lehrkräfte bewerteten den curricularen Hauptschullehrplan im Detail positiver als weniger gut informierte Lehrerinnen und Lehrer - Ziele und Inhalte des Plans konnten insgesamt nicht in der verfügbaren Unterrichtszeit behandelt werden
Klose (1988):	- Befragung von über 970 Grundschullehrern zu den in Niedersachsen erlassenen „Rahmenrichtlinien für die Grundschule" - erzielter Rücklauf: 41 %	- Rahmenpläne boten im Sachunterricht den Lehrkräften eine Orientierung – ebenfalls konnte herausgearbeitet werden, dass den Lehrkräften die Orientierung an den Schülerinnen und Schülern wichtiger war als die Orientierung an den Wissenschaften

Weitere Studien zur Lehrplanrezeption wurden nach der eingangs schon erwähnten Abkehr von zielorientierten Plänen erst wieder zum Ende der 1990er Jahre publiziert. Zu einer Erprobungsfassung des Lehrplans für die Volksschule im Kanton Zürich befragten beispielsweise Landert, Stamm und Trachsler (1998a und b) mittels qualitativer Interviews 87 Lehrkräfte an Volkschulen, darüber hinaus 55 Lehrkräfte von abnehmenden Schulen, 58 Elternteile, sechs Behördenmitglieder und fünf Ausbilder. Sie kamen zum Ergebnis, dass die Volksschullehrkräfte den Lehrplan zwar kannten, ihre Kenntnisse aber unterschiedlich ausgeprägt und wenig tief waren. Eine bedeutende Funktion des Plans für die lang- und kurzfristige Unterrichtsvorbereitung sowie die Unterrichtsführung und -auswertung konnte nicht festgestellt werden. Die Forscher stellten ebenfalls fest, dass für die Lehrkräfte die Unterrichtsplanung wesentlich das Verplanen von Stoffen, weniger aber von Zielen war.

Eine vielfach aufgegriffene Studie mit breiter Datenbasis legten Vollstädt, Tillmann, Rauin, Höhmann und Tebrügge (1999) vor. Bezogen auf die hessischen Rahmenrichtlinien von 1996 wurden von der Forschergruppe um Vollstädt hierbei Lehrkräfte der Sekundarstufe I von Gymnasien, integrierten und kooperativen Gesamtschulen, Realschulen und Hauptschulen zu zwei Messzeitpunkten in den Jahren 1994 und 1997 befragt. Mit 1.066 rücklaufenden Bögen zum ersten Messzeitpunkt und 1.043 Bögen zum zweiten Messzeitpunkt wurde bezogen auf die Fächer ein auswertbarer Rücklauf von knapp 23,7 bis 35,1 Prozent erreicht. Aus den zahlreichen Befunden der großen Datenstichprobe ist heraushebenswert, dass der Lehrplan vor allem ein Hilfsmittel bei der langfristigen Unterrichtsplanung darstellte. Die Rezeption des Lehrplans war abhängig von der Stellung des Schulbuchs im Fach: Je stärker diese in einem Fach war, desto weniger sinnvoll erschien es den Lehrkräften, den Lehrplan direkt zu rezipieren. Die Autoren resümierten über alle Einzelfragen hinweg, dass von den Plänen kein erkennbarer Innovationsdruck ausging und bilanzierten deshalb seine direkte Steuerungswirkung als gering.

Wenngleich die reportierten Studien recht unterschiedlichen Detailfragen nachgingen, wird als Gesamtertrag im Hinblick auf die Orientierungsfunktion ersichtlich, dass Lehrerinnen und Lehrer die Lehrpläne vorwiegend bei der Erstellung individueller Jahrespläne und damit hauptsächlich zur langfristigen Planung heranziehen (im Gegensatz dazu Landert et al. 1998a; 1998b). Die Lehrkräfte scheinen sich dabei mehr an den Inhalten zu orientieren als an vorgeschlagenen Methoden und Medien. Die Orientierungsfunktion kann diesbezüglich als das Verplanen von Stoffen rekonstruiert werden, die so als bedeutsame Steuerungselemente vom politischen in das Schulsystem in Erscheinung treten. Andererseits ist zu ersehen, dass Lehrkräfte ihren pädagogischen Freiraum nutzen, um die

Pläne an ihre unterrichtspraktische Wirklichkeit anzupassen. Weiterhin tritt konturiert aus den Studien hervor, dass sich Stofffülle und Stoffdruck als Hauptproblem der Lehrerinnen und Lehrer im Umgang mit dem Plan erweisen. Als abschließendes Fazit zur bisherigen Lehrplanforschung resümierte Vollstädt im Jahr 2003 zur Inputsteuerung, dass diese Form der Steuerung „nicht die gewünschten Wirkungen erreicht und dringend die Ergänzung durch eine Outputsteuerung benötigt" (Vollstädt 2003, S. 212). Seiner Forderung wurde – wie eingangs dargelegt – inzwischen in allen Bundesländern nachgekommen und Baden-Württemberg bildete mit der umfassenden Bildungsplanreform von 2004, in deren Mittelpunkt erstmals Bildungsstandards standen, den Anfang.

6 Befunde zu den Bildungsstandards in Baden-Württemberg

Ein Forschungsprojekt zu den neuen Lehrplänen von 2004 in Baden-Württemberg, welches an der Pädagogischen Hochschule Ludwigsburg und an der Universität Tübingen durchgeführt wurde, nahm die internen Funktionen dieser nun als Bildungsstandards firmierenden Pläne in den Blick. Hier war anzunehmen, dass die mit den Standards angedachten flächendeckenden Testungen die Orientierungsfunktion des Steuerungsinstruments jetzt stärker akzentuierten als dies in den älteren Befunden der Lehrplanrezeptionsforschung zum Ausdruck kam. Anfänglich vermochte eine Vorstudie aufzuzeigen, dass mit der Bildungsreform an den Realschulen größere programmatische und organisatorische Veränderungen einhergingen im Vergleich zu den anderen Schularten der Sekundarstufe I in Baden-Württemberg (damals insbesondere die Haupt-/Werkrealschule und das Gymnasium), so dass die Realschule für die weiteren Befragungen in den Mittelpunkt rückte. Zunächst wurde auf der Grundlage einer teilnehmenden Beobachtung an dieser Schulform vor der Einführung der Reform ein erster Leitfaden erstellt, mit dem elf Lehrkräfte unterschiedlichen Alters und unterschiedlicher Fächerkombinationen zu den intendierten Wirkungen befragt wurden. Aus den Befunden dieser Vorstudie wurde ein standardisiertes Befragungsinstrument generiert und dieses in zwei Pilotierungen inhaltlich und empirisch modifiziert (Wacker 2008).

Eine erste standardisierte Befragung mit dem Instrument wurde ein Jahr nach Implementation der Bildungsreform in Baden-Württemberg, damit gleichzeitig ein Jahr vor den ersten Vergleichsarbeiten als flächendeckenden Tests im Herbst 2005 an Realschulen durchgeführt. Für diese Querschnittbefragung wurde etwa ein Viertel der Realschulen des Landes (101 Standorte) und ebenfalls etwa ein Viertel der Lehrkräfte (3.373) angeschrieben (Wacker 2008). Eine zweite Befragung fand fünf Jahre nach der implementierten Reform mit dem identischen Instrument statt und diente dem Ziel, Veränderungen im Zeitverlauf zur ersten Befragung aufzuzeigen, um die Befunde auch längsschnittlich abzusichern zu können, was in der Lehrplanrezeptionsforschung bis dahin weitgehend ein Desiderat darstellte. Bis zu diesem zweiten Messzeitpunkt konnten die Lehrkräfte in vier Durchgängen Erfahrungen mit den erstmals eingesetzten landesweiten Vergleichsarbeiten sammeln. Die Teilnahmequote zum ersten Messzeitpunkt betrug 27 Prozent und zum zweiten Messzeitpunkt 25 Prozent. 141 Lehrkräfte aus 60 Schulen nahmen an beiden Befragungen teil und ermöglichten es, eine Substichprobe längsschnittlich abzusichern.

Tabelle 2 verdeutlicht die Zielrichtung der Fragen, die nahezu alle die Orientierungsfunktion der neuen Bildungsstandards anvisierten, und fasst die Befunde im Zeitverlauf zwischen den beiden Messzeitpunkten zusammen.

Tab. 2: Befunde zur Bildungsreform 2004/05 in Baden-Württemberg (Quelle: Wacker 2017, S. 26)

Ebene	Zielrichtung	Veränderungen von 2005 bis 2009
Unterrichtsebene	Unterricht	-Zunahme von Gruppenarbeit und projektorientiertem Unterricht
	Leistungsbeurteilung	-stärkere Berücksichtigung von Methoden- und Sozialkompetenz
	Unterrichtsplanung	-hohes Ausmaß an inhaltsorientierter Unterrichtsplanung zu beiden Zeitpunkten, zum zweiten Messzeitpunkt noch höher
	Vergleichsarbeiten	-nach Erfahrungen mit der Durchführung von Lehrkräften wesentlich wirkungsloser eingeschätzt als zuvor
Schulebene	Kooperation der Lehrkräfte	-deutliche Erhöhung der Kooperation in quantitativer Hinsicht
	Fachkonferenz	-leistet Übersetzungsarbeit zwischen den Vorgaben der staatlichen Programme und der mittelfristigen Unterrichtsplanung in inhaltlich und didaktisch-methodischer Hinsicht
Ebene der Lehrkräfte	Belastung	-hohe gefühlte Belastung ein Jahr nach erfolgter Reform, vor allem mit Blick auf die Unterrichtsplanung, dann erkennbare Abnahme

Ein Schwerpunkt der Forschung lag auf aufzufindenden Veränderungen auf der Unterrichtsebene. Hier war eine Hauptfragestellung, welche Auswirkungen aus den kompetenzbasierten Bildungsstandards auf den Unterricht und die Leistungsbeurteilung ersichtlich wurden. Der Vergleich der zwei Querschnittsdatensätze wies insgesamt auf eine Veränderung der Unterrichtsgestaltung in Richtung Kompetenzorientierung hin, besonders im Hinblick auf Gruppenarbeit oder projektorientierten Unterricht. Auch bei der Leistungsbeurteilung zeigten sich signifikante Unterschiede. Die in den Standards verankerte Methoden- und Sozialkompetenz wurde nach den Selbsteinschätzungen der Lehrkräfte zum zweiten Messzeitpunkt stärker in der Beurteilung berücksichtigt. Freilich konnte im Rahmen der quantitativen Studie nicht geprüft werden, ob und wie die Lehrkräfte dies verwirklichen und welche Indikatoren sie hier zur Leistungsbeurteilung der überfachlichen Kompetenzen heranzogen.

Weiterhin zeigte sich, dass sich die Lehrkräfte im Jahr 2009 zu etwa 80 Prozent bei der Unterrichtsplanung noch ebenso an den Inhalten orientierten wie im Jahre 2005 und dass das angegebene Ausmaß dieser Inhaltsorientierung bei der Planung zum zweiten Messzeitpunkt sogar noch höher lag als zum ersten Messzeitpunkt (Lange/Drieschner/Wacker 2013). Dies ist erstaunlich, weil angenommen werden konnte, dass erstens die mit den Standards verbundenen Testungen zu einem vermehrten Implementationsdruck bei Lehrkräften im Zeitverlauf führen würden. Zweitens stand ihnen vier Jahre nach erfolgter Implementation mehr Zeit zur Verfügung, sich mit dem Kompetenzbegriff und seinen didaktisch-methodischen Implikationen auseinanderzusetzen, Handreichungen zu lesen, Erfahrungen im Kollegium zu besprechen oder Fortbildungen zu besuchen. Selbstverständlich ist auch die anvisierte Kompetenzorientierung an Inhalte gebunden und nur durch sie zu verwirklichen. Weil aber konkrete Inhalte der Fächer, mit denen die verlangten Kompetenzen hätten anvisiert werden können, in den Bildungsstandards 2004 nicht curricular verankert wurden, scheint es aus rückwärtiger Betrachtung nicht unbedingt verwunderlich, dass die Lehrkräfte angaben, sich an den alten Inhalten zu orientieren.

Eine zweite Frage bezog sich auf die Auswirkungen der neuen landesweiten Vergleichsarbeiten, mit denen den Lehrkräften einen Referenzrahmen für die Gestaltung des Unterrichts an die Hand gegeben werden sollte. Insbesondere stand hier die Orientierungsfunktion der Tests zur Unterrichtsplanung, zur Leistungsbeurteilung sowie zur Diagnostik im Vordergrund. Zum ersten Befragungszeitpunkt äußerten die Lehrkräfte hier Wirkhoffnungen, konnten aber damals noch auf keinerlei Erfahrungen mit dem Instrument verweisen – es wurde erstmals 2006, zwei Jahre nach erfolgter Reformimplementation, in den Klassenstufen 5 und 6 eingesetzt. Zum zweiten Befragungszeitpunkt lagen ihnen dann Erfahrungen aus vier Durchgängen vor. Welche hauptsächlichen Ergebnisse wurden ersichtlich? Bezüglich der Orientierungsfunktion der Vergleichsarbeiten zeigte sich ein Abfall in den Einschätzungen der Lehrkräfte: Während diese zum ersten Messzeitpunkt, bei welchem sie mit dem Format nicht vertraut waren, in der Erwartung mehrheitlich zustimmten, dass ihnen die Vergleichsarbeiten einen Orientierungsrahmen zur Unterrichtsplanung, zur Leistungsbeurteilung und zum Erkennen von Lernrückständen der Schülerinnen und Schüler zu geben vermochten, war diese Auffassung nach vierjähriger Durchführung der Arbeiten deutlich zurückgegangen. Zum Zeitpunkt der zweiten Befragung 2009 sahen die Lehrkräfte keine maßgebenden Impulse für die Unterrichtsentwicklung wie dies mit den landesweiten Testungen und der Rückmeldung der Befunde hauptsächlich intendiert war (vgl. Wacker/Kramer 2012).

Ein weiterer Schwerpunkt fokussierte die Veränderungen auf der Schulebene. Hier bezog sich eine Fragestellung auf die Auswirkungen der Bildungsstandards auf das Ausmaß der innerschulischen Kooperation bei den Lehrkräften. Die Befunde verwiesen zusammenfassend auf eine erfolgte Erhöhung innerschulischer Kooperation (Wacker 2012). Sie manifestierte sich in einem höheren Ausmaß von Sitzungen der Steuergruppen, der Fachschaftskonferenzen und weiterer Teilkonferenzen an den Schulen – wenigstens auf quantitativer Ebene ist das ein Erfolg der Einführung der Bildungsstandards. Freilich konnte mit dem gewählten Forschungsdesign die Frage, inwiefern sich das auch qualitativ auswirkte, beispielsweise im Hinblick auf eine Erhöhung der Unterrichtsqualität und der Schülerleistungen, nicht geprüft werden.

In einer weiteren Fragestellung wurde untersucht, welche Steuerungsakteure zwischen der Ebene der Schule und des Unterrichts wirksam werden (Wacker 2009). Die Daten wiesen darauf hin, dass der Fachkonferenz eine Übersetzungsleistung zukommt zwischen den Vorgaben der staatlichen Programme und ihrer Umsetzung in die mittelfristige Unterrichtsplanung (z. B. über Jahres- und Arbeitspläne). Die Daten ließen auf eine erhöhte Steuerungswirkung der Fachkonferenzen im Anschluss an die Bildungsplanreform schließen, die vermutlich über curriculare Anteile hinaus auch didaktisch-methodische Aspekte einschloss. Mit ihren fach- und fächerverbundkoordinierenden Funktionen stellen diese einen wichtigen Transmissionsriemen zwischen der schulischen Mesoebene und der unterrichtlichen Mikroebene dar.

Auf der Ebene der Lehrkräfte schließlich war es ein Ziel, die Auswirkungen der Bildungsstandards auf das Belastungserleben der Lehrkräfte zu eruieren. Die Daten wiesen auf eine Abnahme der gefühlten Belastung der Lehrkräfte hin (Wacker/Groß 2014). Vieles spricht dafür, dass sie vermutlich die Innovationen zum ersten Zeitpunkt wegen ihrer Fremdheit als zusätzlichen Belastungsfaktor ansahen, zum zweiten Messzeitpunkt diese jedoch in routinierte Tätigkeiten und in ihr

Handlungsrepertoire überführen konnten. Vertiefend waren Unterschiede hinsichtlich des Dienstalters der Lehrkräfte zu erkennen. Die Abnahme der wahrgenommenen Belastung war vor allem bei Lehrkräften mit einem Dienstalter bis zu 20 Jahren und ebenfalls bei Lehrkräften mit einem Dienstalter von über 30 Jahren aufzufinden. Geschlechtsspezifische Unterschiede konnten keine aufgefunden werden.

Die vorgestellten Befunde unterliegen Limitationen: Mit dem Forschungsdesign war beabsichtigt, über eine großflächige Befragung der Selbsteinschätzung von Lehrkräften hinaus bestimmte Dynamiken der Implementation von Bildungsstandards nachzuzeichnen. Dennoch sind aus hauptsächlich zwei Gründen die Befunde für die Realschule in Baden-Württemberg nur sehr vorsichtig zu interpretieren:

Selbsteinschätzungen der Lehrkräfte, zumal wenn diese den Fragebogen „sozial erwünscht" bearbeiten, vermögen nicht genügend zu beantworten, wie hoch beispielsweise das tatsächliche Ausmaß einer reformbedingten Belastung ist. Für das Forschungsprojekt lag eine Gefahr darin, dass vielleicht häufiger die Gruppe der Befürworter, die Reformaspekten aufgeschlossen gegenüberstand, und weniger die Gruppe der Unentschlossenen und Skeptiker zu beiden Messzeitpunkten antwortete.

Vor allem ist aber die niedrige Rücklaufquote zu berücksichtigen, die in den vorliegenden Studien etwa bei einem Viertel der befragten Probanden lag. Trotzdem lassen sich mit den 900 bzw. 700 absoluten Rückläufen (erster und zweiter Messzeitpunkt) vorsichtige quantitative Veränderungsaussagen „in der Fläche" absichern. Wie die Kompetenzorientierung konkret in der Unterrichtsplanung und Unterrichtspraxis umgesetzt wird, konnte damit jedoch nicht erfasst werden.

7 Zusammenfassung und Ausblick für künftige Forschung und Evaluation

Die Orientierungsfunktion des Lehrplans kann in der Summe der angeführten älteren Studien vor allem in der langfristigen Planung der Lehrkräfte nachgezeichnet werden. Hierbei scheint vor allem den Inhalten und Stoffen eine steuernde Funktion zuzukommen, die als Bindeglieder zwischen der politischen und administriellen Ebene bis hin auf die Mikroebene des Unterrichts fungieren. In systematisch aufbauenden Fächern (wie beispielsweise Mathematik oder Fremdsprachen, die häufig mit ausgeprägten Lehrwerken ausgestattet sind) erweist sich die Orientierungsfunktion des Lehrplans schwächer im Vergleich zu den weiteren (eklektizistischen) Unterrichtsfächern (wie beispielsweise Musik, Kunst, Sport). Besser informierte Lehrkräfte scheinen Lehrpläne positiver zu bewerten. Die angeführten Studien verweisen vor allem für die Primarstufe auf eine dem Lehrplan inhärente Grenze, die einerseits in den Kindern selbst und ihren Interessen zu finden ist. Über alle Schulstufen hinweg werden zu viele Inhalte und Stoffe als problematisch betrachtet. Insgesamt kommt die ältere Lehrplanrezeptionsforschung bilanzierend zum Schluss, dass aus Lehrplänen kaum Innovationsimpulse resultieren würden.

Weil Lehrpläne in Form von Bildungsstandards, deren konstitutive Elemente in den darin ausgewiesenen Kompetenzen (als ihrer Zielebene, die über Inhalte hinausweist) und deren Abprüfung liegen, eine akzentuiertere Steuerung des outputs im Vergleich zu vorherigen Plänen anvisieren, hat die neuere Lehrplanrezeptionsforschung diese Frage aufgegriffen und insbesondere danach gefragt, ob die intendierte Steuerungsabsicht auch in Forschungsbefunden ersichtlich wird. In einer Studie aus Baden-Württemberg waren diesbezüglich moderat positive Indizien aufzufinden, die sich beispielsweise in einer verstärkten Ausrichtung des Unterrichts und der Leistungsbeurteilung auf die mit den Bildungsstandards verbundenen Intentionen manifestierten, zu denen aber letztlich unklar bleibt, ob die Standards oder weitere nebensteuernde Elemente wie beispielsweise Prüfungen die Effekte (mit-)bedingten.

Welche Folgerungen können aus diesen Gedanken für die Forschung einerseits und die künftige Ausgestaltung der (sowohl internen als auch externen) Evaluation an Schulen gezogen werden? Eine Antwort soll zunächst für die wissenschaftliche Forschung versucht werden. Die Befunde der älteren Forschung und die ausgeführten Ergebnisse zu den Bildungsstandards verdeutlichen, dass in der Lehrplanrezeptionsforschung bislang überwiegend die Lehrkräfte im Mittelpunkt von Untersuchungen standen, die meist mit standardisierten Instrumenten befragt wurden. Aus Gründen der nicht immer zufriedenstellenden Rückläufe in den Untersuchungen ist die Interpretation der berichteten Ergebnisse nur vorsichtig möglich und selbst bei hohen Rücklaufquoten, vor allem wenn diese durch administrielle Unterstützung zustande kamen (z. B. bei Bittlinger/Flügge/Alt-Stutternheim/ Müller/Reinhard 1980), die Frage der sozialen Erwünschtheit zu diskutieren.

Mit dieser Ausrichtung der Forschung auf die Befragung von Lehrkräften geht ebenfalls ein Desiderat einher: Kaum untersucht ist bislang die Wirkungsweise von Lehrplanreformen auf Schülerinnen und Schüler. Während im amerikanischen Raum curriculare Veränderungen deutlich stärker im Fokus der medialen und wissenschaftlichen Aufmerksamkeit stehen und oft hinsichtlich ihrer Effekte auf Schülerebene untersucht werden (z. B. jüngst Fischer et al. 2018), finden sich im deutschsprachigen Raum nur wenige Untersuchungen, die entsprechende Forschungsfragen umfassend adressieren. Gleichwohl stehen im Kern einer Veränderung von Lerninhalten stets die Lehrkraft und die Schülerinnen und Schüler. Wichtig wären daher Untersuchungen, die sowohl Effekte von Bildungsplanreformen auf Lehrerinnen und Lehrer als auch Effekte auf Schülerinnen und Schüler stärker in den Blick nehmen. Zweifelsohne ist diese Zielrichtung mit einer forschungsmethodischen Schwierigkeit verbunden, die in der nicht einfachen Zuordnung von Befunden auf Lehrplanreformen und damit im Problem der Konfundierung liegt.

Ein Aspekt, dem in den Befunden zur bisherigen Lehrplanforschung vergleichsweise geringe Berücksichtigung zugemessen wurde (im Gegensatz dazu die Arbeitsgruppe um Vollstädt 1999), scheint auch die differenzielle Betrachtung der Lehrplanrezeption an verschiedenen Schulformen der Sekundarstufe I zu sein. Es ist zu erwarten, dass die Rezeption und Funktionsweise der Lehrpläne an unterschiedlichen Schulformen differiert, beispielsweise begründet durch die Tatsache, dass Lehrkräfte an Gymnasien in Baden-Württemberg nicht gehalten sind, Stoffverteilungspläne als Dokumente der langfristigen Planung zu erstellen und diese der Schulleitung vorzulegen.

Mit den neuen Bildungsstandards, die 2016 in Baden-Württemberg eingeführt wurden, ergeben sich weitere Forschungsbedarfe. Die Pläne sind affin zu den Plänen 2004 in Form von Standards mit formulierten Kompetenzen konzipiert, differieren aber im Vergleich zum Vorläuferplan in der konkreten Benennung von inhalts- und prozessbezogenen Kompetenzen. Damit greifen sie die inhaltliche Seite, die in der Lehrplanrezeptionsforschung als bedeutsame Steuerungsgröße herausgearbeitet werden konnte, akzentuierter auf. Erstmals wurden in diesen Bildungsstandards für die nichtgymnasialen Schulformen Niveaustufendifferenzierungen in drei Ausprägungen vorgenommen. Sie wollen den Lehrerinnen und Lehrern vor allem in jenen Schulformen, die mehrere Abschlüsse anbieten und in denen diese von der Schulform entkoppelt sind (hier sind insbesondere die 2012 eingeführten Gemeinschaftsschule und die reformierte Realschule in Baden-Württemberg zu nennen), Orientierung für ihren Unterricht auf verschiedenen Niveaustufen bieten. Inwieweit die vorgegebenen Differenzierungen tatsächlich in Form von individualisierten Lernangeboten umgesetzt werden können und somit auch eine individuelle Entwicklung von Schülerinnen und Schülern mit unterschiedlichen Leistungen ermöglichen, sollte im Rahmen zukünftiger Untersuchungen genauer in den Blick genommen werden.

Gleichzeitig scheint den unterschiedlichen Niveaustufenvorgaben auch eine bisher nicht aufscheinende Legitimationsfunktion eingeschrieben zu sein, die darin zu suchen ist, dass Lehrkräfte abschlussbezogene Entscheidungen, wie sie beispielsweise in der Realschule zum Ende der Klassenstufe 6 oder in den Gemeinschaftsschulen zum Ende der Klassenstufe 8 erforderlich werden, mit ihnen begründen und legitimieren können. Diese Funktion scheint neu und ist in den theoretischen Reflexionen des Lehrplans bislang nicht erörtert worden. Es ist also zu erwarten, dass die Niveaudifferenzierungen der neuen Bildungsstandards Entscheidungsprozesse von Lehrerinnen und Lehrern in höherem Ausmaß legitimieren als zuvor. Damit tritt erstmals die Frage in den Blick, ob und wie Lehrkräfte den Plan für ihre Entscheidungen heranziehen und es bedarf weiterer fundierter wissenschaftlicher Untersuchungen, um die somit akzentuiertere Legitimationsfunktion theoretisch zu konzeptionalisieren und empirisch zu prüfen.

Ebenfalls große Bedeutung kommt den nebensteuernden Elementen von Lehrplänen zu, wie beispielsweise der Rolle von Fortbildungen für die Implementation von Plänen oder der Wirkung von Prüfungen als konkurrierenden Steuerungsinstrumenten. In verschiedenen Studien aus dem englischsprachigen Raum erwiesen sich fünf Faktoren als wirksam für Fortbildungsangebote von Lehrerinnen und Lehrer (Desimone 2009): Content focus, active learning, coherence, duration and collective participation. Die Begriffe beschreiben die folgenden Faktoren als wirksam für Fortbildungen: einen Fokus auf Inhalte des Unterrichts und des Faches, die aktive Einbeziehung der Lehrkräfte in die Fortbildung, die Bedeutung einer inhaltlich strukturierten und aufeinander aufbauenden Fortbildung, die langfristige Auseinandersetzung mit den Inhalten und schließlich eine Relevanz des Kollektivs, d. h. des gemeinschaftlichen Arbeitens unter den Lehrkräften. Obwohl Lehrerfortbildungen auch im deutschen Raum zunehmend Beachtung erhalten (z. B. Lipowski/Rzejak 2012; Fussangel/Rürup/Gräsel 2016), finden sich erstaunlich wenige Arbeiten, die Wirkungen von Fortbildungsprogrammen auf Reformmaßnahmen betrachten. Langfristig sollte folglich nicht nur die Wirksamkeit von Programmreformen in den Blick genommen werden, sondern ebenso deren Implementationsprozess und die damit einhergehenden nebensteuernden Elemente.

Sie kommen vor allem als Unterrichtsmaterialien und Prüfungen in den Blick Hier bleibt zu eruieren, wie Lehrpläne in die Gesamtorchestrierung der Steuerung eingebunden sind und vor allem, ob konfligierende Felder vorliegen – beispielsweise, wenn Unterrichtsmaterialien und Prüfungen nicht unmittelbar an die verankerten Programme anschließen.

Welche Implikationen folgen aus den Ausführungen für die weitere Ausgestaltung der Evaluation an Schulen? Bislang liegen keine Studien dazu vor, welche die Umsetzung des Lehrplans und der Bildungsstandards an Einzelschulen betrachten. Dies scheint vor dem Hintergrund der Tatsache, dass die Schul- und Unterrichtsqualität zwischen den Einzelschulen in höherem Ausmaß zu differieren scheint als zwischen den Schulformen, ein bedeutsames Desiderat zu sein, das einen Baustein künftiger externer Evaluation bilden, aber auch verstärkt zum Thema obligatorisch durchzuführender Selbstevaluationen an Schulen gemacht werden könnte. Gärtner (2016) konnte jüngst Befunde vorlegen, die einen Einfluss der Schulorganisation und der Programme auf die Unterrichtsqualität belegen (vgl. Gärtner 2016, S. 522). Wenngleich unter dem Begriff der Programme in dieser Studie die schulinternen Curricula, transparente Leistungsanforderungen und die Qualitätsentwicklung durch Evaluation verstanden werden und die aufgefundenen Effekte als klein bis mittel einzuordnen sind (vgl. Gärtner 2016, S. 520), kann begründet vermutet werden, dass der Umsetzung des offiziellen Lehrplans an den Einzelschulen – innerhalb der erforderlichen Gestaltungsfreiheiten der Lehrkräfte und der Anpassung der Vorgabe an die Voraussetzungen der Schülerinnen und Schüler – eine hohe Bedeutung für die Unterrichtsqualität zukommt. Sie wird bislang in internationalen (z. B. TIMSS) und nationalen (z. B. IQB-Bildungstrend) Studien für die Seite der Lernenden, aber nicht auf der Seite der Lehrkräfte in den Blick genommen. Dies scheint nachgerade verwunderlich, weil die Evaluation der Bildungsstandards von 2004 aufzuzeigen vermochte, dass der Inhaltsebene im Blick auf Steuerungsintentionen eine große Bedeutung zukommt, die in den Bildungsstandards von 2004 mit ihrer Ausrichtung auf die Zielebene (Kompetenzen) vernachlässigt wurde. Kaum geklärt ist aktuell die Frage, ob die vielfältigen im Internet aufzufindenden und durch Verlage publizierten Materialien geeignet sind, die benannten Kompetenzen der Bildungsstandards auf den entsprechenden Jahrgangsstufen zu verwirklichen. Japan geht hier beispielsweise im Rahmen seiner zentralen Steuerung den Weg, Schulbücher einem Zulassungsverfahren zu unterziehen und die Lehrkräfte anzuhalten, nur wenig darauf aufbauende Materialien zu verwenden (vgl. Drinck 2017, S. 98). Anzumerken an dieser Stelle ist, dass Finnland hier genau den gegenteiligen Weg beschreitet (vgl. Trumpa/Wittek 2017, S. 66). Das Land bietet mit seinen zahlreichen Schulen auf dem zweiten Bildungsmarkt gleichsam ein Beispiel dafür, wie Schulsysteme sich entwickeln können, wenn die öffentlichen Schulen die Vorgaben der Lehrpläne nur unzureichend umzusetzen vermögen (vgl. Drinck 2017, S. 96).

Vor dem Hintergrund einer zunehmenden Leistungsheterogenität an den Einzelschulen plädieren wir im Nachgang an diese Gedanken dafür, der Rezeption und der Umsetzung des Lehrplans als bedeutsamem Inputfaktor der Steuerung größere Priorität beizumessen. Die künftige Forschung könnte sich vor allem erkennbaren Veränderungen auf der Ebene der Lernenden sowie der Frage der Passung von Materialien zum Lehrplan zuwenden (Alignment) und sowohl die interne (Selbstevaluation) als auch externe Schulevaluation könnten die Umsetzung und erforderliche Adaption durch die Lehrerinnen und Lehrer an den Einzelschulen verstärkt in den Blick nehmen.

Literatur

Altrichter, H.; Brüsemeister, T.; Wissinger, J. (Hrsg.) (2007): Educational Governance. Handlungskoordination und Steuerung im Bildungssystem. Wiesbaden: VS Verlag für Sozialwissenschaften.

Altrichter, H.; Maag Merki, K. (Hrsg.) (2016): Handbuch Neue Steuerung im Schulsystem. Wiesbaden: VS Verlag für Sozialwissenschaften.

Axnix, K. (1983): Lehrplan aus Lehrersicht. Ergebnisse einer Befragung von Hauptschullehrern in Bayern. Frankfurt/Main: Fischer.

Bellmann, J.; Weiß, M. (2009): Risiken und Nebenwirkungen Neuer Steuerung. In: Zeitschrift für Pädagogik. Heft 02/2009. S. 286-308.

Benz, A.; Dose, N. (2010): Governance – Regieren in komplexen Regelsystemen. Wiesbaden: VS Verlag für Sozialwissenschaften.

Berkemeyer, N. (2010): Die Steuerung des Schulsystems. Theoretische und empirische Explorationen. Wiesbaden: VS Verlag für Sozialwissenschaften.

Bieber, T.; Martens, K.; Niemann, D.; Windzio, M. (2014): Grenzenlose Bildungspolitik?: Empirische Evidenz für PISA als weltweites Leitbild für nationale Bildungsreformen. In: Zeitschrift für Erziehungswissenschaft. Sonderheft 27. S. 141-166. Online im Internet: https://doi.org/10.1007/s11618-014-0513-6.

Bittlinger, L.; Flügge, K.; Alt-Stutterheim, W. v.; Müller, I.; Reinhard, A. (1980): Lehrer und Lehrplan in der Grundschule. Ergebnisse einer repräsentativen Lehrerbefragung in Bayern. München: Ehrenwirt.

Böninger, M. (2004): Die baden-württembergische Bildungsplanreform 2004. In: Fitzner, T. (Hrsg.): Bildungsstandards. Internationale Erfahrungen-Schulentwicklung-Bildungsreform. Bad Boll: Evangelische Akademie.

Dedering, K. (2010): Entscheidungsfindung in Bildungspolitik und Bildungsverwaltung. In: Altrichter, H.; Maag Merki, K. (Hrsg.): Handbuch neue Steuerung im Schulsystem. Wiesbaden: Verlag für Sozialwissenschaften. S. 63-80.

Desimone, L. M. (2009): Improving Impact Studies of Teachers' Professional Development. Toward Better Conceptualizations and Measures. In: Educational Researcher 38 (3). S. 181-199. Doi: 10.3102/0013189X08331140.

Drinck, B. (2017): Japan. In: Trumpa, S.; Wittek, D.; Sliwka, A. (Hrsg.): Die Bildungssysteme der erfolgreichsten PISA-Länder. China, Finnland, Japan, Kanada und Südkorea. Münster/New York: Waxmann. S. 81-107.

Fend, H. (2006): Neue Theorie der Schule. Einführung in das Verstehen von Bildungssystemen. Wiesbaden: Verlag für Sozialwissenschaften.

Fischer, C.; Fishman, B.; Dede, C.; Eisenkraft, A.; Foster, B.; Frumin, K.; Lawrenz, F.; Levy, A.; McCoy, A. (2018): Investigating relationships between school context, teacher professional development, teaching practices, and student achievement in response to a nationwide science reform. Teaching and Teacher Education. 72. S. 107-121.

Friedrich, G. (1978): Die Volksschule in Württemberg im 19. Jahrhundert. Weinheim und Basel: Beltz.

Fussangel, K.; Rürup, M.; Gräsel, C. (2016): Lehrerfortbildung als Unterstützungssystem. In: Altrichter, H.; Maag Merki, K. (Hrsg.): Handbuch Neue Steuerung im Schulsystem. Wiesbaden: VS Verlag für Sozialwissenschaften. S. 361-384.

Gärtner, H. (2016): Welche schulischen Merkmale beeinflussen die Unterrichtsqualität? Sekundäranalysen auf Grundlage von Schulinspektionsdaten. In: Zeitschrift für Erziehungswissenschaft. 19. Online im Internet: Doi: 10.1007/s11618-016-0691-5.

Herzog, W. (2013): Bildungsstandards. Stuttgart: Kohlhammer.

Hopmann, S.; Künzli, R. (1998): Entscheidungsfelder der Lehrplanarbeit. In: Künzli, R.; Hopmann, S. (Hrsg.): Lehrpläne. Wie sie entwickelt werden und was von ihnen erwartet wird. Forschungsstand, Zugänge und Ergebnisse aus der Schweiz und der Bundesrepublik Deutschland. Chur/Zürich: Rüegger. Ebenfalls abgedruckt in: Criblez, L.; Gautschi, P.; Hiert Monico, P.; Messner, H. (2006): Lehrpläne und Bildungsstandards. Was Schülerinnen und Schüler lernen sollen. Bern: h.e.p. Verlag. S. 31-60.

Jann, W.; Wegrich, K. (2007): Theories of the policy cycle. In: Fischer, F.; Miller, G. J.; Sidney, M. S. (Hrsg.): Public administration and public policy. Vol. 125. Handbook of public policy analysis: Theory, politics, and methods. Boca Raton: CRC/Taylor & Francis. S. 43-62.

Klose, P. (1988): Verwendung und Rezeption staatlicher Lehrpläne in Schulen. Eine empirische Untersuchung am Beispiel des Sachunterrichts. Frankfurt/Main: Lang.

KMK (2005): Bildungsstandards der Kultusministerkonferenz: Erläuterungen zur Konzeption und Entwicklung. München: Luchterhand.

KMK (2006): Gesamtstrategie der Kultusministerkonferenz zum Bildungsmonitoring. Neuwied: Luchterhand in Wolters Kluwer Deutschland.

Köhler, H. (2004): Landesprofil der Schulentwicklung. In: Köller, O.; Watermann, R.; Trautwein, U.; Lüdtke, O. (Hrsg.): Wege zur Hochschulreife in Baden-Württemberg. Tosca – eine Untersuchung an allgemein bildenden und beruflichen Gymnasien. Opladen: Leske und Budrich. S. 29-67.

Kunert, K. (1983): Wie Lehrer mit dem Lehrplan umgehen. Bericht über eine Befragung von Grund- und Hauptschullehrern – Interpretationen – Folgerungen. Weinheim und Basel: Beltz.

Künzli, R.; Fries, A.-V.; Hürlimann, W.; Rosenmund, M. (2013): Der Lehrplan – Programm der Schule. Weinheim und Basel: Beltz Juventa.

Landert, C.; Stamm, M.; Trachsler, E. (1998a): Die Erprobungsfassung des Lehrplans für die Volksschule des Kantons Zürich. Bericht über die externe wissenschaftliche Evaluation. Teil I: Synthese. Zürich: Bildungsdirektion des Kantons Zürich.

Landert, C.; Stamm, M.; Trachsler, E. (1998b): Die Erprobungsfassung des Lehrplans für die Volksschule des Kantons Zürich. Bericht über die externe wissenschaftliche Evaluation. Teil II: Materialien. Zürich: Bildungsdirektion des Kantons Zürich.

Lange, B.; Drieschner, E.; Wacker, A. (2013): Vorüberlegungen und Facetten zu einer Theorie kompetenzorientierter Didaktik. In: Jahrbuch für Allgemeine Didaktik 3 (Neuere Ansätze in der Allgemeinen Didaktik). S. 72-82.

Lipowski, F.; Rzejak, D. (2012): Lehrerinnen und Lehrer als Lerner – Wann gelingt der Rollentausch? Merkmale und Wirkungen wirksamer Lehrerfortbildungen. In: Schulpädagogik heute. Heft 05/2012. S. 1-17.

Maag Merki, K. (2010): Theoretische und empirische Analysen der Effektivität von Bildungsstandards, standardbezogenen Lernstandserhebungen und zentralen Abschlussprüfungen. In: Altrichter, H.; Maag Merki, K. (Hrsg.): Handbuch Neue Steuerung im Schulsystem. Wiesbaden: VS Verlag für Sozialwissenschaften. S. 145-169.

Maier, U. (2009): Wie gehen Lehrerinnen und Lehrer mit Vergleichsarbeiten um? Eine Studie zu testbasierten Schulreformen in Baden und Thüringen (Schul- und Unterrichtsforschung, Band 7). Baltmannsweiler: Schneider.

Mayntz, R. (2004): Governance im modernen Staat. In: Benz, A. (Hrsg.): Governance – Regieren in komplexen Regelsystemen. Eine Einführung. Wiesbaden: VS Verlag für Sozialwissenschaften. S. 65–76.

Niemann, D. (2016): Germany: The intersection of international achievement testing and educational policy development. In: Volante. L. (Ed.): The intersection of international achievement testing and educational policy. Global Perspectives on Large-Scale Reform. New York: Routledge. S. 19-36.

Prange, K. (1986): Bauformen des Unterrichts. Bad Heilbrunn: Klinkhardt.

Santini, B. (1971): Das Curriculum im Urteil der Lehrer. Basel: Beltz.

Schäfer, L.; Wacker, A. (2018): Einzelschulen zwischen Autonomie und Strukturellem Isomorphismus. Eine neoinstitutionalistische Betrachtung handlungsleitender Motive bei der Implementierung von Schulreformen. In: Drossel, K.; Eickelmann, B. (Hrsg.): Does ‚What works'work? Bildungspolitik, Bildungsadministration und Bildungsforschung im Dialog. Münster/New York: Waxmann. S. 275-289.

Scholl, D. (2009): Sind die traditionellen Lehrpläne überflüssig? Zur lehrplantheoretischen Problematik von Bildungsstandards und Kernlehrplänen. Wiesbaden: VS Verlag für Sozialwissenschaften.

Trumpa, S.; Wittek, D. (2017): Finnland. In: Trumpa, S.; Wittek, D.; Sliwka, A. (Hrsg.): Die Bildungssysteme der erfolgreichsten PISA-Länder. China, Finnland, Japn, Kanada und Südkorea. Münster/New York: Waxmann, S. 52-79.

Vollstädt, W.; Tillmann, K.-J.; Rauin, U.; Höhmann, K.; Tebrügge, A. (1999): Lehrpläne im Schulalltag. Eine empirische Studie zur Akzeptanz und Wirkung von Lehrplänen in der Sekundarstufe I. Opladen: Leske und Budrich.

Vollstädt, W. (2003): Steuerung von Schulentwicklung und Unterrichtsqualität durch staatliche Lehrpläne? In: Zeitschrift für Pädagogik. 47. Beiheft. S. 194-214.

Wacker, A. (2008): Bildungsstandards als Steuerungselemente der Bildungsplanung. Eine empirische Studie zur Realschule in Baden-Württemberg. Bad Heilbrunn: Klinkhardt.

Wacker, A. (2009): Die Fachkonferenz – Transmissionsriemen zwischen Schule und Unterricht? Zur wachsenden Bedeutung der Fachkonferenz als kollektivem Steuerungsakteur in neuen Steuerungskonzepten. In: Die Deutsche Schule. Heft 03/2009. S. 265-277.

Wacker, A. (2012): Fördern Bildungsstandards die Zusammenarbeit an Schulen? Auswirkungen von Bildungsstandards auf die Kooperation der Lehrkräfte an Realschulen in Baden-Württemberg. In A. Wacker; U. Maier; J. Wissinger (Hrsg.): Schul- und Unterrichtsreform durch ergebnisorientierte Steuerung. Empirische Befunde und forschungsmethodische Implikationen. Wiesbaden: Springer VS, S. 175-195.

Wacker, A. (2017): Welche Effekte hatte die Bildungs(plan)reform von 2004? Eine Zusammenfassung von Studien zur Realschule in Baden-Württemberg. In: Lehren und Lernen. Heft 11/2017. S. 24-28.

Wacker, A.; Groß, D. (2014): Wie belastend empfinden Lehrerinnen und Lehrer outputorientierte Bildungsreformen? Eine Längsschnittuntersuchung am Beispiel von Realschullehrkräften aus Baden-Württemberg. In: Zeitschrift für Berufs- und Wirtschaftspädagogik. Heft 03/2014. S. 462-473.

Wacker, A.; Kramer, J. (2012): Vergleichsarbeiten in Baden-Württemberg. Zur Einschätzung der Lehrkräfte vor und nach der Implementation. In: Zeitschrift für Erziehungswissenschaft. Heft 04/2012. S. 683-706.

Wacker, A.; Maier, U.; Wissinger, J. (2012): Ergebnisorientierte Steuerung – Bildungspolitische Strategie und Verfahren zur Initiierung von Schul- und Unterrichtsreformen. In: Wacker, A.; Maier, U.; Wissinger, J. (Hrsg.): Schul- und Unterrichtsreform durch ergebnisorientierte Steuerung. Empirische Befunde und forschungsmethodische Implikationen. Educational Governance Band 9. Wiesbaden: VS Verlag für Sozialwissenschaften. S. 9-33.

Wacker, A.; Rohlfs, C.; Kramer, J. (2013): Sind Bildungsstandards Innovationsimpulse für Unterricht und Leistungsbeurteilung? Ein Querschnittvergleich der Einschätzung von Lehrerinnen und Lehrern zu zwei Messzeitpunkten. In: Zeitschrift für Bildungsforschung. Heft 02/2013. S. 119-136.

Wacker, A.; Strobel-Eisele, G. (2013): Bildungsstandards als Instrumente outputorientierter Steuerungskonzepte – zum Stand und zu Desideraten der Lehrplan(rezeptions)-forschung. In: Vierteljahresschrift für wissenschaftliche Pädagogik. Heft 01/2013. S. 107-123.

Potenzial der neo-institutionalistischen Organisationstheorie zur Analyse der strukturellen Verhältnisse in der schulischen Organisation

Am Beispiel von organisationsinternen Kopplungs- bzw. Entkopplungsprozessen im baden-württembergischen Fallvergleich

Barbara Muslic

Abstract

Zentrale Lernstandserhebungen wurden als Instrument neuer Steuerung im Rahmen der Gesamtstrategie zum Bildungsmonitoring implementiert (vgl. KMK 2006). Ihr primäres Ziel ist es, eine testdatenbasierte Unterrichts- und Schulentwicklung anzustoßen. Um die Auswirkungen dieser eingeführten Lernstandserhebungen in der schulischen Organisation zu analysieren, bietet die neo-institutionalistische Organisationstheorie (vgl. Meyer/Rowan 1977) ein ertragreiches Erklärungspotenzial. Aus dieser Perspektive führen die von außen in die Schulorganisation implementierten Steuerungsinstrumente organisationsintern zu einer festeren Kopplung zwischen den Strukturelementen Interaktion (Unterricht) und Organisation sowie zwischen der Organisation und der externen Umwelt. Vor diesem Hintergrund wird im Beitrag explorativ der Frage nachgegangen, ob und auf welche Weise die Einführung von zentralen Lernstandserhebungen Kopplungs- bzw. Entkopplungsprozesse in der schulischen Organisation befördern. Methodisch werden Interviews in Schulen (Gymnasien) mit den relevanten schulischen Akteuren Schulleitungen, Fachbereichsleitungen, Lehrkräften und dazugehörigen Schulaufsichtsvertreter/-innen in vier Bundesländern durchgeführt (N=229). Im Rahmen einer qualitativ-empirischen Untersuchung werden die inhaltsanalytisch nach Mayring (2010) ausgewerteten Interviewdaten in fünf Schulorganisationen aus einer Stichprobe des Bundeslandes Baden-Württemberg innerhalb eines Fallvergleichs (Cross-Case Analysis 1. Ordnung) analysiert (vgl. Yin 2009).

Inhalt

1 Einführung 96
2 Theoretischer Hintergrund 97
3 Stichprobe und methodisches Vorgehen 98
4 Ergebnisse zu organisationsinternen Kopplungs- bzw. Entkopplungsvorgängen im Fallvergleich 101
5 Diskussion und Fazit 103
Literatur 104

© Springer Fachmedien Wiesbaden GmbH, ein Teil von Springer Nature 2019
T. Stricker, *Zehn Jahre Fremdevaluation in Baden-Württemberg*,
https://doi.org/10.1007/978-3-658-25778-1_7

1 Einführung

Im Jahr 2006 wurden zentrale Lernstandserhebungen im Rahmen der Gesamtstrategie zum Bildungsmonitoring von der Kultusministerkonferenz der Länder bundesweit implementiert (vgl. KMK 2006). In der Literatur werden für Lernstandserhebungen synonym weitere Begriffe verwendet (wie z. B. Kompetenztests) und sie werden im untersuchten Bundesland Baden-Württemberg, das im Rahmen dieses Beitrags in den Blick genommen wird, als Diagnosearbeiten bezeichnet. Lernstandserhebungen sind ein Instrument *neuer Steuerung,* die die Bildungsoutputs, d. h. die Lernerträge der Schüler/-innen fokussieren (vgl. Diemer & Kuper 2011). Als Element einer testbasierten Schulreform sollen sie zur Schul- und Unterrichtsentwicklung führen. Die Einführung neuer Steuerungsinstrumente leitete einen Paradigmenwechsel im deutschen Bildungssystem ein. Verschiedene und umfassende Reformmaßnahmen und -strategien sollten zur nachhaltigen Sicherung und Weiterentwicklung von Bildungsqualität im Schulwesen beitragen (vgl. Böttcher 2006).

Insgesamt resultieren aus der Einführung testbasierter Schulreformen und neuer Steuerungsinstrumente weitreichende Veränderungen für die Schulorganisation und ihre Akteure im schulischen Mehrebenensystem. Dabei ist in besonderer Weise auch das Verhältnis von der Schulorganisation zur schulischen Umwelt betroffen. Für die Beschreibung dieser durch zentrale Lernstandserhebungen (wie Diagnose- und Vergleichsarbeiten) ausgelösten Veränderungsprozesse bietet sich als Analyserahmen die neo-institutionalistische Organisationstheorie (vgl. Meyer/ Rowan 1977) an. Unter Rückgriff auf diese organisationssoziologische Grundlage können insbesondere die durch die Einführung der Lernstandserhebungen entstandenen Kopplungs- und Entkopplungsprozesse erfasst werden (vgl. ausführlich: Muslic 2017; Muslic/Ramsteck 2016). In diesem Zusammenhang kann davon ausgegangen werden, dass die Implementation von testbasierten Schulreformen und neuer Steuerungsinstrumente eine stärkere organisationsinterne und -externe Kopplung befördert. Dies ist seitens der Bildungspolitik beabsichtigt und soll beispielsweise durch systematischen, über alle (Akteurs-)Ebenen in der Schulorganisation hinweg stattfindenden Austausch und Kooperation bezüglich der Umsetzung von Lernstandserhebungen und Nutzung ihrer Ergebnisse erfolgen.

Generell ist diese organisationssoziologische Betrachtungsweise von Schulen anhand des Neo-Institutionalismus im Bereich der empirischen Bildungsforschung – vor allem im deutschsprachigen Raum – noch relativ neu (vgl. Brüsemeister 2008; Schaefers 2002).

Im Beitrag wird dieses Desiderat im Rahmen einer explorativen Untersuchung zu den neo-institutionalistischen Analysekategorien *Kopplung* und *Entkopplung/lose Kopplung* in der schulischen Organisation im Kontext zentraler Lernstandserhebungen bearbeitet. Hier steht das organisationsinterne Verhältnis, d. h. zwischen der Organisation (repräsentiert durch die Schulleitungsebene) und der Interaktion bzw. dem Unterricht im Fokus. Es werden Ergebnisse eines Bundeslandes (Baden-Württemberg) in Form eines bundeslandbezogenen Fallvergleichs (Cross-Case Analysis 1. Ordnung) präsentiert.

Eine ausführliche Untersuchung der Kopplung bzw. Entkopplung/losen Kopplung für das Bundesland Berlin (Cross-Case Analysis 1. Ordnung) und im Bundeslandvergleich von Berlin und Baden-Württemberg (Cross-Case Analysis 2. Ordnung) findet sich in Muslic (2017). Der vorliegende Beitrag stellt daraus eine prägnante Zusammenfassung der Ergebnisse zum Fallvergleich für das Bundesland Baden-Württemberg (Cross-Case Analysis 1. Ordnung) dar.

2 Theoretischer Hintergrund

Für die Analyse der Prozesse, die in Folge der Einführung zentraler Lernstandserhebungen sowohl in der schulischen Organisation als auch zwischen der schulischen Organisation und ihrer Umwelt entstehen, bietet die neo-institutionalistische Organisationstheorie eine ertragreiche Perspektive (ausführliche Erläuterung dazu: Muslic, 2017; Muslic & Ramsteck, 2016).

In diesem Theoriemodell wird nicht nur die Mehrebenenstruktur des Schulsystems angesprochen, sondern auch die strukturellen Wirkungsbeziehungen zwischen den einzelnen, mit unterschiedlichen Handlungslogiken ausgestatteten (Akteurs-)Ebenen. Dazu zählen bspw. die Organisationsebene (repräsentiert durch die Schulleitung) und Interaktionsebene (Unterricht) oder auch das Verhältnis von Organisation und institutioneller Umwelt.

Diese strukturellen Verhältnisse können dabei unterschiedlich ausgeprägt sein. Der Terminus *Kopplung bzw. lose Kopplung/Entkopplung* verweist auf den Grad der strukturellen Verbindung von organisationalen Elementen oder Ebenen. Das heißt der stark (Kopplung) oder schwach (Entkopplung) ausgeprägten oder losen strukturellen Verbindung zweier organisationaler Elemente bzw. Systeme (vgl. Meyer/Rowan 1977).

In Bezug auf schulische Organisationen stellt *lose Kopplung* das zentrale Strukturprinzip dar. Hierbei wird davon ausgegangen, dass die schulinternen Prozesse auf der Unterrichtsebene und die Organisation sowie die administrative Umwelt (vor allem die Schulaufsicht) und die Organisation in einer losen Verbindung zueinanderstehen. Lose gekoppelte Systeme zeichnen sich durch ausgeprägte Handlungsspielräume aus, so dass bspw. einzelne Akteure in der schulischen Organisation, wie die Lehrkräfte, autonom und individuell verantwortete Entscheidungen bezüglich der Umsetzung von externen Reformmaßnahmen (wie Steuerungsinstrumente, Testverfahren etc.) treffen können (vgl. Weick 1976).

Die Implementation neuer Steuerungsinstrumente (wie zentrale Lernstandserhebungen) soll eine festere Kopplung von organisationalen Strukturelementen durch „Transparenz, Messbarkeit und zurechenbare Verantwortlichkeit (,Accountability')" (Koch 2009, S. 121) herstellen. Im Verständnis des Neo-Institutionalismus werden durch externe Einflüsse (wie bspw. Reformmaßnahmen) organisationale Reaktionen ausgelöst, die sich auf die Aktivitäts- und/oder die Formalstruktur der Organisation auswirken können. Die Formalstruktur der Organisation ist von außen (d.h. von der Umwelt) einsehbar, wohingegen die Aktivitätsstruktur organisationsinterne, d. h. innerhalb der Organisation stattfindende Handlungen impliziert und nach außen hin nicht erkennbar ist.

Die schulische Organisation kann auch alle nach außen hin sichtbaren Aktivitäten entsprechend der externen Vorgaben und Erwartungen (durch Reformmaßnahmen bspw.) anpassen, ohne dabei die schulinterne Aktivitätsstruktur (Unterricht) zu berücksichtigen. Dieser Vorgang wird im Neo-Institutionalismus *zeremonielle Konformität* genannt (vgl. Meyer/Rowan 1977). Damit eignet sich die neo-institutionalistische Organisationstheorie in besonderer Weise für die Analyse von reformbezogenen Prozessen und Veränderungen innerhalb des schulischen Mehrebenensystems und hierbei insbesondere hinsichtlich der Kopplungs- und Entkopplungsvorgänge auf organisationsinterner als auch -externer Ebene (vgl. Schaefers 2002).

3 Stichprobe und methodisches Vorgehen

Die Datengrundlage für die Analyse der *Kopplungs-* bzw. *Entkopplungsprozesse*, die in Folge von zentralen Lernstandserhebungen entstehen, bildet das in der explorativen Interviewstudie „*Realisierung testbasierter Schulreform in der Mehrebenenstruktur des Bildungssystems*" (05/2010 – 06/2013) erhobene Interviewmaterial. Die vom BMBF geförderte Studie wurde im Forschungsschwerpunkt „Steuerung im Bildungssystem" (SteBis) in zwei Teilprojekten unter der Leitung von Prof. Dr. Harm Kuper an der Freien Universität Berlin sowie Prof. Dr. Uwe Maier an der Pädagogischen Hochschule Schwäbisch Gmünd durchgeführt.

Im Rahmen der Studie wurden leitfadengestützte Interviews in einem Längsschnittdesign über zwei Messzeitpunkte mit den zentralen Akteuren (N=229) des

Schulsystems, d. h. Schulaufsicht, Schulleitung, Fachbereichsleitung und Lehrkraft, in vier Bundesländern (Berlin, Brandenburg, Baden-Württemberg, Thüringen) geführt.

Für die Auswahl der Stichprobe war es Grundvoraussetzung, dass die Schulen (Gymnasien) bereits Erfahrungen mit Lernstandserhebungen in der Klassenstufe 8 vorweisen konnten und damit Verarbeitungsprozesse mit den zurückgemeldeten Lernstandsergebnissen zu erwarten waren. Weitere Auswahlkriterien für die Stichprobe waren eine Schülerzahl von ca. mindestens 600, um ein Mindestmaß an organisationaler Differenzierung in den Schulen sicherzustellen sowie dass die Schulen in der für die Untersuchung relevanten 8. Klassenstufe mindestens dreizügig waren.

Im Fokus der Interviews steht primär der Umgang mit den Rückmeldungen aus Lernstandserhebungen in der Mehrebenenstruktur des Schulsystems. Sowohl der Interviewleitfaden als auch das Kategoriensystem als Grundlage der inhaltsanalytischen Auswertung werden inhaltlich in Orientierung an dem Zyklenmodell nach Helmke (2004) konzipiert. Dieses Zyklenmodell bildet den idealtypischen Ablauf der Verarbeitung von Evaluations- oder Testrückmeldungen (wie bspw. aus Lernstandserhebungen) ab und unterscheidet dabei die Zyklen *Rezeption – Reflexion – Aktion – Evaluation*. Auf diese Weise lassen sich anhand des Modells Prozesse der Datenrezeption und -verarbeitung in Schulen erfassen und systematisieren.

Das Zyklenmodell geht davon aus, dass die schulischen Akteure externe Rückmeldungen aus Evaluationen oder Tests in der ersten Phase zunächst *rezipieren*, bevor sie die zurückgemeldeten Ergebnisse *reflektieren*. Das beinhaltet vor allem die Analyse von Ursachen für die erzielten Evaluations- bzw. Testergebnisse. Daran schließt eine Phase der Nutzung an *(Aktion)*, in der unterrichtliche und schulische Maßnahmen eingeleitet werden sollen. Hier geht es primär darum, dass die Evaluations- oder Testergebnisse für die Verbesserung der Unterrichtsqualität genutzt werden sollen. Abschließend sollen (Miss-)Erfolge der zuvor eingeleiteten Maßnahmen bewertet werden *(Evaluation)*. Diese Phase kann sowohl den Schlusspunkt des Modells, als auch den Anfangspunkt darstellen. Insgesamt stellt die Verarbeitung und Nutzung von zurückgemeldeten Daten im Zyklenmodell einen kontinuierlichen Prozess dar (vgl. ebd., S. 11ff.).

Anschließend wird das erhobene Interviewmaterial inhaltsanalytisch (vgl. Mayring 2010) ausgewertet und auf dieser Basis werden Fallanalysen auf Schulebene erstellt. Im Rahmen eines mehrstufigen Fallstudiendesigns (vgl. Yin 2009) werden bundeslandspezifische Fallanalysen (Within-Case Analysis), d. h. deskriptive Fallstrukturierungen und -studien der untersuchten Schulen eines Bundeslandes, sowie bundeslandübergreifende Fallanalysen (Cross-Case Analysis) entwickelt. Letztere beinhalten eine vergleichende Analyse der Fälle eines Bundeslandes (Cross-Case Analysis 1. Ordnung). Hier kann auch noch ein bundesländübergreifender kontrastiver Vergleich zwischen verschiedenen Bundesländern angeschlossen werden (Cross-Case Analysis 2. Ordnung). In diesem Beitrag werden Ergebnisse der Analysen aus dem Fallvergleich aus Baden-Württemberg (Cross-Case Analysis 1. Ordnung) zur Kopplung bzw. Entkopplung/loser Kopplung in Folge der Einführung zentraler Lernstandserhebungen vorgestellt.

Für diese bundeslandspezifischen Fallanalysen werden die kodierten Interviewdaten aller untersuchten schulischen Akteure berücksichtigt sowie vorwiegend folgende Kategorien aus dem Kategoriensystem herangezogen:

- Kommunikation
- Aktion
- Evaluation
- Konzeptionelles Verständnis
- Rahmenbedingungen für Verarbeitung
- Rolle der Schulleitung
- Unterstützungssysteme
- Abschlussbetrachtung.

Die Ausprägungen bezüglich dieser Kategorien liefern Hinweise darauf, ob die Konstellation Organisation und Interaktion/Unterricht eher durch eine festere oder eine losere Kopplung gekennzeichnet ist.

Hierbei werden Informationen zur Auseinandersetzung der schulischen Akteure mit Vergleichs- und Diagnosearbeiten in Fach- sowie in Gesamtlehrerkonferenzen, zu verschiedenen Maßnahmen auf Unterrichts- oder Schulebene (wie z. B. Binnendifferenzierung, Adaption schulischer Programme, Evaluation des Schulprofils bzw. -curriculums, Elternberatung etc.), zu (institutionalisierten) Funktionsstellen und Experten für die Koordination der Lernstandserhebungen sowie zur Rollenausübung seitens der Schulleitung (z. B. aktiv/passiv, Förderung positiver Rahmenbedingungen, Unterstützung) oder zu Formen der Fortbildung bzw. Personalentwicklung erfasst.

4 Ergebnisse zu organisationsinternen Kopplungs- bzw. Entkopplungsvorgängen im Fallvergleich

Im Hinblick auf das strukturelle Verhältnis von Organisations- und Unterrichtsebene in den Fällen aus Baden-Württemberg (Fälle 11-15) können sowohl Formen von fester Kopplung als auch von loser Kopplung bzw. Entkopplung identifiziert werden.

Zu den Ausprägungen von *fester Kopplung* zählen insbesondere:
- Die Schulorganisationen erhalten in organisationsübergreifender und vor allem auch in institutionalisierter Form Unterstützung durch Schulreferenten/-innen bzw. spezielle Fachberater/-innen, die Fortbildungsmaßnahmen anbieten (Fälle 11-15). Diese Fort- und Weiterbildungen zum Thema Vergleichs- und Diagnosesarbeiten sollen die schul- und unterrichtsbezogene Nutzung der Testergebnisse befördern.
- Eine festere organisationsinterne Kopplung wird durch den Einsatz von Funktionsstellen (Fälle 11, 14) oder von Evaluationsberatern/-innen (Fälle 12, 15) hergestellt, deren Fachkenntnisse und Unterstützung für den Umgang mit Lernstandserhebungen die gesamte Schulorganisation und ihre Akteursebenen betreffen.
- In fast allen Fällen (11, 12, 13, z.T. 14, 15) werden die Testrückmeldungen auf Klassenebene in der schulübergreifenden Evaluation berücksichtigt sowie auf ihrer Grundlage das Schulprofil bzw. -curriculum evaluiert.
- Festere Kopplung zwischen der organisationalen und der unterrichtlichen Ebene wird außerdem in allen Fällen (11-15) durch die Überarbeitung der schulischen Programme (bspw. Schulportfolio, Leitbild etc.), die im Anschluss an die Lernstandserhebungen entstehen, verstärkt. Diese hat organisationsübergreifende Auswirkungen und betrifft i.d.R. alle innerschulischen Akteursebenen.
- In fast allen Fällen (11, 12, 13, 15) findet eine formalisierte und intensive Auseinandersetzung mit den Testergebnissen (bspw. durch den Einsatz von einheitlichen, i. d. R. mit Schulleitungen abgestimmten Analyserastern) in Fachkonferenzen und z. T. in Gesamtlehrerkonferenzen statt.
- Die Schulleitungen sind mehrheitlich (Fälle 11, z.T. 12, v.a. 13, 15) in die Prozesse und Abläufe der Verarbeitung von Diagnosearbeiten eingebunden. Dies geschieht vorwiegend indirekt durch die Einflussnahme auf die Rahmenbedingungen für die Verarbeitungsprozesse (z. B. durch Austausch mit den Lehrkräften, Einsatz spezieller Ansprechpartner/-innen, Entwicklung von Auswertungsbögen, Initiierung von routinierten Ablaufprozessen etc.).

- In den meisten Fällen aus Baden-Württemberg (11, 12, 15) zeigen sich festere Kopplungsstrukturen zwischen der Organisation und dem Unterricht durch institutionalisierte Funktionsstellen, Förderkonzepte, die Testvorbereitung oder durch die in Ansätzen auf den Diagnosearbeiten basierende Evaluation bzw. Adaption des Unterrichts.
- Organisationsinterne festere Kopplung wird zudem in allen Fällen (11-15) durch vielfältige unterrichtsbezogene Maßnahmen (z. B. Einführung von Aufgabenformaten und -typen im Unterricht, formalisierte Wiederholung von Inhalten bzw. Themen) begünstigt.
- Auch die auf Basis der Testergebnisse initiierte Binnendifferenzierung in zwei Fällen (13, 15) ist schulübergreifend angelegt, so dass sie ebenfalls zu einer festeren Kopplung der Organisations- und der Unterrichtsebene führt.
- Im Fall 13 wird das Lehrerkollegium teilweise in kollektive Entscheidungsprozesse, die die Lernstandserhebungen betreffen, involviert, so dass dadurch organisationsübergreifende Verbindlichkeit hergestellt wird.

Lose Kopplung bzw. Entkopplung zwischen der Ebene des Unterrichts und der Ebene der Organisation stellt sich in den untersuchten Fällen aus Baden-Württemberg in folgender Weise dar:

- In fast allen Fällen (11-14) werden die Lehrkräfte und Fachbereichsleiter/-innen kaum aktiv von den Schulleitungen bei den Kommunikations- und Verarbeitungsprozessen unterstützt. Darüber hinaus werden die Diagnosearbeiten nur in einigen Fällen als Kontrollmaßnahmen eingesetzt (Fälle 11, 12). So werden bilaterale Gespräche bei abweichenden Testergebnissen zwischen der Schulleitung und der Lehrkraft geführt (Fall 15).
- Die wenig ausgeprägten, vor allem formalisierten Kommunikationsstrukturen zwischen der Schulleitung und den Lehrer/-innen (Fälle 11-14) weisen auf lose Kopplung bzw. Entkopplung zwischen der Organisation und der Interaktion hin.
- Zu einem losen Kopplungsverhältnis dieser beiden organisationalen Ebenen tragen die kaum vorhandenen systematischen und schulweiten Maßnahmen bei, die nur in Einzelfällen (11, 13) ausgeprägt sind.
- Die Diagnose- und Vergleichsarbeiten werden in keinem der untersuchten Fälle (11-15) zur (gezielten) Personalentwicklung herangezogen. Zur Entkopplung tragen auch die vorwiegend individuellen Entscheidungen der Lehrer/-innen im Kontext von Vergleichsarbeiten bei, die übereinstimmend in fast allen Fällen (11, z. T. 12, 14, 15) vorkommen.

5 Diskussion und Fazit

Auf Basis der explorativen Untersuchung von Kopplungs- bzw. Entkopplungsstrukturen im Zusammenhang von Lernstandserhebungen im baden-württembergischen Fallvergleich können als zentrale Ergebnisse zusammengefasst werden: Insgesamt können organisationsinterne Merkmale identifiziert werden, die sowohl auf *feste* als auch auf *lose Kopplungs- bzw. Entkopplungsstrukturen* schließen lassen, wenngleich hierbei die Merkmale von *fester Kopplung* überwiegen. Damit kann in den fünf Fällen aus dem untersuchten Bundesland Baden-Württemberg nachgewiesen werden, dass die Implementation der testbasierten Schulreform mit ihrem Instrument der Lernstandserhebungen – wie seitens der Bildungspolitik beabsichtigt – auch bis zu einem gewissen Grad zu einer *festeren Kopplung* zwischen den internen Ebenen der Organisation und des Unterrichts führen kann.

Aus neo-institutionalistischer Perspektive lassen sich die Ergebnisse so interpretieren, dass organisationsintern die mit umfangreicher Autonomie ausgestatteten Akteure auf der Interaktionsebene des Lehrens und Lernens (Unterricht) als Verantwortliche für die Verarbeitung der Rückmeldungen aus Lernstandserhebungen adressiert werden und diese überwiegend eigenständig und nach eigenem Ermessen umsetzen. In der Mehrheit der untersuchten Fälle aus Baden-Württemberg läuft die Auseinandersetzung der Lernstandserhebungen seitens der Schulorganisationen vorwiegend formalisiert und teilweise auch institutionalisiert ab, was sich insbesondere in formal-bürokratischen Abläufen widerspiegelt. Dadurch kommt es zu einer Angleichung der organisationalen Prozesse und Strukturen in diesen Fällen (Isomorphie). Dieser (relativ) hohe Formalisierungsgrad in der Auseinandersetzung mit Lernstandserhebungen deutet zunächst einmal auf ein festeres Kopplungsverhältnis von Organisation und Interaktion bzw. Unterricht hin. In besonderer Weise fungieren hierbei der Fachbereich bzw. die Fachkonferenz und auch speziell für Lernstandserhebungen installierte Funktionsstellen als zentrale (Akteurs-)Ebenen für die Verarbeitung von Lernstandserhebungen (vor allem auch für die interne Kommunikation und Kooperation). Darüber hinaus führen die formalisierten und routinierten Umgangsweisen zwar zu mehrheitlich auf der Unterrichtsebene stattfindenden Veränderungen, jedoch haben sie weniger nachhaltige oder organisationsübergreifende Konsequenzen. Beispielsweise werden kaum systematische, schulweite Maßnahmen eingeleitet, die die gesamte Schulorganisation betreffen. Somit kommt es in den untersuchten Fällen in Folge der Einführung zentraler Lernstandserhebungen zu Anpassungsvorgängen sowohl auf der Formalstruktur als auch – bis zu einem gewissen Grad – auf der Aktivitätsstruktur der schulischen Organisation (vgl. Muslic 2017).

Literatur

Böttcher, W. (2006): Bildungsstandards und Evaluation im Paradigma der Outputsteuerung. In: Böttcher, W. (Hrsg.): Evaluation im Bildungswesen. Eine Einführung in Grundlagen und Praxisbeispiele. Weinheim: Juventa. S. 39-50.

Brüsemeister, T. (2008): Bildungssoziologie. Einführung in Perspektiven und Probleme. Wiesbaden: VS Verlag.

Diemer, T.; Kuper, H. (2011): Formen innerschulischer Steuerung mittels zentraler Lernstandserhebungen. In: Zeitschrift für Pädagogik. Heft 04/2011. S. 554-571.

Helmke, A. (2004): Von der Evaluation zur Innovation: Pädagogische Nutzbarmachung von Vergleichsarbeiten in der Grundschule. Das Seminar. Heft 02/2004). S. 1-21.

KMK – Sekretariat der Ständigen Konferenz der Kultusminister der Länder in der Bundesrepublik Deutschland (2006): Gesamtstrategie der Kultusministerkonferenz zum Bildungsmonitoring. Beschluss der Kultusministerkonferenz vom 02.06.2006. Bonn: KMK.

Koch, S. (2009): Die Bausteine neo-institutionalistischer Organisationstheorie – Begriffe und Konzepte im Lauf der Zeit. In: Koch, S.; Schemmann. M. (Hrsg.), Neo-Institutionalismus in der Erziehungswissenschaft. Grundlegende Texte und empirische Studien. Wiesbaden: VS Verlag. S. 110-131.

Maag Merki, K. (2010): Theoretische und empirische Analysen der Effektivität von Bildungsstandards, standardbezogenen Lernstandserhebungen und zentralen Abschlussprüfungen. In: Altrichter, H.; Maag Merki, K. (Hrsg.): Handbuch Neue Steuerung im Schulsystem. Wiesbaden: VS-Verlag für Sozialwissenschaften. S.145-170.

Mayring, P. (2010): Qualitative Inhaltsanalyse: Grundlagen und Techniken. 11., vollständig überarbeitete Auflage. Weinheim und Basel: Beltz.

Muslic, B. (2017): Kopplungen und Entscheidungen in der Organisation Schule. Organisationsbezogenes Schulleitungshandeln im Kontext von Lernstandserhebungen. Wiesbaden: Springer VS.

Meyer, J. W.; Rowan, B. (1977): Institutionalized Organizations: Formal Structure as a Myth and Ceremony. The American Journal of Sociology. 83 (2). pp. 340-363.

Meyer, H.-D.; Rowan, B. (2006): Institutional Analysis and the Study of Education. In: Meyer, H.-D.; Rowan, B. (Eds.): Institutional Analysis and the Study of Education. Albany, NY: State University of New York Press. pp. 1-13.

Muslic, B. (2017): Kopplungen und Entscheidungen in der Organisation Schule. Organisationsbezogenes Schulleitungshandeln im Kontext von Lernstandserhebungen. Wiesbaden: Springer VS.

Muslic, B.; Ramsteck, C. (2016): Neo-Institutionalistische Perspektive auf die Organisation Schule – Organisationsinterne Kopplungs- und Entkopplungsprozesse infolge testbasierter Schulreform. In:. Maier, M. S (Hrsg.): Organisation und Bildung. Theoretische und empirische Zugänge. Wiesbaden: Springer. S. 199-219.

Schaefers, C. (2002): Der soziologische Neo-Institutionalismus. Eine organisations-theoretische Analyse- und Forschungsperspektive auf schulische Organisationen. In: Zeitschrift für Pädagogik. Heft 06/2002. S. 835-855.

Weick, K. E. (1976): Educational Organizations as Loosely Coupled Systems. Administrative Science Quarterly. 21 (1). pp. 1-19.

Yin, R. K. (2009): Case Study Research Design and Methods. Los Angeles: SAGE Publications.

Inspektionsbasierte Unterrichtsentwicklung an Schulen in schwieriger Lage

Marcus Pietsch, Stephanie Graw-Krausholz und Klaudia Schulte

Abstract

Schulinspektionen in Deutschland sollen zu einer evidenzbasierten und zielgerichteten Entwicklung von Schule und Unterricht beitragen. Gleichwohl findet inspektionsbasierte Schul- und Unterrichtsentwicklung immer auch im Kontext der jeweiligen Einzelschule statt. Ob, und falls ja wie, eine entsprechende Entwicklung initiiert wird und gelingt, ist daher stets auch abhängig von den jeweiligen Rahmenbedingungen, unter denen die schulischen Akteure agieren. Im vorliegenden Beitrag wird daher anhand von n=49 Schulen untersucht, ob der soziale Kontext einer Schule einen Effekt auf die inspektionsbasierte Unterrichtsentwicklung hat. Hierfür werden Mehrebenenstrukturgleichungsmodelle genutzt und der direkte und indirekte Einfluss schulischer Rahmenbedingungen auf Unterrichtsentwicklungsmaßnahmen analysiert. Die Befunde zeigen, dass der soziale Kontext einer Schule sowohl einen negativen Einfluss darauf hat, ob eine Schule infolge einer Schulinspektion Unterrichtsentwicklungsmaßnahmen ergreift als auch auf die Anzahl der ergriffenen Maßnahmen. Diese Effekte sind direkt und werden nicht durch Schulleitungen, die in der Regel als zentrale Ansprechpartner von Inspektionen gelten, moderiert. Für Schulen in schwieriger Lage sollten daher kompensatorische Maßnahmen sowie passgenaue Rückmeldeformate und externe Unterstützungsmaßnahmen bereit gestellt werden, damit eine inspektionsbasierte Entwicklung des Unterrichts erfolgen kann.

Inhalt

1 Einführung 106
2 Erfolgreiche Unterrichtsentwicklung an Schulen in schwieriger Lage 106
3 Methodisches Vorgehen 109
4 Befunde 112
5 Diskussion und Fazit 115
Literatur 117
Anhang A 120

© Springer Fachmedien Wiesbaden GmbH, ein Teil von Springer Nature 2019
T. Stricker, *Zehn Jahre Fremdevaluation in Baden-Württemberg*,
https://doi.org/10.1007/978-3-658-25778-1_8

1 Einführung

Schulinspektionen in Deutschland sollen zu einer evidenzbasierten und zielgerichteten Entwicklung von Schule und Unterricht beitragen. Die Grundannahme lautet: Schulinspektionen sammeln systematisch Informationen zu relevanten schulischen Stärken und Schwächen und stellen diese innerschulischen Akteuren bereit, die diese zielorientiert nutzen um eine inspektions- bzw. evidenzbasierte Schul- und Unterrichtsentwicklung zu betreiben.

Gleichwohl findet inspektionsbasierte Schul- und Unterrichtsentwicklung immer auch im Kontext der jeweiligen Einzelschule statt. Ob und falls ja wie eine solche Entwicklung initiiert wird und gelingt, ist daher stets auch abhängig von den jeweiligen Rahmenbedingungen, unter denen die schulischen Akteure agieren.

Dies gilt insbesondere für das Schulleitungshandeln. Etliche Untersuchungen haben in den vergangenen Jahren deutlich gemacht, dass dieses von dem spezifischen Setting abhängt, in dem sie tätig sind. Insbesondere der kulturelle, der ökonomische und der soziale Kontext bedingen dabei das Handeln von Schulleitungen (Hallinger 2016).

Da Schulleitungen die zentralen Adressaten und Ansprechpartner für Schulinspektionen in Deutschland sind, ist anzunehmen, dass der soziale Kontext einer Schule einerseits einen direkten Einfluss darauf hat, ob und wie eine inspektionsbasierte Schul- und Unterrichtsentwicklung stattfindet, andererseits aber auch indirekte, über die Schulleitung vermittelte, Effekte des sozialen Kontexts zu beobachten sind.

Im folgenden Beitrag wird daher untersucht, ob, und falls ja welche, Effekte der soziale Kontext einer Schule für die inspektionsbasierte Unterrichtsentwicklung hat. Nach einer kurzen Einführung zum Thema inspektionsbasierte Schul- und Unterrichtswicklung an Schulen im sozialen Kontext, wird mithilfe von Mehrebenenstrukturgleichungsmodellen untersucht, welche Rolle der soziale Kontext einer Schule für die Unterrichtsentwicklung spielt. Abschließend werden die Befunde mit Blick auf die Konsequenzen für Wissenschaft und Praxis diskutiert.

2 Erfolgreiche Unterrichtsentwicklung an Schulen in schwieriger Lage

Schulen in schwieriger Lage, die in sozialen Brennpunkten mit einer Schülerklientel aus belasteten und bildungsfernen häuslichen Milieus arbeiten und die sich vergleichsweise stark verbessern resp. entwickeln, zeichnen sich vor allem dadurch aus, dass sie relevante Expertise und Beratung im Umgang mit Daten aus (externen) Evaluation mobilisieren konnten (Thomas, Walker & Webb 1998), dass an diesen Schulen diesbezüglich besonders engagierte und kompetente Schulleitungen agieren (Leithwood, Harris & Strauss 2010) und dass sich alle Schulbeteiligten auf das Lernen und Lehren an der Schule fokussieren (Potter, Reynolds & Chapman 2001).

Wie Hallinger und Murphy (1986, auch Gärtner 2015, Tab. 1) verdeutlichen, unterscheiden sich Schulen, denen es trotz sozial herausfordernder Voraussetzungen gelingt, hohe Lernzuwächse aufseiten der Schülerinnen und Schüler zu erzielen, von weniger erfolgreichen Schulen vor allem dadurch, dass Grundlagen geschaffen, Ziele vergleichsweise eng gesteckt und Monitoring sowie Qualitätskontrollen, insbesondere mit Blick auf die Gestaltung des Unterrichts, ausgebaut werden. Darüber hinaus kommt der Schule als Lernort eine besondere Bedeutung zu.

Mujis et al. fassen entsprechend zusammen (2004, S. 170): *„In all cases, teaching and learning should be at the heart of the school, driving its daily efforts. Effective, instructional leadership, data richness, and having high expectations of achievement among staff, pupils, and parents, are likewise elements that would appear to characterise all improving and effective schools."*

Entwicklungen an Schulen in schwieriger sozialer Lage erfolgen dabei in der Regel in zwei Phasen (Teddlie, Stringfield & Reynolds 2003): 1. Eine kompensatorische Phase, in der die Voraussetzungen geschaffen werden müssen, um hierauf aufbauend Entwicklungsprozesse zu etablieren und 2. eine langfristige Phase, die darauf ausgerichtet ist, Prozesse auf Ebene der Schule und des Unterrichts nachhaltig zu verändern.

Grundvoraussetzungen für eine erfolgreiche Schulentwicklung an Schulen in sozial schwierigen Lagen sind daher primär (Lasky et al. 2007): a) Die Schaffung eines geregelten, geordneten und lernförderlichen Schulklimas, b) die Befähigung von Schulleitungen den Veränderungsprozess aktiv zu gestalten, c) die Etablierung angemessen hoher Erwartungen an alle Schulbeteiligten, d) die Kultivierung einer innerschulischen Feedbackkultur, in der die Beteiligten Rückmeldungen als Entwicklungsimpuls verstehen sowie e) die Befähigung aller Schulbeteiligten sich kontinuierlich weiter zu entwickeln.

Mit Blick auf eine inspektionsbasierte Unterrichtsentwicklung kommt dabei wiederum der Schulleitung eine besondere Bedeutung zu, da Schulleitungen zentrale Ansprechpartner und Adressaten von Schulinspektionen in Deutschland sind (Pietsch & Hosenfeld 2017). Entsprechend hat sich die Rolle von Schulleiterinnen und Schulleitern an Schulen in Deutschland in den vergangenen Jahren infolge der Einführung von Inspektionsverfahren grundlegend verändert.

Tab. 2: Profile effektiver Schulen mit sozial schwacher bzw. starker Schülerschaft

Schulmerkmale	Schule mit sozial schwacher Schülerschaft	Schule mit sozial starker Schülerschaft
Schulinternes Curriculum		
Breite	Eng	Breit
Anforderungen	Grundlegend	Akademisch
Verknüpfung mit Unterricht	Moderat	Eng
Lerngelegenheiten		
Schwerpunktsetzungen	Basiskompetenzen	Akademisch
Erwartungen an Hausaufgaben	gering bis moderat	Hoch
Leitbild		
Art des Leitbildes	Beherrschen von Basiskompetenzen	Beherrschen akademischer Leistungen
geteilte Überzeugung im Kollegium	Hoch	Hoch
Unterrichtsbezogene Führung		
Koordination des Curriculums	Hoch	Hoch
Überwachung der Unterrichts	Hoch	gering bis moderat
Aufgabenorientierung	Hoch	Moderat
Beziehungsorientierung	gering bis moderat	moderat bis hoch
Kooperation Schule-Eltern		
Nähe zum Elternhaus	Gering	Hoch
Beteiligung der Eltern	Gering	Allgegenwärtig
Rolle der Schulleitung	Puffer	Realisierung von Schnittstellen
Belohnung		
Häufigkeit von Belohnungen	Hoch	Gering
Art der Belohnungen	extrinsisch, öffentlich	intrinsisch, privat
Hohe Erwartungen		
Quelle der Erwartungen	Schule	Schule und Elternhaus
aktuelle Erwartungen	Hoch	Hoch
zukünftige Erwartungen	Moderat	Hoch

Quelle: Gärtner 2015

Gleichwohl agieren auch Schulleitungen nicht unabhängig vom sozialen Kontext einer Schule (Hallinger 2016). Während Befunde aus Deutschland hierzu kaum vorliegen (s. als Ausnahme Pietsch & Leist 2018), zeigen internationale Befunde (zur Übersicht: Klein 2018) einerseits, dass an Schulen in sozial schwieriger Lage häufiger Schulleitungswechsel stattfinden, was eine zielorientierte und nachhaltige Entwicklung von Schule und Unterricht behindern kann, und dass auch das konkrete Führungshandeln von Schulleitungen durch die sozialen Rahmenbedingungen geprägt sein kann, da häufig akute Problemlösungsbemühungen im Fokus von Schulleitungen stehen, die unter solchen Bedingungen arbeiten.

3 Methodisches Vorgehen

3.1 Forschungsfragen

Vor diesem Hintergrund sollen die folgenden Forschungsfragen beantwortet werden:

1. Lassen sich direkte und indirekte, über das Handeln der Schulleitung vermittelte, Effekte des sozialen Kontexts auf die inspektionsbasierte Unterrichtsentwicklung nachweisen?
2. Lässt sich ein Effekt des sozialen Kontexts einer Schule darauf finden, ob eine Schule infolge einer Inspektion Unterrichtsentwicklungsmaßnahmen initiiert?
3. Lässt sich ein Effekt des sozialen Kontexts einer Schule darauf finden, wie viele Unterrichtsentwicklungsmaßnahmen eine Schule infolge einer Inspektion initiiert?

3.2 Stichprobe

Grundlage für die nachfolgende Untersuchung sind Informationen von 49 Schulen, die zwischen 2012 und 2014 zum zweiten Mal durch die Schulinspektion Hamburg extern evaluiert wurden, wobei die ersten Inspektionen der Schulen in den Jahren 2007 und 2010 stattfanden. Die Stichprobe setzt sich aus 30 Grundschulen, 12 Gymnasien, sechs Stadtteilschulen und einer Sonderschule zusammen. Einige Grundschulen wurden im ersten Zyklus als Grund-, Haupt- und Realschulen geführt, sind jedoch infolge von Reformmaßnahmen in reine Grundschulen überführt worden, mussten also auch mit strukturellen Veränderungen umgehen.

Um zu untersuchen, welchen Einfluss der soziale Kontext von Schulen auf die inspektionsbasierte Unterrichtsentwicklung an den Schulen hat, werden Daten aus mehreren voneinander unabhängigen Datenquellen kombiniert. Erstens werden Daten aus den regelhaften Erhebungen der Schulinspektion Hamburg genutzt, um das Führungshandeln von Schulleitungen auf Basis von Angaben durch Lehrkräfte zu beschreiben. Diese Informationen werden zweitens mit Schulentwicklungsberichten, die wiederum Schulleitungen ausgefüllt haben, in Verbindung gebracht. Und drittens werden Informationen des hiervon unabhängig ermittelten Hamburger Sozialindex berücksichtigt, um den sozialen Kontext der Schulen zu beschreiben.

3.3 Datengrundlage

Die *inspektionsbasierte Unterrichtsentwicklung* wird anhand von Entwicklungsberichten dargestellt, die durch Schulleitungen zum Zeitpunkt der zweiten Inspektion abgegeben wurden. Hierin werden die Schulleitungen darum gebeten, anzugeben, welche für die Schulen bedeutenden Entwicklungsmaßnahmen infolge der ersten Inspektion ergriffen sowie ob und wie diese Maßnahmen umgesetzt wurden. Die Berichte sollen auf den zwischen Schule und Schulaufsichten getroffenen Ziel-Leistungs-Vereinbarungen basieren. Der Schulaufsicht obliegt es auch die Umsetzung der Maßnahmen zu kontrollieren. Für die vorliegende Studie wird auf Informationen aus einer Inhaltsanalyse dieser Informationen zurückgegriffen (Pietsch, Feldhoff & Petersen 2016). Als Maßnahmen der Unterrichtsentwicklung wurden dabei z. B. folgende Angaben kodiert: „Individualisierung des Unterrichts voran treiben", „Förderung der Arbeit mit Smartboards im Unterricht" und „kompetenzorientierte Arbeitsmaterialien entwickeln". Insgesamt wurden nach Aussage der Schulleitungen der 49 Schulen insgesamt 119 solcher Unterrichtsentwicklungsmaßnahmen durchgeführt, im Schnitt rund 2,4 Maßnahmen je Schule, wobei die Spannbreite von null bis sieben Maßnahmen reichte.

Das *Schulleitungshandeln* wird anhand von Daten modelliert, die zum Zeitpunkt der zweiten Inspektion mithilfe von Fragebögen an Lehrkräfte erhoben wurden. Dabei knüpft die Inspektion an die Idee des lernzentrierten Führungshandelns (*Leadership for Learning*, Boys & Bowers 2018; Hallinger 2011) an und erfasst daher u.a. die Dimensionen instruktionale, transformationale und geteilte Führung mithilfe etablierte Instrumente: a) Transformationale Führung: Skalen aus dem Multifactor Leadership Questionnaire (MLQ, vgl. Bass & Avolio 1995), b) Instruktionale Führung: Skalen aus dem Teaching and Learning International Survey (TALIS, vgl. Schmich & Schreiner 2008; OECD 2009) und c) Geteilte Führung: Skala aus einem Instrument von Wahlstrom und Louis (2008) zur Erhebung von *Shared Leadership Among Principal and Others*. Die Stichprobe der Lehrkräfte an den 49 Schulen umfasst n=1140 Personen. Die Beschreibung der genutzten Facetten sowie die zugehörigen Skalenkennwerte finden sich in Tabelle 2, eine kurze Beschreibung der Facetten sowie Beispielitems in Anhang A.

Der *soziale Kontext der Schulen* wiederum wird anhand des offiziellen Hamburger Sozialindex für Schulen aus dem Jahr 2013 beschrieben (Schulte, Hartig & Pietsch 2014). Der Sozialindex liegt auf Schulebene vor und berücksichtigt

Informationen zum sozialen Hintergrund der Schülerfamilien sowie sozialräumliche Daten der jeweiligen Wohnorte. Die Skala ist eindimensional und wo möglich wurden standardisierte Maße, z. B. EGP-Klassen (Erikson & Goldthorpe 1992), als Indikatorvariablen berücksichtigt. Genutzt werden in der vorliegenden Studie Faktorscores. Ein niedriger Wert zeigt dabei eine geringe soziale Belastung der Schule, ein hoher Wert eine hohe soziale Belastung an. Für die genutzte Schulstichprobe reichen die Werte von -1,53 bis zu 1,90. Der Mittelwert liegt bei -0,07, die Standardabweichung liegt bei 0,94.

Als *Kontrollvariablen* werden darüber hinaus berücksichtigt: a) Die Schulform, b) ob zwischen der ersten und der zweiten Inspektion an der Schule ein Schulleiterwechsel stattgefunden hat (Dummy-kodiert) und c) ob sich die Struktur der Schule in diesem Zeitraum (Überführung von Grund-, Haupt- und Realschule in reine Grundschule) verändert hat (Dummy-kodiert).

3.4 Statistische Modellierung

Die nachfolgenden Analysen beschreiben den Zusammenhang des sozialen Kontexts sowie der inspektionsbasierten Unterrichtsentwicklung grundsätzlich auf Ebene der Schule, da Entwicklungsberichte nur auf dieser Ebene vorliegen. Gleichwohl erfolgte die Erhebung der Daten zum Schulleitungshandeln durch Befragung von Lehrkräften. Entsprechend ist bei der Datenanalyse zu beachten, dass Schulleitungshandeln auf mehreren Ebenen einer Schule angesiedelt ist. So kann sich eine Schulleitung dem gesamten Mitarbeiterstab widmen, einzelnen Gruppen innerhalb des Kollegiums sowie einzelnen Lehrkräften.

Um dies in den Analysen angemessen zu berücksichtigen, wurden mit MPLUS 7.2 (Muthén & Muthén 2012) so genannte doppelt-latente (doubly-latent) Strukturgleichungsmodelle geschätzt (Marsh et al. 2009), die die Führungskonstrukte durch die Spezifizierung analoger Messmodelle auf Lehrkraft- und Schulebene stichproben- und messfehlerbereinigt erfassen. Fehlende Werte wurden mithilfe der in MPLUS 7.2 implementierten Maximum-Likelihood-Methode behandelt.

Als Gütekriterien für die Modellanpassung werden der Comparative Fit Index (CFI), der Root Mean Square Error of Approximation (RMSEA) sowie der Standardized Root Mean Square Residual (SRMR, dieser für beide Ebenen) berichtet. Als akzeptable Modellfits gelten dabei folgende Werte (Hu & Bentler 1999; Marsh, Hau & Wen 2004): CFI-Werte $\geq$ 0,90, RMSEA-Werte $\leq$ 0,08 und SRMR $\leq$ 0,08.

3.5 Vorläufige Prüfung der Mehrebenenannahmen

Um zu prüfen, ob das intendierte mehrebenenanalytische Vorgehen angemessen ist, wurden in einem ersten Schritt Intra-Klassen-Korrelationen (ICC1: Varianz zwischen Schulen, ICC2: Inter-Lehrer-Reliabilität auf Schulebene) für alle Führungsskalen mithilfe des R-Paketes multilevel (Bliese 2016) berechnet. In der Literatur (Bliese 2000; Lüdtke et al. 2008) wird dabei davon ausgegangen, dass Daten mithilfe eines Mehrebenenansatzes modelliert werden müssen, wenn die ICC1≥ 0,05 und die ICC2≥ 0,70 ist.

Tab. 2: Kennwerte der eingesetzten Führungsskalen

	MW	SD	ICC1	ICC2	ω_{Ebene1}	ω_{Ebene2}
Transformationale Führung						
Einfluss durch Vorbildlichkeit und Glaubwürdigkeit	2,98	0,84	0.271	0.898	0.883	0.945
Individuelle Unterstützung und Förderung	3,13	0,71	0.322	0.918	0.904	0.969
Motivation durch begeisternde Visionen	2,99	0,87	0.202	0.857	0.772	0.885
Instruktionale Führung						
Schulzielmanagement	2,83	0,79	0.237	0.880	0.793	0.895
Unterrichtsmanagement	2,71	0,81	0.281	0.903	0.759	0.976
Direkte Supervision des Unterrichts	2,09	0,76	0.195	0.852	0.732	0.790
Geteilte Führung	3,06	0,70	0.245	0.885	0.773	0.884

Quelle: eigene Darstellung

Wie Tabelle 2 zeigt, überschreiten alle Führungsskalen diese Cut-Off-Werte deutlich, weisen also eine eindeutige Mehrebenenstruktur auf. 20 bis 32 Prozent der beobachteten Varianz (ICC1) liegt zwischen Schulen, das Führungshandeln unterscheidet sich demnach klar von Schule zu Schule.

Auch die Konsistenz der Einschätzungen durch die Lehrkräfte (ICC2) ist mit Werten von 0.852 bis 0.918 sehr hoch und bestätigt, dass im Weiteren der Einsatz eines mehrebenenanalytischen Designs notwendig und angemessen ist.

4 Befunde

Um den Einfluss des sozialen Kontexts einer Schule auf die inspektionsbasierte Unterrichtsentwicklung zu prüfen, wurden in einem ersten Schritt jeweils zwei

Modellvarianten überprüft und bezüglich der Modellpassung miteinander verglichen. Einerseits wurde ein indirektes Pfadmodell spezifiziert, bei dem angenommen wird, dass der Kontext einer Schule sowohl direkt auf die Entwicklungsmaßnahmen als auch indirekt, vermittelt über das Schulleitungshandeln und mögliche Schulleiterwechsel zwischen dem ersten und zweiten Messzeitpunkt, einen Einfluss ausübt. Andererseits wurde jeweils ein Modell ohne entsprechende Moderationen geschätzt (s. Abbildung 1).

Beide Modelle wurden anschließend mithilfe des Aikake-Schwarz- (AIC) sowie des Bayesianischen Informationskriteriums (BIC) verglichen, wobei ein niedrigerer Wert eine bessere Passung auf die vorhandenen Daten indiziert (West, Taylor & Wu 2012). Diese Werte weisen auf eine deutlich bessere Passung derjenigen Modelle hin, in denen keine indirekten Pfade berücksichtigt wurden (Maßnahmen eingeleitet: ΔBIC=199,745, ΔAIC=130,136; Anzahl eingeleiteter Maßnahmen: ΔBIC=133,146, ΔAIC=202,737).

Abb. 1: Darstellung der spezifizierten doppelt-latenten Strukturgleichungsmodelle

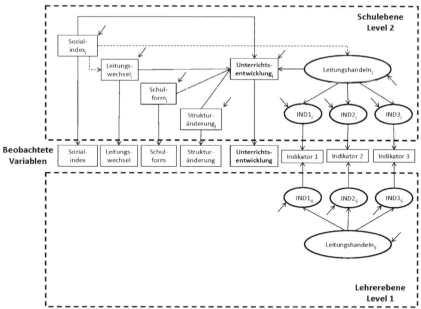

Quelle: eigene Darstellung

Tab. 3: Effekte schulischer Bedingungen auf die inspektionsbasierte Unterrichtsentwicklung, Standardisierte Regressionskoeffizienten auf Ebene der Schule (Level 2), R^2, Fit-Indices; n.s.= nicht (1- oder 2-seitig) signifikant ($p>.100$).

	Maßnahmen eingeleitet ja/nein		Anzahl eingeleiteter Maßnahmen	
	β	p	β	p
Transformationale Führung				
Einfluss durch Vorbildlichkeit und Glaubwürdigkeit	n.s.		n.s.	
Individuelle Unterstützung und Förderung	n.s.		n.s.	
Motivation durch begeisternde Visionen	n.s.		n.s.	
Instruktionale Führung				
Schulzielmanagement	n.s.		n.s.	
Unterrichtsmanagement	n.s.		n.s.	
Direkte Supervision des Unterrichts	n.s.		n.s.	
Geteilte Führung	n.s.		n.s.	
Sozialindex	-.251	.064	-.409	.011
Schulleiterwechsel	n.s.		n.s.	
Schulform	n.s.		n.s.	
Strukturänderung	n.s.		n.s.	
R^2	.679		.676	
Fit-Werte	CFI: .943, RMSEA: .043, $SRMR_w$: .034, $SRMR_b$: .118		CFI: .943, RMSEA: .043, $SRMR_w$: .034, $SRMR_b$: .117	

Quelle: eigene Darstellung

Auch lassen sich im indirekten Pfadmodell weder statisch signifikante Effekte des Sozialindex auf das Schulleitungshandeln noch auf Schulleiterwechsel nachweisen. Ob an einer Schule ein Leitungswechsel zwischen den Messzeitpunkten stattfand und wie eine Schulleitung im Schulalltag agiert, ist demnach in der vorliegenden Stichprobe unabhängig von den sozialen Rahmenbedingungen einer Schule.

Mit Blick auf die inspektionsbasierte Unterrichtsentwicklung zeigt sich hingegen ein klarer Zusammenhang mit den sozialen Rahmenbedingungen einer Schule (s. Tabelle 3). Einerseits haben die sozialen Rahmenbedingungen tendenziell einen Effekt darauf, ob an einer Schule auf Basis einer Schulinspektion überhaupt Maßnahmen für die Unterrichtsentwicklung ergriffen werden ($\beta_{\text{Maßnahmen eingeleitet,L2}} = -.251$).

Andererseits haben diese Bedingungen dann wiederum einen noch größeren Effekt darauf, wie viele Maßnahmen in der Folge durchgeführt werden ($\beta_{\text{Anzahl Maßnamen,L2}} = -.409$). Für alle weiteren im Modell berücksichtigten Variablen (Führungspraktiken, Schulleiterwechsel usw.) konnten hingegen keine signifikanten Zusammenhänge mit der inspektionsbasierten Unterrichtsentwicklung festgestellt werden.

5 Diskussion und Fazit

Auf Basis der Ergebnisse des vorherigen Kapitels lassen sich mit Blick auf die erste Forschungsfrage direkte Effekte des sozialen Kontexts einer Schule, jedoch keine indirekten Effekte vermittelt über die Schulleitung, feststellen. Darüber hinaus zeigt sich in Bezug auf die zweite und dritte Forschungsfrage sowohl ein Effekt darauf, ob infolge einer Inspektion Unterrichtsentwicklungsmaßnahmen initiiert wurden, als auch darauf, wie viele inspektionsbasierte Maßnahmen eine Schule initiiert hat.

An Schulen mit einer hohen sozialen Belastung werden demnach im Vergleich zu Schulen mit einer geringen sozialen Belastung seltener und weniger inspektionsbasierte Maßnahmen der Unterrichtsentwicklung durchgeführt. Das Schulleitungshandeln, die Schulform sowie ein möglicher Schulleitungs- oder Schulformwechsel spielen bei der Initiierung von Maßnahmen hingegen keine Rolle. Nicht berücksichtigt werden konnte bei den Analysen die Qualität sowie das Ausmaß der ergriffenen Maßnahmen. Hier bietet sich ein Anknüpfungspunkt für zukünftige Studien. Entsprechend ist die Anzahl der eingeleiteten Unterrichtsentwicklungsmaßnahmen auch kein besonders guter Indikator für eine gute, gelingende Unterrichtsentwicklung. Dass jedoch die Wahrscheinlichkeit, ob eine Schule infolge einer Schulinspektion überhaupt Maßnahmen zur Entwicklung des Unterrichts ergreift, systematisch mit den sozialen Rahmenbedingungen kovariiert, ist ein Befund, der vermuten lässt, dass Schulen in schwieriger Lage sich häufig noch in einer kompensatorischen Phase befinden, in der überhaupt erst die Voraussetzungen (z. B. die Schaffung eines geregelten, geordneten und lernförderlichen Schulklimas und der Aufbau von Vertrauen zwischen allen Schulbeteiligten) für weitere Entwicklungen geschaffen werden müssen. Auch hier ist im Weiteren empirisch zu klären, ob diese Annahme zutrifft.

Besonders bemerkenswert ist darüber hinaus, dass in den empirischen Analysen, anders als international häufig berichtet, keine empirischen Zusammenhänge zwischen Schulleitungsmerkmalen bzw. -handeln und den sozialen Kontextbedingungen einer Schule festgestellt werden konnten. Zumindest in der hier vorliegenden Stichprobe unterscheidet sich somit weder das Leitungshandeln, noch die Wahrscheinlichkeit, dass eine Schulleitung eine Schule in schwieriger Lage verlässt, substanziell von anderen Schulen mit weniger herausfordernden Kontextbedingungen. Diesbezüglich stellt sich die Frage, inwieweit Annahmen und Befunde der Schulleitungsforschung aus dem anglo-amerikanischen Raum auf Deutschland übertragbar sind.

Mit Blick auf die inspektionsbasierte Unterrichtsentwicklung an Schulen in schwieriger sozialer Lage machen die Befunde jedoch deutlich, dass die sozialen Rahmenbedingungen einer Schule beachtet werden müssen, wenn Schulinspektionen entsprechende Wirkungen nach sich ziehen sollen. Dabei implizieren die Ergebnisse der vorliegenden Untersuchung für die Durchführung von Schulinspektionen bzw. die inspektionsbasierte Unterrichtsentwicklung vor allem die besondere Herausforderung, das Inspektionsverfahren so zu gestalten, dass auch Schulen mit einer hohen sozialen Belastung in die Lage versetzt werden, infolge einer Inspektion Unterrichtsentwicklungsmaßnahmen einzuleiten.

Da Schulleitungen einer der wichtigsten Treiber für die Schul- und Unterrichtsentwicklung und darüber hinaus die zentralen Ansprechpartner und Adressaten von Schulinspektionen sind, stehen sie bei diesen Überlegungen grundsätzlich im Fokus. Die vorgelegten Analysen machen jedoch deutlich, dass Schulleitungen anscheinend weniger Einfluss auf die inspektionsbasierte Unterrichtsentwicklung haben, als angenommen. Zumindest die Tatsache, ob überhaupt (und wie viele) entsprechende Entwicklungsmaßnahmen infolge einer Inspektion ergriffen werden (können), hängt nicht von der Führung einer Schulleitung ab. Entsprechend kommen den entwicklungsförderlichen Rahmenbedingungen einer Schule bzw. externen Unterstützungsmaßnahmen eine besondere Bedeutung zu (Bryk et al. 2010).

Einerseits kann dabei die Gestaltung der Rückmeldung der Inspektionsergebnisse die Initiierung von Maßnahmen von Schulen mit hoher sozialer Belastung unterstützen. Die Rückmeldung sollte so gestaltet werden, dass sie im Rahmen der kompensatorischen Phase der Entwicklung die Voraussetzungen für die langfristigen Entwicklungsprozesse schafft (Harris 2010). Um den Schulen die Weiterarbeit mit den Inspektionsergebnissen zu erleichtern, scheint es sinnvoll, dass die Schulinspektion passgenaue Formen der Rückmeldung anbietet. Durch die Formulierung konkreter Bereiche für Entwicklungen an der Schule sowie Blaupausen für klar definierte Entwicklungsschritte ergeben sich direkte Anknüpfungspunkte für die zielorientierte Weiterarbeit (Slavin 2005).

Die vorgelegten Befunde lassen jedoch vermuten, dass die innerschulischen Ressourcen an Schulen in schwieriger Lage für sich genommen nicht ausreichen, um aus eigener Kraft eine inspektionsbasierte Unterrichtsentwicklung zu betreiben. Externe Unterstützungsleistungen im Sinne eines Entwicklungsimpulses sollten daher nicht nur von der Schulinspektion, sondern auch von weiteren externen Akteuren übernommen werden, um eine inspektionsbasierte Unterrichtsentwicklung zu ermöglichen (Leithwood, Harris & Strauss 2010). Diese Akteure könnten die Schule über einen längeren Zeitraum, auch nach Abschluss der Inspektion – und ggf. gemeinsam mit dieser (Johnson et al. 2009) –, begleiten. Dadurch könnte die Unterstützung auf die langfristige Phase der Entwicklung ausgeweitet werden und es gelingen, den für die Schul- und Unterrichtsentwicklung hinderlichen Kontextbedingungen von Schulen in schwieriger Lage nachhaltig entgegen zu wirken.

Literatur

Bass, B. M.; Avolio, B. J. (1995): MLQ Multifactor Leadership Questionnaire. Technical Report. Redwood City: Mind Garden.

Bliese, P. D. (2000): Within-group agreement, non-independence, and reliability: Implications for data aggregation and analysis. In: Klein, K. J.; Kozlowski S. W. J. (Eds.): Multilevel theory, research, and methods in organizations. San Francisco: Jossey-Bass. pp. 349-381.

Bliese, P. D. (2016): Multilevel Modeling in R (2.6). A Brief Introduction to R, the multilevel package and the nlme package.

Boyce, J.; Bowers, A. J. (2018): Toward an evolving conceptualization of instructional leadership as leadership for learning: Meta-narrative review of 109 quantitative studies across 25 years. Journal of Educational Administration 56 (2). https://doi.org/10.1108/JEA-06-2016-0064.

Bryk, A. S.; Sebring, P. B.; Allensworth, E.; Easton, J. Q.; Luppescu, S. (2010): Organizing schools for improvement: Lessons from Chicago. Chicago: University of Chicago Press.

Erikson, R.; Goldthorpe, J. H. (1992): The Constant Flux: A Study of Class Mobility in Industrial Societies. Oxford: Oxford University Press.

Gärtner, H. (2015): Zusammenhang von Schul- und Unterrichtsqualität und schulischen Rahmenbedingungen. In: Pietsch, M.; Scholand, B.; Schulte, K. (Hrsg.): Schulinspektion in Hamburg. Der erste Zyklus der Schulinspektion Hamburg 2007 – 2013: Grundlagen, Befunde, Perspektiven. Münster: Waxmann. S. 273-294.

Hallinger, P.; Murphy, J. (1986): The social context of effective schools. American Journal of Education, 94 (3). pp. 328-355.

Hallinger, P. (2011): Leadership for learning: lessons from 40 years of empirical research. *Journal of Educational Administration*, *49*(2). pp. 125–142.

Hallinger, P. (2016): Bringing context out of the shadows of leadership. *Educational Management Administration & Leadership*, *46*(1). pp. 5–24.

Harris, A. (2010): Improving schools in challenging contexts. In A. Hargreaves, A. Lieberman, M. Fullan, & D. Hopkins (Hrsg.), Second international handbook of educational change. Dordrecht: Springer. pp. 693-706.

Hu, L. T.; Bentler, P. M. (1999): Cutoff Criteria for Fit Indexes in Covariance Structure Analysis: Conventional Criteria Versus New Alternatives. Structural Equation Modeling, 6 (1). pp. 1-55.

Johnson, K.; Greenseid, L. O.; Toal, S. A.; King, J. A.; Lawrenz, F.; Volkov, B. (2009): Research on evaluation use: A review of the empirical literature from 1986 to 2005. American Journal of Evaluation, 30(3). pp. 377-410.

Klein, E. D. (2018): Erfolgreiches Schulleitungshandeln an Schulen in sozial deprivierter Lage. Eine Zusammenschau zentraler Grundlagen und Befunde aus der nationalen und internationalen Bildungsforschung. Expertise im Auftrag der Wübben Stiftung. SHIP Working Paper Reihe, No. 02. Essen: Universität Duisburg-Essen.

Lasky, S.; Datnow, A.; Stringfield, S.; Sundell, K. (2007): Diverse populations and school effectiveness and improvement in the USA. In: Townsend, T. (Ed.): International Handbook of School Effectiveness and Improvement. Dordrecht: Springer. pp. 557-579.

Leithwood, K.; Harris, H.; Strauss, T. (2010): Leading school turnaround: how successful leaders transform low-performing schools. London: Jossey-Bass.

Lüdtke, O.; Marsh, H. W.; Robitzsch, A.; Trautwein, U.; Asparouhov, T.; Muthén, B. (2008): The multilevel latent covariate model: a new, more reliable approach to group-level effects in contextual studies. Psychological Methods, 13(3). pp. 203–229.

Marsh, H. W.; Hau, K.-T.; Wen, Z. (2004): In Search of Golden Rules: Comment on Hypothesis-Testing Approaches to Setting Cutoff Values for Fit Indexes and Dangers in Overgeneralizing Hu and Bentler's (1999) Findings. Structural Equation Modeling: A Multidisciplinary Journal, 11(3). pp.320–341.

Marsh, H. W.; Lüdtke, O.; Robitzsch, A.; Trautwein, U.; Asparouhov, T.; Muthén, B.; Nagengast, B. (2009): Doubly-Latent Models of School Contextual Effects: Integrating Multilevel and Structural Equation Approaches to Control Measurement and Sampling Error. Multivariate Behavioral Research, 44(6). pp. 764–802.

Muijs, D.; Harris, A.; Chapman, C.; Stoll, L.; Russ, J. (2004): Improving schools in socioeconomically disadvantaged areas – A review of research evidence. School Effectiveness and School Improvement, 15(2). pp. 149-175.

Muthén, L. K.; Muthén, B. O. (2012): Mplus software (Version 7). Los Angeles: Muthén & Muthén.

OECD (2009): Creating Effective Teaching and Learning Environments. First Results from TALIS. Paris: OECD.

Pietsch, M.; Hosenfeld, I. (2017): Von der Schulinspektion zur Unterrichtsentwicklung: Welche Rolle spielt die Schulleitung. Empirische Pädagogik, 31(2). S. 202-220.

Pietsch, M.; Feldhoff, T.; Petersen, L. S. (2016): Schulentwicklung durch Inspektion? Welche Rolle spielen innerschulische Verarbeitungskapazitäten? In: AG Schulinspektion (Hrsg.): Schulinspektion als Steuerungsimpuls? Ergebnisse aus Forschungsprojekten. Wiesbaden: VS. S. 227-262.

Pietsch, M.; Leist, S. (2018): The effects of competition in local schooling markets on leadership for learning. Zeitschrift für Bildungsforschung, FirstOnline, https://doi.org/10.1007/s35834-018-0224-9.

Potter, D.; Reynolds, D.; Chapman, C. (2001): School Improvement for Schools Facing Challenging Circumstances: A review of research and practice. School Leadership & Management, 22 (3). pp. 243–256.

Preuß, B., Wissinger, J., & Brüsemeister, T. (2015). Einführung der Schulinspektion: Struktur und Wandel regionaler Governance im Schulsystem. In H. J. Abs, T. Brüsemeister, M. Schemmann & J. Wissinger (Hrsg.), Governance im Bildungssystem (S. 117-142). Wiesbaden: Springer Fachmedien Wiesbaden.

Schmich, J.; Schreiner, C. (2008): TALIS 2008. Schule als Lernumfeld und Arbeitsplatz. Graz: Leykam.

Schulte, K.; Hartig, J.; Pietsch, M. (2014): Der Sozialindex für Hamburger Schulen. In: Fickermann, D.; Maritzen, N. (Hrsg.): Grundlagen für eine daten- und theoriegestützte Schulentwicklung – Konzeption und Anspruch des Hamburger Instituts für Bildungsmonitoring und Qualitätsentwicklung (IfBQ). Münster: Waxmann. S. 67-80.

Slavin, R. E. (2005): Sand, bricks, and seeds: School change strategies and readiness for reform. In: Hopkins, D. (Hrsg.): The Practice and Theory of School Improvement. Dordrecht: Springer. pp. 265-279.

Sowada, M. G.; Terhart, E. (2015): Schulinspektion und Unterrichtsentwicklung. In: Rolff, H.-G. (Hrsg.): Handbuch Unterrichtsentwicklung. Weinheim und Basel: Beltz. S. 195-208.

Teddlie, C.; Stringfield, S.; Reynolds, D. (2000): Context issues within school effectiveness research. In: Teddlie, C.; Reynolds, D. (Eds.): The International Handbook of School Effectiveness Research. London: Falmer. pp. 160-185.

Thomas, G.; Walker, D.; Webb, J. (1998): The Making of the Inclusive School. London: Routledge.

Wahlstrom, K. L.; Louis, K. S. (2008): How Teachers experiences Principal Leadership. The Roles of Professional Community, Trust, Efficiency, and Shared Responsibility. Educational Administration Quarterly, 44. pp. 458-495.

West, S. G.; Taylor, A. B.; Wu, W. (2012): Model fit and model selection in structural equation modeling. In: Hoyle, R. H. (Ed.): Handbook of Structural Equation Modeling. New York: Guilford. pp. 209-231.

Wissinger, J. (2016): Schulleitung im Fokus des Schulqualitätsdiskurses. In: Steffens, T.; Bargel, T (Hrsg.): Schulqualität – Bilanz und Perspektiven: Grundlagen der Qualität von Schule 1. Münster: Waxmann. S. 257-276.

Anhang A

Skala	Beschreibung	Beispielitem
Transformationale Führung	1 = nie; 2 = selten; 3 = häufig; 4 = (fast) immer	
Einfluss durch Vorbildlichkeit und Glaubwürdigkeit	Die Schulleitung ist Vorbild für die Mitarbeiter und beeinflusst diese nachhaltig.	Die Schulleiterin/Der Schulleiter strahlt Stärke und Vertrauen aus.
Individuelle Unterstützung und Förderung	Die Schulleitung versteht sich als Coach/Mentor ihrer Mitarbeiter.	Die Schulleiterin/Der Schulleiter berücksichtigt meine Individualität und behandelt mich nicht nur als irgendeine Mitarbeiterin/irgendeinen Mitarbeiter.
Motivation durch begeisternde Visionen	Die Schulleitung begeistert mit attraktiven Zukunftsversionen und steht hinter diesen.	Die Schulleiterin/Der Schulleiter formuliert eine überzeugende Zukunftsvision.
Instruktionale Führung	1 = selten oder nie; 2 = selten; 3 = oft; 4 = sehr oft	
Schulzielmanagement	Die Schulleitung bemüht sich die Bildungsziele umzusetzen. Zur Erreichung der benannten Lernziele werden Unterrichts- und Fortbildungsaktivitäten der Lehrkräfte aufeinander abgestimmt.	Die Schulleiterin/Der Schulleiter stellt sicher, dass die Arbeit der Pädagoginnen und Pädagogen mit den Lehrzielen der Schule übereinstimmt.
Unterrichtsmanagement	Im Fokus steht die stetige Optimierung des Unterrichts. Die Schulleitung steht den Lehrkräften als Ansprechpartner bei Problemen zur Verfügung.	Die Schulleiterin/Der Schulleiter kümmert sich um Probleme in Bezug auf störendes Verhalten in den Klassen.
Direkte Supervision des Unterrichts	Die Schulleitung versucht Unterrichtsaktivitäten und Bildungsziele in Übereinstimmung zu bringen. Die Lehrkräfte erhalten Anstöße zur Verbesserung des Unterrichts.	Die Schulleiterin/Der Schulleiter oder jemand anderes aus dem Leitungsteam hospitiert im Unterricht.
Geteilte Führung	1 = trifft nicht zu; 2 = trifft eher nicht zu; 3 = trifft eher zu; 4 = trifft zu	
	Das gesamte Kollegium wird bei steuerungsrelevanten Entscheidungen durch die Schulleitung aktiv beteiligt.	Die Schulleiterin/der Schulleiter sorgt für eine umfassende Beteiligung, wenn Entscheidungen zur Schulentwicklung anstehen.

Evidenzbasierte Unterrichtsentwicklung: Lichtblick oder Nebelschleier?

Michael Weyland und Tobias Stricker

Abstract

Evidenzbasierung gilt in der Schulentwicklung als bildungspolitisches Steuerungsparadigma, und ohne Unterrichtsentwicklung kann Schulentwicklung nicht gelingen. In unserem Beitrag untersuchen wir daher die These, dass Unterrichtsentwicklung ebenfalls in hohem Maße evidenzbasiert stattfinden sollte. Am Beispiel eines Forschungsprojekts aus dem Kernbereich der ökonomischen Bildung wird das Potenzial evidenzbasierter Unterrichtsentwicklung im Falle herausragender unterrichts- bzw. fachspezifischer Themen aufgezeigt. Der Beitrag schließt mit einer kurzen Diskussion der Bedingungen, Chancen und Herausforderungen evidenzbasierter Unterrichtsentwicklung vor dem Hintergrund einer Neuausrichtung des Qualitätskonzepts in Baden-Württemberg.

Inhalt

1 Einführung 122
2 Evidenz(basierung) – was ist das überhaupt? 122
3 Evidenzbasierte Unterrichtsentwicklung: ein Fallbeispiel.......................128
4 Diskussion und Ausblick 137
Literatur..138

1 Einführung

Evidenzbasierung gilt in der Schulentwicklung als bildungspolitisches Steuerungsparadigma (vgl. Altrichter 2010), und ohne Unterrichtsentwicklung kann Schulentwicklung im Sinne der beschworenen Trias (Personal-, Unterrichts-, Organisationsentwicklung) nicht gelingen. Der Beitrag untersucht die These, dass Unterrichtsentwicklung ebenfalls in hohem Maße evidenzbasiert stattfinden sollte, um den Prozess der Schulentwicklung fachlich und fachdidaktisch fundiert zu unterstützen. Doch unter welchen Bedingungen kann dieses Vorhaben gelingen? In unserem Beitrag möchten wir zunächst klären, was genau unter „evidenzbasierter Unterrichtsentwicklung" überhaupt zu verstehen ist (Kap. 2). Die Frage, welche Chancen und Herausforderungen mit evidenzabsierter Unterrichtsentwicklung verbunden sind, möchten wir am Beispiel eines konkretes Forschungsprojekts aus dem Bereich der ökonomischen Bildung beleuchten (Kap. 3). Abschließend werden wir diskutieren, unter welchen Rahmenbedingungen evidenzbasierte Unterrichtsentwicklung im Kontext einer angestrebten Neuausrichtung des schulischen Qualitätskonzepts erfolgreich verlaufen kann (Kap. 4).

2 Evidenz(basierung) – was ist das überhaupt?

In Schule und Pädagogik wird Evidenzbasierung regelmäßig diskutiert und mitunter argumentativ umfassend untermauert oder nachvollziehbar und ebenso radikal kritisiert. Zu häufig genannten Kritikpunkten zählen z. B. der „Vorwurf der Reduktion auf ökonomisch verwertbare Kompetenzen, die Überschätzung der Handlungsrelevanz empirischer Erkenntnisse sowie die schwere Interpretierbarkeit empirischer Daten" (Tippelt/Reich-Claassen, S. 23). Zudem bietet die Nutzung evidenzbasierter Daten durchaus Anlass zur Kritik (vgl. hierzu z. B. Bellmann 2018, S. 31; Terhart 2014, S. 192), verbunden mit der Frage, wie solche Evidenzen hinsichtlich der tatsächlichen Nutzung an Bedeutung gewinnen können. Mitunter wird zudem kritisch hinterfragt, ob eine evidenzbasierte Steuerung von Bildungsprozessen überhaupt wünschenswert ist, zumal sie für den Lehrerberuf weitreichende Folgen nach sich ziehen würde (vgl. Bellmann 2018, S. 31).

Aus Sicht der Autoren dieses Beitrags ist in dieser Frage zumindest Pauschalkritik nicht angebracht, da immer berücksichtigt werden sollte, *welche Evidenzen* im Zusammenhang mit *welcher Thematik welchem Zweck* dienen und *welchen Mehrwert* diese Evidenzen bzw. deren Nutzung *jeweils wem* bieten können. So kann es z. B. bei relevanten und gleichzeitig komplexen didaktischen Fragestellungen durchaus sinnvoll sein, Unterrichtsentscheidungen auf Basis höchster Evidenz zu fordern, während in anderen Zusammenhängen Informationen von Experten oder sogar eigene Unterrichtserfahrungen ausreichen, um intendierte Ziele zu erreichen.

In Anlehnung an Helmke (vgl. Helmke 2017, S. 21ff.) sprechen zudem folgende Aspekte für eine stärkere Hinwendung zur evidenzbasierten Forschung: Während Prozessorientierung nach der Beschaffenheit der Unterrichtsprozesse fragt und eben nicht von den Wirkungen von Unterricht als Produkt ausgeht, fokussiert eine wirkungsorientierte Sichtweise die tatsächlich erzielten Wirkungen, wie sie auch in einer empirischen, evidenzbasierten Sichtweise zum Tragen kommt. Helmke weist zudem zu recht darauf hin, dass die allgemeine Didaktik bisher kaum empirische Forschung angeregt hat, „und wo sie es getan hat, geht es eher um Erfahrungsberichte, Modellversuche, Einzelfallstudien und deskriptive Berichte und nicht um hypothesenprüfende Studien der Lernwirksamkeit des Unterrichts, die methodischen Standards genügen (…), deren Aussagen verallgemeinerbar und belastbar sind" (Helmke 2010, S. 53). Die Ausführungen sprechen demnach für eine eingehende Beschäftigung mit evidenzbasierter Unterrichtsentwicklung und einer stärkeren Fokussierung der produktorientierten Herangehensweise im Sinne Helmkes. Doch was genau ist darunter überhaupt zu verstehen?

Verschiedentlich wird für evidenzbasierte Schulentwicklung bzw. für Evidenzbasierung in der Erziehungswissenschaft als Referenz auf jene in der Medizin verwiesen und z. B. deren Übertragbarkeit auf Schule bzw. Bildungsbereich diskutiert (z. B. Demski 2017, S. 25ff.; Fuchs 2016). Folgt man dieser Logik von Evidenzbasierung, so ist zunächst auch im Rahmen des Beitrags für dessen weiteres Verständnis Evidenz in der Alltagssprache von Evidenz in der Medizin kurz abzugrenzen, was durch die folgenden Ausführungen gelingen sollte.

2.1 „Evidenz" in der Alltagssprache vs. Erziehungswissenschaft

In der Alltagssprache bzw. im Sinne eines alltagssprachlichen Verständnisses bedeutet evident so viel wie „auf der Hand liegend" bzw. „offensichtlich", und die „Sache wird auf einen Blick so deutlich, dass sich jede weitere Nachfrage oder Erörterung erübrigt" (Jornitz 2009, S. 68). Jornitz stellt hierzu weiter fest: „Die Erkenntnis einer Sache ist dann durch drei Momente gekennzeichnet: durch ihre Plötzlichkeit, ihre Vollständigkeit und durch die sinnlich bezeugte Einsicht" (ebd.). Die Gültigkeit und die Offensichtlichkeit liegen dabei so „auf der Hand", dass es keiner weiteren empirischen Fundierung bedarf, diese also obsolet erscheint (vgl. Tippelt/Reich-Claassen 2010).

Damit steht das Alltagsverständnis von Evidenz der Evidenzbasierung in der Erziehungswissenschaft „nahezu diametral entgegen" (ebd., S. 22). Hinter dem Gedanken bzw. der Idee der evidenzbasierten Bildungsforschung steht dabei ein „auf bestätigten Erfahrungen beruhendes und an hohen und einheitlichen Standards orientiertes Wissen" (ebd.). Die Nähe ist somit eher zur englischen Bedeutung des Begriffs zu suchen („evidence"), was so viel bedeutet wie der Nachweis bzw. die Begründung für die Wirksamkeit einer Maßnahme (vgl. Jornitz 2008;

Tippelt/Reich-Claassen 2010). Ursprünglich – und nach wie vor – im medizinischen Bereich verortet, fand Evidenzbasierung durch entsprechende Adaptionen schließlich Eingang in den Bildungsbereich (vgl. Jornitz 2009; Meyer 2015) bzw. die erziehungswissenschaftliche Forschung. Das Verständnis von evidenzbasierter Medizin darf daher in diesem Zusammenhang nicht fehlen und soll zunächst in einem kurzen Exkurs erläutert werden. Die folgenden Ausführungen können so u. a. dazu beitragen, die Wertigkeit von Ergebnissen beispielsweise in der empirischen bzw. „evidenzbasierten" Bildungsforschung besser einschätzen zu können.

2.2 Evidenzbasierung in der Medizin

In der Medizin versteht man unter Evidenzbasierung „die Berücksichtigung und Nutzung der besten verfügbaren Informationen, wenn Entscheidungen getroffen oder Empfehlungen gegeben werden" (Wirtz 2018, S. 543). Demnach fordert Evidenzbasierung „die systematische Begründung und Integration möglichst aller empirische Befunde aus hochwertiger Forschung, wenn eine definierte Fragestellung beantwortet werden soll" (ebd.).

Evidenzen in der Medizin können unterschiedlichen Klassen zugeordnet werden. Je nach „Güte" bzw. „Aussagekraft" der Befunde zählen diese dann zur Evidenzklasse V, IV, III, II oder I.

Tab. 1: Evidenzklassen für Studienbefunde nach dem GRADE-System

Klasse Ia:	Evidenz aufgrund wenigstens einer Metaanalyse auf der Basis methodisch hochwertiger randomisierter kontrollierter Studien (RCTs)
Klasse Ib:	Evidenz aufgrund mindestens einer methodisch hochwertigen RCT
Klasse IIa:	Evidenz aufgrund mindestens einer hochwertigen kontrollierten, jedoch nicht randomisierten Studie
Klasse IIb:	Evidenz aufgrund einer hochwertigen quasi-experimentellen Studie (Quasi-Experiment)
Klasse III:	Evidenz aufgrund methodisch hochwertiger, nicht experimenteller deskriptiver Studien, z. B. Korrelationsstudie (Korrelation), Fall-Kontroll-Studie
Klasse IV:	Evidenz aufgrund von systematisch integrierter Expertenmeinungen; beschreibende Studien
Klasse V:	Fallserie oder eine oder mehrere Expertenmeinungen

Quelle: eigene Darstellung (vgl. Wirtz 2018, S. 543)

Zur niedrigsten Klasse V gehören beispielsweise eine oder mehrere Expertenmeinungen. Zur Klasse III bzw. IV zählen die Ergebnisse nicht-experimenteller Studien, z. B. Korrelationsstudien. Zur höchsten Klasse I gehören hingegen „echte"

Experimentalstudien, sog. randomisierte kontrollierte Studien (RCTs: randomized controlled trials). Mit solchen RCTs können kausale Aussagen überprüft werden und ihnen wohnt die höchste empirische Evidenz inne, weshalb auch vom „Goldstandard" unter den bestehenden Forschungsdesigns gesprochen wird. Die Tabelle (Tab. 1) gibt eine Übersicht über die Definitionen der fünf Evidenzklassen nach dem GRADE-System (Grading of Recommendations Assessment, Development and Evaluation).

2.3 Evidenzbasierung in der empirischen Bildungsforschung

Die in Abschnitt 2.2 dargestellte Unterteilung nach Evidenzklassen lässt sich auf den Bereich der empirischen Bildungsforschung übertragen. Nach Bortz/Döring (2006), Slavin (2006), Euler/Hahn (2007), Dubs (2009) und Wellenreuther (2010) lassen sich in der empirischen Bildungsforschung drei verschiedene Untersuchungsarten (Forschungsdesigns) unterscheiden, denen analog zur Klassifizierung in der Medizin fünf Evidenz-Klassen zugeordnet werden können. Diese werden nachfolgend stichpunktartig charakterisiert. Dabei erfolgt eine Darstellung in Anlehnung an die Schaubilder und Erläuterungen in Bortz/Döring (2006, S. 50ff.), Slavin (2006), Dubs (2009, S. 60ff.) und Wellenreuther (2010, S. 33ff.) unter Berücksichtigung der Ausführungen von Weyland (2016).

Klasse V: Erfahrungs- und Werkstattberichte

- *Prinzip:* Narrative Beschreibung und Dokumentation einer Lernsituation, eines Projekts, einer Unterrichtsstunde oder einer Reihe zum Zwecke praxisnaher Empfehlungen (z. B. Artikel in praxisnahen Fachzeitschriften)
- *Bewertung:* Aus schulpraktischer Sicht bedeutsames, jedoch wissenschaftlich angreifbares Design, das eher dem Erfahrungsaustausch und der Inspiration für Schulpraktiker dient, da objektiver Vergleich, z. B. zwischen alternativen Methoden, nicht durchgeführt wird; Prüfung von Hypothesen wird *nicht* ermöglicht

Klasse IV: Explorative Studien

- *Prinzip:* Datengestützte Untersuchung in der Schulwirklichkeit mittels Befragung ausgewählter Lehrer und Beobachtung von Unterricht, um Erklärungen zu suchen und Wechselwirkungen von Faktoren zu entdecken, z. B. Beobachtung des Lehrerverhaltens bei Lehrern mit und ohne Disziplinarproblemen
- *Bewertung:* Entwicklung gut begründeter, praktisch bedeutsamer Hypothesen zu relativ unerforschten Fragestellungen wird ermöglicht; recht geringe Normierung, großer Spielraum für den Forscher; Diskussion über Ursachen von Lernergebnissen bleibt jedoch spekulativ; Validierung und Prüfung von Hy-

pothesen wird nicht ermöglicht, da ansonsten eine Ableitung von Kausalzusammenhängen aus nicht-manipulierten und nicht kontrollierbaren unabhängigen Variablen erfolgen würde

Klasse III: **Populationsbeschreibende Studien**
- *Prinzip:* Beschreibung von Populationen (Grundgesamtheiten) hinsichtlich ausgewählter Merkmale (z. B. systematische, datengestützte Erfassung von Lernständen bei TIMSS oder PISA)
- *Bewertung:* Deskriptives Design liefert präzise Informationen über die Wirkung der Gesamtheit unterrichtlicher Rahmenbedingungen; Auswirkung *einzelner* Faktoren auf Lernerfolg bleibt jedoch unklar, denn bestimmte Rahmenbedingungen können kovariieren, ohne in ursächlichem Zusammenhang mit dem Lernergebnis zu stehen; Validierung und Prüfung von Hypothesen wird *nicht* ermöglicht

Fazit zu Klasse V-III: Aus der Übersicht ergibt sich, dass Erfahrungsberichte sowie explorative oder deskriptive Forschungsformate – so bedeutsam und sinnvoll sie für die Generierung von Hypothesen auch sein mögen – im Sinne einer evidenzbasierten Unterrichtsforschung *nicht* die Methode erster Wahl darstellen, da sie einen Ausschluss alternativer Erklärungsansätze nicht zu leisten vermögen.

Das Ziel solcher Studien besteht vielmehr darin, Ist-Zustände zu erforschen, z. B. das Wesen des „typischen" Mathematikunterrichts in Japan. Die in Korrelationsstudien ermittelten Zusammenhänge können aber lediglich als Hinweise für kausal wirkende Faktoren des Unterrichts genutzt werden, denen in Unterrichts- und Laborexperimenten genauer nachgegangen werden muss (Wellenreuther 2010, S. 41).

Wenn man unter Evidenzbasierung „die systematische Begründung und Integration möglichst aller empirische Befunde aus hochwertiger Forschung" zur Beantwortung einer vorab definierten Fragestellung zu verstehen ist (Wirtz 2018, S. 543), dann sollte darauf geachtet werden, dass diese empirischen Befunde über Erfahrungsberichte und populationsbeschreibende Untersuchungen hinausgehen.

Klasse II: **Empirische Meta-Analysen**
- *Prinzip:* zusammenfassende Auswertungen einer Vielzahl von Untersuchungen zum selben Thema, d. h. statistische Aggregation inhaltlich homogener empirischer Einzelstudien auf der Basis einzelner „Effektgrößen"; aus Differenzen zwischen den Ergebnissen von zwei Treatments, die mithilfe der Standardabweichung normiert worden sind, wird ein Durchschnittswert aller Einzelstudien berechnet und mit den Durchschnittswerten alternativer Untersuchungen verglichen, so dass zwischen schwachen, mittleren und starken Effekten unterschieden werden kann (vgl. Hattie 2013)

- Bewertung: Empirische Meta-Analysen zielen auf eine Zusammenfassung des aktuellen Forschungsstands. Im Falle der Hattie-Studie wurde dazu eine Effektgrößenschätzung (Cohen's d) vorgenommen. Zu den wesentlichen Gütekriterien zusammenfassender Untersuchungen zählen die gründliche Auswahl und die Unabhängigkeit der Stichproben sowie die Vergleichbarkeit der Variablen und der Operationalisierungsvarianten

Fazit zu Klasse II: Widersprüchliche oder nicht signifikante Ergebnisse zahlreicher Studien zum selben Thema können quantifizierend zusammengefasst werden. Solche Studien liegen für die hier relevanten Forschungsfragen jedoch kaum vor. Zudem erscheint problematisch, dass in der Regel deskriptive Korrelationsstudien (Klasse III) mit in den Datenpool übernommen werden, so dass insgesamt verzerrte Ergebnisse entstehen können (vgl. die Kritik an der Hattie-Studie).

Klasse I: **Unterrichtsexperimente**
- *Begriff:* Unter einem Experiment versteht man „einen systematischen Beobachtungsvorgang, aufgrund dessen der Untersucher das jeweils interessierende Phänomen planmäßig erzeugt sowie variiert (‚Manipulation') und dabei gleichzeitig systematische oder/und unsystematische Störfaktoren durch hierfür geeignete Techniken ausschaltet bzw. kontrolliert (‚Kontrolle')" (Reiß/Sarris 2012, S. 44)
- *Prinzip:* systematische, datengestützte Untersuchung auf der Grundlage einer vor Untersuchungsbeginn vorhandenen und hinreichend begründeten kausaltheoretischen Hypothese sowie einschlägig relevanter und gemäß Hypothesenbildung sachrepräsentativ manipulierbarer experimenteller Variablen; Beispiel: Lehrerverhalten (unabhängige Variable) wird manipuliert, Lernerfolg (abhängige Variable) wird erfasst
- *Bewertung:* Hypothesenprüfende (explanative) Untersuchungen zielen auf den Nachweis von Zusammenhängen und Ursachen, z. B. zur Wirksamkeit und Effizienz bestimmter Methoden. Zentrales Gütekriterium ist dabei die Eindeutigkeit des Nachweises, der durch Ausschluss plausibler Alternativerklärungen ermöglicht wird („interne" Validität). Darüber hinaus wird die Generalisierbarkeit der Ergebnisse durch möglichst natürliche Untersuchungsbedingungen erhöht (Repräsentativität der Stichproben, d. h. „externe" Validität)

Fazit zu Klasse I: Die Wirksamkeit und Effizienz von bestimmten Unterrichtsmethoden kann mithilfe experimenteller Forschungsdesigns streng geprüft werden. Damit gilt das Experiment als die exakteste Form erfahrungswissenschaftlicher Forschung, weil es eine *Kausalanalyse* ermöglicht, indem alle zur Hypothesenprüfung bedeutsamen Variablen kontrolliert und die Versuchsbedingungen so manipuliert werden, dass der Einfluss der unabhängigen Variablen auf die abhängige Variable festgestellt werden kann (vgl. Friedrichs 1990, S. 334). Experimentelle Forschungsdesigns orientieren sich in wissenschaftstheoretischer Hinsicht am Falsifikationsprinzip des kritischen Rationalismus' (vgl. dazu Bortz/Döring 2006, 16ff.; Popper 1997, S. 129ff.). Dessen Anspruch, Klarheit, Offenheit und wissenschaftliche Kritik durch das Falsifikationsverfahren miteinander zu verbinden, wird auch von führenden Vertretern experimenteller Forschung übernommen:

> „We want to be as comprehensive and as explicit as we can. This is in part because we are convinced of the advantages of falsification as a major component of any epistemology for the social sciences, and forcing out one's assumptions and confronting them is one part of falsification. But it is also because we would like to stimulate critical debate about these assumptions so that we can learn from those who would challenge our thinking" (Shadish/ Campbell/Cook 2002, S. 456).

Der Einsatz von Unterrichtsexperimenten, also hypothesenprüfenden Forschungsdesigns, ist allerdings mit einem recht hohen Aufwand verbunden, denn:

a. Ein hypothesenprüfendes Design setzt entwickelte Theoriebildung, d. h. gut begründete Hypothesen voraus.
b. Der hohe Entwicklungsaufwand für Unterrichtsmaterialien (für verschiedene Versuchsgruppen) und Tests erfordert viel Zeit.
c. Die Akquise von Unterstützern vor Ort (Klassen, Kurse, Lehrer, Schulen) gestaltet sich in der Regel schwierig.
d. Auch die Implementierung vor Ort ist nicht einfach (Klassenarbeiten, Unterrichtsausfall, Vergleichbarkeit von Versuchs- und Kontrollgruppen, ökologische Validität).
e. Zudem müssen in der Regel Trainingsprogramme für die beteiligten Lehrer/innen entwickelt und umgesetzt werden.
f. Messgültigkeitsprobleme (im Hinblick auf die Validität und Reliabilität der Tests) müssen überwunden werden.
g. Schließlich besteht häufig das Problem des selektiven Versuchspersonenschwunds.
h. Typische variablenkonfundierende Störfaktoren (z. B. History-, Maturation-, Test-sophistication-, Instrumentation-, Mortality- oder Experimenter-Effekte, vgl. Shadish et al. 2001) müssen durch das Untersuchungsdesign von Vornherein ausgeschlossen bzw. systematisch und umfassend bekämpft werden (vgl. Weyland 2016, S. 152f.), so dass die äußeren Rahmenbedingungen der Untersuchungsdurchführung für Experimental- und Kontrollgruppen – mit Ausnahme des Treatments selbst – durchweg vergleichbar sind.

3 Evidenzbasierte Unterrichtsentwicklung: ein Fallbeispiel

Nachfolgend soll die im vorhergehenden Abschnitt überblicksartig skizzierte Klassifikation evidenzbasierter Forschungsformate konkretisiert werden. Anhand eines Beispiels aus dem Bereich der ökonomischen Bildung werden Potenziale und Grenzen einer im engeren Sinne output- und evidenzbasierten, d. h. auf einem experimentellen Design fußenden Unterrichtsentwicklung kritisch beleuchtet. Im Sinne Helmkes wird damit die wirkungsorientierte Sichtweise gegenüber der prozessorientierten in den Mittelpunkt gerückt. Unterricht, so Helmke, ist demnach „so gut wie die Wirkungen, die er erzielt. Dieser Blickwinkel wird von einer empirischen, evidenzbasierten Sichtweise [...] nahegelegt und ist seit der empirischen Wende der Bildungspolitik in Deutschland nicht mehr wegzudenken" (Helmke 2010, S. 24). In der Sprache der „Evaluation" handelt es sich um eine ausgereifte Form summativer Evaluation: „Summative Evaluationsstudien sind hypothesenprüfend. Es wird die Hypthese überprüft, dass die Maßnahme wirksam ist bzw. genau so wirkt, wie man es theoretisch erwartet hat (Bortz/ Döring 2006, S. 111). Ausgangspunkt für unser Fallbeispiel ist eine für Fachdidaktiker wie Schulpraktiker bis heute ebenso fundamentale wie schwer zu beantwortende Frage: Die Frage nämlich, mit welchen Lernmethoden der größte Lernerfolg erzielt werden kann. Diese Fragestellung wurde bereits sehr häufig und kontrovers in den unterschiedlichen Domänen fachdidaktischer Forschung diskutiert. Bei genauer Betrachtung erscheint es daher sinnvoll, zwei unterschiedliche Arten von Forschungshypothesen zu unterscheiden, die sich hinter der Fragestellung verbergen:

- Effektivitätsorientierte Forschungshypothesen: Sie geben eine Antwort auf die Frage „Kann das Lernziel x durch die Methode y überhaupt erreicht werden?" und werden durch einen Vergleich zwischen Eingangs- und Ausgangs-Testergebnissen überprüft. Sie gelten in der Regel als (vorläufig) bestätigt, sofern die Wahrscheinlichkeit für einen Fehler 1. Art weniger als 5% beträgt. Hierhinter verbirgt sich der Ansatz der effektivitätsorientierten Unterrichtsmethodenforschung (vgl. Euler/ Hahn 2007, S. 314f.).

- Effizienzorientierte Forschungshypothesen: Sie geben eine Antwort auf die Frage „Wird das Lernziel x besser durch die Methode y oder z gefördert?" und werden durch einen Vergleich zwischen den Lernzuwächsen von Experimental- und Kontrollgruppen überprüft. Sie gelten in der Regel ebenfalls als (vorläufig) bestätigt, sofern die Wahrscheinlichkeit für einen Fehler 1. Art weniger als 5% beträgt. Hierhinter verbirgt sich der Ansatz der effizienzorientierten Unterrichtsmethodenforschung (vgl. ebd.).

3.1 Ausgangsproblem

Nun zu unserem konkreten Beispiel: Für den Bereich der ökonomischen Bildung berichten viele Lehrpersonen von einem wahrnehmbaren Mehrwert handlungsorientierter Unterrichtsmethoden. Das aktive Einbinden von Lernenden in den Ablauf einer Lektion soll sie zu einer stärkeren geistigen Auseinandersetzung mit dem Unterrichtsgegenstand anhalten und den Spaß am Lernen fördern. Dies gelte in besonderem Maße, so die unter Wirtschaftsdidaktikern weit verbreitete Vermutung, für ökonomische Simulationsspiele, sogenannte „Classroom Experiments" (die mit den oben erörterten experimentellen Forschungsdesigns nicht zu verwechseln sind). Dabei werden eigens zu Lernzwecken entwickelte Simulationsspiele im Klassenverbund oder in kleineren Gruppen eingesetzt. Diese haben zum Ziel, elementare volkswirtschaftliche Zusammenhänge zu verdeutlichen, welche aufgrund ihres abstrakten Charakters ansonsten nur schwer verständlich sind. Nach Auffassung zahlreicher Fachdidaktiker eignen sich Classroom Experiments besonders gut dazu, ökonomische Kompetenzen auf der Basis entdeckenden Lernens zu vermitteln und auf diese Weise die vielfach vermisste Lebensbedeutsamkeit in den Unterricht zurückzubringen: „Durch das Agieren innerhalb eines Spielsettings erkennen die Schüler Interdependenzen und Entscheidungskriterien und verstehen, wie Menschen wirtschaftliche Entscheidungen treffen" (Schuhen 2005, S. 4). Diese Aussage soll anhand eines der bekanntesten ökonomischen Simulationsspiele verdeutlicht werden: Dem Ultimatumspiel.

Beim Ultimatum-Spiel wird die Gruppe der Lernenden in zwei Hälften eingeteilt: Die „Besitzenden" und die „Habenichtse" (vgl. im Folgenden Camerer 2003; Güth/Kliemt 2003; Ockenfels 2005). Die Besitzenden verfügen über jeweils 10 Euro und müssen entscheiden, wie viel sie ihrem Partner aus der Gruppe der Habenichtse abgeben, wobei nur ganze Euro-Beträge erlaubt sind. Der Partner kann das Angebot dann annehmen oder ablehnen. Nimmt er an, bekommen beide Partner anteilig Geld. Lehnt er das Angebot hingegen ab, bekommen beide nichts. Wenn die Teilnehmer also erfolgreich verhandeln, stellen sie sich beide besser. Die Frage ist nur: Mit welcher Verteilung endet das Spiel? Die Prognose der klassischen Wirtschaftstheorie orientiert sich am Modell des „Homo Oeconomicus" und sagt voraus, dass die Besitzenden einen Euro vergeben werden. Wenn Habenichts einen Euro annimmt, dann besitzt er einen Euro. Wenn er ablehnt, bekommt er hingegen nichts. Da ein Euro besser ist als nichts, nimmt er an. Und da auch die Besitzenden gemäß des Homo Oeconomicus-Modells handeln, antizipieren sie dieses Verhalten und bieten nicht mehr als einen Euro an. Die Praxis zeigt hingegen etwas ganz anderes: Wird das Ultimatum-Spiel (mit echtem Geld oder mit Bonbons) gespielt, gibt fast nie jemand nur einen Euro bzw. ein Bonbon ab. Die meisten geben stattdessen 4 oder gar 5 Euro ab. Wenn Sie weniger abgeben wollen, dann wird typischerweise abgelehnt. Vertreter der experimentellen Wirtschaftsforschung gelangen im Rahmen ihrer wissenschaftlichen Arbeit zu vergleichbaren Ergebnissen. Die Menschen haben eine Unfairness-Aversion: „Sie wollen den anderen dafür bestrafen, dass er unfair war" (Ockenfels 2005, S. 1).

In der Hochschullehre hat sich der systematische Einsatz ökonomischer Simulationsspiele nach Ansicht zahlreicher Autoren sehr bewährt. Spätestens seit der Jahrtausendwende wurden sie als „eine interessante und mit vertretbarem Aufwand realisierbare didaktische Alternative zur herkömmlichen Vorlesung" (Rott/Berg 2001, S. 115) immer häufiger berücksichtigt (vgl. dazu Haus 2009, S. 48ff.). Vor allem in den USA ist seither ein Fundus an Lern-Experimenten entstanden, die insbesondere mikroökonomisch ausgerichtet sind und ein marktähnliches Geschehen simulieren. Die Attraktivität dieses innovativen methodischen Ansatzes in der Ausbildung von Wirtschaftswissenschaftlern lässt sich sowohl an den durchgeführten Wirksamkeits-Studien an Hochschulen (vgl. exemplarisch Becker/Watts 1998; Dickie 2000; Gremmen/Potters 1997; Gremmen/van den Brekel 2013) als auch an einer Reihe ausgereifter Lehrbücher ablesen, die Classroom Experiments als Zusatzmaterial anbieten (vgl. insbesondere Bergstrom/Miller 2000; Holt 2005).

Inwiefern sich diese Erfolgsgeschichte allerdings auch unterrichtsmethodisch nutzen lässt, inwiefern also experimentelles Lernen zur ökonomischen Bildung an allgemeinbildenden Schulen beitragen kann, konnte bisher nicht seriös beantwortet werden. Als handlungsorientierte Unterrichtsmethode sind Classroom Experiments bisher wenig verbreitet, wie Studien zur Aufgabenkultur im Bereich der ökonomischen Bildung belegen (vgl. z. B. Schuhen/Weyland 2011; Weyland/Stommel 2016). Stattdessen dokumentieren die (wenigen) vorliegenden Studien, dass im Bereich der ökonomischen Bildung eher die Reproduktion und Analyse von Texten bzw. Textausschnitten im Mittelpunkt der unterrichtlichen Bemühungen zu stehen scheint:

> „Statt vertieft ökonomische Sachverhalte und Zusammenhänge datenbasiert zu erforschen und ökonomische Theorien zur Erklärung vorgefundener Auffälligkeiten sowie vermuteter Regelmäßigkeiten heranzuziehen, wird der Lernprozess weitgehend auf die Lektüre wirtschaftlicher Texte (Informationstexte und Kommentare) reduziert, allenfalls angereichert durch einzelne Statistiken. […] Diese Monokultur zeichnet sich durch ein Übermaß an Textarbeit aus – und dies auch in solchen Fällen, in denen andere Herangehensweisen lernförderlicher wären" (Langner 2007, S. 47).

Die geringe Verbreitung ökonomischer Simulationsspiele im Schulalltag wurzelt nicht zuletzt auch darin, dass ihre didaktische Verwendung ebenso wie ihre Wirkung bisher noch weitgehend unerforscht ist (zum Folgenden vgl. Weyland 2016). In theoretischer Hinsicht fehlt eine überzeugende Einbettung experimenteller Lehr-Lern-Arrangements in den Kanon handlungsorientierter Methoden, in pragmatischer Hinsicht mangelt es an geeigneten fachdidaktischen Auswahlkriterien zum zielgruppen- und lernzielgerechten Einsatz ökonomischer Simulationsspiele im wirtschafts- und sozialwissenschaftlichen Fachunterricht, und in empirischer Hinsicht konnte bisher weder die Wirksamkeit noch die Effizienz ihres Einsatzes im Rahmen schulischer Lernprozesse überzeugend belegt werden.

Zahlreiche Erfahrungsberichte beschränken sich auf eine mehr oder weniger anschauliche Beschreibung der beobachteten Lerneffekte sowie die Darstellung persönlicher Einschätzungen der Lehrenden: „My own confidence in the relevance of what I teach has increased significantly since I began to incorporate experiments into my classes. And I enjoy teaching more than before" (Holt 1999, S. 609). Systematisch angelegte Studien zur Wirksamkeit und Effizienz experimentellen Lernens im schulischen Ökonomieunterricht fehlen hingegen: „In general, literature on classroomexperiments is growing fast, but little is known so far about the effectiveness of the method" (Ebbers et al. 2012, S. 130).

3.2 Forschungsdesign

Bevor nun die Ökonomie-Curricula zahlreicher Schulen in Richtung einer Stärkung experimentellen Lernens umgestaltet werden, empfiehlt sich eine nähere „evidenzbasierte" Prüfung der oben erläuterten Vermutungen. Dazu bieten sich, wie oben dargestellt wurde, weder Erfahrungs- oder Werkstattberichte (Klasse V) noch explorative oder populationsbeschreibende Studien (Klasse IV bzw. III) an, da sie – im Gegensatz zu experimentellen Designs – eine schrittweise Eliminierung falscher bzw. schlecht bewährter Theorien nicht gewährleisten können, wie Wellenreuther (2010) betont. Wellenreuther spitzt diese Argumentation wie folgt zu:

> „Auch wenn man eingesteht, dass bei Anwendung strenger empirischer Forschung viele Fragen offen sind und die gesicherte Basis immer noch fragil ist, kommt man nicht an der Feststellung vorbei, dass mit Hilfe experimenteller Forschung Fragen der Wirkungsweise bestimmter Unterrichtsfaktoren am ehesten schlüssig beantwortet werden können. […] In der Pädagogik gibt es deshalb ohne solche experimentelle Forschung keinen Erkenntnisfortschritt" (Wellenreuther 2010, S. 55).

Die Frage, inwiefern sich ökonomische Simulationsspiele tatsächlich eignen, um volkswirtschaftliche Zusammenhänge wirksam und effizient zu vermitteln, wurde daher im Rahmen einer experimentellen Feldstudie (vier-Gruppen-Pretest-Posttest-Design) von einem der beiden Autoren in den Jahren 2010-2014 systematisch untersucht. Die Beantwortung der Leitfrage erfolgte dabei in drei Schritten.

- In **Schritt 1** wurde zunächst das didaktische Potenzial ökonomischer Simulationsspiele analysiert. Mithilfe kategorial-didaktischer Überlegungen wurde der Lerngegenstand unter Berücksichtigung empirischer Vortests strukturiert, um eine sinnvolle Verzahnung zwischen fachsystematischer und individueller Perspektive zu ermöglichen (vgl. Weyland 2016, S. 73-114).

- In **Schritt 2** wurden dann zu den Lernzielen passende ökonomische Simulationsspiele ausgewählt, weiterentwickelt und im Rahmen zahlreicher Pretests iterativ optimiert. Die stoffdidaktisch akzentuierte Spezifizierung und Strukturierung zentraler Lerngegenstände wurde somit zur fachmethodisch akzentuierten Designentwicklung überführt. Bei der Ausgestaltung der zu testenden Unterrichtreihe wurden fachdidaktisch bedeutsame Design-Prinzipien, wie beispielsweise ein hoher Alltagsbezug, ein hoher Grad an Schüler-Aktivität und ein starker Domänenbezug, berücksichtigt. Als „Treatment" für die Interventionsstudie fungierte eine Unterrichtsreihe mit zehn ökonomischen Simulationsspielen zum Inhaltsfeld „Marktwirtschaftliche Ordnung" mit folgenden Modulen (vgl. Weyland 2016, S. 114ff.):

- *Modul I – Die Bekämpfung der Knappheit*
3 Simulationsspiele und 6 Unterrichtsstunden: Sitzplatzversteigerung, Ultimatumspiel, Nordland-Südland-Spiel
- *Modul II – Die Selbstheilungskräfte des Marktes*
4 Simulationsspiele und 4 Unterrichtsstunden: Schokoriegel-Nachfrage und Schokoriegel-Polypol, Markt für Batterien und Sales-Tax-Experiment
- *Modul III – Marktversagen und Staatsversagen*
3 Simulationsspiele und 5 Unterrichtsstunden: Schokoriegel-Monopol, Fishburgerspiel, Fischereispiel

- An diese Designentwicklung wiederum schloss sich in **Schritt 3** die empirische Überprüfung der Entwicklungsprodukte an. Die Modulreihe wurde an mehreren allgemeinbildenden nordrhein-westfälischen Gymnasien implementiert. Am Städtischen Gymnasium in Olpe und am Städtischen Gymnasium in Netphen (Kreis Siegen-Wittgenstein) wurde die Unterrichtsreihe im Rahmen der fachdidaktischen Tagespraktika mit studentischer Unterstützung mehrfach erprobt und schrittweise evaluiert. Am Städtischen Siebengebirgsgymnasium in Bad Honnef (Rhein-Sieg-Kreis) wurden anschließend weitere Pretests durchgeführt. Der Einsatz des Lehr-Lern-Arrangements wurde auf diese Weise in insgesamt 22 Lerngruppen erprobt und schrittweise verfeinert. Am Städtischen Siebengebirgsgymnasium wurde das Unterrichtskonzept abschließend in 10 Kursen Sozialwissenschaften/Wirtschaft der Einführungsphase (Jahrgangsstufe 10) im Rahmen eines experimentellen Settings getestet, wobei sechs Kurse als Experimentalgruppe und vier als Kontrollgruppe für die Untersuchung dienten.

3.3 Ausgewählte Forschungsergebnisse

Durch den Einsatz standardisierter Erhebungsinstrumente und unter Berücksichtigung variablenkonfundierender Störfaktorenkonnten konnten abschließend folgende Hypothesen überprüft und durchweg (auf dem 5%-Signifikanzniveau) bestätigt werden:

Forschungshypothesen zur Effektivität ökonomischer Simulationsspiele

- Der systematische Einsatz ökonomischer Simulationsspiele führt zu signifikanten Lernzuwächsen in den Bereichen Motivation, Wissen und Verstehen sowie Anwendungs- und Transferfähigkeit. Die erreichten Effektstärken erweisen sich dabei als sehr groß. Zum Vergleich: Nur zwei der insgesamt 138 von Hattie in seiner bekannten Studie identifizierten Faktoren besitzen einen größeren Einfluss auf den Lern-Output als das hier untersuchte Treatment, d. h. im Verhältnis zur Streuung innerhalb der jeweiligen Lerngruppe wurden bei 136 von 138 Treatments geringere Lernzuwächse erzielt (vgl. Hattie 2013, S. 433ff.). Dieses Ergebnis belegt, dass die im Rahmen der Studie erzielten Lernzuwächse der Experimentalgruppe in einem besonders günstigen Verhältnis stehen zu der relativ geringen Streuung innerhalb der einzelnen Lerngruppen. Ökonomische Simulationsspiele erweisen sich somit sowohl im Bereich der Motivationszunahme, der Wissenserarbeitung als auch bei der Förderung der Transferfähigkeit als äußerst wirksames methodisches Instrument. Sowohl im Bereich des Wissenserwerbs als auch im Bereich der Anwendungs- und Transferfähigkeit führt der systematische Einsatz von Classroom Experiments zu großen Effektstärken und signifikanten Lernzuwächsen.

Forschungshypothesen zur Effizienz ökonomischer Simulationsspiele

- Der systematische Einsatz ökonomischer Simulationsspiele führt im Vergleich zum Mainstream – Unterricht zu signifikant größeren Lernzuwächsen in den Bereichen Motivation, Wissen und Verstehen sowie Anwendungs- und Transferfähigkeit. Dieser Effekt konnte im Rahmen der Untersuchung für alle einzelnen Teilmodule und für alle eingesetzten Simulationsspiele nachgewiesen werden, wobei die Marktmodule und vor allem das Fischereispiel besonders positive Lernwirkungen nach sich zogen. Besonders deutlich sichtbar werden die Unterschiede zwischen den Subgruppen, wenn man zwischen den Ergebnissen der Multiple Choice-Aufgabenformate (jeweils mittlere Säule) und den offenen, kompetenzorientierten Aufgaben (jeweils rechte Säule) unterscheidet, wie Abbildung 1 dokumentiert. Vor dem Hintergrund vergleichbarer Lernvoraussetzungen deutet dieses Ergebnis darauf hin, dass durch den Einsatz ökonomischer Simulationsspiele insbesondere „höhere", anspruchsvolle kognitive Lernleistungen besonders gut gefördert werden können.

Die Lernzuwächse (vgl. Abb. 1) der experimentell unterrichteten Schüler unterschieden sich zudem nicht signifikant zwischen den verschiedenen Schülergruppen (z. B. ältere bzw. jüngere Schüler oder Schüler mit viel bzw. wenig Vorwissen). Dies bedeutet, dass bestimmte Schülermerkmale keinen signifikanten Einfluss auf die Forschungsergebnisse haben.

Abb. 1: Ergebnis WZT, getrennt nach Testteilen

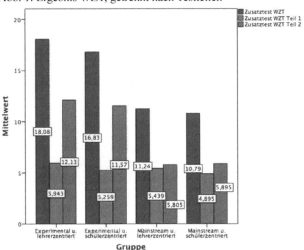

Quelle: Eigene Darstellung

3.4 Fachdidaktische Entwicklungsforschung

Durch die dargestellte Vorgehensweise wurde es ermöglicht, auf der Forschungsebene zunehmend ausdifferenzierte und empirisch abgesicherte lokale Theorien zum Lernprozess über den gewählten Lerngegenstand zu gewinnen (Prediger et al. 2012, S. 7). Zudem wurden auf der Entwicklungsebene prototypische, konkrete und erprobte Lehr-Lernarrangements (vgl. Weyland 2016, S. 114ff.) entwickelt. Damit wird ein sich in zahlreichen Fachdidaktiken zunehmend verbreitendes Grundverständnis von Bildungsforschung als anwendungsorientierter Grundlagenforschung aufgegriffen. Theoretische Analyse, konzeptionelle Entwicklung und empirische Validierung domänenspezifischer schließen sich demnach nicht aus, sondern bedingen sich gegenseitig: „Konzepte, die in dieser Weise Forschung und Entwicklung verknüpfen, werden im deutschsprachigen Raum unter dem Namen Entwicklungsforschung realisiert […], im englischsprachigen Raum vor allem unter der Bezeichnung Design Research" (Prediger et al. 2012, S. 452). Weitere englischsprachige Bezeichnungen für diesen Forschungsansatz lauten Design Studies, Design Experiments, Development Research, Formative Research, Formative Evaluation oder einfach „Engineering" (van den Akker et al. 2006, S. 4). Das hier eingesetzte Modell fachdidaktischer Entwicklungsforschung orientiert sich an Prediger et al. (2012) und wird in folgendem Schaubild veranschaulicht.

Abb. 2: Systematisierung fachdidaktischer Entwicklungsforschung

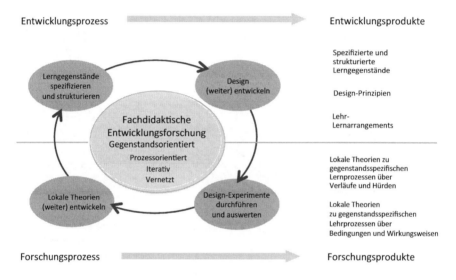

Quelle: Prediger at. al (2012)

Die vier Arbeitsbereiche fachdidaktischer Entwicklungsforschung (vgl. Abb. 2) verdeutlichen zugleich den enormen zeitlichen und finanziellen Aufwand, der mit einer Hinwendung der Fachdidaktik zur evidenzbasierten Verzahnung von theoretischer Analyse, konzeptioneller Entwicklung und empirischer Validierung verbunden ist. Auswahl und Analyse zentraler Lerngegenstände, Sequenzierung der Inhalte unter Berücksichtigung von Lernenden-Perspektiven, Design-Entwicklung mithilfe bewährter Design-Prinzipien und Design-Experimente sind hinsichtlich Zeit und finanzieller Ausstattung höchst ressourcenintensiv, kosten Zeit und Geld und sind in der Regel nur im Rahmen vertiefter und langfristiger Kooperationen zwischen Theorie (Hochschule) und Praxis (Schule) realisierbar. Die detaillierten Design-Beschreibungen und die weiteren Ergebnisse der Studie können im Rahmen dieses Beitrags nicht in Gänze präsentiert werden. Für eine vertiefende Auseinandersetzung sei deshalb auf die umfassende Darstellung in Weyland (2016) verwiesen.

4 Diskussion und Ausblick

Daten- bzw. evidenzbasierte Schulentwicklung wird aktuell verstärkt diskutiert und auch beforscht (vgl. hierzu z. B. Bellmann 2016; Bellmann 2018; Demski 2017), u. a. in Baden-Württemberg im Zusammenhang mit der Einführung eines neuen Qualitätskonzepts. Vermutlich dürften Konzepte, wie sie in Hamburg, Schleswig-Holstein oder Kanada implementiert sind, mit wichtigen Impulsen auch nach Baden-Württemberg ausstrahlen, wie verschiedene Veranstaltungen und Präsentationen hierzulande vermuten lassen (vgl. z. B. Maritzen 2018, Ministerium für Kultus, Jugend und Sport Baden-Württemberg 2017; Yee/Yee 2017). Details zum Qualitätskonzept im Zusammenhang mit der Wertigkeit von Evidenzen unterrichtlichen Handelns stehen derzeit noch aus.

Die zu Beginn des Beitrags dargelegten Zusammenhänge machen deutlich, dass es für die aus der Medizin bekannten Evidenzklassen Pendants in der empirischen Bildungsforschung gibt. Die in Werkstatt- und Erfahrungsberichten sowie explorativen oder populationsbeschreibenden Studien ermittelten Zusammenhänge können dabei lediglich als Hinweise für kausal wirkende Faktoren des Unterrichts genutzt werden (vgl. Wellenreuther 2010). Möchte man hingegen die Wirksamkeit oder Effizienz von bestimmten Unterrichtsmethoden testen, so kann dies nur mithilfe experimenteller Forschungsdesigns gelingen. Im Rahmen dieses Beitrags wurde hierzu ein Beispiel aus der ökonomischen Bildung vorgestellt. Folgt man der Sinnlogik der Wertigkeit der Evidenzklassen in der empirischen Bildungsforschung und geht man von der These aus, dass Unterrichtsentwicklung ebenfalls in hohem Maße evidenzbasiert stattfinden sollte, so resultiert daraus ein ganz erheblicher Bedarf an experimentell orientierten Forschungsprojekten zu schulischen Standard-Inhalten. Oder zugespitzt formuliert: Ohne eine systematische Stärkung der experimentell orientierten Lehr-Lern-Forschung – im Sinne fachdidaktischer Entwicklungsforschung – wird evidenzbasierte Unterrichtsentwicklung nicht gelingen können.

Die Neustrukturierung in Baden-Württemberg bietet demnach die Chance, Unterrichtsentwicklung im Rahmen evidenzbasierter Schulentwicklung z. B. für herausragende Themenfelder, wie sie auch im neuen Bildungsplan verortet sind (z. B. im Zuge der sechs Leitperspektiven), auf Basis experimenteller Studien zu forcieren. Dies wäre aus unserer Sicht nicht nur wünschenswert, sondern geradezu unabdingbar, um evidenzbasierte Unterrichtssettings auf Basis höchster Evidenzklassen zu entwickeln. Damit einher geht jedoch ein beträchtlicher Ressourcenbedarf. Das betrifft nicht nur die Durchführung der Studien, sondern auch die Fortbildung von Lehrkräften bei der Umsetzung von erfolgreichen, aus der experimentellen Unterrichtsentwicklung hervorgegangenen Unterrichtsdesigns. So wird evidenzbasierte Unterrichtsentwicklung in diesem Sinne nur Erfolge aufweisen können, wenn ausreichende Ressourcen kontinuierlich zur Verfügung gestellt werden und langfristige Kooperationen entstehen, welche diese Forschung und die daraus gewonnenen Erkenntnisse in der Umsetzung in größerem Umfang erst ermöglichen.

Literatur

Anderson, J. R.; Funke, J. (Hrsg.) (2013): Kognitive Psychologie. 7., erweiterte und überarbeitete, neu gestaltete Auflage. Berlin/Heidelberg: Springer VS.

Becker, W. E.; Watts, M. (1998): Teaching Economics: What Was, Is, and Could Be. In: Becker, W. E.; Watts, M. (Ed.): Teaching Economics to Undergraduates. Alternatives to Chalk and Talk. Cheltenham: Edward Elga. pp. 1-10.

Bellmann, Johannes (2016): Datengetrieben und/oder evidenzbasiert? Wirkungsmechanismen bildungspolitischer Steuerungsansätze. In: Zeitschrift für Erziehungswissenschaft. Sonderheft 31. S. 147-161.

Bellmann, J. (2018): Von Daten getrieben. Eine kritische Analyse des „Neuen Qualitätskonzepts für das Schulsystem" in Baden-Württemberg. In: Lehren & Lernen. Heft 12/2018. S. 30-34.

Bergstrom, T.; Miller, J. (2000): Experiments with Economic Principles. Microeconomics. 2. Auflage. Boston: Irwin McGraw-Hill.

Bortz, J.; Döring, N. (2006): Forschungsmethoden und Evaluation für Human- und Sozialwissenschaftler. 4., überarbeitete Auflage. Heidelberg: Springer Medizin Verlag.

Camerer, C. F. (2003): Behavioral Game Theory: Experiments in Strategic Interaction. New York: Russell Sage Foundation.

Dickie, M. (2000): Experimenting on Classroom Experiments: Do they increase learning in introductory microeconomics? In: Journal of Economic Education. 03/2000 pp. 267-288.

Dubs, R. (2009): Lehrerverhalten. Ein Beitrag zur Interaktion von Lehrenden und Lernenden im Unterricht. 2., überarbeitete Auflage. Stuttgart: Steiner.

Ebbers, I.; Schlösser, H. J.; Schuhen, M.; Macha, K. (2012): On the Effectiveness of Economic Experiments as a Method of Teaching Undergraduates. In: Van den Bossche, P.; Gijselaers, W. H.; Milter, Richard G. (Ed.): Learning at the Crossroads of Theory and Practice. Advances in Business Education and Training 4, o. A. pp. 129-139.

Euler, D.; Hahn, A. (2007): Wirtschaftsdidaktik. 2., aktualisierte Auflage. Stuttgart: UTB.

Friedrichs, J. (1990): Methoden empirischer Sozialforschung. Opladen: Westdeutscher Verlag.

Gremmen, H.; Potters, J. (1997): Assessing the Efficacy of Gaming in Economic Education. In: The Journal of Economic Education. 04/1997. pp. 291-303.

Gremmen, H.; van den Brekel, G. (2013): Do classroom experiments increase student motivation? A pilot study. In: AIIC 2013. Online im Internet: http://eujournal. org/index.php/esj/article/ view-File/1347/1356. Abgerufen am 30.10.2018.

Güth, W.; Kliemt, H. (2003): Experimentelle Ökonomik: Modell-Platonismus in neuem Gewande? In: Held, M.; Kubon-Gilke, G.; Sturn, R. (Hrsg.): Normative und institutionelle Grundfragen der Ökonomik. Jahrbuch 2. Experimente in der Ökonomik. Marburg: Metropolis. S. 315-342.

Hattie, J. (2013): Lernen sichtbar machen. Überarb. deutschsprachige Ausgabe. Baltmannsweiler: Schneider-Verlag Hohengehren.

Haus, A. (2009): Classroom Experiments. Ökonomische Experimente als Unterrichtsmethode. Schwalbach/Taunus: Wochenschau-Verlag.

Helmke, A. 2010: Unterrichtsqualität und Lehrerprofessionalität. Diagnose, Evaluation und Verbesserung des Unterrichts. 3. Auflage. Seelze-Velber: Klett Kallmeyer.

Helmke, A. 2017: Unterrichtsqualität und Lehrerprofessionalität. Diagnose, Evaluation und Verbesserung des Unterrichts. 7. Auflage. Seelze-Velber: Klett Kallmeyer.

Holt, C. A. (1999): Teaching Economics with Classroom Experiments. In: Southern Economic Journal. 03/1999. pp. 603-610.

Holt, C. A. 2005: Markets, Games, and Strategic Behavior: Recipes for Interactive Learning. Online im Internet: http://harbaugh.uoregon.edu/Readings/expbooknsf.pdf. Abgerufen am 30. 10. 2018.

Ministerium für Kultus, Jugend und Sport Baden-Württemberg (2017): Qualitätskonzept für das Bildungssystem Baden-Württembergs. Online im Internet: https://www.km-bw.de/ ‚Lde/ Startseite/Service/28_06_2017+Qualitaetskonzept+Bildungssystem/?LISTPAGE=4978503. Abgerufen am 03.01.2019.

Ministerium für Kultus, Jugend und Sport Baden-Württemberg (2019): Qualitätskonzept für das Bildungssystem Baden-Württembergs. Online im Internet: https://www.km-bw.de/, Lde/ Startseite/Schule/Qualitaetskonzept. Abgerufen am 03.01.2019.

Langner, F. 2007: Modellbildung und Fallstudien zur europäischen Geldpolitik. In: Jacobs, H. (Hrsg.): Methodenbewusster Unterricht in Beispielen. Trappen-Texte 2. Bad Honnef: Wochenschau-Verlag. S. 47-55.

Maritzen, N. (2018): Die Arbeit mit Daten in Hamburg. Von Evidenz zu Entwicklung. Online im Internet: https://www.km-bw.de/site/pbs-bw-new/get/documents/KULTUS.Dachmandant/ KULTUS/KM-Homepage/Artikelseiten%20KP-KM/Qualitaetskonzept/Maritzen_Arbeit-mit-Daten-Hamburg_Okt-2018.pdf. Abgerufen am 05.12.2018.

Ockenfels, A. (2005): Abschied vom Homo Oeconomicus. Interview mit DW-World. Online im Internet: http://www.dw.de/abschied-vom-homo-oeconomicus/a-1505080-1. Abgerufen am 30.09.2018.

Popper, K. R. (1997): Ausgewählte Texte zur Erkenntnistheorie, Philosophie der Naturwissenschaften, Metaphysik, Sozialphilosophie. Herausgegeben von David Miller. 2. Auflage. Stuttgart: UTB.

Prediger, S.; Link, M.; Hinz, R.; Hußmann, S.; Thiele, J.; Ralle, B. (2012): Lehr-Lernprozesse initiieren und erforschen – Fachdidaktische Entwicklungsforschung im Dortmunder Modell. In: MNU. 8/2012. S. 452-457.

Reiß, S.; Sarris, V. (2012): Experimentelle Psychologie. Von der Theorie zur Praxis. München: Pearson.

Rott, A.; Berg, H. (2001): Ökonomische Experimente. Eine neue Lehrmethode in der Volkswirtschaftslehre. In: Wirtschaftswissenschaftliches Studium. 02/2001. S. 113-116.

Schuhen, M. (2005): Ökonomische Experimente. In: sowi-online. Methodenlexikon. Online im Internet: http://www.sowi-online.de/praxis/methode/oekonomische_experimente_class room_experiments.html. Abgerufen am 30.09.2018.

Schuhen, M.; Weyland, M. (2011): Marktwirtschaft unterrichten – aber wie? In: Gesellschaft – Wirtschaft – Politik (GWP). Heft 03/2011. S. 387-398.

Shadish, W. R.; Campbell, D. T.; Cook, T. D. (2002): Experimental and quasi-experimental designs for generalized causal inference, Boston: Houghton Mifflin.

Slavin, R. E. (2006): Educational Research in an Age of Accountability. Boston: Pearson.

Terhart, E. (2014): Wirkungsannahmen in Konzepten der Qualitätsverbesserung des Bildungssystems: Hoffen, Bangen, Trauern. In: Fickermann, D.; Maritzen, N. (Hrsg.): Grundlagen für eine daten- und theoriegestützte Schulentwicklung Konzeption und Anspruch des Hamburger Instituts für Bildungsmonitoring und Qualitätsentwicklung (IfBQ). Münster: Waxmann. S. 181-199.

Van den Akker, J.; Gravemeijer, K.; McKenney, S.; Nieveen, N. (Hrsg.) (2006): Educational Design Research. London/New York: Routledge.

Wellenreuther, M. (2010): Lehren und Lernen – aber wie? Empirisch-experimentelle Forschungen zum Lehren und Lernen im Unterricht. Grundlagen der Schulpädagogik Band 50. 5. Auflage. Baltmannsweiler: Schneider Verlag Hohengehren.

Weyland, M. (2016): Experimentelles Lernen und ökonomische Bildung. Ein Beitrag zur fachdidaktischen Entwicklungsforschung. Wiesbaden: Springer.

Weyland, M; Stommel, P. (2016): Kompetenzorientierung 2.0 – Domänenspezifische Lernaufgaben für die ökonomische Bildung. In: Zeitschrift für ökonomische Bildung (ZföB). Heft 05/2016. S. 94-118.

Yee, B.; Yee, Dianne (2018): Alberta School Accountability Measures and School Development Planning. Online im Internet: https://www.km-bw.de/site/pbs-bw-new/get/documents/KULTUS.Dachmandant/KULTUS/KM-Homepage/Artikelseiten%20KP-KM/Qualitaetskonzept/Yee_Alberta-School-Accountability_Okt-2018.pdf. Abgerufen am 03.01.2019.

Das „Bogenmodell" – Good Practice evaluationsgestützter Schulentwicklung

Rolf Wiedenbauer, Tobias Stricker und Ulrich Iberer

Abstract

„Was passiert danach?" – Ein Kernproblem bei sowohl internen als auch externen Evaluationsvorhaben liegt in der Frage, inwieweit die Evaluationsergebnisse zu Verbesserungen im Schulalltag führen. Die empirische Forschung hat ihr Augenmerk lange Zeit mehr auf die Verfahrenskonzeption und -durchführung gelegt und weniger in den Blick genommen, was mit den im Rahmen von Evaluationen erhobenen Daten am Ende geschieht – beziehungsweise was im Anschluss an die Durchführung von Evaluationen passieren „müsste", damit Evaluationsergebnisse Eingang in Schulentwicklungsprozesse finden und dort Wirkung erzielen. Dieser Beitrag rückt das „Bogenmodell" der Schulentwicklung in den Blickpunkt, welches aus der Praxis der Prozessbegleitung an Schulen entstanden ist und sich insbesondere beim Umgang mit Evaluationsergebnissen bewährt hat. Es kann sowohl als Diagnose-, als auch als Planungsinstrument verwendet werden. Anhand mehrerer Beispiele wird im Beitrag aufgezeigt, dass Unterstützung und Beratung im Zusammenspiel mit der Arbeit am Modell zu gewünschten Wirkungen und Schulentwicklungsdynamiken führen kann. Deutlich wird dabei insbesondere die Wichtigkeit von praxisnahen Instrumenten zur Schulentwicklung sowie von professionellen Unterstützungssystemen. Die kritisch diskutierte Wirksamkeit externer Evaluation auf jeweilige Schulentwicklungsprozesse sollte demnach nicht zu deren Abschaffung, sondern bei Wiedereinführung zur qualitativen Weiterentwicklung mit entsprechenden Instrumenten und Unterstützungssystemen führen.

Inhalt

1 Einführung 142
2 Externe Evaluation als Grundlage nachhaltiger Schulentwicklungsprozesse........143
3 Das Bogenmodell der Schulentwicklung..145
4 Good practice: Mit dem Bogenmodell von externer Evaluation zu Schulentwicklungsprozessen... 150
5 Weiterentwicklung externer Evaluation im Hinblick auf Schulqualität 152
6 Fazit und Ausblick 153
Literatur..154

1 Einführung

Der Anspruch ist hoch gesteckt: Den Unterricht und das Schulgeschehen systematisch und auf Daten gestützt so zu beschreiben und zu bewerten, dass die Akteure im Schulbetrieb daraus Nutzen generieren können (vgl. DeGEval-Standards). Nur wenigen Schulen gelingt es, das Ideal von Evaluationen in ihrem Schulalltag in Gänze zu verankern und konsequent durchzuführen, beileibe nicht jeder und jede nimmt diese Verantwortung an. Inwieweit einzelne Schulen die Ergebnisse aus externen Evaluationen tatsächlich aufgreifen, wo sie daraus Initiativen, Projekte und Maßnahmen für eine nachhaltige Schulentwicklung ableiten, bleiben als Anschlussfragen zunächst offen. Die verschiedenen Akteure an den Schulen und im Bildungssystem urteilen hierzu, je nach Perspektive, Erwartungen und Hoffnungen, ganz unterschiedlich. Verschiedene Befunde deuten darauf hin, dass sich eine positive Wirksamkeit im Sinne des beschriebenen Ideals innerhalb von Schulentwicklungsprozessen längst nicht durchgängig eingestellt hat (vgl. z. B. Dedering 2016, S. 45ff.; Husfeld 2011, S. 277f.), andere Berichte urteilen ausgesprochen kritisch über externe Evaluationen und weisen auf überdies negative Effekte hin (vgl. z. B. Bechtel/Burghard/Hadenfeldt 2011). Der Organisationstyp „Schule" ist in seiner inneren Führungsstruktur und Leitungskultur von hoher Autonomie des (Lehrer-) Handelns geprägt. Jegliche administrative Steuerung „von außen" bzw. „von oben" läuft daher Gefahr, per se kritisch beäugt zu werden – nicht selten wird eine „hidden agenda" vermutet. Systemmerkmale von Schule bestimmen daher die Wirkmechanismen von Evaluation maßgeblich, Rückmeldungen an die Organisation Schule werden von deren Mitgliedern in einem relativen hohen Maße als „bestenfalls empfehlenswert" wahrgenommen. Anton Strittmatter erkennt in Schulen eine „jahrzehntelang eingeübte Unverbindlichkeitsstruktur" und kennzeichnet das Sozialsystem Schule als „administrative Ansammlung von Einzelkünstlern" (Strittmatter 2000, S.14). Diese Interpretation korrespondiert mit den bekannten organisationstheoretischen Modellen der Garbage-Can-Theory mit der „organisierten Anarchie" (vgl. Cohen/March/Olsen 1972) und der Beschreibung von Schule als ein lose gekoppeltes Gebilde (vgl. Weick 1976; Röbken 2008). Die sogenannte pädagogische Freiheit wird dabei von Lehrerinnen und Lehrern nicht nur als individuelles Privileg gehütet. Sie schafft tatsächlich einen hochgradig motivationalen Raum für Ziele in der Unterrichtsgestaltung sowie der pädagogischen Arbeit mit den Schülerinnen und Schülern. Wenn gesamtorganisationale Vereinbarungen oder gar Standards etabliert werden sollen, ist unter dieser Prämisse ein Konsens aller beteiligter (Personen-) Gruppen Voraussetzung. Schulentwicklung wird aus inneren Überzeugungen betrieben. Vor dem Hintergrund dieser Besonderheiten der Organisation Schule haben wir es bei dem Versuch, externe Evaluationsergebnisse in die Schulentwicklung wirken lassen zu wollen, mit einem „verwegenen Ritt über den Bodensee" zu tun: Die realen Personen einer Schule agieren nicht per se in der rationalen Organisationslogik, sondern treten oftmals ihrerseits als nahezu unzähmbare, selbstbestimmte Kräfte auf. Die skizzierte Kultur der Unverbindlichkeit und des Individualismus steht diametral zur datenbasierter, systematisch praktizierten Schulentwicklung und ergibt scheinbar keine oder nur wenig Möglichkeiten zur deren Ankopplung. Diskurse, die die gesamte Schule thematisieren, flüchten sich dann gerne in Themen jenseits des eigenen Unterrichts oder erlauben bestenfalls kosmetische Veränderungen. Der Schulfriede scheint gewahrt, soweit man sich darauf verständigt, die Resultate einer externen Evaluation den Schulentwicklungsprozessen geschickt „in die Unverbindlichkeitsstruktur einzuverleiben" (Strittmatter 2000, S.14).

2 Externe Evaluation als Grundlage nachhaltiger Schulentwicklungsprozesse

Der skizzierte vermeintliche Gegensatz („pädagogische Freiräume als Triebfeder für Schulentwicklung" versus „Schulentwicklung als zielbestimmte Organisationsentwicklung") kann auch als eine der zentralen Ursachen der Kritik an der externen Evaluation seitens der Beteiligten an den evaluierten Schulen betrachtet werden. So beschreibt Werner Wiater beispielsweise (Wiater 2019, in diesem Band), dass sowohl Lehrkräfte als auch Schulleitungen die externe Evaluation fast ausschließlich als Kontrolle oder Prüfung der Leistungen ihrer Schule wahrnehmen und diese als Rückmeldung über Schwächen, Mängel, Problematisches und negative Routinen, die abzustellen seien, auffassen würden.

Es ist offensichtlich, dass durch eine – teilweise in den Verfahren der Evaluation oder mitunter sogar bei den Evaluatorinnen und Evaluatoren angelegte – Defizitorientierung keine positiven Entwicklungsimpulse oder Ansätze für anzustrebende Entwicklungsziele an den jeweiligen Schulen entstehen können. Vielmehr kann im Worst Case eine institutionelle Problemtrance entstehen, die dazu führt, dass die externe Evaluation als etwas nicht Passfähiges zum eigenen System wahrgenommen wird, sondern als rein institutionelles Controlling ohne Bezug zur eigenen – sowohl organisationalen als auch persönlichen – Realität. So schließen sich in vielen Fällen die Lehrkräfte eng zusammen, um die angekündigte Evaluation zu „überstehen". Kurzfristige Veränderungen im Gebäude und auch in der Unterrichtsgestaltung werden als Zugeständnisse an die externe Evaluation (oft nach Rücksprache mit bereits evaluierten Schulen) vorgenommen und sind meist ohne jede Nachhaltigkeit. Im schlimmsten Fall entsteht jedoch als Reaktion gegen die als unnötig erlebte Evaluation durch die erwähnte Defizitorientierung und geringe Anschlussfähigkeit des Prozesses eine generelle Schulentwicklungspassivität. Die eigenen Alltagsproblemlagen werden mitunter durch die

Rückmeldungen der Evaluation sogar noch verstärkt bzw. verschärft. Praktiker kennen dieses Phänomen als Aussagen der Schulen, dass zu all den Problemen, Konflikten und ständig neuen Anforderungen an die Schule nun auch noch die externe Evaluation additiv als zusätzliche Belastung dazu kommen würde. Das Verfahren erreicht somit häufig das Gegenteil dessen, was es eigentlich erreichen sollte.

Wenn authentisches Ziel einer externen Evaluation eine Weiterentwicklung der Schulen sein soll, müssen Verfahren und neue Steuerungsmodelle entwickelt werden, die eine Chance haben, Anschlussfähigkeit zu den jeweiligen schulischen Subsystemen mit ihren charakteristischen Kulturen herzustellen. Aus der systemischen Organisationsberatung kennen wir die Paradoxie, dass sich Außenimpulse zunächst dem zu verändernden System anpassen sollten, um überhaupt eine Veränderungswirkung zu ermöglichen (vgl. Wiedenbauer 2001, S.118). Hierzu bedarf es zukünftig neuer Steuerungsmodelle, in denen möglichst alle am Schulleben Beteiligte größtmöglich in den Evaluationsprozess und den auf dieser Grundlage erwünschten bzw. entstehenden Entwicklungsprozess eingebunden sind. Gesucht werden Verfahren, die näher zur jeweiligen Schulrealität der Einzelschule passfähig sind, um Entwicklungen zu ermöglichen. Dabei sollten Schulkultur und Ergebnisse in guter Balance und in deren Abhängigkeit analysiert werden, um auf dieser Grundlage eigenständige Entwicklung der Einzelschule möglich zu machen. Der möglicherweise befürchtete Verlust an standardisierter Vergleichbarkeit ist hinnehmbar, demgegenüber steht die Chance auf einen deutlichen Gewinn an Entwicklung. Es bedarf ferner Evaluationsteams, die neben der Fachexpertise zur jeweiligen Schule auch beraterische Expertise und entsprechende systemische Kommunikationssensibilität mitbringen. Im Fokus steht ein gemeinsamer Lernprozess, der die gesamte Schule erfasst und – im besten Fall – zu einer gesteigerten Schulidentität aller Beteiligten führt. Kurzfristig muss auf jeden Fall der Blick darauf gerichtet werden, dass aus den erhobenen und zurückgemeldeten Daten Schulentwicklungsimpulse im dargestellten systemischen Kontext entstehen können. Dabei genügt es nicht, die erhobenen Daten lediglich zurückzumelden. Vielmehr gilt es, mit geeigneten Modellen *und* Unterstützungssystemen den mit der externen Evaluation begonnen Prozess in einen langfristigen nachhaltigen Entwicklungsprozess zu transformieren. Husfeldt macht zu Recht darauf aufmerksam, dass „die schulischen Verarbeitungsprozesse im Anschluss an Inspektionen stärker in den Blick" (Husfeldt 2011, S. 259) genommen werden sollen. Hierzu bedarf es jedoch handhabbarer Instrumente der konkreten Umsetzung, worauf der erstmalig flächendeckende Schulleitungsmonitor der Universität Duisburg-Essen (UDE) hinweist. So ist das Hauptergebnis des Monitors ein starker Qualifizierungsbedarf der Schulleitungen dazu, „wie man das Kollegium motiviert, sich auf Veränderungen einzulassen und wie man Instrumente der Schulentwicklung einsetzt." (Schwanenberg, 2018). Ein solches Schulentwicklungsinstrument für den Prozess „Von Daten zu Taten", welches sich in der Praxis in den vergangenen Jahren vielfach bewährt hat, soll im Folgenden ausführlich vorgestellt werden. Es eignet sich insbesondere in einer Phase wie der aktuell vorherrschenden, in der wir von den o. g. nötigen Umsteuerungsprozessen weiter denn je entfernt zu sein scheinen.

3 Das Bogenmodell der Schulentwicklung

Das im Folgenden dargestellte Bogenmodell der Schulentwicklung entstand bereits vor ca. 15 Jahren aus der praktischen Arbeit eines Schulentwicklungsberatungsteams und wurde immer wieder verändert und weiterentwickelt. In den letzten Jahren fand es sowohl national als auch international (an deutschen Auslandsschulen) vielfach Anwendung und hat sich als solides und vor allem pragmatisches (weil von den Schulen verstandenes und akzeptiertes) Modell mitanschaulichen Antworten auf die Frage „Was ist eigentlich konkret Schulentwicklung?" bestens bewährt. Es leistet in gewisser Weise eine Art „Übersetzungshilfe" für den Transfer der komplexen Ebenen des Qualitätsrahmens und der darauf basierenden Evaluationsergebnisse in ein handhabbares Modell der Schulentwicklung mit daraus resultierenden konkreten Handlungsschritten.

Wurde es anfangs informell in verschiedenen Netzwerken verwendet, wurde es schließlich in den letzten Jahren publiziert und somit einer breiteren Leserschaft – insbesondere Schulleitungen – zugänglich gemacht (vgl. Wiedenbauer 2012; Stricker/Iberer/Wiedenbauer 2016). Das Bogenmodell der Schulentwicklung unterscheidet die Entwicklungs- und Handlungsfelder schulischer Systeme auf drei verschiedenen Ebenen. Oberster Bogen bildet dabei die Ebene von leitenden Zielvorstellungen, gemeinsamen Absichtserklärungen und den grundlegenden Werten der jeweiligen Schulgemeinschaft. Hier wird auch abgebildet, was man häufig unter dem Begriff „Schulkultur" subsumiert. Damit einhergehend werden langfristige Zielvorstellungen und Werte abgebildet, aus denen sich die weiteren zwei Ebenen ableiten sollten, um an der jeweiligen Schule konkret umgesetzt zu werden. Der zweite Bogen bildet die konzeptionelle Ebene einer Schule ab. Hierunter werden die konkreten, gemeinsamen und verbindlichen Konzeptbausteine, die von allen Lehrpersonen an dieser Schule umgesetzt werden und für die Beteiligten an der Schule verlässlich sind, verstanden. Der dritte und unterste Bogen bildet das aktuell sichtbare, eher ungeplante Profil der Schule.

Abb. 1: Das Bogenmodell

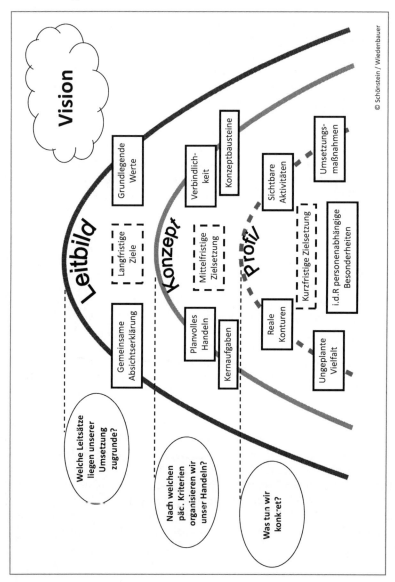

Quelle: Eigene Darstellung

Hier zeigen sich die realen Konturen in der Vielfalt, also der an der Schule arbeitenden Menschen. Auf dieser Ebene sind personenabhängige Besonderheiten genauso abgebildet wie operative praktische Umsetzungsmaßnahmen im Alltagshandeln der Schule. Der hier verwendete Profilbegriff orientiert sich an der entsprechenden Beschreibung von Holtappels (vgl. Holtappels 2003). Ein solches Profil „kommt [...] möglicherweise ohne intendierte Ziele und planvoll entfaltete Konzepte zustande, ist mehr oder weniger deutlich bei jeder Schule erkennbar und bildet sich auch dann heraus, wenn man sich in der Schule dessen nicht bewusst ist" (Holtappels 2003, S. 164).

Das Bogenmodell kann einerseits hilfreich sein, um den Ist-Stand eines Systems Schule zu erheben, etwa zur Schulprogrammarbeit. Bei einer Ist-Stands-Analyse dient es somit als Diagnoseinstrument im Hinblick auf die aktuelle Situation der jeweiligen Schule. Es kann andererseits auch als möglicher (mittelfristiger) Fahrplan für Schulentwicklungsprozesse und deren Evaluation dienen und somit als Planungsinstrument im Rahmen des Projektmanagements der Schule eingesetzt werden. Diese Funktionen sollen im Folgenden erläutert werden.

3.1 Das Bogenmodell als Diagnoseinstrument

Zunächst kann das Bogenmodell als *Diagnoseinstrument* angewandt werden. Die Lehrpersonen können gemeinsam für sich als Kollegium (oder auch mit allen am Schulleben Beteiligten) zu allen drei Bögen den Ist-Stand der jeweiligen Schule erheben. Folgende Fragestellungen (Auswahl) erscheinen hier relevant:

- *Leitbild* (mit langfristiger Zielsetzung) :
  Welche Werte sind uns an unserer Schule in unserem konkreten Umfeld besonders wichtig? Haben wir ein Leitbild bzw. leitende Zielvorstellungen und Werte an unserer Schule gemeinsam erörtert und dokumentiert? Sind die leitenden Ziele noch aktuell? Wie kann man die leitenden Ziele und Werte im Alltag der Schule konkret erfahren? Woran würden Außenstehende erkennen, dass wir diese Werte leben? Welche weitergehenden, langfristigen Visionen haben wir für unsere Schule?

- *Konzept* (mit mittelfristiger Zielsetzung):
  Haben wir verbindliche Konzeptbausteine (z. B. Kommunikation, Differenzierungskonzepte, Soziales Training, LRS- Förderung, Partizipationsmodelle etc.)? Entsprechen unsere Konzeptbausteine den leitenden Zielen? Welche Bereiche gilt es zur Umsetzung der Ziele zu ergänzen? Sind unsere Konzeptbausteine wirklich verbindlich und verlässlich? Woran würden Außenstehende die Verlässlichkeit erkennen?

- **Profil** (mit kurzfristiger Zielsetzung):
  Welche individuellen Besonderheiten und Stärken haben wir an unserer Schule? Welche besonderen Fähigkeiten und Potenziale haben einzelne Lehrkräfte? Können bzw. sollten wir daraus einzelne Bereiche zu einem weiteren Konzeptbaustein ausbauen? Welche konkreten Umsetzungsmaßnahmen im operativen Bereich der Schulentwicklung machen wir bereits und haben sich bewährt?

3.2 Das Bogenmodell als Planungsinstrument

Auf der Grundlage der Diagnose des Ist-Stands der Schule kann letztlich mit dem Bogenmodell ein mittelfristiger Fahrplan für die notwendigen Entwicklungsprozesse der nächsten Jahre entstehen.

Hier scheinen folgende Fragestellungen (Auswahl) relevant:

- Haben die drei Ebenen an unserer Schule einen durchgängigen Bezug zueinander?
- Auf welcher Ebene müssen wir nachbessern, um die Bezüge zu verstärken? Auf welcher Ebene haben wir den größten Entwicklungsbedarf?
- Beginnen wir bei den leitenden Zielen und deklinieren diese bis zur Umsetzung durch?
- Beginnen wir beim Bestand des operativen Tuns und fragen uns, welche Konzepte daraus entstehen könnten und welche Ziele und Werte daraus erkennbar sind?
- Wie können wir gewährleisten, dass wir bei der Arbeit auf einer der Bogenebenen die anderen beiden Bogen immer mit berücksichtigen bzw. „mitdenken"?
- Wie sieht eine konkrete Projektplanung aus? Wer macht was mit wem bis wann?

3.3 Das Bogenmodell als ganzheitliches Instrument zur Schulprogrammarbeit

Die folgenden beiden Beispiele illustrieren, wie Schulentwicklungsberatung und Schulentwicklung Hand in Hand gehen und das Bogenmodell quasi als „Transmissionsriemen" fungieren kann. In beiden Beispielen wurde das Bogenmodell sowohl zur Diagnose als auch zur anschließenden Planung der weiteren Schulentwicklungsschritte eingesetzt. Fortlaufend dient es als Orientierungslandkarte und Zwischendiagnose. An beiden Schulen wurden nach einer umfänglichen begleiteten Ist-Stand-Analyse mit pädagogischen Tagen der gesamten Kollegien zum Auftakt in einem anschließenden Prozess die wesentlichen Inhalte der Schule auf den drei Bogenebenen dokumentiert. In weiteren Schritten wurden in Arbeitsgruppen leitende Ziele und Konzeptbausteine entwickelt, die anschließend in Aktionspläne zur Umsetzung mündeten.

- *Beispiel 1: Grundschule Herbolzheim*: Aus der begleiteten Schulprogrammarbeit konnte mithilfe der Arbeit mit dem Bogenmodell ein komplettes Schulprogramm entstehen, welches sogar zum interaktiven Modell für den Onlinegebrauch ausgebaut werden kann (siehe z. B. das so erarbeitete und seither nachhaltige Schulprogramm: http://www.grundschule-herbolzheim.de/SchK/).

- *Beispiel 2: August-Ruf-Bildungszentrum Ettenheim:* Auch bei komplexer Ausgangslage eines großen Bildungszentrums (Verbundschule) konnte mit Hilfe des Bogenmodells eine geeignete Struktur gefunden werden, bei der alle drei Schularten einbezogen werden konnten und im Rahmen dieses Prozesses eine gemeinsame Identität als Bildungszentrum entstehen konnte (siehe http://www.august-ruf-biz.de/wrs/in halt/schulprogramm).

3.4 Zwischenfazit

Bei der Arbeit mit dem Bogenmodell gibt es kein „richtig" oder „falsch", denn der Prozess kann auf jeder der drei Ebenen starten, wenn die anderen beiden Ebenen dabei immer im Blick gehalten werden. Schulentwicklung versandet immer dort, wo es keine solche Landkarte gibt und ohne Systematik beliebige Themen entwickelt werden, die mangels Relevanz schnell wieder eingestellt werden und den fahlen Beigeschmack „Wieder nichts gebracht" hinterlassen. Mancher Schulentwicklungsprozess leidet darunter, dass viele Schulen – zufällig oder von Eigendynamiken getrieben – ausschließlich auf einer der Ebenen arbeiten und dann keine befriedigenden Ergebnisse erzielen. So gibt es solche (meist im Bereich der Gymnasien), die in hochprofessionellen und nicht immer konfliktfreien Diskursen Leitvorstellungen entwickeln, die dann unverbindlich auf der Homepage stehen und keinerlei Bezug zu Konzepten (falls überhaupt vorhanden) oder dem operativen Geschäft an der Schule haben („wir lassen uns unsere pädagogischen Freiräume nicht nehmen"). Oftmals sind vielen Beteiligten an der Schule diese Leitsätze kaum bekannt oder sie sind wieder in Vergessenheit geraten. Andererseits gibt es Schulen, die sich aus einem pragmatischen Ethos heraus (meist Grundschulen) nur auf die operative Ebene einlassen wollen („bei uns wird nicht geredet, sondern konkret mit den Kindern geschafft") und keine Relevanz darin sehen, daraus gemeinsame Konzepte zu entwickeln oder gar die impliziten Werte explizit zu machen, die zu den konkreten Aktivitäten im Bereich des untersten Bogens geführt haben. Zusammenfassend lässt sich feststellen, dass das Bogenmodell in der Praxis von den meisten Schulen oder auch in Coaching-Prozessen mit Schulleitungsteams sowohl als Diagnoseinstrument, als Grundlage eines pragmatischen Schulentwicklungsfahrplans und zur nachhaltigen Schulprogrammarbeit, die sowohl Diagnose und Planung beinhaltet, als sehr hilfreich erlebt wird. Die Grundaussage vieler Lehrkräfte lautet hier: „Jetzt wird zum ersten Mal Schulentwicklung konkret".

4 Good Practice: Mit dem Bogenmodell von externer Evaluation zu Schulentwicklungsprozessen

Da das Bogenmodell sowohl bei Diagnose als auch für einen Entwicklungsfahrplan hilfreich sein kann, eignet es sich wiederum, um Daten bzw. die daraus komprimierten Empfehlungen, resultierend aus einer externen Evaluation, über sinnvolle und gemeinsam erarbeitete Zielvereinbarungen in verbindliche und erfolgreiche Schulentwicklungsprozesse umzusetzen. Im Folgenden werden anonymisiert zwei Beispiele der entsprechenden praktischen Schulentwicklungsarbeit aufgezeigt. Beide Beispiele beziehen sich auf Erfahrungen aus der Fremdevaluation des Landes Baden Württemberg, sowohl aus der Rolle und Sicht der Evaluatorin bzw. des Evaluators als auch aus Erfahrungen in der Rolle der Schulaufsicht, die auf der Grundlage der Evaluationsergebnisse Zielvereinbarungen mit der Schule erarbeitet.

- *Beispiel 1:*

  Eine große städtische Grund- und Werkrealschule erhält im Rahmen der Fremdevaluation eine unübersichtlich große Anzahl von Empfehlungen, wie es bis zur Überarbeitung des Verfahrens bis 2016 sehr oft der Fall war. So fanden sich im Abschlussbericht insgesamt sieben Empfehlungen, wobei sich mindestens in einer der Empfehlungen noch drei Teilempfehlungen „versteckten". Stichpunktartig waren es folgende Empfehlungen in der gleichen Reihenfolge, wie sie im Bericht vorzufinden waren: Aktualisierung des Methodencurriculums, weitergehende Differenzierungsmaßnahmen, Inhaltliche Kriterien der Leistungsbeurteilung, regelmäßige Personalentwicklungsgespräche, Dokumentation von Prozessbeschreibungen, Aktualisierung der Leitziele, systematische Selbstevaluation unter Anwendung von Individualfeedback und Fokussierung auf den Umgang mit Ergebnissen.

  Der „Dschungel der Empfehlungen" konnte anschließend mit Hilfe des Bogenmodells gelichtet werden. Mit der Zuordnung zu den einzelnen Bögen konnten so die Empfehlungen geordnet werden, ggf. Zusammenhänge einzelner Empfehlungen deutlich gemacht werden und ein Fahrplan für die nächsten Schulentwicklungsschritte erarbeitet werden.

So waren die Leitziele auf dem obersten Bogen anzuordnen und die Bereiche der Unterrichtsentwicklung (Methodencurriculum, Differenzierung und Leistungsbeurteilung) auf dem mittleren Konzeptbogen. Bei den restlichen Bereichen konnte ein spannender Diskurs entstehen: sie auf der untersten, operativen Ebene anzusiedeln oder bei für die Beteiligten größerer Relevanz auf die Konzeptebene zu „heben" (Personalentwicklung, Dokumentation von Prozessbeschreibungen, Selbstevaluation), was schließlich bei den Prozessbeschreibungen auch vereinbart wurde. Auf dieser Grundlage wurden die wesentlichen Bereiche priorisiert, um mit der Schulaufsicht in eine Zielvereinbarung einzumünden. Schließlich entwickelten sich daraus drei Zielvereinbarungen mit jeweils einer Zielvereinbarung auf jeder Ebene: Leitzielentwicklung, Differenzierungskonzept, Selbstevaluation. Bei der Planung der Umsetzung wurde wiederum durch das Bogenmodell deutlich, dass Leitziele und Differenzierungskonzept in engem Zusammenhang stehen und sich entsprechen müssen. Es wurde beschlossen, aus der Praxis heraus zunächst das Differenzierungskonzept zu erarbeiten und danach die Frage nach den dahinterliegenden Leitzielen zu stellen, um diese in das Leitbild der Schule aufzunehmen. Dies hätte auch umgekehrt erarbeitet werden können, aber auf keinen Fall das eine ohne das andere, wie es in der Schulentwicklung ohne Orientierungsmodell immer wieder passiert und als Folge Beliebigkeit und schließlich Schulentwicklungsfrustration erzeugt.

- *Beispiel 2:*

Eine mittelgroße, zweizügige Grundschule im ländlichen Raum erhält nach dem nun überarbeiteten Verfahren der Fremdevaluation in Baden- Württemberg vier Empfehlungen, die sich wiederum auf sehr unterschiedliche Schulentwicklungsebenen beziehen. Hier wiederum stichpunktartig die vier Empfehlungen: Differenzierungskonzept, Entwicklungsplan zur Unterrichtsentwicklung, durchgängige Zusammenarbeit auf Klassenstufen, Nutzung räumlicher Ressourcen. Nach der Analyse mit dem Bogenmodell wurden das Differenzierungskonzept und die verbindliche Kooperation auf Klassenstufenebene auf dem mittleren Bogen (Konzeptebene) eingeordnet, der Entwicklungsplan und die Nutzung der Raumressourcen auf der unteren operativen Ebene. In der darauffolgenden Umsetzungsplanung wurde wiederum deutlich, dass zunächst das Differenzierungskonzept als möglicher Teil der operativen Umsetzung des Entwicklungsplans erarbeitet werden sollte. Auch die Frage der sinnvollen Nutzung der Raumressourcen sollten nicht per se gestellt werden, sondern nach der inhaltlichen Erarbeitung des gemeinsamen Differenzierungskonzepts, in dem Raumressourcen relevant sein könnten.

Die oberste Leitzielebene war bei diesen Empfehlungen nicht mit eingeschlossen, da die Schule klar definierte und in der Praxis sichtbare pädagogische Grundsätze definiert hatte. Sie konnte aber bei der abschließenden Zielvereinbarung mit einbezogen werden. So soll nach Erarbeitung des Differenzierungskonzepts geprüft werden, ob dieses den Grundsätzen entspricht bzw. ob die leitenden Ziele im Hinblick auf neue Unterrichtskonzepte ergänzt oder überarbeitet werden müssen. Anschließend konnte nach einer Priorisierung aus den drei ungeordneten Empfehlungen, die am Ende der externen Evaluation ausgesprochen wurden, auf jeder Bogenebene eine Zielvereinbarung verabschiedet werden (Oberer Bogen: Prüfung Leitziele nach Konzeptentwicklung; mittlerer Bogen: Differenzierungskonzept; unterer Bogen: Entwicklungsplan Unterrichtsentwicklung). Die verbliebenen Empfehlungen der verbindlichen Kooperation auf Klassenstufenebene und der Nutzung der Raumressourcen wollte die Schule im Rahmen des Differenzierungskonzepts berücksichtigen. Beide Empfehlungen wurden als Achtungspunkte bei der Erarbeitung des Konzepts festgehalten. Die Empfehlungen wurden somit anschlussfähig an die Kultur dieser Schule, die Lehrpersonen hatten eine Orientierung und positive Energien für die nächsten Schulentwicklungsschritte.

5 Weiterentwicklung externer Evaluation im Hinblick auf Schulqualität

Die aktuelle Diskussion über Qualitätsentwicklung im Schulwesen birgt das Risiko einer Verengung des Qualitätsbegriffs auf kognitive Lernleistungen, wie sie in standardisierten Verfahren zum Lernstand (z. B. VERA, IQB-Vergleichsarbeiten) erhoben werden. Wenn ausschließlich solche Indikatoren favorisiert werden und dabei originäre Kontextbedingungen der Einzelschule mehr oder minder unberücksichtigt bleiben, verliert das Instrument externe Evaluation die Anbindung an die Schul- und Unterrichtsentwicklung (und damit an die Schulwirklichkeit) vor Ort. Diese wird maßgeblich von den Lehrkräften, Teams und weiteren (auch außerschulischen) Akteuren getragen und ist durch kooperatives und dialogisches Aushandeln von Problemstellungen gekennzeichnet. Die gesellschaftlich und bildungspolitisch ab den 2000er-Jahren favorisierte stärkere Output-Steuerung (Qualitätsleitlinien mit externer Kontrolle bei hohem Grad der Eigenständigkeit) kann dabei sinnvoll auch mit stärkerer Berücksichtigung der Leistungsergebnisse und sonstigen Kennziffern integriert werden, sofern die Schulen in der Umsetzung vor Ort weiterhin Eigenständigkeit und Entwicklungsspielraum erhalten. Zu starke direktionale Steuerung und eine Rückkehr zu zentraler Inputsteuerung wird von den Akteuren eher als bürokratisches Handicap denn als Unterstützung in der Schulentwicklung wahrgenommen. Exemplarisch hierzu passt die Ausgliederung der Fortbildung aus der Verantwortung der regionalen Schulaufsicht hin zu einem neuen Institut, welches die Fortbildungsinhalte zentral vorgibt. So können regionale Bedarfe oder die Bedarfe von Einzelschulen in ihren jeweiligen speziellen Kontexten nicht mehr wie bisher berücksichtigt werden. Standardisierte Präsentationen mit vorab formulierten Kommentaren, so bereits im letzten Jahr geschehen für die Elterninformationsveranstaltungen über weiterführende Schulen, irritieren das Zusammenspiel von zentralen und dezentralen Einheiten. Die Tatsache, dass externe Evaluation sich bisher offensichtlich (noch) zu wenig in schulischen Entwicklungen und Schulqualität auswirkt, darf nicht zur Abschaffung, sondern muss vielmehr zur Weiterentwicklung und insgesamt zu einer besseren Passung von Fremdevaluation und Schul- und Qualitätsentwicklung führen. Neben den bereits erwähnten passfähigeren Verfahren für die jeweilige Einzelschule sowie teamorientierter Auswertungsprozesse bedarf es Modellen zur Einordnung der Empfehlungen (wie das dargestellte Bogenmodell der Schulentwicklung) sowie gemeinsamer runder Tische mit Teams der Schule, Schulaufsicht und den nötigen externen Beraterinnen und Berater zur Weiterarbeit und Unterstützung des auf die Fremdevaluation folgenden notwendigen Schulentwicklungsprozesses.

6 Fazit und Ausblick

Hierarchische Regelungen oder formale Anweisungen nach einer Fremdevaluation wirken bestenfalls kurzfristig. Letztlich können einzig die Motivation und Energien der Schulakteure die Triebfeder für eine nachhaltige Schulentwicklung bilden. Wenn eine Fremdevaluation tatsächliche Effekte im komplexen Wirkungsgefüge einer Schule entfalten soll, bedarf es hierzu eines konformen Vorgehens. Rückmeldungen von extern müssen vom Nimbus des Prüfurteils befreit und stattdessen als Spiegelbild umgedeutet werden. Eine Schlüsselstelle für die (mitunter unzureichende) Wirkung im Anschluss an die Durchführung von externen Evaluationsverfahren stellt die Frage, wie mit Evaluationsergebnissen umgegangen wird bzw. umgegangen werden soll.

Der Beitrag veranschaulicht, dass die Begleitung von Schulen ein wirkungsvolles Mittel sein kann, um der Frage „Was passiert danach?" Kontur und Struktur zu geben und so Schulentwicklungsprozesse in Kooperation mit den Stakeholdern – vornehmlich den Lehrkräften und der Schulleitung – gezielt in Gang setzen zu können, und zwar – in systemischem Sinne – „von der *Schule* aus gedacht". Nach Meinung der Autoren stellen solche oder vergleichbare Unterstützungsleistungen in der Mehrheit der Fälle eine zentrale Voraussetzung dar, damit ein Mindestmaß an (erwünschter) Wirkung erzielt werden kann. Diese Arbeit schließt auch ein, dass systemimmanente Logiken bei der Beratungs- bzw. Unterstützungsleistung unbedingt zu berücksichtigen sind. Man kann leicht viele (gute) Empfehlungen in einen Bericht schreiben. Ob diese aus den angedeuteten Überlegungen heraus Sinn machen und tatsächlich anschlussfähig sind, ist alles andere als sicher. Für diese Übersetzungs- und Anschlussprozesse gilt es, Evaluatorinnen und Evaluatoren, regionale Schulaufsicht und Fachberater für Schulentwicklung in den jeweils evaluierten Schulen zusammenzubringen. Aufgabe wird es sein, einen Projektplan für die nächsten Entwicklungsschritte zu modellieren, in dem die Ziele, die jeweiligen Rollen, der Zeitplan der Umsetzung und das Controlling gemeinsam festgelegt werden. Entgegen der momentanen Rezentralisierung der Steuerung und der angestrebten strikten Trennung von Schulaufsicht und Fortbildung bzw. Beratung sollten vielmehr Prozesse der Vernetzung der verschiedenen Akteure und Unterstützungssysteme mit eigenständigen schulischen Systemen angestrebt werden, um qualitative und authentische Entwicklungsprozesse zu ermöglichen.

Entgegen der aktuell geplanten Reduzierung der Schulaufsicht auf reines Controlling von Leistungsergebnisse der Schulen sollte eine neu gedachte regionale Schulaufsicht mit den Segmenten Controlling und Beratung, unter Einbeziehung aller Schularten, in diesem Prozess die entscheidende vernetzende Rolle spielen. Dies wären Schritte zu einem neuen Steuerungsansatz „nach dem Subsidiaritätsprinzip und den Prinzipien der Selbstständigkeit, Selbstverantwortlichkeit und Selbstwirksamkeit" (Steffens 2009, S. 367) als Voraussetzung für nachhaltige Schulentwicklungsprozesse.

Literatur

Bechtel, A.; Burghard, R.; Hadenfeldt, K. (2011): Ein kritischer Blick auf die Schulinspektion. In: von Saldern, M. (Hrsg.): Schulinspektion. Fluch und Segen externer Evaluation. Norderstedt: Books on Demand. S. 246-271.

Cohen, M. D.; March, J. G.; Olsen, J. P. (1972): A Garbage Can Model of Organizational Choice. In: Administrative Science Quarterly. Vol. 17, No. 1. pp. 1-25.

Dedering, K. (2016): Schulentwicklung durch externe Evaluationen? Schulinspektionen und Vergleichsarbeiten in der deutschen Schulpraxis – eine Bilanz. In: Pädagogik. Heft 01/2016. S. 44-47.

Holtappels, H. G. (2003): Schulqualität durch Schulentwicklung und Evaluation. Konzepte, Forschungsbefunde, Instrumente. München/Unterschleißheim: Luchterhand.

Husfeldt, V. (2011): Wirkungen und Wirksamkeit der externen Evaluation. Überblick zum Stand der Forschung. In: Zeitschrift für Erziehungswissenschaft. Heft 02/2011. S. 259-282.

Röbken, H. (2008): Bildungsmanagement in der Schule. Eine Bildungseinrichtung effektiv und nachhaltig führen. Schulmanagement-Handbuch Band 125. München: Oldenbourg.

Schwanenberg, J.; Klein, E. D.; Walpuski, M. (2018): Wie erfolgreich fühlen sich Schulleitungen und welche Unterstützungsbedürfnisse haben sie? Ergebnisse aus dem Projekt Schulleitungsmonitor SHIP Working Paper Reihe, No. 03. Essen: Universität Duisburg-Essen. Online im Internet: https://duepublico.uni-duisburg-essen.de/servlets/DerivateServlet/Derivate-46364/Schwanenberg_et_al_Schulleitungen_SHIP_3.pdf. Abgerufen am 01.11.2018.

Stricker, T.; Wiedenbauer, R.; Iberer, U. (2016a): Was passiert danach? Effekte von externen Evaluationen auf Schulentwicklungsprozesse: Theoretische Erkenntnisse und praktische Erfahrungen aus der Weiterarbeit mit Evaluationsdaten. Teil 1. In: Beruf: Schulleitung. Heft 02/2016. S. 31-32.

Stricker, T.; Wiedenbauer, R.; Iberer, U. (2016b): Was passiert danach? Effekte von externen Evaluationen auf Schulentwicklungsprozesse. Theoretische Erkenntnisse und praktische Erfahrungen aus der Weiterarbeit mit Evaluationsdaten. Teil 2. In: Beruf: Schulleitung. Heft 03/2016. S. 19-20.

Steffens, U.: Auf dem Weg zur „selbständigen Schule" – Perspektiven für 2020. In: Bosse, D.; Posch, P. (Hrsg.): Schule aus Expertensicht. Zur Zukunft von Schule und Lehrerbildung. Wiesbaden: VS. S. 365-376.

Strittmatter, A. (2000): Achtung Mythen! In: Grundschule, Heft 03/2000. S. 12-14.

Weick, K. E. (1976): Educational Organizations as Loosely Coupled Systems. In: Administrative Science Quarterly. Volume 21. No. 01/1976. pp. 1-19. Online im Internet: http://vahabonline.com/wp-content/uploads/2014/02/ohnso__wd85c4fwa28v15.pdf. Abgerufen am 22.02.2016.

Wiedenbauer, R. (2001): Von Fallen, Rumpelstilzchen und alten Damen... Aspekte einer systemisch orientierten Schulentwicklungsbegleitung. In: System Schule. Heft 04/2001. S. 117-121.

Wiedenbauer, R. (2012): Organisationales Lernen als Aufgabe der Schule. In: Breyer-Mayländer, Thomas; Ritter Beate (Hrsg.): Schulen im Wettbewerb: Bildung zwischen Entwicklung und Marketing. Hohengehren: Schneider Verlag. S. 115-122.

Von der ergebnis- zur wirkungsorientierten Evaluation – ein ganzheitlicher Ansatz der partizipativen Evaluation von Schulen in Baden-Württemberg

Martin Noltze, Gerald Leppert und Tobias Stricker

Abstract

Mit dem Qualitätsrahmen für die Evaluation von Schulen in Baden-Württemberg hat das Landesinstitut für Schulentwicklung auf Basis schulgesetzlicher Grundlagen den Schritt von einem inputorientierten zu einem ergebnisorientierten Steuerungsmodell, welches die Durchführung von Selbst- und Fremdevaluationen verpflichtend vorsieht, vollzogen. Im Hinblick auf eine wirkungsorientierte Steuerung greift dieses Modell aus Sicht der Autoren dieses Beitrags jedoch insgesamt zu kurz. Zwar bildet das vorherrschende Steuerungsmodell durchaus eine hinreichende Bedingung für den Schritt hin zu einem wirkungsorientierten und evidenzbasierten Modell, jedoch müssten umfangreiche konzeptuelle Änderungen vorgenommen werden, um die angestrebte größere Wirkungsorientierung und -entfaltung realisieren zu können. Der vorliegende Beitrag liefert in diesem Zusammenhang einen externen Blick auf die externe Evaluation in Baden-Württemberg und führt aus, wie der bisherige Ansatz modifiziert werden könnte, um durch verstärkt partizipatorische Elemente und unter Berücksichtigung expliziter Wirkungslogiken als Grundlage der Steuerung und Evaluierung gewünschte Wirkung zu entfalten.

Inhalt

1 Einleitung 158
2 Qualitätsrahmen zur Fremdevaluation von Schulen in Baden-Württemberg 160
3 Generisches Entwicklungsmodell 161
4 Integriertes Design aus standardisierter Erhebung, Wirkungsorientierung und partizipativen Elementen 167
5 Datenerhebung im Rahmen eines Mixed-Methods-Designs 168
6 Schulspezifische Wirkungslogik und Ansätze für konkrete Maßnahmen 170
7 Fazit und Ausblick 173
Literatur 176

© Springer Fachmedien Wiesbaden GmbH, ein Teil von Springer Nature 2019
T. Stricker, *Zehn Jahre Fremdevaluation in Baden-Württemberg*,
https://doi.org/10.1007/978-3-658-25778-1_11

1 Einleitung

Die Evaluation von Schulen beruht in Deutschland, aber auch in anderen OECD-Mitgliedsstaaten, im Wesentlichen auf der Beschreibung erreichter Ergebnisse entlang ausgewählter Standardindikatoren (vgl. Agasisti et al. 2018; Bellmann 2016; Bellmann 2018). Grundlage einer starken Ergebnisfokussierung der Evaluation bildet das vorherrschende Steuerungsmodell zur Erhöhung der Leistungsfähigkeit im Bildungssystem, welches die Vorgabe von Qualitätsstandards und -kriterien mit deren Überprüfung vereint (vgl. Demski 2017). Der Ausgangspunkt des Modells der sogenannten „Neuen Steuerung" liegt insbesondere in der Diskussion um das unbefriedigende Abschneiden von Schülerinnen und Schülern im Rahmen der ersten internationalen Schulleistungsstudie PISA (Programme for International Student Assessment). Seither sind Daten entlang standardisierter Indikatoren vor allem für den interschulischen Vergleich und somit für den Evaluierungszweck der Rechenschaftslegung von hoher Relevanz (vgl. hierzu Gärtner 2013). Dem Zweck des Lernens aus Evaluierungen dienen sie jedoch nur bedingt. Fragen nach dem „wie", „warum" etwas auf „welche Weise" unter „bestimmten Bedingungen" gewirkt hat, lassen sich durch Quer- und Längsschnittstudien allein auf Basis standardisierter Erhebungen nicht abschließend beantworten. Dabei sind es gerade die Fragen nach den Wirkungszusammenhängen, welche interessieren und die Politik und Praxis in der Ausarbeitung schulischer Maßnahmen sowie deren Steuerung beschäftigen.

Auch die jüngsten Erkenntnisse der letzten PISA Studie belegen die hohe Relevanz eines verbesserten Verständnisses von Wirkungszusammenhängen über die Standardindikatoren hinaus. So wird die Qualität schulischer Leistungen zunehmend durch „weiche Faktoren", ein positives Schulklima, offene Kommunikation und vertrauensvolle Beziehungen bedingt (vgl. Agasisti et al. 2018), d. h. durch Konzepte, die sich allein durch standardisierte Befragungen kaum abschließend bewerten und bearbeiten lassen. Um die Entwicklung und Steuerung von Maßnahmen im Bereich solcher schwer messbaren Wirkungen im Rahmen komplexer schulischer Systeme zu unterstützen, braucht es aus Sicht der Autoren dieses Beitrags einen holistischen Ansatz der Evaluation. Dabei sollte sich die Evaluation von Schulen stärker als bislang mit den einzelnen Stärken und Schwächen, Herausforderungen und Möglichkeiten der Einzelschule beschäftigen und damit deutlicher als bisher vom einzelnen System her ausgehen. Dies bedeutet zumindest in Teilen eine Reform der bisherigen Praxis: Die ergebnisorientierte Selbst- und insbesondere Fremdevaluation von Schulen sollte sich zunehmend zu einer wirkungsorientierten Evaluation von Schulen entwickeln.

Neben der Auseinandersetzung mit den Wirkungszusammenhängen hat selbstverständlich auch die Erhebung von standardisierten Zielindikatoren ihren Wert. Der interschulische Vergleich ermöglicht einzelnen Schulen die Verortung der eigenen Fortschritte. Zudem gibt der vergleichende Blick Hinweise auf Erfolgsfaktoren und Stellschrauben, insbesondere bei der Ausgestaltung schulübergreifender Politiken. Mit PISA dient sie zudem dem internationalen Vergleich und bietet somit Anreize für Unterstützungsmaßnahmen und -leistungen.

Aus Sicht der Autoren dieses Beitrags bedarf die Unterstützung der Qualitätsentwicklung durch Evaluierungen in den kommenden Jahren jedoch eine deutlich stärkere Wirkungsorientierung als bislang. Mehr oder weniger starre Evaluationsverfahren, denen eher der Charakter eines versteckten Audits innewohnt (vgl. hierzu Böttcher 2014, S. 44), dürften diesen Zweck verfehlen. Junge Schulkonzepte, insbesondere im Bereich integrativer und inklusiver Ganztagsschulen, zunehmende Diversität der Schülerschaft, neue Anforderungen an die Profile der Lehrkräfte, eine verstärkte Kompetenzorientierung der Lehrpläne einschließlich der darin verorteten und jeweils wiederum äußerst vielfältigen Leitperspektiven (z. B. Bildung für nachhaltige Entwicklung, Bildung für Toleranz und Akzeptanz von Vielfalt oder Verbraucherbildung) sowie verschiedenste bekannte und weniger bekannte „Megatrends", z. B. Digitales oder Religion (vgl. Aktionsrat Bildung bzw. Vereinigung der Bayerischen Wirtschaft e. V. 2017), erfordern eine stetige und hochwertige evaluatorische Begleitung und Unterstützung durch angemessene Steuerungsmechanismen.

Um die Wirkungsorientierung der Evaluierungen von Schulen auf diesem Weg zu unterstützen, skizzieren die Autoren in diesem Beitrag ein integriertes Design aus standardisierter Befragung, theoriebasiertem Vorgehen und partizipativen Erhebungsmethoden. Dabei vereint das modifizierte Design Elemente der Fremd- und Selbstevaluation. Im Zentrum ihres Evaluierungsdesigns steht die Arbeit mit expliziten Wirkungslogiken.

Die Erarbeitung und Umsetzung soll einerseits dazu beitragen, die Wirkungsorientierung in der Evaluation von Schulen insgesamt zu erhöhen und andererseits die Schulen zu befähigen, durch Evaluation zu spezifischen und steuerungsrelevanten Schlussfolgerungen und Empfehlungen zu gelangen. Insbesondere ermöglicht das Einbeziehen expliziter Wirkungslogiken eine Individualisierung und Priorisierung durch die einzelne Schule. Die Pfade zu der Erreichung der Ergebnisse und Wirkungen des innerhalb des weiterentwickelten Verfahrens verorteten Qualitätsbereichs „Bewertung schulischer Arbeit" (Landesinstitut für Schulentwicklung, 2015) können so von der Schule selbst festgelegt werden und durchaus Elemente und Maßnahmen beinhalten, die nicht in den Indikatoren der Fremdevaluation festgehalten sind.

Die Möglichkeiten eines solchen integrierten methodischen Designs werden von den Autoren in diesem Beitrag am Beispiel der Fremdevaluation von Schulen in Baden-Württemberg diskutiert. Aufgrund der teilweise vergleichbaren Praxis in anderen deutschen Bundesländern gehen die Empfehlungen des Autorenteams jedoch über die Landesgrenze hinaus.

Der Beitrag führt zunächst überblickartig in den Qualitätsrahmen zur Fremdevaluation von Schulen in Baden-Württemberg ein (Kapitel 2). In einem nächsten Schritt (Kapitel 3) stellen die Autoren ein generisches Wirkungsmodell auf und stellen dar, wie Wirkungslogiken in diesem Rahmen angewendet werden können. Anschließend übertragen sie dieses Vorgehen beispielhaft auf die Fremdevaluation in Baden-Württemberg. Im darauffolgenden vierten Kapitel widmet sich der Beitrag der Integration der bestehenden Elemente der Fremdevaluation mit den vorgeschlagenen neuen Elementen der Evaluation in den Schulen. Das fünfte Kapitel legt die methodische Grundlage für den darauf aufbauenden konkreten Vorschlag von an den Prioritäten der Schulen ausgerichteten Lösungen (Kapitel sechs). Der Beitrag schließt mit einem Fazit und Ausblick auf die Umsetzung.

2 Qualitätsrahmen zur Fremdevaluation von Schulen in Baden-Württemberg

In Baden-Württemberg ist Evaluation von Schulen seit 2008 Teil des Qualitätsrahmens für allgemeinbildende Schulen. Sie umfasst Selbst- und Fremdevaluation. In Verbindung mit dem Schulkonzept, der Dokumentation, dem Individualfeedback und der Zielvereinbarung bildet sie die sechs Säulen der Qualitätsentwicklung und Qualitätssicherung (vgl. Klopsch 2009, S. 57).

Mit dem aktuellen Konzept der Qualitätsentwicklung und -sicherung erfolgte die Weiterentwicklung des schulischen Bildungswesens von der inputorientierten zur ergebnisorientierten Steuerung (vgl. Landesinstitut für Schulentwicklung 2015). Ab dem zweiten Schulhalbjahr 2015/16 befand sich die Datenerhebung zur Qualitätsentwicklung im zweiten Durchgang. Auf der Grundlage der Ergebnisse aus der ersten Erhebungswelle wurde der Katalog der Standardindikatoren nochmals durch weitere Merkmale ergänzt. Die fünf Qualitätsbereiche gliedern sich weiterhin in Unterricht (QB I), Professionalität der Lehrkräfte (QB II), Schulführung und Schulmanagement (QB III), Schul- und Klassenklima (QB IV) und innerschulische und außerschulische Partnerschaften (QB V) (Landesinstitut für Schulentwicklung, 2015).

Der Fokus des Qualitätsrahmens liegt auf der Verbesserung der Erziehungs- und Bildungsarbeit und der Bildungsergebnisse der Schulen. Die Evaluation von Schulen war bis zu deren Aussetzung zum Ende des Schuljahres 2016/17 mit Ausnahme von Kleinstschulen für alle öffentlichen Schulen verpflichtend vorgesehen.

Zu den Prozessen eines idealtypischen Evaluationsverfahrens gehören die Definition von Zielen und Standards, die Ausgestaltung von Erhebungsinstrumenten, Datenerhebung und -analyse und schließlich die Bewertung der Ergebnisse und Prozesse.

Ein wesentlicher Teil des Evaluierungsprozesses liegt dabei in der Verantwortung der Schulen, der zudem schulgesetzlich verankert ist. Zur Durchführung solcher „Selbstevaluationen" gehört die Definition von schulinternen Zielen und Maßnahmen für die Zielerreichung. Komplementiert werden diese Prozesse durch den Teil der Fremdevaluation von Schulen (vgl. Landesinstitut für Schulentwicklung 2015). Die Fremdevaluation erfolgte für die einzelne Schule etwa alle fünf Jahre durch das Landesinstitut für Schulentwicklung. Dabei handelt es sich um eine externe Evaluation, die zentrale Kriterien für Schul- und Unterrichtsentwicklung in den Blick nimmt und den Schulen den Erfüllungsgrad dieser Kriterien zurückmeldet. Die Ergebnisse der Fremdevaluation bilden dabei die Grundlage für die vorgesehene Zielvereinbarung zwischen Schulen und Schulaufsicht. Die Durchführung von Fremd- und Selbstevaluation sind Bestandteil eines Qualitätskreislaufes und von Schulentwicklung insgesamt.

3 Generisches Entwicklungsmodell

Die erfolgreiche Umsetzung insbesondere eines iterativen und aufeinander abgestimmten Prozesses zwischen Selbst- und Fremdevaluation im Qualitätskreislauf der Schulentwicklung bedarf jedoch zunächst einer angemessenen Bewertungsgrundlage. Ohne eine gemeinsame Grundlage ist ein produktives Ineinandergreifen von Selbst- und Fremdevaluation unmöglich. Hier eröffnet die Arbeit mit Wirkungslogiken (engl. Theory of Change) auch für den Schulbereich ein erhebliches Potential. Bei Wirkungslogiken handelt es sich grundsätzlich um explizite Modelle über die Prozesse und Strukturen zwischen den Aktivitäten und Leistungen (Input und Output) sowie den Ergebnissen und Wirkungen (Outcome und Impact) von Maßnahmen innerhalb eines gegebenen Rahmens (vgl. Funnell and Rogers 2011; Mayne 2017; Van Es et al. 2015; Vogel 2012), was z. B. im Rahmen von Schulentwicklung der allgemeinbildenden Schulen in Baden-Württemberg ebenso zutrifft. Im Gegensatz zu reinen Interventionslogiken, die sich allein auf die Abfolge einzelner Wirkungsschritte einer ausgewählten Intervention beziehen, beinhalten Wirkungslogiken auch weitere Dimensionen. Zu diesen gehören der Kontext eines gegebenen Evaluierungsgegenstandes, Risiken oder auch alternative Erklärungen (vgl. Funnell and Rogers 2011). Das Kernstück einer guten Wirkungslogik bilden dabei explizite Wirkungsannahmen, welche die Kommunikation über mögliche Wirkungszusammenhänge zwischen den Beteiligten und

Betroffenen ermöglichen und zudem überprüfbar sind. Transparente und allen zugängliche Wirkungslogiken bilden hier die Basis für die Ausgestaltung partizipativer Evaluation (vgl. Vogel 2012). Als Abbild der Wirklichkeit unterliegen sie einem stetigen Wandel und bedürfen einer ständigen Anpassung. In Wirkungsevaluierungen hat sich die Ausarbeitung von Wirkungslogiken als wesentliches Werkzeug etabliert, um eine theoretische Verbindung verschiedener Faktoren mit Zielgrößen herzustellen. Die Arbeit mit Wirkungslogiken stellt einen wesentlichen Schritt in theoriebasierten Evaluierungen und rigorosen Wirkungsevaluierungen dar. Bei letzteren entspricht die Erarbeitung einer Wirkungslogik dem Aufbau einer Theorie und von Hypothesen, die durch (Quasi-) Experimente, wie beispielsweise randomisiert kontrollierte Studien (RCT) überprüft werden, um Wirkungseffekte messbar zu machen. Üblicherweise wird dies in einem Ablaufdiagramm visuell dargestellt.

In Wirkungslogiken wird also eine Beziehung dargestellt zwischen Input- und Outputfaktoren, sowie Outcome-Größen und Ziel- bzw. Impact-Indikatoren. Im Hinblick auf die Schulentwicklung in Baden-Württemberg bildet das generische Wirkungsmodell einen geeigneten Ausgangspunkt, da es unter dem Dach eines holistischen Ansatzes bereits „Voraussetzungen und Bedingungen" (Kontext), „Prozesse" (Wirkungsfelder/-bereiche) sowie „Ergebnisse und Wirkungen" beinhaltet. Im Kontext der Fremdevaluation von Schulen in Baden-Württemberg ist ein Großteil der Indikatoren im Bereich der Prozesse angesiedelt und damit überwiegend der Output- und Outcome-Ebene zuzuordnen.

Neben der Verortung aller Faktoren in der Wirkungslogik sind insbesondere die Beziehungen dieser Faktoren und Indikatoren von Interesse. Wir illustrieren dies in Folgendem anhand eines einfachen Beispiels (vgl. Abb. 1): Ein Zielindikator (Impact) könnte eine „verbesserte Ernährungssituation bzw. ein „verbesserter Gesundheitszustand bei Schülerinnen und Schülern" sein. Insbesondere bei Ganztagsschulen wäre einer der Output-Indikatoren die „Existenz gesunder Schulspeisen" und ein Outcome-Indikator wäre die „Inanspruchnahme gesunder Schulspeisen durch Schülerinnen und Schüler". Ein wesentlicher Input-Indikator wäre die Existenz einer Schulküche und entsprechender Personalausstattung der Schule.

Anhand dieses Beispiels können wesentliche Elemente einer Wirkungslogik demonstriert werden. Zum einen können die Zusammenhänge zwischen den Ebenen Input, Output, Outcome, und Impact dargestellt werden. Zum anderen können bei einer genaueren Betrachtung notwendige Bedingungen einer erfolgreichen Umsetzung aufgezeigt werden.

Abbildung 1: Beispiel einer einfachen Wirkungslogik

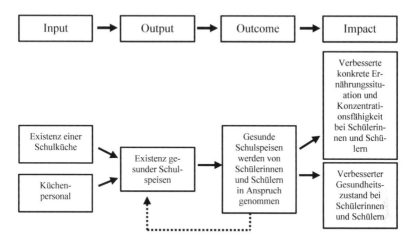

Quelle: eigene Darstellung

Die Existenz einer Schulküche und eine hinreichende Akzeptanz gesunder Schulspeisen bei Schülerinnen und Schülern sind im angeführten Beispiel relevante Bedingungen, ohne die eine Erreichung der Impact-Ebene ausgeschlossen ist. Ebenso sind Rückkopplungsschleifen (feedback loops) in vereinfachter Form in der Abbildung ersichtlich. Wenn beispielsweise die Akzeptanz gesunder Schulspeisen gering ist, wird – ohne einen bewusst vorgenommenen, strategischen Eingriff – die Verfügbarkeit gesunder Schulspeisen gering sein, da die Nachfrage durch die Schülerinnen und Schüler nicht vorhanden ist und eventuell Schülerinnen und Schüler sogar auf Essensmöglichkeiten außerhalb der Schule ausweichen. Wechselwirkungen müssen also immer auch mit „Blick zurück" mitgedacht werden. Rückkopplungsschleifen können innerhalb eines (sozialen) Systems, bzw. einer Theorie des Wandels, sowohl im negativen als auch im positiven Sinne auftauchen. Negative Schleifen tragen in der Regel dazu bei, dass sich ein Effekt nicht wie zunächst angenommen beobachten lässt, da sie die Wirkung einer Ursache entweder neutralisieren oder sogar zu negativen nicht-intendierten Wirkungen beitragen. Positive Rückkopplungsschleifen verstärken in der Regel eine Wirkung über ein zuvor angenommenes Maß hinaus.

Ein weiteres Konzept von Wirkungslogiken lässt sich ebenfalls anhand dieses Beispiels aufzeigen. Um die Zusammenhänge der Faktoren zu verstehen, ist das Herausarbeiten kausaler Mechanismen und sozialer Prozesse essentiell. Hierbei werden die Fragen, „wie" und „warum" ein Faktor auf „welche Weise" unter

„bestimmten Bedingungen" mit einem anderen Faktor in kausaler Beziehung steht, bearbeitet.

Das Verständnis von Mechanismen ist in der Regel eine Grundbedingung dafür, effektive Maßnahmen zur Verbesserung einer Situation zu entwickeln. In unserem Beispiel wäre ein Mechanismus die Wahrnehmung gesunder Schulspeisen bei Schülerinnen und Schülern, welche das Ernährungsverhalten beeinflusst. So könnten Mechanismen sein, dass Unkenntnis darüber besteht, was gesunde Ernährung ist und welche Effekte gesunde Ernährung haben kann, so dass ohne diese Kenntnis die Schulspeisen unattraktiv erscheinen. Ebenso wäre hierbei ein (negativer) Nachahmungseffekt als Mechanismus denkbar, der dann zum Tragen kommt, wenn beispielswese „Meinungsmacher" aus der Schülerschaft oder sogar Lehrkräfte das Angebot gesunde Schulspeisen überwiegend ablehnen bzw. nicht in Anspruch nehmen und daher die Wahrnehmung bei anderen Schülerinnen und Schülern in eine nicht gewünschte Richtung bzw. negativ beeinflussen.

Die praktische Arbeit mit Wirkungslogiken erfolgt in der Regel anhand folgender Schritte:

1) Eine Gruppe von Personen vereinbart sich zur Arbeit mit Wirkungslogiken und definiert die dafür notwendigen Ressourcen.

2) Flussdiagramme über den Ablauf einzelner Aktivitäten, Leistungen und Wirkungen, bereits vorhandene Interventionslogiken und/oder (wissenschaftliche) Literatur zu einem bestimmten Thema oder Sachverhalt bilden den Ausgangspunkt für die Erarbeitung einer ersten „Wirkungsskizze". Dabei werden die wesentlichen „Wirkungspfade" und Wirkungszusammenhänge identifiziert und visualisiert, um die Kommunikation im (Evaluierungs-)Team zu erleichtern.

3) Auf der Basis der ersten Wirkungsskizze gehen die Beteiligten in Workshops zur Ausgestaltung der Wirkungslogiken. Bei diesem Schritt geht es vor allem darum, bislang implizite Wirkungsannahmen explizit zu machen. Den Schwerpunkt dabei bildet die Inwertsetzung individuellen und kollektiven Erfahrungswissens. Das Explizieren zugrundeliegender Wirkungsmechanismen ist ein Schlüssel für die Nützlichkeit von Wirkungslogiken zum Zwecke der Steuerung und schafft zudem die Grundlage für die Überprüfbarkeit von Wirkungszusammenhängen. Zu den Arbeitsaufträgen gehört die Herausarbeitung der konkreten Wirkungsannahmen, aber auch der Risiken, die eintreten können und somit die Wirkungsannahmen „stören" oder sogar unterbinden, sowie die Darstellung möglicher Alternativerklärungen, d. h. die Identifikation möglicher anderer Ursachen einer Wirkung. Unterstützt werden können die Workshops durch weitere Literaturarbeit. Die Beteiligten können dabei von

den Ergebnissen der Untersuchung vergleichbarer Maßnahmen in anderen Kontexten profitieren und den eigenen Ressourcenaufwand nach Möglichkeit begrenzen.

4) In einem weiteren Schritt wird die Wirkungslogik mit weiteren Personenkreisen diskutiert und verifiziert. Optional können bzw. empfehlenswerter Weise sollten die erarbeiteten Wirkungslogiken mit weiteren externen Expertinnen und Experten zur Diskussion gestellt werden. Im Kontext der Schulevalation in Baden-Württemberg wären an dieser Stelle Diskussionen bzw. Fokusgruppen mit Eltern, Lehrkräften und Schülerinnen und Schülern – eventuell sogar im Rahmen des Unterrichts – angebracht, um Faktoren und Mechanismen zu vervollständigen bzw. zu verifizieren. Spätestens an dieser Stelle wird deutlich, dass die Arbeit an und mit Wirkungslogiken eine intensive Arbeit darstellt, die sowohl entsprechende Fachkompetenz, als auch (neben anzustrebenden Synergieeffekten) Ressourcen voraussetzt.

5) Bei expliziten Wirkungsmodellen handelt es sich schließlich um Steuerungsinstrumente, die im Austausch mit weiteren Beteiligten und Betroffenen auch eine wichtige Kommunikationsfunktion eröffnen. Darüber hinaus bilden Wirkungslogiken den Ausgangspunkt für die kritische Auseinandersetzung mit den eignen Wirkungsannahmen und somit auch für die interne und externe Überprüfbarkeit bzw. Evaluation.

Abbildung 2 zeigt die Übertragung des Qualitätsrahmens der Fremdevaluation von Schulen in Baden-Württemberg auf eine Wirkungslogik. Die Autoren plädieren für eine explizit wirkungsorientierte Aufbereitung des Indikatorengefüges der Fremdevaluation von Schulen in Baden-Württemberg, um dadurch systematisch aufzuarbeiten, wie die Faktoren kausal zusammenhängen und gegebenenfalls an welchen Stelle das Erreichen von Ergebnissen und Wirkungen unterbrochen ist. Der aktuelle Wissensbestand der empirischen Bildungsforschung sowie benachbarter Disziplinen könnte hierfür als Ausgangspunkt dienen. Dieses Wissen muss identifiziert, aufbereitet und in die angedachte Aufbereitung des Indikatorengefüges „übersetzt" bzw. integriert werden. Dieses Vorgehen einschließlich einer sorgfältigen Vorarbeit stellt Grundbedingungen dar, um zu geeigneten Maßnahmen zu gelangen.

Abbildung 2: Anwendung auf Fremdevaluation von Schulen in Baden-Württemberg

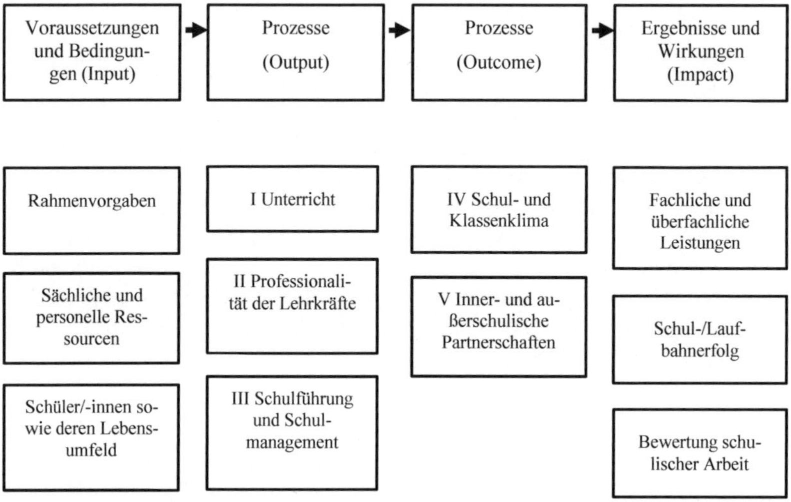

Voraussetzungen und Bedingungen (Input)	→	Prozesse (Output)	→	Prozesse (Outcome)	→	Ergebnisse und Wirkungen (Impact)
Rahmenvorgaben		I Unterricht		IV Schul- und Klassenklima		Fachliche und überfachliche Leistungen
Sächliche und personelle Ressourcen		II Professionalität der Lehrkräfte		V Inner- und außerschulische Partnerschaften		Schul-/Laufbahnerfolg
Schüler/-innen sowie deren Lebensumfeld		III Schulführung und Schulmanagement				Bewertung schulischer Arbeit

Quelle: eigene Darstellung

Darüber hinaus schlagen die Autoren eine schulspezifische Aufbereitung einer Wirkungslogik im Rahmen einer Selbstevaluation der Schule vor. Obgleich diese Wirkungslogik auf der Wirkungslogik der Fremdevaluation aufbaut, kann eine schulspezifische Wirkungslogik dennoch deutlich davon abweichen. In der Erstellung einer schulspezifischen Wirkungslogik können sowohl die Priorisierung abweichen als auch weitere bzw. abweichende Einflussfaktoren und relevante Wirkmechanismen identifiziert werden.

Kapitel 4 und 5 bereiten die theoretischen Grundlagen für ein integriertes Design aus standardisierter Erhebung, Wirkungsorientierung und partizipativen Elementen sowie Grundlagen der Datenerhebung in einem solchen Mixed-Methods Design. In Kapitel 6 wird ein Ansatz für die schulspezifische Entwicklung einer Wirkungslogik und daraus entwickelte Ansätze für konkrete Maßnahmen vorgestellt.

4 Integriertes Design aus standardisierter Erhebung, Wirkungsorientierung und partizipativen Elementen

Mit dem Qualitätsrahmen für die Evaluation von Schulen in Baden-Württemberg hat das Landesinstitut für Schulentwicklung wie eingangs erwähnt den Schritt von einem inputorientierten zu einem ergebnisorientierten Steuerungsmodell vollzogen. Die Autoren dieses Beitrags sehen das vorherrschende Steuerungsmodell als hinreichende Bedingung für einen weiteren Schritt: Die Förderung eines wirkungsorientierten und evidenzbasierten Steuerungsmodells.

Eine wirkungsorientierte Evaluation von Schulen hätte dabei folgende Unterstützungsfunktionen: Sie

1) generiert notwendige Informationen für die Identifizierung und Planung von Maßnahmen zur Erhöhung schulischer Leistungen (Wirkungsmodellierung),

2) schafft Kapazitäten für die Abschätzung von positiven und negativen Veränderungen (Wirkungsidentifizierung) und

3) belegt, ob und in welcher Weise die gewünschten Ziele durch die eingesetzten Maßnahmen erreicht wurden (empirischer Wirkungsnachweis).

Wirkungsorientierte Evaluation erfolgt dabei zu verschiedenen Zeitpunkten und lässt sich parallel zum Qualitätskreislauf der Schulentwicklung organisieren. Ganzheitliche wirkungsorientierte Evaluation enthält somit sowohl formative als auch summative Elemente.

Der wesentliche Erfolgsfaktor eines solch umfassenden Evaluierungsdesigns liegt in der Eigenverantwortung der mit der Umsetzung betrauten Institutionen und Personen. Dabei spielt die wahrgenommene und tatsächliche Nützlichkeit von Evaluierungen stets eine zentrale Rolle (vgl. Patton 2003). Die Eigenverantwortung der Planung und Umsetzung von Evaluation sowie die Akzeptanz der Ergebnisse, Schlussfolgerungen und Empfehlungen lassen sich dabei vor allem durch partizipativ angelegte Evaluationsprozesse unterstützen (vgl. Cousins and Earl 1992; Guijt 2014; Shulha et al. 2016). Zum einen ermöglichen partizipative Prozesse eine erhöhte Validität in der Bewertung von Maßnahmen und Ergebnissen durch die freiwillige und proaktive Kooperation von Beteiligten und Betroffenen. Zum anderen können Evaluationsergebnisse vor allem dann in die Steuerung eingespeist werden, wenn Evaluierung nicht als externe Kontrolle, sondern vielmehr als partnerschaftliche Gestaltung wahrgenommen wird (vgl. Stockmann 2004). Partizipative Evaluation beruht vor allem auf der Interaktion zwischen den Beteiligten und Betroffenen einer Erhebung. In der Regel beginnt die Interaktion im Rahmen von gemeinsamen Workshops zur Ausgestaltung von Wirkungslogiken (Theoriebildung) und kann anschließend über die Entwicklung von geeigneten Erhebungsinstrumenten (zur Theorieüberprüfung) bis hin zu gemeinsamen Auswertungssitzungen (Interpretation der Ergebnisse und Entwicklung von Empfehlungen) weiter geführt werden. Die Schaffung von Vertrauen zwischen den Beteiligten bildet ein wesentliches Element für die erfolgreiche Umsetzung eines partizipativen Ansatzes (vgl. Abbot/Guijt 1998; Winne et al. 1997). Ein weiteres Element ist die Sicherstellung einer gewissen Offenheit, insbesondere in der Ausgestaltung der Bewertungskriterien. Hier besteht eine der Herausforderungen in der Zusammenbringung von interner und externer Evaluation (bzw. von Selbst- und Fremdevaluation), da partizipativ erarbeitete Themen und Bewertungskriterien nicht notwendigerweise in Übereinstimmung mit den extern erarbeiteten Indikatorensystemen stehen. Um einen gut ineinandergreifenden Qualitätskreislauf dennoch zu gewährleisten, empfiehlt sich daher ein iterativer Prozess zwischen offener Selbstevaluation und standardisierter Fremdevaluation. Die partizipative Selbstevaluation kann ihrerseits dazu beitragen, bestehende Werte und Zielsysteme kontinuierlich zu hinterfragen. Externe Fremdevaluation kann aus ihrer vergleichenden Perspektive heraus einen verbindlichen Rahmen schaffen, der den einzelnen Selbstevaluationen als Orientierung dient. Innerhalb eines schulübergreifenden, gemeinsamen Rahmens gilt es schließlich, in partizipativer Weise an die Prioritäten der Schulen angepasste Lösungen zu finden.

5 Datenerhebung im Rahmen eines Mixed-Methods-Designs

Für die Integration von Selbst- und Fremdevaluation bedarf es eines integrierten Ansatzes unterschiedlicher Methoden. Insbesondere der kombinierte Einsatz von quantitativen und qualitativen Erhebungsmethoden ist in der Evaluierung (vgl. Kuckartz 2014; Mertens 2017; Mertens/Hesse-Biber 2013) sowie angewandten Sozialwissenschaft (vgl. Creswell 2013; Greene 2007) weit verbreitet. Der innerhalb der Schulentwicklung intendierte Qualitätskreislauf legt ein methodenintegriertes Design nahe. Während der Teil der Fremdevaluation bei diesem Design ein großes Gewicht auf *quantitative* Daten entlang ausgewählter Standardindikatoren legt, bieten Selbstevaluationen – wohl entgegen der bisherigen vorherrschenden Praxis an Schulen – hohes Potential für die Arbeit mit qualitativen Daten. Zudem stehen hier den Schulen bislang vielfach Instrumente zur Verfügung, die jedoch insbesondere auf die Erhebung quantitativer Daten abzielen.

Die in Kapitel 4 eingeführte Arbeit mit Wirkungslogiken bildet die Basis für ein integriertes Erhebungsdesign. Dabei eröffnen sogenannte Mixed-Methods-Ansätze verschiedene Perspektiven auf das Gesamtbild der Schulentwicklung und unterstützen den iterativen Evaluierungsprozess im Rahmen des Qualitätskreislaufes. Aus der Kombination von Methoden ergibt sich ein Zusammenspiel von geschlossenen und offenen Fragestellungen, die den Beteiligten in Anbetracht unterschiedlicher Sichtweisen zu neuen und innovativen Lösungen verhelfen können.

Aufseiten der Fremdevaluation lässt die standardisierte Abfrage von Information zum schulischen Qualitätsportfolio die schulübergreifende Bewertung des Leistungsangebotes zu. Eine solche Portfolioanalyse ermöglicht nicht nur die vergleichende Perspektive auf das Angebot eines Bundeslandes, sondern ermöglicht auch einzelnen Schulen den Einblick in die Möglichkeiten des Gesamtportfolios. Weiterhin ermöglicht die Online-Befragung aller Schulen die Wertbestückung der Standardindikatoren. Zu den Herausforderungen gehören dabei die Kontextualisierung der erhaltenden Angaben sowie die Steigerung oftmals geringer Rücklaufquoten. Im Rahmen der Fremdevaluation kann die Kontextualisierung (und in geringerem Maße auch die Steigerung der Rücklaufquoten) durch den Einsatz von (externen) Begehungen erfolgen. Begehungen, die sich insbesondere auf das Schulklima und die Stimmung einer Schule ausrichten, triangulieren die Angaben aus der Onlinebefragung und bieten Möglichkeiten einer (gemeinsamen) Reflektion. Ein wichtiges Element, gerade im Hinblick auf einen iterativen Prozess des Qualitätsmanagements, ist die Spiegelung der Eindrücke der externen Evaluatorinnen und Evaluatoren an die einzelnen Schulen. Auch die selektive Beobachtung von Unterricht kann Teil einer solchen Begehung sein und bietet weitere Eindrücke im Rahmen eines Mixed-Methods-Designs. Leitfadeninterviews mit der Schulleitung, Abteilungsleitern und Lehrkräften, aber auch der Eltern- und Schülerschaft runden den qualitativen Teil der Fremdevaluation ab.

Die Durchführung einer Schulbegehung und der Einstieg in verschiedenen Formen der Einzel- oder Gruppenbefragung eröffnet Potentiale zur Verschränkung der Fremd- mit der Selbstevaluation von Schulen. Neben den bereits angesprochenen Reflexionstreffen zwischen externen Evaluatorinnen und Evaluatoren und den Beteiligten einer Schule bieten vor allem Workshops und Fokusgruppendiskussionen (FGD) Möglichkeiten zur Ausgestaltung und Überprüfung von Wirkungslogiken (vgl. Krueger/Casey 2014). Im Hinblick auf die Partizipation der Beteiligten ist es wichtig, dass bereits die Entwicklung des Erhebungsdesigns in Abstimmung zwischen allen Beteiligten erfolgt.

Wie in Kapitel 4 dargestellt können Workshops mit den Beteiligten die Ausgestaltung der Wirkungslogiken unterstützen. Darüber hinaus lassen sich FGD sowohl bei der Theoriebildung, als auch der Theorieüberprüfung einsetzen. Bei der Durchführung von FGD geht es vornehmlich um die Einholung verschiedenen Perspektiven von Beteiligten und Betroffenen auf ein vorgegebenes Thema (vgl. Krueger/Casey 2014; Stewart et al. 2007). Ziel der Durchführung von FGD ist die Schaffung von Räumen für die natürliche Interaktion zwischen Personen. Dadurch dass die Mitglieder einer FGD durch ein gemeinsames Thema oder Anliegen vereint sind, steigt die Bereitschaft, offen über ein Thema zu sprechen. Die Teilnehmer empfinden sich in dieser Situation eher als handelnde Subjekte und weniger als Objekte einer Ermittlung – insofern nehmen FGD eine wichtige Funktion im Rahmen partizipativer Evaluation ein. Indem die Diskussion in der Gruppe die Mitglieder zur eigenen Reflexion anregt, bietet die FGD somit oftmals einen Ausgangspunkt für die Herausarbeitung problemorientierter Lösungsansätze. Wesentlich für die erfolgreiche Durchführung von FGD ist die Leitung der FGD durch geschulte Evaluatorinnen und Evaluatoren bzw. Evaluierungsbeauftragte einer Institution. Der Umstand, dass qualifiziertes Personal unbedingte Voraussetzung für eine Arbeit dieser Art darstellt, ist Herausforderung und Chance zugleich. Dieser Aspekt wird am Ende des Beitrags nochmals vertiefend aufgegriffen.

6 Schulspezifische Wirkungslogik und Ansätze für konkrete Maßnahmen

Ein wirkungsorientierter Evaluierungsansatz für die Evaluation von Schulen in Baden-Württemberg setzt auf ein integriertes und iteratives System aus Fremd- und Selbstevaluation. Der Fokus der Fremdevaluation liegt derzeit vor allem auf dem Ergebnisnachweis und schließlich auf dem interschulischen Vergleich, auch wenn es aus gutem Grund keine offiziellen Rankings von Einzelschulen gibt. Durch die veröffentlichten Bildungsberichte (vgl. z. B. Landesinstitut für Schulentwicklung 2017) sind jedoch beispielsweise verschiedenste schulartspezifische Vergleiche möglich. Der Zweck der Selbstevaluation liegt demgegenüber vor allem auf der Identifikation und der Auseinandersetzung mit den Prioritäten der einzelnen Schulen. Um einer defizitorientierten Selbstevaluierungspraxis vorzubeugen, sollte sich der selbstevaluative Ansatz einer Schule stets an der Methode des „appreciative inquiry" bzw. der „wertschätzenden Untersuchung" orientieren (Uhl et al. 2004). Diese Methode widmet sich den innovativen Ressourcen aller beteiligten Personen und arbeitet sich an den Ressourcen, Qualität und Motivationen ab, die in der Vergangenheit zum Erfolg beigetragen haben. Ziel der Methode ist das gemeinschaftliche, institutionelle Lernen im Hinblick auf die Potentiale und Möglichkeiten einer Organisation.

Die Prioritäten der Schulen sollten bereits Eingang in die Ausgestaltung der individuellen Wirkungslogiken erhalten (vgl. hierzu insbesondere die Ausführungen in Kapitel 3 und 4). Je nach Priorität lassen sich einzelne Wirkungsfelder innerhalb einer Wirkungslogik gewichten. Zentrale Prioritäten erhalten dabei das höchste Gewicht. Dahinter steht die Frage, welche Ziele für eine einzelne Schule besonders relevant sind. Über eine solche Priorisierung der Ziele lässt sich anschließend auch eine Gewichtung der Wirkungszusammenhänge und -annahmen vollziehen. Dabei erhalten Wirkungszusammenhänge oder -pfade erhöhte Aufmerksamkeit in der Steuerung und Überprüfung, die für die Zielerreichung von besonderer Bedeutung sind. Diese Übung ist in zweierlei Hinsicht relevant: Erstens ermöglicht die Priorisierung die Fokussierung vorhandener Ressourcen auf die für die Zielerreichung notwendigen Prozesse und Strukturen. Eine gewichtete Wirkungslogik ist somit handlungsleitend und erleichtert die Umsetzung notwendiger Maßnahmen. Auch hier übernimmt die Wirkungslogik eine Kommunikationsfunktion, indem sie den Beteiligten und Betroffenen z. B. Entscheidung der Schulleitung bzw. des Steuerungskreises transparent machen kann. Zweitens bietet die Konzentration auf ausgewählte Wirkungsfelder und -pfade Ansatzpunkte für die Evaluierung, die sich vor dem Hintergrund begrenzter Ressourcen auf die wesentlichen Mechanismen konzentrieren kann.

Im Folgenden möchten wir uns einem konkreten, anonymen Beispiel widmen. Im Gymnasium (es könnte auch eine Realschule sein) „Mia san mia!" wurde im Rahmen der Fremdevaluation im Bereich der fachlichen und überfachlichen Leistung (vgl. Abb. 2) herausgefunden, dass die Schülerinnen und Schüler in der Gesamtsicht nicht davon überzeugt sind, dass ihre fachlichen Kompetenzen an der Schule gezielt auf- und ausgebaut werden. Die Fremdevaluation liefert zudem einige Indikatoren zur Ergründung des Problems. So beklagen Schülerinnen und Schüler besonders in den oberen Klassenstufen, dass sie in mehreren Fächern und Fächergruppen keinen kontinuierlichen Kompetenzzuwachs erlangen. Teilweise gilt dies auch für die Fächer der unteren Klassenstufen. Leistungserwartungen werden als nicht realistisch eingeschätzt. Des Weiteren wird die fachliche Qualität in den häufigen Vertretungssituationen bemängelt.

Im Rahmen von Workshops wurde mit den Beteiligten in dieser Schule die Ausgestaltung einer Wirkungslogik auf Basis der Fremdevaluation, jedoch auch mit schulspezifischer Gewichtung und Faktoren durchgeführt. Die Beteiligten an diesen Workshops priorisierten das Merkmal „Zufriedenheit mit der schulischen Arbeit" für ihre Schule und klassifizierten es als für die Schule sehr relevantes Problem.

Abbildung 3 zeigt anhand des Beispiels der Schule „Mia san mia!" eine durch die Schule ausgearbeitete Wirkungslogik. Dabei bezog sich die Schule auf oben genannte Ergebnisse der Fremdevaluation. In der Abbildung sind diese mit * gekennzeichnet. Sie befinden sich im Beispiel – jedoch nicht zwangsläufig – auf der Outcome- und Impact-Ebene.

Im Rahmen von Workshops mit Eltern, Lehrkräften und Schülern wurde versucht, förderliche und hemmende Faktoren und Mechanismen herauszuarbeiten, die mit der Zielerreichung des gezielten Aus- und Aufbaus fachlicher Kompetenzen der Schülerinnen und Schüler im Zusammenhang stehen.

Abbildung 3: Beispiel für eine schulspezifisch aufbereitete Wirkungslogik

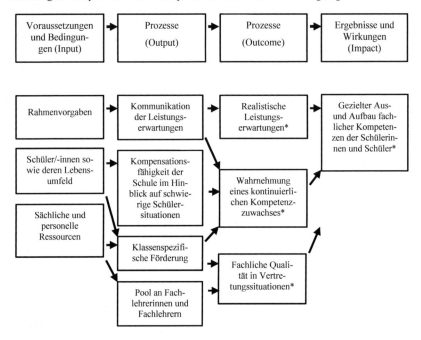

Quelle: eigene Darstellung

Anmerkung: * Elemente aus der Fremdevaluation

Es wurde festgestellt, dass die Leistungserwartungen vor allem deshalb als unrealistisch eingeschätzt wurden, da die Erwartungen durch verschiedene Lehrkräfte uneinheitlich kommuniziert wurden und sich aus – mehr oder weniger – objektiver Sicht teilweise sehr deutlich unterschieden. Zudem wurden bei der Darstellung der Leistungserwartungen klassenspezifische Bedingungen außer Acht gelassen, so dass diese vor allem in Klassen mit mehreren Schülerinnen und Schülern in schwierigen Situationen als unrealistisch wahrgenommen wurden. Im Rahmen der Fokusgruppen wurde folglich eine Kombination aus inkonsistenter Kommunikation der Leistungserwartungen mit gering ausgeprägter klassenspezifischer und individueller Förderung identifiziert.

Mittels der Arbeit in den Fokusgruppen hat sich auf Basis der Fremdevaluationsergebnisse eine Verbindung zwischen unzufrieden stellender Qualität des Unterrichts in Vertretungssituationen und der Tatsache, dass dieser von vielen fachfremden Lehrkräften gehalten wurde, herauskristallisiert. Der Pool an Fachlehrerinnen und Fachlehrer an der Realschule wurde als zu gering betrachtet für solche Vertretungssituationen, so dass ein Pool an Fachlehrerinnen und -lehrern mit der benachbarten weiterführenden Schule vorgeschlagen wurde, die ein ähnliches Problem in Vertretungssituationen hatte. Auch hier wurde schließlich mit Blick auf den vorliegenden Fremdevaluationsbericht eine Verbindung mit der klassenspezifischer Förderung dahingehend festgestellt, dass besonders die Klassen, welche auch des kontinuierlichen Kompetenzzuwachses als gering wahrnehmen, besonders unter Vertretungen durch fachfremde Lehrkräfte leiden, da dies eine klassenspezifische Förderung erschwert.

Anhand dieses Beispiels wird dargestellt, dass eine wirkungsorientierte Evaluation wesentliche Ansatzpunkte für schulspezifische Priorisierung und partizipative Evaluierungsmethoden bietet. Die Vorgehensweise bietet Möglichkeiten, die Lösungskompetenz der Schulen miteinzubeziehen und somit auch schulspezifische Maßnahmen zur Zielerreichung festzulegen. Das Beispiel deutet jedoch auch an, dass Lösungsvorschläge wir der unbürokratische Tausch von Lehrkräften zwischen Schulen derzeit nicht unbürokratisch realisierbar sind.

Eine enge Verzahnung der Fremdevaluation und der partizipativen Evaluierungselemente in der Schule ist unabdingbar. Zum einen sollte die in der Schule selbst erstellte Wirkungslogik mit der schulspezifischen Priorisierung und Schritte zur Wirkungserreichung Teil des Berichts zur Fremdevaluation werden. Zum anderen sind die (Roh-)Ergebnisse zu den Indikatoren der Onlinebefragung notwendig, um die schulspezifische Wirkungslogik erstellen zu können. So beinhaltet die Fremdevaluierung viele Prozessschritte, die zur Erreichung einer Wirkung hilfreich oder sogar notwendig sind. Die aktuellen Werte dieser Indikatoren können von der Fokusgruppe in der Erstellung der Wirkungslogik und Ableitung von schulspezifischen Maßnahmen aufgegriffen werden.

7 Fazit und Ausblick

In den vorangegangenen Kapiteln wurde ein ganzheitlicher Ansatz aus Fremd- und Selbstevaluation auf der Grundlage eines integrierten methodischen Designs angedacht und vorgestellt. Ziel des vorgestellten Designs ist die Erhöhung der Wirkungsorientierung in der Evaluierung allgemeinbildender Schulen in Baden-Württemberg. Das vorgeschlagene Design ist darauf ausgerichtet, die Nützlichkeit der Evaluierung für die Beteiligten, insbesondere der schulischen Stakeholder, zu erhöhen, um damit Erfolge (vielleicht sogar deutlich) wahrscheinlicher werden zu lassen (vgl. hierzu auch z. B. Böttcher 2014, S. 44f.). Auch der Dienstleistungscharakter bekommt in diesem Zusammenhang einen manifesten Bedeutungszuwachs, da die „Kundensicht" sowie deren Aufgaben und Rollen im Leistungserstellungsprozess innerhalb des methodischen Designs ernsthaft berücksichtigt und umgesetzt wird.

Der ganzheitliche Ansatz aus Fremd- und Selbstevaluation unter dem Einsatz verschiedener Methoden geht dabei mit einem nicht unerheblichen Zeitbedarf für Planung, Umsetzung und Auswertung im Zuge eines iterativen Vorgehens einher. Zudem ist dieser nicht pauschal zu fassen bzw. zu „berechnen", richtet dieser sich doch nach dem jeweiligen Steuerungsbedarf der Einzelschule und kann somit mal mehr, mal weniger Ressourcenbedarf mit sich bringen. Dies ist bei der Planung und Durchführung von Evaluierungen in dieser Form unbedingt zu berücksichtigen.

Die zusätzlichen Evaluierungselemente liegen insbesondere im Interesse der einzelnen Schule. Die vorgeschlagenen partizipativen Elemente führen zudem bereits zu einer Sensibilisierung von Lehrkräften, Eltern sowie Schülerinnen und Schülern hinsichtlich der Wirkungsorientierung. Sie sind somit elementares Element des Verfahrens und bereits der erste Schritt zur Erreichung dieser Ziele. Bei der Zielerreichung (in unserem Fall ging es hier u. a. um qualitätsvolle Vertretungssituationen) sollte die Schulverwaltung (Schulleitung, Staatliche Schulämter, Regierungspräsidien) die Möglichkeit haben, flexible Lösungen zuzulassen. Ohnehin ist Flexibilität ein Begriff, dem angesichts der zu Beginn des Beitrags angedeuteten zukünftigen Herausforderungen von Schulen eine besondere Bedeutung zukommt.

Um die Umsetzung des ganzheitlichen Evaluierungsdesigns vor dem Hintergrund begrenzter Ressourcen zu gewährleisten, sollten folgende flankierende Maßnahmen die Einführung begleiten:

i. Erstens sollten sowohl das Lehrpersonal, als auch die Schülerschaft für die Mitwirkung an partizipativ ausgerichteten Evaluierungsprozessen eine Freistellung erhalten. Evaluierung dient letztlich allen Beteiligten und hat (insbesondere bei partizipativen Formaten) auch eine hohe Lernfunktion. Die Relevanz zur Schaffung gemeinsamen Erfahrungswissens im Rahmen partizipativer Evaluierungsprozesse ist auch aufgrund der jüngsten Erkenntnisse der PISA-Studie von Bedeutung, die ein positives Schulklima, offene Kommunikation und vertrauensvolle Beziehungen als Erfolgsfaktoren für die Schulentwicklung herausstellt (vgl. Agasisti et al. 2018).

ii. Zweitens sollten Evaluierungsleistungen der Lehrerschaft zeitlich anrechenbar sein, um die proaktive Teilnahme an Evaluierungsprozessen zu gewährleisten.

iii. Drittens sollte der Aufbau eines iterativen Lern- und Steuerungsmodells mit notwendiger Weiterbildung zumindest für Schlüsselpersonen, im besten Falle für ein gesamtes Lehrerkollegium einer Schule einhergehen und bereits in Bezug auf eine Mindestqualifizierung in der Lehrerausbildung verortet sein. Das gezeigte Vorgehen (vgl. insbesondere Kapitel 4 und 5) lässt unschwer erkennen, dass umfangreiche Kenntnisse und Kompetenzen nur durch eine entsprechende Aus- und Fortbildung zu erreichen sind. Die Autoren dieses Beitrags gehen davon aus, dass die Akzeptanz größer ist, wenn möglichst alle Lehrkräfte über ein (noch zu definierendes) Grundwissen und -kompetenzen verfügen, insbesondere dann, wenn diese selbst keine Funktionen von Schlüsselpersonen innehaben.

iv. Viertens sollte die Koordination zwischen Fremd- und Selbstevaluation an den Schulen von „Evaluierungsbeauftragten" organisiert werden, die den Schulbehörden und/oder den Fachberatern Unterrichts- und Schulentwicklung als Ansprechpartner zur Verfügung stehen. Evaluierungsbeauftragte könnten dabei eine zentrale Stellung im Wissensmanagement von Schulen einnehmen und sollten die Schulleitung in regelmäßigen Abständen über die Umsetzung steuerungsrelevanter Prozesse informieren. Der interschulische Austausch zwischen Wissensträgern einzelner Schulen könnte die standardisierten Elemente der Fremdevaluation durch qualitative Einschätzungen und allgemeinem Erfahrungswissen unterstützen. Der Austausch von *best practices* und weniger erfolgversprechenden Ansätzen kann weitere Lerneffekte bei den einzelnen Schulen nach sich ziehen. Für einen solchen Austausch müsste jedoch auch Raum geschaffen werden.

Die modifizierten Elemente des Evaluierungsdesigns sollen dazu beitragen, die Nützlichkeit der Fremdevaluation zu steigern. Der Übergang von einem ergebnis- zu einem wirkungsorientierten Paradigma stellt dabei einen wesentlichen Schritt dar. Dieser Ansatz bietet zudem die Möglichkeit, eine Priorisierung und Fokussierung der einzelnen Schulen durch die partizipative Entwicklung einer schulspezifischen Wirkungslogik zu erreichen. Die Ableitung konkreter Maßnahmen an den Schulen kann dadurch gefördert werden.

Literatur

Abbot, J.; Guijt, I. (1998): Changing Views on Change: Participatory Approaches to Monitoring the Environment. London: International Institute for Environment and Development.

Agasisti, T.; Avvisati, F.; Borgonovini, F.; Longobar, S. (2018): Academic resilience. What schools and countries do to help disadvantaged students succeed in PISA. OECD Working Paper No. 167. Online im Internet: https://www.vodafone-stiftung.de/uploads/tx_newsjson/ EDU_WKP_ 2018_3_Academic _Resilience.pdf. Abgerufen am 01.10.2018.

Bellmann, J. (2016): Datengetrieben und/oder evidenzbasiert? Wirkungsmechanismen bildungspolitischer Steuerungsansätze. In: ZfE. Zeitschrift für Erziehungswissenschaft. Sonderheft 31/2016. Online im Internet: https://link.springer.com/content/pdf/10.1007%2F978-3-658-13785-4.pdf. Abgerufen am 01.10.2018.

Bellmann, J. (2018): Von Daten getrieben. In: bildung & wissenschaft. Heft 05/2018. S. 30-33.

Böttcher, W. (2014): Erfolge wahrscheinlicher werden lassen. Zwei Bildungsforscher im Gespräch zum Thema Evaluation. SchulVerwaltung spezial. Zeitschrift für Schulgestaltung und Schulentwicklung. Heft 05/2014. S. 43-45.

Cousins, J. B.; Earl, L. M. (1992): The Case for Participatory Evaluation. Educational Evaluation and Policy Analysis. 04/1992. pp. 397-418.

Creswell, J. W. (2013): Research Design: Qualitative, Quantitative, and Mixed Methods Approaches. 4. ed.. Los Angeles: Sage publications.

Demski, D. (2017): Evidenzbasierte Schulentwicklung: Empirische Analyse eines Steuerungsparadigmas. Wiesbaden: Springer VS.

Funnell, S. C.; Rogers, P. J. (2011): Purposeful Program Theory: Effective Use of Theories of Change and Logic Models. San Francisco: John Wiley & Sons.

Gärtner, H. (2013): Praxis und Verhältnis interner und externer Evaluation im Schulsystem im internationalen Vergleich. Zeitschrift für Erziehungswissenschaft. Heft 04/2013. S. 693–712.

Greene, J. C. (2007): Mixed Methods in Social Inquiry. 1st ed. San Francisco: Jossey-Bass.

Guijt, I. (2014): Participatory Approaches. Methodological Briefs: Impact Evaluation No. 05. Online im Internet: https://www.unicef-irc.org/publications/pdf/brief_5_participatoryapproaches_eng .pdf. Abgerufen am 01.10.2018.

Klopsch, B. (2009): Fremdevaluation im Rahmen der Qualitätsentwicklung und -sicherung. Eine Evaluation der Qualifizierung baden-württembergischer Fremdevaluatorinnen und Fremdevaluatoren. Frankfurt am Main: Peter Lang.

Krueger, R. A.; Casey, M. A. (2014): Focus Groups: A Practical Guide for Applied Research. Thousand Oaks, California: Sage publications.

Kuckartz, U. (2014): Mixed Methods: Methodologie, Forschungsdesigns und Analyseverfahren. Wiesbaden: Springer VS.

Landesinstitut für Schulentwicklung (2015): Qualitätsentwicklung und Evaluation. Qualitätsrahmen zur Fremdevaluation (zweiter Durchgang) an allgemein bildenden Schulen in Baden-Württemberg ab zweitem Schulhalbjahr 2015/16. Stuttgart: Landesinstitut für Schulentwicklung.

Landesinstitut für Schulentwicklung (2017): Beiträge zur Bildungsberichterstattung. Ergebnisse der Fremdevaluation in Baden-Württemberg. Allgemein bildende Schulen (Erster Durchgang: Schuljahre 2011/12 bis 2015/16). Stuttgart: Landesinstitut für Schulentwicklung.

Mayne, J. (2017): Theory of Change Analysis: Building Robust Theories of Change. Canadian Journal of Program Evaluation. 02/2017. pp. 155-173.

Mertens, D. M. (2017): Mixed Methods Design in Evaluation. Los Angeles: Sage publications.

Mertens, D. M.; Hesse-Biber, S. N. (2013): Mixed Methods and Credibility of Evidence in Evaluation. Hoboken, NJ: John Wiley & Sons Inc.

Patton, M. Q. (2003): Utilization-Focused Evaluation. In: Kellaghan, T.; Stufflebeam D. L. (Ed.): International Handbook of Educational Evaluation. Dordrecht: Springer. pp. 425-438.

Shulha, L. M.; Elizabeth Whitmore, E.; Cousins, J. B.; Gilbert, N.; Hudib, H. al (2016): Introducing Evidence-Based Principles to Guide Collaborative Approaches to Evaluation: Results of an Empirical Process. American Journal of Evaluation. 02/2016. pp. 193–215.

Stewart, D. W.; Shamdasani, P. N.; Rook, D. W. (2007): Focus Groups: Theory and Practice, Applied social research methods series. 2nd ed. Thousand Oaks, Californien/London: Sage publications.

Stockmann, R (2004): Was ist eine gute Evaluation? Einführung zu Funktionen und Methoden von Evaluationsverfahren. Online im Internet: https://www.ssoar.info/ssoar/handle/document/11801. Abgerufen am 01.10.2018.

Uhl, K.; Ulrich, S.; Wenzel, F. M. (Hrsg.) (2004): Evaluation Politischer Bildung. Ist Wirkung Messbar? Online im Internet: http://www.forschungsnetzwerk.at/downloadpub/sammelband_2004_Evaluation_politischer_Bildung.pdf. Abgerufen am 01.10.2018.

Van Es, M.; Guijt, I.; Vogel, I. (2015): Theory of Change Thinking in Practice. A Stepwise Approach.The Hague: Hivos.

Vereinigung der Bayerischen Wirtschaft e. V. (Hrsg.) (2017): Bildung 2030 – veränderte Welt. Fragen an die Bildungspolitik. Online im Internet: https://www.aktionsrat-bildung.de/ fileadmin/Dokumente/ARB_Gutachten_gesamt_16.05.2017.pdf. Abgerufen am 1.10.2018.

Vogel, I. (2012): Review of the Use of „Theory of Change" in International Development – Review Report. Online im Internet: https://assets.publishing.service.gov.uk/media/57a08a5b40f0b652dd0006bc/Theory_of_Change_Review_Report_Summary.pdf. Abgerufen am 01.10.2018.

Winne, P. H.; Earl, L. M; Cousins, J. B. (1997): Participatory Evaluation in Education: Studies in Evaluation Use & Organizational Learning. Canadian Journal of Education. 04/1997. p. 465.

**Teil B: Fremdevaluation in Baden-Württemberg –
Erfahrungen aus zehn Jahren**

Fremdevaluation an allgemein bildenden Schulen in Baden-Württemberg: Wie alles begann

Astrid Kehder-Mürrle

Abstract

Die Einführung von Selbst- und Fremdevaluation in Baden-Württemberg war Bestandteil der Umsteuerung im Bildungswesen in den 1990er Jahren. Neben den Daten aus zentralen Lernstandserhebungen sollten damit den Schulen Daten für eine evidenzbasierte selbstverantwortete Schulentwicklung zur Verfügung gestellt werden. Der Beitrag schildert die Anfänge des Verfahrens in Baden-Württemberg und die damit verbundenen Herausforderungen.

Inhalt

1 Einführung der Fremdevaluation im Rahmen der Umsteuerung im Bildungswesen 182
2 Evaluationsgegenstand 183
3 Methodenwahl 184
4 Ziele der Fremdevaluation 185
5 Wirkung der Fremdevaluation 185
Literatur 186

© Springer Fachmedien Wiesbaden GmbH, ein Teil von Springer Nature 2019
T. Stricker, *Zehn Jahre Fremdevaluation in Baden-Württemberg*,
https://doi.org/10.1007/978-3-658-25778-1_12

1 Einführung der Fremdevaluation im Rahmen der Umsteuerung im Bildungswesen

Der offizielle Startschuss fiel am 18.12.2006: Die Verpflichtung zu Selbst- und Fremdevaluation wurde vom Baden-Württembergischen Landtag einstimmig beschlossen und im Schulgesetz verankert (vgl. Schulgesetz für Baden-Württemberg 2006). Die Fremdevaluation ging damit nach einer Erprobungs- in die Pilotphase über und startete ab dem Schuljahr 2008/09 in die Regelphase. Fortan war sie für alle allgemein bildenden Schulen Baden-Württembergs verpflichtend. Damit einher ging ein großes – auch überregionales – Medieninteresse, denn nach Schleswig-Holstein, Niedersachsen, Hessen und Nordrhein-Westfalen war Baden-Württemberg bundesweit einer der Vorreiter in Sachen Schulevaluation.

Die Vorgeschichte allerdings reicht weiter zurück. Sie hatte ihren Ursprung in den 1990er Jahren, als man in der Schulverwaltung unter der damaligen Kultusministerin Annette Schavan begann, sich über neue Steuerungsformen im Schulsystem Gedanken zu machen mit dem Ziel, die Zukunftsfähigkeit und die notwendige systematische Weiterentwicklung der Schulen wirksam zu fördern.

Bis in die 1980er Jahre hatte im Sinne des Konzepts der Bildungsplanung eine weitgehend inputorientierte Steuerung auf der Basis von administrativen Verordnungen und Erlassen stattgefunden, die davon ausging, dass Schulen durch generelle Regeln sowie Ressourcenzuweisungen wirksam zu steuern seien. Dem stand ein Befund der Erziehungswissenschaften gegenüber, dass an den Schulen eine „beträchtliche individuelle und gruppenbezogene Autonomie für Lehrpersonen" (Altrichter 2016) herrsche. Aufgrund der Eigendynamik von Schulen sowie von vielgestaltigen Widerständen und unterschiedlichen Interessenslagen der Akteure auf allen Ebenen sei die Umsetzung der staatlichen Vorgaben nur bedingt erfolgreich gewesen (vgl. Altrichter/Maag Merki 2010) und habe in der Vergangenheit nicht zu einer nachhaltigen Entwicklung und Qualitätssteigerung an Schulen geführt. Es zeige sich, dass gleiche Regeln und gleiche Ressourcen für alle Schulen allein nicht geeignet seien, die Schulqualität in der Fläche zu verbessern.

Wissenschaftliche Studien wiesen zudem darauf hin, dass Schulen beispielsweise in Ländern wie Finnland dann erfolgreich waren, wenn sie ein gewisses Maß an Eigenständigkeit besaßen und auf der Basis von Daten selbstverantwortlich für ihre Qualität sorgten.

Die 1990er Jahre brachten somit ein grundsätzliches Umdenken, das schrittweise zu einer Erneuerung des Steuerungsmodells hin zur Output-Steuerung führte. Den Einzelschulen wurden größere Gestaltungsspielräume zugestanden (Schulcurriculum, schulspezifische Stellenausschreibungen in begrenztem Rahmen, Schulprogramm). Gleichzeitig setzte man auf eine evidenzbasierte Steuerung. Man ging davon aus, dass „(politische und praktische) Entscheidungen über

Weiterführung und Weiterentwicklung eines Programms besser (begründeter und rationaler) getroffen werden können, wenn die bisherige Praxis dieses Programms und seine Ergebnisse vor einem Satz explizit gemachter Kriterien nach geregelten, durch die (Sozial-)Wissenschaften legitimierten Methoden untersucht und bewertet werden" (Altrichter 2016). Die interne und externe Evaluation sowie zentrale Vergleichsarbeiten sollten dazu die benötigte Datenbasis liefern: Selbstevaluation als Instrument, Methoden und Wirksamkeit des eigenen schulischen Handelns datengestützt zu überprüfen, um gezielte Maßnahmen aus den Ergebnissen abzuleiten und so in einen kontinuierlichen Verbesserungsprozess einzutreten; Fremdevaluation als Unterstützung der Qualitätsentwicklung durch den unparteiischen Blick von außen mit Betonung der Entwicklungsfunktion. Gleichzeitig sollte die Fremdevaluation als Grundlage der Rechenschaftslegung gegenüber der Schulaufsicht sowie den am Schulleben Beteiligten vor dem Hintergrund zunehmender Eigenständigkeit dienen.

2 Evaluationsgegenstand

Zunächst galt es, die Kriterien der Evaluation zu definieren und transparent zu machen. Dazu wurde auf der Basis aktueller erziehungswissenschaftlicher Studien und Erkenntnisse ein „Orientierungsrahmen" für die Selbstevaluation (Ministerium für Kultus, Jugend und Sport 2007) und in der Folge ein „Qualitätsrahmen" für die Fremdevaluation (Landesinstitut für Schulentwicklung 2009) entwickelt, die inhaltlich identische Qualitätsbereiche (Unterricht, Professionalität der Lehrkräfte, Schulführung und Schulmanagement, Schul- und Klassenklima, inner- und außerschulische Partnerschaften sowie als Querschnittsbereich Qualitätssicherung und Qualitätsentwicklung) sowie deren Merkmale und Kriterien detailliert beschrieben.

Ausgehend von der Annahme, dass eine gut aufgestellte innerschulische Organisation mit klaren Strukturen, Prozessbeschreibungen und Absprachen erfolgreiche schulische Arbeit gewährleistet, die allen Schülerinnen und Schülern gleichermaßen zugutekommt und die Lehrerkollegien durch verlässliche Zusammenarbeit auf lange Sicht entlastet, wurde der Fokus der Fremdevaluation zum einen auf die Organisationsentwicklung der Schulen gelegt. Zum anderen wurden im Rahmen regelmäßiger zentraler Lernstandserhebungen (zunächst vom Kultusministerium für ausgewählte Fächer festgelegte landeseigene Vergleichsarbeiten, später Umstieg auf die länderübergreifenden VERA-Erhebungen) Daten generiert und den Schulen zur Verfügung gestellt, die von den Schulen selbst analysiert, interpretiert und mittels geeigneter Maßnahmen zur Verbesserung der Schülerleistungen genutzt werden sollten. Diese Verpflichtung zur Selbstevaluation leistungsbezogener Daten fand in der ersten Überarbeitung des Qualitätsrahmens ihren Niederschlag: Die Frage nach dem Umgang mit den Ergebnissen der Lernstandserhebungen als Teil der schulischen Selbstevaluationspraxis wurde in den Fokus der Fremdevaluation mit aufgenommen.

3 Methodenwahl

Nach eingehender Recherche und dem Einholen von Erfahrungen, die andere europäische Länder (u. a. Schottland, Niederlande, Schweiz) bereits mit datenbasierter Schulentwicklung gemacht hatten, entschied sich Baden-Württemberg zunächst für ein durchgängig qualitatives Evaluationsverfahren, dessen Kernstück eine Dokumentenanalyse, Interviews mit allen am Schulleben Beteiligten sowie Unterrichtsbeobachtungen waren.

Diese Entscheidung hatte vor allem zwei Gründe: Zum einen sollte der Tatsache Rechnung getragen werden, dass es sich bei Schulen um komplexe Systeme handelt, über deren innere Funktionsweisen man allenfalls oberflächlich Kenntnis haben konnte. Das Evaluationsverfahren sollte für alle Schularten von der Grundschule, Haupt- und Werkrealschule, Realschule bis zum Gymnasium und zumindest im Kern auch Sonderschulen gleichermaßen tragen. Ein quantitatives Erhebungsverfahren mit vorgegebenen standardisierten Fragebogen wäre bei der Einführung nicht geeignet gewesen, diese Komplexität angemessen zu erfassen.

Zum anderen sollte vermieden werden, durch eine Befragung mit standardisierten Fragebögen das Antwortverhalten zu stark zu beeinflussen und einzuengen und damit der Innenperspektive der Beteiligten nicht angemessen Rechnung zu tragen (vgl. hierzu Mayring 2002, S. 55).

Die qualitative Sozialforschung geht davon aus, dass die Entwicklung von quantitativen Fragebogenuntersuchungen detaillierte quantitativ erhobene Feldkenntnisse voraussetzt. Dementsprechend wurde auch in Baden-Württemberg erst nach einer Anfangsphase, nachdem gesicherte Daten aus den Schulen vorlagen, die Fremdevaluation vor Ort durch Vorabbefragungen von Lehrkräften, Eltern und Schülerinnen und Schüler mittels standardisierter Fragebögen ergänzt.

Bei aller Offenheit des qualitativen Verfahrens musste gewährleistet werden, dass die in Interviews, Unterrichtsbeobachtungen und Dokumentenanalyse erhobenen Daten vergleichbar und zeitökonomisch auswertbar waren. So wurden auf der Basis des Qualitätsrahmens halbstandardisierte Interviewleitfäden und Auswertungsraster sowie eine Matrix zur Datenerfassung erarbeitet, die diesem Anspruch gerecht werden sollten. Damit einher gingen intensive Schulungen der Evaluatorinnen und Evaluatoren, die diese in die Lage versetzen sollten, qualitative halbstandardisierte Interviews professionell zu führen, Unterrichtssituationen kriteriengeleitet zu beobachten, schulische Dokumente zu analysieren und die gewonnenen Daten zu erfassen und auszuwerten.

4 Ziele der Fremdevaluation

Das baden-württembergische Evaluationsmodell setzte auf Selbstverantwortung seitens der Schulen. Kotthoff, der die Pilotphase der Fremdevaluation wissenschaftlich begleitete, spricht an dieser Stelle von „Schulentwicklung durch Einsicht" (Koffhoff/Boettcher 2010, S. 306). Dies sollte durch folgende Maßnahmen unterstützt werden:

- durch die Anwendung qualitativer Evaluationsverfahren,
- durch den Schulen in begrenztem Umfang eingeräumte, Wahlmöglichkeiten (Wahlpflichtbereiche) für die Fremdevaluation,
- durch entwicklungsorientierte Empfehlungen,
- durch die Weitergabe des Evaluationsberichts an die Schulaufsicht durch die Schule selbst.

Um die Umsetzung der Empfehlungen aus der Fremdevaluation verbindlich zu gewährleisten, wurden die Schulen verpflichtet, mit den zuständigen Schulaufsichtsbehörden zeitnah Zielvereinbarungen über Art, Vorgehensweise und Zeitrahmen der einzuleitenden Entwicklungsschritte zu schließen (vgl. Verordnung des Kultusministeriums 2008). Dabei bestand die Möglichkeit der Unterstützung durch Fachberater Schulentwicklung.

Wo die Formulierung von verbindlichen Zielvereinbarungen mit der Schulaufsicht nicht gelang, fehlte ein wesentlicher Baustein in der Gesamtkonzeption. Die Ableitung von konkreten Maßnahmen aus den Evaluationsergebnissen lag in diesen Fällen bei den Schulen selbst, wobei zu beobachten war, dass Schulen, die ihre Qualitätsentwicklung als zentrale eigene Aufgabe begriffen und sich als lernende Organisation verstanden, von den Empfehlungen der Fremdevaluation profitierten, während Schulen, die auf diesem Gebiet noch wenig Erfahrung hatten, nur in geringerem Maß Gewinn aus den Evaluationsergebnissen zogen. Deutlich wurde in diesem Zusammenhang, dass dabei den Schulleitungen eine zentrale Bedeutung zukam.

5 Wirkung der Fremdevaluation

Wie ist die Wirkung der Fremdevaluation rückblickend einzuschätzen? Nach zehnjähriger Praxiserfahrung lässt sich festhalten, dass es gelungen war, an den Schulen zunehmend ein professionelles Verständnis von Qualitätsentwicklung und Evaluation zu etablieren. Die Formulierung von landesweit gültigen Merkmalen einer guten Schule im Qualitätsrahmen hatte eine deutlich wahrnehmbare normative Wirkung. Die Qualitätsbereiche und -merkmale sowie deren konkrete Umsetzungsmöglichkeiten führten – auch aufgrund eines gewissen Drucks durch die Fremdevaluation – zu einem zunehmend professionelleren Selbstverständnis und zu zielgerichteten Diskussionen und Entwicklungsschritten an den Schulen. Die Ergebnisse der Fremdevaluation flossen in aggregierter Form in die Bildungsberichterstattung Baden-Württembergs ein. Sie standen damit einer interessierten Öffentlichkeit zur Verfügung und waren für die politische Ebene ein Angebot, diese zu gezielten Steuerungsmaßnahmen zu nutzen.

Es liegt in der Natur der Sache, dass eine so weitgehende Umsteuerung in der Schulentwicklung keine kurzfristigen Erfolge zeitigen kann. Die langfristige Wirkung der Fremdevaluation für die Qualitätsentwicklung der Schulen lässt sich nach Abschluss des ersten Durchgangs daher nicht abschließend beurteilen. Daten hierzu hätte der zweite, zum Zeitpunkt der Aussetzung der Fremdevaluation begonnene Durchgang liefern können. Es wäre darüber hinaus aufschlussreich gewesen, die Wirkung der Fremdevaluation zum Gegenstand einer datengestützten wissenschaftlichen Untersuchung zu machen.

Literatur

Altrichter, H. (2016): Die Nutzung von evaluativen Informationen für Schul- und Unterrichtsentwicklung. Online im Internet: https://arqa-vet.at/de/konferenzen-vernetzung/qualitaetsnetzwerk-konferenzen/8-qnwk-512201,6/. Abgerufen am 13.3.2018.

Altrichter, H.; Maag Merki, K. (2010): Steuerung der Entwicklung des Schulwesens. In: Altrichter, H.; Maag Merki, K. (Hrsg.): Handbuch Neue Steuerung im Schulwesen. Wiesbaden: VS 2010. S.1-28.

Kotthoff, H.-G.; Böttcher, W. (2010): Neue Formen der „Schulinspektion": Wirkungshoffnungen und Wirksamkeit im Spiegel empirischer Bildungsforschung. In: Altrichter, H.; Maag Merki, K. (Hrsg.): Handbuch Neue Steuerung im Schulsystem. Wiesbaden: VS. S. 295-325.

Landesinstitut für Schulentwicklung (2009): Fremdevaluation an allgemein bildenden Schulen in Baden-Württemberg. Informationen zur Regelphase. Stuttgart: Landesinstitut für Schulentwicklung.

Mayring, P. (2002): Einführung in die qualitative Sozialforschung. 5. Auflage. Weinheim und Basel: Beltz.

Ministerium für Kultus, Jugend und Sport Baden-Württemberg (2007): Orientierungsrahmen zur Schulqualität für allgemein bildenden Schulen in Baden-Württemberg. Stuttgart: Ministerium für Kultus, Jugend und Sport Baden-Württemberg.

Verweise auf gesetzliche Grundlagen:

Schulgesetz für Baden-Württemberg (SchG) in der Fassung vom 1. August 1983. §114 Evaluation, Fassung vom 18.12.2006. Online im Internet: http://www.landesrecht-bw.de/jportal/portal/t/loq/page/bsbawueprod.psml?pid=Dokumentanzeige&showdoccase=1&js_peid=Trefferliste&fromdoctodoc=yes&doc.id=jlr-SchulGBW1983V25P114&doc.part=S&doc.price=0.0#focuspoint. Abgerufen am 25.04.2018.

Verordnung des Kultusministeriums über die Evaluation von Schulen (EvaluationsVO), 10. Juni 2008. Online im Internet: http://www.landesrecht-bw.de/jportal/?quelle=jlink&query=EvalV+BW&psml=bsbawueprod.psml&max=true. Abgerufen am 25.04.2018.

Qualifizierung von Evaluatorinnen und Evaluatoren

Astrid Kehder-Mürrle und Simone Spengler

Abstract

Der Beitrag thematisiert die Qualifizierung der Evaluatorinnen und Evaluatoren in Baden-Württemberg. Diese umfasste sowohl methodische und technische Aspekte der Evaluation als auch das Training kommunikativer und sozialer Kompetenzen einschließlich umfangreicher Praxisteile. Besonderes Augenmerk wurde auf die Evaluierung der Qualifizierungsreihe gelegt, welche fortlaufend den Erfordernissen angepasst wurde.

Inhalt

1 Einführung 188
2 Anforderungsprofil angehender Evaluatorinnen und Evaluatoren 188
3 Ziele und Inhalte der Qualifizierung 188
4 Evaluation der Qualifizierungsreihe 189
5 Weiterbildung der Evaluatorinnen und Evaluatoren 190
6 Fazit 190
7 Literatur 190

© Springer Fachmedien Wiesbaden GmbH, ein Teil von Springer Nature 2019
T. Stricker, *Zehn Jahre Fremdevaluation in Baden-Württemberg*,
https://doi.org/10.1007/978-3-658-25778-1_13

1 Einführung

Lehrkräfte wurden in der Regel mit einer vollen Abordnung an das Landesinstitut für Schulentwicklung abgeordnet. Diese umfasste in Baden-Württemberg meist fünf Jahre und schloss zu Beginn eine sechsmonatige Qualifizierung als intensive Vorbereitung auf die neue Tätigkeit ein. Dieser umfassenden Qualifizierung wurde große Bedeutung beigemessen. Das baden-württembergische Evaluationsmodell sah schließlich vor, Lehrkräfte aus allen Schularten in Zweier- oder Dreierteams in der Fremdevaluation als Evaluatorinnen und Evaluatoren (EVT) einzusetzen. Spätere Studien belegten denn auch die positive Auswirkung der Qualifikation und der Kompetenzen von EVT auf die Akzeptanz der Fremdevaluation.

2 Anforderungsprofil angehender Evaluatorinnen und Evaluatoren

Die Anforderungen an EVT unterscheiden sich erheblich von denen einer im Schuldienst tätigen Lehrkraft. So sind Lehrkräfte in der Regel selten in der Situation, in enger Zusammenarbeit im Team ein gemeinsames Produkt erstellen zu müssen, vor einer großen Zuhörerschaft (kritische) Rückmeldungen zu geben, auf Widerstand seitens einer Gruppe von Erwachsenen konstruktiv zu reagieren, eine weitgehend standardisierte Vorgehensweise zu praktizieren, Unterricht Kriterien geleitet zu beobachten ohne ihn zu bewerten, standardisierte Interviews zu führen und umfangreiche schriftliche Berichte zu verfassen.

Daher wurde bei der Auswahl der zu Qualifizierenden besonderer Wert gelegt auf Kernkompetenzen in den Bereichen Kommunikation, Teamfähigkeit, Selbst- und Projektmanagement, des mündlichen und schriftlichen Ausdrucks sowie auf Erfahrungen mit schulischen Entwicklungsprozessen und Kenntnissen im Bereich Selbstevaluation und Qualitätsentwicklung. Daneben waren langjährige schulpraktische Erfahrung sowie technische Kenntnisse in der Anwendung von Office-Programmen gefordert.

3 Ziele und Inhalte der Qualifizierung

Da Glaubwürdigkeit und Akzeptanz des Verfahrens maßgeblich von der Kompetenz der Evaluierenden abhängt, war man sich zwischen Kultusministerium und Landesinstitut einig, dass auf eine umfassende Qualifizierung Wert gelegt werden müsse. Die zukünftigen Evaluatorinnen und Evaluatoren sollten sowohl über die methodische Vorgehensweise der Fremdevaluation als auch über theoretische Hintergründe der Sozialforschung, der Evaluation und des Qualitätsmanagements verfügen. Parallel dazu sollten sie schrittweise eigene Praxiserfahrungen machen und diese im Rahmen der Qualifizierungsbausteine reflektieren können. Die Konzeption der Qualifizierungsreihe wurde von der Landesakademie für Fortbildung und Personalentwicklung an Schulen in Zusammenarbeit mit dem Landesinstitut für Schulentwicklung erstellt. Die zehn jeweils dreitägigen Qualifizierungsbausteine lehnten sich an das Phasenmodell der Fremdevaluation an. Zugleich wurden die jeweils erforderlichen sozialen und personalen Kompetenzen in jedem Baustein hervorgehoben und trainiert. Anstatt die Förderung dieser Kompetenzen in gesonderten Bausteinen separat in den Fokus zu rücken, waren sie so eingebettet in jene Phasen, in welchen sie themenbezogen für die Fremdevaluation von besonderer Bedeutung waren. Ergänzend wurden eine Hospitationsphase und eine „Training-on-the-job"-Phase in die Qualifizierung integriert. Das dabei erworbene Praxiswissen wurde durch Reflexionsphasen vertieft. Vor dem letzten Qualifizierungsbaustein fand die erste Fremdevaluation statt, welche die Teilnehmenden als vollwertiges Teammitglied zu bestreiten hatten. Auch diese Erfahrungen wurden abschließend intensiv reflektiert.

Mit dieser Konzeption befand man sich in weitgehender Übereinstimmung mit den Empfehlungen der Deutschen Gesellschaft für Evaluation für die Aus- und Weiterbildung in der Evaluation (vgl. DeGEval – Gesellschaft für Evaluation e.V., 2008). Folgende Kompetenzfelder für die Ausbildung in der Evaluation werden hier beschreiben:

1. Theorie und Geschichte der Evaluation
2. Methodenkompetenzen
3. Organisations- und Feldkenntnisse
4. Sozial- und Selbst-Kompetenzen
5. Praxis der Evaluation.

Das baden-württembergische Qualifizierungskonzept wurde ab dem Schuljahr 2007/2008 jährlich durchgeführt und – wie oben bereits erwähnt – schrittweise den sich verändernden Anforderungen in Zusammenhang mit der Weiterentwicklung des Evaluationskonzepts angepasst.

4 Evaluation der Qualifizierungsreihe

Am Ende der Qualifizierung wurden die Evaluatorinnen und Evaluatoren um ein differenziertes Feedback zu den einzelnen Bausteinen und zur Durchführung der gesamten Qualifizierungsreihe gebeten. Aus diesen Rückmeldungen konnten zahlreiche Impulse für die Weiterentwicklung der Konzeption entnommen und umgesetzt werden. Die Praxisanteile erfuhren eine Ausweitung, indem die zu Qualifizierenden bei einem Vorgespräch an einer Schule hospitieren konnten. Die

Evaluationsvorbereitung der im nachfolgenden Schulhalbjahr zu evaluierenden Schulen wurde unmittelbar in die Qualifizierung integriert. Die angehenden EVT setzten somit die Qualifizierungsinhalte konkret in der Vorbereitung ihrer Schulevaluationen um, wurden dabei beraten und erfuhren kontinuierliches Feedback sowohl durch das Qualifizierungsteam als auch durch die Gruppe.

5   Weiterbildung der Evaluatorinnen und Evaluatoren

Um die Ergebnisse der Qualifizierung zu festigen, zu vertiefen und gegebenenfalls neuen Erfordernissen anzupassen, erhielten die Evaluatorinnen und Evaluatoren im Rahmen der im damaligen Zeitraum fünfmal jährlich stattfindenden Dienstbesprechungen Gelegenheit, kurze Trainingseinheiten zu vorgegebenen oder auch von ihnen gewünschten Themen wahrzunehmen. Hinzu kam das Angebot, an einer Super- bzw. Intervisionsgruppe teilzunehmen. Einmal jährlich fand darüber hinaus eine ganztägige Weiterbildung zu aktuellen schulpolitischen Entwicklungen mit namhaften Referenten aus Wissenschaft und Schulverwaltung statt. Themen waren u.a. „Wirkung und Wirksamkeit externer Evaluation" (Prof. Dr. N. Landwehr), „Gemeinschaftsschule" (Prof. Dr. T. Bohl), „Unterrichtsqualität" (Prof. Dr. A. Helmke) oder „Aktuelle Ergebnisse aus der Unterrichtsforschung" (Prof. Dr. A. Sliwka).

6   Fazit

Anders als die meisten anderen Bundesländer hatte sich Baden-Württemberg aus den oben genannten Gründen für eine zeitlich und inhaltlich sehr umfassende Qualifizierung von Lehrkräften für die Fremdevaluation als Evaluatorinnen und Evaluatoren entschieden. Dass diese Entscheidung in der Summe richtig war, zeigen zahlreiche Rückmeldungen von EVT, die sich auf die neue Tätigkeit in Theorie und Praxis durchweg sehr gut vorbereitet fühlten. Vor allem aber ist festzuhalten, dass die evaluierten Schulen mehrheitlich vom Vorgehen und der Kompetenz der Evaluierenden überzeugt waren. Ohne diese wichtige Voraussetzung wäre die weitgehende Akzeptanz der Fremdevaluation nicht gelungen.

Literatur

DeGEval – Gesellschaft für Evaluation e.V. (2008): Empfehlungen für die Aus- und Weiterbildung in der Evaluation. Anforderungsprofile an Evaluatorinnen und Evaluatoren. 2. unveränderte Auflage. Mainz: DeGEval.

Die Fremdevaluation – erster und zweiter Durchgang

Rani Rezek

Abstract

Mit Ablauf des Schuljahres 2016/17 wurde die externe Evaluation (Fremdevaluation) in Baden-Württemberg ausgesetzt. Der Beitrag zieht überblicksartig eine Vergleichsbilanz der Fremdevaluation, indem er mit Blick zurück zentrale Gemeinsamkeiten und Unterschiede des Verfahrens im ersten und zweiten Durchgang vorstellt.

Inhalt

1 Einführung 192
2 Fremdevaluation erster und zweiter Durchgang 192
3 Fazit und Ausblick 198
Literatur 198

© Springer Fachmedien Wiesbaden GmbH, ein Teil von Springer Nature 2019
T. Stricker, *Zehn Jahre Fremdevaluation in Baden-Württemberg*,
https://doi.org/10.1007/978-3-658-25778-1_14

1 Einführung

Mit einem Ministerratsbeschluss vom Juli 2002 wurden Evaluationen als integrale Bestandteile der innerschulischen Qualitätsentwicklung in Baden-Württemberg definiert. Dahingehend wurde am 18.12.2006 das Schulgesetz um den § 114 ergänzt (vgl. Ministerium für Kultus, Jugend und Sport 2014, §114 Abs. 1). Mit der Verordnung des Kultusministeriums über die Evaluation von Schulen (EvaluationsVO) vom 10. Juni 2008 wurden die im Schulgesetz aufgeführten Evaluationsformen Selbst- und Fremdevaluation für alle öffentlichen Schulen verbindlich festgelegt (vgl. Ministerium für Kultus, Jugend und Sport 2008). Im Schuljahr 2006/07 begann eine zweijährige Pilotphase der Fremdevaluation, ab dem Schuljahr 2008/09 die verbindliche Einführung in Baden-Württemberg. Mit Ende des ersten Schulhalbjahres 2015/16 war der erste Durchgang der Fremdevaluation allgemein bildender Schulen weitgehend abgeschlossen und ein zweiter Durchgang in der Umsetzung.

2 Fremdevaluation erster und zweiter Durchgang

Dieses Kapitel rückt im Überblick zentrale Gemeinsamkeiten und Unterschiede des Verfahrens der Fremdevaluation im ersten und zweiten Durchgang in den Fokus. Da bereits das Verfahren des ersten Durchgangs in sich Weiterentwicklungen erfahren hat, wird für den Vergleich zum Zwecke einer besseren Übersicht diejenige Durchführungspraxis herangezogen, die in den beiden letzten Jahren des ersten Durchgangs Anwendung fand. Grundlage des Vergleichs sind somit die jeweiligen Qualitätsrahmen zur Fremdevaluation an allgemein bildenden Schulen, die in den entsprechenden Handreichungen (vgl. Landesinstitut für Schulentwicklung 2013; Landesinstitut für Schulentwicklung 2015) auf der Grundlage des Orientierungsrahmens zur Schulqualität (vgl. Ministerium für Kultus, Jugend und Sport Baden-Württemberg 2007) entwickelt und verschriftlicht wurden.

2.1 Gemeinsamkeiten beim ersten und zweiten Durchgang

Der Orientierungsrahmen zur Schulqualität definierte die zu evaluierenden Qualitätsbereiche (vgl. Ministerium für Kultus, Jugend und Sport 2007, S. 8ff.). Sowohl für den ersten, als auch für den zweiten Durchgang der Fremdevaluation blieb der Orientierungsrahmen unverändert. Die Qualitätsbereiche bezogen (und beziehen sich nach wie vor) auf den Unterricht, auf die Lehrerprofessionalität, auf die Ebene von Schulführung und Schulmanagement, auf das Schul- und Klassenklima sowie auf innerschulische und außerschulische Partnerschaften:

- Qualitätsbereich I – Unterricht
- Qualitätsbereich II – Professionalität der Lehrkräfte

- Qualitätsbereich III – Schulführung und Schulmanagement
- Qualitätsbereich IV – Schul- und Klassenklima
- Qualitätsbereich V – Inner- und außerschulische Partnerschaften

Die Kriterien für die Zusammensetzung der Evaluationsteams blieben bei beiden Durchgängen weitgehend unverändert. Die Schulen hatten zudem unverändert den Anspruch, eine assoziierte Person zu benennen, welche als gleichberechtigtes Teammitglied die Fremdevaluation begleiten konnte. Die Datenerhebungsinstrumente (Analyse der schulischen Qualitätsdokumentation, Onlinebefragung, Interviews, Unterrichtsbeobachtungen und Schulhausrundgang) hatten also solche weiterhin Bestand. Der Datenschutz war weiterhin Grundlage des Verfahrens, um den beteiligten Personen den vertraulichen Umgang mit ihren Äußerungen im Sinne des Verfahrens zu gewährleisten. Die Arbeitsweise bei der Datenerhebung und Auswertung blieb bei beiden Durchgängen ebenfalls weitgehend unverändert. Insbesondere bei der Datenauswertung blieb das Prinzip der Triangulation von Daten grundlegend. Dabei achteten die Evaluationsteams weiterhin auf eine durchgehende Trennung der zentralen Arbeitsschritte der Datenaufnahme und der Bewertung der Daten.

Die nachlaufenden Arbeitsschritte nach der Fremdevaluation, die sich im Einflussbereich der Schule befanden, blieben ebenfalls identisch. Die Schule war verpflichtet, den Schulträger und die zuständige Schulaufsicht durch Übersendung einer Abschrift des Evaluationsberichtes über die erhobenen Ergebnisse zu informieren. Weiterhin waren die schulischen Gremien, Gesamtlehrerkonferenz, Schulkonferenz und (sofern vorhanden) Schülermitverantwortung, über die Ergebnisse in Kenntnis zu setzen. Ebenfalls wurde von der Schule erwartet, dass sie auf Basis des Berichts in eine innerschulische Auseinandersetzung mit den Ergebnissen eintrat. Dies konnte z. B. eine Auswertungskonferenz sein, in der eine Priorisierung der Empfehlungen erfolgte oder ein Abgleich mit eigenen Entwicklungsvorhaben und einer damit einhergehenden Zielklärung. Am Ende stand bei beiden Durchgängen der Abschluss einer Zielvereinbarung mit der zuständigen Schulaufsichtsbehörde, die auf einem Aktions- bzw. Maßnahmenplan der Schule basieren sollte.

2.2 Unterschiede zwischen dem ersten und dem zweiten Durchgang

Neben vielen unverändert beibehaltenen Gemeinsamkeiten bei den Weiterentwicklungen in zentralen Bereichen Anpassungen vorgenommen. Zwar kam es beim zweiten Durchgang zu keiner Umgestaltung bei der äußeren Struktur der Qualitätsbereiche, der Orientierungsrahmen (vgl. Ministerium für Kultus, Jugend und Sport 2007) hatte nach wie vor Gültigkeit. Die innere Struktur der Qualitätsbereiche änderte sich jedoch grundlegend.

Im ersten Durchgang waren die Qualitätsbereiche in Kriterien untergliedert, denen wiederum Merkmale zugeordnet wurden, wie folgende Abbildung verdeutlicht:

Abb. 1: Gliederungsebenen des Qualitätsrahmens (erster Durchgang)

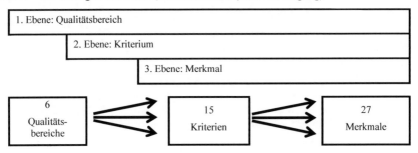

Quelle: in Anlehnung an Landesinstitut für Schulentwicklung 2012, S. 17

Im zweiten Durchgang fiel die Ebene der Kriterien weg, dafür wurden die Merkmale nun direkt den Qualitätsbereichen zugeordnet. Diese Merkmale gliederten sich wiederum in den Indikatoren übergeordneten Qualitätsstandards. Anhand von Indikatoren zu jedem Qualitätsstandard sollten die Bewertungen im Evaluationsbericht detaillierter nachvollzogen werden können.

Abb. 2: Ebenen des Qualitätsrahmens (zweiter Durchgang)

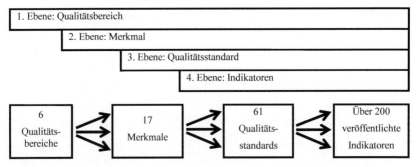

Quelle: in Anlehnung an Landesinstitut für Schulentwicklung 2015c, S.7

Eine grundlegende Änderung ergab sich mit Blick auf den Qualitätsbereich Q *Qualitätssicherung und Qualitätsentwicklung*. Im ersten Durchgang wurde dieser

Qualitätsbereich separat erfasst und zurückgemeldet. Er umfasste mehrere Kriterien mit den jeweiligen unterlegten Merkmalen, wie die folgende Abbildung veranschaulicht:

Abb. 3: Qualitätsbereich Q (erster Durchgang)

Qualitätsbereich	Kriterium	Merkmal
QB Q Qualitätssicherung und Qualitätsentwicklung	Q 1 Pädagogische Grundsätze	Pädagogische Ziele der Schule
	Q 2 Strukturen der schulischen Qualitätsentwicklung	Steuerung der schulischen Qualitätsentwicklung
		Umgang mit Ergebnissen
	Q 3 Durchführung der Selbstevaluation	Praxis der Selbstevaluation
	Q 4 Individualfeedback	Praxis des Individualfeedbacks

Quelle: in Anlehnung an Landesinstitut für Schulentwicklung 2015a, S. 8.

Mit der Weiterentwicklung des Qualitätsrahmens für den zweiten Durchgang der Fremdevaluation wurden diese Instrumente der Qualitätssicherung und Qualitätsentwicklung in die übrigen Qualitätsbereiche integriert, z. B. die Merkmale zum Individualfeedback in den Qualitätsbereich II – *Professionalität der Lehrkräfte*. Darüber hinaus gab es im zweiten Durchgang, analog zum Orientierungsrahmen, erstmalig eine Rückmeldung aus dem Bereich Ergebnisse und Wirkungen (vgl. Ministerium für Kultus, Jugend und Sport 2007, S. 32ff.). Hier erfolgte eine Rückmeldung an die Schule über die Zufriedenheit mit der schulischen Arbeit aus Sicht von Schülerinnen und Schülern sowie Eltern. Dabei standen folgende Aspekte im Fokus:

- Überzeugung der Schülerinnen und Schüler hinsichtlich eines gezielten Auf- und Ausbaus fachlicher Kompetenzen
- Überzeugung der Eltern hinsichtlich eines hohen Lernzuwachses und fachlicher Kompetenzen als gutes Fundament für den Bildungsweg
- Zufriedenheit der Schülerinnen und Schüler mit der Schule als Lernort
- Zufriedenheit der Eltern mit der Schule als Lernort (vgl. Landesinstitut für Schulentwicklung 2015c, S. 20)

Durch die Veränderung der inneren Struktur der Qualitätsbereiche ergaben sich auch bei der Wahlmöglichkeit der Schule bzgl. der Qualitätsbereiche *IV Schul-*

und Klassenklima und *V Inner- und außerschulische Partnerschaften* kleinere Anpassungen.

2.3 Datenerhebung

Wie oben dargestellt, blieben die Datenerhebungsinstrumente gleich. Jedoch bei der Anzahl der Unterrichtshospitationen bzw. Beobachtungen von Unterrichtssituationen kam es zu einer merklichen Ausweitung. Im ersten Durchgang orientierte sich die Zahl der Unterrichtshospitationen an der Gesamtschülerzahl der Schule. Ausgehend vom Minimum von fünf Unterrichtshospitationen wurden zwei Drittel bzw. bei großen Schulen mindestens 50 % der Klassen bzw. Kurse beobachtet. Im zweiten Durchgang gab es hingegen festgelegte Vorgaben zu den Unterrichtshospitationen, welche sich nun an der Zahl der Klassen bzw. Kurse der Schule orientierten. Das Minimum von zehn Unterrichtshospitationen durfte aus Gründen des Datenschutzes nicht unterschritten werden. Hatte eine Schule mehr als elf Klassen konnten bis zu 20 Unterrichtshospitationen durchgeführt werden. Ab 32 Klassen bzw. Kursen stieg diese Zahl auf bis zu 34 Unterrichtshospitationen.

Änderungen ergaben sich im zweiten Durchgang auch bei der Anzahl der Interviews. Insgesamt wurden deutlich weniger Interviews je Schule durchgeführt. (vgl. Landesinstitut für Schulentwicklung 2015c, S. 29.). Im Gegenzug wurde dafür die Onlinebefragung im Unterschied zum ersten Durchgang als Vollerhebung (Lehrkräfte, Schülerinnen und Schüler sowie Eltern) durchgeführt (vgl. Landesinstitut für Schulentwicklung 2016, S. 22). Im ersten Durchgang hingegen wurden schulartabhängig nur Schülerinnen und Schüler sowie Eltern bestimmter Klassenstufen befragt.

2.4 Rückmeldung im Rahmen der Fremdevaluation

Grundlegende Änderungen gab es auch im Bereich der Rückmeldung der Fremdevaluationsergebnisse. Im ersten Durchgang erfolgte die Rückmeldung auf Basis einer vierstufen Bewertungsskala. Diese unterteilte sich in die Qualitätsstufen *Entwicklungsstufe, Basisstufe, Zielstufe* sowie *Exzellenzstufe*. Damit sollte eine genaue und nachvollziehbare Einstufung für die einzelne Schule gewährleistet werden. Seitens des Landes Baden-Württemberg wurde hinsichtlich der Qualität der Schulen folgende Erwartung formuliert:

> „Von den Schulen wird erwartet, dass sie langfristig in den meisten Merkmalen die Zielstufe erreichen. Mit einer Einstufung auf der Basisstufe werden begonnene Entwicklungen und erste Teilerfolge der Schule gewürdigt. Schulen, die in einzelnen Bereichen eine besonders hohe Qualität entwickelt haben und diese regelmäßig selbst überprüfen, erhalten dafür eine Einstufung auf der Exzellenzstufe" (Landesinstitut für Schulentwicklung 2015a, S. 5).

Im Rahmen der Rückmeldung wertete das Evaluationsteam für jedes Merkmal die Daten anhand folgender Aspekte aus: *Art der Durchführung, Institutionelle Einbindung* und *Wirkung*. Bei *Art der Durchführung* lag das Augenmerk auf dem Handeln der Schule bzw. der Lehrkräfte oder der Schulleitung im Hinblick auf das jeweilige Merkmal. Bei *Institutionelle Einbindung* untersuchte das Evaluationsteam, wie transparent bzw. verbindlich die Vorgehensweisen waren, respektive wie sich die konkrete Praxis an der Schule darstellte, etwa mit Blick auf die Vorgehensweise oder ihre Implementierung. Bei der Frage nach der *Wirkung* lag der Fokus auf den Auswirkungen, die *Art der Durchführung* und *Institutionelle Einbindung* an der Schule für die beteiligten Personen bzw. Gruppen hatten. Dabei erfolgte die Rückmeldung im Bericht zur Fremdevaluation für jedes Merkmal einzeln als Fließtext, der in der Regel einen Umfang zwischen einer und zwei Seiten hatte.

Bei der Fremdevaluation im zweiten Durchgang erfolgte die Rückmeldung ausschließlich im Hinblick auf die Erreichung der Zielstufe (vgl. Landesinstitut für Schulentwicklung 2016, S. 8). Dabei erfolgte diese nun auf Merkmalsebene nicht mehr als Fließtext, sondern schwerpunktmäßig auf der Basis von Indikatoren, die in *erfüllt, teilweise erfüllt* oder *nicht erfüllt* eingestuft wurden. Zur besseren Rückmeldung wurden die *teilweise erfüllten* Indikatoren angepasst, um der Schule die erkannten Defizite besser aufzeigen zu können. Die eigentliche Bewertung für die Qualitätsstandards wurde als *erfüllt* bzw. *nicht erfüllt* gekennzeichnet:

Abb. 4: Schema der Berichtsrückmeldung (zweiter Durchgang)

Qualitätsstandard der Zielstufe		erfüllt	nicht erfüllt
Beschreibung des Qualitätsstandards		☒	☐
erfüllte Indikatoren	**teilweise erfüllte Indikatoren**	**nicht erfüllte Indikatoren**	
• Indikator 1 • Indikator 4 • Indikator 5	• Indikator 2 (mit erklärender Ergänzung) • Indikator 3 (mit erklärender Ergänzung)		

Quelle: eigene Darstellung (in Anlehnung an Landesinstitut für Schulentwicklung 2016)

Bereits im ersten Durchgang wurden den Schulen die Ergebnisse der Onlinebefragung für die weitere innerschulische Nutzung zur Verfügung gestellt. Im zweiten Durchgang erhielten sie zudem die statistisch aufbereiteten Ergebnisse der Unterrichtshospitationen.

3 Fazit und Ausblick

Der Vergleich zwischen dem ersten und zweiten Durchgang zeigt, dass die Weiterentwicklungen zwar mit wichtigen Veränderungen einhergingen, die auf vielfältigen Rückmeldungen von allen an der Fremdevaluation unmittelbar beteiligten Gruppen basierten. Im Hinblick auf die angekündigte Wiedereinführung einer Schulevaluation stellt sich jedoch die Frage, inwieweit das neue Verfahren anschlussfähig ist in Bezug auf die bisherigen Durchgänge und insbesondere die von den Schulen gemachten letzten Erfahrungen mit dem Verfahren der Fremdevaluation – und an welcher Stelle der schulischen Qualitätsentwicklung ein Neubeginn bzw. eine Fortsetzung ansetzt. Vor allem mit Blick auf die Bewertung und Rückmeldung der Evaluationsergebnisse scheint eine Weiterentwicklung in Richtung evidenzbasierte Schulentwicklung deutlich erkennbar. Durch die Fremdevaluation wurde an den Schulen ein sukzessiver Veränderungsprozess angeschoben, dem durch die Aussetzung des Verfahrens unvermittelt Grundlage und somit auch die Unterstützung entzogen wurde. Dabei kann vermutet werden, dass die externen Ansprüche an schulisches Qualitätsmanagement nicht gesunken sind. Offen bleibt zunächst auch, wie Schulen in der Zwischenzeit mit dem Thema schulisches Qualitätsmanagement intern umgehen werden.

Literatur

Landesinstitut für Schulentwicklung (2012): Fremdevaluation an allgemein bildenden Schulen in Baden-Württemberg. QE-14. Stuttgart: Landesinstitut für Schulentwicklung.

Landesinstitut für Schulentwicklung (2013): Qualitätsrahmen zur Fremdevaluation an allgemein bildenden Schulen. QE-15. Stuttgart: Landesinstitut für Schulentwicklung.

Landesinstitut für Schulentwicklung (Hrsg.) (2015a): Konzeption und Verfahren der Fremdevaluation (zweiter Durchgang) (QE-24): Stuttgart: Landesinstitut für Schulentwicklung.

Landesinstitut für Schulentwicklung (2015b): LS im Blick 2015. Online im Internet: http://www.lsbw.de/wir/lsimblick/LS%20im%20Blick%202015%20PDF.pdf. Abgerufen am 22.09.2016.

Landesinstitut für Schulentwicklung (Hrsg.) (2015c): Präsentation im Rahmen einer Informationsveranstaltung zur weiterentwickelten Fremdevaluation. Stuttgart: Landesinstitut für Schulentwicklung. Online im Internet: http://www.schule-bw.de/entwicklung/qualieval/ fev_as/fev/15_16/ informationen/Informationsveranstaltung_FEV2-Schulen-Praesentation_2015-10.pdf. Abgerufen am 22.112016.

Landesinstitut für Schulentwicklung (Hrsg.) (2016): Qualitätsrahmen zur Fremdevaluation an allgemein bildenden Schulen (zweiter Durchgang) (QE-25): Stuttgart: Landesinstitut für Schulentwicklung.

Ministerium für Kultus, Jugend und Sport Baden-Württemberg (2007): Orientierungsrahmen zur Schulqualität. Stuttgart: Ministerium für Kultus, Jugend und Sport Baden-Württemberg.

Ministerium für Kultus, Jugend und Sport Baden-Württemberg (Hrsg.) (2008): Verordnung des Kultusministeriums über die Evaluation von Schulen (EvaluationsVO) vom 10. Juni.2008.

Online im Internet: http://www.landesrecht-bw.de/jportal/portal/t/8ch/page/bsbawueprod. psml/action/portlets.jw.MainAction?p1=4&eventSubmit_doNavigate=searchInSubtreeTOC&showdoccase=1&doc.hl=0&doc.id=jlr-EvalVBWpP2&doc.part=S&toc.poskey=#focuspoint. Abgerufen am 22. 092016.

Ministerium für Kultus, Jugend und Sport Baden-Württemberg (Hrsg.) (2014): Schulgesetz für Baden-Württemberg (SchG) in der Fassung vom 01. August 1983 (inkl. Änderungen bis Stand 22. Juli 2014). Online im Internet: http://www.landesrecht-bw.de/jportal/?quelle=jlink&query=SchulG+BW &max=true. Abgerufen am 12. 05.2016.

Fremdevaluation an berufsbildenden Schulen – Schulentwicklung im Blick der Metaevaluation

Theo Tröndle

Abstract

Der Beitrag beschreibt zunächst die Genese der Fremdevaluation an beruflichen Schulen in ihrem Kontext, der Konzeption „Operativ eigenständige Schule" (OES). Anschließend werden zentrale Erkenntnisse der Fremdevaluation an beruflichen Schulen in Baden-Württemberg und Problemfelder der Gesamtkonstruktion skizziert. Den Abschluss bilden Vorschläge zu einer zukünftigen Ausrichtung der externen Evaluation an berufsbildenden Schulen.

Inhalt

1 Einleitung 202
2 Einführung der FEV-BS 202
3 Die weitere Entwicklung in den Folgejahren 204
4 Zentrale Erkenntnisse und Problemfelder 206
5 Vorschläge zu einer zukünftigen Ausrichtung der externen Evaluation an berufsbildenden Schulen 209
Literatur 211
Weitere Quellen 211

© Springer Fachmedien Wiesbaden GmbH, ein Teil von Springer Nature 2019
T. Stricker, *Zehn Jahre Fremdevaluation in Baden-Württemberg*,
https://doi.org/10.1007/978-3-658-25778-1_15

1 Einleitung

Der folgende Beitrag widmet sich der Fremdevaluation an berufsbildenden Schulen im Zeitraum von 2005 bis 2017. Konzeption und Verfahren, die angelegten Qualitätsstandards, die Veränderungen sowie aggregierte Ergebnisse der Fremdevaluation an beruflichen Schulen sind in den Bildungsberichten Baden-Württemberg hinterlegt (vgl. Landesinstitut für Schulentwicklung 2016), die Konzeption OES ist in Handbüchern (vgl. z. B. Ministerium für Kultus, Jugend und Sport Baden-Württemberg ohne Jahr) detailliert dokumentiert.

Im Unterschied zur Fremdevaluation (FEV-AS) an den allgemein bildenden Schulen, von denen es mehr als 3000 gibt, war die Fremdevaluation im Bereich der berufsbildenden Schulen (FEV-BS) als „Metaevaluation" angelegt, in diesem Bereich beträgt die Zahl der Schulen in Baden-Württemberg etwa 300. Im Fokus lag, adaptiert vom Schweizer Modell Q2E (vgl. Landwehr/Steiner 2003), das Qualitätsmanagement der Schule, dessen Instrumente und die Steuerung durch die Schulleitung und somit die Einbindung einer systematischen Qualitätsentwicklung in die schulischen Strukturen und die daraus resultierende Wirkung und Wirksamkeit.

Begründet wurde die Entscheidung für die ausschließliche Metabetrachtung mit den Größen und der hohen Differenzierung bzw. Spezifizierung der beruflichen Schulen und insbesondere damit, dass im dualen Ausbildungssystem ein externer Referenzrahmen bereits existiert (z. B. mit der Wirtschaft koordinierte Ausbildungsordnungen) und die beruflichen Schulen nur dann erfolgreich arbeiten können, wenn sie auch von der Wirtschaft als verlässliche Partner wahrgenommen werden. „Die Entscheidung, Selbst- und Fremdevaluation in einen Prozess der kontinuierlichen und systematischen Qualitätsentwicklung einzubetten und damit an beruflichen Schulen ein dem betrieblichen Qualitätsmanagement analoges Verfahren einzuführen, trägt dieser Anforderung Rechnung" (Landtag Baden-Württemberg 2006, S. 9), so die Aussage des Kultusministeriums (KM) im Jahr 2006. Angedacht war anfangs zudem, den beruflichen Schulen die Möglichkeit einer Zertifizierung anzubieten.

2 Einführung der FEV-BS

Zu Beginn von OES und der FEV-BS (Start im Schuljahr 2005/06) wurde jedoch offiziell nicht von der Einführung eines Qualitätsmanagements gesprochen, der Begriff war damals (oder ist es mancherorten bis heute) an den Schulen nicht salonfähig. Er klingt nach Wirtschaft, Effizienz, Optimierung und formalistischer Prozesssteuerung, was für manche Personen, insbesondere aus dem Kreis der Lehrkräfte, zu einer pädagogischen Organisation wie Schule und deren Bildungsauftrag so gar nicht zu passen scheint. Allerdings war von Anfang an von systematischer Qualitätsentwicklung die Rede (vgl. Ministerium für Kultus, Jugend und Sport Baden-Württemberg ohne Jahr, S. 4). „Schulisches Qualitätsmanagement" – dieser Begriff wurde erst mit der Erprobung einer Neukonzeption der FEV-BS zum Schuljahr 2015/16 eingeführt.

Die FEV-BS traf zu Beginn auf diejenigen der beruflichen Schulen, welche die seitens des Kultusministeriums gesetzten, landesweiten Schulentwicklungsimpulse „Stärkung der Eigenständigkeit beruflicher Schulen" (STEBS) mit einem bemerkenswerten Elan aufgenommen und mit sehr viel Engagement angegangen hatten. Aus diesem Kreis waren einige Schulen, die sich freiwillig gemeldet hatten, für eine Pretest- bzw. Entwicklungsphase für OES ausgewählt worden. Das war damals eine Auszeichnung. Es herrschte Aufbruchsstimmung. Neu war der Gedanke der systematischen Schulentwicklung. Nicht, dass zuvor keine Entwicklung stattgefunden hätte, aber nun war Entwicklung auf Schulebene erstmalig konzeptionell angelegt und offizieller Arbeitsauftrag für die Schulen und an den Schulen. Dieser Ansatz war umfassend, betraf einerseits die Steuerung der Schulen durch die vorgeordneten Behörden, andererseits die Arbeit der Lehrkräfte an den Schulen. Die Steuerung der Schulen sollte nicht mehr ausschließlich durch Vorgaben und Verordnungen erfolgen. Nicht nur in Baden-Württemberg, sondern Länder übergreifend wurde ein Paradigmenwechsels von der Input- zu Output-Steuerung initiiert in dessen Folge neue Steuerungsinstrumente entwickelt und implementiert wurden. Neu angedacht war, Steuerung nunmehr über Zielvereinbarungen mit zu gestalten, in deren Kontext die FEV-BS konzeptionell eingebunden wurde. Innerschulisch sollten über Qualitätsmanagement-Instrumentarien konsequent und verbindlich Handlungsbedarfe in Teilbereichen der Schule erkannt und im Rahmen sogenannter OES-Projekte individuell oder gemeinsam bearbeitet werden. Das mit der Konzeption OES neu entwickelte Instrument FEV-BS war *ein* Baustein in der OES-Konstruktion, weil eine Sicht von außen als notwendig erkannt wurde. Der Auftrag zur Entwicklung der FEV erging an das Landesinstitut für Schulentwicklung, welches dafür eigens etabliert wurde. Auftrag der FEV war, der Schule Rückmeldungen und Impulse für eine systematische Qualitätsentwicklung zu geben, Fakten für die anstehende Zielvereinbarung zwischen Schule und vorgesetzter Behörde sowie Steuerungswissen für die Administration, z. B. auch zur Steuerung des Gesamtkonzepts OES bereitzustellen.

Je nach Einstieg der Schulen in den OES-Prozess kamen die ersten FEV-BS an die Schulen, in einem Rhythmus von fünf Jahren sollte nunmehr jede berufliche Schule besucht werden. Es wurde dabei untersucht, wie die Schule auf den Ebenen der Steuerung bzw. der Organisation dafür sorgt, dass Qualität entwickelt und gesichert wird (vgl. Bildungsbericht Baden-Württemberg 2007, S. 236ff.).

Die Q2E-Theorie, die diesem Ansatz zugrunde liegt, geht davon aus, dass Individualfeedback und Selbstevaluation Motoren und Garanten einer kontinuierlichen, systematischen Qualitätsentwicklung sind: Wenn sich jede Lehrkraft regelmäßig Rückmeldungen zu ihrem Handeln einholt (via Individualfeedback) und wenn sich die Schule als Organisation regelmäßig Rückmeldungen zu ihrem Handeln einholt (via Selbstevaluation), die Rückmeldungen dann im Anschluss sorgfältig analysiert, bewertet und in Folge Handlungsimpulse ableitet werden, dann wird die Qualität der Schule bzw. die der Prozesse stetig verbessert, was ein Lernen der Schülerinnen und Schüler befördert und sicherstellt.

Eingesetzt waren in den ersten Jahren pro FEV drei Evaluatoren/-innen (EVT) des LS, die je zusammen mit einem „Kritischen Freund", den die Schule zur Mitarbeit im Evaluationsteam zu benennen hatte, zum Evaluationsbesuch an die Schule kamen. Sie trafen zu jener Zeit zuerst auf Pretest-Schulen und dann auf Schulen der ersten Charge, welchen allesamt gemein war, dass sie Impulse zur Schulentwicklung ambitioniert aufgenommen haben und dem Grundgedanken der systematischen Qualitätsentwicklung aufgeschlossen gegenüberstanden. Erhofft wurde von den Schulen Wertschätzung und Anerkennung für die mit viel Engagement im Zuge von OES geleistete Arbeit sowie für die Qualität der Schule durch das „Siegel" der Fremdevaluation. Die Betrachtungsfelder der FEV-BS waren „Schulleitung und Steuerung der Qualitätsprozesse", „Individualfeedback und persönliche Qualitätsentwicklung" sowie „Selbstevaluation und Qualitätsentwicklung der Schule". Hierzu wurde jeweils die etablierte schulische Praxis, deren Wirkung und Wirksamkeit und die Einbindung der angelegten Konzeption in die organisatorischen Abläufe der Schule – also die Sicherstellung von Verbindlichkeit – betrachtet.

3 Die weitere Entwicklung in den Folgejahren

Ab 2011 ging die FEV-BS in die Fläche. Die Zahl der EVT-BS erreichte kurzfristig mit 16 ihren Höchststand und pendelte sich in den Folgejahren bei etwa zehn Personen ein, die jeweils im Zweierteam an die Schulen kamen. Die FEV traf nicht mehr, wie in den Anfangsjahren, ausschließlich auf Schulen, die dem Gedanken der Schulentwicklung offen gegenüberstanden.

Neben dem Blick der FEV-BS auf die Systeme gab es von Beginn an den Blick *auf* die FEV-BS. Sie stand seitens der unterschiedlichen Akteure im Bildungssystem fortlaufend auf dem Prüfstand. So wurden beispielsweise Rückmeldungen von Schulen zur Konzeption und zum Verfahren der FEV-BS von der für die Fremdevaluation zuständigen Institution, dem Landesinstitut für Schulentwicklung, systematisch aufgenommen, ausgewertet und für die Weiterentwicklung genutzt. Eine der Folgen war eine Reduktion des Aufwands für das Verfahren. Vergleicht man die Jahre 2005 und 2017 so zeigt sich eine Halbierung und

Effizienzsteigerung. Daneben wurde auch die inhaltliche Ausrichtung fortlaufend verfeinert. Wiederkehrende Äußerungen seitens der Schulen, insbesondere der Lehrkräfte waren beispielsweise, dass die FEV-BS das „Kerngeschäft" von Schule – den „Unterricht", heute die „Lernprozesse der Schülerinnen und Schüler" nicht oder zu wenig fokussiere; den (gefühlt) guten Unterricht, der z. B. durch die Laufbahnerfolge der Schülerinnen und Schüler oder durch gute Notendurchschnitte/Prüfungsergebnisse belegt sei. Ferner würde die Schulqualität nicht adäquat gewürdigt. Gemeint war hierbei das Renommee der Schule, z. B. in Bezug auf das etablierte Zusammenspiel mit Betrieben/Einrichtungen, das einem ausgeprägten Engagement von Schulleitung und der Lehrkräfte geschuldet ist. Vermisst wurde zudem eine deutliche Rückmeldung zur seitens der Lehrkräfte als gut erlebten Kollegialität, weil aus Sicht der FEV oftmals auf fehlende Absprachen und Kooperationen oder Nutzung von möglichen Synergien hingewiesen wurde.

Mit Ende des Schuljahres 2014/15 hatten fast alle beruflichen Schulen eine Fremdevaluation in einem ersten Durchgang durchlaufen, und so wurde die Fremdevaluation für einen weiteren Durchgang weiterentwickelt und erprobt. Für diese zweite Runde wurden die Konzeption und das Verfahren vom Landesinstitut im Auftrag des Kultusministeriums grundlegend überprüft und neu aufgestellt. Hierbei wurden u. a. die Perspektiven der unterschiedlichen Akteure wie dem KM, der Regierungspräsidien (RP), der Schulleitungen, die Fachberatungen für Schulentwicklung und der Hauptpersonalrat (HPR) berufliche Schulen eingeholt.

Die Grundkonstruktion der Metabetrachtung blieb erhalten, einschließlich der Themen der Steuerung einer systematischen Qualitätsentwicklung durch die Schulleitung und die verbindliche Nutzung der vorhandenen Daten auf institutioneller wie auf individueller Ebene. Diese Kontinuität war von zentraler Bedeutung, denn in der ersten FEV-Runde war stets die mit einem sehr hohen Aufwand verbundene Entwicklungs- und Aufbauarbeit mit dem Hinweis auf zukünftige Erträge gerechtfertigt worden. Die bisherigen Qualitätsstandards wurden mit Blick auf eine systematische Unterrichtsentwicklung jedoch geschärft und neu gegliedert, Redundanzen wurden beseitigt, die Ausrichtung der Qualitätsentwicklung auf die je eigenen schulischen Ziele prominent thematisiert. Ergänzend wurden Pflichtwahlbereiche zur „Praxis des Unterrichtens" angeboten; zu ausgewählten Fragestellungen, aus dem Bereich der individuellen Förderung oder zum Zusammenspiel der Schule mit den Anforderungen der Berufs- und Arbeitswelt. Angestrebt waren passgenauere Rückmeldungen, eine schlankere Berichtslegung, ein präziser Blick auf Wirkungen insbesondere in Bezug auf Lehr- und Lernprozesse sowie auf den Einsatz und die Nutzung der vorhandenen Ressourcen. Ferner war die Kompatibilität zur „Akkreditierungs- und Zulassungsverordnung Arbeitsförderung" (AZAV) der Bundesagentur für Arbeit gefordert. Im Schuljahr 2017/18 sind in Baden-Württemberg davon etwa ein Drittel der beruflichen Schulen betroffen. Diese sind zumeist in Teilbereichen nach dieser Norm zertifiziert und haben dadurch die Möglichkeit, von der Arbeitsagentur nach dem Gutscheinverfahren geförderte Teilnehmende aufzunehmen. In den zwei Jahren, Schuljahre 2015/16 und 2016/17, in denen die FEV-BS 2 erprobt wurde, wurden ca. 80 Schulen evaluiert. Eingesetzt waren hierzu 7,5 Deputate, die EVT 2er-Teams waren zwei Tage vor Ort, die Vorstellung der Ergebnisse erfolgte zeitnah in der Woche darauf. Die Rückmeldungen der Schulen hierzu waren durchweg positiv und konstruktiv. Eine breit angelegte Begleitevaluation generierte Daten, die für eine weitere Verfeinerung und Verschlankung des Verfahrens genutzt werden sollten. Die mit hohem Aufwand und viel Engagement aller Beteiligten überarbeitete Neukonstruktion kam aufgrund einer Entscheidung des Kultusministeriums nicht mehr zum Einsatz und die Fremdevaluation an beruflichen wie auch an allgemein bildenden Schulen wurde zum Schuljahr 2017/18 ausgesetzt (vgl. Ministerium für Kultus, Jugend und Sport Baden-Württemberg 2017). Auch wurde seitens des KM mit negativen Rückmeldungen von Schulen über die FEV argumentiert (vgl. Landtag Baden-Württemberg (2017).

4 Zentrale Erkenntnisse und Problemfelder

Die Daten der FEV-BS spiegeln die Qualität der Schulentwicklungsprozesse an den Schulen und somit auch die Wirksamkeit in der Umsetzung der Konzeption OES insgesamt. Zentraler Prüfpunkt für die Gesamtkonstruktion OES sollte sein, inwieweit es *systemisch* gelingt, eine hohe Unterrichtsqualität bzw. die Qualität der Lehr- und Lernprozesse, die den Schülerinnen und Schülern angeboten werden, sicherzustellen und fortlaufend weiter zu entwickeln. Datenerhebung alleine trägt nicht direkt zur Steigerung der Unterrichtsqualität bei, der Schlüssel für Veränderungen liegt im Umgang mit den erhobenen Daten. Die FEV-BS generierte Daten die mittelbar Rückschlüsse auf die Qualität des Unterrichts bzw. der Lehr- und Lernprozesse zulassen. Daten, wie an der Schule Unterricht reflektiert und gemeinsam weiterentwickelt wird. Daten, die Aufschluss darüber geben, ob die angelegten Strukturen und die eingesetzten Ressourcen adäquat sind. Schülerinnen und Schüler sowie Lehrkräfte erweisen sich hierzu, neben den Schulleitungen und den hinterlegten Dokumenten, als eine obligate und wertvolle Datenquelle.

Unter den ca. 300 beruflichen Schulen finden sich etwa ein Drittel, deren FEV-Daten belegen, dass der eingeschlagene Weg der systematischen Qualitätsentwicklung in einem hohen Maße für alle Beteiligten gewinnbringend ist. Dies sind diejenigen, welche die FEV-BS-Qualitätsstandards weitgehend erfüllt haben. Die Evaluatorinnen und Evaluatoren nahmen hierzu wahr, dass deren systematische Qualitätsentwicklung in ein pädagogisches Leadership eingebunden war: Rahmenbedingungen, Kommunikationsanlässe und -themen sind seitens der

Schulleitung so arrangiert, dass Schule bzw. die Lehr- und Lernprozesse gemeinsam gestaltet und verantwortet werden. Dies findet einen deutlichen Ausdruck bei den Schülerinnen und Schülern sowie bei den Lehrkräften: Schülerinnen und Schüler erleben die Lehr- und Lernprozesse als etwas Abgestimmtes, Reflektiertes, als etwas Gemeinsames und Dialogisches; als „Produkt" der Schule und nicht ausschließlich als eine Leistung einzelner Lehrkräfte. Lehrkräfte nehmen die angelegten Strukturen als klar, verbindlich und entlastend wahr, nutzen sie aktiv und gestalten diese mit. Die Wege dieser Schulen hin zu lernenden Organisationen sind lang und mit etlichen Paradigmenwechseln verbunden: Kulturelle Veränderung braucht Entwicklungszeit – 10 Jahre und mehr.

Die Daten der FEV-BS zeigen jedoch auch, dass bei vielen Schulen eine systematische Qualitätsentwicklung in Teilbereichen, aber noch nicht gesamtschulisch angelegt ist oder lediglich einzelne Instrumente implementiert sind. So sind an allen beruflichen Schulen zuvorderst Vorgaben oder Leitlinien zum Individualfeedback eingeführt. Schüler-Lehrer-Feedback ist hierbei verbreiteter als Lehrer-Lehrer-Feedback, das oftmals ausschließlich als Unterrichtshospitation gekannt wird. Im Vordergrund stehen häufig ausschließlich die Durchführung, weniger die Lernwirksamkeit des Feedbacks, die Qualität der schulischen Feedbackprozesse wird eher nicht systematisch reflektiert und weiterentwickelt. Schülerinnen und Schüler schätzen eine gute und sorgfältige Feedbackpraxis ihrer Lehrkräfte als gut und hilfreich ein für ihr Lernen bzw. für einen gemeinsamen Lernprozess. Aus Sicht der Schülerinnen und Schüler haben engagierte Lehrkräfte eine gute Feedbackpraxis, umgekehrt vermissen sie bei Lehrkräften, bei denen die Interaktion Klasse – Lehrkraft als belastet empfunden wird, Angebote, die eine individuelle Rückmeldung ermöglichen. Ein datengestütztes Arbeiten auf Ebene der Schule, institutionell, ist deutlich schwächer ausgebildet. Lediglich ein Teil der Schulen erhebt systematisch Daten zur – selbst definierten und angestrebten – Schul- und Unterrichtsqualität und nutzt diese für eine zielorientierte Entwicklung. Eine konsequente und verbindliche Generierung und Bewertung der Daten sowie die Ableitung von Maßnahmen stehen oftmals aus, der PDCA-Zyklus (Kreislauf systematischer Qualitätsentwicklung: Plan-Do-Check-Act, auch „Demingkreis") ist häufig nicht geschlossen. Auffallend ist, dass der Unterricht, bzw. die Lehr-/Lernprozesse der Schülerinnen und Schüler mehrheitlich nicht mit Selbstevaluationen belegt und reflektiert werden. Insbesondere Lehrkräfte haben große Vorbehalte gegenüber unterrichtsbezogenen Selbstevaluationen. Ein Rückfragen zur Qualität des Unterrichts bzw. zu gemeinsam verantworteten Lehr- und Lernprozessen wird großteils ausschließlich als individuelle Angelegenheit der Lehrkräfte verstanden, die Chancen eines gemeinsamen Fragens kaum gesehen.

FEV-BS- Daten einzelner Schulen belegen deutlich, dass bei fehlenden bzw. nicht adäquaten Strukturen für ein gemeinsames Arbeiten der Lehrkräfte große Reibungsverluste entstehen und die Arbeitsbelastung als sehr hoch wahrgenommen wird. Das Argument, eine systematische Entwicklung, ein Qualitätsmanagement, unter den gegebenen Umständen nicht einführen zu können, erweist sich als verhängnisvoll. Deutlich belegt ist auch, dass Entwicklungen, z. B. neue Lehr- und Lernkonzepte wie sie mit der Berufsfachschule „Pädagogische Erprobung" einhergehen, dann an den Schulen ankommen, wenn Ressourcen bereitgestellt und Strukturen für Abstimmungsprozesse eingerichtet sind. So haben beispielsweise Lehrkräfte, die in solche Konzeptionen eingebunden sind, im Vergleich zu ihren Kolleginnen und Kollegen derselben Schule, die in anderen Bereichen arbeiten, eine höher ausgeprägte Zufriedenheit bezüglich Arbeitsbelastung und der Ausgestaltung der Lehr- und Lernprozesse.

Dies zeigt, dass berufliche Schulen auf dem Weg zur Etablierung einer systematische Qualitätsentwicklung selbst nach fast 10 Jahren OES unterschiedlich weit sind. Die Daten, welche die FEV-BS generiert hat, zeigen dies und halten somit ein sehr detailliertes Wissen bzw. ein hohes Potenzial für eine zielgerichtete Steuerung bereit. Die Datenlage wurde in schulspezifischen Berichten festgehalten, welche von den Schulen an die zuständige Schulaufsichtsbehörde, das jeweilige Regierungspräsidium, und an die Schulträger weitergeleitet wurden. Ferner wurden die Daten aller evaluierten Schulen vom LS regelmäßig für die Bildungsberichte Baden-Württemberg aggregiert. Die Verantwortung für den Umgang mit dem generierten Wissen lag bei den Schulen, den Regierungspräsidien sowie bei der Auftrag gebenden Behörde, dem Kultusministerium.

In Bezug auf das Zusammenspiel FEV – Schulentwicklung lassen sich folgende Thesen zur Gesamtkonstruktion OES ableiten:

- *These 1: Ungenutztes FEV-Steuerungswissen*
  Die Erkenntnisse der FEV-BS werden zuvorderst in Abhängigkeit vom Engagement und Know-how der Schulleitungen genutzt/nicht genutzt. Die Handhabung des Instruments „Zielvereinbarung" ist formal wie inhaltlich unter den Regierungspräsidien deutlich unterschiedlich ausgeprägt (vgl. hierzu Rechnungshof Baden-Württemberg 2016, S. 104ff.). Es ist systemisch nicht sichergestellt, dass aufgezeigte Entwicklungsfelder gezielt angegangen werden. Zielvereinbarungen beinhalten oftmals keine Entwicklungsziele, fokussieren Nebenschauplätze, dienen wenig der Organisationsentwicklung.

- *These 2: Fehlende Ressourcen und Ressourcenkalkulation*
  Ressourcen für den Betrieb und die Pflege eines schulischen Qualitätsmanagements sind nicht ausgewiesen. Es ist unklar, welche der Aufwände, die

im Rahmen eines schulischen Qualitätsmanagements anfallen über die Deputate abgedeckt sind und welche eindeutig darüber hinausgehen. Offen ist, wie diese Aufwände geleistet werden sollen. Hierbei wird entweder auf vorhandene (in den letzten Jahren stark gekürzte) schulische Ressourcen in Form von Poolstunden verwiesen oder auf persönliche Ressourcen zurückgegriffen.

- *These 3: Normsetzende FEV – fehlendes QM-Know-how*
  Die mit dem KM abgestimmten Qualitätsstandards der FEV-BS waren in hohem Maße normgebend. Zugleich wurde versäumt, die Schulen mit dem Zusammenspiel der angelegten Instrumente und Verfahren vertraut zu machen. Oftmals sahen sich die EVT bei den Evaluationsbesuchen an den Schulen in die Rolle gedrängt, Sinn und Zweck der Elemente eines schulischen Qualitätsmanagements zu erklären – was nicht deren Aufgabe ist. Notwendiges Know-how für systematische Qualitätsentwicklung bzw. schulisches Qualitätsmanagement wird nicht konsequent eingefordert und befördert.

- *These 4: Differente Denkmuster OES – FEV-BS*
  Entwicklungsimpulse und Interventionen seitens OES und die von der FEV-BS zu prüfenden Qualitätsstandards wurden von den Schulen oftmals als different erlebt. Ein Gesamtkonzept wurde, obwohl in den Konzeptfolien formal abgebildet, vermisst.
  In den über die Jahre parallel zur FEV veröffentlichten OES-Broschüren bzw. Handreichungen (vgl. z. B. Ministerium für Kultus, Jugend und Sport Baden-Württemberg 2015) wird eher appellativ auf das Zusammenwirken der Handlungsebenen Unterricht, Unterrichtsentwicklung und Schulentwicklung verwiesen.
  Von einem schulischen Qualitätsmanagement, dem zentralen Prüfgegenstand der FEV-BS, und dessen Zusammenspiel mit Unterrichtsentwicklung, ist in den Handreichungen an keiner Stelle die Rede. Datengestützte Schul- und Unterrichtsentwicklung wird zwar propagiert, auf deren *Implementierung* in die schulischen Strukturen wird aber nicht gezielt und konsequent hingearbeitet (vgl. Ministerium für Kultus, Jugend und Sport Baden-Württemberg 2017a).

5 Eckpunkte einer zukünftigen Ausrichtung der externen Evaluation an berufsbildenden Schulen

In den ministeriellen Publikationen zur Aussetzung der bestehenden Verfahren der Fremdevaluation wird betont, dass es nach wie vor eine Außensicht auf die

Arbeit an den Schulen geben werde. Wie diese ausgestaltet sein wird, ist derzeit offen. In Anbetracht der o. g. Thesen zur bisherigen Gesamtkonstruktion und unter Nutzung der seit 2014 bis dato im Zuge der AZAV-Zertifizierung und der damit verbundenen Audits gesammelten Erfahrungen scheinen folgende Punkte beachtenswert:

- *Kontinuität*
- *Stringenz*
- *Unterstützung*

Die beruflichen Schulen brauchen Kontinuität: Über viele Jahre wurde am Aufbau von Strukturen und Instrumenten systematischer Qualitätsentwicklung gearbeitet, nun müssen diese auch für die Schul- und Unterrichtsentwicklung genutzt und wirksam werden. Es sollte nicht der Eindruck entstehen, dass die viele Arbeit, die in diesen Bereich investiert wurde, nunmehr obsolet sei. D. h.:

a. Weiterführung des systemischen Ansatzes eines impliziten, in die bestehenden Strukturen eingebundenen Qualitätsmanagements, weil sich nachweislich gezeigt hat, dass dieser erfolgreich ist (das belegen diejenigen Schulen, welche die bislang angelegten Standards erfüllt haben, wie oben dargelegt, vgl. hierzu auch Wilbers 2017, S. 88f.). Die Neukonzeption sollte hierbei auf die Erstellung, Reflexion und Wirksamkeit der Lehr- und Lernkonzepte fokussiert sein.

b. Weiterentwicklung einer Systembetrachtung von außen, welche fokussiert, wie welche Daten für eine kontinuierliche Schul- und Unterrichtsentwicklung genutzt werden.

*Die beruflichen Schulen brauchen eine **gut und verbindlich vernetzte** Gesamtkonstruktion der Qualitätssicherung/-entwicklung und Evaluation:* Statt differenter Denkmuster OES-Impulse – FEV-BS braucht es ein inhaltlich – und nicht lediglich formal – abgestimmtes Zusammenspiel OES und FEV. Ein Gegeneinander, skeptisches Beobachten oder Ignorieren der beteiligten Akteure wird den Bedarfen der Schulen nicht gerecht. Nötig ist zum einen eine stringente Kommunikationsstruktur, die einen Austausch der Beteiligten der Evaluation und des Unterstützungssystems sowie mit der Schulaufsicht gewährleistet. Zum anderen braucht es eine Verfahrensregelung zum Umgang mit den erhobenen Daten.

Die beruflichen Schulen brauchen konkrete, praktische, lösungsorientierte Unterstützung: Es sollte nicht sein, dass Schulen lediglich anzugehende Handlungsfelder offengelegt werden, ohne dass Wege und Mittel zu deren Bearbeitung ausgewiesen sind. Denn eines hat sich gezeigt: Berufliche Schulen sind Meister im Handeln und Umsetzen. Sie schätzen klare Ansagen und pragmatische Lösungen. Es braucht personelle Unterstützung vor Ort, adäquate zeitnahe Fortbildungsangebote, einen Pool von Instrumenten, die zur Nutzung adaptiert werden können. Ferner sind Ressourcen für die Pflege des schulischen Qualitätsmanagements, für eine kontinuierliche Rechenschaftslegung und für obligate Reflexions- und Planungsveranstaltungen notwendig.

Literatur

Landesinstitut für Schulentwicklung (Hrsg.) (2016): Ergebnisse der Fremdevaluation in Baden-Württemberg – Berufliche Schulen (Schuljahre 2007/08 bis 2014/15). Reihe Beiträge zur Bildungsberichterstattung. Stuttgart: Landesinstitut für Schulentwicklung.

Landesinstitut für Schulentwicklung und Statistisches Landesamt Baden-Württemberg (Hrsg.) (2007): Bildungsberichterstattung Baden-Württemberg 2007. Stuttgart: Landesinstitut für Schulentwicklung und Statistisches Landesamt Baden-Württemberg.

Landwehr, N.; Steiner, P. (2003): Q2E: Qualität durch Evaluation und Entwicklung. Bern: hep Verlag.

Ministerium für Kultus, Jugend und Sport Baden-Württemberg (ohne Jahr): Handbuch OES. Handreichung 2. Das Konzept Operativ Eigenständige Schule für berufliche Schulen in Baden-Württemberg. Stuttgart: Ministerium für Kultus, Jugend und Sport Baden-Württemberg.

Ministerium für Kultus, Jugend und Sport Baden-Württemberg (2015): Unterrichtsentwicklung an beruflichen Schulen in Baden-Württemberg. Konzept OES. Online im Internet: https://www.km-bw.de/site/pbs-bw2/get/documents/KULTUS.Dachmandant/KULTUS/KM-Homepage/Publikationen% 202015,%202016%20und%202017/OES-Broschuere_Unterrichtsentwicklung.pdf. Abgerufen am 01.02.2018.

Ministerium für Kultus, Jugend und Sport Baden-Württemberg (2017a): Datengestützte Schul- und Unterrichtsentwicklung an beruflichen Schulen. Konzept OES. Online im Internet: http://www.schule-bw.de/themen-und-impulse/oes/download/hr_oes_datengestuetzte-seundue_170913_online.pdf. Abgerufen am 01.02.2018.

Ministerium für Kultus, Jugend und Sport Baden-Württemberg (2017b): Qualitätskonzept für das Bildungssystem Baden-Württembergs. Online im Internet: https://www.km-bw.de/,Lde/Startseite/Service/28_06_2017+Qualitaetskonzept+Bildungssystem/?LISTPAGE =4978503. Abgerufen am 01.02.2018.

Rechnungshof Baden-Württemberg (2016): Denkschrift 2016. Online im Internet: https://www. rechnungshof.baden-wuerttemberg.de/de/veroeffentlichungen/denkschriften/319674.html. Abgerufen am 01.02.2018.

Wilbers, K. (2017): QIBB Meta-Analyse. Bericht zur Evaluation des Standes der Implementierung der QualitätsInitiative BerufsBildung (QIBB) im Auftrag des Bundesministeriums für Bildung, Wien. Unter Mitarbeit von Carolin Simon. Nürnberg: Universität Erlangen-Nürnberg, Lehrstuhl für Wirtschaftspädagogik und Personalentwicklung. Online im Internet: https://www.qibb.at/fileadmin/content/QIBB/Dokumente/Q-Berichte/Abschlussbericht_QUIBB_Meta-Analyse.pdf. Abgerufen am 01.02.2018.

Weitere Quellen

Landtag Baden-Württemberg (2006): Drucksache 14/524 vom 06.11.2006.
Landtag Baden-Württemberg (2017): Drucksache 16/2517 vom 12.08.2017.

Pädagogische Freiheit versus pädagogische Verantwortung. Oder: vom Nutzen der Kooperation

Susanne Oppelt

Abstract

Der vorliegende Beitrag rückt – ausgehend von meinen Erfahrungen im Zusammenhang mit der Fremdevaluation in Baden-Württemberg – das Rollenverständnis und die Arbeitsweise von Lehrkräften in den Fokus. Zum einen werden diese unter dem Aspekt der individuellen Auffassung der ‚pädagogischen Freiheit' und zum anderen aus der Perspektive der individuellen und kollektiven ‚pädagogischen Verantwortung' betrachtet. Auswirkung dieser unterschiedlichen Einstellungen bzw. Grundauffassungen auf die individuelle unterrichtliche Praxis von Lehrkräften und den Unterricht allgemein sowie auf die am Schulleben beteiligten Gruppen werden beschrieben bzw. diskutiert.

Inhalt

1 Einführung 214
2 Vorherrschendes Rollenverständnis – und gesetzliche Grundlagen 214
3 Pädagogische Freiheit vs. Verantwortung 215
4 Resümee 218
Literatur 219
Weitere Quellen 219

© Springer Fachmedien Wiesbaden GmbH, ein Teil von Springer Nature 2019
T. Stricker, *Zehn Jahre Fremdevaluation in Baden-Württemberg*,
https://doi.org/10.1007/978-3-658-25778-1_16

1 Einführung

Der Grad der Zusammenarbeit innerhalb der Lehrerschaft war von Beginn an ein Beobachtungs- und Interessenschwerpunkt im Rahmen der Fremdevaluation in Baden-Württemberg und ein zentraler Maßstab für die Professionalität innerhalb des Kollegiums einer Schule. Alle Datenerhebungsverfahren, z. B. die Beobachtung von Unterrichtssituationen oder die Angaben im Schulportfolio gaben Auskunft über vorhandene Kooperationen. Um deren Ausmaß, die Intensität, die Zielgerichtetheit und vor allem deren Wirksamkeit festzustellen, bedurfte es jedoch im Besonderen der Interviews mit den Lehrkräften.

Der Fokus lag hier auf der Frage nach dem nachhaltigen Wert der gemeinsamen Arbeit sowohl für die individuelle Unterrichtsvorbereitung und -durchführung als auch für die langfristige Unterrichtsentwicklung und Unterrichtsqualität an der Schule. Den Begriffen „regelmäßig", „systematisch", „verbindlich" kam dabei eine besondere Bedeutung zu. Diese rekurrierten auf die zeitliche als auch die inhaltliche Dimension der Zusammenarbeit und die daraus resultierenden Absprachen. Sie wurden durch entsprechende Interviewitems abgebildet.

Konkret befragt wurden die Kollegien nach dem Nutzen der Kooperation für die eigene Unterrichtsgestaltung, nach ihrer individuellen Einschätzung bezüglich des Verhältnisses von selbstgestaltetem und miteinander entwickeltem Unterrichtshandeln und nach der Möglichkeit, hierbei das eigene Wissen und die eigenen Kompetenzen einsetzen zu können. Zum anderen interessierte, ob das Kollegium in seiner Mehrheit in zentralen Bereichen des Unterrichts zusammenarbeitet und diese gemeinschaftlich getroffene und zuverlässig umgesetzte Vereinbarungen beinhaltet bzw. zu diesen führt (vgl. Bidier 2015; Denk 2013).

2 Vorherrschendes Rollenverständnis – und gesetzliche Grundlagen

Ein aus meiner persönlichen Beobachtung heraus regelmäßig wiederkehrender Einwand vieler Lehrkräfte im Rahmen der Interviews betraf die befürchtete Einschränkung der pädagogischen Freiheit, die für das eigene Rollenverständnis einen hohen Stellenwert einnimmt. Gemeinsame Absprachen verhindern nach Auffassung der Betroffenen das fach-, klassen-, schülerspezifisch und den eigenen Fähigkeiten und Einstellungen entsprechende Unterrichten und führen zu einer „Gleichschaltung".

Dieser weit verbreiteten Meinung begegnete die amtierende Kultusministerin in anderem Zusammenhang mit folgender Feststellung: „Es ist gerichtlich bestätigt, dass es keine *pädagogische Freiheit* als subjektives Recht gibt" (Allgöwer, 2018). Die Ministerin führte weiter aus, dass es rechtlich völlig unbestritten sei, landeseinheitliche Zielsetzungen im Bildungsplan, durch Erlasse oder Verwaltungsvorschriften festzulegen (vgl. ebd.).

Im Schulgesetz heißt es dazu wie folgt: „Die Lehrkräfte tragen im Rahmen der in Grundgesetz, Verfassung des Landes Baden-Württemberg und § 1 dieses Gesetzes niedergelegten Erziehungsziele und der Bildungspläne sowie der übrigen für sie geltenden Vorschriften und Anordnungen die unmittelbare *pädagogische Verantwortung* für die Erziehung und Bildung der Schüler." (Schulgesetz, 1983).

Für die Einzelschule sind dies Rahmenvorgaben, die auf Schulebene präzisiert und verbindlich umgesetzt werden müssten. Dazu zählen beispielsweise die Erlasse zur Notengebung oder zur Fortbildungsplanung. Darüber hinaus gibt es auf Schul-, Fach-, Stufen- und Klassenebene wichtige Aufgaben, in denen das professionelle Handeln der Lehrkräfte – wie bereits angedeutet – durch gemeinsam abgesprochene Vorgehensweisen zur Qualitätssicherung des Unterrichts wesentlich beitragen soll.

3 Pädagogische Freiheit vs. Verantwortung

Schwerpunktmäßig betrachtete die Fremdevaluation im Bereich des Unterrichts die Führung der Lerngruppen, die Unterrichtsstrukturierung sowie die individuellen und gruppenspezifischen Lernangebote (vgl. Bidier et al. 2015). Dies betrifft originäre Aufgaben einer Lehrkraft bei der Vorbereitung und Durchführung von Unterricht, im traditionellen Sinne also berufliche Tätigkeiten, die im häuslichen Arbeitszimmer und häufig hinter der geschlossenen Klassenzimmertür stattfinden.

3.1 Pädagogische Freiheit

Tatsächlich legt ein Großteil der Lehrkräfte nach wie vor sehr viel Wert auf die Umsetzung persönlicher pädagogischer Vorstellungen, Interessen und Vorlieben. Absprachen, die nicht weitgehend deckungsgleich sind mit den eigenen Ideen von guter Unterrichtspraxis, werden als Einschränkung individueller Handlungsmöglichkeiten verstanden. Daher werden selbst mehrheitlich innerhalb eines Kollegiums beschlossene Maßnahmen nicht von allen umgesetzt. In vielen Interviews wurde deutlich, dass auf wichtigen Gebieten erst gar keine Absprachen getroffen werden, wenn man sich nicht auf Eckpunkte einigen kann bzw. will, und/oder ein einheitliches Vorgehen grundsätzlich als nicht notwendig erachtet wird.

Oftmals erarbeitet sich jede Lehrerin und jeder Lehrer innerhalb eines Kollegiums ein eigenes unterrichtliches Konzept bzw. interagiert individuell und intuitiv aus einer langjährigen Entwicklung und Erfahrung heraus – ganz im Sinne etablierter beruflicher Routinen auch im unterrichtlichen Kontext. So können der

Umgang mit Störungen, Art und Einsatz von Strukturierungshilfen, Ausformulierung und Anwendung von Regeln und Ritualen, um nur einige Stichpunkte zu nennen, in ihrer spezifischen Ausprägung von einer Lehrkraft in dieser Art, von einer weiteren in einer völlig anderen Art angewendet werden. An Schulen mit einem ausgeprägten Individualismus innerhalb der Lehrerschaft erfordert dies insbesondere von den Schülerinnen und Schülern ein hohes Maß an Flexibilität. Ähnlich den Familien, in denen die Eltern unterschiedliche Erziehungsmaßnahmen anwenden, besteht zudem die Gefahr, dass Lehrkräfte gegeneinander ausgespielt werden. Auch für die Lehrkräfte selbst kann dies zu deutlich erhöhtem Aufwand führen, etwa für Fachlehrkräfte.

Diese individuelle Vorgehensweise kann schließlich auch hoheitliche Vorgaben betreffen, z. B. wenn schulinterne Absprachen zur Bewertung von Schülerleistungen fehlen oder „Ansprüche" seitens der Lehrkräfte deutlich divergieren. Die Festlegung formaler und inhaltlicher Kriterien für Klassenarbeiten, Gruppenergebnisse oder mündliche Leistungen liegt dann in der Hand der einzelnen Lehrkraft oder wird ggf. noch für die Parallelklassen des aktuellen Schuljahres abgesprochen, jedoch nicht in ein Gesamtkonzept überführt. Für nachfolgende oder vorangegangene Schülerinnen und Schüler der gleichen Jahrgangsstufe gelten bzw. galten entsprechend andere Vorgaben – aus Schüler- und auch Elternperspektive eine gleichsam unerklärliche wie inakzeptable „Ungerechtigkeit", wie es in den von mir begleiteten Interviews formuliert wurde.

Basale Synergieeffekte werden in vorwiegend individuell arbeitenden Kollegien dahingehend erzielt, dass Materialien und Ideen sowie Informationen über die eigenen Vereinbarungen, Arrangements, Vorgehensweisen oder Aktionen wie Klassenregeln, Unterrichtsformen und Projekte mehr oder weniger offengelegt und überwiegend informell ausgetauscht werden. Diese Form der Zusammenarbeit bewegt sich zumeist auf Ebene der Klassenstufen, innerhalb von Fachschaften oder zwischen Lehrkräften, die aus persönlichen Gründen gut miteinander arbeiten können. Es findet zwar vielfach eine Erweiterung des eigenen pädagogischen und fachlichen Repertoires statt. Die Umsetzung und Anwendung innerhalb des eigenen Unterrichts erfolgt jedoch unverbindlich.

Auf Wirkungsebene berichteten die Lehrerinnen und Lehrer in den von mir geführten bzw. protokollierten Interviews häufig von ihren eigenen Klassen, ihren individuellen pädagogischen Vorstellungen und ihrer persönlichen Vorgehensweise. Am Ende entstand hier regelmäßig ein heterogenes Gesamtbild, bestehend aus vielen einzelnen Ideen und praktischen Umsetzungsbeispielen, jedoch ohne Gesamtvorstellung und -ausrichtung insbesondere von Unterricht.

In den von mir beobachteten Interviews mit der Schüler- und der Elternschaft kam diese Problematik immer wieder deutlich zur Sprache. Beide Gruppen konnten die fehlende Abgestimmtheit und deren Auswirkungen klar benennen. Während Eltern beispielsweise die für sie nicht transparente und lehrkraftabhängige Rückmeldung zu den Leistungen ihres Kindes bemängelten, nannten die Lernenden u. a. das ungleiche Belohnungs- und Bestrafungsverhalten, fehlende bzw. unterschiedliche Vorgaben für die Gruppenarbeit oder die stark variierende Vorbereitung auf Klassenarbeiten. In beiden Gruppen wurde dies als Schwachstelle der Schule gesehen, unabhängig davon, dass einzelne Lehrerinnen und Lehrer auch in diesen Systemen eine hohe Anerkennung erfahren.

3.2 Pädagogische Verantwortung

Demgegenüber stehen Schulen mit einem Kollegium, in dem sich die Lehrkraft als dienendes Mitglied eines Systems versteht. Hier werden Absprachen als bereichernd und zugleich unterstützend angesehen und vom Grundsatz her nicht infrage gestellt. Durch Diskussionen und Konsensbildung werden „Wir-Gefühl" und organisationales Commitment gestärkt, die Verantwortung von allen gleichermaßen getragen und die Entlastung für jeden spürbar. Jedes miteinander verabschiedete und von allen verbindlich umgesetzte Konzept stärkt die Gemeinschaft und bringt Ruhe sowie Kontinuität ins System. Zudem wird diese Vorgehensweise von allen am Schulleben Beteiligten als professionell angesehen.

Bereits im Qualitätsrahmen für den ersten Durchgang der Fremdevaluation war formuliert, dass ein gutes kollegiales Zusammenarbeiten auf verschiedenen Ebenen die Grundlage für ein erfolgreiches gemeinsames Handeln im Rahmen eines Schulentwicklungsprozesses darstellt. Insbesondere ist die Kooperation dienlich für die Unterrichtsentwicklung, sorgt für eine Arbeitserleichterung sowie damit verbunden für die Steigerung der Leistungsfähigkeit eines Kollegiums. Erfolgt der Austausch systematisch und zielgerichtet mündet er in allgemein gültigen Konzepten und Strukturen (vgl. Denk et al. 2013).

Die Schaffung von Strukturen kann zum einen einzelne Methoden betreffen. So gibt es Grundschulen, die sich auf die Verwendung einheitlicher Rituale geeinigt oder Gymnasien, die für die Projektarbeit klar definierte Richtlinien aufgestellt haben. In allen Klassen und bei allen Lehrkräften ist die Vorgehensweise also gleich und somit vergleichbar. Zum anderen kann sie aber auch auf komplexere Bereiche angewandt werden, z. B. indem ein Sozialcurriculum für die gesamte Schule entwickelt wird, das klar regelt, welche Fähigkeiten in welcher Jahrgangsstufe vermittelt werden. Dies bedeutet, dass Schülerinnen und Schüler im Verlaufe ihrer Schulzeit einen verbindlichen Kanon an Sozialkompetenzen erlernen. Zudem können Lehrkräfte sich darauf verlassen, dass sie bei der Übernahme einer Klasse auf dem Vorherigen aufbauen können. Das gelingt, wenn sich alle an die mehrheitlich beschlossene Vorgehensweise halten.

Je mehr unterrichtliche und außerunterrichtliche Aufgaben auf gemeinsam reflektierten, erarbeiteten und beschlossenen Absprachen, Vereinbarungen, Konzepten und Vorgehensweisen beruhen und sie das Resultat einer systematischen und zielgerichteten Kooperation sind, desto mehr wird dies von den Lehrkräften als selbstverständlicher Teil ihres professionellen Handelns erlebt, als Entlastung wahrgenommen und als Aufwertung der Unterrichtsqualität gesehen.

Auf Wirkungsebene zeigten mir die Interviews an Schulen mit umfassend kooperativ arbeitenden und einer gemeinsamen pädagogischen Verantwortung verpflichteten Kollegien in allen Befragtengruppen auffallend andere Ergebnisse als an Schulen mit überwiegend individuell arbeitenden und eher an der persönlichen pädagogischen Freiheit orientierten Lehrerinnen und Lehrern. Die Beiträge der Lehrkräfte waren im ersten Fall weniger geprägt von persönlichen Berichten über den eigenen Unterricht, vielmehr beinhalteten sie Verweise auf an der Schule fest verankerte Vorgehensweisen. Es entstand ein homogenes Gesamtbild, abgeleitet aus den mit Überzeugung entwickelten Leitgedanken und pädagogischen Grundsätzen nicht nur den Unterricht, sondern das gesamte Schulleben betreffend.

Schülerinnen und Schüler aller Jahrgangsstufen und Schularten zeigten sich in der Regel mündiger und zugleich zufriedener, da sie an Entwicklungen beteiligt wurden und sich ernst genommen fühlten. Eltern hatten mehr Einblick in die Schulentwicklung und sahen sich bezüglich des Leistungs- und Entwicklungsstandes ihres Kindes gut informiert.

4 Resümee

Während bei einem klassischen Rollenverständnis die Lehrkraft sowohl im eigenen Unterricht als auch innerhalb des Kollegiums vorwiegend individuell agiert und eine umfassende Kooperation nur auf äußeren Druck, also extrinsisch gesteuert stattfindet, gibt es Kollegien, in denen Lehrkräfte gemeinsam von ihren Qualifikationen profitieren und intrinsisch motiviert für ihre spezielle Situation vor Ort passende Strukturen des kollegialen Austausches entwerfen und diese verbindlich sowie ergebnisorientiert ausrichten.

Der Weg hin zu einer umfassenden Kooperation sowohl bei der Unterrichtsvorbereitung und -durchführung als auch bei der langfristigen Unterrichtsentwicklung ist zweifelsohne aufwändig. Eine gute Projektplanung mit überschaubaren Meilensteinen ist unentbehrlich, um die Motivation der Beteiligten aufrecht zu erhalten.

Im weiterentwickelten Qualitätsrahmen der Fremdevaluation wurde daher auch die Rolle der Schulleitung in diesem Prozess nochmals deutlich hervorgehoben, da sie für die Schaffung geeigneter Rahmenbedingungen sorgt, welche die kollegiale Zusammenarbeit unterstützen und sichern soll (vgl. Bidier et al. 2015). Es bleibt zu hoffen, dass das neu zu gründende Institut für Bildungsanalysen im Rahmen der angedachten Qualitätsanalyse bzw. Schulinspektion (vgl. Anhang zum Qualitätskonzept 2017) die kollegiale Kooperation im Sinne der Fremdevaluation in den Blick nimmt und die pädagogische Verantwortung von Lehrkräften und Schulleitungen in den Vordergrund rückt.

Literatur

Bidier, C.;, Genzel, N.; Knoll, R.;, Meyner, C.; Mohr, I.; Munz, M.-C.; Strohmeyer-Thum, H. (2015): Qualitätsrahmen zur Fremdevaluation (zweiter Durchgang) an allgemein bildenden Schulen in Baden-Württemberg ab zweitem Schulhalbjahr 2015/16. Stuttgart: Landesinstitut für Schulentwicklung.

Denk, E.; Genzel, N.; Knaupp, V.; Mohr, I.; Okunik, R.; Schiller S.; Steidel, M.; Streicher, R. (2013): Qualitätsrahmen zur Fremdevaluation an allgemein bildenden Schulen in Baden-Württemberg ab Schuljahr 2013/14. Stuttgart: Landesinstitut für Schulentwicklung.

Weitere Quellen

Allgöwer, R. (2016): Interview mit Kultusministerin Susanne Eisenmann. Stuttgart: Stuttgarter Nachrichten vom 27.12.2016.

Anhang zum Qualitätskonzept für das Bildungssystem Baden-Württembergs vom 28. Juni 2017. Aufgaben der neuen Institutionen & Verzahnung. Stuttgart: Pressestelle des Ministeriums für Kultus, Jugend und Sport.

Leitlinien zur Fortbildung und Personalentwicklung an Schulen in Baden-Württemberg. Verwaltungsvorschrift vom 24. Mai 2006. Stuttgart: Ministerium für Kultus, Jugend und Sport.

Qualitätskonzept für das Bildungssystem Baden-Württembergs, 28. Juni 2017. Stuttgart: Pressestelle des Ministeriums für Kultus, Jugend und Sport.

Schulgesetz für Baden-Württemberg (SchG) in der Fassung vom 1. August 1983. § 38. Stuttgart: Land Baden-Württemberg.

Verordnung des Kultusministeriums über die Notenbildung. Notenbildungsverordnung. NVO vom 5. Mai 1983. Stuttgart: Ministerium für Kultus, Jugend und Sport.

Zur Bedeutung von Vermittlungsleistungen

Reflexionen auf Basis von Erfahrungen in der Evaluatorentätigkeit bei der Durchführung der Fremdevaluation

Mechthild Schürmann und Tobias Stricker

Abstract

Externe Evaluationsverfahren werden häufig unter Aspekten der Gesamtkonzeption, im Hinblick auf den Instrumenten- bzw. Methodenmix, und/oder Aspekten von Wirkung und Wirksamkeit betrachtet und analysiert. Wenig beachtet hingegen ist der Umstand, dass von Evaluator*innen „Vermittlungsleistungen" bei der Durchführung von externen Evaluationsverfahren erbracht werden bzw. erbracht werden müssen. Diesem Aspekt soll im folgenden Beitrag insbesondere auf Basis der langjährigen Erfahrung der Autorin und des Autors in der Evaluatorentätigkeit aus subjektiver Perspektive nachgespürt werden.

Inhalt

1 Einführung 222
2 Vermittlungsleistungen – konkrete Erfahrungen 223
3 Diskussion und Ausblick 234
Literatur 236

© Springer Fachmedien Wiesbaden GmbH, ein Teil von Springer Nature 2019
T. Stricker, *Zehn Jahre Fremdevaluation in Baden-Württemberg*,
https://doi.org/10.1007/978-3-658-25778-1_17

1 Einführung

Externe Evaluator*innen werden in einer für sie fremden Organisation, d. h. in einer fremden Umwelt, tätig (vgl. Stockmann 2004, S. 1) und sehen sich demnach „mit einer Vielzahl unterschiedlicher Interessen und Akteuren konfrontiert" (ebd., S. 13). Evaluator*innen externer Evaluationen weisen zudem „[…] eine größere Unabhängigkeit, eine profunde Methodenkompetenz und professionelles Evaluationswissen auf und kennen das Fachgebiet, […]" (ebd., S. 9).

Analog zu anderen Kontexten werden externe Evaluationen an Schulen von Personen durchgeführt, die nicht der zu evaluierenden Schule angehören. Einführend wird – basierend insbesondere auf zwei Aufsätzen von Meyer (vgl. Meyer 2012) in dem Zusammenhang – im Folgenden auf die Evaluatorentätigkeit im Schulbereich eingegangen. Die Begriffe „Evaluatoren" und „Inspektoren" werden dabei – zumindest im Rahmen der vorliegenden Beitrags – synonym verwendet.

Meyer (vgl. Meyer 2012, S. 19ff.) stellt dabei die folgende These auf (These 1): „Die Inspektorentätigkeit ist primär eine pädagogisch-didaktische und erst sekundär und eine empirisch-forschende Tätigkeit. In den Verfahren, so auch z. B. in der Niedersächsischen Schulinspektion, ist jedoch deutlich eine „säuberliche Trennung von empirisch basierter Evaluation und pädagogisch motivierter Schulentwickluung" (ebd., S. 19) angelegt. Dies trifft im Grunde auch vollumfänglich für die Fremdevaluation in Baden-Württemberg zu. Zunächst kann dieser These von Meyer ein großes Stück weit zugestimmt werden, denn Inspektionsteams bzw. Evaluationsteams „saugen auf, was ihnen an Impressionen und Informationen entgegenschlägt, sie nutzen jede Gelegenheit für ein Gespräch, sie geben sich offen und versuchen so, die kommunikative ‚Geschäftsgrundlage' für die Inspektorentätigkeit herzustellen (ebd., S. 20). Hier sind die Vermittlungsleistungen von Evaluator*innen zu verorten und zu suchen, und Meyer stellt hier die Behauptung auf, der auch wir im Grunde uneingeschränkt zustimmen: „Ohne die gezielte Herstellung förderlicher Kommunikationsstrukturen lässt sich die Inspektion nicht durchführen. Das wissen die Inspektoren. Und daran halten sie sich auch" (Meyer 2012, S. 20). Allerdings soll bereits an dieser Stelle angedeutet werden, worin die Problematik der These liegt. Die Kunst einer guten externen Evaluation besteht nach Auffassung der Autoren darin, diese (von Meyer im Prinzip umschriebenen) Vermittlungsleistungen zu bedienen, das Verfahren aber dennoch durchgehend – und insbesondere dann, wenn es um die Einschätzung der Ergebnisse geht – nach den empirisch-forschenden Prämissen durchzuführen, eine Herausforderung, die bei externen Evaluation im System Schule jedoch sehr groß ist. Andersherum ausgedrückt: Man benötigt als Evaluationsteam im System Schule die Fähigkeiten, diese angedeuteten Vermittlungsleistungen zu bedienen, um überhaupt Daten sammeln und somit empirisch-forschend bewerten zu können! Und dennoch ist

Meyer wiederum zuzustimmen, wenn er z. B. von Inspektionsrückmeldungen als eigene didaktische Literaturgattung spricht (vgl. Meyer 2012, S. 21), der z. B. eine Art Schulportrait, eine nüchterne Stärken-Schwächen-Analyse und eine implizite Aufforderung zur gezielten Schulentwicklung enthält (vgl. ebd.). Beim Bericht des weiterentwickelten Verfahrens der Fremdevaluation relativierte sich dies jedoch deutlich, da hier Ergebnisse verstärkt auf Basis von Indikatoren zurückgemeldet wurden. Von den insgesamt 20 Thesen Meyers soll an dieser Stelle lediglich noch auf folgende These aufmerksam gemacht werden (auch wenn die weiteren Thesen nicht minder interessant und diskussionswürdig erscheinen): „Die Inspektorentätigkeiten und auch die Inspektionsberichte basieren auf einer wissenschaftlich zulässigen Kombination von hermeneutischen und empirisch-analytischen Forschungsmethoden" (Meyer 2012, S. 47). Dieses Verhältnis dürfte sich im Rahmen der Weiterentwicklung des baden-württembergischen Verfahrens zwar zugunsten des empirisch-analytischen Bereichs verändert haben, aus Sicht der Autoren darf dies im Umkehrschluss jedoch die Notwendigkeit von und den Anspruch an Vermittlungsleistungen nicht verringern bzw. schmälern. Sollten weiterhin z. B. Empfehlungen und die damit intendierten Anschlusshandlungen Bestandteil des Evaluationsberichts sein, so ist darüberhinaus dem Gedanken Meyers an eine praxeologische Wissenschaft verstärkt Augenmerk zu schenken, die Transparenz in der Argumentation, eine bildungstheoretische Herleitung, eine empirische Basierung, Glaubwürdigkeit, Brauchbarkeit und Nachhaltigkeit vorsieht (vgl. Meyer 2012, S. 54). Nach Meyer gelten bei Gültigkeit einer praxeologischen Wissenschaft deren Gütekriterien auch für die Arbeit der Inspektionsteams (vgl. Meyer 2012, S. 54f.).

2 Vermittlungsleistungen – konkrete Erfahrungen

Im folgenden Kapitel soll nun auf diese Vermittlungsleistungen konkreter eingegangen werden. Bei der Autorin und beim Autor liegen dabei langjährige Erfahrungen mit dem stark standardisierten Verfahren der externen Evaluation in Baden-Württemberg (Fremdevaluation) vor. Die Fremdevaluation erfuhr im Verlauf der Jahre verschiedene Weiterentwicklungen, und zwar sowohl innerhalb eines jeweiligen Durchgangs, als auch bei der Weiterentwicklung vom ersten zum zweiten Durchgang. Die Veränderungen hatten vielfach die Auswirkung, dass das Verfahren gestrafft wurde, um Zeit und insbesondere den Einsatz personeller Ressourcen einzusparen bzw. zu reduzieren. Dabei wurden vermehrt quantitative Instrumente eingesetzt, indem beispielsweise die Unterrichtsbeobachtungen ganz überwiegend einer quantitativen Auswertung unterzogen wurden. Die eigentlichen qualitativen Instrumente – insbesondere die Interviews – wurden hingegen stärker auf die Datenanalyse abgestimmt und konnten so entsprechend der schulspezifischen Ausgangslage angepasst werden. Insofern waren hier auch Veränderungen der Erfahrungen im Vermittlungsprozess und Verschiebungen der Schwerpunkte der Vermittlungsleistungen feststellbar.

Die Fremdevaluation in Baden-Württemberg wurde zum Ende des Schuljahres 2016/17 ausgesetzt. Ihr lag ein bis auf die Kriterienebene für alle Beteiligten transparenter Qualitätsrahmen zugrunde. Ebenfalls öffentlich zugänglich waren die Kriterien des Unterrichtsbeobachtungsbogens. Auch für die Auswahl der dem Evaluationsteam zugänglich zu machenden Dokumente und Daten aus den Qualitätshandbüchern oder Schulportfolios wurden Checklisten bereitgestellt. Aus unserer Sicht ist damit zunächst eine wichtige Basis für gegenseitiges Vertrauen sowie eine weitgehende Transparenz der Verfahrens- und Entscheidungsgrundlagen (man denke auch an die zahlreichen Handreichungen zum Thema) von (informations-)technischer Seite aus gelegt.

Im Rahmen der Durchführung des Verfahrens der Fremdevaluation wurde den Schulen als soziale Organisationen von den Fremdevaluationsteams, so die grundlegende Haltung, wertschätzend begegnet, was eine Grundlage für gelingende Kommunikation mit den Schulen darstellte. Die Betonung der Wertschätzung der schulischen Arbeit und ihrer Akteure kann, so verschiedene Autoren, die per se asymmetrische Kommunikation zwischen Evaluationsteam und Schule jedoch nicht aufheben (vgl. u. a. Oldenburg/Mörking 2012b, S. 14; Schöning 2007, S. 103ff.).

Die Fremdevaluation mit dem für deren Durchführung eigens qualifiziertem Personal war Teil der bildungspolitischen Steuerung – von den Schulen realiter nicht nur im Einzelfall (in den ersten Jahren vermutlich noch deutlich öfters) der „Schulaufsicht zugehörig" angesehen. Insofern bestand tatsächlich ein Art hierarchisches Gefälle sowie (und dies trotz der Informationsmöglichkeiten vermutlich noch viel stärker) ein Kompetenzgefälle in Bezug auf das Verfahren selbst, was z. B. Durchführungsdetails und somit Expertenwissen anbelangte.

Für eine Beziehungsgestaltung und somit eine möglichst gelingende Kommunikation zwischen Evaluationsteam und schulischen Akteuren und damit einhergehend für die Vermeidung von Widerstands- bzw. Abwehrhaltungen der Fremdevaluation gegenüber sind das jeweilige Rollenverständnis, die Transparenz des Verfahrens und die Sicherheit im Umgang mit dem Verfahren sowie der Aufbau einer Vertrauensbasis, insbesondere im Rahmen direkter Kommunikation, entscheidend (vgl. hierzu auch Schöning 2010, S. 15ff.). Daher rücken im Fremdevaluationsverfahren die Schnittstellen der direkten Kommunikation der Akteure sowie der Bericht und somit die Evaluationsergebnisse in den Fokus der Vermittlungsleistungen und -gestaltung.

Im Folgenden sollen die aus unserer Sicht vorrangigen Vermittlungsleistungen näher beschrieben werden. Bei den Ausführungen handelt es sich – sofern nicht auf weiterführende Literatur verwiesen wird – um subjektive Ausführungen und Bewertungen.

2.1 Vermittlungsleistungen bei der Vorbereitung

Die erste Kontaktaufnahme mit den Schulen im Rahmen der Fremdevaluation des zweiten Durchgangs erfolgte anhand eines Telefongesprächs, um mit der Schulleitung erste Verfahrensfragen zu klären und weitere Terminabsprachen zu treffen. Schon zu diesem Zeitpunkt ließen sich häufig durch die an dieser Stelle stattfindende Kommunikation (quasi zwangsläufig) aussagekräftige erste Eindrücke und Anhaltspunkte von der bestehenden Situation an der Einzelschule, der Vorinformiertheit, der Haltung oder Einstellung der Schulleitung gegenüber dem Verfahren sowie der Schul- und Führungskultur insgesamt gewinnen. Aufschlussreiche und anschlussfähige Erstinformationen konnten die Erreichbarkeit des Sekretariats und der Schulleitung im Hinblick auf Ressourcenlagen und Arbeitsbelastungen darstellen. Gelegentlich wurden die Telefongespräche durch eine Lautschaltung des Telefons mit weiteren Anwesenden wie der stellvertretenden Schulleitung oder Mitgliedern eines Schulentwicklungsteams geführt, was wiederum erste Hinweise auf die Aufbauorganisation der Schule lieferte. Je nach Verlauf und Inhalten des Gesprächs stellten diese ersten Informationen bzw. Anhaltspunkte z. B. hinsichtlich Unsicherheiten in Bezug auf das Verfahren der Fremdevaluation und/oder einer eher teamorientierten, partizipativen Führungskultur der Schule dar. Unsicherheiten in Bezug auf das Verfahren ließen sich in der Regel bereits an dieser Stelle deutlich reduzieren oder dem Eindruck nach sogar ausräumen. Je nach Kenntnis- und Informationsstand der Schulleitung war es hier gelegentlich im Sinne einer Unterstützungsleistung hilfreich, mit den Schulleitungen die Website des Landesinstituts für Schulentwicklung aufzurufen und gemeinsam auf die hier verfügbaren Informationen und Formblätter zu navigieren.

Die Vereinbarung eines möglichst zeitnahen Termins für ein Vorgespräch mit der Schulleitung zur tiefergehenden und umfassenden Information und Klärung von Verfahrensfragen diente ebenfalls dem Abbau von Unsicherheiten aufseiten der Schulleitung sowie hinsichtlich der weiteren Kommunikationsbasis. Im Laufe der Weiterentwicklung der Fremdevaluation wurde deutlich, dass Schulleitungen zunehmend vertraut waren mit den Grundlagen, Zielsetzungen und Verfahren der Evaluation, und zwar sowohl der Fremd- als auch der Selbstevaluation. Entsprechend war eine Abnahme von Abwehr- und Misstrauenshaltungen gegenüber der Fremdevaluation wahrnehmbar sowie eine Zunahme von Kompetenzen zu Fragen der Steuerung von Schul- und Unterrichtsentwicklungsprozessen. Zudem waren diese – nicht nur im Einzelfall – begleitet von vorhandenen Einblicken bei Schulleitungen und Schulentwicklungsteams in Verfahren der empirischen Sozialforschung. Einen wichtigen Beitrag zur Vertrauensbildung stellten die beidseitige Einhaltung von Terminabsprachen und Zusagen, die zeitnahe Informationsweitergabe und die schnelle Beantwortung von Fragen der Schulleitungen, aber auch z. B von den externen Evaluationsteams, dar. Gelegentlich traten im telefonischen Erstkontakt auch Schulsituationen und Konstellationen zutage, die eine Evaluation der Schule schwierig oder gar unmöglich machten. Die Möglichkeit, hier eine zeitnahe Antwort oder Lösung durch die Servicestelle Fremdevaluation zu erreichen, trug ebenfalls dazu bei, dass das Verfahren insgesamt als (norm-)gerecht und verlässlich wahrgenommen werden konnte. Ebenfalls zur Vorbereitung zählte im Fremdevaluationsverfahren in Baden-Württemberg das Vorgespräch mit der Schulleitung und ggf. dem Schulentwicklungsteam, zu welchem die Teamleitung des Evaluationsteams an die Schule kam. Optional konnte ein Informationsteil für die weiteren Beteiligten wie Lehrkräfte, Vertreter der Eltern- und Schülerschaft durch eine Präsentation des Verfahrens, der zugrundeliegenden Rechtsnormen, der Erhebungsinstrumente sowie der Auswertungsverfahren – wie das der Triangulation – angeschlossen werden. Ziel dieses Verfahrensschritts war neben der Information aller Beteiligten die Herstellung von Transparenz zur Erhöhung der Akzeptanz der Fremdevaluation. Im Vorgespräch wurden auch wichtige Weichen gestellt, die eine spätere Nutzung der Evaluationsergebnisse aus Sicht der Autoren wahrscheinlicher werden ließen. Generell war festzustellen, dass die Akzeptanz der Fremdevaluation bei Eltern- und Schülerschaft eher vorhanden war als bei Schulleitungen und Lehrerkollegien, erhofften sich Eltern und Schülerinnen und Schüler doch weitergehende Informationen über Leistungen der Schule sowie zur ihrer inneren Beschaffenheit. Insbesondere Eltern, die in Wirtschaftsunternehmen tätig und selbst mit Qualitätsmanagement in Kontakt waren, unterstützten diesbezüglich häufig ein Verfahren für den schulischen Bereich, welches schulische Qualität in den Blick nimmt. Der normative Charakter der Fremdevaluation war bei Elternvertretung und Schülerschaft somit in der Regel deutlicher akzeptiert und positiv besetzt. Dass aus den Ergebnissen der Fremdevaluation kein Vergleich von Schulen untereinander abgeleitet wurde bzw. wird – daraus also kein Schulranking resultierte –, traf hingegen nicht bei allen Vertretern der Schulöffentlichkeit auf Verständnis. Ein Vergleich der Schulen war in Baden-Württemberg jedoch nicht intendiert und wäre (auch in Zukunft) zudem eher kontraproduktiv, wenn die Ergebnisse der Fremdevaluation als Momentaufnahme und Rückmeldung zu den Prozessen der Schul- und Unterrichtsentwicklung dienen sollen (vgl. hierzu auch Strittmatter 2007, S. 105).

Weniger positiv besetzt – wie bereits weiter oben angedeutet – war die Fremdevaluation aufseiten der Schulleitungen und der Lehrkräfte, wobei auch bei diesen beiden Gruppen jeweils wiederum unterschiedliche Einstellungen bzw. Haltungen festzustellen waren. Schulleitungen standen der Fremdevaluation dabei im Gesamtblick offener gegenüber und erwarteten oftmals konkrete Impulse für die weitere Schulentwicklung, die sie wiederum als nachhaltige Argumente einzubringen gedachten. Jedoch gab es auch unter den Schulleitungspersonen solche, die das Verfahren wenig guthießen bzw. nahezu kategorisch ablehnten.

Die insgesamt im Vergleich zur Gruppe der Schulleiter deutlicher zutage tretenden Vorbehalte bei den Lehrkräften gegenüber der Fremdevaluation resultierten nach unserer Auffassung auch sicherlich aus ihrer oftmals verbreiteten Vorstellung, dass es von der Intention des Verfahrens her primär um die Aufdeckung von Defiziten und um grundlegende Änderungen der Unterrichtspraxis ging. Gelegentlich traf man als Evaluationsteam auch auf Schulen, die befürchteten, dass die Qualitätskriterien des Orientierungsrahmens die besondere pädagogische Ausrichtung der Schule nicht abbilden könnten oder welche sinngemäß die Frage stellten, ob (externe) Evaluation das Wesen der Schule als *pädagogische* trifft (vgl. Klenk 2010; Schöning 2007, S. 103ff).

Befürchtungen und Vorbehalte der Schulleitungen und Kollegien galt es dabei ernst zu nehmen und durch sachliches Vorgehen sowie durch Offenlegung der Qualitätskriterien zum Unterricht und im Rahmen des Auswertungsverfahrens zu begegnen. Keinesfalls war es angebracht, die ambivalente Erscheinungsweise der Fremdevaluation vollständig zu ignorieren oder gar zu leugnen. Um nicht an Glaubwürdigkeit zu verlieren, war es im Umkehrschluss geradezu sinnvoll, dies proaktiv zu thematisieren. Im Vorgespräch kamen somit im Hinblick auf die vorrangigen Intentionen der Fremdevaluation neben der normativen (Rechenschaftslegung bzw. Kontrolle/Normendurchsetzung) somit auch die unterstützende Funktion (Wissensgewinnung/Entwicklungswirksamkeit) im Rahmen der erhöhten Selbstverantwortung von Schulen direkt oder indirekt zur Sprache (vgl. hierzu auch Landwehr 2011). Vertrauen in die Fairness des Verfahrens und die Kompetenz der Evaluator*innen war neben der umfassenden Information grundlegendes Ziel dieses Verfahrensschritts.

Ein tieferer Einblick in die Schulkultur sowohl zum pädagogischen Grundverständnis, als auch zur Führungskultur sowie zum professionellen Selbstverständnis der Lehrkräfte ergab sich im weiteren Verlauf zwangsläufig durch das Vorgespräch. Endgültig zutage traten Informationen zu diesen Themen jedoch im Rahmen der Interviews bei der Durchführung des Verfahrens vor Ort und damit im Rahmen der „offiziellen Datenerhebung".

Erfahrungsgemäß deuteten sich bereits im Vorgespräch mit der Schulleitung auch vorhandene schulische Konflikte an. Dazu gehörten beispielsweise konkurrierende Gruppierungen innerhalb des Kollegiums oder ungelöste Konflikte zwischen Kollegium und Schulleitung. Ebenfalls zu beobachtende Konfliktfelder waren Konflikte mit einer ggf. engagierten, fordernden Elternschaft, die sich in schulische Abläufe „einzumischen" versuchte oder Erwartungen an die Arbeit des Kollegiums stellte, die dieses nicht erfüllen konnte. In so gelagerten Konstellationen war der Hinweis entlastend, dass die Schule am Ende des Evaluationsprozesses neben einer Informationspflicht die Daten- und Deutungshoheit über den Bericht zur Fremdevaluation behielt und im Rahmen der Informationspflicht selbst über Art und Umfang der Weitergabe von Informationen entscheiden konnte. Nur gegenüber der Schulaufsicht war die Schule in Form der Erstellung eines Maßnahmenplans rechenschaftspflichtig.

Seitdem die Evaluationsberichte auch an die kommunalen Schulträger gesandt wurden, befürchteten Schulen mitunter (berechtigterweise), dass es doch zumindest auf dieser Ebene zu einem Schulvergleich und somit zu einer Art Ranking kommen könnte. Auch diese Verwaltungsebene war dem Datenschutz verpflichtet und konnte den Bericht als solchen nicht der Öffentlichkeit zugänglich machen. In Situationen der kommunalen Schulentwicklung mit Fragestellungen zu Schulschließungen, Standortverlegungen oder Zusammenlegungen fürchteten betroffene Schulen eine Instrumentalisierung der Berichte und Evaluationsergebnisse durch die kommunalen Entscheidungsträger.

Schulen mit Konfliktlagen innerhalb des Kollegiums oder zwischen Kollegium und Schulleitung befürchteten häufig auch die Instrumentalisierung und Inanspruchnahme durch die jeweils andere Seite. Hier die Neutralität und Unabhängigkeit des Evaluationsteams deutlich zu kommunizieren, war ein wichtiger Aspekt für die spätere Akzeptanz des Evaluationsergebnisses. Diese erschien ebenso abhängig von der Wahrnehmung der spezifischen Situation, von der pädagogischen Ausrichtung und der Rahmenbedingungen der Schule durch die Evaluator*innen bzw. die Teamleitung bereits im Laufe des Vorgesprächs. Durch entsprechende Kommunikation und Interesse seitens der Evaluator*innen konnte dies befördert werden.

Entscheidend für die weitere Gestaltung des Fremdevaluationsprozesses in dieser Phase war die Wahrnehmung der spezifischen Situation der Schule hinsichtlich möglicher Widerstände, Unsicherheiten und Konfliktlagen sowie die transparente Darstellung des Verfahrens einschließlich der ambivalenten Aspekte wie dem normativen Charakter versus schulindividueller Rückmeldung.

2.2 Vermittlungsleistungen bei der Durchführung

In der Durchführungsphase war die „Teamqualität" des Evaluationsteams von besonderer Bedeutung. Den Begriff „Teamqualität" beziehen wir dabei auf sehr unterschiedliche Ebenen des Evaluationsprozesses sowie auf die Kompetenzen und Haltungen der Evaluator*innen .

Neben der Fähigkeit, als Team zu agieren und dabei die im Prozess vorgesehenen Rollen einzuhalten, war es entscheidend, wie die Evaluator*innen mit der Schule und den in das Verfahren eingebundenen schulischen Akteuren kommunizierten. Die zeitlich eng geplanten Schritte der „Evaluation vor Ort" verdichteten Begegnung und Beziehungsgestaltung. Um von den schulischen Akteuren als kompetent und glaubwürdig wahrgenommen zu werden, war es daher von großem Belang, die Kommunikation möglichst adressatenbezogen zu realisieren. Adressatenbezogen und damit erfolgreich wird definiert als Verständlichkeit der gemachten Aussagen bzw. gestellten Fragen sowie einer – ungeachtet der oben gemachten Einschränkung – weitgehend dialogischen Gestaltung der Kommunikation (vgl. hierzu u. a. Schöning 2010a/b).

Wie das Evaluationsteam die eigene Rolle und Aufgabe letztlich ausgestaltete, war auch im Rahmen der Interviews von besonderer Bedeutung. Hier wirkte sich auch die deutliche Veränderung im weiterentwickelten Verfahren der Fremdevaluation aus. Während die Interviewführung anfangs einen eher offenen Charakter hatte, dienten die Fragen im weiterentwickelten Verfahren oftmals dem Schließen von Datenlücken auf Grundlage der Datenanalyse der schulischen Dokumente und ermöglichten bzw. erforderten hier ergänzendes und gezieltes Nachfragen. Dies ging in der Folge zulasten einer eher dialogischen Ausgestaltung der Interviewsituationen. Dialog hingegen ermöglicht Beteiligung der Akteure im Prozess, was sich wiederum auf die Akzeptanz des Verfahrens und der Ergebnisse auswirkt (vgl. u. a. Schöning 2010b, S. 61). Die Tendenz, dass dialogisch zu nennende Anteile insbesondere beim weiterentwickelten Verfahren somit eher noch abnahmen, sollte daher kritisch reflektiert und bei einer Wiedereinführung des Verfahrens bedacht werden.

Die Interpretation der eigenen Rolle bedeutete auch das Evaluationsverfahren mit dem Bewusstsein durchzuführen, dass durch die Instrumente der Fremdevaluation ggf. die Schule nicht als Ganzes erfasst und entsprechend nicht das gesamtschulische Handeln vollständig abgebildet werden konnte. Umso bedeutender war es, die Wahrnehmung des Evaluationsteams auf das Spezifische der Schule, die pädagogischen Grundsätze und das Schulklima zu lenken. Das Team musste sich fragen, worum es im alltäglichen schulischen Handeln ging. Hierzu waren Fragen der Kongruenz des Leitbilds bzw. der schulischen Werte oder der Qualitätsleitsätze mit dem wahrnehmbaren Handeln der schulischen Akteure basal, ebenso Fragen nach der Ausgestaltung des Schullebens (vgl. hierzu u. a. Forst 2010, S. 50ff.). Diese Fragen und damit einhergehend die Wahrnehmungsleistungen des Evaluationsteams dienten später als Auswertungs- und Interpretationsgrundlage im Zusammenspiel mit den erhobenen Daten in Gänze.

Weiterhin war auch und gerade bei der Durchführung der Fremdevaluation vor Ort die Wahrnehmung bestehender Konfliktfelder von besonderer Bedeutung, um mit entsprechenden Reaktionen und Haltungen die Neutralität und Professionalität des Evaluationsteams deutlich zu machen und zu wahren. Keinesfalls durfte sich das Team instrumentalisieren lassen, was nicht selten zu kleineren oder auch größeren Herausforderungen führte. Mitunter erfolgte eine Form der Instrumentalisierung auch nach Abschluss des Verfahrens und somit ohne direkte Einflussmöglichkeit der Evaluationsteams bzw. der Teamleitung, was sich im Einzelfall z. B. in sachlich inkorrekten Zeitungsberichten oder Protokollen von kommunalen Sitzungen, bei denen schulische Fremdevaluationsergebnisse thematisiert wurden, niederschlug. Bestehende Konflikte mussten benannt und durften nicht tabuisiert werden. In den weiteren Verfahrensschritten wie der Präsentation und bei der Berichterstellung war es daher wichtig, deutlich werden zu lassen, dass Konflikte bearbeitbar sind und Ausgangspunkte z. B. für eine weitere Professionalisierung der Lehrkräfte darstellen.

Zusammenfassend lässt sich formulieren: Die Durchführungsphase war also insbesondere geprägt vom Ausbalancieren der quantitativen und qualitativen Verfahren und Instrumente mit der dialogischen Gestaltung der Kommunikation, der Würdigung der Akteure und der gesamtschulischen Leistungen unter Beachtung des Neutralitätsgebot des Evaluationsteams.

2.3 Vermittlungsleistungen bei der Ergebnispräsentation im Nachgang

Ähnlich wie beim Vorgespräch gliederte sich die Ergebnispräsentation in zwei voneinander unabhängige Teile. Obligatorisch war die Präsentation der Ergebnisse in einem Gespräch mit der Schulleitung und ggf. dem Schulleitungs- oder Schulentwicklungsteam. Optional schloss sich ein Präsentationsteil für das Kollegium an. In unserer langjährigen Evaluationstätigkeit verzichtete kaum eine Schule auf die optionale Präsentation der Ergebnisse. Diese Präsentation erfolgte grundsätzlich in einem geschützten Rahmen ohne weitere Schulöffentlichkeit. Die externe Evaluation stellte einen Eingriff in das soziale System Schule dar und konnte daher mit Angst- und Abwehrreaktionen einhergehen (vgl. hierzu auch Strittmatter 2007, S 103ff.).

Zu beachten war in beiden Teilen des Rückmeldeverfahrens, dass die Verständlichkeit der Ergebnisse sichergestellt wurde. Dazu musste sich die präsentierende Teamleitung auf Schulleitungen und Kollegien einstellen, ohne die vom Prozess vorgesehenen, kriteriengeleiteten Rückmeldeverfahren aus dem Blick zu verlieren.

Wie meldet man in diesem Zusammenhang die datengestützten Ergebnisse so an die Schule, dass diese von Schulleitung und Kollegium nachvollzogen und für die zukünftige Schulentwicklung genutzt werden können? Voraussetzung dafür war ein fundierter Eindruck der Teamleitung, welche Kenntnisse und Haltungen zum Evaluationsverfahren, zu Schulentwicklungsprozessen und zum Steuerungswissen insgesamt bei Schulleitung und im Kollegium vorhanden waren.

Ein wichtiger Teil des Datenauswertungsprozesses bestand darin, diesen Kenntnisstand zu erfassen und verschiedenste Überlegungen anzustellen, beispielsweise: Was ist wichtig und was sollte der Schule zusätzlich zur Standardinformationen unbedingt zurückgemeldet werden? Welche Informationen können/sollen aufgenommen werden und knüpfen ggf. an die bisherigen Schulentwicklungsprozesse an? Was unterstützt eine zielführende Schulentwicklung? Ebenfalls Grundlage für eine möglichst zielführende, d. h. die Qualitätsentwicklung der Schule unterstützende Rückmeldung, waren Überlegungen zur bestehenden Schul- und Unterrichtskultur, womöglich (zum Zwecke einer stimmigeren Einschätzung) unter Berücksichtigung der Entwicklung der vergangenen Jahren bis zum Status quo: Was wissen meine Zuhörer, und auf welches Verständnis von Schule und Bildung treffen wir (vgl. hierzu u. a. Schöning 2010b, S. 65ff.)?

Externe Evaluationen erzielen unserer Meinung nach dann (einen Teil der) intendierte(n) Wirkung, wenn die Ergebnisse angemessen kommuniziert werden, d. h. Entwicklungsschwerpunkte auf dem Hintergrund der schulischen Rahmenbedingungen beschrieben werden, und zudem die bisherigen Arbeitsschwerpunkten, die professionelle Zusammenarbeit der Lehrkräfte und das Schulleitungshandeln in ihren Wirkungszusammenhängen angemessen berücksichtigen wurden (vgl. Oldenburg/Mörking 2012b, S. 14). Neben der Rückmeldung zur Qualität des Unterrichts umfassten Rückmeldung und Bericht Informationen und Beschreibungen zu genau diesen Qualitätsbereichen. Erfahrungen aus den Rückmeldegesprächen mit Schulleitungen und Kollegien entsprechen dabei Thesen, die Wolfgang Schöning formuliert hat. (Externe) Evaluationen greifen in die Schulkultur ein, können als Blick von außen Impulse für Veränderung geben oder Abwehr hervorrufen oder „[sind] dort destruktiv, wo der Wert Selbstaufklärung nicht in der Organisationskultur verankert ist und wo das Kollegium im defensiven Modus arbeitet" (Schöning 2007, S. 105).

In der Datenanalyse ging es also bei der Auswertung unabhängig von der empirisch-methodologischen Verfahrenstreue immer auch darum, eine für die Schule verständliche Antwort zu geben auf die Fragen, wozu es gut ist, dass die Fremdevaluation durchgeführt wurde, und welche Impulse und welche Beiträge hierdurch zur Verbesserung der Schul- und Unterrichtsqualität gesetzt oder geleistet werden können. Dazu gehörte aufseiten der Evaluator*innen sicherlich auch ein positives Selbstverständnis ihrer Arbeit. Überzeugt von der eigenen Tätigkeit zu sein, und überzeugt zu sein, dass eine externe Evaluation einen merklichen Beitrag zur Schul- und Unterrichtsentwicklung darstellen kann, sind unabdingbare Grundeinstellungen für die Evaluatorentätigkeit.

Das „Wie" und „Warum?" musste insbesondere die Teamleitung aufgrund ihrer rollenbedingt deutlich größeren Kommunikations- und Vermittlungsleistungen überzeugend und verständlich darstellen. Aber auch die Teammitglieder in ihren „Nebenrollen" in den vielfältigen kleineren und größeren „Nebenschauplätzen" am Rande von Unterrichtsbeobachtungen oder vor oder nach den Interviews hatten die Aufgabe, dies zu unterstützen. In der Präsentation der Ergebnisse spielte zudem die nicht zu leugnende Ambivalenz des Verfahrens eine gewichtige Rolle.

Die Fremdevaluation stand in der Qualitätssteuerung durch die Bildungsbürokratie an exponierter Stelle und wurde zu Recht auch von den Schulen (mehr oder minder deutlich ausgeprochen) so wahrgenommen. Diese Funktion in der Präsentation zu verschleiern, hätte das Vertrauen nicht bestärkt. Besser war es, auch an dieser Stelle die steuernde Funktion zu benennen und ggf. als neuen bzw. ungewohnten, aber berechtigten Teil von Qualitätsentwicklungs- und -steuerungsprozessen darzustellen. Damit Evaluator*innen als kompetent wahrgenommen wurden, mussten sie authentisch, d. h. sicher in der Vermittlung und Durchführung des Verfahrens und grundsätzlich überzeugt von der Sinnhaftigkeit externer Evaluationen, sein.

Nach der Auswertung der erhobenen Daten im Team lag ein auf einem Pool von etwa 200 Indikatoren gestütztes detailliertes Bild der Schule vor. Im Berichtsformat wurde dieses den Schulen zur Verfügung gestellt, indem die Einschätzungen auf der Ebene der Standards und in einem zusammenfassenden Text auf Merkmalsebene gegeben wurden. Zusätzlich erhielten die Schulen auch die Auswertung der quantitativen Instrumente in der Form, wie sie auch den Evaluator*innen für die Datenauswertung zur Verfügung standen (z. B. Onlinebefragung aller beteiligten Gruppen).

In der Auswertungsphase beschäftigte sich das Team zunächst intensiv mit der Vielzahl von Daten und Fakten im Detail, um diese im weiteren Verlauf auf die wesentlichen, relevanten Aussagen zu reduzieren, die sich in den jeweiligen Einschätzungen bzw. Bewertung der Indikatoren niederschlugen und in die Empfehlungen für die Schule einflossen. Eine Aufgabe der Teamauswertung bestand dabei „in der großen Kunst des Weglassens", um das Große und Ganze für die Schule verständlich herausarbeiten und verständlich darstellen zu können. Das Berichtsformat und die Aufbereitung der quantitativen Daten stellte dabei insgesamt sicher, dass die Rückmeldung nicht unterkomplex ausfällt und die jeweilige Schule aus schulspezifischen Detailinformationen schöpfen konnte.

Förderlich für eine erfolgreiche Vermittlungsleistung war die Auswahl und Formulierung der ausgesprochenen Empfehlungen für die Weiterarbeit im Nachgang zur Fremdevaluation als zentrales Ergebnis. Die Empfehlungen sollten möglichst bisherige Schulentwicklungen aufgreifen und/oder an diese anschließen.

Weiterhin sollte zwischen den einzelnen Empfehlungen ein Zusammenhang bestehen, der möglichst dazu beitrug, in der weiteren Schulentwicklung Synergieeffekte zu generieren. Die Empfehlungen sollten in ihrer Gesamtheit in eine übergeordnete Entwicklungsaufgabe münden und Auswirkungen auf die Verbesserung insbesondere der Unterrichtsqualität haben. Wenn es dem Evaluationsteam gelang, den Zusammenhang der einzelnen Empfehlungen und die zu erzielende Synergieeffekte deutlich zu machen, eröffnete es den Schulen zweifellos die Möglichkeit, die Ergebnisse der externen Evaluation sinnvoll und zielgerichtet für die weitere Schulentwicklung zu nutzen. Besonders bei den Empfehlungen zum Unterrichtsbereich ließen sich plausible Erklärungsansätze für Zusammenhänge und den Zusammenhang zwischen den einzelnen Standards verdeutlichen, um u. a. auch mögliche Synergieeffekte aufzuzeigen. Lehrkräfte sollten das Zustandekommen der Empfehlungen nachvollziehen können und sie als für ihren Schulalltag bedeutsam erleben (vgl. u. a. Meyer 2012, S. 54f.).

Die Präsentation der Ergebnisse war auch der Ort, an dem sich die unterschiedlichen Widerstände aufseiten der Schulen manifestieren. Schulen, die Erfahrungen mit Selbstevaluationen vorwiesen, zu deren Schulkultur es gehörte, nach dem Erfolg oder Misserfolg von Schul- und Unterrichtsentwicklungsprojekten zu fragen, fiel es erfahrungsgemäß leichter, Ergebnisse aus der Fremdevaluation anzunehmen und zu nutzen (vgl. u. a. Berweiler-Priester 2008, S. 180f.; Schöning 2010b, S. 78ff.).

Ein ähnlicher Effekt war wahrnehmbar, wenn die Ergebnisse der Fremdevaluation zu eigenen schulischen Befunden oder der schulischen Selbstwahrnehmung passten. Typische Aussagen der Schule lauteten in diesem Fall: „Das haben wir uns schon gedacht" oder „Wir wissen, dass wir da noch nicht wirklich hingeschaut haben". Schulen, die die Ergebnisse der Fremdevaluation eher als Entlastung empfanden, weil sie sich in ihren selbstgesetzten Entwicklungszielen bestätigt sahen oder eine eindeutige Orientierung bzw. Reduktion der vorhandenen Entwicklungszielen erfuhren, konnten Hinweise der Fremdevaluation somit leichter annehmen.

Eine Verbesserung für die Rezeption der Ergebnisse der Fremdevaluation war in der Weiterentwicklung des Verfahrens die zeitnahe Präsentation der Ergebnisse. Turnusmäßige interne und externe Evaluationen bewirken, dass Schulen sensibilisiert zu Fragen der Unterrichts- und Qualitätsentwicklung sind und Vermittlungsleistungen der Fremdevaluation daher auf konkrete Erfahrungen der Schulen treffen (vgl. u. a. Schöning 2010b, S. 79).

Der generellen Ablehnung einer externen Evaluation hingegen war schwer zu begegnen, wenn Schulen sich als pädagogische Einrichtung definierten, deren Ausrichtung und erzieherische Leistung nicht durch einen kriteriengeleiteten Qualitätsrahmen und ein standardisiertes Verfahren erfasst und gewürdigt werden können. Hier blieb für das Evaluationsteam nur der Weg, deutlich zu machen, dass sich das Steuerungsverständnis im Bildungsbereich in den vergangenen Jahren entscheidend verändert hat hin zu formulierten Bildungsstandards, zu nationalen und internationalen Leistungstest, zu kompetenzorientiertem Unterricht und zur datengestützten Steuerung und dem Bildungsmonitoring. Es ist hier davon auszugehen, dass diese Schulen lediglich ausgewählte Ergebnisse der Fremdevaluation aufnehmen, die „gefallen" oder die zur eigenen – wie auch immer definierten bzw. nicht definierten – Schulkultur passen (vgl. u. a. Schöning 2010b, S. 62ff.).

Unterstützend für eine Vermittlung der Ergebnisse der Fremdevaluation ist eine dialogisch gestaltete Präsentation der Ergebnisse, in der nicht nur Nachfragen gestellt werden können, sondern auch eine unterschiedliche Sicht der Schulleitung und des Kollegiums ihren Platz finden. Die Fremdevaluation stellt eine Momentaufnahme auf der Grundlage des Orientierungsrahmens dar. Sie erhebt nicht den Anspruch auf ein umfassendes Bild der Schule. Umso wichtiger ist es, sowohl in der Präsentation, als auch im Bericht, die Rahmenbedingungen sowie die spezifische pädagogische Ausrichtung und die Leistungen der Schule zu würdigen (vgl. u. a. auch Krobath/Jäggle 2010) und deutlich zu machen, dass diese in die Interpretation der Daten eingeflossen sind. Im Nachgang der Fremdevaluation sind die Schulen aufgefordert, sich mit dem Bericht auseinanderzusetzen und die eigene Interpretation der Ergebnisse vorzunehmen, um daraus einen mit der Schulaufsicht abzustimmenden Maßnahmenplan zu entwickeln. Daten- und Interpretationshoheit bleiben bei der jeweiligen Schule, auch wenn eine Informationspflicht gegenüber der Schulöffentlichkeit und eine Rechenschaftspflicht gegenüber der Schulaufsicht besteht.

Entscheidend für die Phase der Ergebnispräsentation war die Aufbereitung der erhobenen Daten als Leistung des Evaluationsteams dahingehend, der Schule eine übergeordnete Entwicklungsaufgabe aufzuzeigen, die in ihren Teilbereichen dann Synergieeffekte generiert. Besondere Bedeutung kommt hier dem Eintritt in einen Dialog mit der Schulleitung bzw. dem Kollegium zu sowie der Würdigung der gesamtschulischen Leistungen.

3 Diskussion und Ausblick

Auf Basis unserer Erfahrungen und unter Berücksichtigung ausgewählter Literatur kann festgehalten werden, dass die Adaption der Ergebnisse der Fremdevaluation und deren „Übersetzung" bzw. Überleitung in Schul- und Unterrichtsentwicklungsprozesse zum einen von den Vermittlungsleistungen der Evaluationsteams abhängt. Des Weiteren sind insbesondere verfügbare Ressourcen, Unterstützungsmaßnahmen wie z. B. passgenaue Fortbildungen, Unterstützung durch die Berater Schul- und Unterrichtsentwicklung, die Schulleitung selbst (Haltung,

Kompetenzen, Ressourcen) sowie die Begleitung durch die Schulaufsicht in den Blick zu nehmen (vgl. hierzu u. a. Böttcher/Kotthoff 2007, S. 225ff; Oldenburg/ Mörking 2012a, S. 150).

Unbenommen dieser Faktoren, die hier weder gewichtet sind noch den Anspruch auf Vollständigkeit erheben, bilden eben diese Vermittlungsleistungen der Evaluator*innen während allen Phasen der Durchführung des Verfahrens einen zentralen Faktor im Hinblick auf die Akzeptanz eines externen Evaluationsverfahrens in Schulen, aber auch im Hinblick auf die Weiterarbeit mit dem Fremdevaluationsbericht bzw. den -ergebnissen. Die Evaluator*innen sind in der Lage, schulspezifische (ausgesprochene wie unausgesprochene) Bedarfe bei Vermittlungsleistungen zu identifizieren und auf diese entsprechend zu reagieren und gleichzeitig die Verfahrensdurchführung und den mit ihr verbundenen Auftrag zu gewährleisten bzw. zu erfüllen. Dass diese Form der „Individualität" auch bei der Durchführung von standardisierten Verfahren wichtig ist, verdeutlichen die Ausführungen im Rahmen dieses Beitrags. Die Tendenz auch im Schulbereich, externe Evaluationen verstärkt partizipativer zu gestalten und die interne Evaluation zu stärken, führt unserer Meinung nach in die wüschenswerte Richtung. Externe Evaluationsverfahren haben in Ergänzung dazu einen hohen Stellenwert und sollten dauerhaft etabliert werden.

Bislang wurden Evaluator*innen im Rahmen einer etwa halbjährlichen Qualifizierung mit den entsprechenden Inhalten und dem entsprechenden Kompetenzaufbau (u. a. Qualitätskonzepte im schulischen Bereich, Methoden der Evaluation, Fremdevaluation in der Praxis und diverse Trainings) auf ihre Tätigkeit vorbereitet. Wünschenswert an dieser Stelle wäre es, den bisherigen Umfang der Qualifizierung bei einer Wiedereinführung mindestens beizubehalten. Ein fundierter Blick in aktuelle wissenschaftliche Erkenntnisse, die auch bildungspolitisch „unangenehmere" Realitäten in den Blick nehmen, sollten dabei ebenso berücksichtigt werden wie der Umstand, dass ggf. verstärkt partizipativere Verfahren tendenziell noch höhere Anforderungen an die Evaluatorentätigkeit stellen dürften. Auch die Rolle des Evaluators sollte im Zusammenhang mit der Verfahrenskonzeption überdacht werden: Wenn das Ziel u. a. auch eine höhere Wirksamkeit darstellt, so könnte darüber nachgedacht werden, die strikte Trennung zwischen Evaluation und nachfolgenden Prozessen aufzulockern oder sogar aufzuheben. Bei der bisherigen Trennung gehen Vermittlungsleistungen und damit einhergehende Potentiale für die Weiterarbeit im Umgang mit Evaluationsergebnissen vielfach verloren.

Spannend und beobachtungswürdig dürfte auch die generelle Frage sein, wie die Schulen auf die geplante Wiedereinführung eines externen Verfahrens reagieren werden und welche Effekte die Aussetzung der Fremdevaluation im System und an den Einzelschulen hat. Erfahrungen aus anderen Bundesländern könnten hier bereits heute Hinweise liefern. Ein höheres Maß an schulspezifischer Passung scheint jedenfalls zukünftig vonnöten, um Schul- und Unterrichtsdynamiken zu generieren – und dies schließt die Weiterarbeit mit Evaluationsergebnissen als wesentlichen Punkt mit ein. Auch das Beziehungsgefüge zwischen schulischem Qualitätsrahmen, Schulautonomie und externer Evaluation ist in diesen Zusammenhängen kritisch zu reflektieren.

Die derzeitigen Entwicklungen ermöglichen lediglich vage Vorstellungen von zukünftigen Evaluationsverfahren in Baden-Württemberg. Im Zuge einer verstärkten Evidenzbasierung lässt sich sicher auch ein Verfahren entwickeln und implementieren, welches eben solche Vermittlungsleistungen nicht erfordert. Im extremen Fall kann künstliche Intelligenz (KI) schulische Leistungsdaten aufnehmen, verarbeiten und aufbereitet zur Verfügung stellen – Big Data lässt grüßen! Menschliche Ressourcen sind hier womöglich allenfalls beim Aufbau der technischen Infrastruktur notwendig. Ob solche Verfahren für den Kontext eines sozialen und äußerst komplexen Systems Schule tauglich sind, Evidenzen so „in die Schule kommen" und Entwicklungsrelevanz entfalten, darf nach unseren Erfahrungen bei der Durchführung der Fremdevaluation hingegen bezweifelt werden.

Literatur

Berweiler-Priester, I. (2008): Schulinterne Evaluation. In: Warwas, J.; Sembill, D. (2008): Zeitgemäße Führung – zeitgemäßer Unterricht. Baltmannsweiler: Schneider Verlag Hohengehren. S. 179-183.

Böttcher, W.; Kotthoff, H.-G. (2007): Gelingensbedingungen einer qualitätsoptimierenden Schulinspektion. In: Böttcher, W.; Kotthoff, H.-G. (Hrsg.): Schulinspektion: Evaluation, Rechenschaftslegung und Qualitätsentwicklung. Münster: Waxmann. S. 223-229.

Forst, U. (2010): Evaluation und selbstbestimmte Schule. In: Schöning, W.; Baltruschat, A.; Klenk, G. (Hrsg.): Dimensionen pädagogisch akzentuierter Schulevaluation. Baltmannsweiler: Schneider Verlag Hohengehren. S. 49-60.

Klenk, G. (2010): Evaluation zwischen funktionalistischer Analyse und pädagogischem Anspruch – ein Vorwort. In: Schöning, W.; Baltruschat, A.; Klenk, G. (Hrsg.): Dimensionen pädagogisch akzentuierter Schulevaluation. Baltmannsweiler: Schneider Verlag Hohengehren. S. 7-9.

Krobath, T.; Jäggle, M. (2010): Evaluation auf Augenhöhe. Reflexion auf Schulentwicklung im Dialog zwischen LehrerInnen und LehramtsstudentInnen. In: Schöning, W.; Baltruschat, A.; Klenk, G. (Hrsg.): Dimensionen pädagogisch akzentuierter Schulevaluation. Baltmannsweiler: Schneider Verlag Hohengehren. S. 167-187.

Landwehr, N. (2011): Thesen zur Wirkung und Wirksamkeit der externen Schulevaluation. In: Quesel, C.; Husfeldt, V.; Landwehr, N.; Steiner, P. (Hrsg.): Wirkungen und Wirksamkeit der externen Schulevaluation. Bern: hep. S. 35-69.

Meyer, H. (2012): Theoretische Grundlage der Inspektorentätigkeit. In: Oldenburg, Ines (Hrsg.): Schule und Inspektion. 9 kritische Studien. Baltmannsweiler: Schneider Verlag Hohengehren. S. 17-64.

Oldenburg, I.; Mörking, D. (2012a): Prozessgestaltung und Controlling mit Inspektionsergebnissen. In: Oldenburg, I. (Hrsg.): Schule und Inspektion. 9 kritische Studien. Baltmannsweiler: Schneider Verlag Hohengehren. S. 149-176.

Oldenburg, I.; Mörking, D. (2012b): Schulentwicklung zwischen Autonomie und evaluationsbasierter Steuerung. In: Oldenburg, I. (Hrsg.): Schule und Inspektion. 9 kritische Studien. Baltmannsweiler: Schneider Verlag Hohengehren. S. 9-16.

Schöning, W. (2007): Die Schule fremd werden lassen. Von der soziodynamischen Dimension der Schulevaluation. In: Schöning, W. (Hrsg.): Spuren der Schulevaluation. Bad Heilbrunn: Klinkhardt-Verlag. S. 100-112.

Schöning, W. (2010a): Einleitung: Pädagogische Qualität der Schule und Schulevaluation – ein Widerspruch? In: Schöning, W.; Baltruschat, A.; Klenk, G. (Hrsg.): Dimensionen pädagogisch akzentuierter Schulevaluation. Baltmannsweiler: Schneider Verlag Hohengehren. S. 11-20.

Schöning, W. (2010b): Glaubwürdigkeitstest oder: Schultheoretische und bildungstheoretische Überlegungen zum pädagogischen Reduktionismus der Schulevaluation. In: Schöning, W.; Baltruschat, A.; Klenk, G. (Hrsg.): Dimensionen pädagogisch akzentuierter Schulevaluation. Baltmannsweiler: Schneider Verlag Hohengehren. S. 61-84.

Stockmann, R. (2004): Was ist eine gute Evaluation? Einführung zu Funktionen und Methoden von Evaluationsverfahren. CEval-Arbeitspapiere Nr. 9. Saarbrücken: Centrum für Evaluation. Online im Internet: http://www.ceval.de/modx/fileadmin/user_upload/PDFs/workpaper9.pdf. Abgerufen am 15.10.2018.

Strittmatter, A. (2007): Zwischen Solbad und Polizeiradar. Über das sensible Verhältnis von interner und externer Evaluation von Bildungsinstitutionen. In: Böttcher, W.; Kotthoff, H.-G. (Hrsg.): Schulspektion: Evaluation, Rechenschaftslegung und Qualitätsentwicklung. Münster: Waxmann. S. 93-112.

Externe Evaluation aus Evaluatorensicht

Eine Interviewstudie mit ehemaligen Evaluatorinnen und Evaluatoren aus Baden-Württemberg zu Wirkungen und Wirksamkeit der externen Evaluation

Elvira Eberhardt und Tobias Stricker

Abstract

Wirkung und Wirksamkeit externer Evaluationsverfahren im Rahmen neuer Steuerung werden im Schulbereich seit einigen Jahren zunehmend kritisch hinterfragt. In Untersuchungen hingegen bislang kaum berücksichtigt wurden Berufserfahrungen und Sichtweisen von Evaluator*innen. In der vorliegenden Interviewstudie stehen daher die Erfahrungen und Einschätzungen von Evaluator*innen im Mittelpunkt des Untersuchungsinteresses. Befragt wurden 14 ehemalige Evaluator*innen aus Baden-Württemberg. Die Ergebnisse zeigen zum einen, dass nach Meinung der Befragten in der Gesamtsicht das Evaluationsverfahren in der Breite „angekommen" und akzeptiert war. Zum anderen wird nach wie vor ein großer Entwicklungsbedarf in Bezug auf das schulische Qualitätsmanagement gesehen. Es wird deutlich, dass fehlende Wirkungszuschreibungen in der Gesamtbewertung nicht der Konzeption und Durchführung eines externen Evaluationsverfahrens allein zugeschrieben werden können. Insbesondere sind – offensichtlich nicht an allen Stellen stimmige – Schlüsselstellen des Gesamtsystems auf Mikro-, Meso- und Makroebene zu betrachten und ihr Einfluss auf gewünschte Wirkungszuschreibungen sorgfältig zu untersuchen.

Inhalt

1 Einführung 240
2 Methode 240
3 Ergebnisse der Untersuchung 242
4 Diskussion und Fazit 253
Literatur 254

1 Einführung

Die Fremdevaluation, die Bezeichnung der externen Evaluation in Baden-Württemberg, sollte – so ein Grundgedanke – Qualitätssicherung und -entwicklung an Schulen unterstützen und bei aller Vielfalt, die wir im Schulwesen antreffen, somit die Gleichwertigkeit in der Qualität der einzelnen Schulen sichern bzw. herstellen helfen (vgl. Bargel 2003, S. 94; Stricker/Eberhardt 2018). Die im Rahmen neuer Steuerung eingeführten externen Evaluationsverfahren im Schulbereich werden hinsichtlich (erwünschter) Wirkungen bzw. Wirksamkeit und schlussfolglich auch im Hinblick auf Effektivität und Effizienz seit einigen Jahren jedoch zunehmend kritisch hinterfragt. Zahlreiche Beiträge, Berichte oder „Zwischenbilanzen" konstatieren hinsichtlich Wirkungserwartungen unterschiedlicher Akteure bzw. Stakeholder sowohl positive als auch negative und zudem mitunter vielfach divergierende Effekte bei gleichzeitig eher diffusen Auswirkungen im Hinblick auf Schülerleistungen (vgl. z. B. Dedering 2016; Müller 2015; Stricker/ Wiedenbauer/Iberer 2016).

In empirischen Untersuchungen eher wenig berücksichtigt wurden bislang Erfahrungen von Evaluatorinnen und Evaluatoren (EVT). Dies scheint insofern erstaunlich, da EVT diejenige Gruppe darstellen, die externe Evaluationsverfahren vor Ort an den Einzelschulen, also direkt und unmittelbar mit einer – verfahrenstechnisch bedingt – gezielten Auswahl aller Schulbeteiligten durchführt. Auch sind sie häufig, so in Baden-Württemberg, im Hinblick auf das Thema Qualitätsmanagement umfangreich (vor-)qualifiziert und verfügen daher aufgrund ihrer vorherigen Tätigkeiten, etwa als Lehrkraft oder Schulleitung, sowohl über Systemkenntnis bzw. „Primärerfahrungen" als auch über Expertenwissen in den Themenfeldern Qualitätsmanagement und Evaluation. Ihre Einschätzungen stehen im Mittelpunkt des Untersuchungsinteresses.

2 Methode

Im Rahmen der vorliegenden Interviewstudie wurden 14 ehemalige Evaluatorinnen und Evaluatoren zu unterschiedlichen Themen ihrer Berufserfahrungen im Rahmen ihrer Evaluationstätigkeit befragt. Der Erhebungszeitraum erstreckte sich von November 2017 bis Mai 2018. Zehn Personen sind dem allgemein bildenden (Interviews B01 bis B10) und vier dem beruflichen Bildungsbereich (Interviews B11 bis B14) zuzuordnen.

Eine Auswertung der Angaben zu den Berufsjahren der EVT auf Basis von Erfahrungswerten (durchgeführte Evaluationen als Teamleitung bzw. Teammitglied im Zeitraum eines Schuljahres) ergab, dass sich Befragung, Analyse und die daraus resultierenden Ergebnisse auf die Erfahrungen aus insgesamt etwa 800 durchgeführten Evaluationsverfahren stützen. Diese Zahl verdeutlicht, dass durch die Interviewstudie ein vertiefter Blick in die verschiedenen Erfahrungsbereiche bei der Durchführung von externen Evaluationen seitens der Gruppe der EVT ermöglicht wird. Den Anspruch auf Repräsentativität kann die Interviewstudie aufgrund der verhältnismäßig geringen Zahl an Interviews im Zusammenhang mit den ausgewählten Beispielzitaten nicht erheben.

Die Interviewvorbereitung und -durchführung lehnt sich an das problemzentrierte Interview (PZI) nach Witzel (vgl. Witzel 1985; Witzel 2000) an. Die Analyse der leitfadengestützten Interviews soll mögliche Antworten auf zwei zentrale Fragen geben: Inwiefern entfalten externe Evaluationen eine Wirkung auf die Institution Schule? Wie lassen sich aus Sicht von Evaluator*innen Wirkung und Wirksamkeit in Bezug auf schulische Qualitätssicherung und -entwicklung erhöhen? In den Interviews wurden deshalb folgende Themenbereiche angesprochen:

- Worin liegt die Wertigkeit der Fremdevaluation als Beispiel für ein externes Evaluationsverfahren für die Einzelschule und für die Steuerungsebene des Bildungssystems?
- Wo waren die größten Herausforderungen der Evaluatorentätigkeit in persönlicher Hinsicht? Welche Widerstände traten auf?
- Mit welcher Haltung sind die zu evaluierenden Schulen dem Evaluator bzw. der Evaluatorin während der Evaluation begegnet? Gab es festzustellende Unterschiede zwischen erstem und zweitem Verfahren oder Beginn und Ende einer Evaluation?
- Wie wird die Tätigkeit an der aktuellen Schule der Evaluator*innen unter dem Aspekt von Evaluation und Qualitätsmanagement bewertet?
- Was sind die Voraussetzungen und Kennzeichen einer wirkungsorientierten sowie wirkungsvollen Evaluation?
- Wie lässt sich nach Meinung des Evaluators bzw. der Evaluatorin die Wirksamkeit externer Evaluationsverfahren am Beispiel der Fremdevaluation erhöhen?

Die Auswertung erfolgte mithilfe der QDA-Software „f4-Analyse". Die Erkenntnisse zur Beantwortung der Forschungsfragen und zu den Mechanismen, die aus Sicht der befragten Evaluator*innen die Wirkung und Wirksamkeit von externen Evaluationen beeinflussen, wurden mittels qualitativer Inhaltsanalyse mit deduktiv-induktiver Kategorienbildung (vgl. Kuckartz 2014; Mayring 2015; Mayring 2016) gewonnen.

3 Ergebnisse der Untersuchung

Im Folgenden werden die Ergebnisse in Anlehnung an das entwickelte Codesystem deskriptiv-explorativ dargestellt und mithilfe von Interviewaussagen belegt. Bei der Darstellung der Ergebnisse wurde zudem darauf geachtet, dass die ausgewählten Zitate neben einer hohen Aussagekraft auch Zusammenhänge zur Beantwortung der o. g. Fragestellungen aufzeigen oder zusätzliche Impulse beinhalten, weswegen sie mehrheitlich entsprechend umfangreich sind.

Im ersten Teil wird beschrieben, worin die Evaluator*innen die Wertigkeit einer Evaluation für die Einzelschule sehen. Im zweiten Teil rücken ihre Erfahrungen hinsichtlich Akzeptanz bzw. Widerständen im Laufe ihrer Tätigkeit in den Blick. Der dritte und vierte Teil beschäftigt sich schließlich mit der Frage, ob seitens der Evaluator*innen Wirkungen und Wirksamkeit nach Durchführung einer Fremdevaluation wahrzunehmen waren und wie diese möglicherweise erhöht werden können.

3.1 Wertigkeit der Evaluation für die Einzelschule

Die überwiegende Mehrheit der befragten EVT sieht *die* zentrale Wertigkeit der Evaluation für die Einzelschule im umfassenden und gezielten Blick bzw. in der Rückmeldung von außen. Das Verfahren lieferte dabei Ergebnisse, die Schulen – im Falle einer realistischen Selbsteinschätzung – in ihrer Selbstanalyse von schulischen Gegebenheiten und Prozessen bestätigten.

> „Es war für die Schule einfach immer gut, dass zum Zeitpunkt x jemand von außen kam und auf die Schule geguckt hat. Das ist ein ganz wichtiger Punkt. Das wurde uns auch immer deutlich gemacht von vielen Schulleitungen. Dass es zwar nicht unbedingt angenehm ist, nicht für jeden war das angenehm, aber dass das wertvoll ist, dass jemand kommt und mit einem Blick von außen draufguckt und dann nachher eine entsprechend qualifizierte Rückmeldung geben kann oder gibt." (B12, Abs. 2)

> „Und dann gibt es tatsächlich, glaube ich, ziemlich realistische Ergebnisse, und das wurde uns auch zurückgemeldet von den Schulen, dass sie dann auch oft erstaunt waren, wie genau doch in so kurzer Zeit wirklich auch erkannt wurde oder erfasst wurde, was an der Schule abläuft." (B03, Abs. 2)

Das vorangegangene Zitat verdeutlicht, dass das Verfahren hinsichtlich aufgewendeter Ressourcen (hier im Fokus: der zeitliche Aspekt) im Verhältnis zu den erzielten, mit Blick auf das schulische Gesamtbild bezogenen Erkenntnissen überraschte.

Diese Form der Rückmeldung, wie sie die Schulen anlässlich einer Fremdevaluation erfahren haben, konnte eine Schule von sich aus in Eigeninitiative

– allein wegen des Ressoucenaufwands – nicht leisten, und zudem fehlte häufig das hierzu notwendige Know-how.

„Für die Schule ist es eine zentrale, wichtige Möglichkeit, Rückmeldung über die eigene Arbeit zu bekommen. Weil ich habe den Eindruck gehabt, die Evaluation war sehr ressourcenaufwändig, und das sind Ressourcen, die eine Schule selber nicht stemmen kann. Und auch allein schon das Know-how nicht hat." (B06, Abs. 10)

Positiv bemerkbar machten sich hier offensichtlich auch die aus Evaluationen verschiedener Schulen gewonnenen Erfahrungswerte der EVT, die im Sinne von Best-Practice von gelingenden Prozessen anderer Schulen berichteten und somit in ihrer Botschafter-Funktion entsprechende Impulse vermitteln konnten.

„Spannend fand ich auch, dass wir nach einigen Jahren den Schulen sehr konkret rückmelden konnten, was und warum etwas gut/weniger gut läuft und welche Möglichkeiten andere Schulen nutzen. Hier war die zunehmende Erfahrung ein unglaublicher Schatz. Viele Schulleitungen waren interessiert, manche offen dankbar für praktikable, praxiserprobte Anregungen." (B10, Abs. 5)

Des Weiteren merkten mehrere Befragte an, dass externe Evaluationen auch als Unterstützung des schulischen Qualitätsmanagements einen nicht unbedeutenden Stellenwert haben, indem mit der Durchführung von externen Evaluationen überhaupt erst einmal die Idee von Qualitätsmanagement in die Schulen hineingetragen wurde. Dies kam z. B. einem wichtigen Signal mit Aufforderungscharakter gleich, nämlich innerhalb eines Kollegiums und in dem System Schule mehr aus einem gemeinsamen Verständnis heraus und nicht lediglich als Einzelperson(en) zu agieren.

„[…] sehe ich den Nutzen an der Summe/an jeder einzelnen, aber auch an der Summe der Einzelschulen darin, dass die Idee von strukturierter Qualitätsentwicklung […] in die Schulen überhaupt reingetragen wurde." (B09, Abs. 6)

Auch die Generierung von Steuerungswissen im Hinblick auf Weiterentwicklungen oder Veränderungen an den Schulen – zusammenhängend mit dem zunächst erwähnten Blick von außen – erwähnten mehrere Befragte als einen bedeutenden Punkt hinsichtlich der Wertigkeit der externen Evaluation für die Einzelschule.

„Schulen haben schon sehr viel Steuerungswissen aus der Geschichte mitgenommen: Wo können wir organisatorisch und letzten Endes auch unterrichtsmäßig einiges verändern, einiges verbessern." (B01, Abs. 4)

„Und dann natürlich andere Schulen, die das ganz klar als/also zum Beispiel auch in einer Phase, wo sie vielleicht aktuell gar nicht genau wissen, wohin soll der Tanker schippern, sag ich jetzt mal, und sich diese Ergebnisse auch genommen haben als Orientierungshilfe." (B07, Abs. 44)

3.2 Akzeptanz vs. Widerstände

Zahlreiche EVT erlebten einen erfolgreichen Verlauf eines Evaluationsverfahrens mit einem deutlichen Bezug zu der ihnen entgegengebrachten Haltung und Einstellung der Schulen gegenüber der externen Evaluation. Gemäß ihrer Erfahrungen bei der Durchführung von externen Evaluationen sehen die EVT die Wertigkeit der externen Evaluation demnach in Abhängigkeit von Akzeptanz bzw. Widerständen seitens Schulleitung und Kollegium.

> „Der Wert für die Einzelschule ist schon sehr stark auch davon abhängig, was für eine Einstellung in der Schule selber da zu der Fremdevaluation besteht." (B03, Abs. 2)

> „Nicht immer, nicht an jeder Schule, aber häufig war die Meinung der Schulleitung ausschlaggebend zum Thema und auch die, wie soll ich sagen, Empfangsbereitschaft. […] Und wenn die Schulleitung schon von vornherein gesagt hat: ‚Brauchen wir nicht, wollen wir nicht, geht wieder fort'. Dann war natürlich erst mal alles verloren." (B01, Abs. 18)

Insbesondere in den ersten Jahren gab es viele Widerstände. So wurde die Fremdevaluation zunächst als Kontrollinstanz empfunden.

> „Also, die anfänglichen Widerstände waren genau die, dass man gedacht hat: ‚Aha, jetzt kommt eine neue Kontrollinstanz.' […] „Das war bei Schulen noch nicht angekommen, dass wir keine Kontrollinstanz sind oder eine Regelinstanz. Oder früher war's ja immer das Problem ‚Der Schulrat kommt ins Haus' und so weiter, und dann müssen wir machen, was die alle wollen. Das war noch nicht angekommen damals. Das war ein großes Problem in den Jahren, sag' ich mal, '08, '09 bis hin zu '10." (B01, Abs. 14)

> „[…] es gab zwar auch einige Schulleiter, aber hauptsächlich vom Kollegium – tatsächlich so Angst-Misstrauen, so nach dem Motto: ‚Da kommt einer, um uns zu kontrollieren'." (B06, Abs. 12)

> „Ich würde es dahingehend festmachen, vom Widerstand, wenn die Entscheidungsherbeiführungen nicht ganzheitlich kollegial getroffen worden sind. Also wenn der Schulleiter beispielsweise viele Dinge vorgegeben hat, die anderen überrollt hat, dann habe ich da Widerstände gespürt an für sich." (B05, Abs. 40)

Auch der Umgang mit Veränderungsmanagement seitens der Schulleitung ist in Bezug auf die Widerstände relevant, wie das vorangegangene Zitat unterstreicht. In der Regel relativierte sich diese „Habtachtstellung" der Schulen sehr deutlich auf Basis der gemachten Erfahrungen im Verlauf der Durchführung eines Verfahrens und verlor zudem zusätzlich an Brisanz, wenn eine Schule erneut fremdevaluiert wurde. Teilweise entwickelten sich diese Zurückhaltung und Widerstände gegenüber der Fremdevaluation nicht nur zur Akzeptanz, sondern Schulleitung und Kollegium waren offen für einen konstruktiven Umgang mit dem Verfahren und den Ergebnissen der externen Evaluation.

„Es war eine große Nervosität, sag ich mal so. Meistens, an den meisten Schulen war es so, dass diese Nervosität innerhalb der zwei, drei Tage, die wir da waren, am Anfang waren es ja noch längere Zeiträume, die wir auch an der Schule waren, da wurde das ganz stark abgebaut. Und am Ende, ich kann mich an keine einzige Schule erinnern, wo nicht gesagt wurde ‚Ja, war ja gar nicht so schlimm. Jetzt sind wir mal auf den Bericht gespannt'." (B01, Abs. 18)

„[…] also eigentlich in den allermeisten Schulen waren die Widerstände da, aber wurden dann geringer." (B03, Abs. 12)

„Vielleicht die zweite Hälfte von meinen sieben Jahren war die Entwicklung eher mehr in Richtung konstruktiver Umgang mit Fremdevaluation. Am Anfang eher diese Zurückhaltung, oder Egal-Haltung überwogen mit Widerständen. […] so ab der Hälfte, ab ca. 2012-13 so etwa, hab ich gemerkt, das entwickelt sich in eine ganz positive Richtung, dass viele Schulleitungen insbesondere durchaus auch wissbegierig waren, was wir da so feststellen." (B12, Abs. 16)

Mehrere der befragten EVT sehen einen Zusammenhang zwischen dem Wissen zu Qualitätsmanagement an den Schulen und den Reaktionen seitens der Schulbeteiligten bei der Durchführung einer Fremdevaluation.

„Die Herausforderungen, die Widerstände waren aus dem Rückblick jetzt von mir oft gegeben dadurch, dass Schulen sehr unterschiedliche Wissensstände zum Thema Qualitätsentwicklung hatten. Wir kamen ja mit einer sehr konkreten Vorstellung, wie Qualitätsentwicklung an Schulen ablaufen sollte. Und die Herausforderung war immer, jetzt unser Verständnis so zu vermitteln, dass die Schulen sich nicht als, ja, als Versager oder Minderleister oder so etwas vorkommen." (B04, Abs. 22)

„[…] ich weiß, dass damals Orientierungsrahmen generell nur in zwei Exemplaren pro Schule versandt wurden. Und zwar unabhängig von der Schulgröße. Das heißt, eine kleine Grundschule mit vier Lehrkräften hat zwei Exemplare bekommen, und mein Gymnasium, damals mit 80 Lehrkräften, hat auch zwei Exemplare bekommen. Gedruckter Form. Also das war für mich dann schon selbsterklärend. Es wurde auch nicht kommuniziert und verbal in die Tiefe getragen." (B06, Abs. 14)

Das letzte Zitat wirft zudem die Frage nach der Wissensvermittlung einer solch komplexen Thematik wie dem schulischen Qualitätsmanagement auf und der Frage, wie mit dem vorhandenen Wissen an den Schulen umgegangen wurde bzw. wird.

Dem Nutzwert, den die Schulen in einer Fremdevaluation sahen, wurde von den befragten EVT eine besondere Bedeutung zugemessen. In Abhängigkeit von diesem subjektiv wahrgenommenen Nutzwert wurde eine Fremdevaluation oder das Verfahren als solches von den Schulbeteiligten infrage gestellt oder akzeptiert. Die folgenden Aussagen der EVT verdeutlichen, dass dieser wahrgenommene Nutzwert, und somit die Einstellung einer Schule zur Fremdevaluation, einen Einfluss auf die Wirkung und Wirksamkeit einer externen Schulevaluation haben können. Und diesen Nutzen galt es auch an den Schulen zu vermitteln, da er als wahrgenommener Nutzen per se keinesfalls vorausgesetzt werden konnte.

„Wir haben häufig erlebt, dass [...] man die ganze Schule aufgemöbelt hat, aufgeräumt hat und und und. Da haben sie gemeint ‚Da haben wir ja richtig was davon'." (B01, Abs. 18)

„Hospitation macht man, weil es/ weil die Evaluatoren das verlangt haben. Aber nicht, weil die Sinnhaftigkeit dahinter erkannt ist. Und solange DIESER Aspekt nicht angegangen wird, wird auch jedes weitere Verfahren, was diesen Aspekt angeht, nicht viel bringen." (B06, Abs. 44)

„Zu verdeutlichen, dass es zu einem sehr großen Teil an der Schule selbst liegt, welchen Wert die Fremdevaluation hat und gleichzeitig aufzuzeigen, dass Evaluation kein Selbstzweck ist. Nicht die Fremdevaluation führt zu Veränderungen, sondern das, was die schulischen Akteure daraus machen. D. h. auch, dass Schulen, die nichts damit anzufangen wissen, die Fremdevaluation nicht als nutzbringend erfahren können." (B08, Abs. 19)

„Große Herausforderung war[en ...] die Ergebnisse vor einem versammelten Kollegium zu präsentieren und sie so zu präsentieren, dass zumindest gefühlt für diese Menschen was rüberkommt, dass diese mit diesen Aussagen was anfangen können. Insbesondere für die Kollegien." (B11, Abs. 19)

Außerdem machten die EVT die Erfahrung, dass die Kompetenzen der Evaluierenden eine nicht unerhebliche Rolle dabei hatten, inwieweit eine externe Evaluation von den Schulbeteiligten akzeptiert bzw. eine Wertigkeit in der Durchführung von externen Evaluationen gesehen wurde. So beziehen sich die folgenden Zitate auf die Kompetenzen der EVT, die – direkt oder indirekt – die Vermittlungsleistungen der EVT bei der Verfahrensdurchführung betreffen.

„Kernkompetenz glaube ich war das Menschliche hauptsächlich, der Umgang mit Leuten und das Vermitteln, das positive Vermitteln, unter Umständen auch von negativen Tatsachen." (B01, Abs. 20)

„Und es geht wirklich darum, wie vermittle ich der Schule, was im Vorwege zu leisten ist? Wie nehme ich der Schule aber auch die Ängste, dass sie irgendwie unten durchfallen." (B04, Abs. 26)

„Ja, und das ist noch eine Herausforderung. Es zu schaffen, an der Schule diesen Druck rauszunehmen und eben ihnen die Möglichkeiten eigentlich der Evaluation ja zu offenbaren oder darzustellen." (B07, Abs. 14)

„Ich hatte tatsächlich extrem selten mit Widerständen oder widerständigen Personen zu tun. Möglicherweise hat meine Haltung, den Schulen auf Augenhöhe zu begegnen und nicht als jemand, der über ihnen steht, dazu beigetragen. Meine Herangehensweise war davon geprägt, den Schulen zu vermitteln oder gar zu sagen, dass es uns um die gleiche Sache geht: gute Schule und guter Unterricht." (B08, Abs. 24)

Akzeptanz und Widerstände gegenüber der Fremdevaluation sind gemäß der Erfahrungen einiger der befragten EVT auch abhängig von schulischen Rahmenbedingungen, die struktureller Art, aber auch institutionell bedingt sein konnten.

„Und es gab für mich wahrnehmbar auch einen Unterschied deutlich im Zusammenhang mit der Schulgröße. Also wenn ich einem Gymnasium vier Empfehlungen gebe, dann können die die Arbeit auf viele Schultern verteilen, oder auch an Fachbereiche andocken, während kleine Grundschulen mit einem Kollegium von acht Lehrkräften da natürlich größere einfach auch zeitliche Probleme haben, diese Dinge umzusetzen. […] Und es macht auch einen Unterschied, ob ich eine Schule leite und selber die meiste Zeit im Unterricht stehe, wie in den Grundschulen, oder ob ich ein großes Gymnasium leite und noch Abteilungsleiter habe und Fachbereichsleiter, denen ich einfach auch Arbeit delegieren kann." (B04, Abs. 52)

„Widerstände sind natürlich auch eine Herausforderung. Also Widerstände, eben wenn Schulen schon im Vorgespräch sagen, ‚[…] wir haben völlige Umstrukturierungsmaßnahmen momentan und die ganze Schulleitung ist neu'." (B07, Abs. 8)

„Vereinzelt trafen wir auf überforderte Rektoren und Kollegien, die große Hoffnung in uns setzten, weil alles zum Stillstand kam, teilweise enorme Konflikte herrschten." (B10, Abs. 13)

3.3 Wirkung und Wirksamkeit von externen Evaluationen

Letztendlich stellt sich die Frage: Was passiert nach einer externen Evaluation? Gibt es offensichtliche Wirkungen und Wirksamkeit nach erfolgter Durchführung einer Fremdevaluation, die zudem bestenfalls nachhaltig in positivem Sinne sind? Die bei den Interviews befragten EVT berichten von positiven als auch negativen Effekten einer externen Evaluation.

„Als wir selber evaluiert wurden, danach hat sich eigenes verändert." (B07, Abs. 28)

„Ich selber habe so die Aufgabe, die Prozessbeschreibungen da in Angriff zu nehmen. […]. Von daher, ja, würde ich sagen, ist das ein wichtiges Thema an der Schule." (B02, Abs. 28)

„Und andere Schulen natürlich, die gar nix gearbeitet haben in den Jahren, weil sie halt keine Zielvereinbarungen bekommen haben. Dann/ das gab es natürlich auch." (B01, Abs. 30)

„Und ich finde es zum Beispiel eine Katastrophe, bei uns, an der Schule momentan, gibt es keine einzige Prozessbeschreibung. […]. Ich finde es eine KATASTROPHE, weil du fängst IMMER WIEDER bei Null an. Und auch die

Kollegen fangen immer wieder bei Null an. Das ist einfach richtig schlimm." (B07, Abs. 70)

Ausgehend davon, dass die Auswirkungen einer externen Evaluation in alle Richtungen gehen können, haben mehr als die Hälfte der Befragten den Umgang mit den Ergebnissen als eine der richtungsweisenden Komponenten in Bezug auf die Wirkungsmechanismen einer externen Evaluation genannt. Der Umgang mit den Ergebnissen beinhaltet dabei, wie die einzelnen Schulen auf Grund der Ergebnisse in Folge agiert bzw. reagiert haben.

„[…] dass die Schulen eigentlich dann oft das Gefühl hatten, so, jetzt haben wir die Evaluation rum, und dann war auch erstmal gut. Und dann hat man das einfach beiseitegelegt. Und es ist nachher nicht mehr viel passiert." (B03, Abs. 4)

„Und oft auch die Rückmeldung, dass die Zielvereinbarungen in den Schubladen landen und keiner mehr das überprüft." (B05, Abs. 72)

Dies lag, wie sich mit folgenden Beispielen belegen lässt, teilweise daran, inwieweit Schulverwaltungsbehörden auf die von den EVT ausgesprochenen Empfehlungen, basierend auf den Ergebnissen einer externen Evaluation, eingegangen sind. Konkret heißt das, ob und, wenn ja, in welchem Maße Zielvereinbarungen zwischen der Schule und den Schulverwaltungsbehörden getroffen bzw. dann auch überprüft wurden; aber auch inwieweit Schulen Unterstützung erfahren haben und ihnen Ressourcen zugestanden wurden.

„Also ich sehe die Schulen komplett allein gelassen mit dem Evaluationsergebnis, hier in Baden-Württemberg. Ja, oder sie müssen sich krampfhaft irgendwo jetzt alles selber her suchen. Wer unterstützt uns, wer hat die Kompetenz, wo gibt es eine Fortbildung? Wo gibt es Literatur? Die sind komplett damit allein gelassen. Und wir haben dann unseren Hut genommen, und dann standen die armen Schulen da." (B04, Abs. 70)

„Ich weiß von so netten Beispielen wie ein Regierungspräsidium, was ein Schulleiter quasi, als die dann kamen, gesagt hat: ‚Hier, ich habe zwei Zielvereinbarungen, suchen Sie sich eine raus. Unterschreiben Sie, und danach reden wir nie wieder drüber'. Das geht dann total daneben vorbei natürlich." (B06, Abs. 10)

„Auf Ebene der Schulämter war erschreckend wenig passiert, in der zweiten Runde wurde das sehr sichtbar. Zielvereinbarungen fehlten häufig oder waren Papiertiger. Es gab laut Schulleitung wenig bis keine Rückfragen oder gar Unterstützung." (B10, Abs. 7)

„Da war vieles unklar, wie sie mit den Evaluationsergebnissen umgehen und da hätten sie bessere Hilfe und Unterstützung gebraucht und da hätte es sicher mehr Know-how einfach in der Kultusverwaltung gebraucht. […] Die [Qualitätsverantwortlichen der Schule; Anm. der Autoren] konnten dann teilweise auf Schulebene wirklich etwas damit anfangen, was wir geliefert haben. Aber auf der übergeordneten Ebene Schulverwaltung wurde das sehr stiefmütterlich behandelt, immer." (B12, Abs. 42)

3.4 Erhöhung der Wirksamkeit

Neben Durchführbarkeit, Fairness und Genauigkeit nennt die Gesellschaft für Evaluation (DeGEval) die Nützlichkeit als einen der vier grundlegenden Pfeiler für eine professionelle Evaluation. Um den Standards in Bezug auf Nützlichkeit gerecht zu werden und diese sicherzustellen, sollen Evaluationsberichte „alle wesentlichen Informationen zur Verfügung stellen und für ihre Adressatinnen und Adressaten verständlich und nachvollziehbar sein" (DeGEval 2016). So nannten die EVT auf die Frage, wie sich die Wirksamkeit externer Evaluationsverfahren am Beispiel der Fremdevaluation erhöhen ließe, folgende Punkte:

> „Es gibt vielleicht auch noch so eine kleine Lücke zwischen, jetzt sage ich mal, dem Evaluationsbericht und dann der Schulaufsicht. […] woher wissen die Schulen, wie sie mit den Ergebnissen der Fremdevaluation/ oder wie sie die Ergebnisse der Fremdevaluation verstehen sollen." (B02, Abs. 32)

> „Es muss klar sein und transparent, was gemacht wird und, wie nachher mit Ergebnissen weiter verfahren wird. Insofern: Diese Anbindung im systematischen Qualitätsentwicklungsprozess muss klar sein. Es muss klar sein auch, was macht eine übergeordnete Ebene wie eine Schulaufsicht z. B. mit diesen Erkenntnissen und wie leitet man die auch zielgerichtet weiter." (B12, Abs. 44)

Die Schulen sind nach den Erfahrungen der befragten EVT – und dies scheint zudem im Gesamtkontext der Diskussion um Wirkungen und Wirksamkeit externer Evaluation ein ganz entscheidender Punkt – nicht in ausreichendem Maße auf den Umgang mit den (Evaluations-)Ergebnissen vorbereitet und begleitet worden.

> „Ja, man hat die Wirksamkeit nicht so gesehen, weil sie immer in der einzelnen Schule hängen geblieben ist." (B01, Abs. 42)

> „Sie [Die Schulen; Anm. der Autoren] erhalten auch wenig Unterstützung, jetzt zu schauen, unsere Situation der Schule ist so, und jetzt haben wir diese oder jene Ergebnisse als Datenrückmeldung, zur Leistungsrückmeldung der Schüler, Schülerinnen. […] Die Schulen sind nicht drauf vorbereitet, und ist auch immer die Frage, wie ehrlich gehe ich mit mir um. Und auf welcher Ebene will ich diese Daten nutzen oder interpretieren." (B04, Abs. 16)

> „Da war vieles unklar, wie sie [die Schulen; Anm. der Autoren] mit den Evaluationsergebnissen umgehen, und da hätten sie bessere Hilfe und Unterstützung gebraucht. […] Man hat nicht gewusst, was man da eigentlich für ein Instrument [gemeint: die Evaluation; Anm. der Autoren] an der Hand hat und was man mit dem machen kann." (B12, Abs. 42)

Auffallend häufig fiel im Zusammenhang mit Wirkung und Wirksamkeit von externer Evaluation der Begriff „Ressourcen". Um den Schulen die notwendige Unterstützung und Begleitung zukommen zu lassen, bedarf es nach Einschätzung der befragten EVT zusätzlicher Ressourcen.

> „[…] dem Qualitätsmanagement einen höheren Stellenwert geben. An der Schule. Dafür brauchst du Ressourcen meiner Ansicht nach. Weil das kann man nicht aus der hohlen Hand raus machen. Man kann nicht sagen ‚Ok, einer ist neben seinem vollen Deputat her zuständig für's Schulportfolio, der nächste ist zuständig für die Prozessbeschreibungen'." (B07, Abs. 70)

> „Also, der erste [Punkt; Anm. der Autoren] ist, die Schulen brauchen Ressourcen dafür. Es muss klar sein: Qualität ist Arbeit am Anfang. […] Das kann etwas sein, dass die Schulen finanzielle monetäre Mittel dafür bekommen, in dem Sinne, dass sie sich extra eine Hilfe einkaufen können. Oder dass sie sagen, wir kriegen auch Zeit im Sinne als Ressource, wo wir dann Verantwortlichkeiten delegieren können und dann das Kollegium mitnehmen können. Die Begleitung für die Schulen MUSS viel aktiver sein. Wäre der zweite Punkt. Der dritte Punkt ist, dass das Know-how in die Schulleitung und/oder Kollegien noch viel stärker reingebracht werden muss. Das heißt, viele wissen gar nicht, was damit gemeint ist, wenn wir sagen, wir reden von Qualitätsentwicklung an der SCHULE. […] Und dieses dann auch umsetzen können. Und dieses runterzubrechen, da brauchen Sie ganz, ganz viel Unterstützung. Diese drei Aspekte werden wichtig." (B06, Abs. 34)

Das letzte Zitat spricht zudem den Punkt an, dass Unterstützungsprozesse auf verschiedenen Ebenen, die den Schulen vor und nach dem Evaluierungsprozess zugute kommen, die Wirksamkeit einer externen Evaluation erhöhen können. Die weiteren folgenden Aussagen der Befragten verdeutlichen dies zusätzlich.

> „Die Schule ist da sehr allein gelassen worden mit dem was dann bei einer FEV rauskam." (B12, Abs. 4)

> „... dass man tatsächlich dann auch weiß, okay, wenn jetzt festgestellt wird, in den und den Bereichen gibt es Verbesserungsbedarf, WAS gibt es dann für Möglichkeiten, der Schule zu helfen? Also nicht zack, so, jetzt habt ihr es. Ihr habt ja hier eure Diagnose, und jetzt seht mal zu, sondern tatsächlich dann müssten auch Mechanismen greifen, die eigentlich vorher schon klar sind. Also das heißt, entweder die Schule bekommt Ressourcen. Also sagen wir mal in einem bestimmten Bereich, im Unterrichtsbereich oder so, ist ein Defizit festgestellt worden. Dass die Schule dann schulinterne Fortbildungen bekommt dazu, oder dass tatsächlich Experten die Schule in der Schulentwicklung beraten eine Zeitlang." (B03, Abs. 46)

> „Fremdevaluation alleine kann eine Schule nicht verbessern. […] sie [die Schulen; Anm. der Autoren] brauchen ganz sicher zusätzliche Informationen, zusätzliche Unterstützung. Vielleicht sogar zusätzliche Ressourcen, um in diesem Bereich einfach die Qualität zu verbessern." (B04, Abs. 70)

Außerdem wurde von den EVT eine gute Vernetzung der am Evaluationsprozess Beteiligten, unter Einbeziehung aller zuständigen Verwaltungsbehören, als eine Komponente der wirksamen Evaluation genannt.

„Was mir ein bisschen gefehlt hat, was die Wirksamkeit sicherlich erhöht hätte, wäre genau das gewesen, was so quasi zum Schluss noch als Gedankengang reingekommen ist: eine bessere Vernetzung mit den ausführenden Institutionen, sprich Schulamt, RP [Regierungspräsidium; Anm. der Autoren]." (B01, Abs. 42)

„Dazu gehören künftig eine Ausbildung der Schulleiter und verpflichtend Fortbildungen für Teile des Kollegiums. Schulämter müssen in die Pflicht genommen werden, ihre Aufgaben der Aufsicht wahrzunehmen. Es braucht vernetzte Unterstützung bei der Umsetzung, wobei die durch eine Ausbildung für Schulleiter reduziert werden könnte." (B10, Abs. 31)

Einige der Befragten machten konkrete Vorschläge hinsichtlich der Weiterentwicklung des Verfahrens oder erwähnten alternative (Teil-)Lösungen. Diese bezogen sich beispielsweise darauf, die Qualitätsstandards schulartzspezifisch anzupassen, um die Wirksamkeit zu erhöhen, oder eine konkret formulierte Abfolge und Überprüfung der Zielvereinbarungen auf Basis der nach einer Evaluation ausgesprochenen Empfehlungen, flankiert von Unterstützungsmaßnahmen, sicherzustellen bzw. zu gewährleisten.

„[...] dass auch wirklich das gemessen wird, was eine Schule ausmacht [...], schulartspezifisch anpasst." (B02, Abs. 41)

„Diagnose stellen ist das Eine. Und dann aber tatsächlich, damit es eine Wirkung hat, muss man auch Instrumente haben anschließend, die auch greifen, ja. Und die auch natürlich auch evaluiert werden müssen. Das hat bei uns auch gefehlt. [...] Also wir haben diagnostiziert, und dann letztendlich war das unsere Aufgabe. Die haben wir erfüllt. Wir haben es auch noch irgendwo aufgeschrieben. Wir haben es sozusagen noch dokumentiert. Daten gesammelt. Aber das war es." (B03, Abs. 58)

„Und es gehört eine Schulaufsicht dahin, die ihre Aufgabe auch endlich mal wahrnimmt. Und die Schulen mal wieder besucht, und mal nachfragt, und dann vielleicht auch mal konkret Hilfestellung leistet. Ja. So könnte man es machen. Ja. Und nicht nur nach einer Zielvereinbarung das nächste Jahr dann die Schulleitung wieder fragt, ‚Und, wie weit sind Sie?' Und dazwischen passiert nichts." (B04, Abs. 74)

Weitere Aspekte wie Partizipation am Evaluationsprozess und eine wünschenswerte Kontinuität des Verfahrens, sowohl in Bezug auf das Verfahren selbst und dessen Durchführung als auch hinsichtlich der Frequenz, wurden während der Interviews in Bezug auf Wirksamkeitserhöhung angesprochen.

„Da müssen die Lehrer mit rein, weil die Schulentwicklung geht ohne Lehrer nicht." (B05, Abs. 60)

„Weil ich glaube, dass die Wirksamkeit dann viel höher ist, wenn man es nicht so, wie wir das jetzt gemacht haben, so übers ganze Land ausgeschüttet hat, ob sie es wollten oder nicht, sondern wenn das einen Anreiz bekommt, sich evaluieren zu lassen. Also ich glaube, dass dann tatsächlich die Wirksamkeit unglaublich gesteigert wird." (B03, Abs. 36)

„Ich glaube, dass man die Verfahren behutsam nur verändern und weiterentwickeln sollte, weil man sonst den Betroffenen immer wieder neu erklären muss, warum es diesmal so und das letzte Mal anders war. Das sorgt, glaube ich, nicht für gute Akzeptanz." (B09, Abs. 40)

„Also ich habe schon immer gedacht, das müsste in viel kürzeren Abständen passieren. Wir geben den/ wir haben den Schulen ganz lange Zeiträume vorgegeben. Fünf Jahre. Also das ist lang. […] also in kürzeren Zeiträumen, vielleicht kleinere, konkretere Entwicklungsziele noch vorgeben." (B04, Abs. 72)

„Vielleicht können wir überlegen, das Ganze häufiger zu machen. Weil fünf Jahre war ein sehr, sehr langer Zeitpunkt für Schulen. Schulen sind träge, ja. Aber der/ es kann auch vielleicht quasi unterstützend wirken, wenn man regelmäßiger kommt. Und dann hat es nicht immer diesen großen Faktor einer Generalüberprüfung." (B06, Abs. 34)

„Regelmäßigkeit, im Sinne von Selbstverständlichkeit, dass das dazugehört. Klare zeitliche Vorgaben zur Umsetzung von z. B. Empfehlungen, im Sinne eines sanften Drucks von oben." (B08, Abs. 62)

Zudem geht von einigen EVT die Wunschvorstellung dahin, dass Qualitätsmanagement an der Schule fest etabliert ist und somit einen höheren Stellenwert im Schulalltag hat. Unterstützt durch schulische Qualitätsbeauftragte könnte die Tätigkeit eines EVT nicht mit der Vorstellung der Ergebnisse und bestenfalls dem Aussprechen der Empfehlungen enden, sondern in der Funktion als Berater weitergeführt werden.

„Also ich glaube für die Weiterentwicklung von Schulen müsste es mehr […] etabliert sein, dass es [Thema Evaluationen; Anm. der Autoren] an Schulen eine feste Instanz hat. Also wie zum Beispiel einen Lehrer, der mit einem Großteil seines Deputats abgeordnet ist für die Qualitätsentwicklung. Also der vielleicht in der Schule auch sozusagen so ein bisschen als Berater fungiert." (B07, Abs. 70)

„Nach einer breiten FEV fände ich es toll, wenn ich die Schule noch etwa zwei bis drei Mal weiterhin besuchen dürfte, um bei der Umsetzung der Empfehlungen zu unterstützen/begleiten." (B10, Abs. 35)

„Da wurde ich gefragt als Evaluator, wie ich das sehe und wie ich da jetzt vielleicht eine Empfehlung geben könnte, wie es weitergehen kann. Es ging eher in Richtung Beratung." (B12, Abs. 22)

4 Diskussion und Fazit

Das Verfahren der externen Evaluation in Baden-Württemberg wurde einschließlich einer 2-jährigen Pilotphase in dem Zeitraum von 2006-2017 durchgeführt. Die ehemaligen Evaluatorinnen und Evaluatoren beschrieben in den Interviews dabei insgesamt eine deutliche Abnahme von Widerständen gegenüber dem Verfahren, insbesondere bei erneuter Evaluation, d. h. beim zweiten Durchgang der Evaluation in Baden-Württemberg. Der Rolle der Schulleiterin bzw. des Schulleiters wird dabei hinsichtlich der Akzeptanz eine besondere Bedeutung beigemessen. Mangelndes Wissen zu Qualitätsentwicklung und -management und damit einhergehend eine deutliche Skepsis im Hinblick auf diese Themen könnten eine mögliche Erklärung für die Widerstände bei der Fremdevaluation sein. Stellenwert und Qualität des Qualitätsmanagements sehen die ehemaligen EVT in diesem Zusammenhang – von Ausnahmen abgesehen – an den Schulen aktuell insgesamt eher gering ausgeprägt.

Auf Basis der Meinungsvielfalt der EVT hinsichtlich der Erhöhung der Wirksamkeit der externen Evaluation bzw. Fremdevaluation könnten u. a. eine bessere Kommunikation und Vorbereitung im Vorfeld, eine umfangreichere Unterstützung und Beratung von Schulen sowie das bessere Ineinandergreifen entsprechender Prozesse (Vorbereitung, Durchführung, Weiterarbeit) zu gewünschten Effekten beitragen. Wiederholt wurde angemerkt, dass eine Weiterarbeit mit den Ergebnissen nach Abschluss des Verfahrens auch tatsächlich sichergestellt werden müsse. Mehrfach wurde vorgeschlagen, die Abstände zwischen Verfahren bei einer gleichzeitigen Verschlankung deutlich zu verringern (zwei bis drei Jahre). Damit wird letztlich auf übergeordneter Ebene die Frage aufgeworfen: Auf Basis welcher „Philosophie" („Unterstützung" vs. „Kontrolle" bzw. Kombination beider Pole) werden die Entscheidungen für die Konzeption eines externen Evaluationsverfahrens getroffen?

Die Fremdevaluation entwickelte sich aus Sicht ehemaliger Evaluatorinnen und Evaluatoren an den Schulen in der Gesamtbetrachtung in Richtung Akzeptanz und war insgesamt auf einem guten Weg, sich im Rahmen schulischer Teilautonomie als obligatorischer Teil schulischen Qualitätsmanagements zu etablieren. Qualitätsmanagement insgesamt hingegen scheint in der Breite (innerhalb des Schulsystems und der Einzelschulen) jedoch noch längst nicht angekommen zu sein. Die Evaluationspflicht einhergehend mit dem bisherigen Evaluationsverfahren, welches zwar im Verlauf seines Bestehens ständig weiterentwickelt wurde, war letztendlich in der Wirkung begrenzt.

Fehlende systemische Stimmigkeit an verschiedenen Stellen dürfte hier zu deutlichen Wirkungseinbußen geführt haben. Genau hier scheint Governance gefragt. Spezifische Unterstützungs- und Beratungsbedarfe der Schulen sollten deutlich stärker bedient, die Weiterarbeit mit den Ergebnissen von Evaluationen jedoch gleichzeitig sichergestellt werden. Insbesondere in diesem Zusammenhang stellt sich die Ressourcenfrage. Nicht zuletzt angesichts der aktuellen Debatte um daten- bzw. evidenzbasierte Schulentwicklung und eines erhöhten Fokus' auf den Bereich „Unterricht" dürften – hinsichtlich der geplanten Wiedereinführung der externen Evaluation an Schulen – der Grundkonzeption eines weiterentwickelten Verfahrens sowie den weiteren Rahmenbedingungen im Zuge eines neuen Qualitätskonzepts (Strukturen und Prozesse – vor, während und nach Durchführung einer externen Evaluation) eine besondere Bedeutung zukommen.

Literatur

Bargel, T. (2003): Erkundungen zur Qualität und Verantwortung von Schulen. In: S. Appel, H. Ludwig, U. Rother, G. Rutz (Hrsg.), Neue Chancen für die Bildung. Jahrbuch Ganztagsschule. Schwalbach/Taunus: Wochenschau-Verlag. S. 85-100.

Dedering, K. (2016): Schulentwicklung durch externe Evaluationen? Schulinspektionen und Vergleichsarbeiten in der deutschen Schulpraxis – eine Bilanz. Pädagogik. Heft 01/2016. S. 44-47.

DeGEval (2016): Gesellschaft für Evaluation. Standards für Evaluation. Erste Revision 2016. Online im Internet: https://www.degeval.org/degeval-standards/standards-fuer-evaluation/. Abgerufen am 20.06.2018

Kuckartz, U. (2014): Qualitative Inhaltsanalyse. Methoden, Praxis, Computerunterstützung. Weinheim/Basel: Beltz Verlag.

Mayring, P. (2015): Qualitative Inhaltsanalyse. Grundlagen und Techniken. 12., überarbeitete Auflage. Weinheim und Basel: Beltz.

Mayring, P. (2016): Einführung in die qualitative Sozialforschung. 6., überarbeitete Auflage. Weinheim und Basel: Beltz.

Müller, S. (2015): Zukunft der externen Evaluation – Trends und Perspektiven in Deutschland. In: Pietsch, M.; Scholand, B.; Schulte, K. (Hrsg.): Schulinspektion in Hamburg. Der erste Zyklus 2007 – 2013: Grundlagen, Befunde und Perspektiven. Münster: Waxmann 2015. S. 369-383.

Stricker, T.; Eberhardt, E. (2018): Schulautonomie und externe Evaluation: Freund oder Feind? Erfahrungen aus der Fremdevaluation in Baden-Württemberg. In: Journal für Schulentwicklung. Heft 03/2018. S. 49–53.

Stricker, T.; Wiedenbauer, R.; Iberer, U. (2016): Was passiert danach? Effekte von externen Evaluationen auf Schulentwicklungsprozesse. Theoretische Erkenntnisse und praktische Erfahrungen aus der Weiterarbeit mit Evaluationsdaten. In: DIE SCHULLEITUNG. Zeitschrift für pädagogische Führung und Fortbildung in Bayern (unveränderter Nachdruck). Heft 03/2016, S. 4-9.

Witzel, A. (1985): Das problemzentrierte Interview. In: Jüttemann, G. (Hrsg.): Qualitative Forschung in der Psychologie. Grundfragen, Verfahrensweisen, Anwendungsfelder. Weinheim und Basel: Beltz Verlag. S. 227-255.

Witzel, A. (2000): Das problemzentrierte Interview [25 Absätze]. Forum Qualitative Sozialforschung /Forum: Qualitative Social Research. 1(1), Art. 22. Online im Internet: http://stebu.ch/joomla/-images/stories/m4_soz/problemzentriertes_interview_langtext.pdf. Abgerufen am 14.05.2011.

Von Daten zu Taten? – Eine Gesamtschau auf Empfehlungen der Fremdevaluation in Baden-Württemberg

Fatima Chahin-Dörflinger

Abstract

Die Empfehlungen der Fremdevaluatoren an allgemeinbildenden Schulen in Baden-Württemberg stehen im Zentrum dieser Arbeit. Nach einem Blick auf den Stand der Forschung zur Rezeption von Ergebnissen der externen Schulevaluation und Modellen zur Nutzung von schulischen Evaluationsergebnissen werden die Auswertungen von Empfehlungen in drei verschiedenen Phasen der zehnjährigen Laufzeit der Fremdevaluation in Baden-Württemberg analysiert und interpretiert. Aus dem Fazit ergeben sich abschließend Implikationen für die Schulentwicklung.

Inhalt

1 Einführung 256
2 Grundlagen und Befunde zur Nutzung von Ergebnissen der Fremdevaluation in der Schulentwicklung..256
3 Auswertungen der Empfehlungen der Fremdevaluation in Baden-Württemberg ..260
4 Interpretation der Auswertungen der Empfehlungen der Fremdevaluation im Längsschnitt...267
5 Fazit und Implikationen 270
Literatur..271

© Springer Fachmedien Wiesbaden GmbH, ein Teil von Springer Nature 2019
T. Stricker, *Zehn Jahre Fremdevaluation in Baden-Württemberg*,
https://doi.org/10.1007/978-3-658-25778-1_19

1 Einführung

Das standardisierte Fremdevaluationsverfahren in Baden-Württemberg sah vor, dass das Evaluationsteam nach der Auswertung der erhobenen Daten und der Einstufung der Merkmale in Qualitätsstufen spezifisch für die jeweilige Schule Empfehlungen für die Schulentwicklung aussprach. Diese Empfehlungen wurden zusammen mit den Ergebnissen der Fremdevaluation an der Schule präsentiert und im Evaluationsbericht für die Schule dokumentiert. Bei den nachfolgenden Zielvereinbarungen mit der Schulaufsicht bildeten die Empfehlungen die Grundlage für die Planung von Entwicklungsschritten, wenn die Schule sich bei der Fremdevaluation unterstützt und abgebildet sehen konnte.

Nach Befunden der Studien von Kotthoff und Böttcher (2010) sowie Brüsemeister et al. (2016) sind sich Evaluatoren bewusst, „dass sie durch das Ergebnis ihrer Arbeit, insbesondere den Evaluationsbericht zur Schulentwicklung beitragen sollen" (Brüsemeister et al. 2016, S. 64). Sie nehmen „die Schule als Ganzes und als Teil eines Gesamtsystems in den Blick" (ebd., S. 64) und nutzen innerhalb ihres staatlichen Auftrags den maximalen Rahmen des standardisierten Evaluationsverfahrens und Kommunikationsformen, um Schulen zur Nutzung der Evaluationsergebnisse und zur Schulentwicklung anzuregen (vgl. Brüsemeister et al. 2016, S. 65).

Daher können durch die Auswertung der von Evaluatoren erteilten Empfehlungen in der Fremdevaluation in Baden-Württemberg Entwicklungsbereiche und Themen, die relevant für die Qualitätsentwicklung an Schulen sind, aufgezeigt werden. Außerdem lässt die längsschnittliche Betrachtung der Empfehlungen von der ersten zur zweiten Runde der Fremdevaluation Rückschlüssen zu, ob und welche Entwicklungs- oder organisationale Lernfortschritte an allgemeinbildenden Schulen insgesamt durch die Fremdevaluation zu verzeichnen sind.

Die neutrale Bezeichnung Fremdevaluatoren oder Evaluatoren wird dabei im Rahmen dieses Beitrags als neutrale Berufsbezeichnung für alle Menschen verwendet, die im Außendienst an Schulen in Baden-Württemberg von 2007 bis 2017 die Fremdevaluation durchführten.

2 Grundlagen und Befunde zur Nutzung von Ergebnissen der Fremdevaluation in der Schulentwicklung

Durch den outputorientierten Blick auf die Verbesserung der Schulqualität und Schülerleistungen und die erweiterte Selbstständigkeit der Schule nahm auch die Bedeutung von Evaluation im Kontext der Qualitätsentwicklung zu. Dies zeigte sich ab Anfang der 2000er Jahre in verschiedenen Richtlinien und Vorgaben.

Nach den Standards für Lehrerbildung, welche 2004 als Richtlinie für eine vergleichbare Lehrerausbildung in den Bundesländern gefasst wurden, sollen angehende Lehrkräfte „Ergebnisse der Unterrichts- und Bildungsforschung auf die Schulentwicklung anwenden und Verfahren und Instrumente der internen Evaluation von Unterricht und Schule nutzen" (KMK 2014, S.13) können. Die von der Kultusministerkonferenz (KMK) verabschiedete Gesamtstrategie zum Bildungsmonitoring beschrieb einen „Paradigmenwechsel in der Bildungspolitik „im Sinne von Ergebnisorientierung, Rechenschaftslegung und Systemmonitoring" (KMK 2006, S. 5). Die durch die Evaluationen und das Bildungsmonitoring generierten Daten sollen „im Verständnis der Kultusministerkonferenz kein Selbstzweck [sein], sondern dazu beitragen, Ergebnisse von Bildungsprozessen zu verstehen und zu verbessern" (KMK 2015, S. 3).

In Baden-Württemberg wurde die Evaluation im Zusammenhang von Unterrichts- und Schulentwicklung 2006 im Schulgesetz aufgenommen. Die ausführende Verwaltungsordnung dazu folgte im Jahr 2008. Das Landesinstitut für Schulentwicklung veröffentlichte 2007 in Zusammenarbeit mit dem Kultusministerium einen Orientierungsrahmen zur Schulqualität für allgemeinbildende Schulen und einen Leitfaden zur Selbstevaluation. Im gleichen Jahr begann auch der erste Zyklus der Fremdevaluation an Schulen in Baden-Württemberg. Das Verfahren wurde im Laufe der Jahre fortlaufend weiterentwickelt. Ab 2015 wurde die Fremdevaluation an allgemeinbildenden Schulen als FEV2 mit einer Neuausrichtung der Qualitätsstandards und Einstufungen in der zweiten Runde durchgeführt. Im Sommer 2017 setzte das Kultusministerium die Fremdevaluation im Zuge der Neuausrichtung des Qualitätskonzepts für das Bildungssystem des Landes vorerst aus. In diesem zukünftigen Konzept sollen Bildungsmonitoring, datengestützte Qualitätsentwicklung auf allen Ebenen des Bildungssystems, Fort- und Weiterbildung der Lehrkräfte und Schulleitungen sowie Beratung und Unterstützung mit dem Ziel eines erfolgreichen Unterrichtens und Lernens an Schulen effizienter und auf einander abgestimmter ausgestaltet werden.

2.1 Forschung zur Nutzung von Ergebnissen der externen Evaluation

Der Umgang mit den Ergebnissen der externen Evaluation oder Fremdevaluation wird zunehmend auch in Deutschland durch Studien und wissenschaftliche Veröffentlichungen in den Blick genommen. Husfeldt unterscheidet Studien zu Einstellungen und Wirksamkeitserwartungen bezüglich der Schulevaluation, Studien zu Reaktionen auf die Evaluation und Folgemaßnahmen und Studien, die einen Zusammenhang mit Schülerleistungen erforschen (Husfeldt 2011, S. 63). Altrichter & Kemethofer differenzieren den Stand der Forschung aufgrund der vielfältigen Kontextabhängigkeiten bei der Wirkung von Evaluation weiter auf in Studien zu Einstellungen und Akzeptanz, Studien zur Entscheidungsfindung im Evaluationsteam, Studien zu schulischen Reaktionen, Studien über erwünschte und nicht erwünschte Effekte und Studien über Prozesse und vermittelnde Mechanismen der externen Schulevaluation (vgl. Altrichter/Kemethofer 2016, S. 10ff.). Wie sich die Ergebnisse und Empfehlungen der Fremdevaluation längsschnittlich verändern und wie sie im Kollegium tatsächlich verarbeitet und in der Schulpraxis umgesetzt werden, ist in der Forschung bisher kaum empirisch untersucht worden (vgl. Demski 2017, S. 34).

Die meisten Studien stützen sich auf Befragungen der direkt an der Fremdevaluation Beteiligten, insbesondere der Lehrkräfte und der Schulleitungen. Untersuchungen zum Umgang oder der Wirkung bei anderen Beteiligten (z. B. Evaluatoren, Schulaufsicht, Schulträger) sind seltener. In Baden-Württemberg wurde beispielsweise nach jeder Fremdevaluation eine fakultative Zufriedenheitsabfrage nicht nur bei den Lehrkräften, sondern auch bei der Eltern- und Schülerschaft durchgeführt. Die Gruppe der Evaluatoren wurde aktuell bei einer Studie von Stricker/Eberhardt/Tröndle in Hinblick auf Erfahrungen und Einschätzungen befragt (vgl. Stricker et al. 2018). Evaluationsberichte fanden bisher eher wenig Beachtung in der Forschung. Sie wurden vornehmlich individuell und im Rahmen von Bildungsberichterstattungen ausgewertet. Beim vom Bundesministerium für Bildung und Forschung geförderten Verbundprojekt zur Analyse von Steuerungsinstrumenten in der Schulentwicklung wurden in einigen Teilprojekten auch Evaluationsergebnisse und -berichte wissenschaftlich analysiert (vgl. z. B. Arbeitsgruppe Schulinspektion 2016). Unterschiedliche Aspekte, wie Evaluationsergebnisse zum Lernen und zur Schulentwicklung genutzt werden können, und Forschungsbefunde fasst auch der Sammelband von Bohl & Kiper „Lernen aus Evaluationserbennissen" zusammen (Bohl/Kiper 2009).

2.2 Einflussfaktoren und Modelle zur Nutzung von Ergebnissen

Für die Analyse und Interpretation der Forschungsbefunde zur externen Evaluation werden unterschiedliche Modelle zu Grunde gelegt. Demski unterscheidet u. a. zwischen komponentenbasierten, prozessorientierten und metatheoretischen Modellen (vgl. Demski 2017, S. 57). Das von van Ackeren eher der ersten Gruppe zugeordnete Rahmenmodell möglicher Einflussgrößen auf die Wirkung und gezielte Nutzbarmachung von Evaluationsergebnissen führt die Komponenten „Anlage der Evaluation", „Datenempfänger" sowie „Rückmeldeverfahren und Datenqualität" auf (vgl. van Ackeren 2003, S. 41). Das prozessorientierte Phasenmodell von Helmke, vielfach verwendet in verschiedenen Studien und adaptiert für den Umgang mit Ergebnissen der externen Evaluation (vgl. z. B. Sommer 2011; Gärtner 2010; Kleine 2012) differenziert beim Umgang mit Ergebnissen zwischen Rezeption, Reflexion, Aktion und Evaluation und bettet diese Prozesse in individuelle und externe Rahmenbedingungen und die Evaluationsergebnisse ein (vgl. Kleine 2015, S. 128ff.). Das metatheoretische Modell von Stamm unterscheidet zwischen unabhängigen Hintergrundvariablen und abhängigen Interaktions-, Verwendungs- und Wirkungsvariablen. Demski selbst unterscheidet zudem bei der Datennutzung zwischen Mikro- Meso- und Makroebene (vgl. Demski 2017, S. 180). Bonsen & von der Gathen (2004) führen in ihrem Modell, welches ursprünglich für die Rezeption von Lernstandserhebungen konzipiert wurde, sowohl Bedingungen als auch Prozesse auf: Diese sind neben dem „Design der Rückmeldung", den „Eigenschaften der Rückmeldesysteme" und den „Schulmerkmalen" die Phasen „Implementierung", „Nutzung der Ergebnisse" und „(un)beabsichtigte Folgen" (Hartung-Beck 2009, S. 32). Das Wirkungsmodell von Ehren & Visscher (2006 und 2013) zeigt ebenfalls Bedingungsfelder auf: um die im Zentrum des Modells aufgeführten „Reaktionen der Schule", welche im Nachfolgemodell 2013 weiter spezifiziert wurden, gruppieren sich die „Merkmale der Evaluation", „Externe Impulse und Unterstützung", die „Merkmale der Schule" (z. B. Innovationsbereitschaft bzw. -fähigkeit) und „intendierte und nicht intendierte Effekte" (Altrichter/Kemethofer 2016, S. 11). Die Systematisierung von Altrichter & Kemethofer beschreibt neben Bedingungs- und Kategorialmodellen auch das Funktionenmodell von Landwehr (2011), nach welchem die externe Evaluation die vier unterschiedlichen Zwecke Rechenschaftslegung, Schulentwicklung, Normierung/Kontrolle und Wissenszuwachs erfüllen kann (vgl. Altrichter/Kemethofer 2016, S. 10). Auf Wirkungen im zeitlichen Verlauf verweist Buichl in ihrem Modell der Wirksamkeit externer Evaluation, indem sie bei den Wirkungen zwischen Output (z. B. verbesserte Lernleistungen) und Outcome (z. B. beruflichem Erfolg) unterscheidet (vgl. Buichl 2012, S. 102). Diesen Ansatz präferieren auch Pietsch et al., in sie bei der Definition von Evaluationswirkungen beabsichtigte und unbeabsichtigte Prozesse und Ergebnisse unmittelbar während einer Evaluation, nach Evaluationsende und langfristig betrachten (Pietsch et al 2015, S. 124). Bei der Evaluation der Evaluationswirkungen differenzieren sie, orientiert an einem Modell von Chen, zwischen Handlungsmodell und Veränderungsmodell (vgl. ebd., S. 126).

Zusammenfassend kann anhand der Modelle bei der Interpretation von Evaluationsergebnissen der Fremdevaluation und deren Wirkung festgestellt werden, dass schulische und externe Bedingungen, Prozesse und Verfahren, Stakeholder, Funktionen und Intentionen auf unterschiedlichen Ebenen und im zeitlichen Verlauf beachtet werden sollten.

3 Auswertungen der Empfehlungen der Fremdevaluation in Baden-Württemberg

Die Fremdevaluation wurde ab dem Schuljahr 2008/2009 an allen öffentlichen Schulen in Baden-Württemberg verbindlich zur Unterstützung der Qualitätssicherung und Qualitätsentwicklung der Schule gesetzlich verankert. Anhand definierter Qualitätskriterien sollten alle Schulen durch einen professionellen Blick von außen Rückmeldung zu den im Qualitätsrahmen festgelegten Qualitätsbereichen und Qualitätsmerkmalen bekommen. Für die Organisation und Durchführung der in einem etwa fünfjährigen Turnus an jeder Schule durchzuführenden Fremdevaluation war das Landesinstitut für Schulentwicklung zuständig (EvaVO §1). Nach einer abgeschlossenen Fremdevaluation erhielt jede Schule in Baden-Württemberg einen von der Form her standardisierten, jedoch inhaltlich auf die Schule bezogenen Bericht zu ihren Evaluationsergebnissen. Diese Evaluationsberichte enthielten neben den Ergebnissen auch auf die Schule zugeschnittene Empfehlungen zur Unterrichts- und Schulentwicklung. Im Rahmen der Bildungsberichterstattung in Baden-Württemberg wurden 2011 und 2017 die Ergebnisse der Fremdevaluation für allgemeinbildende Schulen landesweit und schulartbezogen im Hinblick auf auf die Qualitätsbereiche ausgewertet und in Bezug auf spezifische Fragestellungen interpretiert.

3.1 Grundlage der Empfehlungen

Bei der Fremdevaluation wurden vor Ort an der Schule Gruppeninterviews mit Lehrkräften, Schulleitung, Schülerinnen und Schülern und Eltern und zwanzigminütige Unterrichtsbeobachtungen durchgeführt. Im Vorfeld fand eine Dokumentenanalyse des Schulportfolios bzw. der Qualitätsdokumentation der Schule sowie ab 2011 eine Onlinebefragung der am Schulleben beteiligten Gruppen statt. Die durch diese Verfahren generierten qualitativen und quantitativen Daten wurden durch das Evaluationsteam ausgewertet und in Bezug auf eine Bestätigung bzw. Nicht-Bestätigung der Indikatoren, die für die Merkmale in den Qualitätsbereichen des für die Fremdevaluation spezifizierten Qualitätsrahmens für allgemeinbildende Schulen hinterlegt waren, interpretiert. Am Ende der Auswertung entwickelte das Evaluationsteam aus der Gesamtschau der Einstufungen und Einschätzungen Empfehlungen für die jeweilige Schule, die Anregungen und Vorschläge zur Unterstützung der Qualitätsentwicklung der Schule anboten. Die Empfehlungen bezogen sich zwar auf einzelne Merkmale und Bereiche des Qualitätsrahmens für die Fremdevaluation, berücksichtigten aber mit dem Blick auf die Metaebene Zusammenhänge zwischen diesen und bezogen die besonderen Bedingungen der Schule ein.

3.2 Auswertung der Empfehlungen im Bildungsbericht 2011

Im Bildungsbericht 2011 wurden die Evaluationsergebnisse der in den Schuljahren 2008/09 und 2009/10 evaluierten allgemeinbildenden Schulen ausgewertet. Von 470 in diesem Zeitraum evaluierten Schulen waren 163 Grundschulen, 156 Grund- und Hauptschulen/Hauptschulen/Hauptschulen mit Werkrealschulen, 57 Realschulen, 59 Gymnasien und 35 Sonderschulen. In die qualitative Auswertung flossen insgesamt 2384 Empfehlungen ein. Um tiefergehende Informationen zur Qualität schulischer Prozesse und Maßnahmen zu bekommen, wurden für den Bildungsbericht 2011 neben den Empfehlungen auch die Beschreibungstexte zu den Qualitätsmerkmalen bei „best practice-Schulen" analysiert. Die qualitative Auswertung der Empfehlungen erfolgte über eine Zuordnung zu übergeordneten Kategorien entsprechend des Qualitätsrahmens (vgl. Bildungsbericht 2011, S. 315). Die schulartengetrennte Auszählung der Häufigkeiten der genannten Kategorien ermöglichte, danach Entwicklungsbedarfe in den einzelnen Schularten zu vergleichen. Schulartübergreifend wurden die meisten Empfehlungen mit 42% im Bereich „Qualitätssicherung und Qualitätsentwicklung" (QB Q) und mit 41% im Bereich „Unterricht" gegeben. Innerhalb der Schularten variierte diese etwa ähnliche Verteilung nur bei den Sonderpädagogischen Bildungs- und Beratungszentren (SBBZ), die mit 29% weniger Empfehlungen im Bereich Unterricht und mit 46% mehr Empfehlungen im Bereich Qualitätsentwicklung erhielten. Bei den Gymnasien zeigte sich eine umgekehrte Verteilung: mit 46% der Empfehlungen im Bereich Unterricht und 39% der Empfehlungen im Bereich Qualitätsentwicklung scheint dort das innerschulische Qualitätsmanagement besser zu funktionieren als die individuelle Unterrichtsentwicklung.

Betrachtet man die Häufigkeitsverteilung innerhalb der Qualitätsbereiche, so fällt auf, dass im Bereich „Unterricht" mit 27% am häufigsten eine Empfehlung zur Optimierung der Abstimmung der Kriterien für die Leistungsrückmeldung gegeben wurde. Die zweithäufigste Empfehlung mit 24% bezog sich auf die Förderung der Methoden- und Medienkompetenzen. Die Verbesserung der Differenzierung im Unterricht wurde mit 18% als dritthäufigste Empfehlung ausgesprochen.

Knapp ein Drittel (31%) aller Empfehlungen aus dem Bereich „Qualitätssicherung und Qualitätsentwicklung" (QB Q) bezog sich auf die Nutzung von Individualfeedback zur Professionalisierung. Der Hinweis zur Entwicklung eines Leitbilds oder pädagogischer Grundsätze für die Qualitätsentwicklung der Schule wurde mit 21% als zweithäufigste Empfehlung im QB Q gegeben. Auf ein systematisches Vorgehen bei der Schulentwicklung verwiesen 14% der Empfehlungen. Bezieht man die jeweils mit 10% abgegebenen Empfehlungen zur Verbesserung der Funktionalität der Strukturen und zur Orientierung an schulischen Zielen und Ressourcen mit ein, so fällt auf, dass über ein Drittel (34%) der Empfehlungen im

Qualitätsbereich Qualitätsentwicklung auf die Professionalisierung des Vorgehens in der Schulentwicklung aufmerksam machten (vgl. Bildungsbericht 2011, S. 302ff.).

3.3 Auswertung von Empfehlungen im Bildungsbericht 2017

Beim Bildungsbericht 2015 wurden die Ergebnisse der Fremdevaluation anhand der Einstufungen analysiert, Empfehlungen wurden nicht separat ausgewertet. Für den darauffolgenden Bildungsbericht 2017 jedoch wurden wieder qualitative Analysen der Empfehlungen der Fremdevaluation durchgeführt. Aus der Gesamtheit der in den Schuljahren 2011/12 bis 2015/16 im ersten Durchgang der Fremdevaluation evaluierten 2064 allgemeinbildenden Schulen wurde eine repräsentative Stichprobe ausgewählt. Diese Stichprobe umfasste alle weiterführenden Schulen, die an der Schulleistungsstudie IQB-Bildungstrend 2015/16 teilgenommen hatten und somit nach statistisch und wissenschaftlichen Standards randomisiert stellvertretend für weiterführende Schulen in Baden-Württemberg ausgewählt worden waren. In dieser Analyse der Empfehlungen waren also keine Grundschulen vertreten. Von den 102 weiterführenden Schulen der Stichprobe waren 55 Gymnasien, 23 Realschulen, 11 Gemeinschaftsschulen, 10 Haupt- bzw. Werkrealschulen und 3 Sonderpädagogische Bildungs- und Beratungszentren mit dem Förderschwerpunkt „Lernen". Die 582 abgegebenen Empfehlungen wurden auch diesmal überwiegend in den Qualitätsbereichen „Unterricht" (39%) sowie „Qualitätssicherung und Qualitätsentwicklung" (38%) gegeben.

Im Qualitätsbereich Unterricht wurden mit fast einem Drittel Empfehlungen am häufigsten zur Abstimmung der Kriterien der Leistungsbewertung und zur Rückmeldepraxis zum Lernstand und Lernfortschritt gegeben. Diese Empfehlungen betreffen eine der Tiefenstrukturen lernwirksamen Unterrichts (vg. Kunter/Trautwein 2013). Am zweithäufigsten wurde mit 29% im Bereich Unterricht auf die Differenzierung von Lernangeboten hingewiesen. Empfehlungen zur Förderung des selbstgesteuerten, aktiven Lernens und zur Förderung von Methoden- und Medienkompetenzen wurden jeweils mit 18% bzw. 15% ausgesprochen.

> „Auch die Empfehlungen im Bereich der Unterrichtsentwicklung verdeutlichen den Handlungsbedarf bezüglich einer verstärkt systematischen und datengestützten Vorgehensweise. So ist eine kontinuierliche und fundierte Rückmeldepraxis zum Lernstand wie auch ein auf die Bedürfnisse des einzelnen Schülers bzw. der einzelnen Schülerin abgestimmtes, differenziertes Lernangebot nur auf der Basis eines datengestützten diagnostischen Arbeitens möglich" (Bildungsbericht 2017, S. 24).

Die häufigsten Empfehlungen im Qualitätsbereich Qualitätssicherung und Qualitätsentwicklung bezogen sich mit 30% auf die Praxis des Individualfeedbacks und mit etwa einem Viertel (24%) auf die Nutzung von Selbstevaluationen zur Qualitätsentwicklung. Zusammen mit den Empfehlungen zur Nutzung der Ergebnisse von Lernstandserhebungen und Kennzahlen (12%) verwiesen auf den Bereich datengestützte Schulentwicklung über 60% der Empfehlungen. Das strukturierte Vorgehen bei der Steuerung der Qualitätsentwicklung wurde mit 18% ähnlich häufig wie die Ausrichtung nach pädagogischen Zielen (15%) empfohlen (vgl. Bildungsbericht 2017, S. 21ff.).

3.4 Auswertung von Empfehlungen aus dem zweiten Durchgang der Fremdevaluation

In der zweiten Runde der Fremdevaluation (FEV2) wurden in jedem Qualitätsbereich Qualitätsstandards zu den Merkmalen formuliert, die anhand der Daten der Fremdevaluation als erfüllt oder nicht erfüllt eingestuft wurden. Die Berichte wurden dadurch standardisierter und kürzer. Die Anzahl der Empfehlungen für die Schule wurde auf drei begrenzt. Sie sollten mit dem Blick auf der Metaebene Handlungsfelder und thematische Zusammenhänge innerhalb eines Qualitätsbereichs oder über die Qualitätsbereiche hinweg aufzeigen. Die Ergebnisse der Fremdevaluation FEV2 werden voraussichtlich im Bildungsbericht 2018 statistisch zusammengefasst und ohne Analyse von Empfehlungen Ende 2018 veröffentlicht. Jedoch wurde im Zuge der Neukonzeption der Servicestelle Selbstevaluation am Landesinstitut für Schulentwicklung im Herbst 2016 eine qualitative Auswertung von damals aktuellen Empfehlungen der Fremdevaluationen aus dem Schuljahr 2015/16 vorgenommen, da eine bessere Verzahnung von Fremdevaluation und Selbstevaluation verfolgt werden sollte.

Für die nachfolgende Betrachtung der Empfehlungen aus drei unterschiedlichen Perioden der Fremdevaluation in diesem Beitrag analysierte die Autorin Empfehlungen aus Evaluationsberichten der letzten zwei Jahre der Fremdevaluation aus der zweiten Runde der Fremdevaluation, die ab 2015 bis 2017 an allgemeinbildenden Schulen stattfand. Die per Zufall zusammengestellte Stichprobe von 145 Evaluationsberichten beinhaltete 29 Grundschulen, 19 Realschulen, 6 Gemeinschaftsschulen, 26 Gymnasien, 1 Werkrealschule, 24 Verbundschulen, 20 Sonderpädagogische Bildungs- und Beratungszentren (SBBZ) und 20 kleine Schulen mit weniger als 10 Lehrkräften und 100 Schülerinnen und Schülern. Es wurde darauf geachtet, dass die Berichte bzw. Empfehlungen von möglichst unterschiedlichen Evaluationsteams erstellt worden waren, um personenspezifische Bewertungstendenzen auszuschließen. Die qualitative Auswertung von insgesamt 435 Empfehlungen erfolgte softwaregestützt, wobei in der ersten Codierung in einer offenen Vorgehensweise induktiv Schlüsselwörter (Codes) entwickelt wurden. Im zweiten Schritt wurden die Schlüsselwörter (Codes) zu Bereichen gruppiert, welche aus dem Orientierungsrahmen für Schulqualität für allgemeinbildende Schulen in Baden-Württemberg und Modellen für Schul-qualität (vgl. Rolff 2013; Dubs 2009) hergeleitet wurden. Die Schlüsselwörter in den Empfehlungen betrafen die Bereiche Unterricht, Professionalität der Lehrkräfte, Qualitätsmanagement, Schulführung, Elternarbeit, Schulische Gemeinschaft und Netzwerke/Partner/Unterstützungssysteme. Abschließend wurden die Schlüsselbegriffe innerhalb der Bereiche deskriptiv in Bezug auf Häufigkeiten aufbereitet.

Nachfolgend werden im Hinblick auf die vergleichende Interpretation der Empfehlungen mit den Auswertungen aus den Bildungsberichten 2011 und 2017 und der Begrenztheit dieses Beitrags zunächst die Auswertungen der FEV 2-Empfehlungen der Bereiche Unterricht und Qualitätsmanagement als Teilbereich der Organisationsentwicklung vorgestellt. Der längsschnittliche Vergleich der häufigsten Schlüsselbegriffe in den Empfehlungen über die Dauer der Fremdevaluation in Baden-Württemberg hinweg folgt in Kapitel 4.

Die meist genannten Aspekte in den Empfehlungen betrafen die Durchführung und Nutzung von Selbstevaluation, die Differenzierung im Unterricht, das zielgerichtete, strukturierte Vorgehen bei der Schulentwicklung, das selbstorganisierte Lernen der Schülerinnen und Schüler und die Nutzung von Individualfeedback.

Im Bereich Qualitätsmanagement wurde mit 32,1% die Durchführung oder Nutzung von Selbstevaluationen am häufigsten in den FEV2-Empfehlungen genannt. Die planvolle und strukturierte Schulentwicklung wurde mit 24,6% am zweithäufigsten empfohlen. Ein Hinweis auf die Nutzung von Individualfeedback wurde mit 16,9% als dritthäufigste Empfehlung gegeben. Auf die Nutzung von Kennzahlen und Ergebnissen der Lernstandserhebungen verwiesen die Evaluatoren mit 9,7%. Die schulartenspezifische Auswertung zeigt für Platz 1 der Empfehlungen lediglich eine Verschiebung der Reihenfolge der Häufigkeiten beim Gymnasium, wo mit 31,8% auf die Schulentwicklungsplanung verwiesen wird.

> „Die Schule sollte einen Entwicklungsplan für anstehende Vorhaben zur Schul- und Unterrichtsentwicklung sowie zur Qualitätssicherung erstellen, der Entwicklungsziele, Prioritäten, eine Zeitplanung und Maßnahmen benennt. Gleichzeitig sollte eine darauf ausgerichtet schulische Fortbildungsplanung erarbeitet werden. Dabei sollte der Einsatz von Instrumenten zur Überprüfung der Zielerreichung der Qualitätsentwicklung eingeplant werden" (Zitat aus Empfehlungen FEV2).

In der nachfolgenden Graphik werden die häufigsten Schlüsselbegriffe zum Qualitätsmanagement in den Empfehlungen der Stichprobe von 145 allgemeinbildenden Schulen in der zweiten Runde der Fremdevaluation prozentual dargestellt. Fasst man die für eine evidenzbasierte Qualitätsentwicklung hilfreichen Datenquellen Selbstevaluation, Individualfeedback und Kennzahlen bzw. Ergebnisse von landesweiten Lernstandserhebungen zusammen, so verweisen knapp unter 60% der Hinweise in den Empfehlungen auf einen Entwicklungsbedarf beim Umgang mit Daten an Schulen.

Abb.:1   Graphische Auswertung zum Bereich Qualitätsmanagement

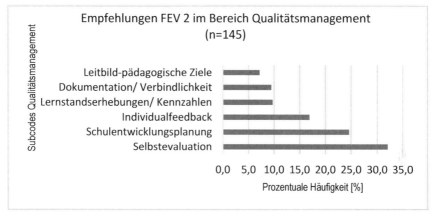

Quelle: Eigene Darstellung

Innerhalb des Bereichs Unterricht verwiesen die Evaluatoren mit 27,7% am häufigsten auf die Differenzierung und die individuelle Förderung. Auf das Selbstorganisierte Lernen und die Selbsteinschätzung der Schülerinnen und Schüler wurde mit 21,1% am zweithäufigsten aufmerksam gemacht. Am dritthäufigsten bezogen sich Empfehlungen im Bereich Unterricht mit 12,6% auf die konstruktive und lernförderliche Rückmeldung von Lernständen bzw. die Lernentwicklungsbegleitung. Eine schulartenspezifische Auswertung zeigt leichte Verschiebungen in den Rangplätzen. So ist beispielsweise die häufigste Empfehlung bei Gemeinschaftsschulen und bei Sonderpädagogischen Bildungs- und Beratungszentren nicht die Differenzierung, sondern das Selbstorganisierte Lernen. Die dritthäufigste Empfehlung bei kleinen Schulen betraf die Abstimmung von Bewertungskriterien.

> „Auf Basis der bereits durchgeführten Maßnahmen und des neuen Bildungsplans sollte im Kollegium ein durchgängiges Differenzierungskonzept mit regelmäßigen Phasen des individuellen und selbstorganisierten Lernens erarbeitet und umgesetzt werden. Dieses sollte auf der Grundlage von standardisierter und nicht standardisierter Diagnostik Aufgabenstellungen in unterschiedlichen Niveaustufen beinhalten, um sowohl leistungsstärkere Schülerinnen und Schüler als auch leistungsschwächere zu fördern und zu fordern. Sinnvoll sind in diesem Zusammenhang eine Verständigung über die Rückmeldung zum Lernstand und Möglichkeiten der Selbsteinschätzung der Schülerinnen und Schüler. Bei der

Bewertung des Lern- und Leistungsstands sollten in den Fachschaften bzw. Stufen gemeinsame inhaltliche Kriterien gefunden werden" (Zitat aus Empfehlungen FEV2).

In der nachfolgenden Graphik zu Schlüsselbegriffen in den Empfehlungen zum Unterricht lassen sich Einflussbereiche für effektiven Unterricht, die Tiefenstrukturen „Kognitive Herausforderung" und „Konstruktive Unterstützung" betreffend, (vgl. Kunter/Trautwein 2013) zusammenfassen. Die kognitive Herausforderung aller Schülerinnen und Schüler im Unterricht bedarf der Diagnose und der Differenzierung bei Lernangeboten und Methoden. Die diese Bereiche betreffenden Schlüsselbegriffe machen etwas über 40% der Schlüsselbegriffe in den Empfehlungen zum Unterricht aus. Unter der Voraussetzung, dass für eine konstruktive Rückmeldepraxis die Abstimmung und Transparenz von Bewertungskriterien unerlässlich ist, lassen sich diese beiden Bereiche ebenfalls gemeinsam betrachten. Damit verweist über ein Fünftel der Schlüsselbegriffe auf eine Optimierung bei dem nach Hattie (2013) wirksamen Faktor für effektiven Unterricht, der lernbegleitenden Rückmeldung. Mit der Zunahme des digitalen Lernens kommt dem selbstorganisierten Lernen und einer auf die neuen Lernformen ausgerichteten Methoden- und Medienkompetenz und Lernstrategien vermehrte Bedeutung zu. Auf diese Bereiche verweisen 28% der in den Empfehlungen der zweiten Fremdevaluation genannten Schlüsselbegriffe.

Abb.: 2   Graphische Auswertung zum Bereich Unterricht

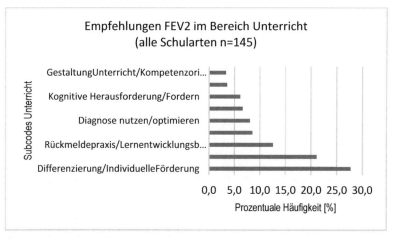

Quelle: Eigene Darstellung

Da zwischen dem Qualitätsmanagement und Aspekten der Professionalität der Lehrkräfte Zusammenhänge hergestellt werden können, soll in diesem Beitrag auch auf die häufigsten Nennungen im Bereich Professionalität der Lehrkräfte aufmerksam gemacht werden: am häufigsten wurden mit 26,9% Empfehlungen zur Fortbildungsplanung gegeben.

Bei Gymnasien und bei Verbundschulen wurde diese Empfehlung – nämlich die Fortbildungsplanung an den Zielen der Schule, der Qualitätsentwicklung und der Professionalisierung der Lehrkräfte auszurichten – sogar mit 38,5% bzw. 36,7% gegeben. An zweiter und dritter Stelle empfahlen die Evaluatoren den Umgang mit den Arbeitsbedingungen (16,4%) und die Abstimmung innerhalb des Kollegiums (15,1%) in den Blick zu nehmen.

Interessant wäre es weiter zu untersuchen, inwieweit bei Schulen mit strukturiertem und abgestimmtem Vorgehen bei der Schul- und Unterrichtsentwicklung auch Auswirkungen auf die Bewertung der Arbeitsbedingungen zu verzeichnen sind.

4 Interpretation der Auswertungen der Empfehlungen der Fremdevaluation im Längsschnitt

Die erste Runde der Fremdevaluation (FEV 1) dauerte von 2007 bis 2016. In dieser Zeit wurden zweimal Empfehlungen aus Evaluationsberichten allgemeinbildender Schulen innerhalb von Bildungsberichten ausgewertet (siehe Kap. 3.2 und 3.3). Ab 2015 begann die zweite Runde der Fremdevaluation (FEV 2) in Baden-Württemberg. Sie wurde ab Juli 2017 ausgesetzt. (siehe auch Kap. 2, S. 257).

Bei der für diesen Beitrag entwickelten längschnittlichen Betrachtung der von den Evaluatoren erteilten Empfehlungen über die Laufzeit der Fremdevaluation hinweg werden die häufigsten Empfehlungsschwerpunkte zu den drei oben aufgeführten Auswertungszeiten in einer Rangliste der „TOP Fünf" für die Bereiche Unterricht und Qualitätsentwicklung verglichen. Die Häufigkeiten der Schlüsselbegriffe auf den jeweiligen Rangplätzen bleiben bei den drei Auswertungszeiten ähnlich. Die Abweichung beträgt durchschnittlich 3%. Ein Vergleich der prozentualen Häufigkeiten selbst ist aufgrund der unterschiedlichen Stichproben und veränderter Bedingungen im Verfahren der Fremdevaluation nicht sinnvoll.

Tab.: 1 Vergleich der „TOP 5" der Entwicklungsbereiche im Unterricht laut Empfehlungen der Fremdevaluation BW

Rang	FEV 1 – 2008-2010	FEV 1 – 2011-2016	FEV 2 – 2015-2017
1	Abstimmung der Bewertungskriterien	Lernförderliche Rückmeldepraxis/ Abstimmung der Bewertungskriterien	Differenzierung
2	Förderung Methoden-/Medienkompetenz	Differenzierung	Selbstorganisiertes Lernen
3	Differenzierung	Selbstorganisiertes Lernen	Lernförderliche Rückmeldepraxis/ Lernentwicklungsbegleitung
4	Lernförderliche Rückmeldepraxis	Förderung Methoden-/Medienkompetenz	Abstimmung inhaltlicher Bewertungskriterien
5	Förderung soziale und personale Kompetenzen	Förderung soziale und personale Kompetenzen	Konzept Methoden-/Medienkompetenz

Quelle: Eigene Darstellung

Der Verweis auf Differenzierung findet sich über die gesamte Laufzeit der Fremdevaluation hinweg in den drei häufigsten Empfehlungen der Evaluatoren. Ähnlich ist es mit den Hinweisen auf die Rückmeldepraxis von Lernständen und Abstimmung von Bewertungskriterien, welche in den vierhäufigsten Empfehlungen anzutreffen sind. Bemerkenswert ist, dass sich der Hinweis auf die Abstimmung von Bewertungskriterien in den Auswertungen der FEV 2-Empfehlungen fast ausschließlich auf inhaltliche Kriterien bezieht. Die Abstimmung von formalen Kriterien wie Anzahl der Klassenarbeiten oder Gewichtung von mündlichen und schriftlichen Leistungen wurde nach den Hinweisen in der ersten Runde der Fremdevaluation an den Schulen ausgeführt. Diese Interpretation deckt sich mit den Forschungsbefunden der Studien zu Reaktionen in Folge der Fremdevaluation, wonach „eher einfach umzusetzende Maßnahmen realisiert werden" (Gärtner et al. 2009, in Altrichter/Kemethofer 2017, S. 15). Ferner findet sich in allen drei Auswertungen der Empfehlungen der Hinweis zur Förderung von Methoden- und Medienkompetenzen in den „TOP 5". Bei der Mehrzahl dieser Empfehlungen in der zweiten Runde FEV 2 lag der Fokus auf der Erstellung eines Medienkonzepts und der konzeptionellen Implementierung der Förderung von Medienkompetenzen. Im Hinblick auf das Lehren und Lernen mit bzw. über digitale(n) Medien kann dieser Befund als bedeutsam für das zukünftige erfolgreiche Lernen angesehen werden.

Bei der längsschnittlichen Betrachtung der Empfehlungen im Bereich Qualitätsentwicklung ist zu berücksichtigen, dass in der zweiten Runde der Fremdevaluation der Qualitätsbereich Qualitätsentwicklung (QBQ) nicht mehr ausgewiesen wurde und die darin berücksichtigten Merkmale inhaltlich in die übrigen Qualitätsbereiche integriert wurden. Die Evaluatoren gaben jedoch überwiegend auf die Schule insgesamt bezogene Empfehlungen zur Qualitätsentwicklung, so dass eine Zuordnung der Codes zum ursprünglich Qualitätsbereich Qualitätsmanagement möglich war.

Tab.: 2 Vergleich der „TOP 5" der Entwicklungsbereiche beim schulischen Qualitätsmanagement laut Empfehlungen der Fremdevaluation BW (Quelle: Eigene Darstellung)

Rang	FEV 1 – 2008-2010	FEV 1 – 2011-2016	FEV 2 2015-2017
1	Individualfeedback	Individualfeedback	Selbstevaluation
2	Handlungsleitende pädagogische Grundsätze	Selbstevaluation	Schulentwicklungsplanung
3	Systematisches Vorgehen unter Beachtung von Evaluationsgrundsätzen	Steuerung der schulischen Qualitätsentwicklung	Individualfeedback
4	Nutzung der Dokumentation	Pädagogische Ziele	Nutzung von Lernstandserhebungen und Kennzahlen
5	Orientierung an schulischen Zielen und Ressourcen/ Funktionalität der Strukturen	Umgang mit Ergebnissen	Dokumentation/ Institutionalisierung

Quelle: Eigene Darstellung

Die Nutzung von Selbstevaluation und Individualfeedback und das strukturierte, zielorientierte Vorgehen bei der Qualitätsentwicklung finden sich über die ganze Laufzeit der Fremdevaluation in Baden-Württemberg bei den drei häufigsten Empfehlungen für allgemeinbildende Schulen. Das Aufstellen handlungsleitender pädagogischer Grundsätze, eines sogenannten Leitbilds, empfahlen die Evaluatoren am zweithäufigsten in den ersten Jahren der Fremdevaluation. In den späteren Jahren der ersten Runde der Fremdevaluation findet sich der Hinweis auf Pädagogische Ziele nur noch auf Platz 4 der Empfehlungen. In der zweiten Runde der Fremdevaluation ist die Empfehlung noch seltener und auf Platz 6. Dieser Befund deutet darauf hin, dass Schulen während der ersten Runde der Fremdevaluation von anderen Schulen, die schon eine FEV hatten, gelernt haben oder, dass über Informationen, Fortbildungen und die Fachberatung Schulentwicklung ein Zuwachs von organisationalem Wissen insgesamt an Schulen stattgefunden hat.

Ähnliches lässt sich auch für die von FEV 1 auf FEV 2 geringer vergebene Empfehlung zur schulischen Dokumentation vermuten. Inwieweit die Umsetzung dieser die Qualitätsentwicklung steuernden und unterstützenden Maßnahmen nachhaltig an der Schule implementiert wurde, lässt sich aufgrund der Datenlage nicht feststellen. Die selbstverständliche und angepasste Nutzung von Selbstevaluation, Feedback, Kennzahlen und das strukturierte, zielorientierte und ressourcenbeachtende Vorgehen in der Entwicklung von Schule und Unterricht an Schulen stellen nicht nur die Grundlagen für ein datengestütztes Qualitätsmanagement, sondern auch einen Baustein zur Entlastung und dem professionellen Umgang mit beruflichen Anforderungen dar.

5 Fazit und Implikationen

Die Empfehlungen der Fremdevaluation zeigen nach Einschätzung der Evaluatoren Entwicklungsbereiche im Hinblick auf den vorgegebenen Referenzrahmen für Schulqualität auf.

Im Bereich Unterricht sollte der Umgang mit der Heterogenität der Lernenden, welcher die Nutzung von Diagnoseverfahren, die Differenzierung bei Lernangeboten und -methoden und lernbegleitende Rückmeldungen umfasst, verbessert werden. Dieser Bereich betrifft die Tiefenstrukturen des Unterrichts und damit zentrale Aspekte für erfolgreiches Lernen (vgl. Kunter/Trautwein 2013). Ferner soll nach Einschätzung der Evaluatoren die datengestützte Schulentwicklung, bei der Feedback eingeholt wird und durch Selbstevaluationen Maßnahmen und Projekte optimiert und weiterentwickelt werden, sinnvoll genutzt werden.

Im Bereich Qualitätsmanagement an Schulen verweisen Empfehlungen der Fremdevaluation darauf, das strukturierte und ressourcenorientierte Vorgehen bei der Qualitätsentwicklung zu beachten. Beide Bereiche betreffen zentrale Aspekte des Qualitätsmanagements und bilden die Basis für organisationales Lernen und eine erfolgreiche Schulentwicklung.

Die Themen der „TOP 5" der Empfehlungen ändern sich während der zehnjährigen Laufzeit der Fremdevaluation in Baden-Württemberg nicht wesentlich. Die Erwartung, dass die Fremdevaluation eine merkliche Katalysatorfunktion in Bezug auf die Unterrichts- und Schulentwicklung an Schulen insgesamt entfaltet, hat sich zumindest innerhalb der zehnjährigen Laufzeit der Fremdevaluation nur in Ansätzen bestätigt.

Welche Implikationen ergeben sich aus diesen Befunden für die Nutzung von Empfehlungen der Fremdevaluation? Hilfreich für das Verstehen und die Handhabung von Evaluationsprozessen und -ergebnissen ist das Wissen über den Umgang mit Daten und statistischen Kennzahlen. Schulleitungen, Lehrkräfte und

Personen aus der Schulaufsicht haben nicht nur Probleme, Evaluationen zu initiieren bzw. durchzuführen, sondern auch Evaluationsergebnisse und – berichte in Form von statistischen Daten, Diagrammen und Aussagen auf der Metaebene zu verstehen, diese in ihren Kontext einzuordnen und zielorientierte, strukturierte Handlungen abzuleiten, die auf das eigentliche Ziel, nämlich die Schul- und Unterrichtsentwicklung und bessere Kompetenzförderung von Schülerinnen und Schülern, abzielen. Eine Rolle spielen dabei die an der Schule gelebte Haltung und Kultur zur evidenzbasierten kooperativen Qualitätsentwicklung und das Führungshandeln der Schulleitung (vgl. Demski 2016; Stricker et al. 2018).

In Bezug auf die in Kapitel 2 dargestellten Modelle hieße dies, die Fremdevaluation nicht nur als Rechenschaftslegung, sondern besonders auch in der Funktion der Entwicklung und des Wissensgewinns an Schulen zu interpretieren und über externe und interne Impulse und Bemühungen Haltungen, Diagnose- und Evaluationskompetenz sowie das Wissen über nachfolgende Handlungsoptionen und deren nachhaltige Umsetzung in den Kollegien aufzubauen, damit aus Daten Taten folgen können und der Umgang mit Heterogenität und Evaluation zum alltäglichen professionellen Repertoire an Schulen wird.

Literatur

Ackeren, I. van (2004): Datengeleitete Schulentwicklung. Was fangen Schulen mit den Ergebnissen aus überregionalen Tests an? Online im Internet: https://www.uni-due.de/imperia/md/content/bifo/van_ackeren_ datengeleitete_schulentwicklung.pdf. Abgerufen am 9.4.2018.

Ackeren, I. van; Heinrich, M.; Thiel, F. (2013): Evidenzbasierte Steuerung im Bildungssystem? Befunde aus dem BMBF-Förderschwerpunkt Steuerung im Bildungssystem (SteBis) In: DSS – Die Deutsche Schule, 12. Beiheft 2013. Münster: Waxmann. S. 11-18.

Altrichter, H.; Kemethofer, D. (2016): Stichwort: Schulinspektion. In: Zeitschrift für Erziehungswissenschaft. August 2016. Online im Internet: https://www.researchgate.net/publication/306014026_Stichwort_Schulinspektion. Abgerufen am 14.06.2018.

Arbeitsgruppe Schulinspektion (Hrsg.) (2016): Schulinspektion als Steuerungsimpuls? Ergebnisse aus Forschungsprojekten. Wiesbaden: Springer VS. S. 53-89.

Ben-Zvi, D.; Garfield, J. (1999): Statistical Literacy, Reasoning and Thinking: Goals, Definitions, and Challenges. Online im Internet: https://www.researchgate.net/publication/226958619_Statistical_Literacy_Reasoning_and_Thinking_Goals_Definitions_and_Challenges. Abgerufen am 27.05.2018.

Böhm-Kasper, O.; Brüsemeister T.; Dietrich F.; Gromala L.; Heinrich M.; Lambrecht M.; Preuß B. E.; Rürup M.; Selders O.; Wissinger J. (2016): Schulinspektion als Steuerungsimpuls zur Schulentwicklung und seine Realisierungsbedingungen auf einzelschulischer Ebene. Ergebnisse eines triangulativ orientierten Verbundprojekts. In: Bundesministerium für Bildung und Forschung (Hrsg.): Steuerung im Bildungssystem Implementation und Wirkung neuer Steuerungsinstrumente im Schulwesen. Berlin. S. 110-136.

Bohl, T. (2009): Unter welchen Bedingungen ist das Lernen aus Evaluationsergebnissen möglich? In: Bohl, T.; Kiper, H. (Hrsg.): Lernen aus Evaluationsergebnissen. Verbesserungen planen und implementieren. Bad Heilbrunn: Verlag Julius Klinkhardt. S. 305-309.

Brüsemeister, T.; Gromala, L.; Preuß, B.; Wissinger, J. (2016): Schulinspektion im regionalen und institutionellen Kontext. Qualitative Befunde zu schulinspektionsbezogenen Akteurkonstellationen. In: Arbeitsgruppe Schulinspektion (Hrsg.): Schulinspektion als Steuerungsimpuls? Ergebnisse aus Forschungsprojekten. Wiesbaden: Springer VS. S. 53-89.

Dedering, K. (2016): Der Umgang von Schulen mit Schulinspektionen – Zum Projekt „Externe Evaluation/Schulinspektion und Qualitätsentwicklung von Schulen". In: Bundesministerium für Bildung und Forschung (Hrsg.): Steuerung im Bildungssystem Implementation und Wirkung neuer Steuerungsinstrumente im Schulwesen. Berlin. S. 86-109.

Demski, D. (2017): Evidenzbasierte Schulentwicklung. Empirische Analyse eines Steuerungsparadigmas. Wiesbaden: Springer VS.

Dubs, R. (2009): Führung. In: Buchen, H. (Hrsg.): Professionswissen Schulleitung. 2. Auflage. Weinheim: Beltz. S.102-176.

Groß Ophoff, Jana; Hosenfeld, I.; Koch, U. (2007). Formen der Ergebnisrezeption und damit verbundene Schul- und Unterrichtsentwicklung. In: Hosenfeld, I.; Groß Ophoff, J. (Hrsg.): Nutzung und Nutzen von Evaluationsstudien in Schule und Unterricht, Themenheft. Landau: Verlag Empirische Pädagogik. S 411-427.

Hattie, J. (2013): Lernen sichtbar machen. Überarbeitete deutschsprachige Ausgabe von Visible Learning. Baltmannsweiler: Schneider Verlag Hohengehren.

Hartung-Beck, V. (2009): Schulische Organisationsentwicklung und Professionalisierung. Folgen von Lernstandserhebungen an Gesamtschulen. Wiesbaden: VS Verlag.

Heinrich, M. (2007): Governance in der Schulentwicklung. Von der Autonomie zur evaluationsbasierten Steuerung. Wiesbaden: VS Verlag.

Kiper, H. (2009): Schulentwicklung im Rahmen von Kontextsteuerung. Welche Hinweise geben (durch Evaluation und Vergleichsarbeiten gewonnene) Daten für ihre Ausrichtung? In: Bohl, T.; Kiper, H. (Hrsg.): Lernen aus Evaluationsergebnissen. Verbesserungen planen und implementieren. Bad Heilbrunn: Verlag Julius Klinkhardt, S. 13-28.

Kleine, J. (2015): Rezeption und Nutzung von Ergebnissen aus Schulinspektionen. Umgang von Schulen und Schulaufsicht mit Ergebnissen der Qualitätsanalyse NRW. Münster: MV-Verlag.

Kunter, M.; Trautwein, U. (2013): Psychologie des Unterrichts. Paderborn: Schöningh Verlag.

Landesinstitut für Schulentwicklung (2007a): Kommunikation von Ergebnissen der Fremdevaluation (QE-21), Stuttgart: Landesinstitut für Schulentwicklung (LS).

Landesinstitut für Schulentwicklung (2007b): Leitfaden zur Selbstevaluation an Schulen (QE-3). 3., überarbeitete Auflage der ursprünglich vom Ministerium für Kultus, Jugend und Sport Baden-Württemberg in Zusammenarbeit mit dem Landesinstitut für Schulentwicklung herausgegebenen Ausgabe von Februar 2005 und September 2005. Stuttgart: Landesinstitut für Schulentwicklung (LS).

Landesinstitut für Schulentwicklung und Statistisches Landesamt (2011): Bildung in Baden-Württemberg. Online im Internet: https://ls-bw.de/site/pbs-bw-new/get/documents/KULTUS. Dachmandant/KULTUS/Dienststellen/ls-bw/Service/Bildungsberichterstattung/Bildungsberichte/-Bildungsbericht_2011/Bildungsbericht_BW_2011.pdf. Abgerufen am 06.05.2018.

Landesinstitut für Schulentwicklung (2017): Beiträge zur Bildungsberichterstattung. Ergebnisse der Fremdevaluation in Baden-Württemberg. Allgemein bildende Schulen (Erster Durchgang: Schuljahre 2011/12 bis 2015/16). Stuttgart: Landesinstitut für Schulentwicklung.

Pietsch, M.; van den Ham, A.-K.; Köller, O. (2015): Wirkungen von Schulinspektion. Ein Rahmen zur theoriegeleiteten Analyse von Schulinspektionseffekten. In: Pietsch, M.; Scholand, B.; Schulte, K. (Hrsg.): Schulinspektion in Hamburg. Der erste Zyklus 2007-2013: Grundlagen, Befunde und Perspektiven. Münster: Waxmann. S. 117-135.

Pietsch, M.; Feldhoff, T.; Petersen, L. S. (2016): Von der Schulinspektion zur Schulentwicklung. Welche Rolle spielen innerschulische Voraussetzungen? In: Arbeitsgruppe Schulinspektion (Hrsg.) (2016): Schulinspektion als Steuerungsimpuls? Ergebnisse aus Forschungsprojekten. Wiesbaden: Springer VS. S. 227-262.

Rolff, H.-G. (2013): Schulentwicklung kompakt. Modelle, Instrumente, Perspektiven. Weinheim: Beltz.

Schulgesetz für Baden-Württemberg (SchG) in der Fassung vom 18.12.2006, § 114 Evaluation. Online im Internet: http://www.landesrecht-bw.de/jportal/?quelle=jlink&query=SchulG+BW+%C2%A7+114&psml=bsbawueprod.psml&max=true. Abgerufen am 28.05.2018.

Stricker, T.; Eberhardt, E.; Tröndle, T. (2018): Umgang von Schulleitungen mit externer Evaluation. Ergebnisse einer Interviewstudie mit ehemaligen Evaluatorinnen und Evaluatoren aus Baden-Württemberg. In: Schulmanagement. Heft 5/2018. S. 32-35.

Ständige Konferenz der Kultusminister der Länder in der Bundesrepublik Deutschland (2014): Standards für die Lehrerbildung: Bildungswissenschaften. Beschluss der Kultusministerkonferenz vom 16.12.2004 in der Fassung vom 12.06.2014. Berlin. Online im Internet: https://www.kmk.org/fileadmin/veroeffentlichungen_beschluesse/2004/2004_12_16-Standards-Lehrerbildung-Bildungswissenschaften.pdf. Abgerufen am 4.05.2018.

Ständige Konferenz der Kultusminister der Länder in der Bundesrepublik Deutschland (2016): Gesamtstrategie der Kultusministerkonferenz zum Bildungsmonitoring. Berlin. Online im Internet: https://www.kmk.org/fileadmin/Dateien/veroeffentlichungen_beschluesse/2015/2015_06_11-Gesamtstrategie-Bildungsmonitoring.pdf. Abgerufen am 25.05.2018.

Verordnung des Kultusministeriums über die Evaluation von Schulen (EvaluationsVO) vom 10. Juni 2008, § 1 Zweck der Evaluation. Online im Internet: http://www.landesrecht-bw.de/jportal/portal/t/6su/page/bsbawueprod.psml/action/portlets.jw.MainAction?p1=3& eventSubmit_doNavigate=searchInSubtreeTOC&showdoccase=1&doc.hl=0&doc.id=jlr-EvalVBWpP1&doc.part=S&toc.poskey=#focuspoint. Abgerufen am 28.05.2018.

Wahl, D. (2009): Wie kommen Lehrer/innen vom Wissen zum Handeln? In: Bohl, T.; Kiper, H. (Hrsg): Lernen aus Evaluationsergebnissen. Verbesserungen planen und implementieren. Bad Heilbrunn: Verlag Julius Klinkhardt. S. 155-167.

Wurster, S.; Richter, D.; Schliesing, A.; Pant, H. A. (2013): Nutzung unterschiedlicher Evaluationsdaten an Berliner und Brandenburger Schulen. Rezeption und Nutzung von Ergebnissen aus Schulinspektion, Vergleichsarbeiten und interner Evaluation im Vergleich. In: DSS – Die Deutsche Schule. 12. Beiheft 2013. Münster: Waxmann. S. 19-50.

Neun Einwände ‚wider die Wirksamkeit' der Fremdevaluation ... und was sich darauf erwidern lässt

Ann-Katrin Kopp, Thomas Boss, Frank Müller und Jürgen Stolle

Abstract

Die Fremdevaluation in Baden-Württemberg sah sich in den vergangenen Jahren vielen unterschiedlichen Einwänden ausgesetzt. Für diesen Beitrag wurden neun dieser Einwände ausgewählt, um ihnen mit persönlichen, subjektiven Einschätzungen sowie Anmerkungen aus der Literatur zu begegnen. Ergänzt werden die jeweiligen Ausführungen durch konkrete Erfahrungen aus der Evaluationspraxis. Der Text stellt eine Auseinandersetzung mit der Thematik aus Sicht der Autoren dar und und erhebt deshalb nicht den Anspruch einer objektiven Darstellung. Vielmehr stellt er Möglichkeiten vor, auf Einwände argumentativ zu reagieren. Eine abschließende Beurteilung über die Wirksamkeit der Fremdevaluation wird somit dem kritischen Leser überlassen.

Inhalt

1 Einführung 276
2 Neun Einwände „wider" die Wirksamkeit der Fremdevaluation 276
3 Fazit 287
Literatur 289

© Springer Fachmedien Wiesbaden GmbH, ein Teil von Springer Nature 2019
T. Stricker, *Zehn Jahre Fremdevaluation in Baden-Württemberg*,
https://doi.org/10.1007/978-3-658-25778-1_20

1 Einführung

Die Evaluatorinnen und Evaluatoren des Landesinstituts für Schulentwicklung Baden-Württemberg wurden an vielen Schulen mit Einwänden konfrontiert. Nicht immer konnte ihnen adäquat begegnet werden. Der Beitrag soll eine Hilfestellung z. B. für EVT-Kolleginnen auf Basis zweier Perspektiven – den persönlichen Erfahrungen der Autoren und Erkenntnissen aus der Wissenschaft – liefern, um Einwände reflektieren zu können. Es geht hierbei auch weniger darum, die rhetorische Geschicklichkeit in kommunikativen Situationen unter Beweis zu stellen, als vielmehr um die Herausforderung, Einwände wider die Wirksamkeit der externen Evaluation auf der inhaltlichen Ebene betrachten und ihnen argumentativ schlüssig und fundiert begegnen zu können. Dabei handelt es sich um Einwände, die zum einen von Lehrkräften, zum anderen von Schulleitungen respektive Schulleitungsteams geäußert wurden – Einwände, die in ihrer Vielfältigkeit verschiedene Dimensionen der Fremdevaluation ansprechen. Die ersten beiden Einwände beziehen sich auf die Frage nach der Sinnhaftigkeit einer für die Schule zeitaufwändigen Fremdevaluation, wenn es um neue Erkenntnisse für die Schule respektive Schulentwicklung geht. Um eher strukturelle Themen wie die Konzeption der Fremdevaluation und die Weiterarbeit mit der Schulaufsicht geht es in den Einwänden drei bis acht. Eine individuelle Dimension kommt abschließend noch im letzten Einwand zur Sprache.

2 Neun Einwände „wider" die Wirksamkeit der Fremdevaluation

2.1 Einwand 1: Unsere Schule hat nichts Neues über sich erfahren

Diesem Einwand liegt zunächst die Annahme zugrunde, dass es in einer Schule blinde Flecken gebe, die bislang nicht sichtbar waren, und Evaluation diese Flecken „aufdecken" könne. Insoweit würde Evaluation dem Anspruch gerecht werden, wonach sie den Schulen einen Zugewinn an Wissen über sich selbst ermöglichen würde. Darin, so Landwehr, besteht eine der Hauptfunktionen der Evaluation.

> „Das Gewinnen von Erkenntnissen zur Schulqualität ist die grundlegende Funktion der externen Schulevaluation. Sie bildet die Basis für die übrigen Funktionen. Sie erfüllt insofern eine eigenständige Funktion, als zumindest bei den betroffenen Schulen die Erwartung besteht, dass durch die externe Schulevaluation für die Schule ein «Mehrwissen» zur Schulqualität entsteht" (Landwehr 2011, S. 46).

Die Aufgabe erfordert daher aus Sicht der Befragten, in diesem Fall Schulleitungen, Lehrkräfte sowie Verantwortliche aus der Lehrerfortbildung und in Schulämtern, einen speziellen Blick in das jeweilige System und eine einheitliche Vorgehensweise der externen Evaluation. Die Komplexität wird zudem dadurch erhöht, dass unterschiedliche Erwartungen existieren, die den im System agierenden Personengruppen zuzuordnen sind. Gelingt es nun der Evaluation nicht, durch die Rückmeldung der gewonnenen Informationen diesen Zugewinn herbeizuführen, so können dafür drei Gründe ursächlich sein:

1. Die Methoden der Informationsgewinnung sind nicht tiefgehend genug und daher verbleiben Rückmeldungen an der Oberfläche;
2. Die Rückmeldung an die Schule vermag nicht, die gewonnenen Erkenntnisse hinreichend zugespitzt darzulegen;
3. Die Schule selbst hat in der Vorbereitung auf die Evaluation bereits so viel an Selbstklärung betrieben, dass zusätzliche Erkenntnisse eher überraschend gewesen wären.

Die fehlende Tiefe der Informationsgewinnung schien eher nicht das Problem gewesen zu sein, wenn der Erkenntniszugewinn hinter den Erwartungen zurückblieb. Das baden-württembergische Verfahren sah vier Quellen der Informationsgewinnung vor (eine Online-Befragung, Interviews mit den wesentlichen schulischen Partnern, die schulische Qualitätsdokumentation sowie Unterrichtsbeobachtungen). Daher kann von einer profunden Datenbasis ausgegangen werden. Hingegen hing es ganz entscheidend davon ab, dass die Evaluationsteams diese Informationen kompetent und intensiv auswerteten.

Der zweite Grund für einen ausbleibenden Erkenntnisgewinn ist schon etwas plausibler, weil im Neuen ja zumeist – jedoch nicht ausschließlich – diejenigen Verhältnisse an der Schule auftauchten, die kritikwürdig waren. Dass man im Spannungsfeld zwischen Kommunikation von Defiziten und dem Schaffen einer Akzeptanz der Evaluationsergebnisse möglicherweise manch unangenehme Wahrheiten – fast bis zur Unkenntlichkeit – „verpackt" hat, mag zutreffen. Denn das Neue kann auch zu Abwehr führen, wenn die externen Evaluation Sachverhalte anders wahrnimmt und bewertet und damit das Selbstbild der Schule „verfehlt". Lehrkräfte erleben dies als „Kränkung" (vgl. hierzu Preuß/Wissinger/ Brüsemeister 2015, S. 130).

Der dritte Grund für zu wenig Zusatzerkenntnis könnte darin bestehen, dass eine Schule bereits im Vorfeld durch Selbstevaluation oder durch die Vorbereitung auf die Fremdevaluation viel über sich erfahren hat, so dass das Neue so neu nicht mehr war. Gemessen an den Kriterien der Evaluation hätte eine Schule dann sehr viel erreicht, die Zusatzerkenntnisse wären jedoch nicht der Rückmeldung durch die Evaluatoren zugeschrieben worden. Die „eigentliche" Evaluation hätte somit in den Augen der Schulbeteiligten nichts Neues zutage gefördert. Darüber hinaus ist der Einwand per se ein Paradoxum, da die Erkenntnisse der Evaluatoren nicht das übertreffen können, was sie an Informationen zu der einzelnen Schule im Vorfeld und durch eine externe Evaluation erhalten haben. Das „Neue" kann und könnte dann vor allem darin bestehen, ob es in einer Einrichtung Sichtweisen und Einschätzungen gibt, die bisherige „blinde Flecken" erhellt haben.

2.2 Einwand 2: Evaluation bringt nichts für die Schulentwicklung

Die internationale Forschungslage zur Kernfrage, ob Datenfeedback im Sinne eines neuen Steuerungsmodells zu verstärkter Unterrichts- und Schulentwicklung und in der Folge zu verbesserten Systemleistungen führt, ist keineswegs eindeutig geklärt (vgl. van Ackeren/Heinrich/Thiel 2003; Altrichter/Moosbrugger/Zuber 2016; Coe 2002).

Dies wird auch deutlich in dem Überblick von Altrichter und Kemethofer zum Forschungsstand. Die Autoren (vgl. Altrichter/Kemethofer 2016, S. 487) verweisen darauf, dass Schulen sowohl im Vorfeld von Evaluationen wie auch im Nachgang mit Erwartungen konfrontiert sind, die Handlungen auslösen können. Was allerdings schwer einsehbar ist, sind die Mechanismen der Verarbeitung extern generierter Informationen innerhalb einer Schule. Hierbei spielen sehr spezifische Strukturen und Kulturen sowie der Kontext der Inspektionen eine entscheidende Rolle (vgl. ebd., S. 503).

Diese Uneinheitlichkeit der Befunde empirischer Untersuchungen rührt nicht zuletzt her von den unterschiedlichen Intentionen, den verschiedenen Forschungsansätzen und davon, dass unklar ist, wie Wirkungen und Wirksamkeit überhaupt mit Evaluation in Zusammenhang gebracht werden können. Nimmt man beispielsweise nun die (Schüler-) Leistungen für sich, ist doch sehr fragwürdig, ob ein direkter Bezug zwischen diesen Leistungsdaten und Ergebnissen der Evaluation im Sinne von Korrelationen hergestellt werden können.

Die Erfahrungen vor Ort während unserer Evaluationstätigkeit waren dementsprechend auch sehr divergent. Von der Negierung irgendeines positiven Nutzens für die Schule und somit einer Haltung, aus der eine entsprechende Nicht-Aktivität resultierte, bis zur sehr konkreten und erfolgreichen Umsetzung einzelner Empfehlungen aus der ersten Phase der Fremdevaluation war alles vertreten. Dabei spielten die Personen, die die Schule leiten, eine Schlüsselrolle. Ihre Haltung zur Evaluation war und ist entscheidend dafür, ob solche Empfehlungen als Handlungsaufträge verstanden wurden bzw. werden.

Was allerdings durchgängig festzustellen war: Es gab seitens der Schulen eine Vertrautheit mit dem Verfahren, die Verschriftlichung verschiedener Verfahren und Prozesse hatte gegenüber dem ersten Durchgang der Fremdevaluation bei den Schulen deutlich an Qualität gewonnen und auch die Strukturen der Qualitätsarbeit waren deutlich professionalisiert. Inwieweit dadurch unerwünschte Nebeneffekte produziert wurden, ließ sich im Einzelnen nicht nachweisen. Allerdings gilt hier auch die „Warnung" von Landwehr, wonach die Reduktion der Intentionen und Wirkungen auf die Schulen die Gefahr in sich trage, überzogene Erwartungen zu generieren, die nicht eingehalten werden können (vgl. Landwehr 2011, S. 37).

Bei den Erwartungen geht es nicht selten um etwas sehr Grundlegendes, nämlich um die Anerkennung und Wertschätzung der geleisteten Arbeit, und nicht um Impulse für die Entwicklung. So versprechen sich die in den Institutionen agierenden Personengruppen von der externen Evaluation Rückmeldungen zum aktuellen Stand des Systems und mögliche Ansatzpunkte zur internen wirksamen Weiterentwicklung. Sie erwarten über diese hinaus Hinweise zu Verbesserungen in Alltagssituationen und Möglichkeiten zu Entlastungen (z. B. durch Vereinheitlichung der Prozessabläufe), sowie zur Stärkung des sozialen Gefüges der Kollegien und der Vorgehensweisen des Führungspersonals.

2.3 Einwand 3: In der Kürze der Zeit und mit den Methoden kann man unser spezifisches System Schule nicht verstehen

Damit verbindet sich ein nur zu verständlicher Anspruch an die Evaluation aus Sicht der Schule: Die Evaluation möge der Schule und ihrer Spezifik gerecht werden. Was wiederum die Akzeptanz der möglicherweise kritischen Rückmeldung unterstützen würde, weil die Schule sich ja gerne in der Rückmeldung wiederfinden möchte. Dem steht entgegen, dass die Kriterien nicht schulartenspezifisch und schon gar nicht schulspezifisch formuliert werden. Sie formulieren, „was der ,Auftraggeber' bzw. die normensetzende Instanz (z. B. die Bildungsdirektion) von den Schulen erwartet" (Landwehr 2011, S. 62). Dies nimmt nur wenig Rücksicht auf verschiedene Bedingungsfaktoren gelingender Schulen: Das soziale Umfeld, aus dem sie die Schülerschaft rekrutiert, die Zusammensetzung des Lehrerkollegiums in mehrfacher Hinsicht, die sächliche Ausstattung und der bauliche Zustand der Schulen – der Evaluationsbericht sollte ausdrücklich keine kritischen Hinweise an die Schulträger enthalten –, die Historie der Schule sowie die spezifische Profilbildung einer Schule. Brennpunktschulen im städtischen Milieu haben andere Herausforderungen zu bewältigen als Gymnasien auf dem Land, die weniger mit dem Aufeinanderprallen unterschiedlicher Lebensverhältnisse oder auch mit der Erosion von Werten konfrontiert sind. Diese Unterschiede sind für verschiedene Kriterien und deren Erfüllung relativ irrelevant. Eine Schule kann standortunabhängig ihre Prozesse gut definiert haben. Wie sehr sie jedoch auf die Bedürfnisse der einzelnen Schülerin und des einzelnen Schülers eingehen kann und ob diese auch Gehör finden, hängt von den jeweiligen pädagogischen Konzepten und den vorhandenen Ressourcen der jeweiligen Schule ab, und zwar sowohl in quantitativer als auch qualitativer Hinsicht. Wie dringend diese Bedürfnisse sich vor die Unterrichtsinhalte schieben, hängt von der Dichte der jeweiligen individuellen Notlagen ab. Diese Voraussetzungen und Bedingungen jedoch sind für die Evaluation nicht maßgebend.

Zudem erklären sich manche Situationen an Schulen nur dann, wenn man die Vorgeschichte kennt, die beispielsweise mit einer konflikthaften Situation innerhalb des Lehrerkollegiums zu tun haben kann. Aber würde dieses Wissen um diese spezifische Geschichte eine Einstufung des Kriteriums „Zusammenarbeit im Kollegium" verändern? Wäre es nicht genau auch der Sinn, unbeeindruckt von der spezifischen Vorgeschichte, die schlechte Zusammenarbeit zu benennen? Oder wäre es nicht auch der Sinn, das gut funktionierende Musikprofil wahrzunehmen, und dennoch die Defizite im sonstigen Unterrichtshandeln nicht unter den Teppich zu kehren? Dies wäre ein guter Hinweis darauf, dass die Schule vielleicht den Fokus verändern sollte, und damit vielleicht auch die Ressourcen anders verteilen sollte.

Man kann den „Spieß auch umdrehen": Evaluatorinnen und Evaluatoren bekommen ein Bild einer Schule nahezu exklusiv. Sie erhalten, weil zur Verschwiegenheit verpflichtet, Informationen, die anderen Stakeholdern in der Schule so nicht zur Verfügung gestellt werden. Sie bieten damit eine Sichtweise an, die die Schule entweder neugierig machen oder die sie als eine zutreffende für sich nutzen kann. Oder aber die Schule lehnt diese Sichtweise ab und verpasst damit eine Chance, etwas mehr über sich zu erfahren. Die Kürze der Zeit – verhindert sie ein umfassendes Bild von der Schule? Die Rückmeldungen seitens der Evaluierten lauteten i. d. R. anders, wie folgendes Zitat beispielhaft belegt: „Ich bin erstaunt, wie gut Sie nach den zwei Tagen unsere Schule beschrieben haben."

Von Entscheidungsträgern außerhalb der Institutionen (z. B. Kommune odervorgesetzte Dienstbehörde) wurden die umfassenden, detaillierten und zielorientiert formulierten Untersuchungsergebnisse ebenfalls wahrgenommen. Allerdings wurde von diesen Personengruppen auch rückgemeldet, dass in diesem Zusammenhang die Erfüllung oder Nichterfüllung einzelner Indikatoren des Öfteren nicht nachvollziehbar erschien.

2.4 Einwand 4: Aufwand und Nutzen stehen in keinem Verhältnis zueinander

Das Verhältnis von Nutzen und Aufwand der Evaluationsbestrebungen lässt sich, je nach Standpunkt des Betrachters, kontrovers auslegen. Dabei gibt es zwei grundsätzliche Betrachtungsebenen. Die Ebene der jeweiligen Schule und ihrer am Schulleben beteiligten Personen und die Ebene der Bildungspolitik. Besonders der Aufwand, die Schuldokumentation „in Form" zu bringen und sich der Sichtweise „von oben" zu öffnen, erhitzten auf der Ebene der Schulen hin und wieder die Gemüter. In diesem Zusammenhang bildet der baden-württembergische Qualitätsrahmen die normativen Vorgaben, lässt jedoch Spielräume offen, die es erlauben, zu situationsangepassten Lösungen zu gelangen.

Aktuell wird innerhalb der Forschung zu Schulentwicklung intensiver über über Schule als „Lernende Organisation" diskutiert (vgl. Berkemeyer/Müller/ van Holt 2016, S. 219f.). In Bezug auf Theorien des Wissensmanagements lässt sich dazu argumentieren, dass eine geeignete Dokumentation von Prozessen und Wissen die Arbeit auf lange Sicht erleichtern kann. Hierbei sind die Ausführungen von Reinmann-Rothmeier (2001) zum Münchener Wissensmanagementmodell von Interesse. Diese besagen, dass die lernende Organisation als Notwendigkeit eine Lernbereitschaft und die entsprechenden Fähigkeiten der in der Organisation tätigen Individuen voraussetzt. Dabei werden zwei Lernzyklen beschrieben, der individuelle und der organisationale. Während von Lehrenden neue Haltungen und Überzeugungen – das Aufbrechen mentaler Modelle – durch die Erweiterung der Fähigkeiten und Fertigkeiten sowie der Sensibilität gegenüber Weiterentwicklungen erwartet werden, muss die Schule bestimmte Grundlagen liefern, um den Lernzyklus in Gang zu bringen bzw.aufrecht zu halten. Darunter fallen eine gemeinsame Leitidee, entsprechende Konzepte und Methoden sowie passende Organisationsstrukturen. Beide Lernzyklen greifen ineinander, da die Organisation sinnstiftend auf die Individuen einwirken soll und diese wiederum organisationale Lernprozesse in Gang bringen sollen (vgl. Reinmann-Rothmeier 2001, S. 10 ff.).

So kann man in Bezug auf den Einwand erwidern, dass der Arbeitsaufwand durch die Evaluation von Schule seine Berechtigung durch das Herstellen geeigneter Organisationsstrukturen bezüglich schulischer Weiterentwicklung hat und sich am Stand der Forschung orientiert. Der Nutzen, der aus diesem Aufwand gezogen werden kann, hängt jedoch stark von den Einstellungen aller am Schulleben Beteiligten ab und lässt sich nicht auf eine „Entwicklungs- oder Steuergruppe" innerhalb der Schule beschränken. Zudem verringert sich der Nutzen, wenn Führungspersonal nicht vorhanden ist oder personelle Diskontinuitäten verhindern, dass Empfehlungen umgesetzt werden können. Eine Weiterentwicklung von Organisation und Individuum könnte hingegen in einer Lehrerkooperation als „Community of Practice" und damit verbundenem Management von Informations- und Handlungswissen – gemeinsame Praxis, gemeinsamer Diskurs, gemeinsame Wissensbestände – münden (vgl. Bloh/Bloh 2016, S. 215).

2.5 Einwand 5: Die Fachlichkeit kommt zu kurz

Kritik an der Evaluation bezieht sich unter anderem auf die mangelnde Bewertung der Fachlichkeit des Unterrichts. Hier kann erwidert werden, dass bis zum Aussetzen der Fremdevaluation Evaluatorinnen und Evaluatoren in Baden-Württemberg aus den Lehrkräften des Landes ausgewählt wurden und diese auf ihr implizites fachliches Wissen in den entsprechenden Fächern und Schularten zurückgreifen konnten. Innerhalb der Planung und Aufgabenverteilung zur Evaluation flossen diese Voraussetzungen mit ein, so dass einerseits gewährleistet war, dass Evaluatorinnen und Evaluatoren so eingesetzt wurden, dass mindestens ein Teammitglied Erfahrungen in der zu evaluierenden Schulart besaß und andererseits innerhalb dieses Teams zum Beispiel bei der Zuteilung von Beobachtungen von Unterrichtssituationen fachliche Kenntnisse berücksichtigt wurden. Eine vertiefte fachliche Bewertung der Lehrkräfte liegt jedoch nicht in der Aufgabe der externen Evaluation. Die fachliche Beurteilung der Lehrkräfte liegt im Aufgabenbereich der Schulleitung.

Des Weiteren muss darauf geachtet werden, dass Evaluationsergebnisse in Entwicklungen münden und daher muss der „Kommunikationsstil der Evaluationspersonen [...] professionell, rücksichtsvoll aber unparteiisch, verständnisvoll aufnehmend ohne subjektiv-wertend zu filtern" (Landwehr 2011, S. 15) sein.

Eine Veröffentlichung von Evaluationsdaten ist ebenfalls unter dem Gesichtspunkt des Datenschutzes zu sehen und daher sind Informationen wie z. B. über die fachliche Kompetenz einzelner Lehrkräfte nicht für ein öffentliches Publikum geeignet. Zusätzlich würde die Akzeptanz der externen Evaluation an Schulen negativ beeinflusst und aus einer ablehnenden Haltung können – wie Landwehr (2011) beschreibt – keine positiven Entwicklungen erwartet werden.

2.6 Einwand 6: Evaluation geht am Kernproblem vorbei, wenn Schule mit positiven Evaluationsergebnissen bei IQB-Tests versagt

Auf den ersten Blick scheint es einleuchtend, dass eine Schule mit positivem Evaluationsergebnis auch bei standardisierten Lernstandserhebungen positive Ergebnisse erzielen sollte. Eine gute Schule ist eben eine gute Schule und „produziert" infolgedessen gute Schülerinnen und Schüler. Dass in dieser Logik jedoch zwei Dinge zusammenkommen, die so einfach nicht miteinander vermischt werden können, sieht man erst auf den zweiten Blick. Die vom Institut zur Qualitätsentwicklung im Bildungswesen (IQB) entwickelten Vergleichsarbeiten in den Klassenstufen drei und acht (VERA 3 und VERA 8) zielen auf die Kompetenzorientierung im Bildungssystem, sowie die Unterrichts- und Schulentwicklung (vgl. Kultusministerkonferenz 2012). Es wird dabei jedoch deutlich gemacht, dass sich der Test nicht zur Benotung eignet und keine Prognose über den weiteren Schulerfolg der Kinder erlaubt. Ebenso deutlich hervorgehoben wird, dass sich VERA nicht für ein öffentliches Ranking von Schulen eignet, sondern einzig dazu dient, eine begrenzte Momentaufnahme des Leistungsstands der Schülerinnen und Schüler in ausgewählten Bereichen der betroffenen Fächer zu erhalten und somit

Daten für die Unterrichts- und Schulentwicklung zu generieren (vgl. Kultusministerkonferenz 2013). Die Fremdevaluation in Baden-Württemberg war darauf ausgelegt, Daten für die Schulentwicklung zu generieren – ein öffentliches Ranking ist nicht vorgesehen. Schülerleistungen wurden hierbei jedoch nicht berücksichtigt, sondern Bedingungen für guten Unterricht sowie geeignete Organisationsstrukturen. Im Wortlaut heißt dies: „Der Qualitätsbereich I – Unterricht wurde strukturell so überarbeitet, dass zentrale Gelingensbedingungen für ‚guten Unterricht' basierend auf der aktuellen Unterrichtsforschung für alle Schularten mit vier Merkmalen erfasst werden, und zwei weitere Merkmale sowohl in einer Version für allgemeine Schulen als auch für die Sonderpädagogischen Bildungs- und Beratungszentren (SBBZ) vorliegen" (Landesinstitut für Schulentwicklung 2015, S. 5). Dabei kann das Erfüllen dieser Gelingensbedingungen nicht gleichgesetzt werden mit einem guten Ergebnis bei den Leistungstests von Schülerinnen und Schülern. „Es ist nicht zulässig, von Entwicklungseffekten, welche die externe Evaluation bei einer Schule erzeugt (oder nicht erzeugt), direkt auf die Qualität der externen Schulevaluation zurückzuschließen. Entscheidend für die Entwicklungswirksamkeit dürfte die *Qualität des Verarbeitungsprozesses* der Evaluationsdaten durch die Schule sein" (Landwehr 2011, S. 14). Des Weiteren beschreibt Landwehr (2011) nach Ehren & Vischer (2006) neben den Merkmalen des Evaluationsprozesses zwei weitere Faktoren, die zum Gelingen von Schulentwicklung beitragen, nämlich die Merkmale der Schule und die externen Unterstützungsleistungen und Impulse. Es ist also wichtig in Erfahrung zu bringen, warum es im Vergleich von Evaluationsergebnissen und den Ergebnissen von Leistungsvergleichstests zu Diskrepanzen kommt. Eine Aussage, die dazu führt, externe Evaluation als ungenügend darzustellen, greift hier also zu kurz und blendet weitere Faktoren aus.

2.7 Einwand 7: Der Qualitätsrahmen ist zu sehr an der Gemeinschaftsschule orientiert

Vor allem aus dem Bereich der Gymnasien war dieser Einwand bezüglich des strukturell und inhaltlich überarbeiteten Qualitätsrahmens des zweiten Verfahrens immer wieder zu hören. Begründet wurde er mit den im Qualitätsrahmen ausgeführten Standards zur Differenzierung, zur Leistungsbeurteilung und zur Lernbegleitung. Hier sähe man eindeutig die Ausrichtung des Qualitätsrahmens an der Gemeinschaftsschule. Gymnasiale Arbeitsweisen hingegen wie Frontalunterricht in Form von guten Lehrervorträgen und anderen Methoden fänden zu wenig Berücksichtigung. Einer solchen Kritik kann und muss sich der Qualitätsrahmen natürlich stellen. Im Vorwort der Handreichung „Qualitätsrahmen zur Fremdevaluation (zweiter Durchgang)" ist zu lesen: „Insgesamt wurde darauf geachtet, dass die Merkmale und Qualitätsstandards für alle Schularten und damit auch für die neue Schulart Gemeinschaftsschule passend sind. Damit verbundene neue Begrifflichkeiten wurden entsprechend aufgegriffen und berücksichtigt" (Landesinstitut für Schulentwicklung 2015, S.5). Eine solche Aussage scheint auf den ersten Blick den Einwand zu stützen. Ja, es erscheint auf den ersten Blick vermeintlich, dass Standards, die sich an einer bestimmten Schulart orientieren, keine Standards für alle allgemeinbildenden Schulen sein können. Zugleich ist es aus Sicht der Wissenschaftlichkeit nachvollziehbar, dass eine veränderte bildungspolitische Lage ein Überdenken von Standards erfordert. Durchaus könnte auch mit Landwehr argumentiert werden, dass die Intention einer Normendurchsetzung mit Hilfe der Fremdevaluation nicht zu leugnen ist (vgl. Landwehr 2011). Die Bildungspolitik hat mit der Einführung der Gemeinschaftsschule neue Akzente in der schulischen Ausbildung gesetzt.

Zugleich weisen Ergebnisse der aktuellen Unterrichts- und Schulentwicklungsforschung (vgl. Hattie, 2009; Helmke, 2009) auf eine insgesamt veränderte Ausrichtung von Unterricht und Schulentwicklung hin. Der Qualitätsrahmen hat also lediglich „die aktuellen bildungspolitischen Schwerpunktsetzungen und die veränderte Situation an den Schulen [aufgegriffen] und berücksichtigt" (Landesinstitut für Schulentwicklung 2015, S.5). Das Thema Differenzierung war in den Gymnasien besonders umstritten, dabei wird auch an den Gymnasien differenziert und individuell begleitend gearbeitet – nur anders als an einer Gemeinschaftsschule. Es wäre dabei zu kurz gegriffen, ein solches Arbeiten für das Gymnasium als „unerfüllbar" abzutun! Überdies vermögen die Evaluatorinnen und Evaluatoren durchaus die Umsetzung der Differenzierung schulartenspezifisch angemessen einzuschätzen.

Es mag scheinen, als habe der Qualitätsrahmen Themenbereiche wie Heterogenität und individuelle Förderung aufgrund der Gemeinschaftsschule aufgenommen. Themen wie Differenzierung und Lernbegleitung werden fälschlicherweise dem Programm der Gemeinschaftsschule zugeschrieben und weniger dem der Gymnasien. Gleichwohl: der überarbeitete Qualitätsrahmen ist keineswegs ausschließlich an Gemeinschaftsschulen orientiert. Das verbietet schon die Wissenschaftlichkeit des Qualitätsrahmens. Themen wie Differenzierung und individuelle Förderung dürfen von keiner Schulart ausgeblendet werden, auch nicht von den Gymnasien.

2.8 Einwand 8: Eine Weiterarbeit mit den Schulaufsichtsbehörden ist nicht verankert – wer soll uns denn helfen, Dinge umzusetzen?

Die Ergebnisse der Fremdevaluation wurden der jeweiligen Schule kommuniziert, und im Anschluss wurden Empfehlungen ausgesprochen. Es waren Empfehlungen, die manchmal übermächtig erschienen; Empfehlungen, die manchen

Kolleginnen und Kollegen aus dem Herzen sprachen; Empfehlungen, die im Vorfeld bereits die Schulleitung vermutet hatte. Empfehlungen, die aufgrund von nicht angebotenen Möglichkeiten unerfüllbar wirkten. Darüber hinaus waren die Empfehlungen noch weit entfernt von einer Zielformulierung, geschweige denn mit Hinweisen auf konkrete Handlungsschritte. Was soll ein Kollegium und/oder eine Schulleitung mit solchen Empfehlungen tun? Empfehlungen sollten in Zielvereinbarungen mit entsprechend abgeleiteten Maßnahmen verwandelt werden; und zwar in Zusammenarbeit von Schule und Schulaufsichtsbehörden.

Erhebungen aus dem Jahr 2012 zeigen, dass sowohl von Schulaufsicht als auch von Schulleitungen die „konkreten Zielvereinbarungs- und Bilanzgespräche sowie deren Atmosphäre besonders positiv" bewertet wurden (Landtag von Baden-Württemberg 2013, S.9). Während die Schulaufsicht „sehr umfassende und strukturierte Einblicke in die Schule [erhält] und [...] die Schule zielgerichtet begleiten und unterstützen [kann]" (ebd.), empfanden auch die Schulleitungen eine „schriftliche Fixierung der Ziele und deren Terminierung" (ebd.) als hilfreich.

Auch im Jahr 2016 weist der Rechnungshof darauf hin, dass „der Status der Zielerreichung [...] in jährlichen Bilanzgesprächen zwischen Schule und Schulaufsicht besprochen und dokumentiert werden [soll]" (Landtag von Baden-Württemberg 2016, S. 1). Das hört sich in der Theorie zwar gut an, gelingt aber in der Praxis nicht immer. So wurde es innerhalb der Schulämter und Regierungspräsidien sehr unterschiedlich gehandhabt, wie mit den Ergebnissen der Fremdevaluation umgegangen wurde. In der Tat konnten im Einzelfall bis zu vier Jahre vergehen, ehe tatsächlich ein Zielvereinbarungsgespräch erfolgte. Im Querschnitt betrug der Zeitraum „durchschnittlich mehr als ein Kalenderjahr" (Landtag von Baden-Württemberg, 2016, S.2). Das mag zum einen daran liegen, dass es innerhalb der Schulaufsichtsbehörden keine klaren Prozessabläufe für dieses Verfahren gab, zum anderen aber auch daran, dass Zielvereinbarungsgespräche mit „einer nicht vernachlässigbaren Zusatzbelastung für die Schulaufsicht verbunden sind" (Landtag von Baden-Württemberg 2013, S. 10).

Bei so einer Faktenlage fragten sich Evaluatorinnen und Evaluatoren, Schulleitungen und Lehrkräfte unisono, was das Land denn nun eigentlich will? Die Schulen sollten evaluiert werden – von einem Institut, das bewusst außerhalb der Schulaufsicht angesiedelt war. Gleichermaßen jedoch sollte die Schulaufsicht informiert werden. Die einzelnen Schulaufsichtsbehörden jedoch kamen ihrer Aufgabe, Zielvereinbarungsgespräche zu führen, sowohl zeitlich als auch inhaltlich sehr unterschiedlich nach. Die Ernsthaftigkeit der Fremdevaluation wurde demnach teilweise auf Schulaufsichtsebene infrage gestellt – und das, obwohl bei einer Befragung, durchgeführt vom Kultusministerium mit der Zielgruppe Schulaufsichtsbeamte an den Regierungspräsidien, festgestellt wurde, dass u.a. „die

Zielvereinbarungen (...) einen hohen Erkenntniswert bzgl. Arbeitsweise und Kultur der Schulen" haben, woraus auch eine strategischer als vorher angelegte Schulentwicklung erwachsen sei (vgl. Landtag von Baden-Württemberg 2013, S. 10). Die Weiterarbeit mit der Schulaufsichtsbehörde ist demnach nicht an allen Orten zufriedenstellend gelungen. Hier gäbe es in Zukunft viel Potenzial zur Verbesserung. Nicht ohne Grund empfahl der Rechnungshof daher bereits im Jahr 2016, dass das Kultusministerium „[...] einheitliche Standards und praxistaugliche Instrumente für (...) die Zielvereinbarungen selbst bereitstellen [sollte]" (Landtag von Baden-Württemberg 2016, S. 5).

Schulleitungen und Kollegien, die Veränderungen anstreben wollten und die gewillt waren, Empfehlungen umzusetzen, mussten in diesem sich anschließenden Prozess eine hohe intrinsische Motivation aufweisen. Verschleppte Zielvereinbarungsprozesse, quantitativ und inhaltlich nicht abgestimmte Fortbildungsangebote zu den Empfehlungen der Ergebnisrückmeldungen oder auch die begrenzten Ressourcen von Fachberaterinnen und Fachberatern Schulentwicklung konnten Schulleitungen und Kollegien in der Umsetzung von Empfehlungen nicht hinreichend unterstützen. Bildungspolitische Neuerungen in kurzen Abständen verunsicherten zudem die Beteiligten auf allen Ebenen.

Dass es ein zugleich ambivalentes Verhältnis zu den Unterstützungsangeboten gibt, zeigt sich in den Ergebnissen aus Hamburg, in denen eine „Unterstützung nach Beendigung der Inspektion durch andere Akteure im Bildungssystem (20%) [wenig gewünscht wird, jedoch] [...] zugleich immerhin rund 45 Prozent der Befragten auf die Inspektionsergebnisse ihrer Schule abgestimmte Fortbildungsangebote [...] begrüßen [würden]" (Pietsch 2011, S.13).

2.9 Einwand 9: Die „Pädagogische Freiheit" bleibt auf der Strecke, wenn man überall zusammenarbeitet

„Sie wollen darauf hinaus, ob es verbindliche Absprachen an der Schule gibt. Zum Glück gibt es die nicht, denn wir haben ja die pädagogische Freiheit – und das ist auch gut so!" So argumentierten einige Lehrkräfte. Mit der pädagogischen Freiheit wurde vor allem an den Stellen argumentiert, an denen es zum Beispiel im Bereich Unterricht um Umgang mit Störungen, um die Handhabung von Differenzierung sowie um einheitliche Kriterien zur Leistungsbeurteilung ging. Aber auch innerhalb einer Fachschaft oder einer Stufengruppe wollte sich der eine oder andere auf die pädagogische Freiheit berufen, um seine persönlichen Umsetzungen und Ausführungen offenzuhalten. Bloß nichts Verbindliches. Zudem sollten auch die Kolleginnen und Kollegen die eigenen Maßstäbe nicht zwangsläufig kennen oder gar bewerten.

Übersehen wird bei einer solchen Argumentation zunächst die eigentliche Begrifflichkeit. Im Schulgesetz steht nichts von pädagogischer Freiheit, sondern etwas von „unmittelbarer pädagogischer Verantwortung für die Erziehung und Bildung der Schüler" (Schulgesetz Baden-Württemberg 2018, §38). Der Begriff Verantwortung verweist auf anderes als auf individuelle Autonomie und sporadischen Austausch über gelungene Unterrichtsstunden oder -sequenzen. Verantwortung ist nach dem Duden eine „[mit einer bestimmten Aufgabe, einer bestimmten Stellung verbundene] Verpflichtung, dafür zu sorgen, dass (innerhalb eines bestimmten Rahmens) alles einen möglichst guten Verlauf nimmt, das jeweils Notwendige und Richtige getan wird und möglichst kein Schaden entsteht" (Dudenredaktion, o. J.).

Eine solche Definition zeigt, dass Verbindlichkeiten und Absprachen keineswegs die (offiziell nicht existente) pädagogische Freiheit einschränken müssen, sondern dass in Absprache mit anderen entsprechend Notwendiges und Richtiges getan wird. Die Schülerinnen und Schüler stehen hier im Mittelpunkt und nicht die Lehrkraft mit ihren individuellen Vorlieben.

Das wiederum bedeutet nicht, dass die Lehrperson lediglich Ausführende bzw. Ausführender eines Beschlusses ist, sondern dass innerhalb des Rahmens durchaus gemeinsam dafür Sorge getragen werden kann, was z. B. im Deutschunterricht einen Aufsatz zu einem guten Aufsatz macht, und dass Bildung innerhalb einer Schule nicht lehrkraftabhängig ist, sondern auf durchdachten, reflektierten und stets evaluierten Kriterien basiert.

Durch einen verbindlichen und transparenten Rahmen für alle Beteiligten kann Raum für die einzelne (Lehrer-) Persönlichkeit eröffnet werden – und zwar in dem Wissen für Schulleitung, Kollegium, Schülerinnen und Schüler sowie Eltern, dass der schulinterne Rahmen für den Schulalltag gesetzt und verlässlich ist. Beim Unterrichten und in der sozialen Interaktion geht es stets um die Lehrperson, doch können durch transparente Verbindlichkeiten potentiell auftretende Schwierigkeiten im Lehrer-Schüler-Eltern-Verhältnis minimiert werden. Pädagogische Verantwortung bedeutet, auf das Wohl einzelner Schülerinnen und Schüler zu achten – nicht willkürlich, sondern geschützt.

3 Fazit

Die Frage nach der Sinnhaftigkeit und Akzeptanz von Fremdevaluation wird es solange geben, so lange Schulkulturen des Abschottens gepflegt werden. Solange Lehrkräfte und Schulleitungen Sachkritik nicht von Personenkritik unterscheiden können, wird eine Sicht von außen als bedrohlich empfunden werden. Kritikfähigkeit ist auch eine Frage der Kommunikationsfähigkeit. Wenn sachliche Kritik losgelöst von den scheinbar verantwortlichen Personen angenommen wird, dann wird eine sachlich kommunizierte Rückmeldung von außen zum aktuellen systemischen Zustand der Schule als Organisation auch nicht mehr als bedrohlich, sondern als etwas Gewinnbringendes wahrgenommen. Sobald dies der Fall ist, wird der Wunsch nach fundierten externen Einschätzungen zunehmen. Wenn mit den Rückmeldungen von Evaluationsergebnissen gewinnbringend weitergearbeitet werden kann, dann werden die Einwände gegen eine externe Betrachtung und Rückmeldung aus unserer Sicht weiter abnehmen und gleichzeitig die Erkenntnis über die Sinnhaftigkeit der Evaluation befördert.

Just in dem Moment jedoch kommt es jedoch auf die Konzeption der Evaluation an. Kann, ja muss es einen einheitlichen Qualitätsrahmen zukünftig noch geben? Oder muss es nicht vielmehr zu einem Anliegen der Schule gemacht werden, Bereiche herauszupicken, die betrachtet werden sollen? Dürfte ein Instrument der Qualitätsentwicklung so individuell genutzt werden? Oder muss nicht gerade auch eine zukünftige Konzeption alle (Qualitäts-) Bereiche berücksichtigen, um eine Schule noch besser zu machen? Kann schulische Qualitätsentwicklung eventuell durch drohende Sanktionen und Leistungsdruck einer Schulaufsicht positiv beeinflusst werden? Wie müssen im Rahmen von Evaluation die Bedürfnisse der Schulen in der anschließenden Schulentwicklung durch weitreichende Hilfsangebote berücksichtigt werden?

Im Bereich der Konzeption wird es auch zukünftig Einwände geben. Sie mag als zu starr und zu eng betrachtet oder als beliebig dargestellt werden. Deshalb ist die Überzeugung von der Sinnhaftigkeit des Blicks von Außen für eine erfolgreiche Evaluation und der Kommunikation darüber aus unserer Sicht existentiell. Zur Beförderung dieser Sinnhaftigkeit, besonders auf der Ebene der Verantwortlichen der Schule, aber auch bei Lehrkräften allgemein, trägt neben der Führungsverantwortung der Schulleiterin oder des Schulleiters auch wesentlich die Reaktion der entsprechenden vorgesetzten Dienstbehörde bei.

Lehrkräfte werden wohl auch in Zukunft ihre persönlichen Vorstellungen verwirklichen wollen. Das sollen sie auch – in einem verbindlichen Rahmen. Wünschenswert wäre es in diesem Zusammenhang, möglichst frühzeitig, nämlich bereits zukünftige Lehrkräfte, verstärkt darauf hinzuweisen und darauf hin auszubilden, dass Teamarbeit und weitere Verbindlichkeiten zum Lehrberuf selbstverständlich dazugehören und dass Evaluation keine zusätzliche Belastung ist, sondern zielgerichtet und ergebnisorientiert mit dem Ziel, hohe Qualität zu steigern oder zu festigen, durchgeführt wird. Dies gilt ebenso für erfahrere Lehrkräfte, für die beispielsweise entsprechende Fortbildungsprogramme angeboten werden sollten.

Was über die einzelne Schule hinaus bedeutsam ist: Kontinuität. Dies bezieht sich sowohl auf die Paradigmata, die der jeweiligen Bildungspolitik unterliegen, wie auch auf die jeweils herrschenden Bedingungen jeder einzelnen Schule sowie auf die Verfahren und Methoden der Evaluation. Ein den Zyklen von Legislaturperioden unterworfenes Bildungssystem, das sich, etwas überspitzt formuliert, alle vier Jahre auf grundlegend Neues einrichten muss, kann Verfahren und Strukturen nur bedingt entwickeln, in denen es sich der Qualität der eigenen Arbeit seriös widmen kann. Dies gilt sowohl für die Behörden wie auch für die Einzelschulen, denn Schulentwicklung benötigt Zeit. Schulen sind zudem mit höchst unzulänglichen Ressourcen ausgestattet, weiterführende Entwicklungsaufgaben müssen daher neben dem eigentlichen Kerngeschäft bewältigt werden und erhöhen die jeweilige Arbeitsbelastung. Was in einem Zyklus daher mühsam errungen wurde, wird im nächsten Zyklus für vollkommen obsolet erklärt. Das ist dem Willen zur aktiven Gestaltung von Entwicklung nicht eben förderlich. Zudem erhöht es nicht die Motivation, in einem neuen Anlauf ein anderes Verfahren einzusetzen, um dieses dann erfolgreich zu nutzen.

Literatur

Abs, H. J., Brüsemeister, T., Schemmann, M.; Wissinger, J. (Hrsg.) (2015): Governance im Bildungssystem. Wiesbaden: Springer.

van Ackeren, I.; Heinrich, M.; Thiel, F. (Hrsg.) (2013): Evidenzbasierte Steuerung im Bildungssystem? Befunde aus dem BMBF-SteBis. Münster/München: Waxmann.

Altrichter, H.; Kemethofer, D. (2016): Stichwort. Schulinspektion. In: *Zeitschift für Erziehungswissenschaft* 19 (3), S. 487–508.

Altrichter, H., Moosbrugger, R.; Zuber, J. (2016): Schul- und Unterrichtsentwicklung durch Datenrückmeldung. In: Altrichter, H.; Maag Merki, K. (Hrsg.): Handbuch Neue Steuerung im Schulsystem. 2., überarbeitete und aktualisierte Auflage 2016. Wiesbaden: Springer. S. 239-277.

Berkemeyer, N., Müller, S.; van Holt, N. (2016): Schulinterne Evaluation – nur ein Instrument zur Selbststeuerung von Schulen? In: Altrichter, H.; Maag Merki, K. (Hrsg.): Handbuch Neue Steuerung im Schulsystem. 2., überarbeitete und aktualisierte Auflage 2016. Wiesbaden: Springer. S. 209-234.

Bloh, T.; Bloh, B. (2016): Lehrerkooperation als Community of Practice – zur Bedeutung kollektivimpliziter Wissensbestände für eine kooperationsbedingte Kompetenzentwicklung. Journal for educational research online. Heft 03/2016. S. 207–230.

Dudenredaktion. (o. J.). „Verantwortung" auf Duden online. Online im Internet: https:// www.duden.de/rechtschreibung/Verantwortung#Bedeutung1a. Abgerufen am 24.05. 2018.

Hattie, J. A. C. (2009): Visible learning. A synthesis of over 800 meta-analyses relating to achievement. London: Routledge.

Helmke, A. (2009): Unterrichtsqualität und Lehrerprofessionalität. Diagnose, Evaluation und Verbesserung des Unterrichts. Seelze-Velber: Kallmeyer.

Hense, J.; Rädiker, S.; Böttcher, W.; Widmer, T. (Hrsg.) (2013): Forschung über Evaluation. Bedingungen, Prozesse und Wirkungen. Münster: Waxmann.

Herzog, K. (2015): Steuerung der Schule durch externe Evaluation? Eine empirische Untersuchung über die Effekte der externen Evaluation auf die Schulpraxis aus der Sicht der Educational Governance. Leipzig: Leipziger Univ.-Verl.

Kultusministerkonferenz (Hrsg.) (2012): Vereinbarung zur Weiterentwicklung von VERA. Beschluss vom 08.03.2012. Online im Internet: https://www.kmk.org/fileadmin/veroeffentlich ungen_beschluesse/2012/2012_03_08_Weiterentwicklung-VERA.pdf. Abgerufen am 07.03. 2018.

Kultusministerkonferenz (Hrsg.). (2013): VERA 3 und VERA 8 (Vergleichsarbeiten in den Jahrgangsstufen 3 und 8): Fragen und Antworten für Schulen und Lehrkräfte. Von der 67. Amtschefskommission „Qualitätssicherung in Schulen" am 18.04.2013 zustimmend zur Kenntnis genommen. Online im Internet: https://www.kmk.org/fileadmin/Dateien/veroeffentlichungen_beschluesse/2013/2013_04_18-VERA_FragenundAntworten.pdf. Abgerufen am 07.03.2018.

Landesinstitut für Schulentwicklung (Hrsg.) (2015): Qualitätsrahmen zur Fremdevaluation (zweiter Durchgang) an allgemein bildenden Schulen in Baden-Württemberg. Online im Internet: https://ls-bw.de/site/pbs-bw-new/get/params_Dattachment/4318660/FEV2 _AS_ Qualitaetsrahmen-Fremdevaluation-zweiter%20Durchgang-QE-25_2015-05.pdf. Abgerufen am 07.03. 2018.

Landtag von Baden-Württemberg (2013): Evaluation an allgemeinbildenden Schulen. Drucksache 15/2838 vom 02.01.2013. Online im Internet: https://www.landtag-bw.de/files/live/sites /LTBW/files/dokumente/WP15/Drucksachen/2000/15_2838_D.pdf. Abgerufen am 26.09. 2018.

Landtag von Baden-Württemberg (2016): Qualitätsmanagement an Realschulen und allgemeinbildenden Gymnasien. Drucksache 16/111 vom 14.07.2016. Online im Internet: https://www.landtag-bw.de/files/live/sites/LTBW/files/dokumente/WP16/Drucksachen/0000/ 16_0111_D.pdf. Abgerufen am 26.09.2018.

Landwehr, N. (2011): Thesen zur Wirkung und Wirksamkeit der externen Schulevaluation. In: C. Quesel, C; Husfeldt, V.; Landwehr, N.; Steiner, P. (Hrsg.): Wirkungen und Wirksamkeit der externen Schulevaluation. Bern: hep. S. 35–70.

Pietsch, M. (2011): Nutzung und Nützlichkeit der Schulinspektion Hamburg. Ergebnisse der Hamburger Schulleitungsbefragung. Hamburg: Institut für Bildungsmonitoring. Online im Internet. http://www.hamburg.de/contentblob/4022654/f2b824022721da9a04b046d2fd0ebcfe/data/pdf-zufriedenheitsstudie-2011.pdf. Abgerufen am 26.09.2018.

Preuß, B.; Wissinger, J.; Brüsemeister, T. (2015): Einführung der Schulinspektion: Struktur und Wandel regionaler Governance im Schulsystem. In: Abs, H. J.; Brüsemeister, T.; Schemmann M.; Wissinger, J. (Hrsg.): Governance im Bildungssystem. Wiesbaden: Springer. S. 117–142.

Quesel, C.; Husfeldt, V.; Landwehr, N.; Steiner, P. (Hrsg.) (2011): Wirkungen und Wirksamkeit der externen Schulevaluation. Bern: hep.

Reinmann-Rothmeier, G. (2001): Wissen managen: Das Münchener Modell. Forschungsbericht Nr. 131. München: Ludwig-Maximilians-Universität, Institut für Pädagogische Psychologie und Empirische Pädagogik.

Schulgesetz für Baden-Württemberg (SchG) in der Fassung vom 01. August 1983 (GBl. S.397; K. u. U. S. 584), zuletzt geändert durch Gesetz vom 30. April 2018.

Schulfeedback in Schleswig-Holstein – Vorbild für Baden-Württemberg?

Gisa Behrenbeck und Irene Kremer

Abstract

Nach einer einleitenden Auseinandersetzung mit der im Jahr 2017 ausgesetzten bisherigen Fremdevaluationspraxis in Baden-Württemberg und empirischen Forschungsergebnissen zur Qualitätssicherung in Schulen fokussiert der Beitrag das in Schleswig-Holstein eingeführte sogenannten „Schulfeedback". Es wird u. a. erörtert, ob und gegebenenfalls wie das schleswig-holsteinische Modell Anregungen für Baden-Württemberg bieten kann. Grundsätzliche Überlegungen zur Neukonzeption der externen Evaluation in Baden-Württemberg schließen den Aufsatz ab.

Inhalt

1 Einführung 292
2 Schulische Qualität im Fokus von Evaluation? 293
3 Das „Schulfeedback" in Schleswig-Holstein 295
4 Das „Schulfeedback" – Vorbild für Baden-Württemberg? 297
5 Fazit 300
Literatur 301

1 Einführung

Die Fremdevaluation in Baden-Württemberg ist zurzeit ausgesetzt. Sie ist nicht abgeschafft, wie einige vielleicht hoffen. In vielen Schulen gab es nach unseren Erfahrungen Widerstände gegen die Fremdevaluation. Die Absicht, eine Dienstleistung zur Qualitätsentwicklung zur Verfügung zu stellen, erkannten viele Beteiligte nicht. Sie deuteten das Verfahren als aufgezwungene und überflüssige Maßnahme mit hohem Vorbereitungs- und Arbeitsaufwand. Unsere persönlichen Erfahrungen als Evaluatorinnen in drei Jahren Tätigkeit deuten darauf hin, dass immer dann, wenn sich insbesondere die Schulleitungen auf die Evaluation einließen, diese nützlich war und einen Beitrag zur Schulentwicklung und Qualitätssicherung leisten konnten – meist schon im Vorfeld der Evaluation vor Ort.

Die Fremdevaluation in Baden-Württemberg wurde während der elf Jahre ihres Bestehens mit wissenschaftlicher Expertise weiterentwickelt und effizienter gestaltet. Für die im letzten Schuljahr 2016/17 durchgängig praktizierte, weiter entwickelte Form der Fremdevaluation gab es viel Lob von den evaluierten Schulen. So wurden z. B. die Vollerhebungen bei Online-Befragungen als aussagekräftig bzw. relevant und die abzuleitenden Ergebnisse von vielen Befragten als nützlich gewertet. Die Transparenz des Vorgehens wurde hervorgehoben. Eine effiziente und zeitnahe Erstellung der Berichte, die Klarheit der Aussagen, die sprachliche Prägnanz sowie die konkreten Empfehlungen zur Qualitätsentwicklung wurden mehrheitlich gelobt.

Umso größer war unter den Evaluatorinnen und Evaluatoren das Erstaunen über die kurzfristige Entscheidung, die Fremdevaluation zum Ende des Schuljahres 2016/17 auszusetzen. Es gab und gibt die Sorge um einen Verlust der Akzeptanz in den Schulen zum Thema Evaluation allgemein, auch in Bezug auf die Selbstevaluation. Wir sind als ehemalige Evaluatorinnen im Bundesland Baden-Württemberg an einer Neuausrichtung, Weiterentwicklung und Optimierung der Qualitätsentwicklung an Schulen interessiert. Wir möchten uns trotz und auch wegen persönlicher Betroffenheit der Kritik stellen, die zur Aussetzung der Evaluation geführt hat. Wurde der Fokus bei der Fremdevaluation auf die wichtigen bzw. „richtigen" Kriterien gelegt, die nach Meinung vieler Bildungswissenschaftlerinnen und -wissenschaftler eine „gute Schule" ausmachen? War der weitere Umgang mit identifizierten Schwächen an den Schulen sinnvoll und effizient?

Das in Schleswig-Holstein angewandte Prinzip der Freiwilligkeit bei der Fremdevaluation ist ein interessanter und laut einiger wissenschaftlicher Untersuchungen auch wesentlicher Ansatz für den Erfolg von Evaluationsverfahren. Auch die seit Einführung im Jahr 2016 in den Blick genommenen Voraussetzungen, Prozesse und Ergebnisse der Schulen entsprechen den aktuellen Erkenntnissen und Forderungen der Bildungsforschung. Darum betrachten wir, inwiefern das sogenannte „Schulfeedback" in Schleswig-Holstein Impulse für ein neues Verfahren in Baden-Württemberg bieten könnte.

2 Schulische Qualität im Fokus von Evaluation?

„Qualitas" heißt im Ursprungssinn Beschaffenheit. Qualität beschreibt im schulischen Kontext „die typische Beschaffenheit eines Systems in der Einheit von Ergebnisqualität (Effekte), Prozessqualität (Effizienz) und Strukturqualität (Funktionale Arbeitsbedingungen, Leistungsvoraussetzungen der Arbeitskräfte)" (Riecke-Baulecke 2010, S. 171). Mit dem Qualitätsbegriff kann erst dann der Wert eines Systems beschrieben werden, „wenn Menschen bestimmte Anforderungen hinsichtlich eines Nutzeffekts stellen" (ebd.). Qualität ist also kein absoluter, sondern insgesamt ein relativer Begriff, der je nach Interessenlage und Absicht der Beteiligten unterschiedlich gedeutet wird.

Ein (definiertes) Qualitätsmanagementkonzept ist beispielsweise Q2E. Q2E ist die Abkürzung für „Qualität durch Evaluation und Entwicklung". Es bezeichnet das Konzept der Pädagogischen Hochschule Nordwestschweiz in Windisch, das speziell für die schulische Situation erstellt wurde und Teil eines ganzheitlichen Qualitätsmanagements bilden soll. Die vier wesentlichen Eckpunkte hierbei sind

1. ein Individualfeedback auf allen Ebenen als Grundlage für das individuelle Lernen von Lehrkräften (Schüler-Lehrer-Feedback, kollegiale Hospitation, Rückmeldungen zwischen Schulleitung und Lehrkräften);
2. datengestützte Schulevaluationen als Fokusevaluationen zu bestimmten Themen und als Grundlage für Entwicklungsprozesse;
3. Qualitätsdokumentation als strukturierte Dokumentation und als Grundlage für die Rechenschaftslegung nach innen und außen;
4. sowie eine externe Schulevaluation mit dem Schwerpunkt auf der Evaluation des Qualitätsmanagements und als Metaevaluation über die anderen drei Eckpunkte (vgl. Pädagogische Hochschule Nordwestschweiz, Zentrum Bildungsorganisation und Schulqualität 2018).

Q2E spielt bei der Entwicklung der Evaluationsverfahren in vielen Bundesländern eine bedeutende Rolle, so auch in Baden-Württemberg. Bei diesem Verfahren wurden zum ersten Mal Qualitätsdimensionen und Handlungsfelder auf die Institution Schule hin entwickelt. In allen Bundesländern gibt es zudem für das System Schule (mehr oder weniger) ähnliche Orientierungsrahmen, die diese Aufgabe erfüllen sollen. Der in Baden-Württemberg seit 2007 gültige Orientierungsrahmen zur Schulqualität (vgl. Ministerium für Kultus, Jugend und Sport Baden-Württemberg 2007) ist zurzeit (noch) Grundlage für die Beurteilung von

Qualität an den allgemein bildenden Schulen. Grundlage ist § 114 des Schulgesetzes in Baden-Württemberg. Ziel ist es demnach, die Qualitätssicherung und -entwicklung an den einzelnen Schulen zu stärken. Dem Orientierungsrahmen liegt das für Baden-Württemberg gültige Modell von Schulqualität zugrunde, welches „sowohl für die innerschulische Qualitätsentwicklung als auch für die Fremdevaluation den Referenzrahmen" (Ministerium für Kultus, Jugend und Sport 2007, S. 8) liefert. In einer verbindlichen Handreichung werden drei Bereiche ausgewiesen und detailliert mit Inhalt gefüllt: Voraussetzungen und Bedingungen (Rahmenvorgaben, sächliche und personelle Ressourcen, Schülerinnen und Schüler sowie deren Lebensumfeld), Prozesse (Unterricht, Professionalität der Lehrkräfte, Schulführung und Schulmanagement, Schulklima, außerschulische Partnerschaften, Elternarbeit) und Ergebnisse (fachliche und überfachliche Lernergebnisse, Schul- und Laufbahnerfolg).

Im Verfahren der Fremdevaluation in Baden-Württemberg wurde dabei ausdrücklich nur der Bereich der Prozesse in den Blick genommen. Weder die Voraussetzungen und Bedingungen, noch die schulischen Ergebnisse spielten zumindest in den ersten Jahren für das Verfahren eine Rolle (vgl. hierzu auch Landesinstitut für Schulentwicklung 2017). Die Begründung hierfür war u. a., dass man aufgrund der verschiedenen sozioökonomischen Voraussetzungen weder eine externe Bewertung der Bedingungen noch der Ergebnisse vornehmen wolle. Diese Faktoren sollten in der Verantwortung der innerschulischen Analyse bzw. des Schulträgers liegen. Wenn man die Praxis der Fremdevaluation in Baden-Württemberg untersucht, fällt auf, dass durch die alleinige Betrachtung der Prozesse bei weitgehender Ausklammerung der Ergebnisse (schulische Leistungen, Wiederholerquoten usw.) und der vorgegebenen Strukturen in Form von räumlichen und sächlichen Bedingungen wesentliche Teile zur erfolgreichen Analyse von Qualität nicht in den Blick genommen wurden. Im Jahre 2018 haben sich die bildungspolitischen Sichtweisen, nicht zuletzt aufgrund von schlechteren Ergebnissen in länderübergreifenden Leistungstests, geändert. Dies war auch ein wesentlicher Grund für die Aussetzung der Fremdevaluation. Ein neues, ergebnisorientiertes Verfahren soll von einer Expertenkommission erarbeitet werden.

Woran kann man eine gute Schule erkennen? Wissenschaftler wie Marzano und andere haben nach der Auswertung von Metastudien folgende fünf Kriterien identifiziert:

I. ein „fixiertes und praktiziertes Curriculum",
II. „anspruchsvolle Ziele und effektives Feedback",
III. eine „Beteiligung der Eltern und der Gemeinde",
IV. „eine sichere und geordnete Umgebung"
V. sowie „Kollegialität und Professionalität" (Marzano 2003, S. 19).

Wenn man den Fokus der praktizierten Fremdevaluation in Baden-Württemberg mit diesen Maßstäben guter Schulen vergleicht, so kommt man zu folgendem Ergebnis: Ein fixiertes und praktiziertes Curriculum wurde in der Fremdevaluation nur insoweit überprüft, als man sich die dokumentierten Schulcurricula hat zeigen lassen. Es wurde nicht systematisch überprüft, ob sie den gängigen Bildungsplänen entsprachen und nur punktuell durch Beobachtungen oder Befragungen eruiert, ob sie umgesetzt wurden. Die Durchführung von Feedbackverfahren in der Schule (Schüler-Lehrer-Feedback, kollegiales Feedback) wurde per Interview und in Onlinefragebogen von den Lehrkräften und Lernenden erfragt. Die Beteiligung von Eltern und anderen außerschulischen Partnern war in der Fremdevaluation ein Wahlmerkmal und wurde nur auf Wunsch evaluiert. Die Faktoren „Sichere und geordnete Umgebung" sowie „Kollegialität und Professionalität" wurden durch verschiedene Evaluationsinstrumente wie Onlinebefragung, Interview und Beobachtungen in der Schule erfasst. Für den Bereich Unterricht ist zu konstatieren, dass dieser durch den Einsatz von Beobachtungsbogen evaluiert wurde. Der Fokus lag auf Methoden und Unterrichtsvielfalt, die Beobachtung von kognitiver Aktivierung der Schülerinnen und Schüler nahm vergleichsweise wenig, im zweiten, modifizierten Verfahren jedoch mehr Raum ein. Nach Abschluss der Fremdevaluation wurde den Schulen eine Einschätzung mit Empfehlungen vorgestellt. Während der Präsentation der Ergebnisse an der Schule waren Nachfragen und Diskussionen erwünscht. Anschließend wurde der Bericht in schriftlicher Form zugesandt. Die Aufgabe der Schule bestand dann darin, den Schulträger über die Ergebnisse zu informieren und mit der Schulaufsicht Zielvereinbarungen unter Berücksichtigung der Evaluationsempfehlungen zur Weiterentwicklung der Schul- und Unterrichtsqualität zu treffen. Ein schriftliches Feedback zur Evaluation zwischen Schulleitung oder Kollegium und Evaluationsteam war freiwillig, aber nicht zwingend vorgesehen.

Zwischenfazit I:

Die Fremdevaluation in ihrer bis Sommer 2017 praktizierten Form in Baden-Württemberg hat relevante Bereiche wie Bedingungen, Ergebnisse und Zusammenarbeit mit außerschulischen Partnern nicht in ausreichendem Maß betrachtet. Die Einhaltung der Zielvereinbarungen zwischen Schulen und Schulaufsicht wurde nach Beobachtung und Aussage von Beteiligten vielfach nicht wirksam überprüft.

3 Das „Schulfeedback" in Schleswig-Holstein

Im folgenden Kapitel wird das „Schulfeedback" in seinen Grundzügen vorgestellt, bevor im darauffolgenden Kapitel 2 nach einem möglichen Vorbildcharakter des Verfahrens für Baden-Württemberg gefragt wird.

In Schleswig-Holstein wurde die externe Evaluation im Jahre 2009 abgeschafft und seit Februar 2016 durch ein dialogorientiertes und freiwilliges Feedbackverfahren ersetzt. Studien der OECD von 2009 und 2014 beschreiben eine hohe Effektivität für eine Veränderung in Unterrichtsbereichen nach der Durchführung von Feedbackverfahren. Den höchsten Effekt gibt es demnach bei Schüler-Lehrer-Feedbacks, aber auch andere Formen sind wirkungsvoll (vgl. OECD 2014, S. 160).

Vergleicht man den Orientierungsrahmen Schulqualität in Schleswig-Holstein und das eingeführte Schulfeedback mit den in Kapitel 1 genannten Maximen von Marzano (vgl. Marzano 2003), so fällt auf, dass diese Kriterien im Orientierungsrahmen als Dimensionen bezeichnet werden und die Umsetzung an den Schulen durch das Schulfeedback in den Blick genommen wird.

Die Schulen, die sich in Schleswig-Holstein für das Schulfeedback bewerben, können aus den fünf Dimensionen des Orientierungsrahmens Schulqualität für die Evaluation die ihnen relevant erscheinenden Themengebiete wählen. Der Bereich „Lernen und Lehren" ist jedoch obligatorisch. Auf Wunsch werden einzelne Fächer gezielt von Fachleuten evaluiert. Dies geschieht im Dialog mit den Fachlehrkräften. Bildungsstandards, Fachanforderungen bzw. Lehrpläne und schulinterne Curricula sind die Grundlage (vgl. Ministerium für Schule und Berufsbildung Schleswig-Holstein 2016, S. 6). Bei Unterrichtsbesuchen wird auf die Basisdimensionen guten Unterrichts besonders geachtet. Dies sind laut Bildungswissenschaftler Jürgen Baumert die Klassenführung, das kognitive Potenzial der Lerngelegenheiten sowie die respektvolle und adaptive Unterstützung des Lernens (vgl. Werning/Baumert 2013, S. 38ff.). Im Bereich „Ergebnisse und Wirkungen" werden neben Onlinebefragungen der Beteiligten zur Schulkultur und Besonderheiten der jeweiligen Schule Dokumente mit überprüfbaren und messbaren Kriterien hinzugezogen, wie folgender Auszug aus dem Handbuch Schulfeedback.SH unterstreicht.

> „Die Ergebnisse der zentralen Abschlussprüfungen, der Vergleichsarbeiten und standardisierter Leistungserhebungen bilden dafür wesentliche Maßstäbe. Auch die Kontinuität und Anschlussfähigkeit von Bildungsverläufen der Schülerinnen und Schüler (Vermeidung von Absentismus, Klassenwiederholungen, Schrägversetzungen, Schulabbrüchen) geben Aufschluss über die Qualität schulischer Arbeit" (Ministerium für Schule und Berufsbildung des Landes Schleswig-Holstein 2016, S. 5f.).

Die drei übrigen Bereiche beinhalten Management und Qualitätssicherung, die Zusammenarbeit mit inner- und außerschulischen Partnern wie Eltern, Vereinen, Institutionen und dem Schulträger, sowie die kollegiale Zusammenarbeit. Hierzu werden auch die Bereitschaft zu Fortbildungen und gesundheitsförderliche Arbeitsbedingungen gerechnet.

Nach der Datenerhebung mit qualitativen und quantitativen Evaluationsinstrumenten (Onlinebefragung, Interview, Unterrichtsbeobachtung, Datenanalyse) erhalten die Schulen Ergebnisse und Empfehlungen, die in einem weiteren Prozess mit den Beteiligten, u. a. auch der Schulaufsicht, diskutiert und gegebenenfalls modifiziert werden. Zum Abschluss des Verfahrens legt das Evaluationsteam einen Bericht vor. Es folgen eine Beratung durch das Evaluationsteam sowie die Festlegung von Entwicklungszielen. Bei Bedarf bekommen die Schulen Unterstützung in Form nötiger personeller, finanzieller oder sächlicher Ressourcen durch das Institut für Qualitätsentwicklung an Schulen in Schleswig-Holstein (IQSH).

Zwischenfazit II:

Die Berücksichtigung neuerer wissenschaftlicher Erkenntnisse zu wichtigen Voraussetzungen für gelingendes Lernen und zur Bedeutung von Feedbackverfahren lassen erwarten bzw. darauf hoffen, dass dieses Verfahren des Schulfeedbacks eine höhere Wirksamkeit entfaltet als die Verfahren in anderen Bundesländern einschließlich der früher auch in Schleswig-Holstein durchgeführten externen Evaluation. Die Betrachtung des Bereichs Lehren und Lernen hat dabei oberste Priorität und wird gezielt mit entsprechender Expertise in den angefragten Fächern ausgestattet. Der Aspekt der Freiwilligkeit könnte einerseits einen positiven Effekt für die Wirksamkeit der Qualitätsentwicklung an den betreffenden Schulen haben, da man eine Bereitschaft für nötige Veränderungen bei den Beteiligten voraussetzen kann. Andererseits können sich Schulen, die dem Verfahren ablehnend gegenüberstehen, dem Blick von außen auf die Schulqualität vollständig entziehen. Die Bereitstellung von wirksamen Hilfen in Form von sachlichen, fachlichen und finanziellen Ressourcen bei einem durch das Schulfeedback festgestellten Bedarf stellt allerdings einen Anreiz da, am Schulfeedback teilzunehmen. Zunehmende Anfragen der Schulen belegen dies.

4 Das „Schulfeedback" – Vorbild für Baden-Württemberg?

Ließe sich auf Grundlage der bildungswissenschaftlichen Diskussion über Qualität und Evaluationsverfahren, aber auch in Bezug auf die Verschiedenheit der äußerlichen Gegebenheiten in den Bundesländern, das Modell aus Schleswig-Holstein auf ein Flächenland wie Baden-Württemberg übertragen? Diese Frage soll im folgenden Kapitel andiskutiert werden.

Schon die Bezeichnungen „Fremdevaluation" und „Schulfeedback" zeigen den wesentlichen Unterschied der Herangehensweise an die externe Evaluation in den beiden Bundesländern. Während die Fremdevaluation in Baden-Württemberg vor allem an das Verfahren Q2E aus der Schweiz angelehnt war und bis zur

Weiterentwicklung im zweiten Verfahren, bei dem die Betrachtung des Unterrichts selbst deutlich an Bedeutung gewonnen hat, den Schwerpunkt auf das Qualitätsmanagement der Schulleitung legte, steht beim derzeitigen Evaluationsverfahren in Schleswig-Holstein die Unterrichtsentwicklung im Mittelpunkt, ausgehend von eingeführten Fachcurricula, gefolgt von Feedbackverfahren und anspruchsvollen unterrichtlichen Zielen sowie Elternarbeit und einer lernförderlichen Umgebung.

In Schleswig-Holstein ist das Schulfeedback am Institut für Qualitätsentwicklung an Schulen (IQSH) angesiedelt, ebenso wie die empirische Bildungsforschung, die Durchführung von Selbstevaluationen in den Schulen, Kompetenzmessungen, die Betreuung von IT-Plattformen und nicht zu vergessen das Thema Schulentwicklung. Von wissenschaftlichen Untersuchungen bis zur Umsetzung und Evaluationen in der Praxis sowie der anschließenden Beratung und Unterstützung liegen laut einer vom Kultusministerium Baden-Württemberg vorgelegten Synopse alle Bereiche in einer Hand, sogar in einer Abteilung – der Abteilung 4 des IQSH (vgl. Ministerium für Kultus, Jugend und Sport 2018a).

In Baden-Württemberg war im Landesinstitut für Schulentwicklung (LS) bis zum Sommer 2017 der Fachbereich (FB) 2 für die Durchführung der Fremdevaluation zuständig. Um das Thema Selbstevaluation kümmert sich zurzeit neben der Servicestelle Selbstevaluation am LS im FB 2 auch noch der FB 3 und jeweils eines der vier für die unterschiedlichen Regionen zuständigen Regierungspräsidien. Schulentwicklung ist somit Sache der Fachbereiche 2 und 3 am LS, aber auch der vier Regierungspräsidien und der 21 Staatlichen Schulämter in Baden-Württemberg.

Eine Neuordnung und Verschlankung ist damit überfällig, da die vielen Mehrfachzuständigkeiten zurzeit wenig effizient für eine positive Entwicklung der Unterrichts- und Schulqualität sind. Das Kultusministerium in Baden-Württemberg reagiert auf diesen von vielen involvierten Personen und Institutionen beobachteten Missstand mit einer Neuordnung innerhalb der Kultusverwaltung und der Institutionen. Nach diesen Planungen wird das Landesinstitut für Schulentwicklung im Jahr 2019 aufgelöst. Die Bereiche Empirische Bildungsforschung, Fremdevaluation und Selbstevaluation sollen dann vom neu zu gründenden „Institut für Bildungsanalysen Baden-Württemberg" (IBBW) betreut werden, die Bereiche IT-Plattformen und Schulentwicklung von dem ebenfalls neu zu gründenden „Zentrum für Schulqualität und Lehrerbildung" (ZSL). Dieses Zentrum soll außerdem die Bereiche Lehrerfort- und -ausbildung sowie Führungskräfteentwicklung übernehmen. Die Regierungspräsidien und Schulämter, aber auch die Seminare für Lehrerbildung sollen im Bereich Aus- und Fortbildung Kompetenzen abgeben bzw. dem neuen Zentrum unterstellt werden (vgl. Ministerium für Kultus, Jugend und Sport 2018b).

Auf das Thema externe Evaluation bezogen ist Folgendes geplant: Die Fremdevaluation soll dem Institut für Bildungsanalysen und nicht dem Zentrum für Schulqualität zugerechnet werden. Offensichtlich soll es bei der externen Evaluation in Baden-Württemberg einen Paradigmenwechsel geben, der vielleicht eine weitere Konsequenz aus der von der Kultusministerkonferenz im November 2006 verabschiedeten Strategie zum Bildungsmonitoring, das regelmäßige internationale Vergleiche und nationale Vergleichsarbeiten vorsieht, darstellt. Es scheint, dass messbare Ergebnisse bei der Fremdevaluation in den Mittelpunkt gestellt werden sollen, nachdem sie beim ersten Verfahren zunächst gar nicht und dann in der weiterentwickelten Fremdevaluation untergeordnet nur im Bereich der Zufriedenheit mit Lehr-Lern-Prozessen und Erziehung betrachtet wurden. Die Betrachtung der Prozesse und Strukturen wird demnach überwiegend in den Zuständigkeitsbereich des Zentrums für Schulqualität fallen, das bedarfsabhängig nach einer durchgeführten Evaluation die Beratung und eventuelle Unterstützung übernehmen soll.

Die geplante Trennung der Bereiche Analyse und Qualitätsentwicklung in Baden-Württemberg könnte bedeuten, dass die Evaluationsteams vor Ort, demnächst am Institut für Bildungsanalysen beheimatet, neben quantitativen Unterrichtsbeobachtungen und Interviews vorwiegend Daten analysieren. Dies könnte dem Ansehen der Fremdevaluation schaden, da diese als reine Kontrolle wahrgenommen werden könnte. Eine wesentliche Bedingung für den Erfolg von Evaluationen ist die Akzeptanz bei den Beteiligten. Erfahrungsgemäß möchten Lehrkräfte und Schulleitungen vor Ort aus aktuellem Anlass in die Diskussion über Unterrichts- und Schulqualität einsteigen. In der Phase der Bestandsaufnahme, Analyse und Beobachtung darf dies nach allgemein anerkannten Maßstäben m. E. nicht geschehen. Kontraproduktiv wäre es aber, wenn man auch bei der Berichtlegung nicht in den Dialog mit den Beteiligten treten dürfte, weil dies in den Bereich des Zentrums für Schulqualität fiele. Um die Akzeptanz für die Ergebnisse der Evaluation zu erhöhen, sollten nicht die Kompetenzen der Evaluationsteams beschnitten werden. So sollten ganz im Gegenteil Fachleute für Unterricht und für Schulentwicklung in die Schulen geschickt werden, um entsprechend analysieren und beraten zu können bzw. Empfehlungen auszusprechen. Ideal wäre es in diesem Zusammenhang, wenn sich die Schulen – wie in Schleswig-Holstein – freiwillig für die Fremdevaluation melden und eine Fachberatung wünschen könnten, um im Fall von festgestelltem Entwicklungsbedarf direkt Unterstützung bekommen zu können. Dadurch könnte auch womöglich weitgehend vermieden werden, dass Schulen aus mangelnder Akzeptanz oder sogar Angst vor den Konsequenzen der Ergebnislegung versuchen, Daten zu beschönigen oder zu verschleiern. Die in der Schule spürbaren Effekte nach einer Evaluation durch zeitnah eingeleitete Maßnahmen in Form von zugewiesenen Ressourcen steigern mutmaßlich die Akzeptanz und die Bereitschaft, Schwächen zu offenbaren. Da das in Schleswig-Holstein so implementierte Verfahren zurzeit noch relativ neu ist, können jedoch Erfolge des Verfahrens noch nicht valide belegt werden. Die Anzahl der Bewerbungen für eine Evaluation, die in Schleswig-Holstein für die Schulen freiwillig ist, steigt nach Angaben des IQSH in Kiel, sodass neue Evaluatorinnen und Evaluatoren ausgebildet werden (müssen). Dies kann wiederum als Beleg für eine steigende Akzeptanz gewertet werden.

Eventuell könnte ein ähnliches Vorgehen im Flächenland Baden-Württemberg mit fast fünfmal so viel Schulen wie in Schleswig-Holstein an fehlenden Ressourcen personeller und finanzieller Art scheitern, wenn die politischen Entscheidungsträger nicht bereit sind, genügend finanzielle Mittel zur Verfügung zu stellen. Die geplanten Strukturen in Baden-Württemberg orientieren sich allerdings nicht an den Strukturen des Schulfeedbacks in Schleswig-Holstein. Der Bereich Analyse soll in Baden-Württemberg nach dem Vorbild Hamburgs vom Bereich Entwicklung von Schulqualität durch die Implementierung von zwei verschiedenen Instituten scharf getrennt werden.

Wenn es in vielen Bereichen auch angemessen und wissenschaftlich ist, Analyse und Qualitätsentwicklung zu trennen, so ist dies im Bereich Schule unserer Meinung nach in dieser Form nicht angebracht. Schulen haben jeweils Besonderheiten, individuelle Voraussetzungen und Bedingungen, die bei einer reinen Ergebnisanalyse nicht gewürdigt werden können. Dies kann zu großer Unzufriedenheit und geringerer Akzeptanz bei der Durchführung und Berichtslegung der Evaluation führen, genau wie ein erzwungenes Verfahren, das von den Beteiligten abgelehnt wird. In Hamburg kommt verschärfend hinzu, dass die Ergebnisse der Evaluation einzelner Schulen der Öffentlichkeit zugänglich sind. Sicherlich trägt dies dazu bei, dass die Schulen Konsequenzen aus festgestellten Schwächen ziehen. Andererseits könnte dieses Vorgehen aber mit dazu führen, Schwächen der Schule nicht offenzulegen, sondern möglichst zu verschleiern.

5 Fazit

Das „Schulfeedback" in Schleswig-Holstein könnte für die Neuausrichtung des Evaluationsverfahrens in Baden-Württemberg sowohl inhaltlich als auch vom Vorgehen her Denkanstöße geben. Wichtig wäre vor allem, dass die durchführenden Evaluatorinnen und Evaluatoren gründlich im Bereich der Schulentwicklung ausgebildet sind und durch Fachleute für Unterricht ergänzt werden. Bei festgestelltem Entwicklungsbedarf sollten die Schulen zeitnah und barrierefrei unterstützt werden. Dies würde die Akzeptanz an den Schulen aus Sicht der Autorinnen wesentlich erhöhen. Damit dies ohne Reibungsverluste gelingen kann, wäre eine intensive und gelingende Zusammenarbeit der beiden neu zu gründenden Institute Voraussetzung. Der Bestandsaufnahme durch die Evaluation mit zeitnaher Beratung sollte eine effektive Hilfe bei der Umsetzung der Empfehlungen folgen, die durch entsprechende Ressourcen spürbar an der Schule umgesetzt werden könnten. Die verzahnte und aufeinander detailliert abgestimmte Zusammenarbeit der beiden neuen Institute sollte an den Schulen dazu führen, dass kurzfristig passgenaue schulinterne Fortbildungen für den festgestellten Entwicklungsbedarf im Bereich Unterricht geplant und durchgeführt werden und die Schulleitungen konkrete Hilfe und Unterstützung in weiteren Entwicklungsfeldern der Schule zeitnah erhalten.

Literatur

Landesinstitut für Schulentwicklung (2017): Beiträge zur Bildungsberichterstattung: Ergebnisse der Fremdevaluation in Baden-Württemberg 2011 – 2016. Online im Internet: https://www.ls-bw.de/site/pbs-bw-new/get/documents/KULTUS.Dachmandant/KULTUS/Dienststellen/ls-bw/Service/Bildungsberichterstattung/Ergebnisberichte/FEV/Ergebnisse_FEV_AS_2011-15.pdf. Abgerufen am 14.04.2018.

Marzano, R. J. (2003): What works in schools. Translating research into action. Alexandria: Association for Supervision and Curriculum Development.

Ministerium für Schule und Berufsbildung des Landes Schleswig-Holstein (2016): Handbuch Schulfeedback.SH. Online im Internet: https://www.schleswig-holstein.de/DE/Fachinhalte/S/schule_qualitaet/Downloads/handbuch.pdf?__blob=publicationFile&v=2. Abgerufen am 02.08.2018.

Ministerium für Kultus, Jugend und Sport Baden-Württemberg in Zusammenarbeit mit dem Landesinstitut für Schulentwicklung (2007): Orientierungsrahmen zur Schulqualität für allgemein bildende Schulen in Baden-Württemberg. Stuttgart: Ministerium für Kultus, Jugend und Sport Baden-Württemberg.

Ministerium für Kultus, Jugend und Sport Baden-Württemberg (2018a): Qualitätskonzept und Bildungssystem. Online im Internet: https://www.km-bw.de/,Lde_DE/Startseite/Service/28_06_2017+Qualitaetskonzept+Bildungssystem/?LISTPAGE=4978503. Abgerufen am 01.08.2108.

Ministerium für Kultus, Jugend und Sport Baden-Württemberg (2018b): Qualitätskonzept und Bildung. Online im Internet: https://www.km-bw.de/,Lde_DE/Startseite/Service/24_04_2018+Qualitaetskonzept+Bildung?QUERYSTRING=Pressemitteilung+24.04.2018. Abgerufen am 01.08.2018.

OECD (2014): A Teachers' Guide to TALIS 2013 Teaching and Learning International Survey. Online im Internet: http://www.keepeek.com/Digital-AssetManagement/oecd/education/a-teachers-guide-to-talis-2013_9789264216075en#page1. Abgerufen am 01.08.2018.

Pädagogische Hochschule Nordwestschweiz, Zentrum Bildungsorganisation und Schulqualität, Q2E (2018): Externe Schulevaluation. Online im Internet: http://www.q2e.ch/externe_schulevaluation.cfm. Abgerufen am 14.04.2018.

Riecke-Baulecke, T. (2010): Qualitätsmanagement an Schulen. In: Hill, H. (Hrsg.): Wege zum Qualitätsmanagement. Baden-Baden: Nomos-Verlag. S. 171-191.

Schleswig-Holsteinischer Landtag, Drucksache 18/3719 18. Wahlperiode 2016-01-11: Bericht der Landesregierung, Bericht zur schulischen Qualitätsentwicklung in

Werning, R.; ‚Baumert, J. (2013): Inklusion entwickeln. Leitideen für Schulentwicklung und Lehrerbildung. In: Schulmanagement-Handbuch 146. München: Oldenbourg. S. 38-55.

Zur Implementierung der Fremdevaluation in das baden-württembergische Schulsystem

Nadine Kaiser

Abstract

Der folgende Beitrag thematisiert auf Basis einer persönlichen Bewertung den Grad der Implementierung der Fremdevaluation in Baden-Württemberg und stellt in dem Zusammenhang zudem die Frage, inwieweit eine Veränderung der Haltung der Schulen (Schulleitungen und Kollegien) über einen Zeitraum von mehreren Jahren hinweg beobachtet werden konnte. Hierbei werden sowohl Veränderungen innerhalb des ersten Durchgangs als auch in der Übergangsphase in den zweiten Durchgang beschrieben. Abschließend wird verdeutlicht, dass ein eher hoher Grad der Implementierung just in dem Moment erkennbar erschien, in dem die FEV ausgesetzt wurde.

Inhalt

1 Einleitung...304
2 Fremdevaluation erster Durchgang..304
3 Fremdevaluation zweiter Durchgang...307
4 Schlussfolgerungen und Fazit..308
Literatur..309

1 Einleitung

Im Schuljahr 2008/2009 wurde die erste Tranche allgemein bildender Schulen in Baden-Württemberg fremdevaluiert. Zu Beginn meiner Tätigkeit als Evaluatorin im Jahr 2012 war das Verfahren des ersten Durchgangs bereits weiterentwickelt. Unter anderem war aus einer dreistufigen Bewertungsskala eine vierstufige geworden. Ich persönlich hatte kurz vor meiner Abordnung an das Landesinstitut für Schulentwicklung als Lehrerin eine Fremdevaluation erlebt und mich aufgrund dessen mit dieser weiterentwickelten Form bereits auseinander gesetzt. Wie Schulen in den darauffolgenden fünf Jahren zum einen auf die Fremdevaluation (FEV) und zum anderen auf deren Weiterentwicklung reagierten, möchte ich im Folgenden näher erläutern.

2 Fremdevaluation erster Durchgang

Die Fremdevaluation als extern durchgeführtes Evaluationsverfahren sollte an Schulen laut Vorgaben in regelmäßigen Abständen durchgeführt werden. Ursprünglich war für den ersten Durchlauf ein zeitlicher Rahmen von circa fünf bis sechs Jahren anvisiert worden. Wie sich später herausstellte, war diese Kalkulation etwas zu ambitioniert. Das Landesinstitut für Schulentwicklung (im Folgenden „LS") konnte jedoch in den ersten Jahren durch ein gezieltes Auswahlverfahren die Anzahl an Fremdevaluatorinnen und Fremdevaluatoren (im Folgenden „EVT") stetig vergrößern und somit auch die Anzahl von Evaluationen pro Schuljahr deutlich erhöhen. Das Maximum von etwa 90 EVT wurde in den darauffolgenden fünf Jahren gehalten. Durch diese Anzahl an EVT, welche aus den unterschiedlichen Schularten ans LS abgeordnet und qualifiziert wurden, sowie eine effiziente Personaleinsatzplanung wurden bis auf wenige Ausnahmen im Schuljahr 2015/16 die letzten Schulen für das Verfahren vorgesehene Schulen im ersten Durchgang fremdevaluiert. Auch war bereits hier feststellbar, dass Schulen, die in der frühen Phase evaluiert wurden, anders auf eine anstehende FEV reagierten, als Schulen, die eher gegen Ende des ersten Durchgangs für eine FEV eingeplant waren. Dies soll im Folgenden verdeutlicht werden.

2.1 Schulen in der frühen Phase der Fremdevaluation

In den ersten Jahren nach Einführung der FEV herrschte an vielen Schulen große Unsicherheit. Ein oktroyiertes „in die Karten schauen" würde jeder Schule bevorstehen.

Für mich stellte sich mit der Zeit heraus, dass es sich um ganz unterschiedliche Faktoren handelte und in ganz unterschiedlichen Bereichen Unklarheit herrschte:

- Wer und „wie" sind die EVT?
- Was muss man im Vorfeld vorbereiten und wie groß ist der damit verbundene Arbeitsaufwand?
- Inwieweit muss/kann man sich an den Tagen der FEV von seiner „besten Seite" zeigen?
- Muss man die Schule „entrümpeln" und dekorieren, um ein positives Erscheinungsbild zu gewährleisten?
- Inwieweit muss man sich an den Tagen der FEV als Gastgeber für die EVT sehen?
- Was wird in den Interviews genau gefragt und (ggf. wie) kann man sich darauf vorbereiten?
- Wie wird der Ergebnisbericht aussehen und was macht man, wenn dieser nicht so gut ausfällt?
- Wird es ein inoffizielles Ranking von Schulen geben, auch wenn dies vom Kultusministerium nicht vorgesehen ist?
- Wie viel Arbeit bereiten die Zielvereinbarungen, die mit dem Schulamt/Regierungspräsidium im Anschluss an die FEV vorgesehen sind?
- Hat man als Schulleitung zu befürchten, dass das Kollegium im Interview kritische oder gar unwahre Tatsachen „ausplaudert"?

Festzumachen waren alle diese Unsicher- bzw. Unklarheiten seitens der Schulen oder schulischen Akteuren für mich an folgenden Äußerungen oder Verhaltensweisen:

- Relativierende Äußerungen nach dem Vorgespräch oder nach Durchführung der FEV, beispielsweise: „Ach, da sind wir aber froh. Sie sind ja gar nicht so schlimm" (junges Schulleiterinnen-Team einer großen Grundschule).
- Eingereichte Materialien, frei nach dem Motto „Viel hilft viel". So kam es hin und wieder vor, dass anstelle eines Portfolios oder Qualitätshandbuches (welches als Richtwert 100 Seiten umfassen sollte) ein großes Paket mit mehreren DIN A 4 Ordnern geliefert wurde.
- Qualitätshandbücher für die FEV wurden mitunter in kurzer Zeit und mit hohem Arbeitsaufwand erarbeitet. Im Hinblick auf die Einstufung ergab sich dadurch allerdings häufig kein Vorteil, da die FEV das Augenmerk darauf richtete, wie mit dem Qualitätshandbuch an der Schule gearbeitet wurde.

Dies war mit einem „druckfrischen" Portfolio jedoch kaum zu unterstreichen.

- „Hübsch gemachte" Schulen, an denen an mehreren Stellen das Leitbild visualisiert war. Wie sich nach Interviews mit Schülerinnen und Schülern schnell herausstellte, waren hier Plakate erst kurz vor der FEV angebracht worden.

- In meinen ersten FEV-Jahren kam es nicht selten vor, dass das Team an den zwei bis drei FEV-Tagen fürstlich bewirtet wurden – das Buffet hätte in seiner überdimensionierten Form für eine ganze Woche ausgereicht.

- Etliche Schulleitungen erkundigten sich ob es möglich sei, sich die Interviewfragen im Vorfeld durchzulesen.

- Die Frage, wer den Ergebnisbericht zu sehen bekomme und wie man diesen der Elternschaft kommunizieren müsse, wurde häufig gestellt.

- Auch wenn Ergebnisse bzw. Berichte nirgends offiziell offen gelegt wurden, wurde in Schulleiterkreisen (z. B. Sprengelsitzungen) nach Aussage vieler Schulleitungen nicht immer neutral über das Verfahren der FEV berichtet. Schulleitungen, die bereits „dran waren" warnten Schulleitungen, die erst noch „dran kamen" vor Unterschiedlichem (beispielsweise der Konfrontation der Lehrkräfte mit den Begrifflichkeiten des Qualitätsrahmens) und trugen nicht immer zu einer gelassenen Haltung bei. Positive Ergebnisse wurden hierbei großzügig offengelegt, Negatives eher verschwiegen, was z. B. einen gewissen Erfolgsdruck auf die nachfolgenden Schulen bzw. Schulleiter ausgelöst haben dürfte.

- Immer wieder wurde es im Laufe eines Lehrerinterviews offensichtlich, dass die Schulleitung einen „Maulwurf" ins Rennen geschickt hatte. Die Kolleginnen und Kollegen waren gehemmt und schienen in solch einem Fall gewisse Details für sich zu behalten.

Eine grundsätzlich ablehnende Haltung gegenüber der FEV war regelmäßig zu spüren. Zu den häufigsten Kritikpunkten gehörte, dass diese zu viel Vorbereitungsarbeit auf sich zöge und zusätzliche Belastungen mit sich bringen würde, für welche jedoch keine Ressourcen vorhanden seien.

2.2 Schulen in der späteren Phase der Fremdevaluation

Im Zuge meiner Tätigkeit im Laufe des ersten Durchgangs nahm ich wahr, dass Schulen zunehmend gelassener auf die Ankündigung der FEV reagierten. Während ich in den ersten Jahren beim telefonischen Erstkontakt meist Skepsis und

Unmut entgegengebracht bekam, liefen die Telefonate in der späteren Phase häufig deutlich angenehmer und entspannter ab. Zum einen wussten die Schulleitungen, dass ihre Schulen irgendwann evaluiert werden würden und zum anderen schien sich in Schulleiterkreisen doch die Erkenntnis zu verbreiten, dass die EVT „auch nur Menschen sind, die einem den Spiegel vorhalten und die Schulen bei der Einstufung im Detail doch meist recht gut treffen" (Schulleiterin nach der Ergebnispräsentation).

Da die EVT häufig im größeren Umkreis ihres Wohnsitzes eingesetzt wurden, konnten die Schulleitungen sich nicht nur über das Verfahren FEV, sondern auch über einzelne EVT austauschen. So wurde ich bei einem telefonischen Erstkontakt darüber informiert, dass eine benachbarte Schule auch von mir evaluiert worden war und die Schulleitung dieser Schule im Nachhinein die Durchführung der FEV sowie die Ergebnispräsentation sehr positiv gesehen habe.

Daher kam es im Laufe der Jahre immer häufiger vor, dass Schulen nicht kurz vor der Fremdevaluation Leitbilder und Portfolios im Schnelldurchlauf erarbeiten, sondern entweder die Zeit genutzt hatten, ein funktionales Qualitätshandbuch über mehrere Jahre hinweg zu entwickeln oder selbstbewusst dazu standen, „noch nicht so weit zu sein" bzw. „andere, dringlichere Bereiche bearbeitet zu haben". Insgesamt kann konstatiert werden, dass sie der „Momentaufnahme FEV" zunehmend gelassener entgegensahen.

3 Fremdevaluation zweiter Durchgang

Im zweiten Halbjahr des Schuljahres 2015/16 startete der zweite Durchgang der Fremdevaluation (vgl. auch Kimmler-Schad 2015; Kimmler-Schad/Mohr 2015), parallel wurden noch die letzten Schulen des ersten Durchgangs evaluiert. Das Verfahren war grundlegend weiterentwickelt worden und zeigte sich mit neuem Gesicht (vgl. Zoller 2016).

Effektiver (insbesondere Kosten-Nutzen-Aspekt) sollte bzw. musste die FEV werden. Der Bericht sollte leichter zu lesen sein, übersichtlicher, mit deutlich weniger Fließtext. Die vierstufige Einstufungsskala (Entwicklungsstufe, Basisstufe, Zielstufe, Exzellenzstufe) wurde durch ein „erfüllt" bzw. „nicht erfüllt" insbesondere auf Standardebene ersetzt. Der Unterricht sollte noch stärker in den Fokus genommen werden, somit hob man die Anzahl der zu beobachtenden Unterrichtssequenzen in quantitativer Hinsicht deutlich an. Auch technisch gab es Neuerungen. Während im ersten Durchgang sämtliche Daten handschriftlich in eine spezielle Matrix auf Excel Basis eingetippt wurden, stand im zweiten Durchlauf ein eigens für die FEV programmiertes Tool zur Verfügung, welches die Datenerfassung deutlich erleichterte.

Für große Unruhe (sowohl bei den EVT als auch bei den Schulen) sorgte zunächst die neue „schwarz-weiß-Einstufung" in „erfüllt" und „nicht erfüllt". Man befürchtete, den Schulen so nicht mehr gerecht werden zu können. Es wurde erwartet, dass die Rückmeldungen für die Schulen zu wenig differenziert sein würden und die Individualität der einzelnen Schule somit nicht mehr hervorgehoben werden könne. Nach den ersten evaluierten Schulen im zweiten Durchgang war zumindest für die Gruppe der EVT überwiegend klar, dass dies nicht der Fall war. Durch die – und das war ebenfalls ein Novum – veröffentlichten Indikatoren konnte dem Bericht detailliert entnommen werden, inwieweit die Einschätzungen mit dem vorgegebenen „Richtwert" übereinstimmten oder davon abwichen. So war es den Schulleitungen im Vorfeld der FEV oft ein Anliegen mitzuteilen, dass sie mittlerweile die ausführliche Berichtsversion der ersten FEV schätzten. Spätestens zur Ergebnispräsentation waren die Unsicherheiten jedoch beseitigt. Die hohe Transparenz durch die Indikatoren schuf Verständnis und Anerkennung in den Kollegien. Einschätzungen konnten klar begründet und mit Beispielen untermauert werden, dies bestätigten Schulleitungen häufig beim Abschlussgespräch.

Abgesehen von den Unklarheiten bezüglich der Verfahrensanpassungen war eine stetig wachsende Offenheit gegenüber der FEV zu spüren. Untermauert wurden diese Wahrnehmungen durch Aussagen wie „Sie können gerne kommen, wir sind jederzeit bereit" oder „Ich bin erst seit diesem Schuljahr Schulleiter dieser Schule, da kommen Sie genau richtig. Den Bericht werde ich als Ratgeber für die nächsten Jahre nutzen". Auch in den Kollegien stieß ich immer öfter auf Personen, die teilweise (bedingt durch Schulwechsel) schon mehrere Fremdevaluationen erlebt hatten und bestätigen konnten, dass die Berichte die jeweilige Schule stets gut getroffen haben. Während sich in meinen Anfangsjahren eher der Eindruck verfestigte, Schulen erwarteten häufig ein Evaluatorenteam nach Inspektorenart oder ‚Men in Black' mit Pokerblick, schien dies im zweiten Durchlauf kein Angstthema mehr zu sein. Viele Lehrkräfte des Landes waren sich nun im Klaren darüber, dass die FEV für die Qualitätsentwicklung der Schulen ein obligatorisches Instrument darstellte.

4 Schlussfolgerungen und Fazit

Auf Basis meiner gesammelten Erfahrungen über fünf Jahre hinweg zeigt sich für mich eine klare positive Tendenz bei der Mehrzahl der Schulen: Während der FEV anfänglich meist mit viel Skepsis, Unsicherheit und Kritik begegnet wurde, kam es im Laufe der Jahre zunehmend zu Akzeptanz, Einsicht und dem Bewusstsein, dass die FEV nicht nur obligatorisch bzw. verpflichtend, sondern auch nutzbringend für die eigene Schule ist. So wird auch im Forschungskontext deutlich gemacht, dass Implementierung im Bildungswesen als Prozess angesehen werden muss, der erst abgeschlossen ist, wenn der Umgang mit der Neuerung routiniert abläuft (vgl. Hasselhorn/Köller/Maaz/Zimmer 2014). Dies deckt sich mit meiner Wahrnehmung und lässt mich zur Schlussfolgerung kommen, dass die FEV genau zu dem Zeitpunkt ausgesetzt wurde, als deutliche Anzeichen einer Implementierung wahrnehmbar wurden.

Die Schulen, in deren Verfahren ich nach Bekanntgabe der Aussetzung im Schuljahr 2017/18 noch involviert war, bekundeten Unverständnis und eine gewisse Ratlosigkeit. Schlussendlich heißt das für mich, dass ich eine Implementierung von Schulevaluation im Schulsystem Baden-Württemberg – falls überhaupt – erst gegen Ende meiner Berufslaufbahn erleben werde. Denn Fakt ist: Wenn die beiden neuen Institute, das Zentrum für Schulqualität und Lehrerbildung und das Institut für Bildungsanalysen mit ihren Aufgaben beginnen, muss die Arbeit, die über viele Jahre hinweg am Landesinstitut für Schulentwicklung geleistet wurde, um eine Implementierung herbei zu führen, erneut geleistet werden.

Bis wann die neue Form von Evaluation bei den Schulen ankommt, geschweige denn implementiert ist, kann man sich mit den oben genannten Erfahrungen grob errechnen. Ich persönlich rechne nicht vor 2030 damit. Nichts desto trotz bin ich der Überzeugung, dass die ersten ein bis zwei Durchgänge der FEV insgesamt betrachtet in der Schullandschaft etwas ausgelöst haben: Das grundsätzliche Bewusstsein bei vielen Lehrkräften und Schulleitungen für die Notwendig- bzw. Sinnhaftigkeit eines Qualitätsmanagements an Schulen. Und so wurde aus meiner Sicht etwas ganz Wichtiges angestoßen.

Literatur

Hasselhorn, M.; Köller, O.; Maaz, K.; Zimmer, K. (2014): Implementation wirksamer Handlungskonzepte im Bildungsbereich als Forschungsaufgabe. In: Psychologische Rundschau. Heft 65/2014, S. 140-149.

Kimmler-Schad, S. (2015): Qualitätsentwicklung und Evaluation. Qualitätsrahmen zur Fremdevaluation (zweiter Durchgang) an allgemein bildenden Schulen in Baden-Württemberg. Stuttgart. Landesinstitut für Schulentwicklung.

Kimmler-Schad, S.; Mohr, I. (2015): Qualitätsentwicklung und Evaluation. Konzeption und Verfahren der Fremdevaluation (zweiter Durchgang) an allgemein bildenden Schulen in Baden-Württemberg. Stuttgart. Landesinstitut für Schulentwicklung.

Zoller, B. (2016): Die Fremdevaluation an allgemeinbildenden Schulen bekommt ein neues Gesicht. In: SchulVerwaltung Baden-Württemberg. Heft 03/2016. S. 71-74.

Reflexionen zur Fremdevaluation in Baden-Württemberg

Martina Klein

Abstract

Der folgende Beitrag berichtet über persönliche Erfahrungen der Autorin mit der Fremdevaluation in Baden-Württemberg: Zum einen berücksichtigt er deren Erfahrungen als Lehrerin (nach der Einführung des Verfahrens) und zum anderen die Erfahrungen als Referentin für Qualitätsentwicklung („Evaluatorin") mit dem weiterentwickelten Verfahren. Eine wertvolle Weiterentwicklung des Systems Schule durch die externe Evaluation ist – in beiden Rollen der Autorin – in vielfältiger Hinsicht wahrnehmbar. Daran anknüpfend werden Überlegungen zur Weiterentwicklung der externen Evaluation vor dem Hintergrund aktueller bildungspolitischer Entwicklungen angestellt.

Inhalt

1 Einleitung 312
2 Erfahrungen mit der Fremdevaluation 312
3 Diskussion: Chancen und Grenzen 318
4 Überlegungen zur Weiterentwicklung 321
5 Schlussfolgerungen 323
6 Fazit 325
Literatur 327

© Springer Fachmedien Wiesbaden GmbH, ein Teil von Springer Nature 2019
T. Stricker, *Zehn Jahre Fremdevaluation in Baden-Württemberg*,
https://doi.org/10.1007/978-3-658-25778-1_23

1 Einleitung

Seit der Einführung der kompetenzorientierten Bildungsplänen 2004 und dem damit einhergehenden Paradigmenwechsel veränderte sich die Bildungslandschaft in Baden-Württemberg grundlegend. Die zunehmende Autonomie der Schulen brachte Chancen, aber auch Unsicherheiten. Ein externes, wissenschaftlich fundiertes Verfahren wurde und ist meiner Ansicht nach notwendig, um schulischen Prozessen eine Orientierung zu geben und eine spezifische Auseinandersetzung über schulische Qualität an der jeweiligen Einzelschule anzuregen, und um die Schulen zu begleiten und somit sukzessive eine Kultur für Schulentwicklung zu etablieren. Die elementaren Stärken der Fremdevaluation in Baden-Württemberg waren für mich Offenheit und Transparenz sowie Professionalität und Wertschätzung als Basis für ihre Akzeptanz.

Die Fremdevaluation basierte auf einer wissenschaftlichen Arbeitsgrundlage, dem veröffentlichten Qualitätsrahmen, durch den Transparenz hinsichtlich der Qualitätsstandards gewährleistet wurde. Strukturell wie thematisch war dieser dem Orientierungsrahmen zur Schulqualität in Baden-Württemberg entnommen. Kennzeichen sind eine übersichtliche Struktur, festgelegte Kriterien für die einzelnen Qualitätsbereiche zur Einschätzung und Bewertung der schulischen Qualität unter Berücksichtigung der Voraussetzungen und Rahmenbedingungen der Schule. Es handelte sich dabei um eine Bestandsaufnahme. Prozesse wurden aufgezeigt, um Ergebnisse und Wirkungen abzuleiten. Die Schule war verpflichtet, den Bericht der Fremdevaluation an die Schulaufsicht und den Schulträger zu übermitteln sowie den schulischen Gremien vorzustellen, um Schwerpunkte für künftige Entwicklungsmaßnahmen anzubahnen und somit Prozesse zur Qualitätsentwicklung anzustoßen. Im besten Falle leitete sich daraus ein Aktionsplan ab. Die Fremdevaluation hatte keinen Einfluss auf die Rahmenbedingungen. Über die daran anknüpfende Weiterentwicklung einer Schule bestand kaum oder keine Kenntnis.

2 Erfahrungen mit der Fremdevaluation

Im Folgenden möchte ich meine persönliche Erfahrung mit der Fremdevaluation schildern: Als Lehrkraft mit dem ersten Verfahren und daran anschließend als Referentin für Qualitätsentwicklung mit dem weiterentwickelten zweiten Verfahren.

2.1 *Eigene Erfahrungen als Lehrkraft im ersten Durchgang der FEV*

Der erste kompetenzorientierte Bildungsplan 2004 war eine enorme Veränderung, die mit großer Skepsis gesehen wurde, da viel Unsicherheit und Unklarheit hinsichtlich der Umsetzung bestand. Weder unsere Schulleitung noch die Lehrkräfte waren adäquat vorbereitet. An unserer Schule wurden wir im Rahmen eines pädagogischen Nachmittags über die Inhalte und Eckdaten der Neuerungen durch den Schulleiter informiert. Zu diesem Zeitpunkt war dies noch wenig konkret und weitgehend abstrakt. Es bestand Verwirrung im Kollegium, verbunden mit der Sorge, dass wichtige Inhalte verloren gehen könnten. Der Fächerkanon änderte sich und Fächerverbünde wurden eingeführt. Und obwohl man gewohnt war, fächerübergreifend oder projektorientiert zu arbeiten, war die inhaltliche Ausgestaltung der Fächerverbünde unklar. Man sah einen unübersichtlichen, kaum überwindbaren Berg an Arbeit auf sich zukommen und doch, so meine Erinnerung, bestand Konsens darüber, dass der Paradigmenwechsel „an der Zeit" war.

Im Laufe der Folgejahre wurde an unserer Grund-, Haupt- und Werkrealschule ein Schul- und Methodencurriculum erstellt und man setzte sich neben den vorrangig inhaltlichen Aspekten der Fächer mit Fragen über Schulprofil und pädagogischem Leitbild auseinander. Ein festes Zeitfenster zur kollegialen Kooperation wurde eingerichtet. Schulportfolio, Qualitätshandbuch und eine Homepage wurden erstellt. Der Begriff Qualitätsmanagement tauchte auf, obgleich nur wenige unter uns Lehrkräften diesen Begriff wirklich mit Inhalt füllen konnten. Die meisten hielten jene ursprünglich aus der Wirtschaft kommenden Verfahren nicht auf die Schule übertragbar, da eine Schule nicht produktorientiert arbeitet und als Dienstleistung sowieso nicht wahrgenommen werden wollte. Unendlich vieles war sehr neu, ungewohnt und nur für wenige nachvollziehbar.

Wir hatten eine einfühlsame, kluge Schulleitung, die uns die Zeit einräumte, die wir brauchten. Es wurde kein Druck aufgebaut, und das war äußerst entlastend. Arbeitsgruppen und eine Steuergruppe wurden gebildet, engagierte Lehrkräfte setzten sich in etlichen Teamsitzungen, auf Fortbildungen und bei Hospitationen in anderen Schulen mit dem System Schule und mit praktikablen Umsetzungsmöglichkeiten auseinander, um sie im Kollegium zu multiplizieren. Es entwickelten sich Kenntnisse hinsichtlich ökonomischer Arbeitsorganisation, systematischer Kooperations- und Kommunikationsstrukturen, einheitlicher Kriterien der Leistungsmessung und einiges mehr. Es galt zunehmend auch die Außenwirkung der Schule zu stärken. Das „Einzelkämpfer-Dasein" der Lehrkräfte wurde weniger, und die anfänglichen „Kritiker" arbeiteten immer selbstverständlicher in den jeweiligen Arbeitsgruppen mit und am Ende profitierten alle davon. Es entwickelte sich eine Kultur der kollegialen Zusammenarbeit, was letztlich das Berufsbild der Lehrerin und des Lehrers veränderte und auch die Erwartungen an die Schulleitungen wurden neben der pädagogischen Kompetenzen um die Management-Kompetenzen erweitert und neu definiert. Als logische Konsequenz auf den Paradigmenwechsel folgte, neben der Selbstevaluation, als externes Instrument zur Qualitätsüberprüfung, die Fremdevaluation. Wieder gab es im Kollegium Verwirrung, Unkenntnis und Ängste darüber, was damit einhergehend an Arbeitsaufwand auf einen zukommen würde.

Mit der Autonomie der Schule als „lernende Organisation" hatten wir uns auseinandergesetzt und angefangen, die Vorzüge der größeren pädagogischen, als auch organisatorischen Gestaltungsfreiheit zu sehen. Wir hatten den neuen Bildungsplan sukzessive inhaltlich umgesetzt. Was uns fehlte waren Überprüfungs- oder Reflexionsinstrumente; wir hatten noch nie etwas vom PDCA-Zyklus gehört, wir hatten keine Kriterien und keine Erfahrungswerte. Man hatte große Sorge, ob unser Engagement und unsere Bemühungen dem Anspruch der Fremdevaluation entsprechen werden. Kritische Fragen wurden gestellt, beispielsweise ob Lernen, Bildung, Unterrichtserfolg messbar wäre und vor allem, ob es möglich war, dies an nur drei Tagen zu evaluieren? Man stellte die Fremdevaluation einerseits infrage, hatte ungern externe Beobachter mit im Unterricht – vermutlich aus Unsicherheit oder weil man es nicht gewohnt war – andererseits war sie ein „Riesen-Ding", das man nervös und durchaus als Kontrolle oder Inspektion wahrgenommen hat. Gerüchte kursierten: Bei schlechtem Abschneiden habe man womöglich mit Repressalien zu rechnen. Bei Nachbarschulen, die bereits „dran" waren, hatte man sich informiert, denn man wollte gut aufgestellt sein und hat sich entsprechend akribisch darauf vorbereitet.

Tatsächlich, und mir ging es dabei genauso wie meinen Kolleginnen und Kollegen, hatte ich bis dahin noch nichts vom Qualitätsrahmen gehört und die Terminologie im Zusammenhang mit Qualitätsmanagement war uns insgesamt äußerst fremd. Als Lehrkraft war man an Rückmeldungen nicht unbedingt gewohnt. Eine Feedbackkultur hatte sich noch nicht etabliert. Wir haben uns mittels der Handreichungen des Landesinstituts für Schulentwicklung zum Thema Evaluation informiert, Dokumentationen erstellt und unser Schulportfolio, sowie die Homepage repräsentativ umgestaltet. Wir schmückten das Schulhaus, trafen eine gute Auswahl an Interviewteilnehmern bei den Eltern als auch bei der Schülerschaft. Unsere Schulleitung hatte einen enormen Respekt vor dem Ergebnis sowie die meisten Lehrkräfte vor der Datenerhebung. Manch andere Schule hat ihre „Exzellenzstufe" wie eine Trophäe ausgestellt. „Wenigstens eine Exzellenzstufe muss auch für uns drin sein" – dieser Gedanke unter den Schulleiterinnen und Schulleitern war deutlich wahrnehmbar. Beim Interview waren wir Lehrkräfte – und im Übrigen auch die Schulleitung – tendenziell überfordert mit etlichen der Fragen. Man wusste mitunter spontan keine Antwort, weil die Wortwahl ungewohnt und fremd war.

Zusammenfassend erinnere ich mich, dass die Fremdevaluation im ersten Durchgang ambivalent wahrgenommen wurde. Im Vorfeld des angekündigten Termins wurde großer Aufwand bestrieben. Man nahm dieses Ereignis sehr ernst, obgleich man ausschloss, dass die schulische Qualität in den drei Tagen zu erfassen sei. Im Wesentlichen ging es darum, den Anforderungen bestmöglich zu entsprechen. Vergleichbar mit einer Prüfung orientierte man sich am Erwartungshorizont und „büffelte" um die bestmögliche Bewertung. Eher sekundär sah man den Nutzen, den die Schule davon hatte. Das Ergebnis war aus repräsentativen Gründen wichtig, denn es hatte eine große Außenwirkung und man sah sich in Konkurrenz zu anderen Schulen. Schulintern war es wichtig für die Motivation und förderlich für das pädagogische Selbstwertgefühl.

Nichtsdestoweniger war das „Schreckgespenst" nach den Tagen der Fremdevaluation verflogen. Wir hatten erlebt, dass unsere schulische Arbeit mit großer Professionalität und Wertschätzung begutachtet wurde. Wir erhielten eine transparente, anschauliche Erklärung der Vorgehensweise, eine interessante und nachvollziehbare Ergebnispräsentation sowie einen umfangreichen Bericht mit Maßnahmenkatalog. Wir waren alle überrascht, wie gut unsere Schule erkannt, uns gespiegelt und in ihrer Wirksamkeit erklärt wurde. Das äußerst freundliche und kompetente Agieren der Referenten beeindruckte uns nachhaltig. Unsere Vorurteile der Fremdevaluation gegenüber haben sich durch diese Erfahrung deutlich minimiert. Wir wurden als „Ganzes", als schulische Gemeinschaft wahrgenommen, die als Einheit etwas erreichen kann, ohne dass sich der Einzelne dabei überfordern darf. Dadurch lieferte „der Blick von außen" für unsere Schule, bei aller Kritik, die selbstverständlich punktuell noch vorhanden war, wertvolle Impulse, die zwar nicht sofort umgesetzt wurden, aber dennoch zu einer konstruktiven Auseinandersetzung damit führten. Vieles ging im Alltag leider unter und wurde nicht weitergepflegt oder implementiert. Es wurde beispielsweise das Qualitätshandbuch nicht als Arbeitsinstrument genutzt und auch die aus den Empfehlungen resultierenden Zielvereinbarungen mit dem staatlichen Schulamt hatten keine Priorität im Alltagsgeschäft. Und doch hatte die Fremdevaluation insgesamt eine große positive Wirkung, zwar nicht unmittelbar, aber im Laufe der Zeit.

Offensichtlich musste man lernen, mit dem Verfahren umzugehen, das Ergebnis zu verstehen und zu verarbeiten. Nach meiner Wahrnehmung vollzog sich sukzessive ein Lernprozess hinsichtlich Feedbackverfahren. Eine externe Rückmeldung als Gewinn zu sehen und den Nutzen daraus für die Schule abzuleiten, war ein Prozess der analog einherging zum Begreifen, was die Autonomie der Schule tatsächlich bedeutet. Aus der anfänglich als ministerial verordneten Kontrolle, dem man „obrigkeitshörig" entsprechen wollte, wurde zunehmend ein Instrument, das man für sich zu nutzen lernte. Ohne ein allzu idealisierendes Bild zu zeichnen; Kritik, berechtigte und unberechtigte, gab es weiterhin! Aber der Umgang mit Daten, Umfragen, qualitätssichernden Instrumenten wurde offener, selbstverständlicher und das Selbstverständnis und Selbstvertrauen der jeweiligen

Einzelschule größer. Man lernte, Schwerpunkte zu setzen und die schulische Arbeit mit der pädagogischen Realität abzugleichen.

Für mich war die Fremdevaluation auch in Bezug auf meine eigene berufliche Weiterentwicklung eine wichtige Begegnung. Zu diesem Zeitpunkt hatte ich mich bereits in einigen Bereichen des Systems Schule engagiert und Fortbildungen zur „Qualitätsoffensive" besucht. Ich war auf der Suche nach einer neuen Herausforderung, weshalb ich mich 2015 ans Landesinstitut für Schulentwicklung beworben habe. Meine Praxiserfahrung als Lehrerin um einen wissenschaftlichen Input zu ergänzen und mir durch den Perspektivenwechsel Einblicke in die Bildungslandschaft ermöglichen zu können, war für mich sehr wertvoll und bereichernd.

2.2 Eigene Erfahrungen als Evaluatorin im zweiten Durchgang der FEV

Am Landesinstitut sprang für mich von Anfang an der Funke über. Wir wurden freundlich und wertschätzend aufgenommen. „Man brauchte uns", denn die Anzahl der zu evaluierenden Schulen sollte erhöht werden. Die Fremdevaluation für den zweiten Durchgang sollte „schneller und effizienter" sein. Dies hatte zur Folge: Mehr Daten, in einem kürzeren Zeitraum erhoben, ein Verfahren mit qualitativen Elementen und einem hohen Stellenwert der quantitativen Daten, mit deutlichem Fokus auf die Unterrichtsqualität.

Der erste Durchgang der Fremdevaluation für die öffentlichen allgemein bildenden Schulen umfasste in Baden-Württemberg die Schuljahre 2008/09 bis einschließlich erstes Halbjahr 2015/16. Mit dem zweiten Halbjahr 2015/16 begann der zweite Durchgang der Fremdevaluation und wurde bis zum Schuljahr 2016/17 durchgeführt. Die Qualifizierung für unseren Kurs fiel in diese Phase. Wir waren demzufolge diejenigen, die über den zweiten Durchgang aus erster Hand informiert wurden. Durch diesen Wissensvorsprung waren wir die „Experten" gegenüber den „altgedienten Evaluatoren". Die Hospitationen und praktischen Übungen folgten dabei noch dem ersten Verfahren.

In der Praxis hatte ich als Lehrerin das erste Verfahren kennen und schätzen gelernt. Für die Tätigkeit als Referentin für Qualitätsentwicklung wurde ich nun für das weiterentwickelte zweite Verfahren qualifiziert. Während der halbjährigen Zusatzausbildung hatten wir äußerst interessante, qualitativ hochwertige Veranstaltungen und Schulungen, großartige und inspirierende Referentinnen und Referenten, sowie die klaren Strukturen und Professionalität des Landesinstituts für Schulentwicklung kennengelernt.

2.3 Zusammenfassung der beiden Erfahrungsbereiche

Die Haltung der Schulen zur Fremdevaluation hatte sich im Laufe der Jahre verändert: Die meisten allgemein bildenden Schulen wurden in dieser Zeit zum zweiten Mal extern evaluiert, und die Aufregung und Unsicherheit der Anfangsjahre waren vorbei – zugunsten eines selbstbewussten, professionellen Umgangs mit Feedbackverfahren. Man hatte positive Erfahrungen gemacht und die Schulen wussten was auf sie zukommt. Die Schulleiterinnen und Schulleiter sowie die meisten Lehrkräfte waren interessiert an Impulsen von außen. Außerdem hatten sich die Kenntnisse an den Schulen hinsichtlich systemischer Qualitätsentwicklung konkretisiert. Ich habe oft erlebt, dass bereits beim Vorgespräch offen darüber diskutiert wurde, in welchen Bereichen die Schule ihre Qualitätsstandards für erfüllt betrachtete und in welchen eine unzureichende Bewertung erwartet wurde. Daneben äußerten die Schulleitungen und die Lehrkräfte bei der Ergebnispräsentation, dass ihnen bei der Fremdevaluation erst bewusst geworden sei, in wie vielen Bereichen an ihrer Schule pädagogisch gearbeitet werde und wie bereichernd die Impulse für sie seien. Im Alltagsgeschäft gäbe es für viele Schulen kaum Gelegenheit für eine Bestandsaufnahme und interne Wertschätzung. Im Zusammenhang mit der Fremdevaluation fände außerdem eine hohe Identifikation aller an den Schulen agierenden Personengruppen mit der eigenen Schule statt, was ein wichtiger Punkt für die Motivation schulischer Qualitätsentwicklung darstellt. Die Akteure vor Ort waren in der Regel interessiert und motiviert an Schulentwicklungsprozessen. Während meiner Zeit am Landesinstitut habe ich insgesamt rund 50 Schulen als Teamleiterin bzw. als Teammitglied kennengelernt. Nur bei einer einzigen Schule bin ich auf eine manifestierte Abwehrhaltung gestoßen. Die Rückmeldungen der Schulen an das Landesinstitut bestätigen, insbesondere von Seiten der Schulleitungen, die Akzeptanz des Verfahrens. Das intensive Bemühen um eine adäquate und korrekte Wahrnehmung der individuellen, schulischen Arbeit kam insgesamt bei den Schulen sehr gut an. Die während der Ergebnisrückmeldung sich ergebenden Gespräche haben das bestätigt. Häufig habe ich rückgemeldet bekommen, wie erstaunt man darüber war, dass die Schule treffend erkannt wurde. Hinzu kam, dass der persönliche Austausch mit uns, die wir aufgrund unserer Praxiserfahrungen umfangreiche Systemkenntnisse hatten, für die Schulen eine wichtige, vertrauensvolle Bereicherung darstellte. Von Seiten der Kultusbehörde kam Kritik über die Aussagekraft der Berichte. Man sah eine Diskrepanz und Widersprüchlichkeit darin, dass Schulen eine positive Bewertung bekamen, obgleich die Schülerleistungen entsprechend der Lernstandserhebungen negativ waren.

Diesen Zusammenhang gilt es zu hinterfragen: Mit der Zielsetzung und Intention der Fremdevaluation, Qualitätsmanagement zu institutionalisieren, Prozesse und systemische Veränderungen effektiver zu gestalten, die sich langfristig auf den Unterrichtserfolg und die Leistungen auswirken, ist man in den vergangenen zehn Jahren ein gutes Stück vorangekommen. Die tatsächliche unterdurchschnittliche Leistungsquote bei der IQB-Studie ist allerdings in der Tat alarmierend, was es grundlegend, ehrlich und in all seiner Komplexität zu analysieren gilt.

Stärkung der Motivation zur qualitätssichernden Schul- und Unterrichtsentwicklung durch Wertschätzung und das professionelle Auftreten der „Evaluatoren" sowie der Erkenntnisgewinn und der Mut zu schulspezifischen Schwerpunktsetzungen durch ein wissenschaftlich fundiertes Feedbackverfahren veränderten im Laufe der Jahre die Haltung der Schulleitungen und der Lehrkräfte zur Fremdevaluation. Dieser Prozess, das zunehmende Vertrauen und die spürbare „Aufbruchsstimmung „ an den Schulen sind Anlass und Grund das Verfahren auf Grundlage seiner Stärken fortzuführen und weiterzuentwickeln.

Aktuell ist die Fremdevaluation an allgemein bildenden Schulen seit dem Schuljahr 2017/18 ausgesetzt.

3 Diskussion: Chancen und Grenzen

Die Qualität dieses Verfahrens liegt in der anerkannt wissenschaftlich fundierten Arbeitsgrundlage, dem Qualitätsrahmen. Weiter in der transparent und einheitlich definierten, standardisierten Methodik und in ihren hinsichtlich Akzeptanz förderlichen Eigenschaften, wie Offenheit und Wertschätzung. Inwieweit die Unabhängigkeit des Landesinstitutes und die, nicht bei allen Schulaufsichtsbehörden gleichermaßen anerkannte Wirksamkeit der Fremdevaluation, ursächlich für ihre Kritik zu sehen sind, vermag ich nicht zu beurteilen. Für mich ist die Begleitung von schulischer Qualitätsentwicklung in dieser Form, eine der gesetzlich zugestandenen Autonomie der Schule entsprechende, adäquate und zeitgemäße Form.

> „Das Potential der externen Evaluation liegt in der Fähigkeit zur Initiierung eines selbstgesteuerten und selbstverantworteten Entwicklungsprozesses der Schule, das zum ausschließlichen funktionalen Kriterium erhoben werden kann. Die externe Schulevaluation gilt dann als wirksam, wenn sie in den evaluierten Schulen Entwicklungsprozesse zur Qualitätsverbesserung auszulösen vermag."
>
> Prof. Dr. N. Landwehr
> Vortrag während eines Fachtags
> am Landesinstitut für Schulentwicklung (2015)

Selbstverantwortete Regulation und Initiierung von Entwicklungsprozessen in Anpassung an die schulspezifische Situation sind meines Erachtens an vielen Einzelschulen sichtbar. Die externe Evaluation im Sinne einer Schulinspektion fortzuführen, sehe ich im Widerspruch zu dieser Erkenntnis. Bei meinen durchgeführten Evaluationen war ich oft begeistert von den hohen Qualitätsstandards an den Schulen. Insbesondere an den Grundschulen leisten engagierte Lehrer- und Schulleitungspersönlichkeiten großartige pädagogische Arbeit und orientieren sich dabei intensiv und sehr ambitioniert an den Bedürfnissen ihrer Schülerschaft. Unter großem Einsatz und einem hohen zusätzlichen zeitlichen Aufwand werden vielerorts individuelle und kreative Konzepte entwickelt, um der Heterogenität und den täglichen Herausforderungen gerecht zu werden. An den Schulen habe ich etliche Expertinnen und Experten kennengelernt, die sich der Defizite sehr bewusst sind und sich große Sorgen machen um die Zukunftsfähigkeit und Persönlichkeitsentwicklung ihrer Schülerinnen und Schüler. Die unbefriedigenden Leistungsziffern bedürfen dringend einer Antwort – genauso wie der dramatische Lehrermangel und die in Teilen unzureichende räumliche und sächliche Ausstattung an den Schulen. Eine umfassende Analyse ist erforderlich, um gezielt und fundiert wirkungsvolle Veränderungen einzuleiten. Eine inhaltliche, fachliche Diagnostik parallel zur systematischen Qualitätsentwicklung wäre sinnvoll. Jedoch ist dies weder die Intention noch liegt es im Verantwortungsbereich einer externen Evaluation.

Nachdem ich einleitend die hohe Qualität des Verfahrens erwähnt habe, möchte ich im Folgenden die Einschränkungen aus meiner Sicht auflisten:

- *Geringe Beteiligung an der Onlinebefragung:*
  Für die Lehrkräfte war die Teilnahme entsprechend der Evaluationsverordnung verpflichtend, für alle anderen Personengruppen freiwillig. Häufig lag die Beteiligung der Elternschaft bei weniger als 20%. Bei einer zu geringen Beteiligung ist dieses Instrument als Vollerhebung wenig repräsentativ und nicht aussagekräftig genug.

- *Fehlende Kooperation zwischen Fremdevaluation und der Fachberatung vor Ort:*
  Im Sinne der Wirksamkeit von Schulentwicklung wäre eine verbindliche Kommunikation und Kooperation zwischen den Fachberatern an den Schulämtern oder Regierungspräsidien und der externen Evaluation sinnvoll.

- *Fehlende Unterstützung und Beratung:*
  Das Defizit ist hier im Zusammenhang mit den fehlenden Kooperationsstrukturen der institutionellen Unterstützungssysteme zu sehen. Auch wenn die Schulen sich mit ihren Ergebnissen gut identifizieren können, bedarf es zur Umsetzung der Empfehlungen einer Begleitung und Beratung.

- *Fehlende einheitliche Vorgehensweise der Schulaufsichtsbehörden:*
  Hinsichtlich der Zielvereinbarungen zeigen sich deutliche Unterschiede im Umgang mit den Ergebnissen des Verfahrens. Zudem schränken mitunter mangelnde Verbindlichkeit bei den Bilanzgesprächen sowie fehlendes Verständnis und Akzeptanz der Fremdevaluation deren Wirksamkeit ein. Die Frage, was auf die Fremdevaluation folgen würde, wurde von den jeweiligen Staatlichen Schulaufsichtsbehörden sehr unterschiedlich beantwortet.

- *Mangel an Ressourcen:*
  Obgleich dieser Tatbestand bei den Berichten nicht explizit ausgewiesen wird, ist dies ein äußerst wesentlicher Aspekt. Selbst bei überaus kreativer und engagierter Vorgehensweise sind die meisten Schulen vor allem personell massiv unterversorgt. „Umverteilung" ist an der Tagesordnung und bedeutet, dass innerhalb des Schulbetriebes immer wieder Veränderungen vorgenommen werden müssen. Dies hat zur Folge, dass bestehende Strukturen aufgelöst werden, um neue zu implementieren. Pädagogisch sinnvolle und durchdachte Konzepte, die in vielen Arbeitsgruppensitzungen erarbeitet und im Schulbetrieb etabliert waren, können aufgrund des Lehrermangels nicht fortgeführt werden. Dies betrifft ebenso Maßnahmen sowohl zur individuellen Betreuung als auch solche, die auf das Schulleben abzielen, und vielfach dadurch, gänzlich wegfallen. Das erzeugt nicht nur Frustrationen, sondern geht zulasten der Lehrergesundheit. Mitunter geht es lediglich darum, das Mindestmaß an Alltagsgeschäft aufrecht zu erhalten.

- *Frage nach der Auswahl an Schulen:*
  Ist es notwendig, die Schulen alle fünf Jahre zu evaluieren? Die innovativen Schulen, die auch im ersten Durchgang auf einem sehr hohen Qualitätsstandard gearbeitet hatten, bekamen das meist beim zweiten Mal bestätigt. Das Niveau, das an diesen Schulen erreicht war, erübrigte weitergehende Empfehlungen. Im umgekehrten Fall hatten mitunter die Schulen, die auch nach der ersten Fremdevaluation keine Veränderungen angestrebt und entsprechend keinen Entwicklungsplan umgesetzt hatten, auch keine Konsequenzen zu befürchten. Hinzu kam, dass auslaufende Schularten, wie beispielsweise Werkrealschulen, nur auf besondere Beantragung des Schulleiters vom Verfahren befreit waren. Im Zuge der Ressourcennutzung wäre hier eine selektive Auswahl zu überprüfen.

- *Mangelnde Vernetzung:*
  Gute Praxisbeispiele könnten in einer Online-Plattform für alle zugänglich gemacht werden. Schulen, die an Schulentwicklung interessiert waren, haben uns Evaluatoren oft gefragt, wie das an anderen Schulen gehandhabt

würde. Eine Plattform beispielsweise analog zu Moodle, im Sinne eines Ideenpools oder einer transparenten Liste, bei der sich Schulen miteinander austauschen können, wäre sinnvoll. Eine Vernetzung der Schulen, um voneinander zu profitieren, eine standardisierte und verbindliche Kooperation zwischen Fachberatung und Fremdevaluation wäre ebenfalls wünschenswert und vermutlich sehr effektiv.

Ausgehend von diesen Einschränkungen hätte ich mir eine Weiterentwicklung der Fremdevaluation gewünscht: Zum einen in der Nachsteuerung der einzelnen Verfahrensschritte oder Indikatoren, aber vor allem in der Umsetzung der Ergebnisse. Durch eine Zusammenarbeit mit weiteren pädagogischen Fachkräften und den Schulaufsichtsbehörden hätte man die Qualität des Verfahrens nutzen und die Schulen nachhaltig und kontinuierlich in ihren Entwicklungsprozessen unterstützen können. Nach meiner Beobachtung sind die meisten Schulleiter, Lehrkräfte und weitere am Schulleben Beteiligte an den Schulen motiviert, engagiert und aufgeschlossen für Maßnahmen zur Schulentwicklung. Es fehlt jedoch bei der Umsetzung meist die professionelle Begleitung. Die Problemkonstellationen an den jeweiligen Einzelschulen sind mitunter sehr komplex und eklatant in ihrer Ausprägung, so dass es – je nach Region und Schulart – wie bereits oben angeklungen oft nur noch um „Mangelverwaltung" und Aufrechterhaltung des Schulbetriebes geht.

4 Überlegungen zur Weiterentwicklung

Primär und entscheidend ist die Frage: Was sind wirksame Ansatzpunkte einer systematischen Qualitätsentwicklung zur Verbesserung der Schulqualität? Wie lässt sich datengestütztes Qualitätsmanagement gestalten und welchen Nutzen bringt das „Bildungsmonitoring"? Die Leistungsergebnisse haben sich über die Zeit der Schulleistungsstudien, trotz Kompetenzorientierung und veränderter Bildungspläne, seit 2004 konstant verschlechtert. Was ist hilfreich, welche Unterstützungssysteme können etabliert werden, um das Bildungswesen zu verbessern?

Anhaltspunkte und Impulse könnten aus einem „Blick über den großen Teich" gewonnen werden: Während einer Veranstaltung am Landesinstitut für Schulentwicklung hatten wir Gelegenheit, einem Gastvortrag von Dr. Dianne Yee (Area Director im Calgary Board of Education) und Dr. Brandy Yee (Assistant-Principal in der Arbour Lake School Calgary) beizuwohnen: Was kann man von „Pisa-Siegern" lernen? Welche Anregungen können wir für Baden-Württemberg davon übernehmen? Bereits seit vielen Jahren nutzt die kanadische Provinz unterschiedliche Daten als Grundlage eines systemischen und dialogischen Qualitätsmanagements, welches das planmäßige Ineinandergreifen von Entwicklungszielen auf verschiedenen Ebenen des Bildungssystems, Schule, Schulaufsicht und Ministerium, gewährleistet.

Im Folgenden sollen einige zentrale Erfolgsfaktoren dieses kanadischen Qualitätsentwicklungskonzepts umrissen werden. Dieses entstand in einem transparenten Prozess unter Beteiligung aller relevanten am System Beteiligten und wird gemeinsam weiterentwickelt. Dabei wird auf Kontinuität und Stabilität geachtet. Die Entwicklungen sind strategisch angelegt und erfolgen evidenzbasiert, gestützt auf wissenschaftliche Erkenntnisse zu relevanten Bereichen, z. B. professionelles Lernen im Schulentwicklungskontext oder schülerzentrierte Führung. Das Qualitätsmanagement baut auf ein systematisches und einheitliches Rechenschaftslegungskonzept auf: Jährlich wird ein Rechenschaftsbericht für verschiedene Ebenen (Einzelschule, School Districts, Schulaufsicht, die Provinz Alberta) erstellt, der jeweils dem gleichen Format folgt. Standardisierte Rechenschaftsberichte werden auf allen Ebenen genutzt. Das Rechenschaftslegungskonzept umfasst sieben Kategorien, die neben Leistungsdaten (z. B. aus zentralen Tests) auch andere Aspekte beinhalten (Sicherheit und Fürsorglichkeit an der Schule, Elternbeteiligung, Schulentwicklung), basierend auf verschiedenen Datenquellen (Ergebnisse aus jährlichen standardisierten Befragungen von Lernenden, Eltern und Lehrkräften, leistungsbezogene Daten aus zentralen Tests und Abschlussprüfungen sowie weitere Indikatoren, z. B. Abbrecherquoten). Die Datenauswertung erfolgt mithilfe standardisierter Auswertungsmethoden. Folgendes Bewertungskonzept wird genutzt: Jede der sieben Kategorien wird hinsichtlich der drei Aspekte ‚Erreichung' („achievement"), ‚Verbesserung' („improvement") und ‚Gesamtzustand' („overall") bewertet. Bewertet wird jeweils mittels einer fünfstufigen Skala und ist klar gestaltet in Form einer auf einer Seite dargestellten Übersichtstabelle („Accountability Dashboard"). Ergebnisse aus dem aktuellen Jahr, dem Vorjahr und dem Durchschnitt der letzten drei Jahre, sowohl für die spezifische Schule (oder, je nach Verwendungsebene, den School District) als auch für die Provinz Alberta werden dabei beschrieben. Damit sind Vergleiche über die Zeit und mit dem Landesdurchschnitt möglich.

Die Rechenschaftslegung erfolgt gegenüber einer breiten Zielgruppe, nämlich gegenüber der Schulaufsicht, gegenüber Kollegen und Eltern. Die Rechenschaftsberichte dienen der Weiterentwicklung von Schulqualität und sind zentraler Bestandteil des Qualitätsentwicklungskonzepts. Basierend auf den Rechenschaftsberichten werden auf den verschiedenen Ebenen (Ministerium, Schulaufsicht, Einzelschule) Drei-Jahres-Pläne erstellt, die aufeinander abgestimmt sind. Die Pläne beinhalten Leitbild, Werte und konkrete Ziele sowie auf diese Ziele bezogene Strategien und Handlungen. Auf Einzelschulebene werden die Drei-

Jahres-Pläne noch weiter konkretisiert. Auch hier arbeiten die Schulen in einheitlichen Formaten. Neben Zielen und Strategien werden konkrete Maßnahmen und Leistungsziele ausgewiesen. Im Bereich der Schulentwicklung erfolgt eine sehr intensive Zusammenarbeit mit und zwischen den Schulleitungen der einzelnen Schulen. Überregelmäßige Treffen wird datenbasierte Schulentwicklung unterstützt und begleitet. Die Orientierung erfolgt an wissenschaftlichen Erkenntnissen, die zum Teil speziell aufbereitet werden. Hierüber wird Schulentwicklungsarbeit konkret unterstützt und eine in sich stimmige, verbindliche gemeinsame Basis geschaffen. Die Zusammenarbeit von und mit Lehrkräften sowie die Lehrkräfteentwicklung hat große Bedeutung. Die schulische Arbeitsorganisation sieht vor, dass Lehrkräfte systematisch zusammenarbeiten und ihr Potential stetig weiterentwickeln. Es wird erwartet, dass sie Daten erheben und für ihre Arbeit nutzen. Lehrerfortbildungen erfolgen regelmäßig und bedarfsorientiert, orientiert am Schulentwicklungsplan.

Die durchgängig verbindliche, standardisierte, kontinuierliche und kooperative Vorgehensweise hat mich beeindruckt und mir die Wirksamkeit des Qualitätskonzeptes der kanadischen Provinz nachvollziehbar gemacht. Ein planvolles Ineinandergreifen der Institutionen, konstruktive Begleitung und engmaschige Unterstützung in Übereinstimmung mit den Beteiligten wäre auch hierzulande in Verbindung mit Unterstützung, Erfolgskontrolle und Kooperation zwischen den pädagogisch geschulten Fachleuten wünschenswert und durchaus realisierbar.

5 Schlussfolgerungen

Aufgeschreckt durch die Ergebnisse der IQB-Studie von 2015 hat sich das Kultusministerium für eine strukturelle Veränderung in der Schulverwaltung entschieden. So heißt es in einer ehemaligen Pressemitteilung des Kultusministeriums:

> „Bei der erstmaligen Überprüfung im Jahr 2009 belegte Baden-Württemberg noch einen Spitzenplatz. […] in nahezu allen Testbereichen lag Baden-Württemberg noch signifikant über dem Bundesdurchschnitt. Im Ländervergleich 2015 zeigt sich ein anderes Bild: Im Fach Deutsch rutscht Baden-Württemberg im Kompetenzbereich Lesen von Platz drei auf Platz 13, beim Zuhören von Platz zwei auf Platz 14 und bei der Orthografie von Rang zwei auf Rang zehn."
>
> Ministerium für Kultus, Jugend und Sport (2016):
> Pressemitteilung vom 28.10.2016
> (online im Internet verfügbar)

Zitiert wird in der Pressemitteilung die Ministerin. Diese erklärte unter anderem, dass man in den vergangenen Jahren in Baden-Württemberg viel zu viel über

Schulstrukturen gestritten habe. Die Themen Qualität und Leistung habe man völlig aus den Augen verloren.

„Das war ein Fehler, den wir mit der IQB-Studie nun quittiert bekommen." […] „Der Leistungsgedanke muss wieder eine stärkere Rolle spielen. Die Studie führt uns drastisch vor Augen, dass wir uns auf die Kernkompetenzen konzentrieren sollten, statt immer mehr Schulversuche zuzulassen."

Ministerium für Kultus, Jugend und Sport (2016):
Pressemitteilung vom 28.10.2016
(online im Internet verfügbar)

Die weitreichenden strukturellen Veränderungen des Schulsystems der letzten Jahre hätten den Schulen, Lehrerinnen und Lehrern viel Zeit und Aufmerksamkeit entzogen, welche für die Weiterentwicklung des Unterrichts gefehlt hätte. Einen zentralen Ansatz sieht die Ministerin darin, dass mehr Ruhe und Stabilität in die Schulen einkehren müssten. Die IQB-Studie gebe wertvolle Hinweise, wo nachgesteuert werden müsse. Das Kultusministerium entwickelt derzeit ein strategisches Bildungscontrolling mit dem Ziel, Schulen gezielt dabei zu unterstützen, sich qualitativ weiterzuentwickeln.

Auch von der Überprüfung des Rechnungshofs verspricht sich die Ministerin Anhaltspunkte:

„Wir müssen die Stellen und Ressourcen, die wir haben, so effizient wie möglich einsetzen – und vor allem da, wo sie tatsächlich gebraucht werden. Einfach so weiterzumachen wie bisher, halte ich für unverantwortlich."

Dies ist ein äußerst pauschalisierendes und demotivierendes Urteil angesichts der Anstrengungen aller Beteiligten hinsichtlich der angestoßenen Prozesse in der schulischen Qualitätsentwicklung und auch in Bezug auf die positiven Veränderungen in der Bildungslandschaft Baden-Württembergs.

Die angekündigten Veränderungen, das „Neue Qualitätskonzept", stellen eine berechtigte, aber einigermaßen „radikale" Reaktion auf die IQB-Studie dar, die einherging mit der sofortigen Aussetzung der Fremdevaluation. Durch dieses Vorgehen wurden Ende Juli 2017etwa 70 qualifizierte Referentinnen und Referenten für Qualitätsentwicklung mit sofortiger Wirkung zurück in den Schuldienst geschickt. Zu diesem Zeitpunkt waren die Lehraufträge an den Schulen verteilt und ein Einsatz im Konsens mit den Betroffenen kaum möglich. Für die meisten von uns, so auch für mich, ein „Schock" und massiver Einschnitt mit gravierenden Folgen sowohl in beruflicher, als auch in persönlicher Hinsicht.

Die defizitäre Situation an unseren Schulen, die Prognosen zur Lehrerversorgung und die neu berechneten Schülerzahlen waren schon länger bekannt und vielerorts ist darauf aufmerksam gemacht worden. Möglicherweise fühlte sich das Ministerium durch den öffentlichen Druck und die Realisierung des „Notstands" im Schulwesen zu dieser plötzlichen und so nicht vorhersehbaren bzw. zwangsläufigen Reaktion legitimiert. Die Notwendigkeit einer externen Evaluation wird von der Ministerin zwar nicht infrage gestellt, doch zu einer Weiterentwicklung der Fremdevaluation auf Basis der Stärken und Potenziale dieses Verfahrens ist es leider nicht gekommen. Stattdessen werden bis Anfang 2019 zwei neue Institute geschaffen und damit die Schulverwaltung umgebaut. Zum einen das „Institut für Bildungsanalysen" (zuständig für systematisches Bildungsmonitoring). Das Landesinstitut für Schulentwicklung verliert dabei seine rechtliche Eigenständigkeit und wird darin integriert. Daneben wird ein „Zentrum für Schulqualität und Lehrerbildung" geschaffen, in dem die gesamten Fortbildungsaktivitäten zentralisiert werden sollen. Teile der Regierungspräsidien und der Staatlichen Schulämter sollen herausgelöst und in dieses Zentrum integriert werden, genauso wie die Landesakademien. Die Dienst- und Fachaufsicht sowie die Organisationshoheit über die beiden neuen Einrichtungen liegen beim Kultusministerium. Qualität und Wirkung bildungspolitischer Maßnahmen sollen künftig auf der Basis von messbaren Schülerleistungen erfolgen und evaluiert werden. Dafür wird eine spezielle Datenbank unter dem Aspekt der Erfolgsquoten-Orientierung aufgebaut.

6 Fazit

Die Intention und die Funktionen der Fremdevaluation, Impulse zur Schul- und Unterrichtsentwicklung zu geben, sind über die Jahre hinweg im System angekommen. Durch eine Bestandsanalyse und der Spiegelung des IST-Zustands ist es Schulen möglich, zusätzliches Steuerungswissen für ihren Entwicklungsprozess zu erhalten und inhaltliche Entscheidungen über die Gestaltung der Praxis anhand der Evaluationsergebnisse zu treffen. Auf Basis verbindlicher Leitlinien, wie Wertschätzung, Fairness, Respekt, unter Berücksichtigung der Besonderheiten der jeweiligen Einzelschule, sowie durch Professionalität, Transparenz und Effizienz bei der Durchführung steigerte die externe Evaluation zunehmend ihre Akzeptanz und ermöglicht eine realistische Einschätzung der Wirksamkeit von Entwicklungsprozessen.

Zudem haben sich an den Schulen vielfach durch den wissenschaftlichen Input durchaus Kenntnisse und Kompetenzen bezüglich des Qualitätsmanagements gebildet und Strukturen zur Qualitätssicherung etabliert. Es wurden organisatorische Strukturen, ein systematisches Vorgehen, ökonomisierte Arbeitsabläufe, rhythmisierte Stundenpläne und in unterschiedlicher Ausprägung, eine Feedbackkultur implementiert. Daran dürfte die Fremdevaluation ganz wesentlich ihren Anteil haben.

Wie bei jedem Feedback liegen auch hier die Effizienz und der Nutzen in der Verantwortung derer, die das Feedback erhalten. Ihr Anliegen, für die Schule sinnvolle und realistische Veränderungs- und Handlungsperspektiven zu eröffnen, jedoch nicht. Die Empfehlungen waren demnach sehr klar, treffend und zielorientiert in ihrer Botschaft und wertschätzend formuliert. Ihre Akzeptanz, und dadurch die Förderung und Initiierung von Prozessen zur Unterrichts- und Schulentwicklung, die Motivation und der Gestaltungswille sind über die Jahre im System angekommen.

> „Das Land wird sich ein außergewöhnlich gutes neues Verfahren überlegen müssen, damit man nicht rückwirkend sagt, dass diese Entscheidung falsch war."
>
> Prof. Dr. Katrin Höhmann,
> Professorin am Institut für Erziehungswissenschaft
> der Pädagogischen Hochschule Ludwigsburg,
> während eines persönlichen Gesprächs

Entscheidend für ihre Wirksamkeit ist die Arbeit, die anknüpfend an die Empfehlungen folgt. Ich hätte mir eine „reformierte" Fremdevaluation gewünscht hinsichtlich mehr Verbindlichkeit, einheitlicher Richtlinien und einer konstruktiven Kooperation mit den Schulaufsichtsbehörden und der pädagogischen Fachberatung. Die Idee von Unterstützungssystemen, die „alle an einem Strang ziehen", wäre aus meiner Sicht eine gute Perspektive – gerne unter Berücksichtigung der Lernstanderhebungen und schulinterner Diagnoseinstrumente. Die Fremdevaluation für unzureichende Leistungsziffern zur Verantwortung zu ziehen, halte ich für unberechtigt. Die aktuellen Veränderungen deuten auf eine Stärkung und Zentralisierung der Schulverwaltung hin. Die pädagogische Eigenständigkeit der Einzelschule soll womöglich eingeschränkt werden durch ein System von „Qualitätskontrolle" und einer „Schulinspektion" anstelle von Evaluation. Eine zentrale Qualitätssteuerung der externen Evaluation, das was anfangs als „Image-Problem" wahrgenommen wurde, soll nun Realität werden?

Über die Tauglichkeit des „Neuen Qualitätskonzeptes" können zum Zeitpunkt, an dem der hier vorliegende Beitrag entsteht, nur Vermutungen angestellt werden. Es wäre zu begüßen, dass es motivierend wirkt und die pädagogische Autonomie der Schulen stärkt. Unser Schul- und Bildungssystem benötigt großzügige Investitionen, damit unsere Schulen ausreichend mit Ressourcen versorgt werden können, um die Unterrichtsqualität und die übergreifende schulische Qualitätsentwicklung realisieren zu können. Kinder und Jugendliche zukunfts- und leistungsfähig zu machen, damit sie auf die Anforderungen einer modernen und äußerst komplexen Gesellschaft adäquat vorbereitet werden können, sollte handlungsleitend sein. Die Entwicklung selbstbewusster und mündiger Persönlichkeiten zur Erhaltung und Sicherung unserer Demokratie ist dringend erforderlich. Diesem Anspruch sollte das „Neue Qualitätskonzept" folgen.

Literatur

Ministerium für Kultus, Jugend und Sport (2016): Pressemitteilung vom 28.10.2016. Online im Internet: https://www.km-bw.de/,Lde_DE/Startseite/Service/28_10_2016+IQB-Bildungstrend +2015?QUERYSTRING=nahezu+allen+Testbereichen+lag+BadenW%C3%BCrttemberg+20 09+und+2011. Abgerufen am 10.04.2018.

Neun Jahre Evaluatorentätigkeit – eine persönliche Retrospektive auf die externe Schulevaluation

Willie Ohlerth

Abstract

Ausgehend vom Wiedereinstieg nach einer langjährigen Evaluatorentätigkeit in die Lehrtätigkeit wird die Wirksamkeit der Fremdevaluation auf Basis von konkreten Erfahrungen als unterrichtende Lehrkraft und mit dem rückblickenden Fokus als Evaluator in verschiedenen Schulen bewertet. Der Beitrag schließt mit Beobachtungen zu aktuellen bildungspolitischen Entwicklungen in Baden-Württemberg, die einer konstruktiven Kritik unterzogen werden.

Inhalt

1 Der Wiedereinstieg als Lehrkraft – ein „besonderer" Perspektivwechsel 330
2 Sichtweisen im Hinblick auf die Wirksamkeit der   Fremdevaluation 332
3 Kritische Würdigung aktueller bildungspolitischer Entwicklungen 335
4 Fazit und Ausblick 338

© Springer Fachmedien Wiesbaden GmbH, ein Teil von Springer Nature 2019
T. Stricker, *Zehn Jahre Fremdevaluation in Baden-Württemberg*,
https://doi.org/10.1007/978-3-658-25778-1_24

1 Der Wiedereinstieg als Lehrkraft – ein „besonderer" Perspektivwechsel

Es war eine harte Landung, den schulischen Alltag und die unterrichtliche Praxis im Zuge der kurzfristig erfolgten Aussetzung der Fremdevaluation nach neun Jahren als Referent für Qualitätsentwicklung erneut erleben zu dürfen. Der Einstieg erwies sich als äußerst herausfordernd. Die Belastungen der ersten neun Wochen in der Schule als Lehrkraft konnte ich mit viel Anstrengung und Flexibilität bewältigen und überstehen. Zu Beginn des Schuljahres erschien das zeitliche „Rettungsufer Weihnachten" als willkommene Notwendigkeit, eine Verschnaufpause einzulegen, Ideen und Vorgehensweisen für die eigene Unterrichtspraxis neu zu strukturieren und einzuordnen. Nach der anfangs zähen und schließlich erfolgreichen Neuorientierung im schulischen Alltag war der Wiedereinstieg als „normaler Lehrer" erst nach einigen Monaten als Unterrichtender geschafft... .

Was war passiert? Kurz vor Beginn der Sommerferien wurde ich als 63-jähriger Lehrer, ein Jahr vor Eintritt in den Ruhestand und nach neun Jahren Tätigkeit als Fremdevaluator und etwa 170 durchgeführten Verfahren als Teamleitung oder Teammitglied vom Kultusministerium an die „pädagogische Front" zurückbeordert. Während der Sommerferien und bis zu den ersten Schultagen hatte ich keinerlei Kenntnis davon, an welcher Schule ich eingesetzt werden würde. Schließlich wurde zum ersten Schultag mein Wunsch nach dem Einsatz an einer Schule an meinem Wohnort vom Schulamt berücksichtigt. Ich durfte mich an zwei Schulen im sozialen Brennpunkt melden und wurde dort als Fachlehrer oder teilweise fachfremd in vielen verschiedenen Klassen eingeplant. Damit konnten an diesen beiden Schulen Lücken in der Unterrichtsversorgung geschlossen werden; die bevorzugten Klassen und Fächer waren in den Ferien längst an die Stammlehrkräfte verteilt worden. So bestand eine erste Herausforderung darin, mich an zwei Brennpunktschulen mit Lehraufträgen, die keiner haben wollte, in verschiedenen Klassen zurechtzufinden. In den ersten Wochen konnte ich mir nur einen Teil der vielen Schülernamen merken. Eine notwendige Arbeitsdisziplin bei Schülerinnen und Schülern zu erzielen, deren Namen und Situationen mir fremd waren, stellte sich als ein Problem dar. In den ersten Unterrichtsstunden wurde schnell deutlich, wie schwierig die Arbeit mit einer stark durchmischten Schülerklientel ist. Über 65 % der Schülerschaft an beiden Schulen hat einen Migrationshintergrund. Eine Herausforderung war und bleibt es, die Aufmerksamkeit aller Kinder der Klasse zu erreichen und ein notwendiges Maß an Disziplin durchzusetzen. Ich „lernte" dabei quasi wider meinen eigenen Willen ein autoritäres Auftreten, das mir bis dato recht unbekannt erschien und welches doch eine Art Überlebensstrategie bei den häufigen Störungen in Unterrichtssituationen darstellte.

Es passierte häufig, dass bei Vertretungssituationen zu versorgende Schulklassen in den Sportunterricht geschickt wurden. Die Folge davon war, dass ich 50 mir größtenteils namentlich unbekannte Schülerinnen und Schülern zu betreuen hatte – schlichtweg eine Überforderung! Da ich genauso wie meine ehemaligen Evaluatorenkolleginnen und -kollegen kurzfristig ohne Vorbereitung in die Schulpraxis zurück versetzt wurde, war abgesehen vom bereits beschriebenen Informationsdefizit eine fachliche Vorbereitung in den Sommerferien nicht möglich. Den Großteil meiner Unterrichtsmaterialien hatte ich bereits „entsorgt" bzw. an befreundete Lehrkräfte im Schuldienst oder Referendare verteilt. So stand ich wieder ganz am Anfang meines „Jäger- und Sammlerlebens", was passende Unterrichtsmaterialien anbelangte und teilte somit das Los aller Referendarinnen und Referendare.

Zum Glück stand eine Lehramtsanwärterin vor der gleichen Herausforderung, so dass wir Materialien und Ideen austauschen konnten; später kamen weitere Kollegen unterstützend hinzu. Aber was nützen schon die vielen Arbeitsblätter, wenn viele Kinder mit Migrationshintergrund im dritten Schuljahr teilweise nicht lesen, schreiben oder nur eingeschränkt rechnen können? Für offenes Arbeiten oder Handlungsorientierung gab es wenig Raum, da diese Schülerinnen und Schüler Formen des selbstständigen Lernens nicht geübt hatten oder nicht mit ihnen umzugehen wussten. Visualisierungen von Lerninhalten mittels Filmen gestalteten sich schwierig: Einige Unterrichtszimmer lagen im Kellergeschoss, wohin der Medienwagen nicht gelangte. Dies waren nur ansatzweise die Schwierigkeiten, die es im Schulalltag als neue Lehrkraft – und selbstverständlich auch als „altgedienter" Lehrer – an der Schule zu bewältigen galt. Die Diskussion um die Benachteiligung der Grundschule erfuhr ich somit spürbar am eigenen Leib aus Sicht des Unterrichtenden und in ganz realen Situationen. Hinzu kam, dass die Schulleiterin einer Schule, an der ich eingesetzt wurde, war nur an behutsamen Veränderungen an der Schule interessiert. Offensichtlich wollte sie das Kollegium nicht (über-)fordern. Es handelte sich um eine kleine Schule „im Dornröschenschlaf", die nicht extern evaluiert worden war und an der sich unabhängig vom Qualitätsrahmen des Ministeriums eigene „Traditionen" des Unterrichtens verfestigt hatten.

Jedoch gab es auch Positives zu Beginn meiner neuen Funktion zu berichten. An der anderen Schule hatte eine zielgerichtete Schulentwicklung einen deutlich höheren Stellenwert. Hier war sich die Schulleiterin der Nützlichkeit gemachter Erfahrungen einer Evaluation bewusst und band erworbene Kompetenzen als Evaluator in die Entwicklungsarbeit der Steuergruppe ein. Sehr schnell konnten Kenntnisse für eine systematische Strukturierung eingebracht und Aufgaben im Rahmen der Schulentwicklung, im Hinblick auf die Aktualisierung des Schulportfolios oder der Konzeptionierung eines Fortbildungsplans übernommen werden.

2 Sichtweisen im Hinblick auf die Wirksamkeit der Fremdevaluation

Im Rückblick mache ich mir angesichts laufender Debatten über Wirkung und Wirksamkeit zwangsläufig ebenfalls Gedanken, was die Auswirkungen der Fremdevaluation bzw. deren Wirksamkeit anbelangt. An einer „meiner" beiden Schulen hat die kürzlich durchgeführte Fremdevaluation ganz konkrete Auswirkungen und „Früchte getragen". Ich konnte erleben, dass eine der Empfehlungen zu konkreten Umsetzungen geführt und dazu beigetragen hat, dass in Konferenzen konstruktiv miteinander diskutiert wurde, und das Arbeitsklima im Kollegium deutlich freundlicher, unterstützender und kooperativer geworden ist. Bei einer weiteren Empfehlung zum Bereich Unterricht hat sich die Schule „auf den Weg" gemacht und durch Hospitationen an anderen Schulen sowie im Anschluss daran durch die Durchführung eines Pädagogischen Tages und Stufenkonferenzen Möglichkeiten für die Umsetzung der Differenzierung und deren Dokumentation mittels Differenzierungskonzept gesammelt und strukturiert. Nach Hinweisen von Kolleginnen wurde deutlich, dass sich nach der stattgefundenen Fremdevaluation viel an der Schule bewegt hat. So finden derzeit auf Stufenebene gegenseitige Hospitationen statt, um Wege und Möglichkeiten für differenzierte und individualisierte Lernangebote zu erproben. Dies führte infolge im laufenden Schuljahr zu einer intensiven Kooperation auf Stufenebene, weil vermehrt Themen in verschiedenen Fächern gemeinsam vorbereitet und entsprechende Materialien ausgetauscht werden.

Die Schulleitung der „aktiven" Schule, zum damaligen Zeitpunkt noch relativ neu im Amt, machte deutlich, dass ihr die stattgefundene Fremdevaluation geholfen habe, wichtigste „Baustellen" der Unterrichts- und Schulentwicklung offen zu legen und allen an Schule Beteiligten transparent zu machen. Nach Aussage der Schulleiterin war die Evaluation insofern eine Unterstützung, da die Schwachstellen der Schule nicht von ihr als „Neue" nur gesehen und bearbeitet werden wollten, sondern objektiv von außen als Ziele und Forderungen durch die Evaluationsergebnisse gefordert wurden. Aufgezeigte Entwicklungsfelder wie Teamentwicklung sowie differenziertes und selbstständiges Arbeiten fanden durch die Fremdevaluation nachfolgend für Veränderungsprozesse im Kollegium vermehrt Akzeptanz und Unterstützung. Im aktuellen Schuljahr konnte zudem ein Fortbildungskonzept erstellt werden, dass für klare Kriterien der Auswahl von Fortbildungsangeboten sorgte. Auch wurden Kollegium und Schulleitung die Bedeutung und Notwendigkeit eines strukturiert geführten Schulportfolios deutlicher und bewusster. Für die Elterngespräche wurden gemeinsam abstimmte

Kriterienraster zum Einsatz gebracht. Das alles waren bedeutsame Entwicklungsschritte, die in einem unmittelbaren Zusammenhang mit der durchgeführten Fremdevaluation stehen.

Zur generellen Wirksamkeit durchgeführter Fremdevaluationen möchte ich rückblickend ebenfalls einige Punkte ansprechen. Sicherlich kamen das Verfahren der Fremdevaluation sowie der Umgang mit deren Ergebnissen an den Schulen des Landes unterschiedlich „wirkungsvoll" an. Dies dürfte auch davon abhängig gewesen sein, wie zeitnah die geplanten Zielvereinbarungsgespräche mit den Schulämtern stattgefunden hatten. Die Evaluationsberichte mit ihren Empfehlungen und die späteren Gespräche mit der Schulaufsicht haben in zahlreichen Fällen dazu beigetragen, dass Schulentwicklung an vielen Schulen gezielter, geplanter und systematischer angegangen wurde. Auch wenn bei Schulentwicklungsprozessen immer die latente Gefahr mangelnder Nachhaltigkeit mit-schwingt, wurden durch das Verfahren der Fremdevaluation die schulischen Entwicklungsbereiche umfänglich offengelegt und es wurde nachfolgend auf Basis ausgesprochener Empfehlungen deutlich gemacht, wie diese Defizite mithilfe konkreter Maßnahmenpläne angegangen werden konnten.

Dass es nach der Aussetzung der Fremdevaluation in ihrer bisherigen Form auch Schulen gab, die die Offenlegung ungünstiger Ergebnisse verhindert und Evaluationsberichte „in den Archiven haben verstauben lassen", soll nicht in Abrede gestellt werden. Dies hängt sicherlich sehr stark mit dem jeweiligen Qualitätsverständnis und der Einstellung der Betroffenen zur Fremdevaluation zusammen. Dies wurde in vielen Gesprächen mit Lehrkräften und Schulleitungen immer wieder deutlich. Es stellt sich dabei zugleich die Frage, wie es möglich sei, dass deutlich gewordene Schwachstellen oder Mängel an einer Schule nicht systematisch bearbeitet und abgestellt werden. Sicher spielt hier die Fluktuation von Schulleitungen und innerhalb eines Kollegiums eine bedeutsame Rolle. Diese Aufgabe lag jedoch bei der Schulaufsicht, die teilweise stärker auf Verantwortlichkeiten und auf das konkrete Qualitätsmanagement der Schulen hätte achten müssen.

Die deutliche Mehrheit der Schulen im Lande hat dürfte den Nutzen dieser schuldiagnostischen Beschreibung erkannt und für Veränderungsprozesse genutzt. Dieser – zugegeben subjektive – Eindruck wird durch die Rückmeldungen von Lehrkräften, Schulleitern und Eltern bestätigt. In Reflexionen zu durchgeführten Fremdevaluationen finden sich vor allem bei Schulleiterinnen und Schulleitern sowie den Eltern in einem hohen Ausmaße Zustimmung zu den durchgeführten Fremdevaluationen. Das liegt sicherlich auch darin begründet, dass die von der Gesellschaft für Evaluation e. V (DeGEval) geforderten Prinzipien Nützlichkeit, Durchführbarkeit, Genauigkeit und Fairness bei dem Verfahren der baden-württembergischen Fremdevaluation beachtet wurden.

Bei der Durchführung der Fremdevaluation gehörten mitunter kritische Nachfragen aus den Kollegien dazu. So gab es im Rahmen von Konferenzen immer wieder skeptische Fragen der Lehrkräfte an die Evaluatoren, wie denn ein kleines Team innerhalb von ein bis zwei Tagen eine komplexe Schule in ihrer Vielfalt verstehen und „durchdringen" könne. Für die durchführenden Evaluatorinnen und Evaluatoren bestand jedoch durch die vielfältigen Instrumente der Datenerhebung wie der Auswertung schulischer Dokumente, den Leitfaden-Interviews und der Online-Erhebung, die sich auf verschiedene am Schulleben beteiligten Gruppen bezogen, sowie den Beobachtungen von Unterrichtssituationen (BUS) und dem Erleben der Schulrealität (Schulrundgang) eine hohe Gewissheit, die Schule in ihrer Besonderheit sachgerecht analysieren und beschreiben zu können.

Bei der Ergebnispräsentation der Fremdevaluation erfolgte auf Basis meiner persönlichen und auch derer mit mir im Team arbeiteten Evaluatorinnen und Evaluatoren Erfahrungen in den meisten Fällen eine Rückmeldung der Lehrkräfte dergestalt, dass vom Evaluationsteam die wesentlichen Stärken und Entwicklungsfelder der Schule erkannt und ganz konkret benannt werden konnten. Bei Rückmeldungen von Lehrkräften hieß es meist, dass die sachorientierte und zugleich wertschätzende Durchführung der Fremdevaluation und die Ergebnispräsentation dazu beigetragen habe, dass die Ergebnisse der Fremdevaluation für die Kollegien in einem hohen Maße nachvollziehbar und annehmbar waren.

Grundlage für die wahrgenommene hohe Akzeptanz der Fremdevaluation dürfte meines Erachtens nicht zuletzt in der hohen Transparenz, in der Klarheit der Informationen im Vorfeld des Verfahrens, im eigentlichen Ablauf und in den verwendeten Erhebungsinstrumenten selbst sowie in der Art der Rückmeldung der Ergebnisse begründet liegen. Häufig entstand durch diese Transparenz bei den Kollegien meiner Meinung nach auch eine Art Vertrauensgefühl, dass das Evaluationsteam die Schule sach- und fachgerecht analysiert und dabei großen Wert auf Datenschutz gelegt hat und nicht die einzelne Lehrkraft, sondern das schulische Gesamtsystem im Fokus stand.

Eine Grundproblematik für die Legitimation von externen Evaluationsverfahren stellt sich mit der Frage nach ihrer häufig so bezeichneten Nützlichkeit. Hierbei ist festzustellen, dass die Fremdevaluation häufig bereits schon durch ihre bloße Ankündigung bzw. konkreten Terminierung teilweise wirksam wurde. In der Vorbereitung hatten sich Kollegien zwangsläufig zusammenzusetzen und abzustimmen. Bewusst im Fokus oder auch Nebeneffekt und nicht zuletzt in der Regel im Rahmen des Evaluationsverfahrens durch Datenquellen (z. B. Schulportfolio und Interviewaussagen) trianguliert bzw. verifiziert: Sie reflektierten die Arbeit an der Schule und strukturierten unterschiedliche unterrichtliche Vorgehensweisen oder entwickelten neue Konzepte, etwa zu aktuellen Bereichen wie

Differenzierung, Förderung von Selbstständigkeit von Schülerlernen oder Standards im Bereich der Notenbildung. Das Vorgespräch an den Schulen, bei dem den Kollegien das Verfahren der Fremdevaluation und die Kriterien vorgestellt wurden hat sich als sinnvoll erwiesen, um die Sinnhaftigkeit und Bedeutung externer Evaluation besser verstehen zu können.

Hilfreich war dabei, dass die vom Landesinstitut für Schulentwicklung geforderten Kriterien für eine gute unterrichtliche und schulische Praxis transparent und den Schulen bekannt waren. Als Beispiel sei die Leitbildentwicklung genannt. Schulleitungen und Kollegien war es bewusst, dass die spezifischen Ziele und Schwerpunkte ihrer Schule formuliert, dokumentiert und im Schulleben umgesetzt werden sollten. Im Laufe der letzten Jahre entstanden an den allermeisten Schulen Portfolios mit Zielbeschreibungen, Konzeptionen und Curricula, die die Arbeitsweisen der Schulen abbildeten. Teilweise wurden diese mit Prozessbeschreibungen ergänzt, die das Know-how aus dem Dienst ausscheidender oder die Schule wechselnde Lehrkräfte festhielten oder wiederkehrende Abläufe für neu an die Schulen kommende Lehrkräften bekannt machten.

Insgesamt konnte ich im Rahmen meiner Arbeit festzustellen, dass die durchgeführte Fremdevaluation in Baden-Württemberg eine systematische Qualitätsentwicklung in allen Schularten in der Regel zumindest angestoßen und in vielen Fällen sogar nachhaltig unterstützt hat. Das externe Verfahren hat zudem zum Bewusstsein beigetragen haben, dass – neben dem Kernbereich der Unterrichtsentwicklung – auch andere Bereiche wie die kollegiale Kooperation, Schulentwicklung insgesamt, die schulische Netzwerkbildung oder die Selbstevaluation von Prozessen gemeinsam von Kollegien angegangen werden müssen und insgesamt zur Sicherung und/oder Verbesserung schulischer Qualität beitragen.

3 Kritische Würdigung aktueller bildungspolitischer Entwicklungen

Angesichts der eingangs angedeuteten aktuellen Entwicklungen stellt sich nun die Frage nach der Bewertung des Status quo und welche Auswirkungen dieser auf Schulen hat bzw. haben könnte. Es ist meiner Meinung nach für die Qualitätsentwicklung an Schulen zunächst bedauerlich, dass die Fremdevaluation in Baden-Württemberg, die über ein Jahrzehnt aufgebaut wurde und als erfolgreich etabliert gelten konnte, ausgesetzt wurde. Damit wurden durch eine ministerielle Entscheidung wissenschaftlich fundierte Evaluationsstrukturen außer Kraft gesetzt. Die möglichen Auswirkungen auf Schulen möchte ich in den folgenden Thesen fassen.

- *These 1:* Ein zielgerichtetes längerfristiges Qualitätsmanagement, das sich in den letzten Jahren an den Schulen entwickelt hat, wurde im Bewusstsein der Lehrkräfte entwertet und wird aktuell sowie in Zukunft weniger strukturiert und konsequent von den Schulen umgesetzt werden. Leider werden pädagogische Werte häufig durch neue Kultusministerinnen und Kultusminister ausgetauscht.

- *These 2:* Die im Qualitätsrahmen festgelegten Kritierien für gute Schulqualität werden von den Schulen in geringerem Maße als notwendige Standards akzeptiert. Ein Verständnis von Schulqualität wird wieder beliebiger, je nach Haltung und Einstellung von Kollegien und Schulleitungen.

- *These 3:* Fachliche Leistungsergebnisse in Deutsch, Mathematik und Sprachen werden kurzfristig aktuell hoch bewertet. Zugleich werden Grundlagen, die gelingendes Lernen bedingen wie soziales Lernen, ein positives Klassen- und Schulklima sowie methodische Kompetenzen und Formen des selbstgesteuerten Lernens, in den Hintergrund gedrängt.

- *These 4:* Ein strukturiertes und einheitliches Qualitätssicherungssystem, das transparente Qualitätskriterien klarstellte und zugleich ein Unterstützungssystem durch das Landesinstitut für Schulqualität bot, wurde ersatzlos abgeschafft; Prämissen der Bildungspolitik der letzten Jahre wurden „auf den Kopf gestellt". Durch ministeriellen Erlass wurden langjährig aufgebaute Kompetenzen und enorme Ressourcen verschwendet.

- *These 5:* Der Aufbau eines neuen Qualitätssystems wird Jahre in Anspruch nehmen. Neues Personal und neue Kompetenzen müssen generiert werden, während zielgerichtete Schulentwicklung in der Übergangszeit stillsteht. Das Vertrauen der Lehrkräfte in ein neues (und wahrscheinlich stark kontrollierendes System muss längerfristig aufgebaut werden.

Qualifiziertes Evaluationspersonal wurde zu Beginn des Schuljahres 2017/18 als „normale Lehrkräfte" an die Schulen zurückbeordert. Nach Auffassung des Ministeriums stellte dies ein Mosaikstein von Maßnahmen dar, um die Unterrichtsversorgung im Lande zu verbessern, entsprechend gestaltete sich hierzu die Öffentlichkeitsarbeit. Dies hat sich absehbar und im Nachhinein als Fehlkalkulation erwiesen. Nicht wenige Evaluatorinnen und Evaluatoren sind als Experten für Qualitätsentwicklung weitgehend verloren gegangen: Viele Evaluatorinnen und Evaluatoren wohnen in Gebieten, in den die Unterrichtsversorgung gut war und daher nicht gebraucht wurden, besonders im gymnasialen Bereich mussten Stellen für diese Experten an Schulen gesucht werden. Die Lehrerversorgung hat sich durch die Maßnahme des Ministeriums nicht wesentlich verbessert.

Das mit der Fremdevaluation beauftragte Landesinstitut für Schulentwicklung (LS) in Stuttgart musste seine personellen Ressourcen weitestgehend abbauen und wird zum Ende des Jahres 2018 im Zuge einer umfänglichen Neustrukturierung endgültig abgewickelt.

Die strukturellen Änderungen wurden und werden hingegen politisch rigoros durchgesetzt, obwohl Evaluation sowohl international und auch im deutschen Sprachraum eine zentrale Bedeutung erlangt hat. Aktuelle Entwicklungen können lediglich erahnt werden, die Arbeit findet quasi „hinter verschlossenen Türen" statt, es gibt kaum Transparenz im Hinblick auf die Weiterentwicklungsarbeit. Evaluation ist inzwischen in unterschiedlichen Anwendungsfeldern u. a. zur Wirksamkeitsprüfung wissenschaftlich anerkannt und als Notwendigkeit der Wirksamkeitsprüfung gesellschaftlich akzeptiert. Bis zum Aufbau neuer funktionierender Strukturen mit entsprechenden Instituten und Ressourcen, die eine Qualitätsentwicklung an Schulen voranbringen und „Wirksamkeit" entfalten können, dürften wiederum Jahre vergehen.

Die vom Ministerium beabsichtigte Verbesserung der (Lern-)Leistungen der Schülerinnen und Schüler in Baden-Württemberg, wie sie beispielsweise in (inter-)nationalen Schulleistungsstudien eruiert werden, wird durch eine Aussetzung der Fremdevaluation sicherlich nicht vorangebracht. Erforderlich sind im Gegenzug eine Verstärkung der personellen Ressourcen, damit die soziokulturellen Hintergründe einer zunehmend multikulturellen Schülerschaft beim Lernen von Kulturtechniken des Lesens, Schreibens und Rechnens besser aufgefangen werden können. Einhergehend sind die Soft-Skills von Lernenden weiterhin zu fördern, die in den vorgegebenen Kriterien der bisherigen Fremdevaluation wie Lernklima, Differenzierung und Förderung von selbstständigem Lernen und Sozialkompetenz Beachtung fanden. Methodisch einseitiges, frontales Lernen ohne entsprechende Differenzierungs- oder Individualisierungsformen sind bei einer heterogenen Schülerschaft in der heutigen gesellschaftlichen Situation nicht angemessen.

Bei der bisherigen Fremdevaluation in Baden-Württemberg, die von 2007 bis 2017 durchgeführt wurde, bestand aus meiner Sicht das Problem einer klaren Trennung zwischen der Durchführung des Verfahrens und der anschließenden so genannten Beratung und der Schulaufsicht. Dadurch verzögerten sich teilweise die Zeiträume zwischen der Erhebung (Durchführung des Verfahrens und Rückmeldung der Ergebnisse) und der Einleitung von Veränderungsmaßnahmen (etwa durch konkrete Zielvereinbarungen und deren Einhaltung).

Auch war der Blick der Fremdevaluation stärker auf Lernprozesse und weniger auf die Auswertung fachlicher Ergebnisse gerichtet, die durch zentrale Vergleichsarbeiten gewonnen wurden. So konnte es geschehen, dass Schulen nach einer Fremdevaluation eine Bestätigung für positive Arbeit im Bereich der Schul-

und Unterrichtsentwicklung erhielten, während zugleich die Leistungsergebnisse der Schülerinnen und Schüler in den Vergleichsarbeiten Deutsch, Mathematik und Fremdsprache unterdurchschnittlich waren. Diese Diskrepanz war meiner Ansicht nach u. a. der Situation geschuldet, dass die soziokulturellen Hintergründe der Schülerklientel und die Bedingungen der Schule – beispielsweise bei Brennpunktschulen – nicht oder zu wenig berücksichtigt wurden.

Eine erneuerte externe Schulevaluation sollte daher zusätzlich verstärkt die Nutzung von Ergebnissen zentraler Lernstandserhebungen im Rahmen der Qualitätssicherung in Schulen stärker als bisher in den Blick nehmen. Damit könnten Ergebnisse und Wirkungen von schulischen Lernprozessen wie die fachlichen und überfachlichen Lernergebnisse oder der Schul- und Laufbahnerfolg bei Veränderungsprozessen stärker miteinander in Bezug gesetzt werden.

4 Fazit und Ausblick

Ich bin als Lehrer, Fortbildner und ehemaliger Evaluator fest davon überzeugt, dass das bisherige Verfahren der Fremdevaluation sehr sinnvoll, stimmig und effektiv war. Es hat dazu beigetragen, dass sich Schulen gezielt weiterentwickeln konnten und sich personenunabhängige Konzepte und Strukturen etabliert haben. Die Systematik des Evaluationsverfahrens wurde im Laufe der Jahre immer wieder modifiziert und methodisch verfeinert. Der Methodenmix von Dokumentenanalyse, Unterrichtsbeobachtungen, Interviews und Onlinebefragungen ergaben zwangsläufig ein passendes Abbild der untersuchten Schulen. Dies wurde in den Rückmeldegesprächen von Schulleitungen und Kollegien immer wieder bestätigt. Die Schulen sahen sich in ihren Stärken wertgeschätzt und in ihren Entwicklungsfeldern passend beschrieben. Die Empfehlungen gaben den Schulen konkrete Hinweise, mit denen sie Veränderungsprozesse angehen konnten. Bindend führten die Zielvereinbarungsgespräche mit der Schulaufsicht zu festgelegten verpflichtenden Entwicklungsaufgaben.

Leider hat die derzeitige Kultusbehörde dieses qualitätssichernde Verfahren wider besseres Wissen aufgelöst und „abgewickelt". Obwohl es sich formal um eine Aussetzung der gesetzlich in Baden-Württemberg verankerten Fremdevaluation handelt, wurden durch den Beschluss einer Ministerin entscheidende qualitätssichernde Strukturen zerstört. Inwieweit dies rechtmäßig korrekt ist, sei dahingestellt. Zukünftig sollen strengere Kontrollen der Lernergebnisse von Schülerinnen und Schülern Stärken und Defizite von Schulen offenlegen.

Dagegen gilt es einzuwenden, dass schlechte Ergebnisse bei Vergleichsarbeiten immer auch in Relation zum sozialen Umfeld der Schülerschaft stehen. Nur durch die Andeutung von Druck und ohne die entsprechende Bereitstellung von personellen Ressourcen durch das Ministerium werden sich die Lese-,

Schreib- und Rechenfähigkeiten unmotivierter und unzureichend betreuter Schülerinnen und Schüler nicht wirklich verbessern.

Es bleibt zu hoffen, dass die neue Form einer externen Schulevaluation, so sie dann auch kommen mag, wieder eine angemessene Akzeptanz findet und für die Schulentwicklung und letztlich für alle am Schulleben Beteiligten, insbesondere für die Schülerinnen und Schüler, Nutzen und Wert stiftet. Ein politisch bedingter häufiger Wechsel grundlegender Prämissen der Bildungspolitik erscheint für Lehrende und Lernende gleichermaßen unangemessen und belastend. Neben Innovationen braucht das Bildungssystem vor allem Kontinuität in Entwicklungsprozessen. Dies schließt transparente, strategische, an Langfristigkeit und Nachhaltigkeit orientierte Ausrichtungen ein, damit Reformen und Verbesserungsprozesse tatsächlich wirksam werden können – auf Basis meiner jahrzehntelangen Erfahrungen im Schuldienst womöglich der mitentscheidende Faktor!

In meiner persönlichen Situation werde ich die neue Form einer externen Evaluation wohl nicht mehr als aktiv Handelnder erleben. Ich habe mich entschieden, nach diesem Schuljahr ein Freistellungsjahr einzulegen und danach als Evaluator in einem außerschulischen Kontext zu arbeiten.

„FEV-Miniaturen" – Bemerkungen am Rande

Rolf Keller

Abstract

Bemerkungen am Rande – Randbemerkungen. Kommentare und Berichte – manchmal amüsant, manchmal hintergründig. Hauptsächlich Meinungen und Ansichten einer oder mehrerer Personen, die als Evaluatorinnen und Evaluatoren tätig waren. Jedoch sicherlich keine Fake-News.

Inhalt

1 Einführung 342
2 Aller Anfang ist schwer..342
3 Erlebnisse mit Schulleitungen..343
4 Erlebnisse mit der Verpflegung vor Ort...344
5 Erlebnisse bei der Übernachtung 344
6 Abschied 345

© Springer Fachmedien Wiesbaden GmbH, ein Teil von Springer Nature 2019
T. Stricker, *Zehn Jahre Fremdevaluation in Baden-Württemberg*,
https://doi.org/10.1007/978-3-658-25778-1_25

1 Einführung

Nach einer dreijährigen Pilotphase zur Erprobung der möglichen Werkzeuge für die Fremdevaluation in Baden-Württemberg wurde im September 2008 die Regelphase eingeführt. Zu diesem Zeitpunkt waren insgesamt 41 Evaluatorinnen und Evaluatoren in Baden-Württemberg „unterwegs": 15 aus der Pilotphase sowie weitere 26, die von Februar bis August 2008 ausgebildet worden waren.

2 Aller Anfang ist schwer

Da anfangs wenige Erfahrungswerte vorlagen, betraten sowohl die Schulen als auch die Evaluatorinnen und Evaluatoren Neuland. Manche der eingesetzten Werkzeuge, Methoden und Verfahren funktionierten schon gut, andere mussten im Laufe des Prozesses umgestaltet werden.

So sollten beispielsweise im Herbst 2008 mehrere Schulen parallel bearbeitet werden. Das bedeutete, man begann mit Team A in Schule 1, ging dann mit Team B in Schule 2, stimmte sich dann mit Team A ab, ging mit Team C in Schule 3, schrieb Bericht zu Schule 1, stimmte sich mit Team B ab und so weiter. Schnell zeigte sich, dass diese Arbeitsweise zu Verwechslungen führte. Daher wurde der Prozessablauf im zweiten Halbjahr 2008/09 entsprechend umgestellt und verbessert. Bis auf die Rückmeldung der Ergebnisse konnten nun die einzelnen Verfahrensschritte für eine Schule nacheinander abgearbeitet werden.

Natürlich war im September 2008 das Interesse der Öffentlichkeit sowie der Presse und der Medien sehr groß. Zahlreiche Presseberichte wurden in regionalen Zeitungen veröffentlicht. Eine große überregionale Zeitung titelte einst sogar: „Die Schul-Checker kommen". Radioberichte wurden gesendet und das SWR-Fernsehen schickte ein Aufnahme-Team zu einer der ersten Fremdevaluationen im badischen Landesteil, um das Evaluatoren-Team zu interviewen und einen entsprechenden Bericht in den Landesnachrichten auszustrahlen.

Neben diesen Herausforderungen fanden sich die Evaluations-Teams häufig in überraschenden Situationen wieder. So wurden sie z. B. mit einem großen Empfang durch Schülerbands bzw. Orchester geehrt oder zu Empfängen mit der örtlichen Politprominenz gebeten. Bürgermeisterinnen und Bürgermeister stellten sich vor oder luden zum Gespräch. Nach einigen Monaten war man überall an die neue Situation gewöhnt und das Interesse ließ zusehends nach.

Dagegen dauerte es noch geraume Zeit, bis auch die Staatlichen Schulämter und Regierungspräsidien auf die neue Aufgabe eingestimmt waren. Die nach jeder Fremdevaluation geplanten Zielvereinbarungsgespräche zwischen Schulleitung und Schulverwaltung waren noch Neuland. Die Schulleitungen und die Schulverwaltung mussten sich erst in eine Systematik einarbeiten, die ihnen bisher fremd gewesen war.

Und wie erlebten die Schulen das neue Geschehen? Die Bandbreite der Rückmeldungen war sehr groß. Anfängliche Befürchtungen, dass es den Schulen zum Nachteil gereichen könnte, wenn einige Aspekte nicht besonders gut eingeschätzt wurden, legten sich meist schnell. Der Großteil der Beteiligten erkannte, dass die Fremdevaluation aufzeigte, wo eine Schule gut bzw. nicht so gut aufgestellt war. Häufig erhielten Evaluations-Teams die Rückmeldung, sie hätten Stärken und Schwächen zielgenau entdeckt. Schnell wurde auch erkannt, dass dies einen guten Ansatz zur Weiterentwicklung bot. Gerade Schulleitungen waren häufig dankbar für den Blick von außen, konnten sie doch auf diese Weise ihrem Kollegium eine dringend notwendige Entwicklungsarbeit „schmackhaft" machen.

Allerdings gab es auch über die ganze Laufzeit der Fremdevaluation hinweg immer wieder einzelne Schulen, die den Prozess ablehnten. Begründungen waren beispielsweise: Das System passt nicht für unsere Schulart bzw. für unsere sehr individuelle Schule. In manchen Fällen gab es unterschiedliche Ansichten innerhalb des Schulleitungs-Teams oder des Kollegiums. Das andere Ende des Spektrums der Akzeptanz wird durch sehr individuelle positive Rückmeldungen an die Evaluations-Teams beschrieben.

3 Erlebnisse mit Schulleitungen

Bei den ersten Fremdevaluationen waren die meisten Schulleitungen noch sehr aufgeregt, wenn die Evaluatorinnen und Evaluatoren vor Ort erschienen. Auch hier sprach sich schnell herum, dass alle Teams sich bemühten, ihre Arbeit sehr wertschätzend zu verfolgen. Daher trafen die Evaluatorinnen und Evaluatoren nach der Anfangsphase meist eine entspannte Situation an. Häufig kam es auch zu heiteren Begebenheiten:

- Die Schulleiterin einer großen Grundschule meinte nach dem Kennenlernen beim Vorgespräch: „Puh, jetzt bin ich echt beruhigt, Sie sind ja gar nicht so schlimm!"
- In einem Fall wurde das Evaluatoren-Team gleich bei der Ankunft von einer sehr burschikosen Schulleiterin geduzt.
- Bei anderer Gelegenheit hielt eine Evaluatorin die in Arbeitskleidung auftretende Schulleiterin zunächst für die Hausmeisterin.
- Ein Schulleiter im schwäbischen Landesteil zeigte sich stolz auf die Rückmeldung seines Kollegiums, dass er eher das „Schwäbische Lob" anwende. Das legte er als Bestätigung „seiner Art" aus.
- Ein anderer Schulleiter erzählte einer Evaluatorin in der Mittagspause ausführlich aus seinem Liebesleben.

4 Erlebnisse mit der Verpflegung vor Ort

Was die Verpflegung betrifft, ging es den Evaluations-Teams an den Schulen meist gut. Es gab Kaffee oder Tee sowie verschiedene Arten von belegten Brötchen und sehr häufig Brezeln. Daneben wurden Kuchen und süße Stückchen, Schokolade und kleine selbstgebackene Leckereien serviert. In einzelnen Fällen erhielt das Team eigene Kaffeemaschinen zur Selbstbedienung.

Bei ganz wenigen Schulen kam es vor, dass wenig oder keine Verpflegung zur Verfügung stand. Sparsame oder sehr umweltbewusste Schulen servierten Wasser aus der Leitung, wogegen natürlich nichts einzuwenden ist. In Einzelfällen gab es nicht einmal Wasser. So geschehen im badischen Landesteil an einem großen Gymnasium, und das ausgerechnet an den heißesten Tagen des Jahres.

Häufig wurde von den Schulen die Essensmöglichkeit in den Mensen angeboten. Dabei machten die Evaluations-Teams sehr unterschiedliche Erfahrungen. Teilweise wurde von hoher Qualität des Essens berichtet, teilweise war es allerdings auch recht einfach bis ungenießbar. Wenn man bedenkt, dass dies für Schülerinnen und Schüler keine Eintagsfliegen sind... .

Wenn keine Mensa zur Verfügung stand, wollten Schulleitungen das Team häufig zum Essen in einem örtlichen Restaurant einladen. Stets legten die Evaluatorinnen und Evaluatoren Wert darauf, selbst zahlen zu dürfen. Meist wurde dies von den Schulleitungen nach dem Hinweis auf die Vermeidung des Vorwurfs der Bestechlichkeit akzeptiert.

Daneben geschah es immer wieder, dass die Bewirtung durch Schulklassen oder Eltern organisiert wurde. In einem Fall sorgte ein Elternpaar sogar für die Bewirtung in der eigenen Besenwirtschaft. Darüber hinaus kann auch von einzelnen, sehr speziellen Ereignissen berichtet werden:

- So zogen sich zwei Team-Mitglieder bei einer Evaluation eine Lebensmittelvergiftung zu, vermutlich weil ein Teil des servierten Obstes nicht in Ordnung war.
- Während einer Evaluation in einem kleinen Ort im Hohenlohekreis musste das Team am ersten Abend beinahe hungrig zu Bett gehen, da die Lokale, einschließlich des Gasthauses, in dem das Team übernachtete, schon um 20 Uhr geschlossen hatten. Schließlich erbarmte sich ein Metzger-Wirt und stellte noch „Fleischkäse" zur Verfügung.

5 Erlebnisse bei der Übernachtung

Teilweise waren zwischen den Wohnorten und den Schulstandorten große Entfernungen zu bewältigen, da vor allem zu Beginn der Fremdevaluation noch nicht so viele Evaluatorinnen und Evaluatoren tätig waren. Manchmal war eine Vorabendanreise sogar am Sonntag notwendig. Bei begrenztem Budget (60 € auf dem

Land, 80 € in der Großstadt) musste schon intensiv nach vernünftigen Unterkünften gefahndet werden. Häufig waren es die kleinen Privathäuser oder Pensionen, die die besten Voraussetzungen boten. Überraschungsmomente gab es, wenn man erst vor Ort bemerkte, dass man ein Raucherzimmer erhalten hatte oder der Boden unter dem Teppich schimmelte. Auch hier kann von Ereignissen und Erlebnissen der speziellen Art berichtet werden:

- In einem Fall „vergaß" das Hotel die Buchungen und das Team wäre vor Ort nicht untergekommen, wenn nicht der Teamleiter am Vortag einen Kontrollanruf unternommen hätte.

- In einem anderen Fall erfuhr ein Evaluator erst am Abend vor Ort, dass das gebuchte Hotel zwischenzeitlich in ein Flüchtlingsheim verwandelt worden war und man schlicht vergessen hatte, ihn zu benachrichtigen.

- An manchen Orten wurde die Stimmung des Teams durch die Lage des Hotels aufgeheitert, beispielsweise durch einen schönen Ausblick über die Rheinebene.

- Freude bereitete auch das supergünstige Zimmer in einem historischen Bauernhof mit Blick auf den Neckar und üppigem Frühstücksbuffet. Die Abrechnungsstelle fragte hinterher an, ob das Team bei der Übernachtung versehentlich nur einen Tag statt zwei abgerechnet habe.

- Sehr angenehme Abende verbrachte ein Vierer-Team, das nur aus Männern bestand, in einem Ort an der Tauber. Das Hotel lag neben einer Bierbrauerei mit Gasthaus... .

- Im tiefen Odenwald fand ein Teamleiter keine Übernachtungsmöglichkeit in der Nähe des Schulorts im vorgegebenen Preisrahmen. Eine Anfrage beim teuren örtlichen Wellnesshotel erbrachte das Ergebnis, dass man auch bereit war, das Evaluations-Team zum halben Preis aufzunehmen.

6 Abschied

Nach Ansicht vieler Evaluatorinnen und Evaluatoren zeigte die Fremdevaluation nach etwa zehn Jahren der Durchführung sehr gute Wirkungen. So belegte beispielsweise das interne Rückmeldeverfahren, dass die Mehrheit der Schulen den Prozess angenommen hatte. Des Weiteren war die Akzeptanz natürlich in Abhängigkeit von der beteiligten Gruppe unterschiedlich groß. Beispielsweise zeigten Schülerinnen und Schüler stets großes Interesse. So forderte der Landesschülerbeirat im Spätjahr 2017 die flächendeckende Einführung anonymer Rückmeldemöglichkeiten für Schülerinnen und Schüler bezüglich ihrer Lehrkräfte – eine Vorgehensweise, die die Fremdevaluation bereits seit 2008 empfahl und die zunehmend von den Schulen eingeführt worden war.

Finis

Obwohl die nächste Entwicklungsstufe mit weiteren Verbesserungen im Landesinstitut für Schulentwicklung bereits in Vorbereitung war, wurde das Verfahren im September 2017 überraschenderweise vom Kultusministerium ausgesetzt. Die meisten Evaluatorinnen und Evaluatoren wurden an Schulen versetzt oder in Pension geschickt. Eine neue Form der externen Evaluation ist für 2019 geplant.

An dieser Stelle: Herzlichen Dank an alle ehemaligen Kolleginnen und Kollegen, die mich bei der Zusammenstellung der Randbemerkungen durch ihre Notizen unterstützt haben!

Teil C: Wohin geht Evaluation in Schulen?
Ein Ausblick

Von welcher Qualität reden wir? Schulentwicklung als Qualitätsentwicklung

Gerhard Ziener

Abstract

Wer Qualität im Bildungswesen beschreiben, erfassen und entwickeln will, sollte darüber Auskunft geben können, was unter Qualität zu verstehen ist. Anlässlich eines von der Baden-Württembergischen Kultusministerin Dr. Eisenmann im Sommer 2017 angekündigten „Qualitätskonzepts" wird im nachfolgenden Artikel gewarnt vor einer technokratischen Verkürzung und Reduktion von Qualität auf ein messbares Produkt. Qualität von Schule und Unterricht verdienen zu allen Zeiten höchste Aufmerksamkeit und ggf. auch der Weiterentwicklung. Dem ist uneingeschränkt zuzustimmen. Voraussetzung dafür ist jedoch ein mehrperspektivischer, systemischer Qualitätsbegriff, der in dem Beitrag skizziert wird.

Inhalt

1 Einführung 350
2 Qualität, Qualität und nochmals Qualität – aber welche? 350
3 Von welcher Qualität reden wir? – Ein Qualitätsmodell 354
4 Sicht- und Tiefenstruktur des Unterrichts 355
5 Fazit..358
Literatur...358

© Springer Fachmedien Wiesbaden GmbH, ein Teil von Springer Nature 2019
T. Stricker, *Zehn Jahre Fremdevaluation in Baden-Württemberg*,
https://doi.org/10.1007/978-3-658-25778-1_26

1 Einführung

Dem nachfolgenden Beitrag liegt eine Glosse zugrunde (Ziener 2017), die anlässlich der Ankündigung eines „Qualitätskonzepts für das Bildungssystem Baden-Württembergs" durch Kultusministerin Susanne Eisenmann am 28. Juni 2017 entstanden war und in der Zeitschrift Lehren & Lernen veröffentlicht wurde. Die Glosse war untertitelt mit „Fragen eines arglosen Lesers", weil die Sachgrundlage der Glosse allein aus den öffentlich zugänglichen schriftlichen Erklärungen des Ministeriums bestanden. Stil und Absicht des Textes waren – trotz anderslautender Beteuerung (vgl. ebd., S. 75ff.) – erkennbar polemisch im Sinne von streitbar, denn strittig erscheint in diesem Qualitätskonzept nichts Geringeres als der dem Konzept zugrundeliegende Begriff von „Qualität". Bemerkenswert ist allein schon die Tatsache, dass sich am ursprünglichen Text der ministeriellen Ankündigung (vgl. Ministerium für Kultus, Jugend und Sport 2017) auch fünfzehn (!) Monate später nichts Substantielles verändert hat. Die im Text enthaltenen Ankündigungen – Ausarbeitung der „Zielstrukturen [...] voraussichtlich bis Ende 2017" sowie der Abschluss der Umsetzungsplanung im 1. Halbjahr 2018 – sind jedenfalls für die Öffentlichkeit nicht nachvollziehbar. Der Text der Glosse vom Sommer 2017 scheint deshalb auch im Herbst 2018 noch nicht überholt. Gleichwohl werden die Grundgedanken des ursprünglichen Textes hier nun erweitert um einen eigenen Qualitätsbegriff, der sich anlehnt an das Qualitätsmodell des libanesischen Mediziners Avedis Donabedian (1919-2000).

2 Qualität, Qualität und nochmals Qualität – aber welche?

Wir erinnern uns: „Qualität" ist unbestreitbar der Leitbegriff der ministeriellen Verlautbarung (vgl. im Folgenden Ministerium für Kultus, Jugend und Sport 2017). Etwa 20mal wird er auf insgesamt etwa drei Druckseiten einschließlich einer Übersichtsgrafik zur Struktur der beiden neu zu schaffenden Institute verwendet. Genauer: es geht um die „Qualität des Schulsystems", die „Qualität der Lehrerfortbildung", um „Schulqualität" und „Unterrichtsqualität", um „Qualitätskonzept", „-entwicklung" und „-sicherung" sowie um eine „umfassende Qualitätsstrategie". Das ist weder vorwerfbar noch verwunderlich. Erstaunlich ist nur, dass man bei der Frage nach der substantiellen Bedeutung des so tragenden Qualitätsbegriffs weithin auf indirekte Rückschlüsse angewiesen ist. So stand in diesem – wie erwähnt bis heute zugänglichen und nicht fortgeschriebenen – Text zu lesen, dass es sich um ein Qualitätskonzept für das *Bildungssystem* handle. Kritikwürdig sei vor allem die *Schulentwicklung* in Baden-Württemberg – was ja durchaus zweierlei ist. Zudem überrascht solch fundamentale Systemkritik aus dem Munde einer konservativen Bildungspolitikerin. Bereits im dritten Satz desselben Textes erfährt man, dass es bei dem Qualitätskonzept nicht ernsthaft um das komplette Bildungssystem, auch nicht um die Schulentwicklung, sondern um die *Unterrichtspraxis* geht. Doch sogleich wird wieder das Bildungssystem aufgerufen und darin insbesondere „die unzureichende Qualität der Lehrerfortbildung". Es folgt alsbald ein weiterer Qualitätsbegriff, nämlich der der *Schulqualität*, der aber in Wahrheit vor allem oder ausschließlich die *Qualität der Schülerleistungen* zu meinen scheint. Schulqualität, so erfährt man schließlich in der Aufgabenskizze des neu zu gründenden *Zentrums für Schulqualität und Lehrerbildung* meint vor allem *Unterrichtsqualität*. Das zweite, ebenfalls neu zu gründende *Institut für Bildungsanalysen* hat wiederum die *Qualitätsentwicklung auf allen Ebenen des Bildungssystems* vom Ministerium bis zu den Schulen zu unterstützen. Sollte damit allen Ernstes eine komplette „pädagogischer Innenrevision" intendiert sein?

Langer Rede kurzer Sinn: Von welcher „Qualität" ist die Rede, und wohin soll die jeweilige entwickelt werden? Der Text gibt darauf Antworten, doch die sind allesamt durchsichtig und kurzgeschlossen: Es geht im Grunde allein um die Messung der Schülerleistungen, die Analyse der Messergebnisse und entsprechende Schlussfolgerungen im Blick auf die Erstellung zweier Produkte, nämlich „Fortbildungen" und „Handreichungen". Wir folgen noch einen Moment der Qualitäts-Logik der ministeriellen Verlautbarung, weil einerseits anhand der diesem Konzept zugrundeliegenden Qualitäts*defiziten* und andererseits an den Mitteln zu deren Behebung deutlich wird, dass es sich um einen verkürzten, als technokratisch zu bezeichnenden Qualitätsbegriff handelt. Diesem technokratischen Begriff von Qualität soll anschließend ein systemischer, der Komplexität von Qualität gerecht werdender, Qualitätsbegriff entgegengesetzt werden.

Das Qualitätsdefizit, das die Qualitätsinitiative der Ministerin auf den Plan gerufen hat, besteht schlicht in den unerwartet mittelmäßigen Ergebnissen zahlreicher Schülerleistungsuntersuchungen von PISA über VERA-8-Vergleichsarbeiten bis IGLU. Die Schülerinnen und Schüler, so lautet der unleugbare Befund, können weitaus weniger gut schreiben, rechnen und lesen, als man erwartet hätte. Die Ursache dafür kann nur der wie auch immer unzureichende – also qualitativ nicht hinreichende – Unterricht durch die jeweiligen Lehrpersonen sein: gemessene mangelnde Qualität von Schülerleistungen wird zurückgeführt auf als unzureichend diagnostizierte Qualität von Lehrerleistung. Wie verbessert man diese? Antwort: Durch Handreichung und Fortbildung. Frage: Ähnelt diese Aneinanderreihung von „Messung, Diagnose, Handreichung" nicht verblüffend der Logik der Unternehmensberatung à la Roland Berger und McKinsey? Sagen wir: Ein Autohersteller stellt fest, dass 10% der ausgelieferten Fahrzeuge über quietschende Türen oder ein mangelhaftes Lenkgetriebe verfügen. Den vorhandenen Qualitätssicherungssystemen (hier analog: Landesinstitut für Schuldentwicklung, Fremdevaluation u. a. m.) waren diese Mängel offensichtlich nicht aufgefallen.

Folglich gilt es im ersten Schritt, die Diagnose zu schärfen und im zweiten Schritt, die Mängel zu beheben. Also muss die Endkontrolle präziser werden. Wirklich? Die Kontrolle des Endprodukts oder nicht die der Zulieferer, die der Produktionsbedingungen, der Ressourcen, der Prozesse? Ein Qualitätsmangel im Schulsystem lautet beispielsweise: Zwei Drittel der Drittklässler erreichen bzw. unterschreiten mit ihren orthografischen Fähigkeiten (laut VERA 3) gerade mal den Mindeststandard. Kaum ein Jahr später erhalten bis zu 70% derselben Drittklässler – nun Kinder der 4. Grundschulklasse – in Baden-Württemberg eine Bildungsempfehlung für das Gymnasium. Das ist immerhin bemerkenswert. Denn auf welche Weise wurden die kurz zuvor festgestellten bzw. werden diese Mängel in den weiterführenden Schulen behoben? Waren die geeigneten Verfahren den Grundschullehrkräften unbekannt? Kooperieren möglicherweise „Zulieferer" und „Abnehmer" nicht?

Anzunehmen, man müsse eben auch in der Schule nur präziser Leistungen messen, um damit bereits den Schlüssel für die Mängel im Produktionsablauf (Schul- und Unterrichtsqualität, Ziel: bessere VERA-Ergebnisse) in Händen zu halten, nämlich das Konzept für bessere, wirksamere und die Mängel behebende Lehrer(fort)bildung und Handreichungen, ist schlicht irrig und realitätsfern. Haben die konsultierten Experten aus Schulpraxis und der immer wieder beschworenen Wissenschaft darauf nicht hingewiesen? Die erfolgreichen pädagogische Qualitätsentwicklungsprozesse in preisgekrönten Schulen sprechen eine andere Sprache: Im Zentrum muss immer das Schülerlernen stehen, denn die Schülerinnen und Schüler müssen ja alle angestrebten Qualitäts- und Leistungsverbesserungen erbringen. Technisch gesprochen: Erforderlich ist ein interaktives *bottom-up-Modell* der lernenden Einzelschule und kein zentralistisch-bürokratisch-technokratisches *top-down-Modell*, das bei den jetzt beabsichtigten Maßnahmen des Kultusministeriums Pate gestanden hat (s. Kasten „Schule und bürokratische Rationalität").

Der folgende Auszug (Kap. V, S. 183ff.) stammt aus dem Buch von Gero Lenhardt (Lenhardt 1984), seinerzeit Mitarbeiter am MPI für Bildungsforschung Berlin:

> „Die Rationalisierung des Bildungssystems zielt unmittelbar nicht darauf, den pädagogischen Erfolg des Unterrichtsgeschehens und seine Bedingungen transparent zu machen und damit den pädagogischen Wirkungsgrad der Schule zu steigern." (190)
> „So häufig die Leistungen der Schüler evaluiert werden, so wenig die tatsächliche Effizienz des Unterrichts. Nur ausnahmsweise werden etwa die Leistungsdaten von Schülern so aggregiert, dass auf den Erfolg einer ganz bestimmten Unterrichtspraxis geschlossen werden könnte. […]
>
> Die Verhaltensansprüche, mit denen die Schüler konfrontiert sind, lassen sich formal als Sequenz von Unterrichtung, Aufgabenzuweisung, Ausführung, Leistungskontrolle und Bewertung sowie Selektionsentscheidungen auffassen, die weitgehend durch Vorschriften festgelegt sind und auch der Autonomie der Lehrer enge Grenzen

setzen." (196) „Den Beziehungen der Schüler zueinander gibt die Schulorganisation unmittelbar die Form der Isolation. Mit der Mehrzahl der Aufgaben, die den Schülern zugewiesen werden, ist die Erwartung verknüpft, dass die einzelnen sie jeweils alleine lösen. […] Formen der wechselseitigen Unterstützung, die außerhalb der Schule, etwa in den Betrieben, üblich sind und denen dort besondere Wertschätzung zuteilwird, werden in der Schule untersagt. […]

Die formale Schulorganisation zielt nicht auf die Mobilisierung der Leistungsfähigkeit von Schülerkollektiven; diese wird zu Bildungszwecken planmäßig kaum genutzt, noch weniger wird sie prämiiert. An der Wirksamkeit gruppendynamischer Prozesse in der Schülerschaft besteht kein Zweifel, jedoch macht die Schule davon kaum rationalen Gebrauch."

Letzte Rückfrage: Gibt es „die" Fortbildung überhaupt, die als solche bewirkt, dass Unterricht in dem Sinne „besser" wird, dass er zu besseren Schülerleistungen führt? Und ist das alles, was man zu Unterrichtsqualität, Lernklima u. a. m. sagen kann und muss? Wird künftige Fortbildung mit ihrer Hypothek, bessere Schülerleistungen bewirken zu sollen, überhaupt diejenigen Lehrkräfte erreichen und für alle diejenigen hinreichen, die sie erreichen muss: Lehrkräfte, die ihrem Dienstauftrag, Kindern und Jugendlichen das Lesen, Schreiben und Rechnen beizubringen, unterstelltermaßen gar nicht oder nur unzureichend nachkommen?

Ich fasse zusammen: Kritikwürdig scheint mir (1.) die dem ministeriellen Vorhaben zugrunde liegende Vorstellung von Qualitäts*entwicklung*, wobei an Entwicklung im transitiven Sinne gedacht ist: Es gibt Akteure, die ein Objekt (hier: die Qualität) entwickeln, also Maßnahmen durchführen, deren Ziel eine wie auch immer „entwickelte" (sprich: verbesserte, erhöhte) Qualität ist. Das Bild aktiver Qualitätsentwicklung scheint mir, das wurde soeben angedeutet, sehr viel mehr den Vorstellungen von Produktions- und Fertigungsabläufen als denen eines Systems oder gar „Organismus" wie einer Schule oder einem Bildungssystem zu folgen. Und (2.) die weitgehend vernachlässigte Dimension von Qualitätsentwicklung im *intransitiven* Sinne: Schule, und das wird gleich im dritten Kritikpunkt noch einmal deutlich werden, ist kein Objekt, Produkt oder Gegenstand, der ausschließlich aktivem Handeln unterliegt und somit gemessen, korrigiert und optimiert werden kann, sondern Schule entwickelt sich auch ohne aktives Eingreifen. Niemand unterrichtet in einer Schule, die sich im Laufe der letzten zehn, zwanzig oder fünfzig Jahre nicht „wie von selbst" weiterentwickelt hätte, etwa aufgrund von veränderten gesellschaftlichen Erwartungen, verändertem Lehrpersonal, veränderter Schülerpopulation und vielem mehr. Beide Kritikpunkte aber fußen in einer grundsätzlichen Anfrage an den zugrunde gelegten Begriff von Qualität. Dem hier als technokratisch, ökonomistisch und mechanistisch kritisierten Qualitätsbegriff stelle ich im Folgenden deshalb einen systemischen, mehrperspektivischen Begriff von Qualität gegenüber. Es wird zu zeigen sein, dass ein veränderter Qualitätsbegriff unmittelbare Auswirkungen auch auf jegliche Form von Qualitätsentwicklung haben wird.

3 Von welcher Qualität reden wir? – Ein Qualitätsmodell

Um jedes Missverständnis auszuschalten: Schule verdient Qualität. Schule muss sich lohnen. Doch die erste, gewissermaßen mentale Rückfrage und Klärung muss darin bestehen: Braucht Schule Qualität, weil sie nichts so wenig davon aufzuweisen hat – oder muss Qualitätsentwicklung nicht vielmehr bei den vorhandenen Potenzialen, also auch Qualitäten ansetzen? Die Frage ist erkennbar rhetorisch gestellt, die Antwort lautet: Qualität kann nur entwickeln, wer über Qualität verfügt. In welchem Sinne aber ist es konstruktiv, von Qualität im Blick auf Schule zu reden? Hier lohnt ein Blick weg von der Produkt- und hin zur Organisationsentwicklung. Schule, das wurde bereits erwähnt, ist eben kein Produkt, das bestimmten Fertigungsbedingungen unterliegt, sondern ein System, um nicht zu sagen ein lebendiger Organismus, dessen „Lebensbewegungen" sowohl Rahmenbedingungen, Gesetze und Strukturen bestimmt sind, dessen Akteure aber zugleich gesellschaftliche und geschichtliche Subjekte mit ihren Kompetenzen, Gestaltungsmöglichkeiten und Freiräumen – sprich: ihren Interaktionen – sind. Das Qualitätsmodell, das dieser Komplexität gerecht werden kann, geht zurück auf den libanesisch-britischen Arzt und Medizinsoziologen Avedis Donabedian (Donabedian 1980). Er vollzog die grundlegende Unterscheidung zwischen Struktur- oder Potenzialqualität (structure), Prozessqualität (process) und Ergebnisqualität (outcome). Diese Unterscheidung zwischen Struktur-, Prozess- und Ergebnisqualität lässt sich auf die Situation der Schule leicht anpassen und veranschaulichen mithilfe eines Satzanfanges, den am besten Lehrkräfte selbst für sich ergänzen (vgl. Ziener 2016, S. 12ff.). Dieser Satzanfang lautet:

„Schule (und Unterricht) sind am Ende doch immer nur so gut wie ...". Die Ergänzungen, die im Zuge von mittlerweile Hunderten von Versuchen in meinen Fortbildungen von Lehrkräften gefunden wurden, lassen sich folgendermaßen clustern:

- *A:* Schule und Unterricht gelingt immer nur so gut wie die ganze Fülle an strukturellen Voraussetzungen, Rahmenbedingungen und Verlässlichkeiten – von der Klassengröße über die räumliche und technische Ausstattung, die vorhandenen Ressourcen an Zeit, Personal und Arbeitsmitteln bis hin zu den einschlägigen Gesetzen und Regeln – sprich: *Strukturqualität.*

- *B:* Schule und Unterricht ist immer nur so gut wie die Prozesse, die angestoßen, begleitet, transparent gemacht, reflektiert, verselbstständigt" werden können, Methoden genutzt, Sozialformen abgewechselt, das Lernklima bearbeitet wird, kurzum: Schule ist so gut, wie „es läuft", sprich: *Prozessqualität.*

- *C:* Schule und Unterricht sind so gut wie das, was gelernt wird; Schule ist so gut, wie es gelingt, Lernfortschritte, Ab- und Anschlüsse, Lernleistungen oder Kompetenzen zu ermöglichen: die Perspektive der *Ergebnisqualität.*

Wie ist nun mit diesem mehrperspektivischen Modell zu arbeiten? Die dreifache Antwort auf diese Frage kann nur in aller Kürze angedeutet werden. In allen drei Antworten spielt die analytische Funktion dieses Qualitätsmodells die entscheidende Rolle, und zwar im Blick

(a) auf den Ist-Zustand einer Schule,
(b) den Soll-Zustand und
(c) den Weg dorthin, also den Weg der Qualitätsentwicklung.

An dem Modell der drei Qualitätsperspektiven wird sehr schnell deutlich: zum einen besteht ein dialektisches Verhältnis von Unterscheidung und Wechselwirkung zwischen diesen drei Qualitätsperspektiven, zum anderen treten diese drei Perspektiven im Alltag immer wieder in hartnäckige Konkurrenz, denn jede der drei Perspektiven wird je für sich gerne absolut gesetzt, etwa in folgendem Sinne: Wir können keinen offenen Unterricht anbieten, weil wir dazu nicht die Räumlichkeiten oder das Personal haben (*Struktur-* gegen *Prozess*qualität). Wir haben ein Methodencurriculum entwickelt, aber die Orthografie der Schüler*innen hat sich nicht verbessert (*Ergebnis-* gegen *Prozess*qualität) und so weiter.

Die lapidare Antwort auf alle solche nachvollziehbaren Einwände lautet: Schule und Unterricht sind immer nur so gut, wie es gelingt, je nach Maßgabe der *strukturellen* Rahmenbedingungen solche *Prozesse* zu organisieren, die die *Lernergebnisse* voranbringen. Sobald eine dieser drei Dimensionen verabsolutiert, das heißt gegen die anderen ausgespielt bzw. banalisiert oder in Abrede gestellt wird, wird der Qualitätsbegriff defizitär; es geht um „Konzeptqualität" im Sinne der Integration aller drei Qualitätsperspektiven; genau dies aber versäumt ein Qualitätskonzept, das sich ausschließlich auf messbare Lernergebnisse (genauso wie auf Strukturen oder Prozesse) beschränkt. Denn man wird weder den zu entwickelnden Ausgangspunkt (Ist-Zustand), noch das Ziel (Soll-Zustand), noch den Weg oder Prozess angemessen verstehen und gestalten können, wenn man mit einem unterkomplexen Qualitätsbegriff hantiert.

4 Sicht- und Tiefenstruktur des Unterrichts

Die längst in der Fachliteratur geläufige Unterscheidung zwischen Sicht- und Tiefenstruktur des Unterrichts (vgl. z. B. Helmke 2009; Kiper 2012; Kunter et al.

2012) wird bedauerlicherweise in der ministeriellen Ankündigung zum „Qualitätskonzept für das Bildungssystem Baden-Württembergs" (vgl. Ministerium für Kultus, Jugend und Sport 2017) nirgendwo erwähnt.

Die beiden Begriffe sind im Grunde hinreichend anschaulich: Beachtet die Qualitätsentwicklung nur dasjenige, was bei einem Blick in ein Klassenzimmer, auf Lehrerhandeln oder im Blick auf Testergebnisse „vor Augen steht" (Sichtstruktur) – oder gelingt auch ein Blick auf Lernprozesse und -hindernisse, auf individuelle Lernfortschritte, auf Sprache, Arbeitsweisen, Interaktionen. Gibt es Einsichten in den „Tiefenstrukturen" des Lernens – gibt es neben Schulorganisation, Ressourcen und Testergebnisse auch einen Begriff für das, was Hartmut von Hentig im Anschluss an Johann Amos Comenius die Dimension der Mathetik genannt hat? Nichts anderes meint Michael Schratz mit dem Gegensatz von „lehrseitigem" und „lernseitigem" Blick auf Unterricht (vgl. Schratz 2009). Wie ließe sich diese Doppelperspektive mit dem an Donabedian angelehnten Qualitätsmodell verknüpfen?

Die Grafik (vgl. Abb. 1) zeigt, dass die Unterrichtsperspektive sich in die drei Perspektiven der Struktur-, der Prozess- und der Ergebnisqualität gewissermaßen einbetten lässt.

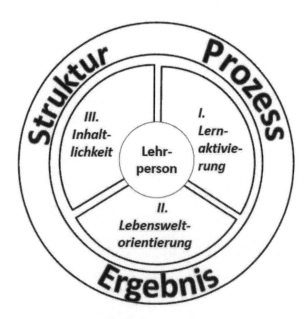

Abb. 1: Kriterien für Unterrichtsqualität (Quelle: Ziener 2016, S. 56)

Im Zentrum des Modells steht nun die Lehrerpersönlichkeit. Sie ist selbst Teil der Strukturen, denn sie ist zugleich verantwortlich für Prozesse und strebt Ergebnisse an. In der Lehrperson fallen also alle drei Perspektiven zusammen. Von hier aus werden die drei wesentlichen Gesichtspunkte für die Tiefenstruktur des Unterrichts plausibel:

    I.   Die Lernaktivierung der Lernenden

    II.   Die Schülerorientierung, besser beschrieben mit der „doppelten Passung" im „didaktischen Dreieck" von Lehrer, Schüler*in und Lerngegenstand

    III.   Die Frage nach der Inhaltlichkeit

Auch dies kann hier nur kurz skizziert werden:

- *I.* Mit dem Begriff der Lernaktivierung (im Unterricht) verbindet sich die schlichte, aber fundamentale Einsicht, dass Lernprozesse in dem Sinne subjektbezogen und insofern immer „individuell" (besser: „personal") sind, als kein Mensch in seiner Lerngeschichte vertretbar ist und deshalb das eigentliche und fundamentale Kriterium für Unterrichtsqualität lauten muss: Bringt er Lernende in's Lernen?

- *II.* Der Begriff der Schülerorientierung als tieferes Qualitätskriterium von Unterricht ist solange missverstehbar, als er nicht klar unterschieden ist von „Lust", „Motivation" und „Interesse". Selbstverständlich spielen diese „motivationalen und volitionalen" Faktoren (F. E. Weinert) eine Rolle. Gemeint ist hier jedoch die Passung zwischen Anforderungen, Aufgaben und Lernimpulsen und den Lernvoraussetzungen, Erfahrungen und Entwicklungen der Schüler*innen; anders ausgedrückt: die „wechselseitige Erschließung" zwischen Lernenden und Lerngegenständen (Wolfgang Klafki).

- *III.* Das scheinbar konventionellste, aber im Zeichen missverstandener Kompetenzorientierung (als Kampf und Gegenbegriff gegen ein Lernen an und von Inhalten (vgl. z. B. Gruschka 2006; 2011; Kissling/ Klein 2012; Krautz 2007) notwendige Qualitätskriterium besteht in der Frage nach ansprechenden, anspruchsvollen, den Horizont der Schüler*innen erweiternden und den Kompetenzbegriff überhaupt erst sinnvoll machenden Inhalten.

5 Fazit

Das Bestreben, das Unternehmen Schule, die darin zu organisierenden Lernprozesse und das öffentliche System der Bildung unter Qualitätsgesichtspunkten zu beobachten und auf Qualität zu drängen, ist unhintergehbar und steht nicht zur Disposition. Dass wirksame Steuerung und Entwicklung von Qualität einer permanenten „Evaluation" bedarf – was ja nichts anderes ist als die latinisierende, wörtliche Übertragung des deutschen Begriffs der „Auswertung" – steht ebenso außer Frage wie der Umstand, dass unbefriedigende Befunde nicht tatenlos hinzunehmen sind. Die Frage, was man dabei unter Qualität versteht, ist darum umso drängender. Der Beitrag versuchte zu zeigen, dass ein unterkomplexer, Machbarkeit suggerierender Qualitätsbegriff kaum zielführend sein kann und im schlimmsten Fall wertvolle Ressourcen für unwirksame Aktivitäten vergeudet. Schulen sind lebendige Organismen mit Strukturen, die im besten Falle solche Prozesse ermöglichen, deren Folge Lernergebnisse sind. Darum bedarf es eines systemischen Qualitätsbegriffs, der sowohl der Strukturdimension, als auch der der Prozesse und der Ergebnisse Rechnung trägt. Dies gilt sowohl für den Schul- und Unterrichtsalltag, als auch für die Fortbildung der Lehrkräfte, als auch die Qualitätsentwicklung.

Literatur

Donabedian, A. (1980): The Definition of Quality and Approaches to Its Assessment, Explorations in Quality Assessment and Monitoring. Volume 1. Ann Arbor, Mich.: Health Administration Press.

Gruschka, A. (2006): Bildungsstandards oder das Versprechen, Bildungstheorie in empirischer Bildungsforschung aufzuheben. In: Pädagogische Korrespondenz. Heft 35/2006. S. 5-22.

Gruschka, A. (2011): Verstehen lehren. Ein Plädoyer für guten Unterricht. Stuttgart: Reclam.

Helmke, A. (2009): Unterrichtsqualität und Lehrerprofessionalität. Diagnose, Evaluation und Verbesserung des Unterrichts. Seelze-Velber: Kallmeyer.

Kiper, H. (2012): Unterrichtsentwicklung. Stuttgart: Kohlhammer.

Kissling, B.; Klein, H. P. (2012): Bildungsstandards auf dem Prüfstand – Der Bluff der Kompetenzorientierung. Online im Internet: https://bildung-wissen.eu/wp-content/uploads/2011/05/Der-grosse-Bluff.pdf. Abgerufen am 28.03.2018.

Krautz, J. (2007): Ware Bildung. Schule und Universität unter dem Diktat der Ökonomie. Keuzlingen/München: Diederichs.

Kunter, M.; Trautwein, U. (2013): Psychologie des Unterrichts. Paderborn: Schöningh.

Lenhardt, G. (1984): Schule und bürokratische Rationalität. Frankfurt am Main: Suhrkamp.

Ministerium für Kultus, Jugend und Sport (2017): Qualitätskonzept für das Bildungssystem Baden-Württembergs. Online im Internet: http://www.km-bw.de/,Lde/Startseite/Service/28_06_2017+Qualitaetskonzept+Bildungssystem. Abgerufen am 28.03.2018.

Schratz, M. (2009): "Lernseits" von Unterricht. Alte Muster, neue Lebenswelten – was für Schulen? In: Lernende Schule. Heft 12/2009). S. 16-21.

Ziener, G. (2016): Herausforderung Vielfalt. Kompetenzorientiert unterrichten zwischen Standardisierung und Individualisierung. Seelze: Kallmeyer.

Ziener, G. (2017): Welche Qualität soll entwickelt werden – und mit welchen Mitteln? Ein neues „Qualitätskonzept für das Bildungssystem Baden-Württembergs". Fragen eines arglosen Lesers. In: Lehren & Lernen. Heft 8-9/2017. S. 75-78.

20 Jahre externe Schulevaluation in der deutschsprachigen Schweiz

Vom Cargo-Kult zum integralen Element professioneller Qualitätskultur?

Anton Strittmatter

Abstract

Seit rund zwanzig Jahren werden sowohl die Volksschulen wie auch die Gymnasien und Berufsschulen in den meisten Kantonen der Deutschschweiz einer regelmäßigen externen Schulevaluation unterzogen. Einige dieser Kantone liquidierten gleichzeitig die herkömmliche Schulaufsicht (Inspektorat), an deren Stelle die professionellen Evaluationsinstitute traten. Inzwischen wurde einige Anfangsirrtümer korrigiert, ein Gleichgewicht der verschiedenen Ansprüche zwar andiskutiert, aber noch nicht gefunden. Immerhin zeichnen sich eine Differenzierung bei den Evaluationszwecken ab, namentlich die Unterscheidung und Abgrenzung von Kontroll- und Rechenschaftsfunktionen, von Datenerhebungen für das Systemmonitoring und von Funktionen der Personal- und Schulentwicklung. Zudem wird in einigen Kantonen mit dem Primat der Selbstevaluation der Schulen ernst gemacht, wozu auch Formen der von den Schulen selbst angeforderten externen Evaluation gehören.

Inhalt

1 Heilsbotschaft wird zum Cargo-Kult 362
2 Bislang: Mäßige Erfolge und ungewollte Nebenwirkungen 362
3 Intelligente Weiterentwicklungen in Sicht 365
4 Stand heute 367
5 Diskussion und Fazit 368
Literatur 368

© Springer Fachmedien Wiesbaden GmbH, ein Teil von Springer Nature 2019
T. Stricker, *Zehn Jahre Fremdevaluation in Baden-Württemberg*,
https://doi.org/10.1007/978-3-658-25778-1_27

1 Heilsbotschaft wird zum Cargo-Kult

„Difficile est saturam non scribere". Dieser Stoßseufzer wäre wohl dem Decimus Iunius Iuvenalis (ca. 60-127 n. Chr.) wieder entfahren, hätte er die Geburtsjahre der externen Schulevaluation hierzulande erlebt. Die Anfänge trugen die Züge eines quasi-religiösen „Cargo-Kults" (zum Begriff und modernen Nachfolgern wie „Cargo-Kult-Wissenschaft" und „Cargo-Kult-Management" siehe Artikel „Cargo-Kult" in Wikipedia): Mitte Neunzigerjahre tourte ein charismatischer Referent namens Theo (sic!) Liket, frisch pensionierter Leiter der Schulinspektion der Niederlande, durch die Schweiz. Im Gepäck sein 1993 von der Bertelsmann Stiftung verlegtes Buch mit dem mystischen Titel „Freiheit und Verantwortung" bzw. das darin beschriebene damalige Konzept der niederländischen Schulinspektion. Die Idee, etwa alle vier Jahre jede Schule von einem professionellen Evaluationsteam intensiv evaluieren zu lassen und dabei gleichzeitig Förderwirkungen zu erzielen wie auch der inspektoralen Schulaufsicht gerecht zu werden, fand breite und begeisterte Resonanz in der Deutschschweiz. Liket brachte seine Heilsbotschaft im richtigen Moment: Die herkömmliche Schulaufsicht war in die Krise geraten und die immer mehr Steuergelder verschlingende Bildungspolitik in Rechtfertigungsnöte. Das „New Public Management" versprach Erlösung mittels neuen Ansätzen von „Controlling". Es folgte die Gründung einer interkantonalen Missionsgruppe (www.argev.ch) und nacheinander führten Zürich, Luzern, Graubünden, Schwyz, Basel-Land, der Aargau u. a. das „holländische Modell" für die Volksschulen ein. Dass das Konzept inzwischen im Mutterland einigermaßen Schiffbruch erlitten hatte und durch ein differenziertes, subsidiär angelegtes Konzept ersetzt wurde, dass die ersten Meta-Evaluationen vorderhand und im Vergleich zum Aufwand allzu bescheidene Wirkungen nachwiesen und dass die ganze internationale Fachdiskussion inzwischen weiter gediehen war, interessierte kaum jemanden. Man hatte sich die Astronautenhelme gezimmert und lief damit herum, denn aus der überraschenden Erscheinung ist inzwischen eine attraktive Religion mit MAS-zertifizierten Priestern geworden – und ein boomendes Geschäft für die externe Evaluationen anbietenden Institute.

2 Bislang: Mäßige Erfolge und ungewollte Nebenwirkungen

Es liegen inzwischen einige dokumentierte Langzeiterfahrungen mit angeordneter inspektoraler Fremdevaluation in verschiedenen Ländern und Kantonen vor. Ein Teil der Berichte in der Fachliteratur ist allerdings bedingt zuverlässig, wo nämlich überzeugte bis begeisterte verantwortliche Akteure selbst (Fachstellen für externe Schulevaluation u. ä.) einigermaßen unkritisch und ohne validierte Langzeiterfahrung Erfolgsmeldungen über ihre Arbeit verbreiten. Dort wo entweder selbstkritischere Akteure am Werk waren oder externe, unabhängige Meta-

Evaluationen durchgeführt wurden, werden ein paar überzeugende Beispiele dokumentiert, aber auch viele Probleme sichtbar (vgl. z. B. Quesel et al. 2011).

Identitätsdilemma „Die Polizei, dein Freund und Helfer"

Ausnahmslos alle staatlich getragenen Fachstellen für externe Schulevaluation verkaufen sich doppelzüngig: Den Schulen gegenüber als Helferinnen und Unterstützerinnen, als Anregung und Bestätigung. Und den sie finanzierenden Behörden gegenüber als Lieferantin von Berichten über die Schulen, als Datenlieferantin für das Systemmonitoring und die Aufsicht. Das ist wohl unvermeidlich im existentiellen Dilemma der engagierten Evaluatorinnen und Evaluatoren. Würden sie als bloßes freundliches Angebot für die Schulen auf den Nachfragemarkt gehen, hätten sie kaum Arbeit. Das Geld, die Größe und das Prestige kriegen sie von den Kantonen. Deren Interessen und Legitimation für die erhebliche Kostengutsprache liegen aber naturgemäß bei der Aufsicht und Rechenschaftslegung. Dieser Zwiespalt ist direkt ursächlich für die mannigfachen ungewollten Probleme mit der externen Evaluation.

Bescheidene Entwicklungsimpulse

Alle Systeme mit angeordneter, periodischer inspektoraler Fremdevaluation müssen sich bezüglich Kosten-Nutzen in Frage stellen lassen. Schon die erste externe Meta-Evaluation zur „Neuen Schulaufsicht" im Kanton Zürich kommt zum Schluss, dass zwar die große Mehrheit der befragten Akteure (Evaluatoren, Behörden, freiwillige Schulen) die Evaluationen positiv bis sehr positiv erlebt haben – und dass sie aber leider im Wesentlichen folgenlos geblieben sind. Spätere Standortbestimmungen fallen leicht positiver aus, vermögen aber angesichts der Kosten von mehreren Zehntausend Franken pro Evaluationsbesuch noch nicht zu überzeugen. Bei nicht wenigen Schulen scheint eine Tendenz vorzuherrschen: Inspektion wieder mal überstanden. Die ein oder zwei Punkte, die ohnehin angestanden wären, aufgreifen, darüber einen schönen Vollzugsbericht schreiben und ansonsten zur Tagesordnung übergehen. Vor der nächsten Runde rechtzeitig den Ordner wieder aufpolieren.

Absturz im Öffentlichkeitsprinzip

Die Lehre der förderorientierten Evaluation sagt, dass die Daten den Schulen gehören sollen, weil nur die Zumutung von „Ownership" bei diesen dann auch Verantwortung und verbindliches Lernen auslöse. Weil nun aber die angeordneten externen Evaluationen mehr oder weniger deklarierte Aufsichtsfunktionen erfüllen, kommt über kurz oder lang das gesetzliche Öffentlichkeitsprinzip zum Tragen: Zunächst kriegen die Behörden und die Schulen den Bericht, dann kommen die Eltern und wollen Einsicht und schließlich die Tageszeitungen, notfalls per Gerichtsbeschluss (wie in Holland geschehen). Oder eine belobigte Schule geht selbst damit an die Öffentlichkeit und setzt damit die anderen Schulen in Zugzwang, obschon viele davon ihre Probleme lieber „en famille" gelöst hätten. Das führt über kurz oder lang entweder zu nichtssagenden, „ungefährlichen" Berichten oder zur unwürdigen Splittung in eine öffentliche und eine „wahre" Version und in jedem Fall zur angestrengten Kulissenmalerei der Schulen im Vorfeld und während des Inspektionsbesuchs.

Austricksen oder Instrumentalisieren

Es gelingt eben trotz gutem Willen nicht, die Balance von „freundlicher Förderevaluation" und potenziell prangerhafter Examensinspektion zu halten. Alle Systeme angeordneter inspektoraler Fremdevaluation tendieren dazu, über kurz oder lang zu kippen: Sie werden zunehmend als eher bedrohliche Inspektion erlebt, bei der man „möglichst gut abschneiden" muss. Nötigenfalls wird versucht, mit dem ganzen Repertoire von Tricks zu schönen Ergebnissen zu kommen, Mängel zu vertuschen oder sie zu verharmlosen.

Andere Schulen haben rasch gelernt, die externe Evaluation zu instrumentalisieren. Wenn von der Schule selbst erkannte Probleme nicht bearbeitet und gelöst werden können, weil übergeordnete Instanzen die notwendigen Ressourcen nicht gewähren oder unkonventionelle Lösungen ablehnen, kann es helfen, wenn die Evaluationsinstanz mit ihrer Autorität Abhilfe verlangt. Wenn nötig drohender als nötig. „Wir hatten die Rüge selbst bestellt, weil nur dies unserer knausrigen Behörde Beine machen konnte", so ein Schulleiter.

Luftraubende Konkurrenz zur Selbstevaluation

Ein weiterer langjähriger Erfahrungswert ist: Je bedeutsamer (folgenschwerer) und aufwändiger eine inspektorale Fremdevaluation inszeniert wird, desto rascher stirbt eine Kultur der seriösen Selbstevaluation oder lässt sie sich kaum mehr entwickeln. Was übrigens eine patente Zirkelschluss-Rechtfertigung für die externe Fremdevaluation liefert: „Seht her, es braucht uns eben doch, die machen ja sowieso keine ernst zu nehmende Selbstevaluation." Beides zusammen und in professioneller Qualität hat energetisch für die Schulen tatsächlich nicht Platz. Und: Was in den Augen der Politik letztlich zählt, ist die Inspektion. Der traut man grundsätzlich mehr als der „Selbstbespiegelung" der Lehrer. Die Schulen lernen schnell: „Alle paar Jahre eine Inspektionsübung überstehen ist lohnender als eine aufwändige Selbstevaluation, die man uns doch nicht wirklich honoriert."

Fehlende unabhängige Meta-Evaluation

Das große methodische Problem in dieser Diskussion liegt im praktisch völligen Fehlen unabhängiger externer Meta-Evaluationen zur externen Schulevaluation. Die Evaluationsstellen evaluieren sich selbst, indem sie ab und zu Zufriedenheitserhebungen bei den von ihnen evaluierten und von ihrem Wohlwollen abhängigen Schulen durchführen. Mir fällt auf, wenn ich als Berater an Schulen arbeite, die kurz vor oder nach einer angeordneten externen Evaluation stehen, oft wenig würdige Geschichten darüber erzählt werden. Mein Appell „Erzählt das doch den Evaluatoren selbst" wird mit mildem Lächeln abgewehrt. Entweder aus einer Art kollegialem Mitgefühl, die seien schließlich so nett und freundlich und wohlwollend gewesen. Oder aus schierem Opportunismus, man wolle es mit denen (oder mit der von der Evaluation ganz begeisterten Schulleitung) doch nicht verderben, die seien schließlich das große Ohr der kantonalen Bildungsdirektion, man sei ja einigermaßen ungeschoren davongekommen und wolle sich jetzt nicht noch Ärger aufladen... .

3 Intelligente Weiterentwicklungen in Sicht

Deutlich erfolgreicher scheinen klar subsidiär angelegte Systeme zu funktionieren, wie das heute etwa in Schweden oder in den Niederlanden der Fall ist. Man investiert dort mindestens 80% der Mittel in die professionell gemachte Selbstevaluation der Lehrpersonen und Schulen, in das dialogisch angelegte „Gegenlesen" der Berichte der Lehrpersonen (in Q-Gruppen) und der Schulen (durch externe Schulaufsichts-Fachstellen) sowie in die periodische externe (und dort durchaus inspektorale) Meta-Evaluation, d. h. in die Kontrolle der Seriosität der Selbstevaluation. Die verbleibenden 20% der Mittel werden für das Monitoring der Schulen anhand fester Indikatoren und in externe Primärevaluationen bei den paar identifizierten Problemschulen investiert.

Investitionsbereich verbindliche Selbstevaluation

Die nachhaltige Schaffung einer Kultur (!) der Selbstevaluation der Lehrpersonen und der einzelnen Schuleinheiten muss absolut prioritär gesetzt werden. Das braucht, je nach Ausgangslage an den Schulen, mindestens drei bis fünf Jahre und kostet in dieser Zeit viel Energie in den Schulen und viel externe Unterstützung.

Dieser Ansatz ist jedoch allein tauglich, die Professionalität der Lehrpersonen und Schulleitungen zu respektieren und zu stärken. Dazu gehört dann seitens der Schulaufsicht, dass die verbindliche und nach professionellen Standards praktizierte Selbstevaluation kontrolliert wird. Die neuere Tendenz der interkantonalen Fachstelle „ifes" für die Gymnasien und Berufsschulen, vor allem auf die Meta-Evaluation der Selbstevaluation der Schulen zu fokussieren, ist in diesem Sinne zu begrüßen.

Investitionsbereich Schulleitungen

Die sehr anspruchsvolle Etablierung einer solchen Selbstevaluations-Kultur erfordert an manchen Schulen noch vermehrte Investitionen in die Ausbildung und Dotation der Schulleitungen. An großen Schulen muss dafür vor allem das „mittlere Kader" ausgebaut werden, für eine herkömmlich egalitäre Schulkultur ein sensibles Unterfangen.

Investitionsbereich Kontrolle der Mindestqualitäten

Norbert Landwehr, einer der frühen Protagonisten der externen Evaluation in der Schweiz, redet in einem viel zitierten Vortrag (vgl. Landwehr 2013) einem zweifachen Paradigmenwechsel das Wort: Einerseits müsse man künftig davon ausgehen, dass die behördlich angeordneten, aufsichtlichen externen Evaluationen nicht gleichzeitig in einem erheblichen Ausmaß Schulentwicklungen befördern können. Bezüglich der Entwicklungsfunktion von Evaluation sei „die interne Evaluation vermutlich wirksamer als die externe Schulevaluation" (Landwehr 2013, Folie 21). Selbstgesteuerte Entwicklung sei das fruchtbarere Veränderungsmodell, die Rolle der schulinternen Verarbeitung von Evaluationsergebnissen sei massiv aufzuwerten.

Anderseits sei Abschied zu nehmen von den idealtypischen Tugendkatalogen (Merkmalskataloge der „guten Schule"). Als Probleme nennt Landwehr (Landwehr 2013, Folie 24): „Gefahr, dass die Schulen durch präskriptive Vorgaben überflutet werden. Raum für selbstgesteuerte Entwicklung geht verloren. Widerspruch zur Idee einer gemeinsam getragenen Profilbildung der Einzelschule. Gegenüber Entwicklungsansprüchen wird «Reaktanz» erzeugt."

Landwehr hält „negative Normierungen" im Sinne von zu vermeidenden Zuständen bzw. unbedingt einzulösenden Mindeststandards für sinnvoller. Diese seien grundsätzlich prägnanter, den Schulen würde der Raum nach oben (d. h. im positiven Zielbereich) bewusst offen gelassen. Die Generierung von positiven Zielen und Entwicklungsmöglichkeiten sei auf lokaler Ebene und partizipativ angelegt erfolgversprechender. Und es werde weniger Reaktanz erzeugt (vgl. Landwehr 2013, Folie 25). Die Mindeststandards seien dann aber verbindlich und ultimativ durchzusetzen. Nur so könne die Bildungspolitik bzw. die Bildungsverwaltung garantieren, dass keine der Schulen anhaltende gravierende Funktionsstörungen aufweise (vgl. ebd., Folie 26).

Investitionsbereich Systemmonitoring

Und schließlich muss der Kanton ein seriöses Systemmonitoring einrichten, welches mit ein paar ausgesuchten Indikatoren in der Lage ist, Problemstellen des Systems (!) rasch zu erkennen, um dann lösungsorientiert intervenieren zu können. Auch das steckt noch in den Anfängen und ist kostenintensiv.

4 Stand heute

Die „Interkantonale Arbeitsgemeinschaft Externe Evaluation von Schulen" (ARGEV) erhebt periodisch die Situation in den Kantonen. Zum Zeitpunkt der Abfassung dieses Buchbeitrags war der Stand März 2017 online (vgl. Bericht zur Situation in den Kantonen). Die Erhebung betrifft nur die 21 Deutschschweizer Kantone. In der französisch- und italienischsprachigen Schweiz wird der Ansatz der regelmäßigen, behördlich angeordneten externen Evaluation nicht praktiziert. Bern und St. Gallen setzen auf die Selbstevaluation der Schulen, wobei zum methodischen Repertoire auch der für die Schulen kostenlose Bezug von externer Evaluation oder von Peer Reviews gehört. Diese Kantone wollen aber ausdrücklich durch das Einfordern von Rechenschaftsberichten und – nötigenfalls – durch eine periodische externe Meta-Evaluation für Verbindlichkeit und ein hohes Niveau der Selbstevaluation sorgen. Ebenfalls keine inspektorale Evaluation betreiben Freiburg, Schaffhausen (Vorlage wurde vom Volk abgelehnt), Schwyz (langjährig praktizierte externe Evaluation aus Kosten-Nutzen-Gründen eingestellt) und Wallis. Auch in diesen Kantonen wird die Selbstevaluation der Schulen als Entwicklungsziel bezeichnet. Bemerkenswert erscheint ein jüngerer Beschluss des Kantons Glarus, wonach neu die von den externen Evaluatoren gewonnenen Rohdaten einer dialogischen (!) Auswertung und Diskussion unterworfen werden. Auch einige Kantone, die noch auf die inspektorale externe Evaluation setzen, melden Bedarf nach einer Aufwertung der Selbstevaluation und Selbstentwicklung der Schulen an.

5 Diskussion und Fazit

Eine periodische inspektorale Fremdevaluation für alle Schulen braucht es grundsätzlich nicht, wenn gut geleitete Schulen eine professionellen Standards genügende Selbstevaluation betreiben. Es müssen aber Mittel bereitgestellt werden, um dort mit professioneller Fremdevaluation „einfahren" zu können, wo gravierende Qualitätsprobleme einzelner Schulen einer diagnostischen Erhellung bedürfen.

Die heute zu recht geforderte öffentliche Qualitätsgarantie für die einzelnen Schulen muss und kann erbracht werden,

- indem die Schule eine professionell gemachte Selbstevaluation nachweist und deren Seriosität attestiert bekommt;

- indem das Systemmonitoring für die betreffende Schule keine negativen Auffälligkeiten bezüglich der formulierten Mindeststandards zeigt.

Die vorhandenen Fachleute für das Evaluationsgeschäft werden dadurch nicht arbeitslos, sie werden an den Schulen für deren Professionalisierung im Bereich der Selbstevaluation sehr wohl gebraucht.

Literatur

Böttcher, W.; Bos, W.; Döbert, H.; Holtappels, H. G. (Hrsg.) (2008): Bildungsmonitoring und Bildungscontrolling in nationaler und internationaler Perspektive. Münster: Waxmann.

Quesel, C.; Husfeld, V.; Landwehr, N.; Steiner, P. (Hrsg.) (2011): Wirkungen und Wirksamkeit der externen Schulevaluation. Bern: h.e.p. Verlag.

Landwehr, N. (2013): Thesen zur Wirkung und Wirksamkeit der externen Schulevaluation. Vortrag an der ARGEV-Veranstaltung vom 15. November 2013. Foliensammlung im Internet: https://www.argev.ch/sites/default/files/argev_netzwerktagung_2013-11-15_input_norbert _landwehr.pdf. Abgerufen am 08.05.2018.

Weitere Quellen

Interkantonale Arbeitsgemeinschaft Externe Evaluation von Schulen (ARGEV). Situation in den Kantonen. Online im Internet: https://www.argev.ch/situation-in-den-kantonen. Abgerufen am 08.05.2018.

Wikipedia: „Cargo-Kult". Online im Internet unter http://de.wikipedia.org/wiki/Cargo-Kult.

Evaluation von Schulen – wohin führt der Weg?

Peter O. Chott

Abstract

Die Evaluation von Schulen steht stark in der Kritik. Gründe wie zusätzliche Belastung sowie mangelnde Effizienz werden beispielsweise dagegen vorgebracht. Andererseits muss Rechenschaft über das schulische Tun abgelegt werden, um Fehler und Missstände rechtzeitig zu erkennen und abzuschaffen, aber auch, um Positiva vorbildhaft herauszustellen. So ist es notwendig, andere Wege und neue Möglichkeiten zu suchen, um die Überprüfungen, die Evaluation der Schulen zu verbessern.

Inhalt

1 Einführung 370
2 Kritik an der Evaluation 370
3 Neue Wege der Schulevaluation 375
4 Fazit 381
Literatur und weitere Quellen 381

© Springer Fachmedien Wiesbaden GmbH, ein Teil von Springer Nature 2019
T. Stricker, *Zehn Jahre Fremdevaluation in Baden-Württemberg*,
https://doi.org/10.1007/978-3-658-25778-1_28

1 Einführung

Der Begriff, der heute im Schulbereich mit am häufigsten verwendet wird, ist „Kompetenzorientierung". Vor circa 10 Jahren war es ein anderer, die „Evaluation". Man begann damals in verschiedenen europäischen Ländern, mittlerweile sind es 26, die Schulen auf den Prüfstand zu stellen. Das Ziel war und ist, für die nachhaltige Qualitätsentwicklung der Schule zu sorgen. Nicht zuletzt war der PISA-Schock 2001 dafür verantwortlich, darüber nachzudenken, warum die Schulen Deutschlands im internationalen Vergleich nicht so erfolgreich abschnitten wie angenommen. Damit war die Evidenz, die Begründung für eine gründliche Anamnese der Situation an den deutschen Schulen, gegeben. Vier Wirkungsbereiche sollten gezeigt werden: die Erkenntnisgewinnung, die Rechenschaftsablegung, die Normendurchsetzung und die Schulentwicklung (vgl. Quesel et al. 2011). Konkret sollte durch einen „unabhängigen Blick von außen" in den verschiedenen (Bundes-) Ländern die Qualität der Schulen überprüft, verglichen und – daraus folgend – verbessert werden. Die einzelnen deutschen Bundesländer gaben dieser Rechenschaftslegung unterschiedliche Namen: Externe Evaluation, Fremdevaluation, Schulinspektion, Schulvisitation, Fremd- oder Qualitätsanalyse lauten beispielsweise die Bezeichnungen. Auch die Verfahren in den 26 Ländern präsentieren sich in unterschiedlichen Formen und Ausprägungen. Die Verbesserung der Qualität der allgemeinen und beruflichen Bildung ist für alle das gemeinsame Ziel. Jedoch sind Vorgehen und Teilziele sowohl auf nationaler, als auch auf EU-Ebene immer wieder Gegenstand der bildungspolitischen Debatte (vgl. Europäischen Kommission – Eurydice-Highlights). Die Diskussion setzte sehr früh nach der Einführung der Überprüfung ein und erbrachte eine Reihe kritischer Punkte.

2 Kritik an der Evaluation

Nachdem man an den Schulen mittlerweile Erfahrungen mit den Schulprüfverfahren gemacht hatte, zeigten sich die Stärken und Schwächen der Evaluation. Die Inspektion der Schulen brachte einerseits Rechenschaftsdruck und andererseits Entwicklungsimpulse. Im Folgenden werden einige Punkte der negativen sowie der positiven Kritik skizziert.

2.1 Negativa

Zunächst äußerten die Kritiker schon bereits kurz nach Bekanntgabe der Einführung, also *vor* der ersten Durchführung, ihre *Befürchtungen* (vgl. z. B. Petition des BLLV an den Bayerischen Landtag). So wurde beispielsweise aufgeführt: Es wird den Lehrkräften mit der Durchführung einer schulischen Evaluation eine

„neue Bürde" auferlegt, die das ohnehin schwierige Geschäft des Unterrichtens zusätzlich belastet. Auch die Schulleitungen hatten diese Sorgen. Ebenso befürchtete man, dass durch eine Überprüfung die Arbeit der Schulen, vor allem die der Schulleitungen, Lehrerinnen und Lehrer in der Öffentlichkeit bloß gestellt werde. Zudem würde durch die von außen kommende Schulinspektion ein Wettbewerb zwischen Schulen heraufbeschworen, die man wegen ihrer unterschiedlichen Gegebenheiten (wie Schülerherkunft, Wohnraum, Bildungsgrad der Eltern…) gar nicht miteinander vergleichen und messen könne.

Die Grenzen von schulischen Inspektionsverfahren erörtert später auch die Fachliteratur (vgl. z. B. Müller 2015, S. 372f.). Dort wird unter anderem von einer administrativ „verordneten", nicht fachlichen Rückmeldung mit wenig positiver Wirkung gesprochen. Einige der immer wieder genannten *negativen Kritikpunkte* an der Evaluation der Schulen werden – hier auf bayerische Verhältnisse reduziert – im Folgenden genannt:

- Die externe Evaluation wird mit einem sehr großen personellen (und damit auch finanziellen) Aufwand betrieben. Da die Evaluator(inn)en aus dem Personenkreis der Schulleitung und des Lehrerbereichs rekrutiert werden, fehlen die dafür ermäßigten Unterrichtsstunden den Schulen für deren Unterrichtsarbeit.

- Der zeitliche Aufwand für die verlangte Datensammlung durch die Schulleitungen oder die dafür eingerichtete Organisationsgruppe ist ebenfalls sehr hoch. Es gilt beispielsweise das Portfolio, das den Stand der Schule in den verschiedenen Bereichen aufzeigen soll, bei jeder Evaluation neu zusammenzustellen. Das allein ist eine Arbeit, die bei Schulen mit vielen Projekten und Aktivitäten äußerst umfangreich ist. Weiter ist der zusätzliche Einsatz für die Mitglieder der (erweiterten) Schulleitungen zu sehen, welche die Besuchstage der Evaluator(inn)en organisieren und ins Tagesgeschäft einpassen müssen. Zudem müssen KiTa-Leiterinnen, Gemeinde- oder Stadtvertreter, Elternbeiräte für die Befragungen und Sitzungen eine Menge Zeit aufwenden. In Anbetracht der Qualität der eher spärlichen, qualitativen Befunde und Ergebnisse der Evaluation sei dies ein hoher Aufwand.

- Die Vermittlung der Befunde und Erkenntnisse ist ein weiterer Kritikpunkt. Ein Schulleiter schreibt: *„In einer Bilanzierungs-Konferenz referieren die Evaluator(inn)en in eintönigen Monologen ihre kleinkarierten Listen. Danach wird das Prüferteam mit Dank entlassen, Lehrkräfte und Gemeinde- oder Stadtvertreter sitzen „bedröppelt" und überfordert auf ihren Stühlen und es liegt an der Schulleitung, sie moralisch wieder aufzurichten."*

- In den aus den Befunden der Evaluation resultierenden Handlungs- und Zielvereinbarungen, die die Schulen (in Bayern) mit den Schulämtern oder Ministerialbeauftragten schließen sollen, wird zwar viel gefordert, aber die Unterstützung der Schulen ist zu gering. Das zeigt sich zum Beispiel daran, dass sich die Vertreter(innen) der Schulaufsicht kaum um die festgestellten defizitären schulischen Bereiche kümmern. Es gäbe – so die Aussagen von Betroffenen – keine erkennbare Langzeit-Begleitung, die eine nachhaltige Weiterentwicklung der Schulen gewährleisten könnte.

- Durch den personellen Wechsel des Evaluationsteams alle vier Jahre ergibt sich demnach keine Kontinuität. Die Erfahrungen zeigen, dass die früheren Ziel- und Handlungsvereinbarungen nicht in die neue Beurteilung mit einbezogen werden. Bei den Lehrkräften würde sich zusehends folgende Erkenntnis breit machen: Es ist egal, ob wir uns bemüht haben oder nicht: Wir bekommen sofort wieder andere Defizite aufgezeigt. Eine wirkliche Kontrolle findet – so gesehen – nicht statt.

- Ein weiterer Kritikpunkt ist die Fachlichkeit mancher Evaluator(inn)en. Man zweifelt bei diesen manchmal – trotz deren Absolvierung der vorgeschriebenen Fortbildungen – an deren fachlicher Kompetenz, beispielsweise wenn die Prüfer(innen) von kleinen Schulen kommen.

- Schließlich wird kritisiert, dass die übergeordneten Stellen die Befunde entweder nicht auswerten dürfen (in Bayern das Staatsinstitut für Schulqualität und Bildungsforschung – ISB München) oder – wie das Kultusministerium – kein Interesse zeigen, um daraus nicht eventuell kostenintensive Verbesserungen für die schulischen Situationen (wie zum Beispiel Lehrerstunden-Erhöhungen) ableiten zu müssen.

2.2 Positiva

Als die positiven Auswirkungen bzw. die Vorteile der Evaluation werden andererseits beispielsweise folgende Punkte angeführt:

- Grundsätzlich ist positiv zu vermerken, dass seitens des Staates die Finanzen für eine Rechenschaftslegung der Schulen bereitgestellt werden und die Überprüfung verpflichtend für alle Schulen vorgeschrieben wurde. Damit sind die Grundlagen für eine Evaluation der Schulen geschaffen.

- Ebenso positiv ist, dass die Überprüfungen als notwendig (an)erkannt wurden. Man folgt damit wissenschaftlichen Erkenntnissen, die besagen, dass die nachhaltige Qualitätsentwicklung der Schule einer (selbst)kritischen Auseinandersetzung der schulischen Mitglieder mit den Vorgängen in der Schule bedarf. Die Qualitätsverbesserung eines Unternehmens, also auch von Schulen, muss sich demnach auf möglichst objektive Analysedaten stützen können. Die Schulevaluation ist deshalb ein wesentliches Instrument zur Verbesserung der Organisation und Funktionsweise von Schulen.

- Stärken und Schwächen lassen sich nur durch laufende Überprüfungen aufzeigen, die sowohl durch externe, als auch durch interne Evaluationsverfahren vorgenommen werden können. Beide sind in verschiedenen Bundesländern vorgeschrieben und werden sowohl dem Anspruch nach einem „Blick von außen", als auch dem Anspruch nach dem „Blick nach innen" gerecht. Es kann dadurch eine Feedback-Kultur implementiert werden.

- Durch die Evaluation wird an den Schulen eine Diskussion entfacht, in der alle Mitglieder der Schulgemeinschaft – Lehrkräfte, Schulleitung, Schüler(innen), Eltern, innere Verwaltung und äußere Administration – einbezogen sind. „Über die Schule reden!" ist wichtig, um zum Beispiel den Unterricht kritisch zu hinterfragen, Fortschritte zu erzielen, die Schule für die Zukunft zu wappnen. Ein „Dahindümpeln" wird vermieden und die Evaluation kann sich als beschleunigender Katalysator für schulische, notwendige Innovationen erweisen.

- Zur Einführung der Evaluation wurden konkrete Qualitätskriterien (vgl. z. B. ISB Bayern – bayerisches Qualitätstableau) entwickelt. Dabei handelt es sich um jene Faktoren, die aus der Sozial- und Unterrichtsforschung vorliegen und erwiesenermaßen Einfluss auf die Effizienz der Schule nehmen. Das heißt es sind die Faktoren, die die Leistungen der Schülerinnen und Schüler und die Verbesserung der Schule in definierten Teilbereichen beeinflussen.

- Diese entwickelten Kriterien gelten kontinuierlich und für alle Evaluator(inn)en gleichermaßen. Das bedeutet, dass bei einem Wechsel der Prüfer(innen) die gleichen Maßstäbe gelten und der Wechsel eher einen neuen, unvoreingenommen Blick auf die Gegebenheiten an der Schule gewährleistet. Zentral ist demnach die Fragestellung, ob die vorliegenden Kriterien erfüllt sind. Dadurch können implizit auch Entwicklungen, die durch eine vorausgegangene Evaluation in dem speziellen Bereich angestoßen wurden, miteinbezogen werden.

- Evaluation deckt „blinde Flecken" auf. Das sind Schwächen, aber auch hervorzuhebende Stärken, die durch eine lange Verweildauer an der eigenen Schule nicht mehr wahrgenommen und thematisiert werden.

Demnach zeigen sich in der *Zusammenschau* nicht nur negative Reaktionen auf die Überprüfung, sondern auch positive. Dennoch weist eine jüngst veröffentlichte wissenschaftliche Untersuchung von Feldhoff/Wurster (vgl. Feldhoff/ Wurster 2017) auf eine häufig eher ablehnende Haltung der Schulleitungen hin. Aus den Befunden aus Hamburg lassen sich fünf verschiedene Reaktionsweisen von Schulleitungen auf das so genannte „Deutungsangebot" herausfiltern. Dieses enthält die Anregungen und Vorschläge, die im Feedback-Gespräch zwischen den Evaluator(inn)en und den Schulleitungen aufgrund der Ergebnisse der externen Evaluation vermittelt werden.

- Typ A lässt sich auf das Deutungsangebot ein und leitet somit Maßnahmen zur Schulentwicklung im Sinne der Evaluationsergebnisse ab.
- Typ B sieht zwischen dem Deutungsangebot und dem Faktischen des Berichts einen Widerspruch. Deshalb lassen sich die Schulleitungen dieses Typs nicht auf die gemachten Vorschläge ein, obwohl sie die dahinterstehende Idee eigentlich unterstützen.
- Typ C-Schulleitungen lassen sich ebenfalls nicht auf das Deutungsangebot ein, weil sie die Verlässlichkeit der Ergebnisse hinterfragen, diese als Außensicht einstufen und auf einer eigenen Deutungshoheit bestehen. Sie interpretieren die Befunde auf der Basis der eigenen Standards, nicht auf Fremdzielen.
- Bei Typ D spielen nicht nur kognitive, sondern auch emotionale Prozesse eine wichtige Rolle. Das Eigenbild von der Qualität der Schule und die Ergebnisse der externen Überprüfung stehen für diese Schulleitungen in einem großen, rational nicht erklärbaren Widerspruch.
- Für den Typ E dagegen besteht zwischen den festgestellten Ergebnissen und der Eigenwahrnehmung eine hohe Übereinstimmung. Es bedarf deshalb keines tiefergehenden „Sensmaking-Prozesses" und somit keiner weiteren Deutung.

Insgesamt zeigt diese Untersuchung, dass sich *Schulleitungen* aus unterschiedlichen Gründen häufig *nicht auf die Angebote* der Deutung der Evaluationsergebnisse *einlassen*. Für Feldhoff/Wurster deuten diese unterschiedlichen Gründe auf unterschiedliche Bedürfnisse und Erwartungen der Schulleitungen an die externe Schulinspektion (vgl. Feldhoff/Wurster 2017, S. 170). Die genannten Kritikpunkte der Schulevaluation verlangen demnach für die Zukunft, Ausschau nach anderen Lösungen zu halten. Es gilt, die Negativa abzubauen und die Erkenntnisse zur Verbesserung der Vorgehensweise bei der Evaluation zu nutzen. Das bedeutet, man muss aufgrund der Erkenntnisse neue Wege gehen.

3 Neue Wege der Schulevaluation

Um die Überprüfung der Schulen positiv zu verändern, lohnt sich die Umschau in den deutschen Bundesländern. Zunächst aber der Blick ins europäische Ausland. Europäisch deshalb, weil man im gleichen Kulturkreis agiert und man eine ähnliche Einstellung zu Schule und Bildung vermuten kann. So einfach ist es aber schon auf den zweiten Blick nicht. Nehmen wir unsere Nachbarländer, die Niederlande und die Schweiz, dann stellen wir erhebliche Unterschiede zwischen den Schulsystemen fest. Damit ist eine Eins-zu-eins-Übertragung der Vorgehensweisen und Formate nicht möglich.

3.1 Evaluation in den Niederlanden

In „Holland" (vgl. im Folgenden insbesondere Biehl 2017) haben die Schulen in finanzieller, personeller und curricularer Hinsicht – im Vergleich zu den deutschen Bundesländern – einen hohen Grad an Autonomie. Sie erhalten vom Staat ein finanzielles Gesamtbudget, das gestaffelt nach Anzahl der unterrichteten Schülerinnen und Schüler, bemessen wird. Für Lernende mit besonderem Förderbedarf erhöht sich der Betrag um das Doppelte. Zudem stellen die Schulen bzw. deren Leitungen die Lehrkräfte selbstständig, das heißt ohne Beteiligung übergeordneter Stellen ein. Die Lehrerinnen und Lehrer sind auch nicht verbeamtet. Staatliche Lehrpläne sind zudem nicht verbindlich vorgegeben. Vom zuständigen Ministerium werden lediglich verbindliche Kernziele formuliert, die von den Schulen zu erreichen sind. Dies gilt für alle acht „Lerngebiete", aber auch für überfachliche Kompetenzen. Es gibt im niederländischen Schulsystem auch keine verbindlich vorgegebene und detaillierte Stundentafel, sondern es sind für alle verbindlichen Fächer nur die Mindeststundenzahlen vorgeschrieben. Diese machen insgesamt dreiviertel des gesamten Stundenvolumens aus. Über die Verwendung des restlichen Viertels entscheidet die Einzelschule (z. B. über die Einführung weiterer Fächer oder über die Schwerpunktbildung im verbindlichen Fächerkanon).

Die Evaluation gilt – wie in allen 26 europäischen Ländern, die ihre Schulen überprüfen – der Sicherung und Entwicklung der Qualität der Schulen. Im niederländischen Schulwesen beruht die Qualitätssicherung auf folgenden Säulen:

- auf der regelmäßige Selbstevaluation der Schulen,
- auf der freiwilligen Durchführung von standardisierten Tests am Ende der Grundschulzeit und – verpflichtend – zu mehreren Zeitpunkten an den Sekundarschulen,
- auf landesweiten, einheitlichen Abschlussprüfungen,
- auf der Schulinspektion,
- auf der Publikation aller Überprüfungsergebnisse (Abschlussprüfungen, Inspektionsberichte).

Seit 2003 hat die niederländische Schulinspektion einen gesetzlich vorgegebenen, veränderten Rahmen. Auch die Qualitätskriterien wurden neu festgelegt. Jede Schule wird nun *jährlich* einer *eintägigen Inspektion* (Typ YO) unterzogen. In der YO erfolgt keine komplette Schulbewertung, sie wird vor allem als „Frühwarnsystem" für sich anbahnende Probleme in einer Schule gesehen.

Nach *drei Jahren* gibt es eine *umfassendere Inspektion* des Typs PKO. Ergeben sich bei der kurzen YO bzw. bei der umfangreicheren PKO Hinweise auf gravierende Qualitätsmängel, so erfolgt eine *intensivierte Inspektion*. Es gibt demnach drei Stufen der Überprüfung.

Jede Inspektion umfasst zunächst die *Dokumentenanalysen* (wie die Analysen des Schulprogramms, der Test- und Abschlussergebnisse, der Kontextvariablen der vorangegangenen Inspektionsberichte, der internen Evaluation etc.). Weiter folgen *Gespräche* mit der Schulleitung, mit den Koordinatoren für Schülerförderung, mit dem Kollegium, dem Schulträger und bei der PKO noch mit den Vertretern von Eltern- und Schülerschaft. In der umfassenden PKO wird darüber hinaus bei dreiviertel der Klassen und in der intensivierten Inspektion in allen Klassen im Unterricht hospitiert. Die der Inspektion zu Grunde liegenden *Qualitätsindikatoren* decken die folgenden Bereiche ab:

- die Qualitätssicherung der Schule,
- das eingesetzte Testinstrumentarium,
- das Lehrstoffangebot,
- die Unterrichtszeit,
- die Lehr- und Lernprozesse,
- das Schul- und Klassenklima,
- die Schülerförderung und
- die Lernergebnisse.

In intensivierten Inspektionen werden zusätzlich folgende Bereiche untersucht: Professionalisierung des Personals, interne Kommunikation, externe Kontakte, Elternarbeit, Mitteleinsatz und Schulleitung. Die Qualitätsindikatoren sind alle in hohem Maße operationalisiert und normiert. Stellen die externen Inspektor(inn)en erhebliche bzw. dauerhafte Mängel fest, so schlägt das Inspektorat dem Ministerium eine „Maßnahme" vor: Der Schule wird ein Angebot von zusätzlichen Stellen, Beratung oder finanziellen Mitteln gemacht, um die Qualitätsmängel zu beheben. Hierfür werden der Schule allerdings Bedingungen gestellt, die die Schule zu erfüllen hat. Nach einem gewissen Zeitraum (abhängig von den Ausmaßen der Probleme) folgt dann wiederum eine Inspektion zur Kontrolle der Verbesserungen.

Zentral wichtig ist bei der Evaluation die Berücksichtigung der sogenannten „Proportionalität". Demnach soll bei der spezifischen Situation der individuellen Schulen und bei den Ergebnissen und Prozessen *der schulinternen Selbstevaluation angesetzt* werden. Die standardmäßige externe Überprüfung versteht sich demnach zunächst nur als „Meta-Evaluation" der internen Evaluation. Nur wenn sich daraus ergibt, dass die Ergebnisse der internen Evaluation nicht valide sind und dass wichtige Qualitätsbereiche nicht untersucht wurden, soll dann eine „wirkliche" externe Evaluation der Schule erfolgen.

Hauptaufgabe der Inspektion ist – auch laut Gesetz sowie nach ihrem eigenen Selbstverständnis – durch die Überprüfung der Schulen die Qualitätsentwicklung anzuregen. Beratungsaufgaben werden von der Inspektion explizit nicht übernommen. Zur Unterstützung steht den Schulen ein Netz von rund 60 „Schulbegleitungsdiensten" und ähnlichen Organisationen mit insgesamt rund 2.200 Mitarbeiter(inne)n zur Verfügung. Bei diesen und anderen Anbietern (etwa Universitäten), können sich die Schulen gezielt Fortbildung, Beratung und Unterstützung einkaufen.

Ohne die unterschiedlichen Grundbedingungen, unter denen das niederländische Schulwesen zu sehen ist, außer Acht zu lassen, sind einige *Anregungen* für unsere bundesdeutschen Verfahren aber durchaus hilfreich.

- Die Überprüfungsverfahren sind nach Zeit und Intensität gestaffelt.
- Die kurze, eintägige Schulinspektion (YO) durch externe Beobachter wird als Instrument zur Identifikation von sich anbahnenden Problemen gesehen. Zeigen sich bei der kurzen YO bereits Hinweise auf gravierende Qualitätsmängel, so erfolgt eine intensivierte Inspektion.
- Die YO-Evaluation ist eine jährlich relativ leicht durchzuführende Inspektionsform.
- Zur Unterstützung der Schulen beim Umsetzen der Verbesserungsvorschläge können die Schulen die „Schulbegleitdienste" und andere Organisationen in Anspruch nehmen. Für die Finanzierung dieser Maßnahmen ist gesorgt.

3.2 Evaluationsangebot in der Schweiz

Die schulischen Grundbedingungen in der *Schweiz* sind ebenso anders als in Deutschland. Ungeachtet dessen – den Fokus auf neue Wege der Schulüberprüfung legend – ist ein Projekt mit dem Namen „Zaungäste" (vgl. Oertel 2017) interessant. Inzwischen nehmen 20 Schulen freiwillig an dem Projekt teil. Es zeigt eine andere Form, den „Blick von außen" für die Schule einzufangen, das so genannte *„Peer Review"*. Dieses Verfahren ist eine entwicklungsorientierte, externe Evaluation, bei der die Schule die zu überprüfenden Qualitätsbereiche sowie die Evaluator(inn)en *selbst* auswählt. Auf diese Weise definiert die überprüfte Schule, was sie von ihren „critical friends" wissen möchte und steuert ihre Reflexion selbst. Die Schulen verpflichten sich zu einer intensiven Vorbereitung, insbesondere auf das Festlegen der Fragestellung, auf ein durch Kontakt geregeltes, auf Beobachtung ausgerichtetes Review, das mit einer differenzierten Rückmeldung an die besuchte Schule endet (vgl. ebd., S. 215). Durch diese selbstgesteuerte Reflexion werden die Schulen in ihrem Handeln bestärkt und gelangen so zu Verbesserungsansätzen. Das durch diese Form der Evaluation entstehende Netzwerk unterstützt den sozialen Aspekt des Peer Reviews und fördert das Selbstbewusstsein der beteiligten Schulen.

Als *Anregung* zur Verbesserung der Überprüfungsverfahren von Schulen kann demnach festgehalten werden:

- Ein Peer Review ist eine andere Möglichkeit, eine externe Sicht auf eine Schule zu bekommen. Sie verbindet die Elemente der Selbstevaluation und der Schulinspektion.

3.3 Evaluationsverfahren in Deutschland

Werfen wir einen Blick auf die praktizierten Verfahren in den deutschen Bundesländern, so finden wir – neben der externen Evaluation – ebenso brauchbare Ansätze für neue Wege der schulischen Evaluationsverfahren. Dabei sind aber ebenso die Unterschiede zu beachten, die durch den Föderalismus bewirkt wurden. Beispielsweise ist die Teilnahme an der externen Evaluation in Schleswig-Holstein (vgl. Staatskanzlei des Landes Schleswig-Holstein) freiwillig, in Hessen (vgl. Hessische Lehrkräfteakademie) wird sie „on demand", also nach Bedarf ausgeführt und in den Bundesländern Baden-Württemberg (vgl. Landesinstitut für Schulentwicklung Stuttgart), Sachsen (vgl. Deutscher Bildungsserver: Sachsen) und Sachsen-Anhalt (Deutscher Bildungsserver: Sachsen-Anhalt) ist sie vorläufig ganz ausgesetzt.

Neben der Schulinspektion durch externe Beobachter wird die *interne Evaluation* (vgl. Bürger/Schmid, o. J.) in allen Bundesländern angeboten. Unter dieser Form der Evaluation werden Verfahren verstanden, die durch die Schule selbst vorgenommen werden. Sie ermöglichen es der Schule, Erkenntnisse über ihren Entwicklungsstand und den Erfolg der eigenen Arbeit zu gewinnen. Auch dieses Evaluationsformat zielt darauf ab, einen Dialog über die Arbeit der Schule auszulösen und zu unterstützen. Interne Evaluation ist damit ein alternatives Verfahren zur schulischen Qualitätsentwicklung. Die *interne Evaluation* kann auf verschiedene Arten *durchgeführt* werden:

- Per *Fragebögen* können alle Beteiligten der Schule, das heißt Eltern, Schüler(innen), Lehrkräfte und Personal zu den verschiedenen Schulbereichen befragt werden.
- Durch zusätzliche *mündliche Befragung* (Interviews) können diese Aussagen präzisiert werden.
- Per *Foto-Evaluation* (vgl. Ministerium für Schule und Bildung des Landes Nordrhein-Westfalen) können die Schüler(innen) zur Reflexion ihrer Lernumgebung animiert werden. Mit dieser Methode (vgl. Schratz/Iby/Radnitzky 2000) erkunden Schüler(innen) ihre Schule mit Fotoapparaten und dokumentieren anhand von Fotoplakaten, wo sie sich wohlfühlen bzw. wo sie Veränderungsbedarf für die Schule sehen.

3.4 Zusammenfassung – Perspektiven

Als *neue Wege* zur Verbesserung der schulischen Überprüfungen lassen sich folgende Erkenntnisse zusammenfassen:

- Interne und externe Evaluation gehören – wie zwei Seiten einer Medaille – grundsätzlich zusammen. Sie ergänzen sich gegenseitig (vgl. auch Müller 2015, S. 377f.). Bei der *internen Evaluation* wird die Schule aus der Eigensicht unter die Lupe genommen und zwar von allen Beteiligten. Die *Foto-Evaluation* ist dabei ein – meiner Kenntnis nach – wenig genutztes Instrument. Durch sie kann aber ein weiterer Aspekt der Innensicht, die Perspektive der Schüler(innen) auf die Schule, verstärkt eingebracht werden. Die *externe Evaluation* zeigt den Blick von außen und gibt so Anregungen für eine positive Weiterentwicklung der Schule. Aus diesem Grund erscheint es sinnvoll, beide Formate in den Schulen durchzuführen.
- Als weitere sinnvolle Möglichkeit der Schulüberprüfung sind die *Peer Reviews* zu nennen. Sie verbinden die Elemente der externen und internen Evaluation. Dabei bestimmen die Schulen selbst, was untersucht wird, wer untersucht und was mit den Ergebnissen passiert. Die Unterschiede zur Außensicht der externen Evaluation sind folgende (vgl. Förschner 2017, S. 204):
  - Der Qualitätsrahmen ist enger, weil nicht das ganze Spektrum der Qualitätsmerkmale der Schule beleuchtet wird.

- Die Schule sucht die Peers, die kritischen Freunde, selbst aus. Diese „Freunde" stehen der untersuchten Schule positiv und gleichzeitig kritisch gegenüber. Die Distanz ermöglicht den neutralen Blick.
- Die Datenhoheit liegt bei der untersuchten Schule. Das heißt, sie entscheidet, wer Einsicht in die Ergebnisse nehmen darf und was man aus den Erhebungsdaten folgert.
- Das durch die Peers durchgeführte Review dient der Weiterentwicklung und nicht der Kontrolle.
- Das Peer Review fördert eine Feedbackkultur, die sich durch die Durchführung der „kritischen Freunde" weniger als Kontrolle wahrgenommen wird.

- Zeitlich *kürzere Evaluationsformate*, wie der jährlich durchzuführende, eintägige YO-Typus in den Niederlanden sind Möglichkeiten, der Überfrachtung entgegenzuwirken und die Komprimierung des Verfahrens sowie einen zeitlichen Gewinn zu bewirken. Auch die Staffelung der verschiedenen Evaluationsformen ist ein Verbesserungsansatz.
- Zur Professionalisierung der Prüfpersonen gilt es, die *Qualifizierung der Evaluator(inn)en* sowie deren kontinuierliche Fortbildung zu überprüfen und zu verbessern. Es muss ein Team von gut ausgebildeten und kompetenten Schulentwicklungsmoderator(inn)en sowie ein Pool von Referenten zur Vermittlung der evidenzbasierten Inhalte zur Verfügung gestellt werden.
- Zur *Verbesserung der Nacharbeit* der Evaluationsergebnisse sollte den Schulen – ähnlich wie in den Niederlanden – ein Netz von „Schulbegleitungsdiensten" zur Verfügung stehen. Mit Vertreter(innen) dieser Organisationen könnten die Schulen zeitnah und punktgenau in Eigenregie und auch durchaus mit Kenntnis der vorgesetzten Stellen ihre Weiterentwicklung professionell begleitet gestalten.

3.5 Problemfelder der neuen Evaluationswege

Die Umsetzung der neuen Wege lässt bei näherem Hinsehen eine Reihe von Problemen vermuten. Diese gilt es zu lösen, um eine reale Verbesserung der Evaluationspraxis zu bewirken. Folgende Fragen müssen beispielsweise von den verantwortlichen Stellen durch konkrete Handlungen beantwortet werden:
- Wie sind die drei Formate der Evaluation – intern, extern, Peer Reviews – in der Fülle der anderen schulischen Aufgaben zeitlich zu bewältigen, „unter einen Hut" zu bringen?
- Wie kann die Überprüfung „bedienerfreundlicher", das heißt in der Handhabung vereinfacht und ritualisiert in den Jahresablauf eingebaut werden?

- Wie rekrutiert die Schulleitung bei dem Peer Review die ‚kritischen Freunde'?
- Wie kommt die Schulleitung für die Durchführung der internen Evaluation zeiteffizient an fachlich einwandfreie Unterlagen?
- Wie rekrutiere ich als Schulleitung für die externe Evaluation den/die Wirtschaftsvertreter(in), der/die den „Blick von außen" aus einer anderen Perspektive mit einbringen soll?
- Welche Fortbildungsmaßnahmen sind für die Schulleitungen notwendig?
- Wie werden die „Schulbegleitungsdienste" rekrutiert und finanziert?

4 Fazit

Es steht außer Frage, dass die Überprüfung von Schulen zur Qualitätssicherung und Qualitätsentwicklung notwendig ist. Die Formate der Überprüfung müssen allerdings positiv verändert und verbessert werden. Es gilt, die vier Gruppen der Evaluationsverweigerer, die Feldhoff/Wurster in ihrer wissenschaftlichen Studie für die Schulleitungen ausmachten, zu überzeugen. Dazu sind neue Formate wie das Peer Review und diverse Maßnahmen wie die Verbesserung der Handhabung und der Nacharbeit, die Steigerung der Effizienz der Durchführung, die Stärkung der Selbstreflexionskompetenz oder der Ausbau von Netzwerken notwendig.

Literatur

Feldhoff, T.; Wurster, S. (2017): Ein Angebot, das Sie nicht ablehnen können? Schulische Reaktionsweisen auf das Deutungsangebot der Schulinspektion. In: Pietsch, M.; Hosenfeld, I. (Hrsg.): Inspektionsbasierte Schul- und Unterrichtsentwicklung. Empirische Pädagogik. Themenheft 02/2017. Landau: Verlag Empirische Pädagogik. S. 158-172.

Förschner, G. (2017): Feedback von kritischen Freunden. In: Pädagogische Führung. Heft 06/2017. S. 204-207.

Müller, S. (2015): Zukunft der externen Evaluation – Trends und Perspektiven in Deutschland. In: Pietsch, M.; Scholand, B.; Schulte, K. (Hrsg.): Schulinspektion in Hamburg – Der erste Zyklus 2007-2013. Grundlagen, Befunde, Perspektiven. Münster/New York: Waxmann. S.369-383.

Oertel, L. (2017): Von selbst gesteuert zu selbst bewusst. In: Pädagogische Führung. Heft 06/2017. S. 215-218.

Pietsch, M.; Scholand, B.; Schulte, K. (Hrsg.) (2015): Schulinspektion in Hamburg – Der erste Zyklus 2007-2013. Grundlagen, Befunde, Perspektiven. Münster/New York: Waxmann.

Quesel, C.; Husfeld, V.; Landwehr, N.; Steiner, P. (Hrsg.) (2011): Wirkungen und Wirksamkeit der externen Schulevaluation. Bern: h.e.p.-Verlag.

Schratz, M.; Iby, M.; Radnitzky, E. (2000): Qualitätsentwicklung. Verfahren, Methoden, Instrumente. Weinheim und Basel: Beltz-Verlag.

Weitere Quellen

Biehl, J. (o. J.): Externe Evaluation von Schulen international – das Beispiel der Niederlande. Online im Internet: https://www.bildung-lsa.de/archiv/kes/download/nl-inspektorat.pdf. Abgerufen am 13.12.2017.

Bürger, R.; Schmid, K. (o. J.): Einführung in die interne Evaluation Theorie und Materialien – Projektgruppe „Modus 21". Friedrich-Alexander-Universität Erlangen-Nürnberg. Online im Internet: http://www.modus21.forschung.uni-erlangen.de/inhalt/Skript_Interne_Evaluation.pdf. Abgerufen am 12.12.2017.

Deutscher Bildungsserver (o. J.): Sachsen. Online im Internet: https://www.bildungsserver.de/onlineressource.html?onlineressourcen_id=48624. Abgerufen am 29.11.2017.

Deutscher Bildungsserver (o. J.): Sachsen-Anhalt: Online im Internet: https://www.bildungsserver.de/online ressource.html?onlineressourcen_id=34588. Abgerufen am 29.11.2017.

Europäische Kommission (Hrsg.) (2017): Eurydice-Highlights – Qualitätssicherung im Bildungswesen: Strategien und Konzepte der Schulevaluation in Europa. Online im Internet: http://eacea.ec.europa.eu/education/eurydice/documents/thematic_reports/178DE_HI.pdf. Abgerufen am 13.12.2017.

Hessische Lehrkräfteakademie (o. J.): Online im Internet: https://la.hessen.de/irj/LSA_Internet?cid=55281a86d30f1c991fdcc86a7bbed1d3. Abgerufen am 29.11.2017.

ISB Bayern (Staatsinstitut für Schulqualität und Bildungsforschung München) (o. J.): Bayerisches Qualitäts-tableau. Online im Internet: https://www.isb.bayern.de/download/10104/qualitaetstableau_der_externen_ evaluation_0_4.pdf. Abgerufen am 29.11.2017.

Landesinstitut für Schulentwicklung Stuttgart (o. J.): Wichtige Impulse für die Qualitätsentwicklung. Online im Internet: https://www.ls-bw.de/,Lde/Startseite/QE. Abgerufen am 29.11.2017.

Ministerium für Schule und Bildung des Landes Nordrhein-Westfalen (o. J.): Projekt Lernpotentiale Gymnasium. Online im Internet: http://lernpotenziale-gymnasium.de/do-it-yourself/index.html. Abgerufen am 12.12.2017.

Petition des BLLV (Bayerischer Lehrer- und Lehrerinnen-Verband) (2010): Die Evaluation der Evaluation. Online im Internet: https://www.bllv.de/Meldungen.807.0.html?&cHash=3800095a2f44d524a68b5672453d43b2&tx _ttnews%5Btt_news%5D=3532. Abgerufen am 12.12.2017.

Staatskanzlei des Landes Schleswig-Holstein (o. J.): Schulqualität – Gute Schulen für den Echten Norden. Online im Internet: http://www.schleswig-holstein.de/DE/Schwerpunkte/Schulqualitaet/schulqualitaet_node.html. Abgerufen am 29.11.2017.

Von der Kontrolle zur Begleitung und Unterstützung

Impulse für eine Neuorientierung der Externen Evaluation

Werner Wiater

Abstract

Die externe Evaluation der Schulen ist in den letzten Jahren in nahezu allen Bundesländern in die Kritik geraten. In der aktuellen Diskussion ist, sie abzuschaffen und durch andere Formen der Schulinspektion zu ersetzen oder sie zu reformieren. Wie eine Reform aussehen könnte, wird im folgenden Beitrag mit Hinweis auf die neue Rolle der Schulaufsicht dargelegt.

Inhalt

1 Einleitung: Ein Blick zurück an die Anfänge der Schulentwicklungsdiskussion...384
2 Die Schul-Evaluation im Pro und Contra..................385
3 Die Schul-Evaluation am Scheideweg..................391
4 Schluss: Ein kurzes Fazit..................398
Literatur..................399
Weitere Quellen..................401

© Springer Fachmedien Wiesbaden GmbH, ein Teil von Springer Nature 2019
T. Stricker, *Zehn Jahre Fremdevaluation in Baden-Württemberg*,
https://doi.org/10.1007/978-3-658-25778-1_29

1 Einleitung: Ein Blick zurück an die Anfänge der Schulentwicklungsdiskussion

Mitte der 1980er Jahre beginnt in der deutschen Schulpädagogik die Diskussion um die „gute Schule" und was man tun kann, um die Qualität von Schulen zu verbessern (vgl. Aurin 1990; Fend 1998; später Helmke 2004; Meyer 2004). Die Idee der „Schulentwicklung" wurde geboren. Mit der Schulentwicklung, anders als bei Schulreformen und Systemveränderungen in der Schulgeschichte, ist seitdem ein Prozess gemeint ist, bei dem sich an jeder einzelnen Schule die Schulleitung und das Lehrerkollegium zusammen mit der Schulgemeinde auf den Weg machen, unterrichtliche, pädagogische, lehrerpersönliche und organisatorische Stärken, Schwächen und Besonderheiten der eigenen Schule zu erkennen, spezifische Probleme aufzudecken und gemeinsam zu lösen, damit die Arbeitsqualität dort verbessert, die Attraktivität der eigenen Schule vergrößert und deren Profil geschärft wird (vgl. Rolff 2007; Altrichter et al. 2010). Ausgehend von einem Ist-Soll-Vergleich wird dabei ein Schul-Leitbild für die nächsten Jahre ausformuliert (meist für fünf Jahre), auf das hin ein Schulprogramm zwecks Konkretisierung und Umsetzung des Programms erarbeitet wird, dessen Realisierung am Schluss evaluiert wird (vgl. Miller 1999, S. 30ff.).

In diese Konzeption von Schulentwicklung flossen nicht nur pädagogische und didaktische Reformtendenzen der damaligen Schul- und Unterrichtskritik ein, sondern auch organisationssoziologisch-betriebswirtschaftliche Aspekte und bildungspolitische Überlegungen in Anlehnung an systemtheoretische Erkenntnisse zur geringen Steuerbarkeit von komplexen Systemen (vgl. Holtappels 2003). Die intensive Diskussion um die Autonomie der Schulen mit dem Ziel, die Steuerung des Schulsystems durch den Staat zu reduzieren, hinterließ hier ihre Spuren. Selbstbestimmung, Mitbestimmung, Solidarität, Engagement und freiwillige Verantwortungsübernahme, zentrale Elemente demokratischer Gesellschaften, dürften in der Schule nicht fehlen, und dafür müssten der Schule die notwendigen Handlungsspielräume gewährt werden. Als Lernort und Lebensraum müsste sie dem Gemeinwohl und dem Einzelnen zugleich dienen, bei den Kindern und Jugendlichen Verantwortung, Verständigung und Vertrauen in sich selbst und andere wachsen lassen. Außerdem zeigten Non-profit-Unternehmen mit einem stark ausgeweiteten Maß an Eigenverantwortung und Autonomie, dass sie ihre Ziele besser bottom up als top down erreichen würden. Verstehe sich eine Organisation als „lernende Organisation" und besännen sich ihre Mitglieder auf ihre Selbstorganisationsmöglichkeiten, wäre der Erfolg deutlich größer. Aus der Theorie der Organisationsentwicklung entnimmt die Schulpädagogik der damaligen Zeit ferner die Vorstellung, dass jeder Veränderungsprozess eines Gesamtsystems/einer Organisation durch individuelle und kollektive Lernerfahrungen der dort tätigen Menschen gestaltet werden muss. Zwei Ziele kristallisieren sich dabei heraus: einerseits die Verbesserung der Leistungsfähigkeit der Organisation im Sinne einer Effizienzsteigerung und andererseits die Verbesserung der Qualität des Arbeitslebens im Sinne einer Humanitätssteigerung. Lernen, Mitlernen und Umlernen würden zu einer permanenten Aufgabe jeder Organisation (vgl. Senge 1995; Gairing 1996). Dezentralisierung, Deregulierung, Entbürokratisierung und Gestaltungsfreiräume für die Einzelschule werden dementsprechend Programm auf allen Ebenen der Schulverwaltung – von den Kultusministerien, den Bezirksregierungen, der unmittelbaren Schulaufsicht bis hin zu den Schulleitungen – und vergrößern deren Eigenverantwortung vor Ort (vgl. Bastian 1998; Korinek 2000).

Alle diese Überlegungen sprachen dafür, die einzelne Schule als Handlungseinheit für sich zu betrachten, sie mit mehr pädagogischer Autonomie, mit mehr Organisationsautonomie, mit mehr personeller Autonomie, mit mehr Finanz- und Verwaltungsautonomie und mit mehr Evaluationsautonomie auszustatten (vgl. Wiater 2002).

Dazu muss allerdings jede Lehrkraft lernen, ihre persönlichen Fähigkeiten noch zu verbessern und ihre Selbsterneuerungskräfte zu mobilisieren. Die Lehrkraft muss mit anderen zusammen Visionen für die eigene Schule und für deren Zukunft entwickeln und dann im Team realisieren. Sie muss Probleme und Fehlentwicklungen erkennen, sie systemisch denken und mit dazu beitragen, sie zu lösen. Sie darf nicht weiter nur sich selbst sehen, will sie nicht die Qualitätssteigerung der Schule als Ganzes gefährden. Ein solcher Wandel im Selbstverständnis der Lehrkräfte lässt sich ohne ein pädagogisches Qualitätsmanagement nicht realisieren, bei dem sich die Lehrerinnen und Lehrer für Selbstreflexion und Selbstevaluation öffnen und die Mitglieder der Schulleitung Initiativ-, Führungs- und Evaluationsaufgaben übernehmen müssen.
Dieser kurze Blick zurück zeigt, dass Schulentwicklung und Evaluation von Anfang an in einem engen Verhältnis stehen und dass auf die Mitwirkung der Schulaufsicht dabei nicht verzichtet werden kann.

2 Die Schul-Evaluation im Pro und Contra

Die in den Folgejahren in allen Bundesländern mit Energie und Aufwand eingeleiteten Maßnahmen zur Schulentwicklung und zur Schulevaluation führten zu zahlreichen Präsierungen bei den Evaluationen. Man unterscheidet seitdem: (1.) die Evaluation der Lernresultate und Leistungsergebnisse bei den Schülern, der Übertrittsquoten, der Sitzenbleiber- und Schulabbrecher-Quoten usw. (Produktqualität), (2.) die Evaluation der Unterrichtsprozesse und der unterrichtlichen Lehr-Lern-Kultur (Prozessqualität), (3.) die Evaluation des Zusammenhangs zwischen Schulstruktur/Schulorganisation und Schulerfolg der Schüler (Strukturqualität) sowie (4.) die Evaluation des pädagogischen Konzepts der Schule, seiner

Umsetzung und seiner Effekte (Orientierungsqualität) (vgl. Böttcher/Kotthoff 2007; Döbert/Dedering 2008).

Die Evaluation kann intern als Selbstüberprüfung und Rechenschaftslegung des Personals innerhalb der einzelnen Schule erfolgen (interne Evaluation) oder als externe Evaluation durch Personen von außerhalb der Schule, unter Beteiligung von Vertretern der Schulaufsicht, Kollegen anderer Schulen, Wissenschaftlern, Experten, außerschulischen Personen aus Wirtschaft, Verwaltung, Industrie usw., die für diese Funktion geschult sind. Sie erheben in der Schule Daten aus Statistiken, Dokumenten, Befragungen und Interviews, sammeln Informationen durch Inaugenscheinnahme und systematische Beobachtungen, sei es in einzelnen Phasen während des Schuljahrsverlaufs (formative Evaluation) oder am Ende eines längeren Zeitraums (summative Evaluation). Die sich über mehrere Wochen hinziehende externe Evaluation mündet in einen Evaluationsbericht, der mit den Schulen bzw. den Schulleitungen abgesprochen und dann nach einem bestimmten Schema verschriftlicht wird, in dem die Schulen (möglichst konkret) auf Verbesserungsmaßnahmen in bestimmten Zeiträumen verpflichtet werden.

Evaluationen haben zum Ziel, den Schulen Rückmeldung über ihre „Qualität" zu geben, die Einzelschulen untereinander vergleichbar zu machen und der Schulentwicklung an der Einzelschule Verbesserungs-, Entwicklungs- und Reformimpulse zu geben (vgl. Eikenbusch 1998, S. 155). Sie sollen den Schulen nützen, haben aber unverkennbar auch eine Kontrollfunktion.

Wenige Jahre nach der Umsetzung der internen Evaluation und der externen Evaluation haben sich Vor- und Nachteile der jeweiligen Form herausgestellt. (vgl. Wiater 2005, S. 8ff.).

2.1 Vor- und Nachteile der internen Evaluation

Für die interne Evaluation als Selbstreflexion und als Selbstevaluation unter Einbezug von sogenannten „kritischen Freunden" und mittels „kollegialer Fallbearbeitung" spricht, dass sie

- bei den Lehrerinnen und Lehrern den Selbsthilfegedanken, die Eigeninitiative und die intrinsische Motivation zur eigenen Verbesserung der Professionalität vergrößert.

- deren persönlichen Erfahrungsraum erweitert, ihnen neue Perspektiven eröffnet und sie neue Methoden und Strategien erlernen hilft.

- emotionalen Beistand in schwierigen Unterrichtssituationen und bei Konflikten leistet, kontroll- und sanktionsfrei, ohne Schulaufsicht, offen, verständnis- und vertrauensvoll abläuft.

- der Isolation und dem Gefühl des Alleingelassenseins am Arbeitsplatz vorbeugt sowie einen größeren Zusammenhalt und intensivere Kooperation bei den Lehrkräften als Folge haben kann.
- Lehrkräfte Techniken und Verfahren kennen- und anwendenlernen, um den eigenen Unterricht besser beobachten, messen, beschreiben, analysieren und diskursiv besprechen zu können, wie das vor allem bei der Selbstevaluation der Fall ist.

Gegen die interne Evaluation wurde sehr bald eingewandt, sie

- sei ein illusorisches Ziel und eine viel zu hohe Erwartung an die Lehrkräfte angesichts der vielfältigen Belastungen und Herausforderungen, denen diese tagtäglich in der Schule ausgesetzt seien.
- überfordere die beteiligten Lehrkräfte bei der Beschreibung und Analyse großer Probleme in der Schulklasse/Schule, da dafür bei den Beteiligten die Kompetenz fehle.
- führe nicht wirklich zu Reflexionen und Evaluationen im Kreis der kritischen Freunde und Kollegen, da die Innenperspektive leicht zu einem „Schmoren im eigenen Saft" führe, das Nichterkennen von tatsächlichem Reformbedarf die Folge sei und statt zu klaren Positionierungen und ernsthafter Ursachensuche zu einer eher lockeren Gesprächsatmosphäre verleite; die Rede ist von Betriebsblindheit, Kritiklosigkeit bei gewohnheitsmäßigem Verhalten und langjähriger Praxis und von fehlenden Reformideen bei den Beteiligten.
- gerate leicht zu einer Notlösung, einem Alibi, da für professionelle Supervision die Angebote oder die Finanzmittel nicht vorhanden wären.

2.2 Vor- und Nachteile der externen Evaluation

Vom ersten Tag an führte die externe Evaluation bei den von ihr Betroffenen zu negativen Reaktionen, von Vorbehalten, Bedenken bis zu klarer Ablehnung. Dabei wurde sie von den Schulen und den Lehrerinnen und Lehrern vorwiegend bis ausschließlich unter dem Kontrollgesichtspunkt betrachtet. Die guten Gründe für einen Blick von außen auf ihre Schule blieben eher unberücksichtigt. Denn, orientiert an den internationalen Vergleichsuntersuchungen (vgl. z. B. TIMSS, PISA, VERA) und in Übereinstimmung mit den seitdem in Deutschland erarbeiteten und weiterentwickelten Qualitätskriterien und Prinzipien für gute Schulen, guten Unterricht und gutes Lehrerverhalten (vgl. Wiater 2018), haben die Kultusministerien und die ihnen zugeordneten Landesinstitute für Bildung, Schule, Lehrerbildung, Lehrerfortbildung o. ä. Kriterienkataloge erstellt, mit denen die externen Evaluatoren bei ihren Schulbesuchen ausgestattet wurden, auf deren Grundlage sie ihr Qualitätsurteil fällen und Zielvereinbarungen mit den Schulen formulieren sollten. In der Regel kommen Fragebögen, Datenblätter, Statistiken, Beobachtungsbögen, Gesprächsleitfäden, Dokumente und Aufzeichnungen zum Einsatz. Die in leitfadengestützten Interviews, Gruppendiskussionen und Fragebögen für Lehrer, Schüler, Eltern oder andere schulinterne Personen gestellten Fragen oder verwendeten Gesprächsimpulse arbeiten mit parallelisierten Items und mit Einschätzungsskalen, so dass kriteriumsspezifische Profile erstellt werden können. Mit Datenblättern werden schulspezifische Rahmenbedingungen erfasst, die mit Durchschnittswerten auf Stadt-, Bezirks- und Landesebene in Beziehung gesetzt werden können. Bei den Unterrichtshospitationen kommen detaillierte Schätzskalen für Qualitätsmerkmale zum Einsatz, die in der schulpädagogischen Fachliteratur für besonders wichtig erachtet werden. Bei ihnen gibt es für jedes Merkmal mehrere Items, die beobachtet werden sollen und dann nach der Art ihres Vorhandenseins qualitativ und nach Häufigkeit eingeschätzt und durch Ankreuzen des entsprechenden Felds festgehalten werden. Die Gesprächsleitfäden greifen Aspekte auf, die nicht von den Fragebögen erfasst werden und dienen den Evaluatoren dazu, die Schule noch besser kennenzulernen. Dasselbe gilt für Stärken-Schwächen-Analysen, Schreibgespräche, Kartenabfragen, Foto-Dokumentationen oder Gedankenlandkarten. Auch erhält die Schule Gelegenheit, über die Schulleitung und die Steuer- und Kontaktgruppen eigene Vorstellungen zu artikulieren, die als evaluationsrelevant betrachtet werden. Ein Zusammenführen aller erhobenen Daten und Informationen ist möglich, da die einzelnen Instrumente der Schulevaluation konzeptionell aufeinander abgestimmt sind und sich gegenseitig ergänzen können. Der von den Evaluatoren verfasste Evaluationsbericht wird in der Regel an die Schule zur Durchsicht und Kommentierung gesandt, was manchmal zu dessen Modifizierung führt. Der letztgültige Evaluationsbericht wird dann der Schule und den dort beteiligten Personen/Personengruppen, den Schulreferentinnen/Schulreferenten und (meist auf dem Dienstweg über die Schulleitungen) der Schulaufsicht zugesandt. Auf der Grundlage dieses Berichts müssen die Schulen Zielvereinbarungen eingehen, die dort zu einer Qualitätssteigerung führen sollen (vgl. Kempfert/Rolff 2005).

Für die externe Evaluation lassen sich gewichtige Gründe vorbringen:

- Die externe Evaluation eignet sich besonders gut als Rechenschaftslegung der Arbeit an der Schule, da sie systematisch angelegt und subjektunabhängig ist.
- Sie wirft einen objektiveren „Blick von außen" auf die einzelne Schule und stellt deren Arbeit und Leistung in den Vergleich mit anderen Schulen derselben Schulform und ähnlicher Ausgangslagen.

- Aus den Erfahrungen der Evaluatoren mit vielen Schulhospitationen und Analysen der dort gesammelten Daten, Informationen und Beobachtungen ist das Spektrum der Schulleitungen und Lehrerinnen/Lehrern vorzuschlagenden Verbesserungsziele groß.

So sehr die externe Evaluation zur Qualitätsverbesserung der Schulen und der größeren Professionalisierung der Lehrerinnen und Lehrer am Anfang begrüßt wurde, so schnell geriet sie in die Kritik, als die ersten Evaluationsteams ihre Arbeit aufnahmen.

Seitdem wird *gegen* die externe Evaluation vorgebracht:

- Die externe Evaluation ist emotional stark mit Ängsten, Opposition und abqualifizierenden Vorurteilen bezüglich der Kompetenz der Evaluatoren besetzt, was die erforderliche Offenheit auf beiden Seiten deutlich einschränkt. Als ein Verfahren, das aus der Wirtschaft übernommen sei, wird es von den Lehrkräften vielfach abgelehnt. Evaluierende und Zu-Evaluierende sollten genaue Kenntnis und eigene Praxiserfahrung der Rahmenbedingungen und der jeweiligen Schulform vor Ort haben, kollegial und auf Augenhöhe mit den Lehrkräften der zu evaluierenden Schule kommunizieren, mit Wertschätzung und ohne Unterstellungen.

- Die Evaluationsinstrumente sollten für die jeweilige Schule, ihre Leitung und ihre Lehrkräfte möglichst „maßgeschneidert", d. h. auf ihre spezifischen Voraussetzungen und Bedürfnisse zugeschnitten sein. Das mindert zwar die überregionale oder internationale Vergleichbarkeit der Evaluationsergebnisse, wird aber der realen Schulpraxis eher gerecht. Von fertigen Rastern zur Datenerhebung sollten Evaluatoren bei Bedarf auch abweichen. Bei der Datensammlung, der Datenauswertung und Dateninterpretation sollten auch die Betroffenen zu Gehör kommen, da deren Zustandekommen oft im Ungenauen bleibt. Evaluatoren sollten auch selbst eine kritische Einstellung gegenüber der „Sammelleidenschaft" bei Datenerhebungen und gegenüber der „Unanfechtbarkeit" sogenannter „harter Daten", die mit quantitativen Methoden erhoben wurden, mitbringen, da deren Gütekriterien (Objektivität, Validität, Reliabilität) selten erfüllt sind. Eine statistische Genauigkeit ist schwerlich zu erreichen, wohl aber wird bei der Datenauswertung so getan, als liege sie vor.

- Nicht nur Lehrkräfte, sondern auch die Schulleitungen nehmen die externe Evaluation fast ausschließlich als Kontrolle oder Prüfung der Leistungen ihrer Schule wahr, als Rückmeldung über Schwächen, Mängel, Problematisches und negative Routinen, die abzustellen seien. Fällt das Ergebnis zu ihren Gunsten aus, verwenden sie es gerne strategisch, im

Gespräch mit Kritik übenden Eltern oder Lehrerkollegen/kolleginnen. Entspricht das Ergebnis nicht ihren Hoffnungen, befürchten sie Nachteile für ihre Schule und neigen dazu, den Bericht und die Ergebnisse nicht vollständig zu veröffentlichen, jedenfalls nicht einer breiten außerschulischen Öffentlichkeit zugänglich zu machen. Decken sich beide nicht mir den Wahrnehmungen der Lehrer vor Ort, wird bei negativer Differenz nach Ursachen außerhalb der Schulverantwortung gesucht. Jedenfalls sind Rezeption, Reflexion, Verbreitung und Umgang mit dem Bericht und den Ergebnissen davon abhängig, ob die Evaluation mit den eigenen Wahrnehmungen zur Qualität an der Schule übereinstimmt oder nicht.

- Bei der externen Evaluation sollte eine Defizitfixierung bei den Evaluatoren ebenso vermieden werden wie ein Vertuschen von Mängeln oder ein Schönreden von Fehlentwicklungen durch die Zu-Evaluierenden. Bedacht werden sollte in jedem Fall aber, dass Ziel der Evaluation die Qualitätsverbesserung an der Schule ist, die wiederum von den Evaluierten und Beurteilten geleistet werden soll. Mit Mittelzuweisungen, Laufbahnbeurteilungen oder Rankings als Nebenzwecken darf sie deshalb nicht verbunden werden, das würde die Motivation der Lehrkräfte zum Erliegen bringen. Denn nach der externen Evaluation, dem Evaluationsbericht und den Zielvereinbarungen fängt für diese die eigentliche Arbeit erst an.

- Die externen Evaluationen sind nicht wirklich IST-Stands-Rückmeldungen, sondern immer nur Momentaufnahmen oder „Blitzlicht" für das, was an den Schulen passiert und geleistet wird. So kommt es zu einseitigen Urteilen und falschen Generalisierungen durch die Evaluatoren, aber auch zu guten und zu wenig differenzierten Aussagen über die Qualitätsarbeit der untersuchten Schule.

- Die Zielvereinbarungen, deren Zahl nicht zu groß sein soll (meist etwa 2 bis 3), können mit Zwischenevaluationen verbunden werden, die die schulaufsichtliche Kontrolle vergrößern, ohne dass den Schulen dabei Anreize oder Ressourcen zusätzlich zur Verfügung gestellt werden könnten. Die Motivation der Schulen zur Umsetzung der Zielvereinbarungen ist dann nicht sehr hoch, zumal es den Schulen sanktionsfrei überlassen bleibt, ob sie die Ziele und Teilziele tatsächlich erreichen. Infolgedessen sind die Nutzungserwartungen der Schulen an die Zielvereinbarungen und deren Bedeutung als Steuerungselement der Schulentwicklung eher gering.

- Die externe Evaluation ist – angesichts der knappen Personaldecke in den Schulen und im Kultus-Etat – sehr personal-, zeit- und kostenaufwändig, und das auf lange Sicht. Denn sie muss turnusmäßig in bestimmten Jahresabständen (meist 3 bis 5 Jahren) wiederholt werden und dazwischen hinsichtlich der an den Schulen umgesetzten Zielvereinbarungen überprüft werden (vgl. Wiater 2016, S. 179ff.; exemplarisch SBI 2012).

3 Die Schul-Evaluation am Scheideweg

Die beachtliche Zahl der Vorbehalte und Kritikpunkte im Zusammenhang mit der externen Evaluation und der Vorwurf ihrer mangelnden Effizienz bei hohem Personaleinsatz veranlassen Kultus- und Schulministerien, ihre weitere Durchführung zu stoppen oder ganz auf sie zu verzichten. Bisherige Formen der Begutachtung von Schulen (Hospitationen durch die Schulaufsicht, Berichte über den Schulentwicklungsprozess, Statistiken) erfahren eine Renaissance, mancherorts wird auf eine Überarbeitung der Regularien zur Qualitätssicherung und -entwicklung an Schulen gedrängt. Ein völliger Verzicht würde wichtige Aspekte aufgeben, die der Schulentwicklung vor Ort, der Förderung der Lehrer-Professionalität und der Unterstützung der Lehrerinnen und Lehrer in ihrem persönlichen Wachstum dienlich sind. Wer nur die Kontroll-, Rückmelde-, Erinnerungs- und „Abrechnungs"-Funktion der externen Evaluation sieht, verkennt nämlich deren tatsächlichen Wert für die Qualitätssicherung von Schule und Lehrerhandeln auf der Grundlage objektivierter Standards. Der Nutzen der Evaluation tritt aber erst hervor, wenn die oben genannten Negativposten vermieden werden: Sie kann helfen, die Unbestimmtheit von Erfolg und Wirkung der Arbeit in der Schule zu reduzieren und im Kollegium die Basis für die Verständigung über Ziele und Grundlagen der gemeinsamen Erziehungs- und Bildungsarbeit aller Beteiligten zu schaffen. Das hebt die Vereinzelung der Lehrer auf und motiviert zur gemeinsamen Arbeitsplanung und qualitätsvollen Zielerreichung. Ebenso wie sie bewährte und erfolgreiche Praxis mit konkreten Nachweisen bestätigt, zeigt sie aber auch notwendigen Handlungsbedarf auf, eröffnet neue Perspektiven der pädagogischen Arbeit und trägt dazu bei, die eigene Lehrerrolle neu zu definieren. Schließlich macht sie die Erwartungen an den Beitrag des einzelnen Lehrers/der einzelnen Lehrerin beim Schulentwicklungsprozess transparent, überschaubar und auch kalkulierbar. Deshalb lohnt es sich, über eine Weiterentwicklung der externen Evaluation nachzudenken.

3.1 Ein erster Schritt zur Reform der externen Schul-Evaluation: Ein neues Führungsverständnis der Schulaufsicht

Dass die Steuerung von Schulen und Schulsystemen, von Institutionen der Erziehung und Bildung, primär pädagogischer Art sein muss, ist eine Erkenntnis, die bereits in den 1990er Jahren gewonnen wurde. Erst recht gilt das in Zeiten, in denen die Rahmenbedingungen der Schulen vor Ort immer unterschiedlicher geworden sind (man denke an Themen wie Inklusion von Kindern und Jugendlichen mit Behinderungen und Beeinträchtigungen, Integration von Schülern/Schülerinnen mit Migrations- und Fluchthintergrund, Digitalisierung, Belastungen mit gestörtem Unterricht, Kooperation mit auf das eigene Kind zentrierten Schülereltern und vieles mehr). Soll die externe Evaluation der Steuerung von Schulen zu besseren und erfolgreicheren Lern- und Lebensräumen nützen, muss sie beim gesamten Verfahren drei wichtige Grundsätze der pädagogischen Führung beachten (vgl. Wiater 2012, S. 162ff.):

1. Vertrauen gewähren und Verantwortung zuweisen

Ein altes deutsches Sprichwort sagt: Vertrauen ist gut, Kontrolle ist besser. Führung ist im Schulwesen auf allen Ebenen immer noch oft mit der Sorge des Kontrollverlustes verbunden. Die Angst, vertrauensvolles Handeln und offene Kommunikation könnten im Lehrerkollegium ausgenutzt werden, gibt es bei Schulleitern nach wie vor, und ebenso auch bei der Schulaufsicht. Ein Grund dafür mag in der hierarchischen Struktur der Institution Schule liegen, bei der der Einzelne seine Schwächen lieber verbirgt, statt darüber zu reden, um negativen Folgen für sich vorzubeugen. Ein weiterer Grund ist die gesicherte Annahme, dass jedes Mitglied in einem Kollegium auch nach seinem Eigeninteresse agiert und reagiert, seine Position im Gruppengefüge zu festigen beabsichtigt. Die Schule ist, wie H. Fend sagt, eine „akteurszentrierte Institution" (Fend 2008, S. 150), bei der der Einzelne vor Ort seine Handlungsmöglichkeiten und Handlungsziele auslotet, wenn er mit Regelungen und Ordnungen konfrontiert und zu Neuem und Ungewohnten veranlasst wird. Allerdings ist auch nachgewiesen, dass Vertrauen und nicht Misstrauen Erfolge bringt, dass es wichtig ist, dem Anderen etwas zuzutrauen und es ihm möglich zu machen, sich selbst Aufgaben zuzutrauen. *Vertrauensbildung* ist somit eine wichtige Implikation der Führung in Schulen. Im Sinne einer „corporate social responsibility" (Ringlstetter/Gebhardt 2010, S. 236) und eines „Compliance Management" (Jünemann 2010, S. 453) verbieten sich deshalb einsame Entscheidungen. Stattdessen sind Partizipation, Delegation von Verantwortung und aktive *Übernahme von Verantwortung* angesagt, damit eine Identifikation der Lehrerinnen und Lehrer mit der eigenen Schule entstehen kann. (vgl. Rosenbusch 1997, S. 329ff.).

2. *Führung an humanen Werten orientieren*

Ein bekanntes Sprichwort besagt: „Wer führen will, muss selber gehen." Damit wird unter anderem darauf verwiesen, dass Führung ein Vorgehen und Mitnehmen Anderer ist und sich dadurch wesentlich von bloßer Auftragserteilung unterscheidet. Führung ist immer *Menschenführung*. Das erwähnte Vorgehen und Mitnehmen bedarf indes einer ethischen Grundlage, bei der das Recht nur die eine Seite ist. Die andere ist, dass es eine ethikorientierte Führung braucht. Wie im Unternehmen, so muss auch in der Schule die Führungskraft die legitimen Bedürfnisse der Mitarbeiter wahrnehmen und berücksichtigen. Sie muss sich bemühen, die Leistungserwartungen mit den Stärken und der Eignung für die Aufgabenbewältigung durch den Mitarbeiter in Übereinstimmung zu bringen. Zweifellos steht ganz oben auf der Liste der Praktiken wertorientierter Führung die Achtung der *Menschenwürde* im Kollegen und Mitarbeiter! Hinzukommen müssen aber auch Transparenz aller Entscheidungen der Führung, Formen konstruktiver Rückmeldung, Fairness und erkennbare Wertschätzung. Denn eine Implikation heutiger Steuerung im Schulwesen muss es sein, das *Wachstum der Persönlichkeit* der Lehrerkollegen und -kolleginnen stets im Blick zu behalten und stets um ein gutes, fachlich und menschlich überzeugendes, vorbildhaftes Verhalten bemüht zu sein. (Frey u.a. 2010, S. 637ff.).

3. *Erwartete Verhaltensänderungen managen*

Wer führt – ganz gleich, ob in einem Unternehmen oder im Schulwesen – verändert, entwickelt weiter, hat Visionen. Für alle seine Initiativen braucht er Mitarbeiter oder Kollegen, die ihre bisherigen Gewohnheiten, Haltungen, Meinungen und auch für richtig gehaltene Überzeugungen überdenken und modifizieren müssen. Sie müssen sich verändern – eine Anforderung, die schockt, verunsichert, auf Ablehnung stößt, zu Angst vor Gesichtsverlust führt und nicht selten Vermeidungsverhalten hervorruft. Um den Wandel, der sich als Ergebnis der Führungsverantwortung ergibt, zu organisieren, braucht es ein „Change Management" (vgl. dazu Binder/Maisenbacher/Zwyssig 2010), das die entstandene Verunsicherung und gestörte Selbsteinschätzung der betroffenen Personen in Richtung auf eine veränderte Stabilisierung überwinden hilft. Vom Change Management der Führungskräfte ist deshalb zu verlangen, dass sie die betroffenen Kolleginnen und Kollegen bei diesem Prozess einfühlsam begleiten und deren Reaktionen zu verstehen versuchen. Über den ganzen Prozessverlauf hinweg müssen sie *Informationen* geben, die *Kommunikation* mit den Betroffenen nicht abreißen lassen, ihnen Gelegenheit geben, *neue Aufgaben und Verhaltensweisen* zu *trainieren, Coachingmaßnahmen* für sie bereitstellen und mit ihnen zusammen Formen eines *Monitoring* zu überlegen. Herausfordernde Veränderungen brauchen Zeit und Begleitung, wenn sie gelingen sollen!

4. *Steuerung dialektisch sehen*

In pädagogischen Institutionen hat sowohl die Führung ihre Bedeutung, wie auch die Selbstentwicklung derer, die geführt werden. Bei einer verantwortungsvollen Führung darf dieses „Wachsenlassen" der Beteiligten, die Persönlichkeiten sind und sich eigene Gedanken machen und Ideen entwickeln, nicht vergessen werden. Die Effizienzsteigerung pädagogischer Institutionen wie die Schulen muss immer mit der Humanitätssteigerung der Beteiligten und Betroffenen zusammen angestrebt werden.

3.2 Ein zweiter Schritt zur Reform der externen Schul-Evaluation: Ein neues Verständnis von Unterstützung durch die Schulaufsicht

Wenn es nach einer externen Evaluation als einer Art Ist-Stands-Erhebung darum geht, über Zielvereinbarungen die Qualität einer Schule in ihrer alltäglichen Arbeit zu verbessern, braucht die Schule dafür Unterstützung, ebenso wie bei der Umsetzung ihres Schulentwicklungs-Programms oder bei aktuellen Konflikten und akuten Krisenfällen. Hilfe bieten Beratung, Fortbildung, Coaching und Begleitung. Zuständig ist hierfür in erster Linie die Schulaufsicht auf den unterschiedlichen Ebenen, Ort sind die Schulinterne Lehrerfortbildung, die Regionale Lehrerfortbildung, die Lehrerfortbildung auf Bezirksebene bis hin zur überregionalen Lehrerfortbildung in den den Kultus- oder Schulministerien unterstellten Institutionen. Einbezogen sind ferner die Institutionen der Schulberatung und die Fortbildungen, an denen Lehrkräfte teilnehmen, die von anderen Institutionen oder Organisationen (Universitäten, Industrie, Wirtschaft, Handwerk, Verwaltung usw.) angeboten werden. Diese sollten alle vernetzt agieren, um Synergieeffekte zu erzielen, von der Makro- über die Meso- bis zur Mikroebene. Da jede Schule spezifische Rahmenbedingungen aufweist, gleichzeitig aber als eine lernende Organisation gefordert ist, kommt alles darauf an, dass die Unterstützungs-Angebote nicht nur qualitäts- und bedarfsorientiert, sondern auch adressaten- und handlungsorientiert durchgeführt werden und dass vorrangig die Vorstellungen der Betroffenen einbezogen werden. Dafür muss sich die Rolle der Schulaufsicht verändern, ein Rollenwechsel, der die Schulaufsicht zu einer die Schulen unterstützenden und begleitenden Einrichtung werden lässt. Was (in Fortschreibung der obigen Punkte) nun unter Unterstützung und Begleitung zu verstehen ist und wie sie erfolgen können, lässt sich der neueren Soziologie entnehmen (vgl. Lipowsky 2010; Terhart u. a. 2010; Terhart 2015, S. 3ff.).

1. Unterstützung als Hilfe zur Selbsthilfe

Als Unterstützungssystem bezeichnet man in den Sozialwissenschaften eine organisierte Hilfestellung in Form von Fortbildungen, Qualifikationskursen, Trainings, Beratungen, Coaching, Reflexionsgesprächen usw., um die Professionalität der Teilnehmer oder die Qualität von Institutionen zu erhalten und zu verbessern (vgl. Wörterbuch der Sozialpolitik 2015; Brackhahn at. al. 2004). Bei der Schule sind Adressaten von Unterstützungsangeboten vorwiegend Lehrkräfte und Lehrerkollegien, aber auch Funktionsträger, Fachbetreuer, Schulentwicklungsmoderatoren, Schulleiter, Mitarbeiter in der Schulleitung, Schulberater und Personen der Schulaufsicht. Vor allem die Lehrer und Lehrerinnen erwarten sich von Unterstützungssystemen Hilfestellung zur Bewältigung der fachlichen, fachdidaktischen, erzieherischen, persönlichen und organisatorischen Probleme in ihrem unmittelbaren Arbeitsbereich. Diese Hilfestellung wird meist offenkundig, wenn die Ergebnisse einer externen Evaluation zu Zielvereinbarungen transformiert werden.

Bei den Unterstützungssystemen lassen sich verpflichtende und fakultative Angebote unterscheiden sowie solche, die von den Schulen angefragt oder von der Schulaufsicht für obligatorisch erklärt werden, weil sie Innovationen für alle Schulen betreffen. In der Regel werden diese von den Hierarchien der Schulaufsicht den Schulen zur Verfügung gestellt und über zentrale Fortbildungs- und Beratungseinrichtungen in Lehrgängen, Workshops, Info-Veranstaltungen und Tagungen kommuniziert. Möglichkeiten der Digitalisierung und des E-Learning können dabei ebenfalls genutzt werden. Neben diesen zentral organisierten gibt es auch regionale Unterstützungssysteme. Deren Bedarf erklärt sich aus der Tatsache, dass die Rahmenbedingungen jeder einzelnen Schule von denen anderer Schulen sehr verschieden sind und dass infolgedessen von den Lehrkräften auch unterschiedliche Unterstützungsnotwendigkeiten geäußert und spezielle Hilfestellung erwartet wird. Die Situation der Schulen nach erfolgter externer Evaluation ist dafür Beleg. Als regionales Unterstützungssystem gilt dabei nicht schon ein klärendes oder beratendes Gespräch mit der Schulaufsicht oder dem Elternbeirat. Von einem regionalen Unterstützungssystem ist nur dann die Rede, wenn die Durchführung in den oben genannten Formen verläuft (z. B. Kurse von Fachberatern, Fachreferenten, Sachgebietsleitern, Fachwissenschaftlern, Didaktikern, Pädagogen, Psychologen usw.).

Alle Unterstützung, die durch Unterstützungssysteme angeboten wird, hat zum Ziel, Schulen und Lehrkräfte in die Lage zu versetzen, ihren Verbesserungsbedarf genauer zu erfassen und die Verbesserungen in der Zukunft selbstständig und eigenverantwortlich durchzuführen. Damit das gelingen kann, müssen einige Voraussetzungen erfüllt sein:

1. Die Unterstützung sollte nach der externen Evaluation nicht „top down" angeordnet, sondern „bottom up" mit den Schulen und den Lehrerinnen und Lehrern vereinbart werden.
2. Die angebotene Hilfestellung muss dem tatsächlichen Bedarf der Lehrkräfte entsprechen, passgenau konzipiert und auf möglichst unmittelbare Verwendbarkeit ausgerichtet sein, von Referenten mit Praxiskompetenz und Kenntnis der Schule vor Ort und mit teilnehmerbezogenen Methoden durchgeführt werden.
3. Die Referenten sollten Expertise für die angefragten speziellen Problemstellungen haben und mit den Lehrkräften „auf Augenhöhe" kommunizieren.
4. Eine Koordinierungsstelle an der Schule sollte für die Umsetzung der Zielvereinbarungen zuständig sein, die die erforderlichen Fortbildungen transparent macht, mit Lehrerteams vorbereitet und dann auch nachbereitet, ihre Notwendigkeit kommuniziert und zeitnahe Nachfolge-Veranstaltungen einplant (vgl. Kuhn 2007, S. 85ff.; Fussangel et al. 2010, S. 327ff.; Siebert 2000; Siebert 2010).

2. *Unterstützung als Begleitung*

Bei der Bearbeitung der in einer externen Evaluation ermittelten Qualitätsverbesserungen reichen Appelle, Maßgaben, Informationen und zentrale Fortbildungsveranstaltungen für ganze Kollegien oder ausgewählte Multiplikatoren nicht aus. Erfolg stellt sich meist nur ein, wenn für die Schulen eine Prozessbegleitung organisiert wird. Dies zu tun, ist die Aufgabe der Schulaufsicht, die mit geeigneten Referenten und Experten dabei zusammenarbeitet. Die Begleitung sollte die Methode der Zirkularisierung beachten, d. h. in allen Phasen des Unterstützungsprozesses sollen die Teilnehmer mit ihren jeweiligen bisherigen Erfahrungen kommunikativ einbezogen werden, damit die Effektivität und Nachhaltigkeit durch ein gemeinsam erarbeitetes Konzept abgesichert wird. Wie das konkret geschehen kann, lässt sich an zwei erfolgreichen Beispielen demonstrieren.

I. SINUS/DELTAplus

Die Unterstützung der Schulen, die ihren mathematischen und naturwissenschaftlichen Unterricht nach den Erkenntnissen der modernen Lehr-Lern-Forschung und im Rahmen des europäischen FIBONACCI-Projekts verbessern wollten, erfolgte nach dem folgenden Konzept:

- Interessierte Lehrer/innen bilden Schulgruppen (20 bis 30 Teilnehmer) und treffen sich dreimal bis viermal an einer der Schulen.
- Ein Tandem von DELTAplus-Moderatoren/-Moderatorinnen (geschulte Lehrkräfte) unterstützt bei den Treffen mit Impulsreferaten, Workshops und eigenen Praxiserfahrungen. Die Wünsche der Teilnehmer werden berücksichtigt. Die Teilnehmer planen konkret die Umsetzung in ihrem Unterricht.
- Einmal im Jahr und zusätzlich zu den Gruppentreffen finden zentrale Fortbildungsveranstaltungen mit Referenten aus Forschung, Lehre und Praxis statt. Hier tauschen sich auch die beteiligten Schulen über Erfolge und Schwierigkeiten aus.
- Es gibt für die Teilnahme Ressourcen auf Zeit (vgl. ISB 2018).

II. QmbS – Qualitätsmanagement an beruflichen Schulen

Beim Projekt QmbS in Bayern wurde den teilnehmenden Schulen ebenfalls eine Prozessbegleitung angeboten, die in ähnlicher Form ablief:

- Interessierte Schulen bewerben sich und durchlaufen ein Bewerbungsverfahren.
- QmbS-Berater, mit Erfahrung in Schulentwicklung und Qalitätsmanagement und speziell für die Aufgabe an der zentralen Lehrerfortbildungsinstitution des Landes ausgebildet, unterstützen die Schule für 2 Jahre mit 5 bzw. 4 Terminen pro Jahr.
- Die QmbS-Berater werden jährlich mehrmals weiterqualifiziert.
- Nach dem Ende der 2 Jahre werden die Schulen dezentral (Regierung) zwecks Nachhaltigkeit weiterbetreut.
- Es gibt für die Maßnahme Ressourcen auf Zeit (vgl. ISB 2018).

Die Erfahrungen mit beiden Projekten haben gezeigt, dass die Projektbegleitung eine hoch effektive Organisationsform für die Qualitätsverbesserung und Qualitätssicherung an Schulen darstellt. Sie erfüllt alle Anforderungen an die Teilnehmerorientierung und Passung, an die Praxisrelevanz und praktische Durchführbarkeit, an die zirkuläre Methodik, an die Nachhaltigkeit und die systemische Verzahnung.

3. *Evaluierung der Unterstützung*

Nachhaltige Wirkungen werden an Schulen erzielt, wenn die Lehrkräfte und die Schulen bereit sind, sich in Zeitabständen Klarheit darüber zu verschaffen, welche Erfahrungen sie mit ihren Bemühungen um Qualitätsverbesserung in der Praxis tatsächlich gemacht haben. Zum Ernstnehmen derer, die evaluiert wurden und ihr Lehrerhandeln verändert und mehr professionalisiert haben, gehört es, dass die Angebote und Maßnahmen, die der Qualitätsverbesserung ihres didaktischen, pädagogischen und organisatorischen Tuns dienen sollten, evaluiert werden, und zwar von denen, die sie veranlasst und durchgeführt haben, und denen, die sie mitgemacht haben. Dabei sind einige Aspekte zentral:

- die gewählte Vermittlungsmethode: statt Instruktion Konstruktion, statt außengesteuerter Prägevorgang sozial gestützter Prozess des eigenständigen Lernens, statt Vermittlung von Wissen über die Praxis reflektiertes situiertes Praxiswissen in Verbindung mit Theoriewissen

- Berücksichtigung neuer Formen der Fort- und Weiterbildung, die die Fragen beachten: Ist das Lernen bei Fortbildungen erwachsenengerecht? Wird der unterschiedliche Kenntnis- und Berufsentwicklungsstand der Lehrer/Lehrerinnen berücksichtigt? Wie wird der Forderung nach Praxisbezug Rechnung getragen? Können Kollegen in Teams zusammenarbeiten und sich online austauschen? Wird den Schwierigkeiten beim Change Management und der pädagogischen Führung Rechnung getragen?

- Ermittlung der Wirksamkeit des Unterstützungsangebots durch Befragungen, Fragebögen, Gruppendiskussionen, best-practice-Beispiele aus den Schulen, Berichte/Narrationen der Teilnehmer, Schätzskalen, Online-Fragebögen usw.

- Wirksamkeitsüberprüfung nach einem längeren Zeitraum (vgl. Roediger 2004, S. 42ff.).

4 Schluss: Ein kurzes Fazit

Die in die Kritik geratene externe Schul-Evaluation als Erfassung des organisatorischen, pädagogischen, professionellen Ist-Zustands von Schulen hat Potenzial, das nicht verloren gehen sollte. Bevor man darauf verzichtet, sollte man zuerst deren Reformierbarkeit überprüfen. Über die oben aufgelisteten Defizite und nicht erfüllten Erwartungen wäre zu reden und zu reflektieren, wie sie in Zukunft vermieden werden könnten. Das betrifft die Auswahl der Evaluatoren, die Planung und Organisation, die methodische Durchführung (einschließlich der Datenerhebung und Datenauswertung) und schließlich die Zielvereinbarungen und ihre Umsetzung. Hier sind Lösungen denkbar, auch solche, die weniger personalintensiv, dafür aber viel effektiver sind. Unerlässlich scheint, über eine neue Rolle der Schulaufsicht nachzudenken, vor allem bei der Umsetzung der Zielvereinbarungen. Die Schulaufsicht auf ihren verschiedenen Ebenen müsste mit viel Verständnis für die Schwierigkeiten der Lehrerinnen und Lehrer, die sich bei der Umsetzung der Zielvereinbarungen in ihrem Handeln und Verhalten ändern sollen, an die Steuerung der Innovationen und Qualitätsverbesserungen herangehen. Ihre Führungsaufgabe müsste mehr als bisher pädagogisch verstanden werden. Ihr ernsthaftes Interesse an mehr Qualität und Professionalität an den einzelnen Schulen müsste sie ferner veranlassen, mit den Schulen und den betroffenen Lehrern gemeinsam Schritte zu planen, zu unterstützen und zu begleiten, die nachweislich und erwiesenermaßen Fortschritte bringen.

Literatur

Altrichter, H.; Schley, W.; Schratz, M. (Hrsg.) (2010): Handbuch zur Schulentwicklung. Innsbruck: Studienverlag.

Aurin, K. (Hrsg.) (1990): Gute Schulen – worauf beruht ihre Wirksamkeit? Bad Heilbrunn: Klinkhardt.

Bastian, J. (Hrsg.) (1998): Pädagogische Schulentwicklung. Schulprogramm und Evaluation. Hamburg: Bergmann + Helbig.

Binder, G., Maisenbacher, J., Zwyssig, P. (2010): Projekt- und Change-Management. In: Organisationsentwicklung. Heft 2/2010. S. 86-93.

Böttcher, W.; Kotthoff, H.-G. (Hrsg.) (2007): Schulinspektion, Evaluation, Rechenschaftslegung und Qualitätsentwicklung. Münster: Waxmann.

Brackhahn, B.; Brockmeyer, R.; Reißmann, J.; Beyer, K. (Hrsg.) (2004): Unterstützungssysteme & Netzwerke. Qualitätsverbesserung in Schulen und Schulsystemen QuiSS. Band 3. München: Kluwer/Luchterhand.

Döbert, H.; Dedering, K. (2008): Evaluation von Schulen. Historische, rechtliche und vergleichende Aspekte. Münster: Waxmann.

Eikenbusch, G. (1998): Praxishandbuch Schulentwicklung. Berlin: Cornelsen Scriptor.

Fend, H. (1998): Qualität im Bildungswesen. Weinheim: Beltz.

Fend, H. (2008): Neue Theorie der Schule. Wiesbaden: VS-Verlag.

Füser, K. (2001): Modernes Management. 3., durchgesehene Auflage. München: Deutscher Taschenbuch-Verlag.

Frey, H.; Nikitopoulos, A.; Peus, C.; Kastenmüller, A. (2010): Unternehmenserfolg durch ethikorientierte Unternehmens- und Mitarbeiterführung. In: Meier, U.; Sill, B. (Hrsg.): Führung. Macht. Sinn. Regensburg: Pustet. S. 637-656.

Fussangel, K.; Rürup, M.; Gräsel, C. (2010): Lehrerfortbildung als Unterstützungssystem. In: Fussangel, K.; Rürup, M.; Gräsel, C. (Hrsg.): Handbuch Neue Steuerung im Schulsystem. Wiesbaden: VS-Verlag. S. 327-354.

Gairing, F. (1996): Organisationsentwicklung als Lernprozess von Menschen und Systemen. Weinheim: Beltz.

Helmke, A. (2004): Unterrichtsqualität. Seelze: Kallmeyer.

Hoegg, G. (2008): SchulRecht! : aus der Praxis – für die Praxis. Weinheim und Basel: Beltz.

Holtappels, H. G. (2003): Schulqualität durch Schulentwicklung und Evaluation. Konzepte, Forschungsbefunde, Instrumente. München: Luchterhand.

Jünemann, E. (2010): Logisch führen? Dekalogisch führen? In: Meier, U.; Sill, B. (Hrsg.): Führung. Macht. Sinn. Regensburg: Pustet. S. 453-467.

Kempfert, G.; Rolff, H.-G. (2005): Qualität und Evaluation. Ein Leitfaden für pädagogisches Qualitätsmanagement. Weinheim: Beltz.

Korinek, W. (2000): Schulprofil im Wandel. Bad Heilbrunn: Klinkhardt.

Kotthoff, H.-G. (2003): Bessere Schulen durch Evaluation? Internationale Erfahrungen. Münster: Waxmann.

Kuhn, H.-J. (2007): Was sind wirkungsvolle Unterstützungssysteme. In: Gewing, B. (Hrsg.): Schulleitung und Schulaufsicht im Spannungsfeld von Qualitätsentwicklung, Evaluation, Beratung und Unterstützung. Berlin: Verband Bildung und Erziehung. S. 85-90.

Lipowsky, F. (2010): Lernen im Beruf – Empirische Befunde zur Wirksamkeit von Lehrerfortbildung. In: Müller, F.; Eichenberger, A.; Lüders, M.; Mayr, J. (Hrsg.): Lehrerinnen und Lehrer lernen – Konzepte und Befunde zur Lehrerfortbildung. Münster: Waxmann.

Litt, T. (1997): Führen oder Wachsenlassen: eine Erörterung des pädagogischen Grundproblems. Stuttgart: Klett.

Meier, U.; Sill, B. (2010): Das „Haus" guter Führung im „Garten des Menschlichen". Carl Friedrich von Weizsäcker. In: Meier, U.; Sill, B. (Hrsg.): Führung. Macht. Sinn. Regensburg: Pustet. S. 807-829.

Meyer, H. (2004): Was ist guter Unterricht? Berlin: Cornelsen Verlag Scriptor.

Miller, R. (1999): Dreizehn Schritte auf dem Weg zu einem Schulprogramm. In: Lernende Schule. Heft 06/1999. S. 30-33.

Ringlstetter, M.; Gebhardt, Ch. (2010): „Corporate Social Responsibility" als Führungskonzept. In: Meier, U.; Sill, B. (Hrsg.): Führung. Macht. Sinn. Regensburg: Pustet. S. 236-248.

Roediger, H. (2004): Schulentwicklung in der Modellregion Frankfurt – eine Sache aller regionalen Unterstützungssysteme (Hessen): In: Brackhahn, B.; Brockmeyer, R.; Reißmann, J.; Beyer, K. (Hrsg.): Unterstützungssysteme & Netzwerke. München: Kluwer/Luchterhand. S. 42-54.

Rolff, H.-G. (2007): Studien zu einer Theorie der Schulentwicklung. Weinheim: Beltz.

Rosenbusch, H. S. (1997): Die Qualifikation des pädagogischen Führungspersonals. In: Gumpler, E.; Rosenbusch, H. S. (Hrsg.): Perspektiven der universitären Lehrerbildung. Bad Heilbrunn: Klinkhardt. S. 329-334.

SBI – Sächsisches Bildungsinstitut (Hrsg.) (2012): Rezeption und Nutzung von Ergebnissen der externen Evaluation an sächsischen Grundschulen, Mittelschulen und Gymnasien. Radebeul: Union Druckerei.

Senge, P. (1995): Die fünfte Disziplin. Stuttgart: Klett.

Siebert, H. (2000): Didaktisches Handeln in der Erwachsenenbildung. Didaktik aus konstruktivistischer Sicht. Neuwied/Kriftel: Luchterhand.

Siebert, H. (2010): Methoden für die Bildungsarbeit: Leitfaden für aktivierendes Lehren. Wuppertal: Bertelsmann.

Terhart, E.; Bennewitz, H.; Rothland, M. (Hrsg.) (2010): Handbuch der Forschung zum Lehrerberuf. Münster: Waxmann.

Terhart, E. (2015): Wie geht es weiter mit der Qualitätssicherung im Bildungssystem – 15 Jahre nach PISA? In: Aus Politik und Zeitgeschichte. Heft 18-19/2015. S. 3-10.

v. Hentig, H. (1993): Die Schule neu denken. München: Hanser.

Wiater, W. (2002): Theorie der Schule. Donauwörth: Auer.

Wiater, W. (2005): Evaluation in Schule und Unterricht. In: Maisch, J. (Hrsg.): Evaluation und Analyse in der Schulentwicklung. Donauwörth: Auer. S. 8-21.

Wiater, W. (2012): Neue Steuerung des Schulwesens. Implikationen für die Führung. In: SchulVerwaltung. Heft 06/2012. S. 162-165.

Wiater, W. (2016): Theorie der Schule. 6. Auflage. Augsburg: Auer.

Wiater, W. (2018): Unterrichtsprinzipien. 7. Auflage. Augsburg: Auer.

Weitere Quellen

ISB – Staatsinstitut für Schulqualität und Bildungsforschung München (o. J.): Online im Internet: https://www.isb.bayern.de. Abgerufen am 25.4.2018.

ISB – Staatsinstitut für Schulqualität und Bildungsforschung München (o. J.): https://www.isb.bayern.de/qmbs-www.qmbs-bayern.de. Abgerufen am 25.4.2018.

Wörterbuch der Sozialpolitik: Stichwort „Unterstützungssystem. Online im Internet: http://www.socialinfo.ch/egi-bin/dicopossode/show.efm?id-698. Abgerufen am 25.4.2018.

Quo vadis Externe Evaluation?

Ute Schoppmann

Abstract

Externe Evaluation im schulischen Bereich unterliegt in der Steuerung durch die Politik einem Auf und Ab, das von einem verpflichtenden Rechenschaftslegungsinstrument und verbindlichen Element schulischer Qualitätsentwicklung über Abschaffung des Blicks von außen bis hin zur Wiedereinführungen auf freiwilliger Basis reicht. Der Beitrag nimmt eine Standortbestimmung der externen Evaluation in den deutschen Bundesländern im Jahr 2018 vor, beleuchtet unterschiedliche Entwicklungstendenzen bei den Verfahren, nimmt den aktuellen Stand in Baden-Württemberg in den Blick und schließt mit einer Diskussion über die Bedeutung der externen Evaluation für den schulischen Bereich.

Inhalt

1   Einführung 404
2   Externe Evaluation in den Bundesländern 404
3   Quo vadis Fremdevaluation Baden-Württemberg? 408
4   Diskussion 408
5   Ausblick 410
Literatur und weitere Quellen 411

© Springer Fachmedien Wiesbaden GmbH, ein Teil von Springer Nature 2019
T. Stricker, *Zehn Jahre Fremdevaluation in Baden-Württemberg*,
https://doi.org/10.1007/978-3-658-25778-1_30

1 Einführung

Bereits 2006 verabschiedete die Kultusministerkonferenz (KMK) als ständige Konferenz der Kultusminister der Länder in der Bunderepublik Deutschland eine Gesamtstrategie zum Bildungsmonitoring, die u. a. die Eigenständigkeit für Schulen bei gleichzeitiger Vorgabe verbindlicher Standards sowie regelmäßige Evaluation vorsah (KMK 2006, S. 5). Zudem stellt die überarbeitete Gesamtstrategie im Jahr 2015 die Bedeutung der Verfahren zur externen Evaluation als Teil eines Bündels von Maßnahmen heraus, mit denen die Länder eine evidenzbasierte Qualitätsentwicklung und -sicherung auf Ebene der Einzelschule gewährleisten (KMK 2015, S. 13). Gleichwohl unterliegt die externe Evaluation im schulischen Bereich einer beständigen Entwicklung, nicht zuletzt infolge des Föderalismus in der Bildungspolitik mit unterschiedlichen länderspezifischen Gesetzen, Vorgaben und Ausgestaltungen. Zudem ist sie in hohem Maße abhängig von politischen Entscheidungsträgern und Trends. Wurde externe Evaluation in den Anfangsjahren in fast allen Bundesländern in vergleichbarer Form und verpflichtend durchgeführt, so wurde sie ab 2016 in einigen Bundesländern wieder abgeschafft, andere lassen sie derzeit ruhen oder führen sie nach einer Phase ohne externen Blick in anderer Form und auf freiwilliger Basis wieder ein.

2 Externe Evaluation in den Bundesländern

Das folgende Kapitel widmet sich zunächst dem Status quo der externen Evaluation in den deutschen Bundesländern im Sinne einer Standortbestimmung (vgl. 2.1). Anschließend werden aktuelle Entwicklungstendenzen beschrieben, die zudem über die bundesdeutschen Verfahren hinausreichen (vgl. 2.2).

2.1 Standortbestimmung

Fremdevaluation/Externe Evaluation/Schulinspektion – kaum ein anderer Begriff hat in den vergangenen zehn Jahren in den Kultussystemen der Länder so viele unterschiedliche negative wie positive Konnotationen und Assoziationen erfahren. Mit keinem anderen Begriff wurden von Anfang an so viele Befürchtungen, Hoffnungen sowie (uneinlösbare?) Erwartungen verknüpft und machten sich nach so kurzer Zeit teils Enttäuschung und Desillusionierung breit.

Die Politik hat zu Beginn des 21. Jahrhunderts Evaluationsagenturen gegründet, in Baden-Württemberg beispielsweise das Landesinstitut für Schulentwicklung. Mit Einführung von externen Evaluationsverfahren einschließlich länderspezifischer Begrifflichkeiten (z. B. Qualitätsanalyse, externe Evaluation, Schulinspektion, Schulvisitation oder Fremdevaluation) wurde der Öffentlichkeit ein

Erfolg versprechender Ansatz präsentiert, mit welchem sich der auch als „Bildungsmisere" bezeichnete Zustand der schulischen Bildungssysteme schnell verbessern lassen könne. Maritzen merkte hierzu an: „Die mit der Einführung dieses Instruments verbundenen Zielsetzungen bedurften entweder keiner besonderen Nennung oder sie changierten zwischen allgemeinen Hinweisen auf die gestiegene Ergebnisverantwortung und Rechenschaftspflicht der Einzelschule einerseits und Verweisen auf abstrakte Funktionen andererseits" (Maritzen 2015, S.15). Der versprochene schnelle Nutzen und auch die implizit erwartete Verbesserung von Schülerleistungen stellten sich nicht durchgängig ein und so sind die Kosten und der Nutzen von flächendeckenden Evaluationen auf Landesebene in jüngster Zeit wieder ein Thema in der Bildungspolitik (Frais/Schoppmann/Renz 2017, S. 290).

Im Kontext von wissenschaftlichen Studien und Diskussionen über eine belegbare Wirksamkeit von Schulevaluationen werden Wirkung und Nutzen dieser Evaluationssysteme mittlerweile in Frage gestellt. Eine „Phase der Ernüchterung", so Herbert Altrichter in seiner Keynote bei der Jahrestagung der Gesellschaft für Evaluation (DeGEval-Jahrestagung 2016), griff allerorten um sich und führte bei politischen Entscheidungsträgern zu einem Umdenken. Die externe Evaluation wurde vom vermeintlich heilsbringenden Instrument zum ungeliebten Kind, welches man, ohne dass man einen großen Aufschrei aus Schulen und Verbänden erwarten musste, auf das Abstellgleis verbannen, in die Werkstatt zur Überholung schicken oder gleich ganz beerdigen konnte. So wurden in den Bundesländern seit 2016 ganze Evaluationsagenturen/Fachstellen eingespart oder kam es zur „Redimensionierung von flächendeckenden und zyklischen externen Evaluationsverfahren." (Frais/Schoppmann/Renz 2017, S. 290). So reihte sich Baden-Württemberg mit seiner Entscheidung, die Fremdevaluation an Schulen ab dem Schuljahr 2017/18 ruhen zu lassen und das im Jahr 2005 gegründete Landesinstitut für Schulentwicklung zu schließen, ein in Entwicklungstendenzen, die sich bei verschiedenen anderen Bundesländern bereits abzeichneten.

Schrieb Sabine Müller (2015) noch: „Bis auf eine Ausnahme (Schleswig-Holstein) geht der Trend in allen Ländern in Richtung einer dauerhaften Etablierung von externer Evaluation", so muss im Jahr 2018 konstatiert werden, dass von einer dauerhaften Etablierung nur noch in einem Teil der Bundesländer die Rede sein kann. Stabil scheint die externe Evaluation derzeit nur noch in wenigen dieser Länder zu sein (z. B. Hamburg, Berlin-Brandenburg). Allerdings stellt sich die Frage, inwiefern man in einem Feld wie der Schulevaluation überhaupt von Stabilität sprechen oder man sich auf diese verlassen kann, denn sie ist extrem abhängig von bildungspolitischen Entscheidungen und von den in Wahlperioden handelnden Entscheidungsträgern. Eine personelle Kontinuität ist jedoch in den wenigsten Kultusministerien zu verzeichnen, was einer verlässlichen Etablierung neuer Steuerungsinstrumente wie der Evaluation eher abträglich ist. So schrieb 2018 Ties Rabe, Schulsenator in Hamburg, auf Twitter: "7 Jahre Schulsenator, und seit heute bin ich dienstältester Schulminister Deutschlands. Kein Grund zu triumphieren – denn es tut Schulen nicht gut, wenn alle 2 Jahre der Minister wechselt und das Ministerium alles neu erfindet." In einigen Bundesländern ruht die externe Begutachtung (z. B. Baden-Württemberg, Bayern, Thüringen) teilweise verbunden mit Aufträgen zu einer ressourcenschonenden Neuausrichtung bzw. Weiterentwicklung. Andere erproben neue, über einen längeren Zeitraum modularisierte Verfahren (z. B. Niedersachsen, Nordrhein-Westfalen) oder ersetzen die externe Evaluation durch andere Rückmeldeverfahren (z. B. Schulfeedback in Schleswig-Holstein). Bundesländer wie Hessen, Sachsen oder Rheinland-Pfalz haben die externe Begutachtung in ihrer ursprünglichen Form ganz abgeschafft.

2.2 Entwicklungstendenzen

Insgesamt zeichnen sich neben den kontinuierlichen Weiterentwicklungen von Referenzrahmen/Qualitätsrahmen/Qualitätstableaus und von Erhebungsinstrumenten (z. B. Fragebogen, Interviewleitfaden, Unterrichtsbeobachtungsbogen) mehrere Entwicklungstendenzen sowohl in den deutschen Bundesländern wie auch im benachbarten deutschsprachigen Ausland ab. Ausgehend vom Modell der Wirkungsbereiche der externen Schulevaluation nach Landwehr (2011), welches die vier Bereiche Wissensgewinnung, Rechenschaftslegung, Normendurchsetzung und Schulentwicklung identifiziert, gibt es einerseits einen Trend, der die Rechenschaftslegung und Normdurchsetzung zusehends betont. Referenzrahmen haben hierbei normativen Charakter und Schulen werden entsprechend den darin beschriebenen Qualitätsbereichen/Dimensionen und Kriterien beobachtet und eingeschätzt bzw. bewertet (z. B. Hamburg). Es werden Zielvereinbarungen mit der Schulaufsicht geschlossen und Ergebnisse werden zu Monitoringzwecken genutzt. Der Kanton Aargau geht noch einen Schritt weiter und definiert sogar „Ampelkriterien", mit deren Hilfe untersucht wird, ob Schulen grundlegenden Anforderungen der Funktionsfähigkeit genügen. Die Ampelfarben grün, gelb und rot stehen dabei für „Funktionsfähigkeit ist gewährleistet.", „Zustand ist kritisch, die Funktionsfähigkeit ist gefährdet." bzw. „Im aufgeführten Kriterium wurden nichttolerierbare Defizite und Probleme festgestellt. Die Funktionsfähigkeit der Schule ist beeinträchtigt." (Fachhochschule Nordwestschweiz 2009).

Ein weiterer Trend geht hin zu einer Stärkung der Wissensgewinnung und Schulentwicklung und zu eher partizipativen Verfahren. Damit einher geht eine stärkere Verzahnung von interner und externer Evaluation. So ist aktuell beispielsweise in Niedersachsen und Nordrhein-Westfalen die externe Evaluation in ein mehrstufiges und über mehrere Monate (18 bzw. 24 Monate) angelegtes Verfahren eingebunden, welches nach Feststellung der Ausgangssituation einer

Schule (z. B. Schulprogramm, Stand in der Schulentwicklung, aktuelle Entwicklungsvorhaben bzw. unterrichtsbezogene Entwicklungsziele) eine Zwischenphase vorsieht, in der die Schule selbstständig bzw. mit Unterstützung an ihren Entwicklungsvorhaben arbeitet und diese intern evaluiert. Erst gegen Ende bekommen die Schulen eine auf diese Themen fokussierte Rückmeldung der externen Evaluation.

In der „partizipativen Evaluation" Südtirols nimmt die externe Evaluation dezidiert Bezug zur internen. Beide Verfahren sind eingebettet in ein Gesamtkonzept „Dreijahresplan" mit hoher Verbindlichkeit für alle Akteursebenen (Evaluationsstelle der autonomen Provinz Bozen Südtirol).

Schleswig-Holstein (SH) dagegen geht den Weg eines auf vollständiger Freiwilligkeit beruhenden flexiblen Fokusverfahrens mit wesentlichen Akzenten in der Rückmeldung zum Fachunterricht. Schulfeedback.SH versteht sich als „Verfahren, das das Qualitätsverständnis der Schulen im Dialog zu befördern versucht, eine Bestandsaufnahme liefert und wesentliche Entwicklungsperspektiven identifiziert, um anschließend eine Katalysefunktion für schlüssige folgende Schritte zu übernehmen" (Haferland/Habertha/Schweckendiek 2017, S. 51).

Auch hinsichtlich der Verbindlichkeit externer Evaluation und vorgesehener Evaluationszyklen zeichnen sich unterschiedliche Tendenzen ab. Das Spektrum reicht hier von verpflichtend und ggf. verordnet, von regelmäßig oder risikobasiert (Zyklus abhängig vom Ergebnis früherer Evaluationen) bis hin zu einer freiwilligen Meldung durch die Schulen.

Als Gesamttrend zeigt sich im Bereich der externen Evaluation einerseits ein Weg von einem Gesamtscreening hin zu fokussierten Evaluationen, wobei es sowohl eine Fokussetzung durch die Bildungspolitik (z. B. Fokus Ganztag) geben kann als auch durch die Schulen selbst.

Andererseits wird von der Bildungspolitik die Selbstevaluation von Schulen (wieder-)entdeckt und priorisiert, da sie vermeintlich ressourcenneutraler und näher an den Themen der Schulen ist. Vergessen wird dabei vielfach, dass es hierzu u. a. geprüfter Erhebungsinstrumente wie auch einer entsprechenden Kompetenz vor Ort bedarf, die auf- und ausgebaut werden müssen. Ob dies von Schulen angesichts der vielfältigen neuen Aufgaben, mit denen sie sich beständig auseinandersetzen müssen, zu leisten ist, ist nur schwer vorhersagbar. Ob eine Fokussierung ausschließlich auf interne Evaluation (z. B. Rheinland-Pfalz) eine echte Alternative zur externen Evaluation darstellt, um Schul- und Unterrichtsentwicklung an den Schulen voranzutreiben, oder ob auch dieser Weg sich als begrenzt wirksam erweisen wird, da auch er mit vielfältigen Erwartungen und vermeintlichen Wirkungen be-/überfrachtet wird, wird sich in den nächsten Jahren herausstellen. In seinem Positionspapier10 stellt der Vorstand der DeGEval fest: „In Zukunft ist hier mit einer wachsenden Bedeutung interner Evaluationen zu rechnen, bei denen Untereinheiten der Organisation Evaluationsaufgaben wahrnehmen. Wichtig ist, dass auch diese den professionellen Ansprüchen guter Evaluation unterliegen, wie sie in den Standards für Evaluation der DeGEval (2017) formuliert sind."

3 Quo vadis Fremdevaluation Baden-Württemberg?

Für Baden-Württemberg lässt sich feststellen, dass im Rahmen des 2017 vom Ministerium für Kultus, Jugend und Sport proklamierten neuen Qualitätskonzepts einschließlich des Gesamtumbaus der Kultusverwaltung (u. a. Neugründung eines Instituts für Bildungsanalysen sowie eines Zentrums für Schulqualität und Lehrerbildung) sowohl die „Unterstützung der Schulen bei Evaluationsvorhaben" als auch eine „Qualitätsanalyse bzw. Schulinspektion (bisher: Fremdevaluation)" weiterhin vorgesehen sind (Ministerium für Kultus, Jugend und Sport, 2017). Mit inhaltlichen Aufträgen ausgestattete Projektgruppen arbeiten an einer konzeptionellen Neuausrichtung.

Welche Ausrichtung die externe Evaluation in Baden-Württemberg schlussendlich nehmen wird, lässt sich zum jetzigen Zeitpunkt nicht sagen. Wird mehr die Rechenschaftslegung im Vordergrund stehen oder die Schulentwicklung? Denkbar sind in Kenntnis sowohl der Entwicklungen in den übrigen Bundesländern wie auch internationaler Erfahrungen unterschiedliche Modelle von freiwillig bis verordnet, risiko- oder zertifikatsbasiert, schulweit angelegt oder fokussiert, dialogisch oder partizipativ, Rechenschaft legend oder entwicklungsbasiert. Rieke-Baulecke (2017) plädiert für „größere Bescheidenheit und einen Abschied von kaum erfüllbaren Zielen" und betont die impulsgebende Funktion der externen Evaluation „durch Konzentration auf Wesentliches". Ob dies in Baden-Württemberg ausschließlich der Unterricht sein wird oder Kernbereiche („excellence", „equity", „well-being") ausgerichtet an zentralen Zielen wie in der kanadischen Provinz Alberta (vgl. Sliwka 2018), wird erst im weiteren Entwicklungsprozess des Qualitätskonzepts Baden-Württemberg deutlich werden.

4 Diskussion

Mit Blick auf die Gesamtstrategie der Kultusministerkonferenz ist kaum vorstellbar, dass Schulen und Unterricht ganz ohne Evaluation auskommen können und der mit vielen Deutungen befrachtete Begriff samt Inhalt in der Mottenkiste der Geschichte wieder verschwindet, auch wenn sich dies manch eine Lehrkraft vor Ort so wünschen würde. Vielmehr wurde 2015 bei der Überarbeitung der aus dem Jahre 2006 stammenden Gesamtstrategie der Kultusministerkonferenz nochmals dezidiert festgehalten: „Vergleichsarbeiten sind Teil eines Bündels von Maßnahmen, mit denen die Länder eine evidenzbasierte Qualitätsentwicklung und -sicherung auf Ebene der einzelnen Schule gewährleisten. Dazu gehören in fast allen Ländern Verfahren zur externen Evaluation der einzelnen Schule, in deren Rahmen Schulen regelmäßige und systematische Rückmeldungen über Stärken und Schwächen, insbesondere über die Qualität von Unterrichtsprozessen, erhalten. Komplementär dazu unterstützen die Länder die interne Evaluation von Schulen durch die Bereitstellung entsprechender Verfahren und Beratungsangebote."

Gleichwohl werden sich Evaluationen im schulischen Umfeld auch zukünftig immer wieder mit Fragen konfrontiert sehen wie: „Wie wissenschaftlich begründbar sind solche Evaluationen?", „Welchen Nutzen haben Evaluationen für Schulen?", „Liefern Evaluationen überhaupt Nachweise für Wirkungen?" oder „Ist von Evaluationen ein Wirksamkeitsnachweis in Bezug auf umschriebene Betrachtungsfelder zu erwarten?"

Zur ersten Frage zeigt sich „als Mangel bei Diskussionen zunehmend, dass nicht klar definiert wird, was mit ‚Wissenschaft' gemeint ist. Dies führt häufig im Umfeld von schulischer Praxis zu Irritationen und kann Abwehr oder Desinteresse hervorrufen. Termini wie ‚wissenschaftliche Evaluationen' oder ‚praktische Evaluationen' werden definitorisch nicht klar voneinander abgegrenzt. Ein Entwicklungsbedarf diesbezüglich ist somit augenscheinlich." (Frais/Schoppmann/Renz 2017, S. 292).

Und wie steht es mit dem Nutzen von Evaluationen für Schulen? Der Vorstand der DeGEval formulierte hierzu in seinem Positionspapier 09 (2017):

> „Wir denken, dass Nutzen, Einfluss und Nachhaltigkeit vor allem durch zwei Ansätze verstärkt werden können: Zum einen verstärken partizipative Elemente in der Evaluation deren langfristige Nützlichkeit. Die Beteiligten fühlen sich ernst genommen, formulieren selbst ein Interesse an den Evaluationsergebnissen, setzen die Evaluationsmethodik dort an, wo eigener Bedarf ist und können deshalb direkt an der Umsetzung der Ergebnisse arbeiten. Zum anderen wird langfristiger Nutzen von Evaluationen dann erleichtert, wenn die Evaluation im Praxisbereich fest verankert ist, zum Beispiel durch gesetzliche Verpflichtungen. Hier muss aber nicht nur die Durchführung der Evaluation, sondern auch die Umsetzung der Ergebnisse festgelegt werden. Beide Ansätze sind durchaus gegensätzlich, oft nicht vereinbar, stellen damit unterschiedliche Wege dar, die in verschiedenen Praxisfeldern mehr oder weniger vielversprechend sein können."
>
> (Auszug aus dem Positionspapier des DeGEval-Vorstands)

Und „zeigt sich der Nutzen von Evaluationen nicht u. a. an der Nutzung von Evaluationsergebnissen in Entscheidungs- und Gestaltungsprozessen"? (Frais/Schoppmann/Renz 2017, S. 292). Neben einer stärkeren partizipativen Ausrichtung der Evaluation könnte auch eine stärkere Unterstützung von Schulen und

Schulverwaltung beim Umgang mit Daten (Analyse, Interpretation, Ableitung von Maßnahmen) dazu beitragen, den Nutzen von Evaluationen für die einzelne Schule zu erhöhen.

Und wie sieht es schlussendlich mit dem Nachweis von Wirkungen oder gar Wirksamkeit in Evaluationen aus? Hieran scheint besonders die Politik interessiert, denn sie hat häufig den Anspruch, über Evaluationen Hinweise zur Wirkung von Programmen und bildungspolitischen Neuerungen zu bekommen. So heißt es in der Pressemitteilung des Kultusministeriums Baden-Württemberg 2018: „Außerdem sollen etwa Fortbildungs- und Unterrichtskonzepte künftig vor ihrem Einsatz auf ihre Wirksamkeit überprüft werden."

Dem Thema „Wirkungsorientierung und Evaluation" widmet sich die 21. Jahrestagung der DeGEval (2018) in Dresden. In der Ankündigung der Tagung heißt es hierzu:

> „Der Nachweis von Wirkungen in Evaluationen ist aus verschiedenen Gründen problembehaftet, da ‚Wirkung' begrifflich folgenreiche Implikationen beinhaltet. Denn zu jeder Wirkung gehört eine Ursache, wodurch die Frage nach Wirkungen immer mit der Frage nach den sie auslösenden Bedingungen und damit mit der Frage der Kausalität verbunden ist. Klassisch kausalprüfende Evaluationsdesigns sind unter Praxisbedingungen jedoch oft nicht realisierbar oder stoßen an ethische Grenzen. Auch wird die Reduktion der untersuchten Wirkungszusammenhänge auf eine einfache unilaterale Ursache-Wirkung-Beziehung selten der sozialen Komplexität im Feld gerecht. Daher ist auch die ausschließliche Beantwortung der Frage, ob eine einzelne Maßnahme (kausal) wirkt, in vielen Evaluationskontexten zu informationsarm, um hilfreich zu sein. Wichtiger vor allem für Verbesserungs- und Generalisierungszwecke ist oft die Frage wie Maßnahmen wirken.[…] Sollte sich Evaluation mehr auf den Kausalnachweis von Wirkungen konzentrieren oder eher auf die Aufhellung von Wirkungsmechanismen (what works for whom in what circumstances?)?"

An der Beantwortung genau dieser Frage wird sich die strategische Bedeutung eines Evaluationskonzepts entscheiden.

5 Ausblick

Ohne Evaluationen wird es sicherlich auch im Schulbereich nicht mehr gehen. Wie diese angelegt und durch die Evaluierenden vor Ort gestaltet werden, ist ein dynamischer Prozess:

> „Da sich mittlerweile eine Vielzahl verschiedener Verfahrensweisen von Evaluation im schulischen Umfeld etabliert hat, wird die Diskussion in Zukunft nicht darum gehen können, welche Verfahrensweise die beste und die

richtige ist. Es wird auch zukünftig summative neben formativen Evaluationen geben, interne neben externen, wissenschaftliche neben praxisorientierten, schulentwicklungsintegrierte Evaluationen neben Programmevaluationen. Insgesamt wird es immer um die Frage gehen, wie die verschiedenen Evaluationsverfahren optimiert werden können und welche Faktoren und Kriterien dabei auf welche Weise Berücksichtigung finden müssen. [...] Dabei werden Kontextanalysen eine zunehmende Bedeutung erhalten."

Frais/Schoppmann/Renz 2017, S. 291

Es bleibt abzuwarten, ob es auch zukünftig im Bereich der externen Evaluation von Schulen gemeinsame Vereinbarungen auf KMK-Ebene geben wird und wie sich die unterschiedlichen Entwicklungen ggf. auch in einer weiteren Überarbeitung bzw. Fortschreibung der Gesamtstrategie der Kultusministerkonferenz zum Bildungsmonitoring niederschlagen.

Literatur und weitere Quellen

Frais, M., Schoppmann, U., Renz, M. (2017): Evaluation in Schulen. Rückblick und Ausblick. In: Zeitschrift für Evaluation, 16.Jg., Heft 2, September 2017. Paderborn: Waxmann. S. 288-292.

Haferland, N., Habertha, M., Schweckendiek, U. (2017): Schulfeedback.SH. In: J. Berthold, N. Haferlandt, O. Kölle, T. Riecke-Baulecke, U. Schweckendiek: Externe Evaluation, Schulmanagement-Handbuch 161. Mainz: Oldenbourg, S. 51-71.

Landwehr, N. (2011): Thesen zur Wirkung und Wirksamkeit der externen Schulevaluation. In: C. Quesel, V. Husfeldt, N. Landwehr, P. Steiner (Hrsg.): Wirkungen und Wirksamkeit der externen Schulevaluation. Bern: hep, S.35-69.

Maritzen, N. (2015): Schulinspektion – Aspekte der Transformation von Governance-Strukturen. In: Pietsch, M.; Scholand, B.; Schulte, K. (Hrsg.): Schulinspektion in Hamburg. Der erste Zyklus 2007 -2013: Grundlagen, Befunde, Perspektiven. Münster: Waxmann. S. 13-36.

Müller, S. (2015): Zukunft der externen Evaluation – Trends und Perspektiven in Deutschland. In: Pietsch, M.; Scholand, B.; Schulte, K. (Hrsg.): Schulinspektion in Hamburg. Der erste Zyklus 2007 -2013: Grundlagen, Befunde, Perspektiven. Münster: Waxmann. S. 269-284.

Riecke-Baulecke, T. (2017): Perspektiven der Schulinspektion in Deutschland. In: Berthold, J.; Haferlandt, N.; Kölle, O.; Riecke-Baulecke, T.; Schweckendiek, U.: Externe Evaluation. Schulmanagement-Handbuch 161. Mainz: Oldenbourg. S. 5-13.

Internetquellen:

Altrichter, H. (2016): Die Nutzung von Informationen aus Evaluationen im Mehrebenensystem Bildung. Keynote, gehalten bei der 19. Jahrestagung der DeGEval, Zwischen Nutzung, Einfluss und Nachhaltigkeit, Salzburg 2016. Online im Internet: https://www.degeval.org/fileadmin/jahrestagung/Salzburg_2016/Programm/default_008.html. Abgerufen am: 02.08.2018.

DeGEval – Gesellschaft für Evaluation (2017): Standards für Evaluation, Erste Revision 2016. Mainz. Online im Internet: https://www.degeval.org/fileadmin/Publikationen/DeGEval-Standards_ fuer_Evaluation.pdf. Abgerufen am: 02.08.2018.

DeGEval – Gesellschaft für Evaluation (2018): „Wirkungsorientierung und Evaluation". 21. Jahrestagung der DeGEval Dresden. Online im Internet: http://www.degeval.org/veranstaltungen/jahrestagungen/dresden-2018. Abgerufen am: 02.08.2018.

Evaluationsstelle der autonomen Provinz Bozen Südtirol. Externe Evaluation, Qualitätssicherung und Qualitätsentwicklung. Online im Internet: http://www.provinz.bz.it/evaluationsstelle-deutschsprachiges-bildungssystem/default.asp. Abgerufen am: 02.08.2018.

Fachhochschule Nordwestschweiz. Pädagogische Hochschule, Institut Forschung und Entwicklung, Zentrum Bildungsorganisation und Schulqualität (2009): Was sind Ampelkriterien? Funktion und Bedeutung der Ampelkriterien in der externen Schulevaluation an den Aargauer Volksschulen. Aargau. (S. 6). Online im Internet: http://www.schulen-aargau.ch/kanton /Dokumente_offen/externe%20schulevaluation%20ampelkriterien%20ese.pdf. Abgerufen am: 02.08.2018.

Hense, J. U.; Kerlen, C.; Lück-Filsinger, M.; Schmidt, S.; Sheik, S. (2017): Positionspapiere 9 und 10 des DeGEval-Vorstands zur Zukunft der Evaluation. Online im Internet: https://www.degeval.org/publikationen/positionspapiere. Abgerufen am: 02.08.2018.

Kultusministerkonferenz, Ständige Konferenz der Kultusminister der Länder in der Bundesrepublik Deutschland (2006): Gesamtstrategie der Kultusministerkonferenz zum Bildungsmonitoring. Berlin. Online im Internet: https://www.kmk.org/fileadmin/veroeffentlichungen_ beschluesse/2015/2015_06_11-Gesamtstrategie-Bildungsmonitoring.pdf. Abgerufen am: 02.08.2018.

Kultusministerkonferenz, Ständige Konferenz der Kultusminister der Länder in der Bundesrepublik Deutschland (2015): Gesamtstrategie der Kultusministerkonferenz zum Bildungsmonitoring. Berlin. Online im Internet: https://www.kmk.org/fileadmin/veroeffentlichungen_ beschluesse/2015/2015_06_11-Gesamtstrategie-Bildungsmonitoring.pdf. Abgerufen am: 02.08.2018.

Ministerium für Kultus, Jugend und Sport (2017): Qualitätskonzept für das Bildungswesen Baden-Württemberg, Pressemitteilung vom 28.06.2017. Stuttgart. Online im Internet: https://www.km-bw.de/,Lde_DE/Startseite/Schule/Qualitaetskonzept?QUERYSTRING= Qualit%C3%A4tskonzept. Abgerufen am: 02.08.2018.

Ministerium für Kultus, Jugend und Sport (2017): Qualitätskonzept für das Bildungswesen Baden-Württemberg, Pressemitteilung vom 24.04.2018. Stuttgart. Online im Internet: https://www.km-bw.de/,Lde_DE/Startseite/Schule/Qualitaetskonzept?QUERYSTRING=Qualit%C3%A4tskonzept.Abgerufen am: 02.08.2018.

Rabe, T. (21.03.2018): 7 Jahre Schulsenator. Online im Internet: https://twitter.com/tiesrabe? lang=de. Abgerufen am: 02.08.2018.

Sliwka, A. (2018): Lernwirksamer Unterricht: Empirische Forschung und internationale Entwicklungen in besonders leistungsstarken Schulsystemen. Online im Internet: https://rp.baden-wuerttemberg.de/rps/Abt7/Fortbildung/Fortbildung/Materialien/LWU-AnneSliwka-Lernwirksamer%20Unterricht.pdf. Abgerufen am: 02.08.2018

Verzeichnis der Autoreninnen und Autoren

Gisa Behrenbeck war von September 2014 bis Juli 2017 als Evaluatorin an das Landesinstitut für Schulentwicklung in Baden-Württemberg abgeordnet. Seit September 2017 ist sie wieder als Realschullehrerin in Karlsruhe tätig und belegt zurzeit berufsbegleitend den Weiterbildungsstudiengang „Schulmanagement und Qualitätsentwicklung", der vom Institut für Qualitätsentwicklung an Schulen in Schleswig-Holstein (IQSH) und der Christian-Albrechts-Universität (CAU) in Kiel als Fernstudium angeboten wird.

Dirk Paul Bogner ist seit 2009 als wissenschaftlicher Mitarbeiter an den Lehrstuhl von Thorsten Bohl in der Abteilung Schulpädagogik am Institut für Erziehungswissenschaft der Universität Tübingen abgeordnet. Er arbeitet dort in Lehre und Forschung vor allem zu den Bereichen Lehrerbildung, Lehrerprofessionalität, Unterrichts- und Schulentwicklung. Er war zuvor mehrere Jahre als Realschullehrer an der Realschule Überlingen tätig und war dort u. a. Mitglied der Steuergruppe zur Schulentwicklung unter Leitung von Elmar Osswald (ULEF Basel).

Thomas Boss war von 2016 bis 2017 Evaluator am Landesinstitut für Schulentwicklung in Stuttgart. Er kehrte anschließend wieder als Lehrer an die Albecker-Tor-Schule in Langenau – in der er seit 2011 zum Schulentwicklungs- und Medienteam gehört – zurück und wurde für das Schuljahr 2018/19 an die Gemeinschaftsschule Lonetal abgeordnet. Seit 2015 belegt er berufsbegleitend den Masterstudiengang „Bildung und Medien: eEducation" an der FernUni Hagen, den er im Sommer 2019 abschließen wird.

Fatima Chahin-Dörflinger arbeitet als Referentin für Qualitätsentwicklung und Selbstevaluation am Landesinstitut für Schulentwicklung in Stuttgart (Baden-Württemberg) und ist als Lehrbeauftragte an der Pädagogischen Hochschule Freiburg tätig.

Peter O. Chott war 26 Jahre lang Schulleiter einer Grundschule in Bayern. Nebenamtlich war und ist er noch als apl. Professor für Schulpädagogik an der Universität Augsburg tätig. Seine wissenschaftlichen Interessen gelten den Bereichen ‚Schulleitung' und ‚Förderung von Methodenkompetenz (Lernen lernen)'.

Denise Demski ist wissenschaftliche Mitarbeiterin in der AG Schulforschung der Ruhr-Universität Bochum. In ihrer Dissertation untersuchte sie die Bewertung und Nutzung unterschiedlicher Wissensbestände durch Lehrkräfte und Schulleitungen.

Rolf Dubs, Prof. Dr. Dres. h. c., ist emeritierter Professor für Wirtschaftspädagogik und ehemaliger Rektor der Universität St. Gallen. Seine Interessenschwerpunkte: Schulorganisation, Schulmanagement, Didaktik der Wirtschaftsfächer und Lehrerverhalten.

Elvira Eberhardt war von 2016 bis 2017 als Evaluatorin am Landesinstitut für Schulentwicklung in Stuttgart (Baden-Württemberg) und zuvor als Realschullehrkraft sowie in der Erwachsenenbildung tätig. Sie hat u. a. eine Ausbildung zur Fachberaterin Unterrichtsentwicklung und ein Masterstudium in Bildungsmanagement an der Pädagogischen Hochschule Ludwigsburg absolviert. Seit September 2017 ist sie erneut als Realschullehrerin an einer staatlichen Realschule tätig.

© Springer Fachmedien Wiesbaden GmbH, ein Teil von Springer Nature 2019
T. Stricker, *Zehn Jahre Fremdevaluation in Baden-Württemberg*,
https://doi.org/10.1007/978-3-658-25778-1

Stephanie Graw-Krausholz arbeitet seit 2014 als wissenschaftliche Mitarbeiterin der Schulinspektion Hamburg am Institut für Bildungsmonitoring und Qualitätsentwicklung.

Nicolas Hübner ist wissenschaftlicher Mitarbeiter am Hector-Institut für Empirische Bildungsforschung an der Universität Tübingen, Mitglied der Postdoktorandenakademie der Universität Tübingen und assoziiertes Mitglied des LEAD Graduate School & Research Network. In seiner Forschung beschäftigt er sich mit Fragen zur Schuleffektivität und zur Struktur und Steuerung des Bildungswesens.

Ulrich Iberer ist Akademischer Rat am Institut für Bildungsmanagement an der Pädagogischen Hochschule Ludwigsburg. Seine Schwerpunkte in Forschung und Lehre liegen in den Themenfeldern Dienstleistungsmanagement und Wertschöpfung in Bildungsorganisationen, strategisches Management und Bildungscontrolling.

Nadine Kaiser war von 2012 bis 2017 Evaluatorin am Landesinstitut für Schulentwicklung in Stuttgart. Sie arbeitete hier auch in der Servicestelle Fremdevaluation, in der Personaleinsatzplanung sowie im Lektorat. Seit 2010 übernimmt sie immer wieder Autorentätigkeiten für Schulbuchverlage. Seit September 2017 ist sie als Gemeinschaftsschullehrerin an der Theodor-Heuglin-Schule in Ditzingen-Hirschlanden tätig.

Astrid Kehder-Mürrle war von 2005 bis 2015 am Landesinstitut für Schulentwicklung Baden-Württemberg als Referentin für Qualitätsentwicklung und Evaluation tätig. Neben ihrer Tätigkeit als Evaluatorin leitete sie die Qualifizierung der Evaluatorinnen und Evaluatoren und wirkte an der Entwicklung der Fremdevaluation in Baden-Württemberg mit. Seit Juli 2015 ist sie im Ruhestand.

Rolf Keller war von Februar 2008 bis August 2017 Evaluator am Landesinstitut für Schulentwicklung in Stuttgart (Baden-Württemberg). Er ist Grund-, Haupt- und Werkrealschullehrer und wurde im September 2017 pensioniert, nachdem er zuvor seinen aktiven Dienst um drei Jahre verlängert hatte. Seit Februar 2018 ist er in Teilzeit in der Erwachsenenbildung in der Justizvollzugsanstalt Bruchsal tätig.

Martina Klein war von 2015 bis 2017 Evaluatorin am Landesinstitut für Schulentwicklung in Stuttgart (Baden-Württemberg). Sie ist Grund-, Haupt- und Werkrealschullehrerin und war vor ihrer Abordnung an das Landesinstitut für Schulentwicklung viele Jahre u. a. in der Lehrerausbildung aktiv. Seit September 2017 ist sie als Lehrerin an der Oscar-Paret-Schule in Freiberg (Gesamtschule mit den Abteilungen Gemeinschaftsschule, Realschule und Gymnasium) tätig.

Britta Klopsch ist wissenschaftliche Mitarbeiterin am Institut für Bildungswissenschaft an der Universität Heidelberg. Vor ihrer wissenschaftlichen Tätigkeit an Pädagogischen Hochschule und Universität arbeitete sie als Grund- und Hauptschullehrerin und als Ausbilderin am Seminar für Didaktik und Lehrerbildung. Ihre Arbeitsschwerpunkte sind Schulentwicklung und Lehrerprofessionalisierung.

Ann-Katrin Kopp war von 2016 bis 2017 Fremdevaluatorin am Landesinstitut in Stuttgart und zuvor Gymnasiallehrerin an verschiedenen Gymnasien. Seit 2018 arbeitet sie als Pädagogische Mitarbeiterin an der Universität Kassel und begleitet dort u. a. Studierende in der ersten Ausbildungsphase.

Irene Kremer war von 2013 bis 2017 Evaluatorin am Landesinstitut für Schulentwicklung in Stuttgart (Baden-Württemberg). Sie ist Gymnasiallehrerin für Geschichte und Englisch und war Abteilungsleiterin am Thomas-Mann-Gymnasium in Stutensee, zuständig für Schulentwicklung und Qualitätsmanagement. Vor dem Eintritt in den Schuldienst war sie viele Jahre in der Erwachsenenbildung bei internationalen Unternehmen tätig. In Vorbereitung auf die Aufgaben als Abteilungsleiterin und Evaluatorin hat sie ein Studium in Schulmanagement absolviert.

Gerald Leppert, Dr., ist Senior Evaluator und Teamleiter am Kompetenzzentrum Methoden des Deutschen Evaluierungsinstituts der Entwicklungszusammenarbeit (DEval). Neben der Leitung methodisch anspruchsvoller Evaluierungsprojekte arbeitet Herr Leppert am Kompetenzzentrum an der Weiterentwicklung von Evaluierungsmethoden und Standards.

Barbara Muslic, Dr. phil., arbeitet seit 2010 als wissenschaftliche Mitarbeiterin am Arbeitsbereich Weiterbildung und Bildungsmanagement der Freien Universität Berlin. In diesem Rahmen hat sie in mehreren Forschungsprojekten schwerpunktmäßig zum Thema datenbasierte Schul- und Unterrichtsentwicklung gearbeitet. Hierbei standen vor allem die Umsetzung von Lernstandserhebungen (VERA 8) in den Schulen sowie die Nutzung ihrer Ergebnisse für die datenbasierte Schul- und Unterrichtsentwicklung im Fokus. Derzeit leitet sie am Standort Freie Universität Berlin das von der DFG geförderte Projekt „Datenbasierte Schulentwicklungsprozesse als Grundlage einer langfristigen Reorganisation von Einzelschulen".

Frank Müller ist Realschullehrer und unterrichtet an der Konrad-Witz-Grund- und Gemeinschaftsschule Rottweil. Von 2016 bis 2017 war er als Evaluator am Landesinstitut für Schulentwicklung in Stuttgart tätig. Von 2008 bis 2016 war er Schulleiter der Realschule Bad Dürrheim. Er ist ausgebildeter Lerncoach und am Sek.I-Seminar Rottweil als Lehrbeauftragter in Schulrecht tätig.

Martin Noltze, Dr., ist Senior Evaluator und Teamleiter am Kompetenzzentrum Methoden des Deutschen Evaluierungsinstituts der Entwicklungszusammenarbeit (DEval). Neben der Leitung methodisch anspruchsvoller Evaluierungsprojekte arbeitet Herr Noltze am Kompetenzzentrum an der Weiterentwicklung von Evaluierungsmethoden und Standards.

Willie Ohlerth war von 2009 bis 2017 Evaluator am Landesinstitut für Schulentwicklung in Stuttgart (Baden-Württemberg). Er ist Dipl.-Religionspädagoge und Dipl.-Sportlehrer und hat viele Jahre in der Aus- und Fortbildung von Lehrkräften gearbeitet sowie vor allem im Bereich Sport in Fachzeitschriften veröffentlicht. Ab Ende September 2018 nutzt er sein Sabbatjahr für eine Weltreise, bevor er im kommenden Schuljahr wieder in die Unterrichtsarbeit einsteigen wird.

Susanne Oppelt war von 2008 bis 2012 als Evaluatorin und bis 2017 als Referentin für die Qualitätssicherung der Fremdevaluation am Landesinstitut für Schulentwicklung in Stuttgart (Baden-Württemberg). Sie ist Grund-, Haupt- und Werkrealschullehrerin und arbeitete u. a. sechs Jahre als stellvertretende Teilschulleiterin an einer Primaria der Deutschen Schule in Mexiko-Stadt. Seit September 2018 unterrichtet sie an einem Sonderpädagogischen Bildungs- und Beratungszentrum.

Marcus Pietsch arbeitet am Zukunftszentrum Lehrerbildung der Leuphana Universität Lüneburg und als wissenschaftlicher Referent am Hamburger Institut für Bildungsmonitoring und Qualitätsentwicklung.

Rani Rezek ist Oberstudienrat mit Lehraufträgen an Gymnasien in Stuttgart, Budapest, Ochsenhausen und Ulm. Von 2012 bis 2017 war er Evaluator am Landesinstitut für Schulentwicklung. 2016 beendete er erfolgreich den Masterstudiengang „Schulmanagement" an der TU Kaiserslautern. Seit 2017 unterrichtet er wieder an seiner Stammschule in Ulm und wirkt bei Schul- und Fachentwicklungsprojekten mit. Parallel zu seiner Unterrichtstätigkeit engagiert er sich seit vielen Jahren in der Jugendarbeit, der partizipativen Arbeit sowie der Schulentwicklung.

Ute Schoppmann arbeitet am Landesinstitut für Schulentwicklung in Stuttgart im Bereich Qualitätsentwicklung und Qualitätssicherung. Sie ist seit vielen Jahren Mitglied in der Gesellschaft für Evaluation (DeGEval), die u. a. mit den „Standards für Evaluation" grundlegende Anforderungen an die Qualität von Evaluation definiert. Seit 2016 gehört sie zum Sprecherteam des Arbeitskreises Schulen in der DeGEval.

Klaudia Schulte arbeitet seit Januar 2011 als wissenschaftliche Referentin am Institut für Bildungsmonitoring und Qualitätsentwicklung in Hamburg. Ihre Aufgabenfelder sind der Sozialindex für Hamburger Schulen sowie die wissenschaftliche Begleitung der Hamburger Schulinspektion.

Mechthild Schürmann war von 2011 bis 2017 als Evaluatorin am Landesinstitut für Schulentwicklung in Stuttgart (Baden-Württemberg) tätig. Sie ist Grund-, Haupt- und Werkrealschullehrerin und arbeitet seit 2017 an einem Sonderpädagogischen Bildungs- und Beratungszentrum in Stuttgart.

Simone Spengler war von 2009 bis 2017 als Evaluatorin am Landesinstitut für Schulentwicklung in Stuttgart (Baden-Württemberg) tätig und dabei ab 2013 für die Planung und Durchführung der Qualifizierung neuer Evaluator/-innen verantwortlich. Seit September 2017 arbeitet sie als Schulrätin am Staatlichen Schulamt Donaueschingen.

Jürgen Stolle war von 2016 bis 2017 Evaluator am Landesinstitut für Schulentwicklung in Stuttgart. Er ist Gymnasiallehrer und arbeitet seit April 2018 als Schulleiter. Vor seiner Tätigkeit im Schuldienst arbeitete er freiberuflich als Trainer für Kommunikation und Führung.

Tobias Stricker war von 2011 bis 2017 Evaluator am Landesinstitut für Schulentwicklung in Stuttgart (Baden-Württemberg) und arbeitet seit 2016 als akademischer Mitarbeiter am Institut für Bildungsmanagement der Pädagogischen Hochschule Ludwigsburg.

Anton Strittmatter war während über 40 Jahren in der Bildungsforschung, der Schulentwicklungsberatung und der Aus- und Weiterbildung von Lehrkräften und Schulleitenden tätig. Er hat in der Schweiz, in den Niederlanden, in Österreich und in Deutschland an verschiedenen Evaluationsprojekten mitgewirkt. Er hat federführend das an vielen Schulen eingeführte Konzept der professionellen Selbstevaluation (FQS) mitentwickelt. Er lebt im Ruhestand.

Theo Tröndle war von 1985 bis 2009 Lehrer an beruflichen Schulen in Bühl und Freiburg. Von 2009 bis 2018 arbeitete er als Evaluator und Auditor im Auftrag des Landesinstituts für Schulentwicklung an beruflichen Schulen in Baden-Württemberg.

Albrecht Wacker ist Professor für Erziehungswissenschaft mit dem Schwerpunkt Schulpädagogik/Pädagogik der Sekundarstufe I an der Pädagogischen Hochschule Heidelberg. Einer seiner Forschungsschwerpunkte ist die Lehrplanrezeptions- und Steuerungsforschung.

Cornelia Wagner-Herrbach ist seit 2004 wissenschaftliche Mitarbeiterin am Lehrstuhl für Wirtschaftspädagogik der Humboldt-Universität zu Berlin sowie seit 2013 wissenschaftliche Mitarbeiterin im Bereich Evaluation an der Universität der Künste Berlin. Ihre Arbeitsschwerpunkte sind Didaktik, Evaluation und Qualitätsmanagement in den Bereichen berufliche Bildung und Hochschulbildung.

Michael Weyland, Jun.-Prof. Dr., ist stellvertretender Leiter des Instituts für Bildungsmanagement und Leiter der Abteilung Wirtschaftswissenschaften an der Pädagogischen Hochschule Ludwigsburg.

Werner Wiater ist Professor für Schulpädagogik an der Universität Augsburg, von 1987 bis 2015 als Lehrstuhlinhaber. Seine Forschungsgebiete sind Schul- und Unterrichtstheorie, Hermeneutische Bildungsforschung, Mehrsprachigkeit sowie Schulbuch- und Bildungsmedien. Er hat theoretische und praktische Publikationen zu Schulentwicklung und Schulevaluation verfasst.

Rolf Wiedenbauer arbeitete jeweils langjährig als Schulentwicklungsberater, Fremdevaluator und zuletzt als Schulrat im Raum Freiburg im Breisgau. Von 2005 bis 2011 baute er als Leiter des Bildungsbüros der Stadt Freiburg die Bildungsregion Freiburg auf. Im (institutionellen) Ruhestand arbeitet er als Berater und Coach in pädagogischen und kommunalen Feldern.

Gerhard Ziener ist evangelischer Theologe und Schulpädagoge und seit dem Jahr 2002 Dozent für die Aus- und Fortbildung von Lehrkräften im Pädagogisch-Theologischen Zentrum (PTZ) in Stuttgart-Birkach. Seine inhaltlichen Schwerpunkte sind u. a. Theorie und Praxis der Kompetenzorientierung sowie Schul- und Unterrichtsentwicklung. Er hat am Baden-Württembergischen Bildungsplan 2016 und dessen Implementierung maßgeblich mitgewirkt.

Druck:
Canon Deutschland Business Services GmbH
im Auftrag der KNV-Gruppe
Ferdinand-Jühlke-Str. 7
99095 Erfurt